兩岸協議與雙方法律的落實

海峽兩岸關係法學研究會 編

崧燁文化

目 錄

序 5

第一部分　兩會協議的法律問題 7

論兩會協議在大陸適用的反思與重構——以立法適用為主要研究對象 .. 7
試論兩會協議效力的法律依據 23
論兩會協議的接受制度 30
臺灣立法機構審議兩岸服務貿易協議的實踐評析 42
陸資入臺的法律與政策障礙及對策研究 53
論陸資入臺投資的法律保護 64
大陸企業赴臺投資應把握的幾個法律問題 81
政府因應陸資入臺風險的角色定位分析 83
論 ECFA 框架下大陸臺資醫院的立法保障 91
臺商隱名投資個體醫療機構之合法性研究 106
兩岸投資補償爭端調解協議的執行機制初論——大陸方面的視角 .. 119
論海峽兩岸投資爭端解決機制的發展及其評議裁處制度——以 Private Ombudsman 為例的立法政策學思考 126
陸資來臺投資權益保障之研究 145

第二部分　兩岸司法互助 167

兩岸法院司法互助之回顧與展望 167
兩岸刑事案件調查取證協助中的衝突及其解決——以兩岸證據制度的比較為視角 202
海峽兩岸遣返刑事犯或刑事嫌疑犯的困境和範圍 213
大陸被判刑人移管制度與海峽兩岸被判刑人移管問題研究 225
海峽兩岸共同打擊犯罪問題新探討 241
兩岸刑事犯、刑事嫌疑犯遣返芻論 254
縱論海峽兩岸刑事司法互助之「罪贓移交」 262

兩岸民事判決認可與執行的模式、條件和程序——從比較借鑑視角的探討 277

非對等狀況下的兩岸婚姻效力及其對大陸的消極影響 293

一個似是而非的解釋—評臺「司法院秘臺廳少家二字第 1020023482 號函」 300

兩岸協議在訴訟上衍生的問題 312

外國仲裁判斷在臺灣之若干爭議探討 341

大陸法院判決於臺灣承認與執行之爭議 353

海峽兩岸仲裁判斷之認可與執行——以臺灣法為中心 366

第三部分　兩岸關係中的法律問題　　　　　　　　　　387

兩岸政治分歧之解在於兩岸合作 387

兩岸共同維護中國海洋權益之政治與法理考察 395

中國特色的「融合性統一模式」——以臺灣居民參與國家管理經驗借鑑為基礎 408

兩岸婚姻中大陸配偶的民事權利保護 423

海峽兩岸文化產業對接合作的法律視角分析 436

陸配在臺灣就業問題與權益之探討 449

序

　　兩岸人民之間各領域的交往需要法治的保障。為適應 1987 年後臺灣民眾往來大陸逐漸增多、兩岸貿易投資規模不斷擴大的情勢，大陸適時採取和完善了一系列司法、立法、執法措施，基本形成了對兩岸交往的法治保障體系，造成了維護臺灣同胞權益，規範兩岸交往秩序，促進交流合作的重要作用。兩岸關係穩健發展，需要用制度化、法律化的手段，不斷解決人民交往中出現的各種問題，妥善處理各種交往矛盾。從理論上探索解決現實具體問題的方案，是兩岸關係法學研究的目的。為此，兩岸法學界、法律界有必要加強相關學術研究，深入交流研討，為兩岸法治文明、社會進步和兩岸交往的法治保障提供智力支持。

　　2008 年 5 月以來，兩岸雙方在反對「臺獨」、堅持「九二共識」的共同政治基礎上推進兩岸關係，開闢了兩岸關係和平發展新局面。在兩岸同胞的共同努力下，兩岸人民交往日益密切，經濟合作日益深化，文化交流日益加強。為適應新形勢的需要，海峽兩岸關係法學研究會于 2011 年 12 月重新組建成立。在兩岸法學法律界朋友的支持和參與下，海峽兩岸關係法學研究會兩岸發法學、學會、學年會等形推兩岸法學交流，促進對兩岸關係中法律問題的研究，取得了一些成績。《海峽兩岸法學研究》就是展示這些交流和研究。

　　《海峽兩岸法學研究》收集的論文既關注于兩岸法制的比較研究，也著重從不同角度探討兩岸交流合作中需要解決的各種法律問題，展示了兩岸專家學者對于這些問題的深入思考。當然，論文集所選編的論文僅代表作者個人觀點，不代表研究會的立場。出版論文集的目的更主要是為拋磚引玉，促進兩岸法學法律界更多地關注兩岸關係各領域法律問題。

　　希望兩岸法學界、法律界密切往來，關注現實，圍繞兩岸關係和平發展的需要，進一步破解影響兩岸關係和平發展的各種問題、難題，為鞏固和深化兩岸關係和平發展、為兩岸同胞的福祉做出積極貢獻！

　　是為序。

海峽兩岸關係法學研究會會長

張福森

第一部分　兩會協議的法律問題

▌論兩會協議在大陸適用的反思與重構——以立法適用為主要研究對象[1]

周葉中　段磊[2]

一、研究對象的分析：何為兩會協議的適用？

眾所周知，作為目前在國家尚未統一的特殊情況下，唯一能在兩岸全部領域發生強制力的法律文件，[3] 兩會協議的重要價值不言而喻。然而，兩會協議自簽署到實施，實現從兩個民間組織之間的「私協議」到對兩岸具有普遍約束力的法律規範的轉變，需要經歷一個複雜過程。這一過程主要涉及兩會協議的接受和適用兩個程序，前者是後者啟動的前提，後者則是前者的延續。

（一）協議的接受：協議適用的前提

毫無疑問，兩岸關係不是國際關係，而是一國之內兩個地區之間的關係。然而，由於兩岸分別屬于兩個法域，[4] 兩會協議本身具有跨法域的屬性，因此，我們可以在否定臺灣地區「國家」屬性的前提下，單純地從理論層面借鑑國際法學中的條約法知識，對兩會協議的相關制度進行分析。按照條約法的相關知識，接受是指各國在國內履行國際義務的一切形式。接受本身可分為兩種：（1）將條約規定轉變（transformation）為國內法；（2）無需轉變而將條約規定納入（adoption）國內法。可以說，國際法在國內得到執行是以其獲得該國接受為前提條件的。

在兩岸語境下，兩會協議的接受是指兩岸依照各自規定，透過一定方式使本屬于民間私協議的兩會協議，具有規範意義上的法律效力的過程。這個過程，既可以透過直接賦予協議以法律效力的方式完成，也可以透過依協議主要內容制定新法律或修改原有法律的形式完成。前者類似于國際法中的納入方式，後者則類似于轉化方式。目前，大陸和臺灣在兩會協議的接受上，表現出不同的實際情況。

在大陸，法律並未規定兩會協議的接受程序，因而在實踐中形成各種複雜與混亂的情況：既出現過部分兩會協議一經生效即可直接約束公權力機關的情形，也出現過經有關部門透過轉化立法賦予協議以法律效力的情形。以《海峽兩岸知識產權保護合作協議》為例，在該協議的實施過程中，國家專利局頒布了包含協議主要內容的《關于臺灣同胞專利申請的若干規定》，這種立法活動與國際法中的轉化行為類似。而國家工商行政管理總局則又直接依照協議頒布了《臺灣地區商標註冊申請人要求優先權有關事項的規定》，這種立法活動則與國際法中納入轉化後的直接適用行為類似。

在臺灣，「兩岸人民關係條例」對兩會協議的接受制度做出了詳盡規定，其接受制度已較為完備。按照「兩岸人民關係條例」之規定，若兩會協議內容涉及修法或新訂定法律，需由「行政院」核轉「立法院」審議透過後方可生效；若協議內容不涉修法或新訂定法律，則由「行政院」核定後，送「立法院」備查即告生效。[6] 這一程序類似於國際法中的「轉化」方式。

（二）協議的適用：協議接受的延續

與協議接受相關聯的程序是協議的適用。按照國際法的相關知識，條約的適用就是指締約國按法定程序把條約具體應用於現實生活，使條約條款得以實現的活動。[7] 一般而言，條約的適用方式包括直接適用和間接適用兩種。前者是指一國將條約直接作為本國法律淵源的一種，允許行政機關、司法機關直接援引條約規定行事；後者則指一國的行政機關、司法機關不能直接援引條約規定行事，而只能適用經立法機關透過將條約內容予以轉化所制定的法律。需要說明的是，當一國選擇透過轉化方式接受條約時，該國國家機關僅能適用經轉化後的條約，這亦即是間接適用方式。因而上述兩種適用方式的劃分，僅存在於採取納入方式接受條約的國家之中。傳統理論認為，如果對一國有約束力的國際規則需要在該國內實施，必須採納到其國內法律體系中，才可以直接作為該國的國內法律淵源，並為國家機關所援引。[8] 亦就是說，條約在一國適用的前提是其已經為該國所接受，即條約已經透過轉化或納入方式成為該國國內法律體系的一部分。

在兩岸語境中，兩會協議的適用是指兩岸依照各自規定，將協議內容應用於各自領域內的立法、司法和行政活動，使協議內容得以落實的過程。相

第一部分　兩會協議的法律問題
論兩會協議在大陸適用的反思與重構——以立法適用為主要研究對象 [1]

應地，兩會協議的直接適用就是指兩岸行政機關、司法機關和部分立法機關能夠直接依據兩會協議進行執法、審判和立法活動；兩會協議的間接適用則是指兩岸行政機關、司法機關和部分立法機關只能根據各自立法機關所制定的法律行事，而不能直接以兩會協議為行事根據。需要注意的是，兩會協議適用的前提是協議已經為兩岸所接受，成為兩岸各自域內法律體系的一部分。

在臺灣，由於其對兩會協議採用轉化的接受方式，故其公權力部門要執行兩會協議規定的內容，就只能以其域內法律規範為依據，因而不存在直接適用兩會協議的問題。與臺灣不同，大陸對兩會協議的適用情況較為複雜。由於大陸法律既未規定兩會協議的接受程序，又沒有規定兩會協議的適用程序，因而協議的接受和適用程序實際上處於無法可依的狀態。在實踐中，兩會協議自生效之日起就成為大陸法律體系的一部分，對國家公權力機關和普通民眾產生法律約束力。這種約束力既體現在立法機關依據協議制定相關規範性法律文件上又體現在司法和行政機關依照協議進行審判的執法活動上，因而出現了公權力機關對協議的直接適用和間接適用並存的情況。亦即是說，大陸公權力機關既可以直接依照兩會協議制定相關法律、做出司法裁判和行政執法行為，也可以依照以兩會協議為主要內容制定的規範性法律文件，進行相關的立法、司法和執法活動。

可以說，兩會協議在為兩岸接受之前，其屬性仍為僅能約束兩岸兩個民間組織（海協會和海基會）的私協議；在其為兩岸接受之後，其屬性則變為兩岸各自域內的法律規範，具有普遍約束力。然而，由於大陸對兩會協議的接受、適用兩項程序沒有成文規定，在實際執行過程中也出現過諸多問題，因而許多學者混淆了兩會協議的接受、實施這兩個既有聯繫又有區別的概念。

對大陸而言，略顯混亂的兩會協議的適用實踐，對於構建法治化的兩岸關係和平發展框架，以及社會主義法治國家建設，都會產生一定的負面影響。因此，從法學角度對現有兩會協議的適用問題進行分析、探討就顯得尤為必要。兩會協議的適用涉及的範圍很廣，其中既包括立法機關的適用，也包括司法機關和執法機關的適用；既包括直接適用，也包括間接適用。在各類協議適用活動中，立法適用因其承接著協議的接受和間接適用，而體現出與眾不同的特點。因此，本文主要選取大陸立法機關對協議的直接適用為分析對

象,即探討部分立法機關在執行兩會協議的過程中,創設新的執行性立法,修改和廢止部分原有立法的行為,並以此為突破口,為構建大陸的兩會協議適用制度提出若干建議。當然,在本文的討論過程中,也不可避免地會涉及協議在大陸接受中存在的問題,並提出相關建議。

二、兩會協議在大陸立法適用的實踐

在大陸的實踐中,立法機關透過制定新的法律規範和修改原有法律規範的方式適用兩會協議,是兩種常見的適用實踐方式。由於大陸兩會協議的立法適用活動仍缺乏相應法律規範的調整與規制,因而其中尚存在諸多需要解決的矛盾和問題。

(一)兩會協議的適用與有關機關制定法律的活動[9]

一般而言,兩會協議正式簽署後,大陸有關部門會結合協議規定和本部門的工作實際,制定若干規範性法律文件,對協議規定得較為原則的內容進行細化,以保證協議得到有效貫徹實施。目前,國務院各部委和最高人民法院共製定了17件與《兩會聯繫與會談制度協議》、《海峽兩岸海運協議》、《海峽兩岸共同打擊犯罪及司法互助協議》等8項兩會協議的實施相關聯的部門規章和司法解釋。在這些規範性法律文件中,國務院各部委共製定部門規章15件,涉及7項兩會協議的實施問題,最高人民法院制定司法解釋2件,涉及《海峽兩岸共同打擊犯罪和司法互助協議》的實施問題。在這些部門規章和司法解釋文本中,一般以兩種方式說明其與某項兩會協議之間的關聯:

一是明確其立法或釋法目的是「為履行」、「為落實」、「為促進實施」或「為實施」某項兩會協議,即該項立法或司法解釋是對兩會協議已經涉及內容的細化規定。如《最高人民法院關於人民法院辦理海峽兩岸送達文書和調查取證司法互助案件的規定》的序言中明確指出,「為落實《海峽兩岸共同打擊犯罪和司法互助協議》……制定本規定」;商務部、國務院臺辦制定的《臺灣投資者經第三地轉投資認定暫行辦法》第一條即規定「為……實施《海峽兩岸投資保護和促進協議》……制定本辦法」等。

二是明確其立法依據是「依照」或「根據」某項兩會協議,即該項立法或司法解釋是對兩會協議所涉內容的擴展性規定。如國務院臺辦、公安部、

海關總署制定的《兩會商定會務人員入出境往來便利辦法》第一條即規定，「本辦法依《兩會聯繫與會談制度協議》第五條訂定」；最高人民法院制定的《關於進一步規範人民法院涉港澳臺調查取證工作的通知》規定，「根據《海峽兩岸共同打擊犯罪及司法互助協議》……最高人民法院與臺灣業務主管部門之間可就民商事、刑事、行政案件相互委託調查取證」等。

　　上述兩類以兩會協議為依據的部門規章和司法解釋的基本情況可列表如下：

大陸制定的與兩會協議相關的部門規章、司法解釋的相關情況彙總

兩岸協議名稱	規範性文件名稱	制定主體	對二者關聯性的表述
《兩岸聯繫與會談制度協議》	《兩會商定會務人員入出境往來便利辦法》	國務院台辦、公安部、海關總署	依《兩會聯繫與會談制度協議》第五條訂定
《兩岸公證書使用查證協議》	《海峽兩岸公證書使用查證協議實施辦法》	司法部	為履行《兩岸公證書使用查證協議》制定本實施辦法
《海峽兩岸海運協議》	《關於海峽兩岸間集裝箱班輪運價備案實施的公告（2012年第6號）》	交通運輸部	為貫徹落實《海峽兩岸海運協議》……
	《關於海峽兩岸海上直航發展政策措施的公告（2012年第41號）》		為全面落實《海峽兩岸海運協議》……
	《關於海峽兩岸海上直航政策措施的公告（2011年第37號）》		為進一步落實《海峽兩岸海運協議》……
	《關於公布進一步促進海峽兩岸海上直航政策措施的公告》（2009年第54號）》		為更好的貫徹落實《海峽兩岸海運協議》……
	《關於促進兩岸海上直航政策措施的公告》（2009年第21號）		為貫徹落實《海峽兩岸海運協議》……
	《關於台灣海峽兩岸間海上直航實施事項的公告》（2008年第38號）		根據《海峽兩岸海運業協議》……
	《關於促進當前水運平穩較快發展的通知》		為盡快落實《海峽兩岸海運業協議》……
	《台灣海峽兩岸直航船舶監督管理暫行辦法》	國家海事局	根據《海峽兩岸海運協議》……
《海峽兩岸郵政協議》	《關於核定中國至台灣地區相關郵資業務資費試行標準的通知》	國家發改委、國家郵政局	根據《海峽兩岸郵政協議》……
《海峽兩岸共同打擊犯罪及司法互助協議》	《關於進一步規範人民法院涉港澳台調查取證工作的通知》	最高人民法院	根據《海峽兩岸共同打擊犯罪及司法互助協議》……
	《關於人民法院辦理海峽兩岸送達文書和調查取證司法互助案件的規定》		為落實《海峽兩岸共同打擊犯罪及司法互助協議》……制定本規定

第一部分　兩會協議的法律問題
論兩會協議在大陸適用的反思與重構——以立法適用為主要研究對象 [1]

續表

兩會協議名稱	規範性文件名稱	制定主體	對二者關聯性的表述
《海峽兩岸經濟合作框架協議》	《〈海峽兩岸經濟合作框架協議〉項下進出口貨物原產地管理辦法》	海關總署	為了正確確定《海峽兩岸經濟合作框架協議》項下進出口貨物原產地……制定了辦法
	《關於對海關總署令第200號有關條款使用適宜的解釋》		為促進《海峽兩岸經濟合作框架協議》貨物貿易早期收穫計劃更好地實施……
《海峽兩岸知識產權保護合作協議》	《台灣地區商標註冊申請人要求優先權有關事項的規定》	國家工商行政管理總局	未落實《海峽兩岸知識產權保護合作協議》……
《海峽兩岸投資保護和促進協議》	《台灣投資者經第三地轉投資認定暫行辦法》	商務部、國台辦	為……實施《海峽兩岸投資保護和促進協議》……制定本辦法

（本表為作者自製）

（二）兩會協議的適用與有關機關修改和廢止法律的活動

當兩會協議所規定的內容與大陸現行的法律規範有衝突時，有關立法機關一般會依照協議規定對現行法律規範進行修改，以適應協議的實施。然而，這種修法的實踐尚未形成制度，也並無相關法律規範予以規制。目前，由兩會協議引起的大陸域內法的修改實踐可以歸納為三種具體方式：

一是在協議正式簽訂和實施前，有關部門即修改原有法律規定，以適應協議的生效和實施。以2009年4月簽署的《海峽兩岸共同打擊犯罪和司法互助協議》為例，兩岸在協議中就相互認可及執行民事裁判與仲裁裁決（仲裁判斷）達成共識，該協議於同年6月25日正式生效。在這一協議正式簽訂前，最高人民法院於3月30日透過《關於認可臺灣有關法院民事判決的補充規定》，明確了認可臺灣民事判決的有關規定，從而實際上構成對1998年制定的《關於人民法院認可臺灣有關法院民事判決的規定》的補充和修改，以適應新的兩會協議的實施。儘管這種修改法律（規範性法律文件）的活動存在於兩會協議正式生效之前，但由於修法的目的在於配合協議的實施，因此，這種修法活動亦是大陸以修法方式適用兩會協議的體現。

二是在協議正式生效後，有關部門在協議實施過程中，透過制定新法律的方式修改原有法律規定，以適應協議的實施。以2013年1月正式實施的《海

峽兩岸投資保障和促進協議》為例，該協議第一條第二項對「投資者」進行了明確解釋，不僅包含「一方企業指根據一方規定在該方設立的實體，包括公司、信託、商行、合夥或其他組織」，還包含「根據第三方規定設立，但由本款第一項或第二項的投資者所有或控制的任何實體」，即協議所指投資者的範圍既包括直接投資，也包括第三地轉投資。為實施這一協議的規定，商務部和國臺辦於 2013 年 2 月聯合頒布了《臺灣投資者經第三地轉投資認定暫行辦法》。該辦法明確規定，「臺灣投資者以其直接或間接所有或控制的第三地公司、企業或其他經濟組織作為投資者在大陸投資設立企業，可……將該第三地投資者認定為視同臺灣投資者」。[10] 而根據《臺灣同胞投資保護法》及其實施細則之規定，臺灣同胞投資是指「臺灣的公司、企業、其他經濟組織或者個人作為投資者在其他省、自治區和直轄市投資」，[11] 即並不包含臺灣同胞在第三地設立或控制的經濟實體。因此，《臺灣投資者經第三地轉投資認定暫行辦法》實際上構成了對《臺灣同胞投資保護法》及其實施細則中認定臺灣同胞投資者標準的修改。

三是在協議正式生效後，有關部門在協議實施過程中，透過制定新的法律規範，並明確廢止原有法律規範的方式，實現對原有法律規定的修改，以適應協議的實施。以《海峽兩岸知識產權保護合作協議》為例，在該協議生效後，中國專利局頒布了《關於臺灣同胞專利申請的若干規定》。該《規定》第十四條明確規定，「原中國專利局 1993 年 3 月 29 日頒布的《關於受理臺灣同胞專利申請的規定》和 1993 年 4 月 23 日頒布的《關於臺灣同胞申請專利手續中若干問題的處理辦法》同時廢止」。這一規定構成了原有法律規範的廢止，達到了配合協議實施的效果。

除上述三種協議引起法律修改的情況外，在實踐中仍然存在一些與兩會協議的規定不一致，且未經任何方式修改的法律規範。這些法律規範的法律效力，因兩會協議的實施而受到影響和削弱，這將會影響中國的法制統一，並對建設法治中國造成一定障礙。

三、對大陸立法適用兩會協議的反思

大陸目前實行的兩會協議適用制度與憲法和法律的規定存在一些衝突與矛盾,具體來說,這些問題主要體現在以下三方面:

第一,尚無協議接受的制度化規定,直接適用協議缺乏前提,且與憲法、法律規定相矛盾。

眾所周知,法律是國家制定或認可的社會規範,任何社會規範要獲得法律效力就必須獲得擁有立法權的國家機關的認可。[12]從法理上講,兩會協議的簽署主體是作為民間組織的海協會與海基會,前者系在大陸登記注冊的「社團法人」,後者系在臺灣登記注冊的「財團法人」,二者均系民間組織。因此,兩會協議的約束力應當僅及於兩會,其性質應屬民間私協議而非具有普遍約束力的法律。如上文所言,大陸尚未制定任何成文的兩會協議接受規範,換言之,尚無能夠使協議成為大陸法律體系一部分的明確規定。這種立法缺位的現實,直接導致上述明確依照兩會協議制定法律(或解釋法律)的行為,陷入違法的尷尬境地。

根據《立法法》之規定,「國務院各部、委員會、中國人民銀行、審計署和具有行政管理職能的直屬機構,可以根據法律和國務院的行政法規、決定、命令……制定規章」,且「部門規章規定的事項當屬於執行法律或者國務院的行政法規、決定、命令的事項」。[13]據此,部門規章的制定依據,應當僅限於法律和國務院制定的行政法規、決定、命令,其制定目的也僅限於執行上述規範性文件。然而,上文所列的15項規章卻是以兩會協議為制定依據,以落實兩會協議為制定目的,這顯然與《立法法》第71條的規定相牴觸。根據《人民法院組織法》之規定,「最高人民法院對於在審判過程中如何具體應用法律、法令的問題,進行解釋」。[14]據此,最高人民法院做出司法解釋的解釋對象應當是「法律、法令」,其解釋目的應當是釋明「審判過程中如何具體應用法律、法令的問題」。然而,上文所列的最高人民法院出臺的兩項司法解釋,卻是以《海峽兩岸共同打擊犯罪和司法互助協議》為依據,以貫徹落實該協議為目的,這顯然與《人民法院組織法》關於司法解釋的規定相違背。據此,儘管本文所列出的17項部門規章和司法解釋,對

於兩會協議在大陸的適用和落實具有重要意義，但這種立法和釋法行為卻與依法治國的基本理念相違背，與憲法、法律的相關規定相矛盾，因而使這種適用方式的合法性難以自圓其說。

第二，尚無協議適用的制度化規定，實踐中的立法適用活動具有一定的隨意性。

目前兩會協議在大陸的適用制度並非來自一種既有規則的規制，而是來自於理論歸納，也即是說大陸尚未形成制度化的兩會協議適用程序。正因為缺乏明確的制度性規則，大陸在與兩會協議相關的立法實踐中，存在著一定的隨意性。這種隨意性，在協議對法律修改活動的影響方面表現得尤為突出。在實踐中，大陸一些部門的負責人曾以海協會顧問的身份直接參與協議的談判過程，因而這些部門往往比較瞭解協議與本部門所制定法律規範之間存在的衝突問題，因而可以隨著協議的談判進程或簽署進程修改其制定的法律規範。以《海峽兩岸關於大陸居民赴臺灣旅遊協議》的修正為例，國家旅遊局局長邵琪偉就曾以海峽兩岸旅遊交流協會會長和海協會顧問的身份參與協議修正文件的談判，[15]因此國家旅遊局便趕在協議生效前完成了對原有《大陸居民赴臺灣旅遊管理辦法》的修改，以便配合協議的實施。

然而，也還有一些部門的負責人並未直接參與協議的談判過程，僅參與協議的具體執行，這些部門往往在協議執行過程中才會發現協議規定與原有法律規定的不一致，並自此才啟動相應的法律修改程序。這就會導致協議適用過程中的法律修改活動具有很強的隨意性，而並未完全實現其制度化。以2008年12月15日正式實施的《海峽兩岸海運協議》為例。《協議》第三條規定，「兩岸登記船舶自進入對方港口至出港期間，船舶懸掛公司旗，船艉及主桅暫不掛旗」，然而，交通部於1991年頒布的《船舶升掛國旗管理辦法》規定，「50噸及以上的中國國籍船舶應當每日懸掛中國國旗」。[16]顯然，該《辦法》的這一規定與協議規定並不一致，存在著明顯的衝突。在協議正式生效後，有關部門也並未及時對該辦法進行修改。直到協議正式實施半年後的2009年6月，交通運輸部才發佈公告，規定「允許兩岸登記的非運輸兩岸間貿易貨物的船舶，從兩岸港口或第三地港口進入對方港口，掛

旗方式按照《海峽兩岸海運協議》規定的船舶識別方式執行」。[17] 協議規定和既有法律規範之間的這一衝突，實際上存在了半年之久。

第三，目前仍有部分法律規定與兩會協議不一致，且這些法律規範尚未以任何方式適應協議的規定，從而在實踐中造成大陸域內法制不統一的現象。

除上文已經提及的部分依照兩會協議制定和修改的法律規範外，事實上，目前大陸仍有部分與協議內容存在衝突的法律規範。這種現實存在的衝突，既未透過修改舊法的形式加以解決，也未透過制定新法的方式加以解決。從學理上講，作為民間協議的兩會協議，其效力理應低於作為國家正式法律淵源的各項法律規範。然而在實踐中，這些與協議規定相衝突的法律規範卻已經失去現實約束力，其對現實生活的約束功能已經讓位於相關的兩會協議。這種法律低於協議的現象，充分反映出大陸域內法制的不協調、立法與執法相脫節的狀況。這無疑應當引起重視。目前，大陸現行有效的法律規範與兩會協議不一致的情況主要可歸納為以下兩種類型：

一是協議內容擴展了現有法律規定的許可性內容。這主要表現為協議的規定超越了法律規定的許可範圍。以臺灣同胞在大陸投資問題為例，國務院於1999年制定的《臺灣同胞投資保護法實施細則》第六條、第七條、第八條規定了臺灣同胞在大陸投資的產業要求、投資方式、投資形式等，第九、十、十一條規定了臺灣同胞在大陸投資需要進行的審批程序，這些規定實際上對臺灣同胞在大陸投資的待遇，進行了一定程度的限制。然而，2013年1月正式生效的《海峽兩岸投資保護和促進協議》，卻明確規定了「一方對另一方投資者就其投資的運營、管理、維持、享有、使用、出售或其他處置所給予的待遇，不得低於在相似情形下給予該一方投資者及其投資的待遇」，這實際上相當於兩岸互相給予對方投資者以「國民待遇」，突破了《臺灣同胞投資保護法實施細則》所規定的種種限制，擴展了現有法律中的許可性內容。

二是協議內容規定了現有法律尚未規定的內容。這主要表現為協議規定內容擴展了原有法律規定的內容，其實際效果相當於制定新法。以《海峽兩岸投資保護和促進協議》為例，協議第七條詳細規定了兩岸一方對另一方投資者在其領域內的投資和收益的徵收禁止及其例外，這一規定實際上構成了

對《臺灣同胞投資保護法》第四條和《臺灣同胞投資保護法實施細則》第二十四條中「國家對臺灣同胞投資者的投資不實行國有化和徵收；在特殊情況下，根據社會公共利益的需要，對臺灣同胞投資者的投資可以依照法律程序實行徵收，並給予相應的補償」規定的擴展，從而超出了原有法律的規定範圍，造成了與制定新法類似的效果。

總之，兩會協議與現行法律規定不一致，且法律尚未進行修正的情況在實踐中客觀存在，這種不一致的情況，不僅不利於大陸域內的法制統一，也不利於大陸對臺工作法律體系的切實執行，因此應當盡快予以消除。

四、對策與建議：構建法制化的兩會協議適用制度

基於兩會協議適用制度研究的重要意義和當前大陸協議適用制度中存在的問題，為逐步構建起法制化的兩會協議適用制度，本文提出以下三點對策與建議，供有關部門和學界參考。

（一）建立健全兩會協議的接受制度，解決協議適用的前提問題

正如本文第一部分所言，兩會協議的接受制度與適用制度是兩種不同的制度。前者是後者的前提，後者是前者的延續。正是由於缺乏成文化的兩會協議的接受制度，協議在大陸的適用才出現了種種難以自圓其說的問題。因此，要構建法制化的兩會協議適用制度，就必須首先解決協議接受的制度化問題。由於兩會協議的接受是一個較為複雜的問題，且本文的論證重點並不在此，故在此僅提出兩點原則性建議：

一是落實《反分裂國家法》的談判適用，明確兩岸兩會協商機制的法律地位，為建立兩會協議接受制度提供法律依據。《反分裂國家法》是大陸目前處理兩岸關係問題的基本法律，這部法律既可以透過非和平方式予以適用，也可以透過談判適用和解釋適用等和平方式予以適用。[18]目前，兩岸兩會舉行的事務性商談正是對《反分裂國家法》第6條、第7條相關規定的適用。然而，由於《反分裂國家法》規定得過於原則，且大陸尚未依據該法制定出相關配套性立法，因此，在大陸現有法律規定中，兩會協商機制的定位尚不明確。這直接導致了兩會協商產生的兩會協議的法律定位和協議接受、適用的種種問題。因此，要建立健全大陸的兩會協議接受機制，就應當以《反分

裂國家法》為依據，制定相關法律規範，明確兩岸兩會協商機制的法律地位，即兩會協商機制是兩岸公權力機關在兩岸處於政治對立的情況下，無法直接接觸時所採取的變通協商方式，其協商結果具有法律約束力。如此一來，那麼兩會協商產生的兩會協議，亦可隨之具有相應的法律效力，這將為協議的接受提供法律前提。

二是盡快建立法制化的兩會協議接受制度。在明確協議法律地位的基礎上，大陸應當盡快建立協議接受制度，明確協議的接受方式等核心問題。就接受方式的選擇而言，大陸未來的兩會協議接受制度，既可以採取轉化接受的模式，也可以採取納入接受的模式。若依前者，則應制定相應的兩會協議轉化規則，明確規定協議生效後承擔轉化職能的立法機關和相應的轉化程序；若依後者，則應制定統一的納入條款，即規定「現有法律規定與兩會協議不一致的，以協議為準」。由於目前指導和參與兩會協議商簽的主要是包括國臺辦、國務院相關部委在內的國家行政機關，協議一般不透過作為國家權力機關的全國人大及其常委會，因此若對兩會協議一概採取納入接受的模式，則可能導致協議完全脫離國家權力機關監督的情況。隨著兩岸關係和平發展逐步進入「深水區」，兩會協議的內容亦可能超越現有的事務性議題，逐步涉及兩岸政治性議題，這就要求未來兩會協議的接受制度須為國家權力機關參與兩會協議的實施，留出一定的制度空間。

（二）制定統一的兩會協議適用規則，以間接適用取代現有的直接、間接混合適用

完善的兩會協議接受制度為制定統一的兩會協議適用規則提供前提和基礎。目前，在大陸適用兩會協議的實踐中，既存在著直接適用的現象，也存在著間接適用的現象。然而，隨著以轉化為主的接受制度的建立，大陸應當盡快著手制定統一的兩會協議適用規則，確立間接適用的兩會協議適用原則，以規範有關機關的協議適用行為。如上文所述，條約的間接適用和直接適用問題，一般存在於選擇以納入方式接受條約的國家，而選擇以轉化方式接受條約的國家，並不存在適用方式的選擇問題。因此，當大陸確立了以轉化為主的兩會協議接受制度後，應當及時制定相關法律規範，明確立法、司法、執法機關在兩會協議完成轉化之後，只能適用經協議轉化而來的大陸域內法

律規範，而不能繼續直接適用兩會協議。如此一來，前述的國務院有關部委違反《立法法》規定依照兩會協議進行部門規章立法、最高人民法院違反《人民法院組織法》規定依照兩會協議進行釋法的情況將不復存在。

同時，需要提及的是，目前在大陸各級人民法院的審判活動中，尚存在著將兩會協議直接作為裁判中的證據認定依據和審判依據的現象，如在福建省廈門市海滄區人民法院審理的「中國工商銀行股份有限公司廈門市分行訴廖靜惠等信用卡糾紛案」的判決書（〔2012〕海民初字第2305號）中，就在其「本院認為」部分直接引用了《海峽兩岸共同打擊犯罪及司法互助協議》第一條（四）之規定；又如在浙江省杭州市餘杭區人民法院審理的「北京天語同聲訊息技術有限公司與周福良侵犯著作財產權糾紛案」的判決書（〔2011〕杭余知初字第28號）中，就在其證據認定部分援用《兩岸公證書使用查證協議》的相關規定作為法院的證據認定依據。[19] 這意味著在大陸的兩會協議適用實踐中，其直接適用性不僅體現在協議對立法活動的影響上，也體現在其對司法活動的影響上。毋庸置疑，這種影響方式是違背司法基本原理的，也是違背大陸法律規定的。因此，我們認為，在完成協議轉化規則制定後，應當終止人民法院在審判活動中直接適用兩會協議的行為，以保障大陸審判機關的權威，同時使兩會協議在大陸的適用逐步回歸到其應有軌道。

（三）盡快開展與兩會協議內容相關的法律清理工作，消除尚未發現的法律衝突

法律清理，又稱法規清理、法規整理，是指有關國家機關按照一定程序，對一定時期和範圍的規範性法律文件加以審查，並重新確定其法律效力的活動。[20] 正如上文所言，在目前兩會協議的接受和適用尚處於無序狀態的情況下，大陸現行有效的部分法律規範與兩會協議之間尚存在著部分不協調、不一致的情況。因此，要徹底消除這種引起大陸法制不統一的情況，就必須在制定相應的協議接受、適用規則，解決「增量」問題的同時，及時開展法律清理工作，消除「存量」問題。因此，要處理好兩會協議與大陸法律體系銜接的問題，就必須在建立健全大陸兩會協議接受和適用制度的同時，針對上文中提出的現行立法與兩會協議存在衝突且尚未被修改或廢止的情況，及時開展法律清理工作，重新確定相關法律規範的法律效力。

第一部分　兩會協議的法律問題
論兩會協議在大陸適用的反思與重構──以立法適用為主要研究對象 [1]

截至 2013 年 12 月，兩會共簽訂了 28 項協議，內容涉及兩會聯繫會談制度、運輸、郵政、旅遊、經濟合作、投資保護、司法協助等諸多領域。[21] 與之相對應，大陸法律體系中需要進行調整的法律規範亦涉及眾多法律部門，其中既包括行政法、經濟法等公法部門，也包括民商法等私法部門，範圍較廣。從法律位階上講，目前兩會協議所涉法律規範的調整範圍，以全國人大常委會透過的法律、國務院透過的行政法規和國務院各部委透過的部門規章為主，兼及部分地方性法規，層級較多。這種跨越多部門、多層級的法律清理工作，應由全國人大常委會組織實施，其他各級立法主體配合執行，以便於清理工作順利、高效完成。

針對實踐中存在的不同情況，有關立法機關在法律清理過程中，應當分別採取不同方式予以處理：對於與協議規定有部分衝突的立法，應當及時依照協議的相關規定，啟動法律修改程序，將衝突部分予以修正，以適應協議的實施需要；對於協議規定內容尚無相關法律規定的，應當依照《立法法》的相關規定，或以特別立法形式將協議內容加以轉化，或修改相關的部門法，將協議內容加入其中；對於相關法律規定已經完全與兩岸關係和平發展的時代背景脫節，透過修改已經無法適應相關協議實施需要的，應當及時廢止。總之，只有在不斷完善大陸兩會協議接受、適用制度的同時，及時展開相關法律清理工作，才能最終實現大陸相關領域法律體系的和諧一致。

五、結語

兩會協議的適用作為兩會協議在兩岸域內實施的關鍵步驟，其制度化對構建兩岸關係和平發展框架，推動兩岸關係走向深入發展具有十分重要的意義。然而，相對於臺灣規範化的兩會協議適用程序，大陸的協議適用尚未實現法制化。這種現象不僅不利於大陸域內法律體系的規範實施，不利於兩岸關係從「人治型」到「法治型」轉變的實現，也不利於兩岸關係和平發展框架法律機制的構建。因此，應當在建立法制化的兩會協議適用制度的基礎上，逐步完善由協議簽訂製度、生效制度、接受制度和適用制度共同構成的協議實施制度。由於本文篇幅所限，無法對上述問題一一展開論證，對於兩會協議實施機制的有關細節性問題，作者將另文論述。

註釋

[1] 本文僅供本次會議之用，故請勿引用。

[2] 周葉中，武漢大學兩岸及港澳法制研究中心主任、教授；段磊，武漢大學法學院博士研究生。

[3] 杜力夫：《論兩岸和平發展的法治化形式》，載《福建師範大學學報（哲學社會科學版）》2011 年第 5 期。

[4]「法域」是指一個具有或適用獨特法律制度的區域，與「國家」、「主權」等概念無關，一個主權國家也可以有多個法域，因此在此使用「法域」的概念與一個中國原則並無牴觸。本文中多次使用「兩岸各自域內」等概念，均系對「法域」概念的應用。關於「法域」的概念，參見韓德培主編：《國際私法問題專論》，武漢大學出版社 2004 年版，第 117 頁至第 118 頁。

[5] 李浩培：《條約法概論》，法律出版社 2003 年版，第 314 頁。

[6] 參見「兩岸人民關係條例」第 4-2 條、第 5 條。

[7] 梁西主編：《國際法》，武漢大學出版社 2003 年版，第 302 頁。

[8] 萬鄂湘主編：《國際法與國內法關係研究》，北京大學出版社 2011 年版，第 61 頁。

[9] 嚴格來講，最高人民法院依照《人民法院組織法》進行的司法解釋活動，並不屬於現行憲法中規定的法律制定行為，但為了文章結構安排和敘述的便利，本文將最高人民法院依照《海峽兩岸共同打擊犯罪和司法互助協議》制定司法解釋的活動，置於協議對法律制定的影響進行論述。

[10]《臺灣投資者經第三地轉投資認定暫行辦法》第 2 條。

[11]《臺灣同胞投資保護法》第 2 條；《臺灣同胞投資保護法實施細則》第 2 條。

[12] 李龍主編：《法理學》，武漢大學出版社 2011 年版，第 86 頁。

[13]《立法法》第 71 條。

[14]《人民法院組織法》第 32 條。

[15] 鳳凰網：《兩會復談層級高兩岸雙方官員均以適當身份參與》，資料來源：http：news.ifeng.com/taiwan/3/200806/0607—353—585836.shtml，最後訪問日期：2013 年 12 月 20 日。

[16]《船舶升掛國旗管理辦法》第 5 條。

[17]《交通運輸部公告（2009 年第 21 號）》第 6 條。

[18] 參見周葉中、祝捷主編：《構建兩岸關係和平發展框架的法律機制研究》，九州出版社 2013 年版，第 25 頁。

[19] 相關案例裁判文書均來源於「北大法寶」網站：http：www.pkulaw.cn/，最後訪問日期：2013 年 12 月 28 日。
[20] 楊斐：《法律清理與法律修改、廢止關係評析》，載《太平洋學報》2009 年第 8 期。
[21] 關於兩會協議的範圍，並無權威的表述，本文以國務院臺灣事務辦公室網站「兩岸相關協議」欄目公佈的內容為準，共計 28 項。由於《海峽兩岸服務貿易協議》尚未生效，故此處所稱的已生效協議僅 27 項。

試論兩會協議效力的法律依據

陳動[1]

自 2008 年 6 月以來，在短短的 5 年時間內，海協會與海基會就已經簽訂了 19 項協議。連同 1993 年所達成的 4 項協議，目前兩會一共簽訂了 23 項協議，這些協議「解決了一系列兩岸同胞關心的經濟、社會、民生問題，對兩岸交往與合作作出了制度化安排，在不斷開創兩岸關係和平發展新局面的進程中發揮了不可替代的重要作用。兩岸關係和平發展成果為兩會制度化協商持續推進創造了有利條件，注入了新的動力」。[2]

落實兩會協議，事關維護兩岸關係和平發展大局，因此大陸的各個部門、各個地方，都會站在政治高度來落實兩會協議，其執行力度應該是毋庸置疑的。可是筆者不得不指出一個重要問題，就是大陸方面明顯沒有兩會協議效力的法律依據，而這個現象是與我們「依法治國」的方略以及促進兩岸交往與合作的總體思路有著很大的牴觸。

一、兩會協議的效力在形式上缺乏法律依據

在上個世紀 90 年代初期，臺灣當局執行所謂「三不政策」，不願意與大陸官方直接接觸，而為了處理兩岸交往衍生的問題，於 1991 年 3 月專門設立了所謂「中介機構」，即「財團法人海峽交流基金會」（簡稱「海基會」）。海基會是一個以「財團法人」的名義出現的民間組織，同時又接受臺灣「行政院」授權與大陸進行交涉，其主要幹部多為官員「轉任」，所以俗稱「白手套」機構。在此背景下，大陸也在海基會成立 9 個月後即 1991 年 12 月設立了海峽兩岸關係協會（簡稱「海協會」）[3]，作為對應的交涉機構。雖說海協會的主要幹部都是由國臺辦幹部兼任，可在法律性質上，海協會還只是

一個民間組織。《海峽兩岸關係協會章程》第一條明確規定，海協會是一個「社會團體法人」。《海峽兩岸關係協會章程》第四條規定：「本會接受有關方面委託，與臺灣有關部門和受權團體、人士商談海峽兩岸交往中的有關問題，並可簽訂協議性文件。」因此，兩會在性質上都是民間組織，同時也都是受權進行交涉，也都有權與對方簽訂協議。

然而，兩岸在對待兩會協議的效力問題上，還是有一些不同的做法。

臺灣方面在1992年7月公佈了「臺灣與大陸地區人民關係條例」（簡稱「兩岸人民關係條例」），為海基會的運作提供了法律依據。該條例明確規定以下幾個重點：第一，海基會是接受「行政院」委託處理兩岸人民往來有關之事務的民間團體；第二，經「主管機關」許可，海基會可以與大陸方面簽訂協議；第三，海基會所簽協議，「非經主管機關核準，不生效力」。[4] 後來，隨著兩會協商問題在面和點上都有所拓展，以及臺灣當局明定「大陸委員會」作為大陸事務的主管機關，臺灣方面又對「兩岸關係條例」進行多次修訂。從現行的「兩岸關係條例」中可以看出，臺灣方面以法律形式對海基會所簽訂的協議有了更加細緻的規定：第一，海基會是接受「行政院大陸委員會」或「經行政院同意之各該主管機關」之委託，「以受託人自己的名義」（即海基會的名義），與大陸方面簽訂協議。第二，海基會所簽之協議，「係指臺灣與大陸地區就涉及行使公權力或政治議題事項所簽署之文書」。第三，海基會所簽之協議，「內容涉及法律之修正或應以法律定之者，協議辦理機關應於協議簽署後三十日內報請行政院核轉立法院審議；其內容未涉及法律之修正或無須另以法律定之者，協議辦理機關應於協議簽署後三十日內報請行政院核定，並送立法院備查，其程序，必要時以機密方式處理」。從以上規定不難看出，臺灣方面對於兩會協議的效力問題有明確的法律依據：第一，協議內容不涉及法律之修正或無須另以法律定之者，即純屬行政權範圍的，由「行政院」核定後即可生效；第二，協議內容涉及法律之修正或應以法律定之者，即屬於「立法院」權限範圍的，應移送「立法院」審議。換言之，後者是需要等「立法院」審議透過並修法或制定新法後才生效。臺灣方面的做法，使得兩會協議在臺灣的效力有了法律依據。

第一部分　兩會協議的法律問題
試論兩會協議效力的法律依據

　　大陸方面則不同。迄今為止，我們在公佈的法律法規當中並未看到對於兩會協議在大陸的效力問題有統一的規定，只是在部門規章、司法解釋中零星看到大陸有關機關針對具體某項兩會協議的履行作出規定，如司法部《海峽兩岸公證書使用查證協議實施辦法》、最高人民法院《關於人民法院辦理海峽兩岸送達文書和調查取證司法互助案件的規定》等。此外，商務部、海關總署、交通運輸部、國家質量監督檢驗檢疫總局、國家工商行政管理總局、民用航空局、銀監會等部門也都有一些貫徹落實兩會協議的相關規定，但並未涵蓋所有的兩會協議。

　　據大陸學者祝捷的研究，兩會協議在大陸「具有直接適用性質」，目前大陸在實踐中分別採取了「直接適用」、「先行立法適用」和「納入適用」等三種方式，「大陸在肯定兩會協議直接適用性的基礎上，認為對兩會協議的接受不須經過有形的程序」。[6] 筆者認為，兩會協議在大陸確實存在著「直接適用性」，在上述的司法解釋和部門規章當中，都明確提到是為了「履行」或是「落實」某項兩會協議而制定的，例如在司法部《海峽兩岸公證書使用查證協議實施辦法》第一條就規定：「為履行《兩岸公證書使用查證協議》，制定本實施辦法。」最高人民法院《關於人民法院辦理海峽兩岸送達文書和調查取證司法互助案件的規定》第一條指出，「為落實《海峽兩岸共同打擊犯罪及司法互助協議》（以下簡稱協議），……確保協議中涉及人民法院有關送達文書和調查取證司法互助工作事項的順利實施，……制定本規定」。而問題就出在祝捷教授所說的「對兩會協議的接受不須經過有形的程序」，人們不禁要問：為什麼「不須經過有形的程序」呢，直接適用的法律依據又是什麼？

　　我們相信，海協會在與海基會簽訂協議時已經獲得「有關方面」——包括行政機關、司法機關乃至立法機關的充分授權，但是對於公眾來說，很難理解海協會所簽訂的協議為什麼會自然取得充分的效力，不僅行政機關要「貫徹實施」，連司法機關也要「實施」。這裡明顯缺乏一個重要的環節，即缺少兩會協議在形式上獲得充分效力的法律依據，不能不說這是一個重大瑕疵。

二、所帶來的負面影響

眾所周知，兩會協議在大陸具有很強的實質效力，大陸各部門包括司法機關都會站在政治高度來貫徹實施。而越是這樣，就越會帶來一些負面影響。

（一）與「依法治國」的方略相牴觸

「依法治國」是我們的治國方略，這就要求我們在實質和形式兩個方面都要依法辦事。公權力機關的作為，在形式和實質兩個方面都要有法律依據。

從形式方面來看，前引的司法解釋和部門規章，都沒有回答為什麼兩會協議會自然取得充分效力這個關鍵性問題。也就是說，在形式上我們還缺少兩會協議在大陸生效條件以及生效程序的法律規定，這就使得大陸行政機關、司法機關在執行兩會協議時缺少形式上的法律依據。說得更直白點，就是法律上並沒有兩會協議當然獲得「直接適用性」的規定。

從實質方面來看，兩會協議當中有一些內容明顯是與大陸現行法律法規相牴觸的，試舉幾例：

其一，《海峽兩岸投資保護和促進協議》與《中華人民共和國臺灣同胞投資保護法實施細則》（以下簡稱《實施細則》）的矛盾。

其中，《實施細則》中規定徵收補償款計算標準的時間點是「徵收決定前一刻」[7]而《海峽兩岸投資保護和促進協議》則規定是以「徵收時或徵收為公眾所知時（以較早者為準）」，[8]這兩個時間點顯然是不一致的，而按照不同的時間點計算徵收補償款的標準也是不一樣的。

《實施細則》第二十八條規定：「臺灣同胞投資者、臺灣同胞投資企業、臺灣同胞投資企業協會認為行政機關或者行政機關工作人員的具體行政行為侵犯其合法權益的，可以依照國家有關法律、行政法規的規定，申請行政復議或者提起行政訴訟。」這條規定所涉及的「侵犯其合法權益」事項，應該是包括「投資補償爭端」事項在內的。也就是說，如果臺商與大陸行政機關之間產生「投資補償爭端」，可以申請行政復議或者提起行政訴訟，此外並未有其他救濟途徑和方式。可是《海峽兩岸投資保護和促進協議》第十三條第一款第四項規定：「因本協議所產生的投資者與投資所在地一方的投資補

償爭端，可由投資者提交兩岸投資爭端解決機構透過調解方式解決。」這就意味著，在行政復議和行政訴訟之外增加了另外一種救濟途徑和方式，不過這種途徑和方式也是大陸現行法律法規所未規定的，或者說是沒有法律依據的。

考慮到《實施細則》在法律位階上屬於行政法規，國務院完全可以自行決定修改或予以調整。可是迄今為止，我們還沒有看到國務院對《實施細則》作出相應的調整。可是如果執行《海峽兩岸投資保護和促進協議》，就會架空《實施細則》的上述條文。而從另外一個角度看，《海峽兩岸投資保護和促進協議》的上述規定，已經超出《中華人民共和國臺灣同胞投資保護法》（以下簡稱《臺灣同胞投資保護法》）所規定的投資爭端解決機制，《臺灣同胞投資保護法》第十四條規定的爭端解決機制並不當然容納兩岸投資爭端解決機構我們絲毫沒有否認「兩岸投資爭端解決機構」的意思，只是想要指出一點：《臺灣同胞投資保護法》是法律，其制定機關是全國人大常委會，要增加新的投資爭端解決機構，理應要得到全國人大常委會的響應，或是修改《臺灣同胞投資保護法》或是專門透過決定對該機構給予認可才對，否則就有違法之嫌，就會讓人們產生「不依法辦事」的感覺。

其二，《海峽兩岸共同打擊犯罪及司法互助協議》的內容，與大陸現行刑法、刑訴法、民訴法的規定存在著一些矛盾：

1.該協議第四條規定，兩岸共同打擊刑事犯罪的合作範圍包括「背信罪」。「背信罪」是臺灣的罪名，可《中華人民共和國刑法》當中並未有該罪名。大陸方面如果依照協議打擊「背信罪」，豈不是要違背「罪刑法定」之精神？

2.該協議有關「送達文書」、「調查取證」的內容，與大陸現行的刑訴法、民訴法相關規定存在著不同。執行起來，勢必要違背法律上的實質性規定，而且還會產生一些問題。例如，《刑事訴訟法》第 59 條明確規定，證人證言必須在法庭上經過質證並查實後才能作為定案根據。而該協議將「證言」的取得作為兩岸司法互助的內容，這樣一來按照該協議經過司法互助途逕取得的證言，顯然是無法滿足「必須在法庭上經過質證」的要求，依照上述第 59 條的規定是不能作為定案根據的。也就是說，歷經千辛萬苦才獲取的「證

言」,並不能作為定案根據,那又為什麼要有這樣的司法互助呢?而一旦作為定案的依據,豈不是就要推翻第 59 條的規定?

從「依法治國」的角度講,執行兩會協議若不能在形式和實質兩個方面都獲得足夠的法律依據,就不符合「依法治國」的要求,這是一個必須給予正視的重要問題。

(二)給「爭取臺灣民心」帶來不利的影響

兩岸關係和平發展,是兩岸走向和平統一的重要階段。在這個階段中,最重要的任務就是要做臺灣人民的工作,「爭取臺灣民心」。

我們在宣傳中經常說大陸已經是法治社會,可是在落實兩會協議這個兩岸民眾時刻都可以關注到的重要問題上我們還存在著重大法治瑕疵,其產生的副作用,往往被大家所忽視。臺灣學者在讚揚大陸執行兩會協議非常著力的同時,往往還會添加一句,「臺灣和你們不一樣,我們的司法機關是嚴格按照法律規定來做的」,其潛臺詞只會令大陸的法律人士汗顏。兩會協議在大陸生效的條件以及程序問題,也許不是很大的事情,可長此以往,只能在臺灣民眾中產生一個實際效果,就是我們法治觀念的淡薄,在「爭取臺灣民心」方面的實質成效也就不容樂觀。

三、應明確賦予兩會協議生效的形式依據

1991 年海協會成立之時,大陸尚未提出「依法治國」。當年流行一種觀點,主張「不要以法律形式規定兩岸交往中的問題,以免使得將兩岸現狀法律化、固定化,影響到祖國的統一大業」。可能是在這種觀點的影響下,大陸在涉臺問題上很少透過立法加以解決,長期以來涉臺立法達到法律位階的僅有一部《臺灣同胞投資保護法》,[10] 行政法規只有四個(以出臺時間為序,分別為《國務院關於臺灣同胞到經濟特區投資的特別優惠辦法》、《國務院關於鼓勵臺灣同胞投資的規定》、《中國公民往來臺灣管理辦法》以及《中華人民共和國臺灣同胞投資保護法實施細則》),其餘多為部門規章、司法解釋和地方立法。筆者認為,這種觀點存在兩個明顯的錯誤:第一,對臺灣問題的長期性和複雜性缺乏認識,希望能夠短期內得到解決;第二,沒有認

識到法律手段也是在政治問題解決之前處理兩岸交往和促進兩岸關係和平發展的重要手段。《反分裂國家法》的出臺，則意味著終結了這種觀點的影響。

目前形勢已經出現重大變化：首先，大陸已經將「依法治國」作為治國方略，1999 年寫入憲法，因此凡是不符合「依法治國」的做法都應該得到糾正；其次，兩會協議不再只是侷限在行政事務，已經涉及方方面面，很多內容已經觸及大陸現行法律的規定，大陸需要修改法律以適應兩岸的交往。因此，筆者建議：

第一，由國務院制定行政法規，規定以下內容：海協會所簽訂的協議之生效條件；如海協會所簽協議與現行行政法規、部門規章牴觸應如何處理。

第二，由全國人大常委會發佈決定，規定以下內容：海協會所簽訂的協議，如涉及現行法律的修訂或需要制定新法，應如何處理。

總之，筆者認為，在形式上賦予兩會協議的效力依據是勢在必行的事情，希望能夠早日給予解決。

註釋

[1]陳動，廈門大學臺灣研究院教授。

[2]新華社：《陳德銘與林中森舉行兩會第九次會談簽署兩岸服務貿易協議》，引自新華網 http：news.xinhuanet.com/politics/2013-06/21/c—116239810.htm。最後訪問：2013-12-30。

[3]官方通常只使用「海協」的簡稱。

[4]詳見「臺灣與大陸地區人民關係條例」（1992 年 7 月 31 日公佈）第 4、第 5 條。

[5]詳見「臺灣與大陸地區人民關係條例」（2011 年 12 月 21 日公佈、2012 年 3 月 21 日施行）第 4 條、第 4-2 條、第 5 條。

[6]祝捷：《論兩會協議的接受制度》，載本書第 25 頁。

[7]參見《中華人民共和國臺灣同胞投資保護法實施細則》第 24 條。

[8]參見《海峽兩岸投資保護和促進協議》第 7 條。

[9]《中華人民共和國臺灣同胞投資保護法》第 14 條規定的內容，只涉及臺商與大陸的各種經濟組織和個人之間的投資爭端解決，即協商—調解—仲裁—訴訟的傳統途徑和方式。

[10]2005 年公佈的《反分裂國家法》是第 2 部。

論兩會協議的接受制度

祝捷[1]

　　1993年後，大陸和臺灣透過授權團體海協會和海基會簽訂了一系列事務性協議（以下簡稱「兩會協議」），兩會協議的簽訂與實施對於促進兩岸關係和平發展發揮了積極作用。兩岸依據各自的有關規定接受（incorporation）[2]兩會協議是兩會協議實施的關鍵步驟。所謂兩會協議的接受，是指兩岸透過一定方式使兩會協議從民間團體之間簽訂的私協議，轉化為具有規範意義的法規則的過程。目前，兩岸學者對兩會協議的研究，仍多從協議的意義、影響和作用等宏觀層面著手，而對於兩會協議的接受等技術性、細節性的議題未有涉及。「涉臺無小事」，任何在表面上看來僅具「技術性」和「細節性」的議題，在兩岸關係的框架內都將變得微妙而敏感，對兩會協議的接受也不例外。實踐中，因兩岸在兩會協議的接受問題上存在不同認知，甚至一度引發爭論。立基於上述原因，本文擬結合兩岸接受兩會協議的實踐，以及兩會協議的有關文本，對兩會協議的接受問題作一理論上的探討。

一、問題的提出

　　2008年11月，兩岸海協會和海基會領導人在臺北達成包括《海峽兩岸食品安全協議》在內的四項事務性協議。在該四份協議的最後一條都規定「本協議自雙方簽署x日時生效」，其中《海峽兩岸食品安全協議》規定為7日，其餘3份協議規定為40日。對於這一條的規定，兩岸產生了不同的理解。尤其是《海峽兩岸食品安全協議》，因其規定從簽署至生效的期間較短，兩岸有關部門在對外表述上有所不同，一度引發媒體猜想。雖然這一風波並未對兩岸關係造成實質性的影響，但凸顯了兩會協議接受這一問題的重要性。

　　按臺灣媒體報導，2008年11月12日，臺灣「立法院」將當月4日海協會和海基會領導人簽訂的四項協議交付有關委員會審查。根據臺灣「立法院職權行使法」第8條之規定，「交付有關委員會審查」屬於「立法院」進行「議案審議」的「一讀程序」，亦即被「交付相關委員會審查」的議案並不必然產生法律上的效力。但，臺灣「立法院」將上述四項協議「交付有關委員會審查」時，距兩會領導人11月4日簽訂《海峽兩岸食品安全協議》

已過 7 天。若按《海峽兩岸食品安全協議》第 8 條之規定，該協議已經生效。那麼，臺灣「立法院」在《海峽兩岸食品安全協議》生效後，仍然將其「交付有關委員會審查」，是否有兩會協議若非經臺灣法律所規定的程序批準則不具有法律效力的意思？

值得注意的是，國臺辦發言人範麗青於 2008 年 11 月 26 日召開的國臺辦例行新聞發佈會上，針對有記者問及臺灣「立法院」對《海峽兩岸食品安全協議》等四項協議的審查是否可能影響其執行和生效時，指出：「兩岸所簽署的三項協議，規定在簽署後 40 天內生效，目前雙方都在進行一些內部的各自的準備工作。兩岸同胞都期望三項協議生效以後盡快推動兩岸三通，以達到擴大兩岸交流合作，促進兩岸的經貿發展，共同應對當前日益嚴峻的經濟形勢的目的。」（4）考察國臺辦發言人的表述，至少有兩處值得注意：第一，雖然臺灣「立法院」將四項協議都「交付有關委員會審查」，但國臺辦發言人僅提及規定有「簽署後 40 天內生效」的三份協議，從而將《海峽兩岸食品安全協議》排除在外，這一表述，是否意味著大陸方面認為依《海峽兩岸食品安全協議》第 8 條之規定，《海峽兩岸食品安全協議》已經生效？第二，國臺辦發言人並未正面回應記者所提「立法院審查」一事，而僅以「雙方都在進行一些內部的各自的準備工作」代替之，這裡的「準備工作」含義為何，發言人並未作出具體說明。

雖然國臺辦發言人的表述並不能直接體現出大陸在四項協議是否生效上的態度，但就上述分析而言，大陸方面的態度應更多偏向認為「協議應按協議之規定生效，而不受臺灣內部原因影響」。由此，兩岸至少在表述上發生了矛盾之處。而且臺灣民進黨「立法院」黨團公開表示，若四項協議並非經「立法院」決議，而是「自動生效」，將「不會承認效力」。[5]

上述圍繞《海峽兩岸食品安全協議》等四項協議所產生的爭議，基本上可以反映出兩岸在兩會協議的接受上的主要衝突，歸結起來就是：兩會協議的接受，是否必須經過批準或審查程序，亦即兩會協議是由兩岸自動接受，還是需經特定的接受程序？

二、兩會協議接受問題的產生原因

兩會協議的政治基礎是以堅持一個中國原則為核心內容的「九二共識」，因此，兩會協議的本質是「一國內地區間協議」。然而，「接受」是一個國際法學上的概念。具有「一國性」的「兩會協議」，何以會使用到一個國際法學上的概念呢？本文認為，兩會協議產生接受問題的原因，絕非是臺灣一部分人所聲言的所謂「兩會協議條約化」主張，而是源於兩會協議在兩岸關係背景下所體現出來的跨法域性和私協議性。

第一，兩會協議的跨法域性要求兩岸透過接受，將兩會協議轉變[6]為各自域內的法律規範，其原因在於兩岸因歷史和現實的因素，已經成為了兩個不同的法域。按照理論通說：法域是一個純粹的法學概念，指具有或適用獨特法律制度的區域，與「國家」、「主權」等概念無關，一個主權國家也可以有多個法域。大陸和臺灣目前仍處於政治對立的狀態，施行於大陸的中華人民共和國憲法無法適用於臺灣，而臺灣依據其「憲法」形成了法律體系。[8]在此情況下，大陸和臺灣在事實上存在兩套互相平行的法律體系（而不考慮其正當性），大陸人民和臺灣人民在各自公權力機關的實際控制範圍內，僅遵守、執行和適用本區域內的法律。對大陸和臺灣是兩個不同法域的認識，並不影響大陸和臺灣同屬一個中國的事實，而且已為兩岸學界和實務界所公認。[9]2009年4月兩會簽訂的《海峽兩岸共同打擊犯罪及司法互助協議》，就隱含著將大陸和臺灣視為兩個不同法域的前提在其中。兩岸既為兩個法域，兩會協議的實質因而是一國內兩個法域之間簽訂的事務性協議，而此兩個法域並不具有統屬關係。因此，雖然兩會協議具有「一國性」，但仍需透過類似於國際法上「條約接受」的機制，使之轉變為兩岸各自法域內的法律規範。當然，對兩會協議的接受與國際法上「條約接受」有著本質的不同，並不能以兩會協議需經接受為由，否定兩會協議的「一國性」。同樣，也不能因為兩會協議的「一國性」，而否定兩會協議接受的必要。

第二，兩會協議的私協議性要求兩岸透過接受，將兩會協議轉變為具有公性質的法律規範。兩會協議是兩岸在公權力機關無法直接接觸的情況下，授權民間團體海協會和海基會簽訂的事務性協議。就簽訂主體而言，海協會和海基會是大陸和臺灣為開展兩岸事務性交流而專門成立的團體。從兩會章

程來看，海協會的法律性質為「社會團體法人」，海基會的法律性質為「財團法人」，根據兩岸有關法律，均屬不具有公權力性質之私主體。[10] 由於兩會的私性質，其所簽訂的兩會協議因而也僅是具有私協議的性質。從法理上而言，具有私協議性質的兩會協議即便「生效」，也僅能拘束作為簽訂主體的海協會和海基會，並不具有普遍拘束力。然而，在現實中，由海協會和海基會作為兩會協議的簽訂主體，實為兩岸在公權力機關無法直接接觸情況下的變通方法。兩會協議的實施涉及兩岸公權力的行使，有的還需要兩岸公權力機關對兩岸各自法域內的法律進行修改和解釋，因而僅憑具有「窗口」性質的海協會和海基會將難以實現協議目的。為此，有必要透過接受的方式，使兩會協議從僅具有私性質的協議，轉變為具有普遍拘束力的法律規範。透過接受，兩會協議被賦予公性質，從而轉變為足以拘束兩岸公權力機關和普通民眾的法律規範。

綜合兩會協議的跨法域性和私協議性，可以發現，兩會協議接受是兩會協議生效的必要條件。根據兩會協議的跨法域性，兩會協議的實施可以被分為在兩岸各自法域內的實施（以下簡稱「域內實施」）和兩岸間實施兩部分，其中由兩岸公權力機關主導的域內實施是兩會協議是否能得以實施的關鍵。但是，基於兩會協議的私協議性，即便兩會協議根據其自身規定生效，也僅能拘束海協會和海基會，因此，要使兩岸公權力機關也受到相同拘束，必須經過一定的接受機制。經由接受機制，兩會協議可以獲取足夠的正當性和規範性，從而成為調整協議所涉兩岸事務性關係的基本法律依據。

三、國際法知識的借鑑

雖然大陸和臺灣同屬一個中國，本不生國際法上的問題，但是，考慮到兩會協議的跨法域性，因此，可以在否定臺灣「國家」屬性的前提下，單純從理論層面借用國際法學的知識，對兩會協議的接受進行分析。

第一個問題：接受是否必須經過有形的批準或審查程序，亦即兩會協議是否可以自動在兩岸各自法域內生效。該問題在國際法上體現為條約是否可以直接適用的問題。按照通行國際法準則和國際法理論，國家有落實條約的義務，至於如何落實，一般有兩種方式：其一，若條約包含直接適用的內容，

則條約無需轉化立法，而直接以併入方式接受為國內法的一部分；[11]其二，若條約不包含直接適用的內容，則締約國應採取措施，使條約得適用於國內。因此，條約的接受是採取直接適用的方式，還是不直接適用的方式，完全以條約自身如何規定為依據。[12]當然，對於條約是否直接適用，還有考察該國在憲政體制上的特點，若該國的憲政體制並不承認條約具有直接適用性質，則條約即便包含有直接適用條款，亦不產生直接適用的效果。由此類比，判斷兩會協議是否可以自動在兩岸各自法域內生效的標準主要有兩項：第一，大陸和臺灣的有關制度是否承認兩會協議的直接適用性；第二，兩會協議自身有無相應規定。

第二個問題：兩岸應以何種形式接受兩會協議。該問題在國際法學上體現為條約適用的方式。對於條約一般有著兩種適用方式：一是將條約規定轉變為（transformation）為國內法；二是將條約規定納入（adoption，或併入）國內法。[13]前者（轉化）是指為了使國際法能在國內有效地適用，透過其立法機關，將國際法有關具體規則變成國內法體系，用國內法的形式表現出來；後者（納入）是指為了使國際法能在國內適用，一般作出原則規定，從總體上承認國際法為國內法的一部分。[14]當然，也有國家將兩種方式結合起來，根據條約的性質和具體內容，對有些條約以轉化的方式適用，而對有些條約以納入的方式適用。至於採取何種方法，也是由各國憲政體制所決定。由此類比，兩岸應以何種方式接受兩會協議，是轉化還是納入，應根據兩岸內部的體制決定。

綜上所述，兩會協議接受機制的分析對象，應主要集中於以下兩個方面：第一，兩會協議的相關規定；第二，大陸和臺灣在接受兩會協議方面的制度與實踐。以下，本文將按此思路，分別對兩會協議中有關接受機制的規定以及兩岸接受兩會協議的制度與實踐進行探討。

四、兩會協議中有關接受機制的規範分析

解決兩岸在兩會協議的接受上的衝突，一方面固然可以從協議的功能、目的以及協議對兩岸關係和平發展的促進作用等方面，透過政策言說的方式

加以探討，另一方面，也可以經由法學的規範分析方法，以協議文本為依據，從規範的角度尋找合適的方法。

由於兩岸分屬兩個不同的法域，兩會協議的實施被分為在兩岸各自域內的實施和在兩岸間的實施。[15] 對於「兩岸各自法域內」（以下簡稱「兩岸域內」）和「兩岸間」的劃分，是兩會協議設計接受機制的認識基礎。根據「兩岸域內」和「兩岸間」的劃分，兩會協議的接受屬於兩岸域內事務，與兩岸各自的相關體制有關。作為事務性協議，兩會協議不便也無必要對兩岸的相關體製作出具體規定。因此，兩會協議文本中並沒有「接受」及其類似概念，也無明確的接受機制。但是，這並不意味著兩會協議文本中沒有規定對協議的接受機制。兩會協議文本雖因不便或無必要對兩岸在各自域內接受協議作出規定，但仍可規定其生效方面的機制。考慮到接受的主要功能在於使兩會協議產生效力，因此，本文擬以兩會協議文本中的生效條款為依據，分析兩會協議所規定的接受機制。

根據兩會協議文本，兩會協議的生效條款先後採取過四種模式。第一，簽訂後定期間後生效，即兩會協議在雙方簽訂後經過一定期間，待該期間屆滿後方產生效力。該模式首見於《辜汪會談共同協議》，主要為20世紀90年代簽訂的兩會協議所採用。《辜汪會談共同協議》協議第5條規定，「本共同協議自雙方簽署之日起三十日生效實施」。《兩會聯繫與會談制度協議》、《兩岸公證書使用查證協議》、《兩岸掛號函件查詢、補償事宜協議》、《海峽兩岸關於大陸居民赴臺灣旅遊協議》以及《海峽兩岸包機會談紀要》等兩會協議均以此模式生效。第二，待雙方確認後定期日生效，即兩會在確認兩會協議內容後，在一個確定的日期生效。該模式常用於兩會復委託其他組織或個人簽訂的兩會協議中。如《港臺海運商談紀要》第4條規定：「本商談紀要經海峽兩岸關係協會、財團法人海峽交流基金會核可並換文確認，於今年（1997年）7月1日起正式生效。」第三，簽訂後定期間內生效，即兩會協議在兩會簽訂該協議後一定期間內產生效力，但在實踐中一般為期間屆滿之日起生效。該模式在兩會在2008年11月簽訂的4份協議中被採用。如《海峽兩岸空運協議》第13條規定，「本協議自雙方簽署之日起四十日內生效」。第四，最長過渡期後生效，即兩會協議規定一個最長的過渡期，

由雙方進行相應準備工作，待準備工作完成後生效，但不得超過給定的最長過渡期。如《海峽兩岸共同打擊犯罪及司法互助協議》、《海峽兩岸金融合作協議》和《海峽兩岸空運補充協議》3份協議都規定「協議自簽署之日起各自完成相關準備工作後生效，最遲不超過六十日」。

第一種模式和第二種模式都是兩會協議在20世紀90年代所採用的模式，本文討論的重點因而在2008年後採用的第三種模式和第四種模式。從表面上看，第三種模式和第四種模式都是在一定期間屆滿後生效。但是，第三種模式對給定的期間沒有作出明確的界定，導致兩岸對此理解不一，而第四種模式則將給定的期間明確為「緩衝期」。在對於第三種模式中給定的期間的理解上，大陸方面認為，該給定期間為「生效緩衝」期，即便任何一方沒有完成接受程序，協議亦自動生效；臺灣方面則認為，該給定期間應是「生效決定」期，如果有任何一方在此期間內作成否定協議的決定，則該協議不產生效力。上述爭議歸結到一點，就是兩會協議的生效，是否必須經過有形的接受程序。正是這個爭議，導致了兩岸在《海峽兩岸食品安全協議》等4份協議上的衝突。兩岸顯然意識到了第三種模式的缺陷是造成上述爭議的原因之一，因而在2009年4月簽訂的3份兩會協議中發展出第四種模式，防止再度引發不必要的爭議。

與第三種模式相比，第四種模式不僅將給定期間明確為「生效緩衝期」，而且對兩岸在「緩衝期」內的工作也作了規定。在第四種模式的表述中，雙方在緩衝期內應完成「相關準備工作」。這裡的「準備工作」有著相當豐富的內涵：第一，「準備工作」固然包括人員、物資、裝備等工作，同時也包括法制工作，尤其是兩岸以合適方式，使兩會協議成為各自法域內法律體系的一部分，亦即對兩會協議的接受，可以說，「準備工作」一詞可以作為兩會協議接受機制的直接淵源；第二，「準備工作」又是一含義相當模糊的中性詞，它並非是嚴格意義上的法律用語，因而可以有效迴避「批准」、「接受」等國際法學意義上的詞語，確保兩會協議的「一國性」，防止因協議文本的缺陷，引發所謂兩會協議「條約化」的話題。當然，至於兩岸以何種方式完成「接受」這個「準備工作」，第四種模式仍未加以明確規定，根據兩岸事務性合作的精神，兩岸自然可以依據其各自域內的法律自行決定。

綜合上述分析，可以得出兩會協議接受機制的主要內容（以採取第四種模式為例）：第一，兩會協議在兩岸各自完成準備工作後生效，而該準備工作包括對兩會協議的接受，且準備工作應在一個給定的過渡期內完成；第二，兩岸以何種方式完成對兩會協議的接受，由兩岸根據各自域內的法律決定。

五、大陸接受兩會協議的制度與實踐

大陸認為兩會協議具有直接適用性質，因而以兩會協議的直接適用性為基礎，形成三種具體的適用方式。需要說明的是，這些具體的適用方式並沒有制度化，而是根據實踐所進行的總結。

第一，直接適用方式。直接適用方式，是指兩會協議在依據其自身規定生效後，即成為大陸法律體系的一部分，自然具有法律效力。按照大陸方面在實踐中的做法，「直接適用」的內涵是廣泛的：其一，在對象上，「直接適用」係指兩會協議適用於包括公權力機關在內的所有公民、法人和其他組織；其二，在方式上，「直接適用」不僅是有關部門處理具體案件的規範依據，而且是制定規範性文件的依據。如根據司法部1993年頒布的《海峽兩岸公證書使用查證協議實施辦法》第1條，司法部制定這一實施辦法的目的就是「為履行《兩岸公證書使用查證協議》」。可以說，兩會協議在大陸至少可以作為行政立法上的依據。

第二，先行立法適用方式。先行立法適用方式，是指大陸在兩會協議簽訂前，先行制定相關法律，並以該法律為調整兩會協議所涉事項的依據。如兩會雖於2008年6月才簽訂《海峽兩岸關於大陸居民赴臺灣旅遊協議》，但國家旅遊局、公安部和國臺辦早在2006年就制定了《大陸居民赴臺灣旅遊管理辦法》，在事實上起著管理和規範大陸居民赴臺旅遊事務的作用。

第三，納入適用方式。納入適用方式，是指大陸有關部門在兩會協議前協議後，以「印發」、「通知」等形式，將兩會協議納入到法律體系中。如國臺辦、公安部和海關總署於1995年聯合下文，以「通知」形式將《兩會商定會晤人員入出境往來便利辦法》印發給各地臺辦、公安機關和海關，要求上述單位「遵照執行」。

綜上所述,大陸在肯定兩會協議直接適用性的基礎上,認為對兩會協議的接受不須經過有形的程序。

六、臺灣接受兩會協議的制度與實踐

與大陸肯定兩會協議的直接適用性相比,臺灣對兩會協議的直接適用性持否定態度。「兩岸人民關係條例」對於兩會協議的接受形成了比較成熟的制度框架,但並非沒有缺陷。「兩岸人民關係條例」對於兩會協議接受的體制共分兩部分:

第一,界定「協議」的概念,以明確兩會協議接受機制的適用對象。根據「兩岸人民關係條例」第 4-2 條第 3 項,臺灣方面將「協議」定義為「臺灣與大陸地區間就涉及行使公權力或政治議題事項所簽署之文書」,而「協議之附加議定書、附加條款、簽字議定書、同意紀錄、附錄及其它附加文件,均屬構成協議之一部分」。根據此定義,一項兩會協議若要進入「兩岸人民關係條例」所規定的接受機制,必須涉及公權力之行使或政治議題事項。當然,兩會協議的行使均至少涉及臺灣公權力的行使,當然適用「兩岸人民關係條例」所規定的程序。

第二,將兩會協議依其內容是否涉及臺灣法律之修改或法律保留事項,分別規定不同的接受程序。根據「兩岸人民關係條例」第 5 條第 2 項,兩會協議之內容「若涉及法律之修改或應以法律定之」,「協議辦理機關應於協議簽署後三十日內報請行政院核轉立法院審議」,反之,若兩會協議之內容「未涉及法律之修正或無須另以法律定之者,協議辦理機關應於協議簽署後三十日內報請行政院核定,並送立法院備查」。在「核轉」、「審議」、「核定」和「備查」四個程序中,「核轉」和「備查」不具有實質性的審查意義,僅具有形式上的「轉交」、「備案」等意義,而「核定」和「審議」則具有實質性的審查意義,「行政院」經由「核定」程序、「立法院」經由「審議」程序,可以對「兩會協議」作成實質性的決定,亦即不能排除兩會協議在這兩個階段被否決的可能。由此可見,兩會協議的接受權限是:若協議之內容涉及臺灣法律之修改或法律保留事項,兩會協議應經由「立法院」審議,在「立法院」審議透過後,在臺灣法域內才告生效;若協議之內容不涉及臺灣

法律之修改或法律保留事項,則由「行政院」核可,經「行政院」核可後,兩會協議在臺灣域內即告生效。

當然,根據「兩岸人民關係條例」第5條第1項之規定,兩會協議在簽訂前,必須經過臺灣「行政院」同意,因此,若臺灣對兩會協議的接受僅適用「行政院」核定、「立法院」備查的方式,則被接受的幾率較大。因此,真正能產生「兩會協議」被否決效果的,主要是適用「行政院」核轉「立法院」審議的方式接受兩會協議。問題的關鍵就在於:如何判斷兩會協議是否涉及臺灣法律之修改或法律保留事項,以下以《海峽兩岸海運協議》為例說明。2008年11月兩會簽訂《海峽兩岸海運協議》後,臺灣「行政院」和「立法院」就是否應將該協議交由「立法院」審議產生爭議。「立法院」「法制局長」劉漢廷認為,《海峽兩岸海運協議》第3條「雙方同意兩岸登記船舶自進入雙方港口至出港期間,船舶懸掛公司旗,船艉及主桅暫不掛旗」的規定,與臺灣「商港法」關於「船舶入港至出港時,應懸掛中華民國國旗、船籍國國旗及船舶電臺呼號旗」的規定相牴觸。因此,要實施《海峽兩岸海運協議》,必須修改「商港法」上述規定或修改「兩岸人民關係條例」、將「商港法」排除出兩岸關係適用範圍。[16] 按照劉漢廷的觀點,《海峽兩岸海運協議》無論如何都涉及臺灣有關法律的修改,因而必須由「行政院」核轉「立法院」審議。但依臺灣「立法院議事規則」之規定,「立法院」難以在協議規定之40日內完成規定程序,可能導致《海峽兩岸海運協議》無法按期生效。因此,「行政院」以變通辦法,依據「兩岸人民關係條例」第95條,將《海峽兩岸海運協議》作為「實施臺灣與大陸地區直接通商」的辦法,交由「立法院」「決議」。據「兩岸人民關係條例」第95條之規定,「立法院」若在30日不能作出「決議」,則推定為(視為)同意。後續實踐證明,《海峽兩岸海運協議》正是憑藉「兩岸人民關係條例」第95條的「推定同意」規定,於協議規定的生效期間屆滿前被臺灣接受。

圍繞《海峽兩岸海運協議》的爭議之所以能得到妥善解決,主要取決於兩點:第一,協議內容特殊,涉及兩岸「三通」事項,可以在「兩岸人民關係條例」找到變通處理的法律依據;第二,「兩岸人民關係條例」第95條規定了「推定同意」制度,使《海峽兩岸海運協議》是否直接適用的問題在

「推定同意」的名義下被繞開。因此，《海峽兩岸海運協議》（依此方法透過的還有性質與其類似的《海峽兩岸空運協議》）的接受，僅屬個案，而不具有普遍性。在實踐中，兩會協議是否涉及臺灣法律之修改或法律保留事項，除可如《海峽兩岸海運協議》般明確找到須修改或違背法律保留原則之處，否則，全屬一法律解釋問題。實踐中，臺灣主管兩會協議所涉事項的部門，具有相當大的發言權。

至於兩會協議被接受後，是以「轉化」形式適用，還是以「納入」形式適用，臺灣法律並未作進一步規定。2009年5月，臺灣「法務部」關於《海峽兩岸共同打擊犯罪及司法互助協議》的新聞稿，透露出臺灣方面適用兩會協議的具體方式。根據該新聞稿，「法務部」聲言：「相關之合作內容，系在我方現行的法令架構及既有的合作基礎上，以簽訂書面協議之方式，強化司法合作之互惠意願，同時律定合作之程序及相關細節，提升合作之效率及質量。與對岸律定合作事項涉及人民權利義務部分，均在現行相關法律下執行，未涉及法律之修正，亦無須另以法律定之。」[17] 按此新聞稿的態度，臺灣方面對兩會協議的適用被分為三種情況。第一種情況，兩會協議涉及法律之修改或法律保留事項，而「立法院」否決了兩會協議。此時，按照臺灣法律，兩會協議不產生法律效力，臺灣方面自應適用原有關法律。第二種情況，兩會協議涉及法律之修改或法律保留事項，而「立法院」未否決兩會協議，從而產生修法（涉及法律之修改時）或立法（涉及法律保留事項時）的效果。此種情況下，臺灣方面執行修改後的有關法律，並因而間接適用兩會協議。第三種情況，兩會協議不涉及法律修改或法律保留事項。按照上述新聞稿的理解，發生第三種情況時，兩岸簽訂協議僅在「強化……意願，同時律定合作之程序及相關細節」，臺灣方面對於合作事項涉及人民權利義務部分，均在現行相關法律下執行，至於兩會協議，只是在執行相關法律時，產生間接的適用效果。由此可見，臺灣方面對於兩會協議的具體適用方式為「轉化」，亦即將兩會協議的具體規則轉化為其域內法律中，再透過執行其域內法律，達到適用兩會協議的效果。

綜上所述，臺灣在否定兩會協議直接適用性的基礎上，按照一定形式的審查程序接受兩會協議。

七、結語

　　由於兩會協議的跨法域性和私協議性,「接受」是兩會協議從兩岸授權民間團體之間的協議,向兩岸各自域內法律體系轉變的關鍵步驟。同樣,基於兩岸分屬不同法域的認識,並考慮到兩岸關係的現狀,對兩會協議的接受,都只能按照其各自域內的接受機制完成,兩會協議不便也無必要對兩岸到底以何形式接受兩會協議作出規定。由此回到本文第一部分所提出的問題,可以發現,該問題在兩岸關係的論域內實際上是一個偽問題,真正的問題應該是:兩會協議如何透過不斷增強自身的規範性建設,消除可能導致兩岸爭議的文本缺陷。這才是兩岸以及兩會在以後起草、簽訂兩會協議時,所需更加關注的。

註釋

[1] 祝捷,武漢大學法學院副教授,博士生導師,法學博士。本文系中國法學會海研會委託項目「臺灣立法機構審議監督兩岸協議的理論與實踐研究」的階段性成果。限於時間和資料,本文論述及結論存在嚴重不足,僅供會議使用,歡迎批評,請勿引用。

[2] 「接受」一詞的用法,參見李浩培:《條約法概論》,法律出版社2003年版,第314頁。

[3] 參見《兩會協議/江陳會四協議立院決議付委審查》,資料來源:http://www.nownews.com/2008/11/21/301-2368956.htm,最後訪問日期:2009年5月8日。

[4] 參見《國臺辦新聞發佈會實錄》,2008年11月6日,資料來源:http://www.gwytb.gov.cn/xwfbh/xwfbho.asp?xwfbh—m—id=103,最後訪問日期:2009年5月8日。

[5] 參見《江陳會/四項協議王金平:行政部門應思考如何處理爭議》,資料來源:http://www.nownews.com/2008/11/17/11490-2366588.htm,最後訪問日期:2009年5月8日。

[6] 本文所用的「轉變」,僅為描述兩會協議向兩岸域內法律轉換、變化的詞語,不具有特定的法律意涵,尤其與國際法上的「轉化」不同。

[7] 韓德培主編:《國際私法問題專論》,武漢大學出版社2004年版,第117-118頁。

[8] 參見周葉中:《臺灣問題的憲法學思考》,載《法學》2007年第4期。

[9] 參見韓德培主編:《國際私法新論》,武漢大學出版社1997年版,第447頁。

[10] 有關海協會是「社會團體法人」的依據,參見《海峽兩岸交流協會章程》(1991年)第1條;有關海基會是「財團法人」的依據,參見「財團法人海峽交流基金會捐助暨組織章程」(1990年)第2條。

[11] 參見余敏友、陳衛東:《歐共體圍繞WTO協定直接效力問題的爭論及其對我國的啟示(一)》,載《法學評論》2001年第3期。

[12] 黃異:《國際法在國內法領域的效力》,元照出版公司2006年版,第37頁。

[13] 李浩培:《條約法概論》,法律出版社2003年版,第314頁。

[14] 參見梁西主編:《國際法》,武漢大學出版社2004年版,第16頁。

[15] 兩岸間的概念,系源自整合理論中「政府間」的概念,但根據兩岸關係的實際和特點亦有所不同:兩岸間是表徵一個中國內大陸和臺灣關係的特點概念,而「政府間」則是表徵兩個主權國家間關係的概念。相類似的還有「超兩岸」和「超國家」概念等。參見王英津:《歐洲統合模式與兩岸統一》,載《太平洋學報》2003年第3期。

[16] 參見《警惕民進黨將兩岸協議扭曲為「兩國條約」》,資料來源:http:msn.huanqiu.com/taiwan/opinion/2008-11/283831.html,最後訪問日期:2009年5月11日。

[17] 臺灣「法務部」:《海峽兩岸共同打擊犯罪及司法互助協議不涉制定及修正法律》,2009年5月5日新聞稿。

臺灣立法機構審議兩岸服務貿易協議的實踐評析

季燁 [1]

　　《海峽兩岸服務貿易協議》(下文簡稱「兩岸服務貿易協議」)是兩岸兩會自2008年在「九二共識」的基礎上恢複製度性協商以來簽訂的第十九項協議,也是落實《海峽兩岸經濟合作框架協議》(Economic Cooperation Framework Agreement,ECFA)的第二項後續協議。海峽兩岸自2011年2月正式啟動談判後舉行了十餘次的業務溝通和市場開放的對口商談,於2013年6月14日在兩岸兩會第九次領導人會談預備性磋商會上就協議的文本草案和相關附件達成一致,並於當年6月21日兩岸兩會領導人第九次會談上由兩岸兩會領導人正式簽署。

　　兩會認為,兩岸服務貿易協議的簽署,明確了兩岸服務市場開放清單,在「早期收穫」清單的基礎上更大範圍地降低市場準入門檻,為兩岸服務業合作提供更多優惠和便利的市場開放措施,有利於推動兩岸服務貿易正常化

第一部分　兩會協議的法律問題
臺灣立法機構審議兩岸服務貿易協議的實踐評析

和自由化進程，促進共同發展。然而，由於臺灣島內複雜的政治生態，一份單純的兩岸經貿協議卻引發了極大的社會爭議，截至本文完成時，臺灣立法機構仍未完成內部審議程序，致使兩岸服務貿易協議的生效進程遭受人為延宕。本文旨在回顧兩岸服務貿易協議在臺灣立法機構引發「風暴」的過程，梳理臺灣立法機構審議兩岸服務貿易協議的主要爭點，並就影響協議生效的關鍵因素進行學理分析。

一、兩岸服務貿易協議引發的審議紛爭

從媒體的公開報導看，島內關於兩岸服務貿易協議的爭議並非始於立法機構，而是源於個別業者的反對。6月20日，臺灣知名印刷出版人士郝明義在協議簽署前首先公開發表致馬英九的公開信《我們剩不到二十四小時了》，以兩岸服務貿易協議區分開放出版業和印刷業的談判策略將給臺灣印刷業造成巨大衝擊為由，呼籲臺灣方面暫停簽署兩岸服務貿易協議。[3]

由於郝明義身兼臺灣當局政策顧問這一特殊身份，上述反對意見迅速引發輿論風暴，並延伸至臺灣立法機構這一大陸政策辯論的集散地。其實，更準確地說，郝明義的反對言論只是為臺灣立法機構圍繞兩岸服務貿易協議引而未發的爭議提供了直接「導火索」。事實上，早在臺灣立法機構於6月13日召開臨時會之前，民進黨黨團總召柯建銘便表示，為宣示監督兩岸服務貿易協議，將提出建請立法機構做成決議，成立「臺灣與中國締結協議監督委員會」，就協議締結、政策形成及執行問題建立完善監督機制，以防杜行政當局或其授權談判機構向大陸傾斜，造成臺灣「主權」或人民權益受損。[4]果不其然，兩岸服務貿易協議簽署後，臺灣在野黨激烈抨擊，甚至預告要強烈抗爭杯葛立法機構臨時會議程。6月25日，歷經6小時的場內杯葛和朝野協商，臺灣立法機構決定：兩岸服務貿易協議本文應經立法機構逐條審查、表決，協議特定承諾表應逐項審查、表決，不得全案包裹表決，非經立法機構實質審查透過，不得啟動生效條款。[5]

至於行政機構的立場，早在2013年6月22日，臺灣「陸委會」負責人王郁琦在答覆媒體詢問時就表示，兩岸服務貿易協議簽訂後送交立法機構備查，若立法機構決議將備查改為審查，或許可參考ECFA的方式，進行逐條

審查、整案表決[6] 在臺灣立法機構朝野協商結論公佈後,「陸委會」仍表示尊重,但臺灣行政機構負責人江宜樺6月27日上午仍依原方案「核定」兩岸服務貿易協議,並函送臺灣立法機構備查。

自此,臺灣立法機構圍繞兩岸服務貿易協議進入了冗長拖沓的攻防程序。雖然馬英九曾於6月27日表示希望能在7月底至8月上旬之間舉行的立法機構第二次臨時會獲得解決,但又於7月30日明確表示「沒有說一定要這一次全部把它弄完」,從而凸顯了其無心無力在本次臨時會上推動兩岸服務貿易協議過關。6月27日兩岸服務貿易協議案被送達臺灣立法機構後,立法機構程序委員會擬請「院會」將該案交內政、「外交」及「國防」、經濟、財政、教育及文化、交通、司法及法制、社會福利及衛生環境八個委員會聯合審查。在7月30日立法機構第八屆第三會期第二次臨時會第一次會議上,「臺聯黨團」對該案有異議,隨後交付「院會」記名表決,程序委員會意見獲得透過。隨後,八個委員會於7月31日至8月1日召開四場公聽會。最終,根據2013年8月5日立法機構朝野黨團協商結論,決定由「內政委員會」就兩岸服務貿易協議再召開16場公聽會(每場四個服貿協議附件項目),並邀集各產業公會及工會代表參加後,方可進行實質審查。[8] 雖然國民黨籍召集人負責的八場公聽會已在兩週內完成,但民進黨每月僅舉辦兩場,全部結束則要等到2014年2月。換言之,臺灣立法機構在本會期內注定無法完成審查程序。對此,國民黨方面曾試圖推動盡快辦完剩餘的公聽會,儘早進入審查程序,但民進黨斷然拒絕有關「公聽會與審查會並行」、重新協商公聽會進程等提議。12月20日,臺灣立法機構朝野協商達成結論,本會期只處理總預算案、組織改造等修法,不加開臨時會,兩岸服務貿易協議需延後到農曆新年後最後一場公聽會(截止日為3月10日)之後才開始安排實質審查。

二、兩岸服務貿易協議「備查」與「審議」之爭

對於兩岸服務貿易協議,臺灣立法機構究竟是僅可「備查」,還是有權「審議」,臺灣行政機構和立法機構之間存在並未言明的分歧。儘管早在6月25日,臺灣立法機構就「先聲奪人」並作出黨團協商結論,即對兩岸服

務貿易協議的本文和特定承諾表均應接受立法機構的逐條或逐項審查、表決，但臺灣行政機構仍然於 6 月 27 日以核定並送立法機構備查的方式處理協議。

上述兩機構關於兩岸服務貿易協議的「備查」與「審議」之爭，關鍵在於二者的法律效果有所不同。所謂「備查」，是指下級政府或機關間就其全權處理的業務依法完成法定效力後，陳報上級政府或主管機關知悉。[9] 換言之，在臺灣行政機構看來，在其對「陸委會」陳報的兩會服務貿易協議進行適當性（合目的性）與合法性的實質性審查並作成決定後，兩會服務貿易協議即發生法律效力；只不過出於事後訊息統計的必要，才將結果報請立法機構知悉而已。臺灣「最高法院」認為，「備查」僅係一種觀念通知，並未產生任何公法上的法律效果，主管機關亦無準否其備查之權限。[10]「審議」則是指就一定事項作充分詳細評議，聽取相對機關主旨說明並進行質疑、討論、表決等一切行為的程序。[11] 換言之，被審議的對象尚未發生確定的法律效力。

根據臺灣現行「臺灣與大陸地區人民關係條例」（簡稱「兩岸人民關係條例」）第五條規定，兩會協議的內容涉及法律修正或應以法律規定的，協議辦理機關應於協議簽署後三十日內報請行政機構核轉立法機構審議；其內容未涉及法律修正或無須另以法律規定的，協議辦理機關應於協議簽署後三十日內報請行政機構核定，並送立法機構備查。可見，從原則上看，「兩岸人民關係條例」對於臺灣立法機構監督兩會協議的立場是明確的：與臺灣現行法律相衝突或屬於法律保留事項的，才需送立法機構審議；否則，只需備查。然而，在實踐中，前述條款中「法律保留」的彈性較大，為臺灣行政部門與立法部門各自解釋提供了空間。例如，臺灣「中央法規標準法」第五條即規定，「憲法」或法律明文要求應以法律規定的事項、關於人民權利與義務的事項、關於各機關組織的事項以及「其它重要事項之應以法律定之者」，均應以法律規定。關於此處的兜底條款，「大法官會議」釋字第 329 號理由書認為，還應包括內容直接涉及「國防」、「外交」、財政、經濟等方面的「國家」重要事項。[12]

雖然立法權傳統上系立法機關的固有權限，但囿於立法機構本身時間上和專業知識上的不足，現代社會中的行政機關也普遍擁有授權立法的權限，[13] 臺灣也不例外。根據臺灣「中央法規標準法」的規定，各機關依其法定職

權或基於法律授權訂定的命令,應視其性質分別下達或發佈,並即送立法機構。如果出席委員認為其有違反、變更或牴觸法律,或應以法律規定而僅以命令規定的,如有十五人以上聯署或附議並經表決透過,應交付有關委員會審查,即該「備查案」為「審查案」;經審查後發現上述情形確有存在的,應提報立法機構會議進行議決,並通知原訂頒機關予以更正或廢止。[14]

可見,對於海峽兩岸服務貿易協議性質的認定問題,與行政機構相比,臺灣立法機構擁有最終決定權。「立法院職權行使法」有關立法機構對於行政命令監督的規定,已將「中央法規標準法」第七條的單純送置義務監督模式,進一步轉換為擁有事後否決權的實質監督模式。[15]但從既往實踐來看,立法機構將其從「備查」的監督模式改為「審議」並未說明任何理由,這或許是緣於立法權優於行政權而無須「贅述」,抑或是立法缺失使然,卻也是爭議持續存在的根源。

三、兩岸服務貿易協議可否「徑付二讀」之爭

在臺灣立法機構召開臨時會處理兩岸服務貿易協議之前,民進黨黨團總召柯建銘就表示,民進黨要求國民黨不要將兩岸服務貿易協議徑付二讀,而是交付委員會審查並經過一個月的朝野協商後才能進入「院會」審查,否則會有很大衝突。包括兩岸協議監督聯盟等在內的多個反對團體也表示,反對以徑付二讀的方式透過兩岸服務貿易協議,甚至揚言對投票支持徑付二讀的民意代表發動嚴厲譴責。[17]

上述爭論的存在主要是因為,兩岸服務貿易協議可否「徑付二讀」對於其生效時間具有至關重要的影響。根據「立法院職權行使法」第七條的規定,臺灣立法機構審議議案原則上應經過四個階段:(1)一讀會;(2)委員會審查;(3)二讀會;以及(4)三讀會。其中,審議法律案和預算案以外的其他議案僅需前三階段。[18]據此,兩岸服務貿易協議案經過二讀會即可生效。如徑付二讀,即跳過委員會審查階段,自然可大大縮短兩岸服務貿易協議的生效時間。

然而,徑付二讀絕非易事。「立法院職權行使法」第八條規定,對於行政機關提出的議案或「立委」提出的法律案,應先送程序委員會,提報「院

會」朗讀標題後，如有出席委員提議，二十人以上聯署或附議並經表決透過，方可逕付二讀。此外，「依據立法機構議事成例」，逕付二讀的議案亦須交付黨團協商，並由提案委員所屬黨團或提案黨團負責協商。[19] 面對民進黨黨團的強烈反對，兩岸服務貿易協議案逕付二讀勢必引發更大的反彈。即便勉力進入逕付二讀程序，國、民兩黨黨團也難以達成黨團協商結論。但值得注意的是，上述實踐僅是「成例」而非明文規定，如有委員要求表決進行二讀程序而不依據上述「成例」交付黨團協商時，則易於引發爭議。[20] 可見，兩岸服務貿易協議可否「逕付二讀」，並非一個單純的法律判斷，而在很大程度上取決於主要政黨的政治決心和動員能力。

四、兩岸服務貿易協議可否「保留」之爭

針對臺灣立法機構對兩岸服務貿易協議逐條審查表決的決議，海基會副董事長兼秘書長高孔廉表示，就協議逐條表決不合適，刪改部分協議條文等於是廢除協議，不能拆開來對條文選擇性同意。[21] 海基會董事長林中森也認為，如果否決協議的任何一點就等於否決全部，會導致重新談判的結果。[22] 對此，民進黨發言人僅模糊表示，民進黨一定要逐條逐項審查，立法機構要對民意負責。[23] 民進黨黨團總召柯建銘則進一步反駁強調，縱使是雙邊國際條約的議決，也不必然僅有全有或全無選項，仍可針對特定條款提出「保留」，要求修改。[24] 島內亦有學者與之呼應，主張既然「協議須經立院審議，當然可修改，沒有條文是不能改的，否則就是架空國會，沒有民主程序」[25] 甚至援引美國的實踐稱，從 1795 年發生第一件以來，美國參議院對雙邊協議已進行一百次以上的「保留」。[26]

但筆者認為，上述觀點值得商榷。首先，應予指出，兩會協議並非國際條約，臺灣「大法官會議」釋字第 329 號理由書對此已有明確結論。其次，也是更重要的，即便堅持將兩會協議視為「準條約」，[27] 以美國的實踐作為參照同樣不妥。事實上，前述島內學者援引的統計數據出自聯合國國際法委員會第六十三屆會議透過的《對條約的保留實踐指南》報告，但這卻不是報告的全文和重點。關於是否對雙邊協議提出保留這一問題，聯合國國際法委員會曾徵求各國的看法，除了美國之外，其餘 26 個被詢問的國家都給予否定答覆，一些國家甚至對這種做法表示關切。因此，聯合國國際法委員

會的結論是：除了美國之外，其他很少國家在雙邊協議方面提出保留。w 可見，島內有關學者的論述顯然是預設立場、以偏概全之舉。最後，即便就臺灣立法機構議決條約案的實踐而言，其也僅有批准權，不得加以修正，二讀會時也無需逐條討論。例如，在 1964 年審查行政機構函請審議「1948 年及 1960 年國際海上人命安全公約及國際海上避碰規則案」時，立法機構會議主席便裁決：「二讀會時逐條討論，但是條約案是不逐條討論的，因為它只討論透過或不透過，不能作條文或文字修正」。[29] 1991 年 1 月審查行政機構函請審議臺灣與多米尼加共和國之間的引渡協議時，會議主席也再次宣告，立法機構審議條約案時只能作「準與不準」的決議，向來不修改其內容，這是立法機構的慣例。[30] 上述實踐是臺灣立法機構在職權行使中確立並至今仍在實行的議事「先例」，這一觀點也得到了臺灣權威學者和實務專家的認可。[31]

此外，臺灣對其他對外協議是否成功「保留」呢？就筆者有限的閱讀範圍而言，答案是否定的。1992 年 6 月，臺灣行政機構函請立法機構審議「北美事務協調委員會與美國在臺協會著作權保護協議」。經三次聯席會議審查，臺立法機構於 1993 年決定以附加八個保留條款方式予以批准。對此結果，行政機構再兩度派員赴美協商，然而，美國不但表示無法接受該等「保留」，要求臺灣方面依照原協議內容透過，甚至威脅採取貿易報復。於是，臺行政機構不得不再次函請立法機構「撤銷」上述「保留」。立法機構「考慮全局」後，也不得不決議全數解除八個保留條款，另附五項決議。2002 年，臺灣立法機構審議臺美「刑事司法互助協定」，交付委員會審查後，以附加保留條款的方式二讀透過。但是，美方也沒有接受上述「保留」，臺灣方面還是不得不照案透過。因此，以這些失敗的實踐證明臺灣立法機構擁有對兩岸服務貿易協議的「保留權」，說服力仍有待加強。

筆者認為，兩岸協議無所謂「保留」問題。兩岸服務貿易協議的所有條文是兩岸兩會達成的一攬子協議，體現了兩岸服務業開放程度和權利義務的大致平衡。如果一方只片面適用對自己有利的部分，將嚴重損害兩岸協商的嚴肅性。即便臺灣立法機構決定修改兩岸服務貿易協議的部分條文，但這僅僅是「一廂情願」，其最終結局如何，還要看大陸方面是否接受。如果大陸

方面不認可，兩岸服務貿易協議便化為烏有。鑒於目前兩岸服務貿易協議的談判就耗時逾兩年之久，即便兩會有意重啟談判，時間成本難以估量。

五、影響兩岸服務貿易協議生效的要素分析

兩岸服務貿易協議生效進程的延宕也引發了大陸方面的疑慮。國務院臺辦發言人在例行新聞發佈會上即應詢表示，希望臺灣方面盡快完成有關程序，使兩岸服務貿易協議能早日生效，造福兩岸同胞，並同樣希望兩岸貨物貿易協議、爭端解決協議的協商不受影響，也能在年底如期完成。[32]第九屆兩岸經貿文化論壇透過的共同建議也呼籲，積極推進ECFA後續協議商談和落實，加速兩岸服務貿易協議生效實施。但截至目前，臺灣立法機構審議兩岸服務貿易協議的進程仍徘徊於公聽會程序，實質性的審查程序可能需待2014年立法機構新會期開始後才能展開。儘管如此，基於以下因素，筆者仍對兩岸服務貿易協議生效持審慎樂觀的態度。

首先，從根本要素看，兩岸服務貿易協議本身的積極意義有助於其順利透過臺灣立法機構的審議。作為ECFA後續協商的重要成果之一，兩岸服務貿易協議對於減少和消除兩岸服務貿易壁壘、推進兩岸服務貿易自由化和便利化具有重要意義。事實上，考慮到兩岸經濟規模的差異、臺灣市場的容量和臺灣同胞的實際困難，兩岸服務貿易協議在服務市場開放清單方面並未採取「對等」的開放模式。誠如海協會會長陳德銘所言，在服務市場開放清單上，大陸方面出價涵蓋的行業類別之多、開放力度之大，在大陸已簽署的類似協議中，可謂前所未有。[33]此外，兩岸服務貿易協議更具有潛在的政策效應。率先推進包括兩岸服務貿易協議在內的兩岸經濟合作機制，有利於為兩岸經濟關係正常化和制度化贏得先機，從而為兩岸共同參與亞太區域經濟合作機制奠定非充分卻極為必要的基礎，這也是臺灣方面以務實的方式合情合理地參與國際活動的可行途徑。

其次，從直接要素上看，臺灣立法機構的藍綠力量對比也有助於兩岸服務貿易協議順利透過臺灣立法機構的審議。民主之要義是多數決。2012年臺灣立法機構民意代表選舉後，執政的國民黨籍民意代表在立法機構仍占據多數席位，具有兩岸服務貿易協議透過所需的必要席次。當前，兩岸服務貿

協議在立法機構內的停滯不前，主要原因在於行政機構未與立法機構（包括黨籍民意代表）進行必要的溝通、立法機構議事規則的影響（如備受詬病的「黨團協商」制度對多數決的扭曲）以及執政黨並未真正強力推進協議的審議。

最後，從負面要素來看，兩岸服務貿易協議的最大反對勢力——民進黨只是採取「以拖待變」的反對策略。民進黨對於兩岸服務貿易協議的反對主要訴諸「民意」和「程序」兩大理由，認為協議未顧及內部弱勢產業和部門，是「密室協商」，並未實現作經濟和政策評估，未與立法機構保持必要溝通。對此，連立場親綠的臺灣經濟學者林向愷也坦言，民進黨在兩岸服務貿易協議上並沒有全心全力反對，地方首長、民代嘴巴反對卻沒有實際動起來，最大反對黨沒有全員動起來。此外，從既往實踐看，民進黨對於 ECFA 反對聲勢要比在兩岸服務貿易協議強烈得多，但在最後表決時仍做出「偉大的妥協」。在臺灣立法機構審議 ECFA 的過程中，國民黨主張「可以逐條討論，但要全案表決」，民進黨則針鋒相對地提出「逐條審議，逐條表決」。在審議時，兩黨各自推派代表針對 ECFA 文本逐條發言，民進黨團還逐條提出修正動議並且逐一表決。在歷時 12 個多小時之後，進行最後一次全案表決。全案表決時，民進黨團則集體退出，因此表決結果為 68：0。在表決過後，國、民兩黨團各自宣稱依照自己所堅持的表決方式進行，在此後也宣稱對 ECFA 「概括承受」。這種「一個表決，各自表述」的方式充滿了政治妥協，既讓 ECFA 順利透過審議，也讓反對者「有表達意見的機會」，很可能為兩岸服務貿易協議所效仿。

六、余論

誠如海協會會長陳德銘先生所言，兩岸服務貿易協議已經進入臺灣走法律程序，臺灣人民應該從全球情況與自我發展而決定，並達成共識，「兩岸服貿爭議，就留時間給臺灣民眾考慮」。因此，本文並非旨在「干涉」臺灣內部事務，而是緣於一名兩岸法制研究者的學術興趣和職責。更重要的是，從文本角度看，臺灣在兩岸關係法制化方面的努力和進展確實值得大陸學習和借鑑，但由於行政權與立法權固有的緊張關係，加之臺灣內部複雜的政治

生態，臺灣立法機構在審議兩會協議方面的實踐不僅蘊含著不可避免的法律之爭，更是夾雜著「泛政治化」的弊病，這也是大陸應予警惕和避免之處。

註釋

[1] 季燁，法學博士，廈門大學臺灣研究院法律研究所助理教授，院長助理。

[2] 張勇、陳鍵興、許曉青：《陳德銘與林中森舉行兩會第九次會談簽署兩岸服務貿易協議》（新華網上海 6 月 21 日電）。

[3] 郝明義：《我們剩不到二十四小時了》，http：opinion.cw.com.tw/blog/profile/88/article/418。

[4] 黃筱筠：《民進黨主張訂定：與中國締結協議監督委員會》（中評社臺北 6 月 12 日電）。

[5] 《立法院第 8 屆第 3 會期第 1 次臨時會第 2 次會議議事錄》，《立法院公報》第 102 卷第 47 期，第 84 頁。

[6] 《服貿協議王郁琦：望逐條討論整案表決》（中評社臺北 6 月 22 日電）

[7] 《立法院第 8 屆第 3 會期第 2 次臨時會第 1 次會議紀錄》，《立法院公報》第 102 卷第 47 期，第 2 頁。

[8] 《立法院第 8 屆第 3 會期第 2 次臨時會第 1 次會議議事錄》，《立法院公報》第 102 卷第 48 期，第 467 頁。

[9] 黃錦堂等編著：《地方立法權》，臺北：五南圖書出版公司 2005 年版，第 37—39 頁。

[10] 臺灣「最高行政法院」2000 年度裁字第 1325 號裁定。

[11] 許劍英：《立法審查理論與實務》，臺北：五南圖書出版公司 2002 年第 3 版，第 3-4 頁。

[12] 關於法律授權明確性的討論，參見許宗力：《行政命令授權明確性問題之研究》，載於《臺大法學論叢》第 19 卷第 2 期，1990 年，第 59 頁；許劍英：《立法審查理論與實務》，臺北：五南圖書出版公司 2002 年第 3 版，169-177 頁。

[13] 許宗力：《論國會對行政命令之監督》，載於許宗力：《法與國家權力》，臺北：月旦雜誌出版社 1993 年第 2 版，第 27 頁。

[14] 許劍英：《立法審查理論與實務》，臺北：五南圖書出版公司 2002 年第 3 版，第 222-223 頁；「立法院職權行使法」第六十條及第六十二條。「立法院議事規則」第 14 條。

[15] 黃昭元：《國會改革五法簡介》，《臺灣本土法學》1999 年第 1 期，第 182、184 頁。

[16] 黃筱筠：《綠嗆聲：服貿不逐條審，臨時會有衝突》（中評社臺北7月16日電）。

[17] 黃筱筠：《民間團體呼籲：勿草率審查服貿協議》（中評社臺北7月9日電）。

[18] 周萬來：《議案審議——立法院運作實況》（第3版），臺北：五南圖書出版股份有限公司2009年版，第217頁。

[19] 周萬來：《立法院職權行使法逐條釋論》，臺北：五南圖書出版股份有限公司2011年版，第312-313頁。

[20] 周萬來：《立法院職權行使法逐條釋論》，臺北：五南圖書出版股份有限公司2011年版，第312-313頁。

[21] 王宗銘：《高孔廉：服貿協議刪改就等於廢除》（中評社臺北6月26日電）。

[22] 王宗銘：《林中森談服貿：立院否決等於要重新談判》（中評社臺北7月3日電）。

[23]《民進黨：兩岸服貿協議一定要逐條逐項審查》（中評社臺北6月27日電）。

[24] 曾韋禎、陳璟民：《服貿不能改？在野黨：臺美協定有前例》，臺灣《自由時報》2013年7月8日。[25]陳璟民：《姜皇池：立院可修服貿證明臺灣民主》，臺灣《自由時報》2013年7月9日。

[26] 姜皇池：《對〈服貿協議〉審議之意見》，臺灣《自由時報》2013年9月3日。

[27] 廖達琪主持：《兩岸協議推動過程：行政與立法機關權限及角色之研究》，臺灣「行政院研究發展考核委員會」，2011年，第66頁。

[28]《聯合國國際法委員會報告》（A/66/lO/Add.1），聯合國，2011年，第100-104頁。

[29]《立法院公報》第一屆第三十四會期，第5期，1964年11月17日，第92頁。

[30]《立法院公報》第80卷，第6期（上），1991年1月19日，第271頁。

[31] 參見周萬來：《議案審議——立法院運作實況》（第3版），臺北：五南圖書出版股份有限公司2009年版，第90-91頁；許劍英著：《立法審查理論與實務》，臺北：五南圖書出版公司2002年第3版，第59頁；周萬來：《「立法院」職權行使法逐條釋論》，臺北：五南圖書出版股份有限公司2011年版，第31頁。

[32]《國臺辦新聞發佈會輯錄》（2013-09-13），http：www.gwytb.gov.cn/xwbh/201309/t20130913-4878632.htm。

[33] 陳德銘：《簽署海峽兩岸服務貿易協議勢在必行》，http：www.arats.com.cn/jianghua/201307/t20130708_4424442.htm。

陸資入臺的法律與政策障礙及對策研究

彭莉[1] 季燁[2]

由於臺灣當局法律與政策上的限制,海峽兩岸的資本往來長期處於單向流動的狀態,2008年臺灣再次政黨輪替以來,這一格局開始逐漸打破。當前,相對於大陸迅猛攀升的海外投資總額而言,陸資赴臺投資所占份額尚小,其原因複雜且多元,而政策及法律上的限制和不完善是其中最重要的原因之一。本研究擬回顧2009年以來大陸企業赴臺投資的實際成效,全面總結和梳理現階段陸資赴臺的法律與政策壁壘,並提出具有可操作性的意見與建議。

一、大陸企業赴臺投資的可能效應及實踐檢視

從2009年7月商務部核準第一家入臺的福建新大陸電腦股份公司收購臺灣帝普科技公司股權申請案起算,到2013年9月,共有445家大陸企業獲準在臺設立分公司或投資島內公司,涉及投資金額約為8億3千萬美元,陸資入臺總體而言成效不彰。然而,大陸企業進入臺灣市場的意義絕不能僅從短期經濟角度等閒視之。相反,從長遠來看,大陸企業入駐臺灣,不但有助於改變兩岸失衡的投資關係,帶動臺灣經濟的增長和就業機會的提升,同時也有助於展示大陸企業強大的競爭能力和經濟發展的成果,增進臺灣民眾對大陸的認同。

(一)大陸企業赴臺投資的效應

1. 經濟效應

大陸企業赴臺投資的意義首先體現在經濟層面。第一,改變兩岸失衡的投資關係。在兩岸經貿關係中,資本領域的往來相當長時間裡表現為臺商對大陸的單向投資及由此衍生的相關商務活動。據統計,迄今臺商對大陸投資總額累計已超過1000億美元,而大陸企業對臺投資到不到10億美元,這種失衡的互動結構嚴重影響了兩岸經濟關係的正常發展,鼓勵與促進大陸企業赴臺投資正是改變這種不正常格局的關鍵途徑。第二,帶動臺灣經濟的增長。陸資赴臺投資一方面可以增加有效需求,直接使得經濟成長增加,另一方面可以提升臺灣的生產能力,進而帶動產品出口的擴大與GDP的成長。據臺灣

「中華經濟研究院」顧瑩華的研究，當陸資投資新臺幣 100 億元在全體產業時，將使臺灣實質 GDP 增加 0.102%、消費增加 0.104%、出口增加 0.146%、進口增加 0.120%、產值增加 0.116%。第三，有利於臺灣經濟參與亞太經濟整合。近年來，隨著東亞與亞太經濟整合的進展，尤其是隨著「10+1」與「10+3」進程的加快，臺灣經濟如何在此進程中不被邊緣化備受島內關注，在 2013 年 4 月「習蕭會」上，蕭萬長先生明確表示：臺灣不希望在區域經濟一體化的潮流與趨勢中缺席。兩岸經濟合作的深化是臺灣進一步參與區域經濟合作的前提和基礎，而兩岸資本的整合則是其中需要優先處理的重要事項。

2. 社會效應

除從經濟層面外，陸資入臺可能產生的社會意義也不可等閒視之。第一，創造就業機會，降低臺灣的失業率。由於開放項目的導向性選擇，陸資投資臺灣有較強的就業效應。上述顧瑩華的研究報告顯示，當陸資投資新臺幣 100 億元在全體產業時，將使臺灣總就業人數增加 0.074%，相當於創造 7414 個就業機會。從實踐層面來看，2009 年臺灣對大陸開放投資以來，共有 216 名大陸籍主管或技術人員獲準赴臺，但僱用臺灣員工至 2012 年底已有 6771 人，為前者的 31 倍，其創造就業機會的能力超過預期。失業並不僅僅是經濟議題，它往往延伸到生活的其他方面，因而也是重要的社會問題。隨著陸資對臺投資未來的進一步擴大，經由陸資而創造的就業機會將大幅增加，這在當前臺灣失業率高居不下，人民生活「無感」的背景下，無疑能產生較好的社會效應。第二，有助於顯示大陸企業強大的競爭能力和良好的企業形象，展示大陸經濟發展和社會改革的成果。改革開放 30 餘年來，特別是 1992 年轉向市場經濟發展道路以後，大陸企業的競爭能力不斷提升，企業競爭力的源泉正在發生重要轉變。循序漸進地引導優良企業赴臺投資，有助於展示大陸企業強大的競爭能力，以及大陸經濟發展和社會改革的成果，進而增進臺灣民眾對大陸的瞭解和認同，鞏固和深化兩岸關係和平發展的社會基礎，因而是一項夯實兩岸雙向「大交流」機制，實現「以經促政」的基礎性工程。

3. 制度效應

由於政治因素的制約，20世紀90年代以來，臺灣當局大陸經貿政策雖然逐步邁向了法制化的軌道，但在這一過程中權威的正向作用始終是有限的，換言之，行動者的行動一直是推動臺灣大陸經貿法制由「禁止」走向「開放」的重要動力，這在「兩岸人民關係條例」及其「在大陸地區從事投資及技術合作許可辦法」等相關子法的演進過程中可以清楚看出。未來如有較多的陸資入臺，並形成直接與間接的經濟效應與社會效應，將在一定程度上迫使臺灣當局修改「大陸企業赴臺灣投資管理辦法」、「大陸地區人民來臺投資業別項目」等相關法規，進一步放寬對陸資的限制，強化對陸資的保護。兩岸雙向投資的制度化開啟了陸資入臺的新格局，而陸資入臺的不斷擴大又必將促進兩岸雙向投資朝著更加完善的制度化方向邁進，正如國臺辦發言人范麗青所指出：大陸資本赴臺投資有利於兩岸經濟合作的自由化、制度化和機制化。

（二）大陸企業赴臺投資的實踐檢視

總體而言，近四年來大陸企業赴臺投資呈現穩中有升的勢頭。臺灣當局開放陸資投資的第一年，臺灣有關部門僅核準陸資赴臺23件，總額約3748.6萬美元。此後兩年，陸資赴臺數量相繼增長到19件和102件。2013年1月至9月，共核準陸資赴臺投資103件，較上年同期增加4%；投（增）資金額計3.31億美元，較上年同期增加137.3%，已經超過2012年的全年核準金額。金額大幅成長之主要原因為中國建設銀行股份有限公司以4685萬美元在臺灣設立分行，廈門華天港澳臺商品購物有限公司以4367.9萬美元投資金門華天國際大酒店股份有限公司，以及香港金屬保障製品有限公司以5940萬美元取得臺灣鼎新金屬股份有限公司股權等大額投資案。

臺灣方面核準陸資赴臺投資統計表

（單位：千美元）

項目 年度	陸資來台投資 件數	金額	外僑來台投資 件數	金額
2009	23	37486	1711	4797891
2010	79	94345	2042	3811565
2011	102	43736	2283	4955435
2012	138	328067	2738	5558981
2013.01-09	103	331280	2308	3595481
較上年同期增減差額	4	191651	391	-337710
較上年同期增減百分比	4%	137.3%	20.4%	-8.6%
2009-2013.09	445	834914	-	-

資料來源：臺灣「經濟部投資審查委員會」。

在產業分佈方面，截至 2013 年 7 月底，在核準的陸資中，服務業投資位居第一，占據投資總額的 71.75%，製造業和公共建設業分別占 27% 和 1.25%。其中，服務業之所以能獨占鰲頭，主要是因為大陸銀行（包括中國銀行、交通銀行和建設銀行等）在臺設立分公司，一舉占據投資總額 18.63%。這也表明，其他行業的投資仍大有發展空間。此外，大陸投資者赴臺投資還主要集中在批發及零售業（15.69%），住宿服務業（8.74%），訊息軟件服務業（5.36%）、金屬製品製造業（8.03%），計算機、電子產品及光學製品製造業（7.64%）等業別。

陸資赴臺投資業別統計表

（單位：千美元）

行業	業別	件數	金額	比重/%
服務業 71.75%	港埠業	1	139108	18.73%
	銀行業	3	138335	18.63%
	批發及零售業	227	116509	15.69%
	住宿服務業	3	64913	8.74%
	資訊軟體服務業	25	39828	5.36%
	會議服務業	20	13146	1.77%
	餐館業	19	10677	1.44%
	技術檢測及分析服務業	2	2447	0.33%

續表

行業	業別	件數	金額	比重/%
服務業 71.75%	創業投資業	1	1994	0.27%
	運輸及倉儲業	15	1803	0.24%
	研究發展服務業	3	1601	0.22%
	專業設計服務業	6	1239	0.17%
	產業用機械設備維修及安裝業	2	1158	0.16%
製造業 27%	金屬製品製造業	3	59663	8.03%
	計算機、電子產品及光學製品製造業	17	56736	7.64%
	機械設備製造業	21	25550	3.44%
	電子零組件製造業	32	21227	2.86
	食品製造業	2	13557	1.85
	汽車及其零件製造業	1	6691	0.90
	電力設備製造業	4	6535	0.88
	化學材料製造業	3	4674	0.63%
	成衣及服飾品製造業	2	2919	0.39%
	塑料製品製造業	4	2537	0.34%
	橡膠製品製造業	1	271	0.04%
	家具製造業	1	40	0.01%
公共建設業 1.25%	廢棄物清除、處理及資源回收業	3	9183	1.24%
	廢汙水處理業	3	78	0.01%
	合計	428	742645	100.00%

數據來源：臺灣「經濟部投資審議委員會」（截至 2013 年 7 月底）。

　　臺灣當局開放陸資赴臺投資已 4 年，並已產生正面效應。例如，為臺灣產業及金融市場注入資金；透過兩岸企業合作與互補關係，帶動臺灣產品出口，如中國中鋼集團在臺投資「中國金貿有限公司」，從事鋼鐵需求原物料批發業務，供應臺灣「中鋼」、燁聯集團、長榮鋼鐵、華新麗華四大鋼鐵廠使用，並協助採購臺灣鋼鐵廠商產品銷往大陸以外的全球地區；協助臺灣企業開拓大陸內銷市場，如北京控股集團有限公司在臺投資京泰發展有限公司，與臺灣耐斯集團（愛之味公司）策略聯盟，協助愛之味公司飲料產品進軍大陸市場；創造臺灣就業機會，依據臺灣「勞保局」統計，截至 2012 年底，陸資企業在臺僱傭員工近 7000 人，顯示開放陸資赴臺投資政策方向的正確性。

但是，大陸企業赴臺投資的潛力仍未充分發揮。首先，從投資數額角度看，至2013年9月底，陸資赴臺投資僅占臺灣累計吸收外資總額的0.66%，為大陸累計非金融類對外直接投資總額的0.168%。其次，從投資規模上看，大陸企業對臺投資規模小，設立辦事處較多，企業派駐員工少。再次，從投資行業上看，主要集中在製造業、旅遊與餐飲服務業，而在公共建設業則比例極低，大陸產業的優勢尚未完全發揮。

上述情況顯示，雖然大陸企業赴臺投資不斷成長，但成長的幅度有限，其投資金額占臺灣累計吸收外資總額的不到10%，占大陸對外直接投資總額更僅有0.54%，遠未達到預期目標，因而其產生的經濟效益、社會效應及制度效應均較為有限。

二、《兩岸投保協議》與兩岸相互投資制度化

（一）《兩岸投保協議》概述

2008年，臺灣再度實現政黨輪替。以「九二共識」為基礎，兩岸經貿關係的正常化與制度化成為兩岸兩會的首要議題。在2009年4月26日舉行的第三次「江陳會」上，兩會就陸資赴臺投資事宜達成共識。2010年6月，兩會正式簽署ECFA，將相互保護和促進投資納入兩岸經濟正常化的一體化軌道。2010年12月，兩岸正式就投資保護協議展開磋商。歷時近兩年之8次正式業務溝通及多次小規模會商後，2012年8月9日，兩會領導人在第八次會談期間完成簽署《兩岸投保協議》。2013年2月1日，《兩岸投保協議》正式生效。

《兩岸投保協議》由18個正文條款和1個附件組成，既參考了國際投資保護與促進協議的一般體例，納入了定義、適用範圍與例外、投資待遇、透明度、徵收、損失補償、代位以及爭端解決、聯繫機制等常見條款，又在充分考慮兩岸關係的特殊性、雙方投資者的關切以及協議的執行力等因素的基礎上，在適用範圍、投資待遇、人身保護和爭端解決等方面作出了具有兩岸特色的制度創新。

（二）《兩岸投保協議》的核心規範

《兩岸投保協議》中與陸資赴臺問題相關的規定主要包括以下方面：

1. 投資準入後的居民待遇：《兩岸投保協議》第三條第三款明確，一方投資者只有就其投資的營運、管理、維持、享有、使用、出售等方面，在另一方享有不低於其投資者的待遇，投資的設立和擴大等則不在此限。同時，即便就準入後階段而言，投資者仍需受制於既有不符措施的約束，但這些不符措施應逐步減少或取消，其修改和變更也不得增加對投資者及其投資的限制（第三條第五款）。

值得注意的是，儘管《兩岸投資協議》第三條第四款將最惠待遇延伸至投資準入前階段，即一方投資者在另一方投資的設立和擴大階段所享有的待遇不得低於在相似情形下第三方投資者及其投資的待遇，但根據《兩岸投資協議》第三條第五款的規定，投資者享有的最惠待遇同樣受制於既有不符措施的約束，其固有的「多邊傳導效應」受到協議的明文約束，換言之，大陸投資者仍然無法透過最惠待遇享受外國人在臺灣所能獲得的準入待遇。

2. 投資者人身保障條款：鑒於兩岸關係的不穩定性，《兩岸投保協議》創造性地在投資待遇條款中納入投資者人身自由與安全保護專門條款。（1）在通知時限方面，雙方將依據各自規定，對另一方投資者及相關人員，自限制人身自由時起24小時內通知。（2）在通知對象方面，《兩岸司法互助協議》實行兩岸主管部門之間的「通報」機制，《兩岸投保協議》則進一步引入主管部門對個人的「通知」方式。

3. 投資促進與便利化措施：《兩岸投保協議》還專門設置了促進投資便利化、減少投資限制等條款。協議第五條規定，雙方同意，本著互利互惠的原則接受並保護相互投資，逐步減少或消除對相互投資的限制，創造公平的投資環境，努力促進相互投資；協議第六條規定，雙方同意逐步簡化投資申請文件和審核程序。雙方同意相互提供，包括：（1）一方對另一方投資者取得投資訊息、相關營運證照，以及人員進出和經營管理等提供便利；（2）一方對另一方及其投資者舉辦說明會、研討會及其他有利於投資的活動提供便利兩方面的投資便利。

按照《兩岸投保協議》第五條、第六條的精神，未來大陸與臺灣均應以促進投資便利化、減少投資限製為修法方向，具體而言，雙方均應同意在互利互惠的原則上接受並保護相互投資，逐步減少或消除對相互投資的限制，創造公平的投資環境，努力促進相互投資；逐步簡化投資申請文件和審核程序，相互提供投資便利。值得注意的是，由於《兩岸投保協議》第三條第五款規定「本條第三款及第四款不適用於一方現有的不符措施及其修改」，因此，在臺灣當局修改《兩岸關係條例》及相關子法，放寬現有的限制性規定之前，大陸投資者無法透過《兩岸投保協議》享受外國人在臺灣所能獲得的準入待遇。就這一角度而言，促使臺灣當局遵循《兩岸投保協議》第五條、第六條的規定，透過修法方式逐步減少投資限制是大陸企業獲得合法鼓勵與保護的關鍵手段。

三、現階段兩岸在陸資赴臺方面的法律與政策壁壘

以《兩岸投保協議》的上述核心原則與規定為參照，兩岸在調整陸資赴臺的法律政策方面仍存在不少制約因素。

（一）臺灣關於陸資入臺的法律政策壁壘

1. 投資領域方面的限制

自 2009 年 4 月兩會就陸資赴臺達成共識後，臺灣當局依據「先緊後寬、循序漸進、有成果再擴大」的原則，採用「正面表列」的方式，已經分三階段逐漸開放陸資赴臺的投資業別項目，其製造業、服務業和公共建設對陸資的開放比例已經分別達到 96.68%、50.95% 和 51.19%。儘管如此，大陸投資者在臺灣仍遠未享受到居民待遇，甚至與外國投資者相比也有一定差距。早在 2005 年年底，除了幾個涉及根本安全利益和公眾健康方面的部門外，臺灣 99% 的製造業部門和 95% 的服務業部門都已經開放給海外投資者。陸企還是被排除在大部分對臺灣經濟至關重要的產業門外，例如半導體及液晶面板；為免炒作，臺灣當局還明令陸企持有臺灣房產的年限；更關鍵的是，臺灣當局在陸資辦法裡埋有「國安否決條款」，亦即所有陸資來臺都須經跨「部會」審查，只要臺方認定有「國安」威脅，就可以行政裁量權駁回。種種的防禦

機制，既是遵循「先緊後寬」、「循序漸進」原則，也期望借此化解民間對陸資的疑懼。

臺灣當局三階段開放陸資赴臺投資業別項數統計

	第1階段開放項數	第2階段開放項數	第3階段開放項數	合計（分項總項數）	開放比例（％）
製造業	64	25	115	204（211）	96.68%
服務業	130	8	23	161（316）	50.95%
公共建設	11	9	23	43（84）	51.19%
合計	205	42	161	408（611）	66.78%

註：製造業及服務業項數於第一、二階段發佈時，系根據行業標準分類第8次修訂版，第三階段則根據行業標準分類第9次修訂版。資料來源：臺灣「經濟部投資審議委員會」。

2. 出資比例方面的限制

臺灣當局的「大陸地區人民來臺投資業別項目」在許多項目上設定了出資比例的限制。例如，按照「大陸地區人民來臺投資業別項目——製造業」，在肥料製造業方面，大陸企業投資臺灣現有事業，持股比率不得超過20%；合資新設事業，陸資持股比率須低於50%在積體電路製造業、半導體封裝測試業等方面，大陸企業對投資事業不得具有控制能力。此外，在「大陸地區人民來臺投資業別項目——服務業」、「大陸地區人民來臺投資（非承攬）公共建設項目」中也可以找出諸多此類限制。其次就是陸資赴臺和臺資到大陸的投資類型不同，臺商到大陸投資追求的是低廉的土地和勞動力，也就是更低的成本；而大陸企業到島內投資，面臨的是島內更高昂的勞動力成本，相當於水往高處流，實際上追求的是臺灣的技術。恰恰臺灣在這方面的限制非常多，這在很大程度上抑制了大陸企業到島內的投資。

3. 進入審批方面的限制

在審批期限方面：由於「大陸地區人民來臺投資許可法」沒有對陸資申請案的審批時間做明確限制，這就有可能造成相關主管機關無限期拖延審批時間。一般而言，大陸企業赴臺設立子公司，須透過名稱預查及文件認證，經大陸公證機構公證，並由海協會交海基會確認，之後由臺灣方面「投審會」

審核申請材料,但每月只審核一次陸資來臺項目,企業從申報到核準至少需要 2-3 個月時間。

在審批程序方面:例如,陸資投資於積體電路製造業、半導體封裝測試業等電子零組件製造業,金屬切削工具機製造業等機械設備製造業等等,都必須提出產業合作策略並經專案審查透過。

4. 未承諾居民/「國民」待遇

臺灣當局早在 1960 年代就賦予僑外企業享有與本地企業相同的待遇,其法律上的權利義務,除法律另有規定外,與「中華民國國民所經營之事業同」。然而,縱觀「大陸地區人民來臺投資許可法」全文卻未見承諾給予陸資企業以居民待遇的條款。

5. 人員往來限制

雖然馬英九執政以來,臺灣當局一定程度上放寬了大陸經貿人士進入臺灣的限制,但目前大陸經貿人士赴臺仍未實現真正的自由往來,按照現行「大陸地區專業人士來臺從事專業活動許可辦法」等法令,大陸專業人士赴臺仍受到較多限制。這一限制將對今後陸資企業在臺的經營活動構成較大障礙。

(二)大陸方面關於陸資入臺法律政策的不足

由於臺灣方面的刻意杯葛,在 2008 年之前,大陸投資者及其投資入臺的案例相當罕見,主要是透過間接渠道進行,包括以香港等第三地公司的名義,透過在臺灣設立分公司或者子公司,或者大陸企業透過臺灣的代理商在島內設立分支機構。總體而言,此類投資數量有限,成效不大。

2008 年之後,兩岸關係在「九二共識」的基礎上重新回覆平穩,兩岸雙向直接投資的問題被提上議事日程。目前,規範陸資入臺的主要規範性文件是 2010 年 11 月 9 日國家發改委、商務部和國務院臺辦聯合印發的《大陸企業赴臺灣投資管理辦法》,為推動海峽兩岸投資合作提供了詳細的指引。儘管如此,相關法規政策仍顯不足。

1.《大陸企業赴臺灣投資管理辦法》管制性色彩偏重

《大陸企業赴臺灣投資管理辦法》全文共 20 條，該辦法雖然明定以「鼓勵和支持大陸企業積極穩妥地赴臺灣投資，形成互補互利的格局」為立法目的，但從其內容來看，管制性色彩偏重。廈門商務局的調研報告顯示，辦法存在最大問題之一即大陸企業赴臺投資審批程序相對較長。大陸企業赴臺投資，不論規模大小，均需地方主管部門初審後報商務部審批，並徵求國臺辦意見，審批時限相對於赴其他發達國家和地區來講較長，在一定程度上影響企業的投資意向。

2. 陸資赴臺的配套政策仍不健全

大陸企業赴臺投資是一個複雜而又敏感的問題，目前除《大陸企業赴臺灣投資管理辦法》等專門性立法外，相關的配套政策法制還不健全，例如，兩岸貨幣未實現直接兌換，大陸企業向其駐臺企業匯款時須先兌換成美元，匯達臺灣後再兌換成臺幣，既造成匯率損失，又增加財務成本。儘管目前兩岸關係穩步發展，經貿往來頻繁，但由於兩岸關係的特殊性，大額投資仍存在一定政治風險，如果沒有完善的配套制度，企業將可能產生較大的顧慮。

3. 陸資赴臺的服務措施仍不完善

完善的服務措施是促進企業海外投資的重要保證。大陸服務中國企業海外投資的政策路徑相對清晰，例如在實施「走出去」戰略的過程中，為幫助企業瞭解和熟悉東道國國情，商務部國際貿易經濟合作研究院、投資促進事務局和我駐外經商機構2009年起每年編寫、更新《對外投資合作國別（地區）指南》，客觀介紹有關國家（地區）的投資合作環境，並對企業跨國經營應注意的問題給予提示。此外，中國出口信用保險公司也每兩年發佈一次《國家風險分析報告》，針對全球 191 個主權國家的基本訊息、政治經濟和社會發展現狀、市場機遇與風險狀況進行分析，從企業的角度，全面、客觀地展現了中國企業出口和投資所面臨的國際環境，並深入地提示有關風險點。但遺憾的是，上述指南和報告都沒有涵蓋臺灣的相關情況，《大陸企業赴臺灣投資管理辦法》第十四條雖然明確規定「國家發展改革委、商務部、國務院臺辦加強大陸企業赴臺灣投資的引導和服務，透過對外投資合作訊息服務系統、投資指南等渠道，為企業提供有效指導」，但實務中並沒有得到有效的執行，因此，大陸企業赴臺投資獲得相關訊息的渠道仍極為有限。

總之，借助《海峽兩岸經濟合作框架協議》及《兩岸投保協議》等後續協議的商簽，以及島內關於陸資赴臺政策的逐步放寬，進一步創造內部條件，鼓勵大陸企業「走出去」，對於扭轉兩岸投資結構的失衡、深化雙方交流與合作、增進民眾感情和互信，具有重要的實踐意義。

註釋

[1] 彭莉，廈門大學臺灣研究院法律研究所教授，副院長。

[2] 季燁，廈門大學臺灣研究院法律研究所助理教授，院長助理。

論陸資入臺投資的法律保護[1]

吳智[2]

引言

目前兩岸投資已經步入「雙向」投資的法制化發展階段。截至 2013 年 6 月底，大陸累計批準臺資項目 88984 個，實際使用臺資 583.1 億美元。按實際使用外資統計，臺資占我累計實際吸收境外投資總額的 4.4%。[3] 至於陸資入臺投資，自 2009 年 6 月 30 日臺灣方面開放陸資以來，已進入臺灣投資項目為 398 個，投資金額累計為 7.14 億美元，入臺陸資企業聘用臺灣當地人員就業人數已達 6771 人。[4]

隨著兩會簽署《海峽兩岸投資保護與促進協議》（以下簡稱《兩岸投保協議》或《投保協議》）[5] 和《海峽兩岸服務貿易協議》（以下簡稱《兩岸服務貿易協議》），[6] 兩岸投資在法制化軌道上將進一步得到良性發展；同時兩岸投資者對權益保護的需求將表現得更加明顯，兩岸投資發展中所面臨的投資爭議也將增加。

然而大陸方面並沒有專門法律規範保護大陸企業赴臺投資，臺灣也僅有監管入臺陸資的法律規範，僅有《兩岸投保協議》是否足以保護入臺投資的大陸投資者及其投資？本文擬先從陸資入臺投資的法律保護現狀入手，探討入臺的陸資所受法律保護存在的法律問題，並就未來如何完善保護入臺陸資的法律保護體系試圖進行展望，以求教於方家。

一、陸資入臺投資之法律保護現狀

（一）單向層面的法律保護機制

1. 大陸提供的法律保護機制

目前大陸方面並無專門法律規範保護赴臺投資的大陸企業。為鼓勵、引導和規範大陸企業赴臺灣直接投資，大陸有關部門先後於 2008 年和 2009 年發佈了兩個部門規章予以規範，[7]2011 年 11 月國家發展改革委、商務部和國務院臺辦又聯合發佈了《大陸企業赴臺灣投資管理辦法》（發改外資〔2010〕2661 號），同時廢止了之前發佈的兩個部門規章。《大陸企業赴臺灣投資管理辦法》第 13 條原則性地規定：「大陸企業如獲得服務提供者等相關認證後，可享受兩岸簽署的有關協議項下給予的待遇。」此外，按照該辦法第 9 條規定，針對大陸企業赴臺投資，「商務部收到申請後，徵求國務院臺辦意見。在徵得國務院臺辦同意後，商務部按照《境外投資管理辦法》（商務部令 2009 年第 5 號）進行核準」。而《境外投資管理辦法》是商務部為促進和規範中國大陸所有境外投資活動所發佈的部門規章，其目的主要在於對「境外投資實施管理和監督」。可見，在大陸方面，並沒有明確大陸企業赴臺投資如何接受大陸方面的法律保護，更沒有確定法律保護的任何具體措施。

大陸 2001 年設立的中國出口信用保險公司（以下簡稱中國信保公司）為大陸企業海外（境外）投資提供政治風險保證。根據中國信保公司投保指南，「在香港、澳門、臺灣和中華人民共和國境外注冊成立的企業、金融機構，如果其 95% 以上的股份在中華人民共和國境內的企業、機構控制之下，可由該境內的企業、機構投保」。可見，符合一定條件的大陸企業赴臺投資屬於中國信保公司可以承保的範疇，可以向中國信保公司提出投保申請，按照中國信保公司的投保條件和投保程序獲得承保，進而得到保護。[8]

2. 臺灣提供的法律保護機制

大陸企業赴臺投資所受臺灣法律規範的調整屬於臺灣的特別法形式，並不等同於臺灣規制僑外資和臺資本身的法律規範。但是自 2009 年 6 月 30 日臺灣方面宣布有限度開放陸資入臺投資以來，臺灣至今仍缺失任何可以適用

於保護入臺陸資的法律規範。儘管《兩岸投保協議》第 3 條中含有「國民待遇」條款，也規定「一方應確保給予另一方投資者及其投資公正與公平待遇，並提供充分保護與安全」，但對於如何適用《兩岸投保協議》，臺灣方面至今並無明確規定。既沒有明確大陸企業赴臺投資的權益保護等同於當地投資者及其投資，也沒有出臺「特別法」明確如何保護大陸企業赴臺投資的合法權益，採取什麼措施保證給予大陸投資者及其投資「公正與公平待遇，並提供充分保護與安全」。

（二）雙向層面的法律保護機制

《兩岸投保協議》的簽署開啟了「後 ECFA 時代」兩岸經濟全面合作新篇章。筆者於 2012 年 10 月至 12 月赴臺灣東吳大學訪問期間，在海基會和臺灣經濟部門設立的臺商聯合服務中心調研時瞭解到，在《兩岸投保協議》簽署後即有一些臺商到海基會和臺商聯合服務中心諮詢，希冀獲得《兩岸投保協議》的保護。臺灣經濟部門統計數據，截至 2013 年 6 月 24 日，在《兩岸投保協議》下的行政協處案件，受理臺商申訴案已達 54 件（多為股權爭議與土地遭大陸地方政府徵收案），受理大陸投資者申訴案 3 件；人身自由案件，受理臺商申訴案 1 件，受理大陸投資者申訴案 0 件。[9]可見，兩岸投資者已經開始尋求獲得《兩岸投保協議》的保護。

《兩岸投保協議》的條款既參考了常規投資保護協定的條款設置體例，涵蓋了常規投資保護協定包括的要素和內容，也突出兼顧兩岸投資發展的實際情勢，作出了符合兩岸特色的靈活處理和適當安排，為兩岸投資者投資權益提供製度化保障。在兩岸或者缺失法律規範保護另一方投資者及其投資或者所提供的法律保護存在不足的背景下，《兩岸投保協議》無疑將有助於提升兩岸雙向投資權益保護，增強兩岸投資者的投資信心。其中突出表現在：對於徵收（含間接徵收）條款進行了全面、詳盡規定（協議第 7 條）；突破性地將 P to P（私人投資者之間）投資商務糾紛解決納入協議（協議第 14 條）；別具特色地規範了多元化的 P to G（私人與投資地政府之間）投資爭議解決機制（協議第 13 條）；開拓性地將投資者及相關人員人身自由問題納入協議範疇（協議第 3 條）。[10]

二、陸資入臺投資之法律保護存在的問題分析

（一）兩岸投資者是否僅憑《兩岸投保協議》即足以保護其合法權益？

兩岸投資保護協議既是臺灣行政當局、學界和臺商多年來期待達成的重要協議，也是大陸企業赴臺投資所亟待的制度化保障體制。該協議一方面遵循一般投資保護協定的體例設置相應條款，體現投資保護的傳統內容；另一方面注重兩岸現實需要，增強《兩岸投保協議》的可操作性，針對投資者經第三地投資、人身保護、投資者與所在地一方的爭端解決等問題，作出了符合兩岸特色的靈活處理和適當安排。[11] 據此，兩岸投資者是否憑藉《兩岸投保協議》即足以保護其投資權益？

《兩岸投保協議》序言明確其意旨：「促進相互投資，創造公平投資環境，增進兩岸經濟繁榮。」可以預見的是，隨著兩岸雙向投資更深、更廣地發展，兩岸投資糾紛也將會越來越多。例如海基會公佈其協處臺商投訴的財產法益類案件，顯示近年來隨著兩岸投資的發展，投資糾紛已經快速增加。[12]

儘管《兩岸投保協議》主要凸顯的是保護兩岸投資的意涵，如該協議第3條中有「國民待遇」和「最惠國待遇」等投資待遇保護條款的規定，協議第13條和第14條也突破性地規範了 P to G 的多元化爭端解決機制和 P to P 之間的仲裁解決機制，但是由於兩岸法制不同，故協議中投資保護條款本身的意涵、適用範圍及投資保護條款在實務上產生的實質作用與影響可能也會有所差異。

同時，必須注意到，兩岸各自規範兩岸投資的法律規範中，還存在不少與《兩岸投保協議》規定不一致之處，如根據《投保協議》第1條第2款的規定，《投保協議》保護的「『投資者』指在另一方從事投資的一方自然人或一方企業」，且「一方自然人指持有一方身份證明文件的自然人」，然而，大陸發佈《大陸企業赴臺灣投資管理辦法》第4條中所規定的赴臺灣投資大陸投資主體，僅限於「在大陸依法註冊、經營的企業法人」，不包括自然人。此外，在處理兩岸間判決（裁決）承認與執行問題時，兩岸均採取以特別法加以規範的務實做法，且存在較大差異。大陸對臺灣判決（裁決），確定了以具有確定效力者為限的基本原則。而臺灣認為經臺灣法院依「兩岸人民關

係條例」第74條認可的大陸地區民事裁判，在臺灣僅具執行力而非既判力。這種差異對協議實施有何影響？如何解決？另，大陸目前並未承認臨時仲裁的效力，一旦入臺投資的大陸投資者在臺灣選擇了臨時仲裁解決爭議，臺灣所作的臨時仲裁恐怕難以申請到大陸法院認可。大陸是否需要出臺類似於承認香港臨時仲裁裁決的規則？

以上這些存在的矛盾與不一致之處，都可能影響到赴臺投資的大陸企業尋求《投保協議》的保護效果，影響投資者的合法權益。

（二）是否需要臺灣發佈與《兩岸投保協議》配套的投資保護規則？

如前所述，入臺投資的大陸投資者並非僅憑現有《投保協議》就足以保護其合法權益。但是，並非如大陸方面針對臺商權益保護有專門的《臺灣同胞投資保護法》及其《實施細則》，臺灣方面目前針對大陸投資者入臺投資法律規範僅僅涉及投資審批與監管。儘管《兩岸投保協議》第3條分別含有「國民待遇」條款和「最惠國待遇」條款的規定，但是該條第5款規定「本條第3款及第4款不適用於一方現有的不符措施及其修改」。筆者認為，由於臺灣對大陸事務一貫採用特別法予以規範，對於陸資入臺投資保護問題，既沒有明確陸資入臺投資可以比照僑外資或者臺灣當地投資獲得保護，也沒有確定《兩岸投保協議》如何適用於臺灣的情形下，臺灣方面至今仍缺失與《兩岸投保協議》配套的投資保護規則，這些都可能給大陸投資者尋求權益保護帶來困擾，或者在某種程度上可能會影響投資者的信心。

可見，正如《兩岸投保協議》生效後，《臺灣同胞投資保護法》及其《實施細則》，不但有存在之必要，而且，為了有效實施《兩岸投保協議》，加快修訂進程，臺灣也應發佈相關法律規範配合《兩岸投保協議》的實施，為大陸企業投資臺灣提供更為明確的投資保護環境。

（三）大陸是否需要制定保護陸資入臺投資的法律規範？

2011年11月國家發展改革委、商務部和國務院臺辦又聯合發佈了《大陸企業赴臺灣投資管理辦法》。該《管理辦法》第13條中規定：「大陸企業如獲得服務提供者等相關認證後，可享受兩岸簽署的有關協議項下給予的待遇。」這裡，所謂「兩岸簽署的有關協議項下給予的待遇」，對於大陸投

資者而言,目前似乎可以理解為主要是涉及《兩岸投保協議》[13]以及《兩岸服務貿易協議》生效後所提供的「公平待遇」。[14]而商務部核準陸資入臺投資所依據的《境外投資管理辦法》中僅有第23條規定「企業應當……接受駐外使(領)館在突發事件防範、人員安全保護等方面的指導。」顯然,該條也並非規範中國大陸駐外使(領)館對境外投資進行保護的職責與義務。如此,大陸企業赴臺投資必須接受《境外投資管理辦法》和《大陸企業赴臺灣投資管理辦法》的約束,但主要是接受主管機關的審批、監督與管理,主管機關並沒有為陸資入臺投資提供任何法律保護措施。

實際上,就陸資赴臺投資,有關調查顯示,大陸企業投資臺灣最怕遇到風險。[15]在國際投資領域,「對政治風險的擔憂,經常造成一些外國投資者對潛在的投資裹足不前」。[16]兩岸之間的投資不同於國際投資,且兩岸之間經由兩會簽署了包括ECFA、《兩岸投保協議》等系列協議;但兩岸關係的特殊性,特別是臺灣島內個別在野黨無論是對ECFA協議的阻撓與非議,還是對《兩岸服務貿易協議》要求逐條審議以及杯葛「大陸地區處理兩岸人民往來事務機構在臺灣設立分支機構條例草案」在臺灣立法機構進行審查等,似乎難以消除陸資入臺投資遭遇政治風險的威脅。

根據中國信保公司投保指南,在臺灣注冊成立的企業、金融機構,如果其95%以上的股份在大陸境內的企業、機構控制之下,可由該境內的企業、機構投保。但是由於陸資入臺投資不但在投資產業業別上受到限制,在已開放的投資產業的投資股權比例上,也有眾多產業不同程度受到限制,或者限於合資,或者限於陸資持股不超過50%,甚至20%,[17]或者陸資不得具有控制能力。如此有相當一部分入臺投資的陸資根本無法獲得中國信保公司的投資政治風險承保。

三、完善陸資入臺投資之法律保護體系的設想

如前所述,《兩岸投保協議》現有規定並不足以完全保護入臺投資的陸資,為此,一方面需要兩岸後續在雙方的協商中對協議現有條款予以明確和完善;另一方面也需要兩岸各自出臺和完善保護陸資入臺投資的相關法律規範,明確實施《兩岸投保協議》的配套規則,切實保護入臺投資的陸資。

（一）大陸完善陸資入臺投資的保護機制

1.制定保護陸資入臺投資的法律規範

對於兩岸投資，大陸方面除了要進一步加快推動修訂《臺灣同胞投資保護法》及其《實施細則》，以適應臺商權益保護要求與全面實施《兩岸投保協議》規定之外；還應該考慮制定保護入臺投資的法律規範，以調動陸資入臺投資的積極性和增強入臺投資信心。為此，要將所保護的大陸投資者擴大到大陸的自然人，要明確保護大陸投資者的主管機關。可以先行考慮以商務部為主的主管部門發佈部門規章，表明主管機關對於保護入臺陸資的態度、原則和列明採取保護的相關具體措施。待積累保護入臺陸資的立法經驗和實踐經驗後再上升到國務院行政法規效力層次。同時，保護陸資入臺投資的立法，可以為大陸投資保證機構後續完善陸資入臺投資的投資保證機制提供法律基礎與依據。

2.完善陸資入臺投資政治風險保證機制

《兩岸投保協議》肯定了兩岸的投資政治風險保證機構的代位權，[18]為兩岸的投資政治風險保證機構獲得代位求償權提供了法律依據。

但是根據中國信保公司投保指南，在臺灣注冊成立的企業、金融機構，唯有其95%以上的股份在大陸境內的企業、機構控制之下，才可由該境內的企業、機構投保。這種規定，與美國的海外投資政治風險承保機構（OPIC）等對合格投資的承保條件的規定比較一致，其目的在於保護本國（本地）投資者的利益。但是，由於陸資入臺投資在已開放的投資產業的投資股權比例上不同程度受到限制，將導致有相當一部分入臺投資的陸資無法獲得中國信保公司的投資政治風險承保。從目前可見的資料顯示，中國信保公司還沒有針對陸資入臺投資的承保記錄，或許就有受到承保條件限制的因素。因此要改變這種現狀，對於陸資入臺投資的承保條件，可能需要考慮針對陸資入臺投資受到臺灣方面的限製作出相應調整。

（二）臺灣應明確保護入臺陸資的法律規範

臺灣規範陸資入臺投資的法律規範主要體現在「臺灣與大陸地區人民關係條例」（以下簡稱「兩岸人民關係條例」）第73條的規定，以及由臺灣

經濟部門發佈的「大陸地區人民來臺投資許可辦法」、「大陸地區之營利事業在臺設立分公司或辦事處許可辦法」、「大陸地區人民來臺投資許可辦法第三條規定解釋令」等部門命令。但是這些法律規範僅僅強調投資審批與投資監管，建立了嚴格的陸資入臺投資風險控制體制：如堅持開放陸資以對臺灣有利為前提、對陸資入臺投資堅持事前許可制、對陸資設定嚴謹的管理門檻、設置嚴格的防禦條款、建立後續查核機制以及對證券投資超過一定比例視同直接投資管理等。[19]

海基會統計顯示，海基會協處大陸人民及廠商投訴的財產法益類案件，2008-2012年有48件，占1993-2012年總量131件的36.6%；2013年1—7月，海基會協處大陸人民及廠商投訴的財產法益類案件有5件。如前《兩岸投保協議》簽署之後，截至2013年6月24日，臺灣經濟主管部門統計，受理大陸投資者申訴的行政協處案例是3件，顯示隨著陸資入臺投資，陸資有獲得臺灣法律規範保護的現實需求。

儘管臺灣對僑外資明確了提供「國民待遇」，[20]但是臺灣一直對於大陸事務實施特別法規範，臺灣規範和保護當地投資和僑外資的法律規範並不能適用於陸資入臺投資。《兩岸投保協議》規定的「國民待遇」和「最惠國待遇」條款，似乎表明陸資入臺投資的待遇問題已經不存在問題，但是該條第5款對於陸資可以享受的「國民待遇」和「最惠國待遇」有例外規定，即「本條第3款及第4款不適用於一方現有的不符措施及其修改」。可見，並非在《兩岸投保協議》下，陸資就自動獲得了與臺灣當地投資和僑外資的「同等待遇」。何況，至今臺灣並沒有明確政府機關或授權機構簽署的《兩岸投保協議》是否自動適用於臺灣。

此外，《兩岸投保協議》第3條不但規定「一方應確保給予另一方投資者及其投資公正與公平待遇，並提供充分保護與安全」，還進一步對「充分保護與安全」明確為「一方應採取合理、必要的措施，保護另一方投資者及其投資的安全」。然而，目前臺灣針對陸資入臺投資的法律規範僅僅涉及審核和監管方面，並無任何涉及如何保護大陸投資者及其投資安全的法律規範，也無如何適用《兩岸投保協議》的具體規定。而且從筆者所查閱到的有限文獻來看，目前臺灣的「大法官解釋」和司法判決中，也沒有涉及臺灣簽署的

協議是否適用於臺灣和如何適用於臺灣的解釋和案例。相反,臺灣現有的一些涉及兩岸事務的法律規範還與《兩岸投保協議》中的規定存在一些矛盾或衝突之處,所以陸資入臺投資並非只需完全依賴於《兩岸投保協議》即可,臺灣不但需要明確如何適用《兩岸投保協議》,也需要進一步確定相應措施來切實保護入臺陸資的權益。

其次,臺灣方面保護入臺陸資的法律規範應提升到法律效力層次。

在臺灣,儘管法律與命令可並稱為法令,但狹義的法律專指由立法機關經過立法程序所制定之法律。[21 而命令是指「主管機關發佈之命令,得依其性質,稱規程、規則、細則、辦法、綱要、標準或準則」。[22] 雖然「各機關依其法定職權或基於法律授權訂定之命令,應視其性質分別下達或發佈,並即送立法院」[23] 但「命令之廢止,由原發佈機關為之」。[24] 即主管機關發佈的命令無須透過臺灣「立法院」的立法程序。在效力層次上,「法律不得牴觸憲法,命令不得牴觸憲法或法律」。[25] 即「法律與憲法牴觸者無效」[26]「命令與憲法或法律牴觸者無效」[27] 顯然,「命令的效力不若法律強」命令與法律二者制定程序不同,命令是由臺灣各機關制定或公佈,無一定的立法程序,而法律的制定須經立法程序。[29]

目前,臺灣調整陸資入臺投資的法律規範除了「兩岸人民關係條例」中的原則性規定外,[30] 還涉及陸資入臺投資具體事項,如投資者定義、出資種類、投資許可、投資項目等問題的規定幾乎都是由臺灣主管機關發佈的「命令」來予以調整。換言之,除了「兩岸人民關係條例」中的原則性規定之外,目前臺灣調整陸資入臺投資的法律規範,僅僅停留在命令效力層次,不僅效力層次低,且主管機關可以「基於政策或事實之需要」認為有必要時對其原來發佈的命令進行修正。[31] 而「法律之廢止,應經立法院透過,總統公佈」。[32] 顯然,「大陸地區人民來臺投資許可辦法」、「大陸地區人民來臺設立分公司許可辦法」等命令,在效力層次和穩定性上既不如臺灣的「公司法」、「所得稅法」,也不如「外國人投資條例」、「華僑回國投資條例」、「促進產業升級條例」等。

「投資政策的質量直接影響到所有投資者的決定,無論是小的投資者或者大的投資者,國內投資者或外國投資者。」[33] 投資政策的穩定性和可預期

性是投資者判斷投資政策質量的重要因素。即對於投資者而言，特別注重投資地區投資環境的穩定性和可預期性。作為命令，其可能表現出針對性強的特徵，但是另一方面主管部門對其修訂或廢除的程序相對簡單，靈活性強和變化快，這在一定程度上將影響投資者的投資意願和投資信心。

實際上，在對待華僑和外國人投資臺灣方面，臺灣在引進僑外資初期即很快修正發佈了效力層次更高的法律。[34]「臺灣當局一直以來都十分重視僑外投資的保護與鼓勵，注重加強對僑外投資的管理，並形成了一套相對完善的法律制度。」[35] 在較長一段時期，臺灣的外資政策與法律規範，總體上體現出穩定性、連續性和優惠性的特點，保證了僑外資廠商在臺灣投資的中長期利益，使外商投資保持興旺，歷久不衰，有增無減。[36]

同樣的道理，陸資入臺投資也需要持續、穩定的投資法律環境，特別是兩岸關係背景複雜，歷史上兩岸經貿往來受兩岸關係變化的影響比較大。臺灣不同黨派對於兩岸經貿政策的態度和所堅持的原則也存在分歧，這些都可能帶來投資風險，所以，如果臺灣具體調整陸資入臺投資的法律規範僅僅停留在命令效力層次，陸資入臺投資法律環境的穩定性和可預期性自是難以不存在疑慮。因此，臺灣方面不但應出臺保護陸資入臺投資的法律規範，而且應定位至「華僑回國投資條例」、「外國人投資條例」、「公司法」等同等法律效力層次的法律為宜。

再次，應修改與《兩岸投保協議》規定不一致的法律規範。

如以投資商務糾紛為例，協議第 14 條對於仲裁解決兩岸投資商務糾紛可謂濃重著墨。但是關於投資商務糾紛仲裁裁決的效力問題，臺灣法院對於大陸的仲裁裁決，是以裁定「認可」的方式處理。[37] 臺灣法院對於來自香港和澳門的仲裁裁決則是採取「承認」的程序，且依「香港澳門關係條例」的規定辦理。而依照「香港澳門關係條例」第 42 條第 2 款規定，在香港或澳門作成的民事仲裁裁決，其效力、申請法院承認及停止執行，可以準用臺灣目前「仲裁法」第 47-51 條關於承認與執行外國仲裁裁決的規定。而臺灣「仲裁法」關於承認與執行外國仲裁裁決的承認與執行，原則上與《紐約公約》的規定與精神並無太大差異，其規定也較為明確及完整。[38]

與臺灣「民事訴訟法」對外國判決或裁定採取「自動承認制」（亦即原則上無需法院承認，該外國判決如符合要件即自動發生實質既判力）不同，依據「兩岸人民關係條例」第74條規定，臺灣法院對來自大陸的判決或裁決必須經過裁定認可，才能執行。而依臺灣「最高法院」2007年臺上字第2531號民事判決，認為經臺灣法院依「兩岸人民關係條例」第74條認可的大陸民事裁判，在臺灣僅僅具有「強制執行法」第4條第1款第6項之執行力，而不具備與臺灣確定判決同一效力之既判力。儘管針對此一判決見解，臺灣學界及實務界已有諸多討論與批判，[39]但臺「最高法院」2008年臺上字第2258號民事判決、2008年臺上字第2531號民事判決依然持相同意見。儘管此等見解對於經臺灣法院認可的大陸仲裁裁決效力是否產生影響，還有待進一步觀察，但是臺灣法院「認可大陸地區的仲裁判斷，由於其申請認可的程序，《兩岸人民關係條例》及『非訟事件法』則均未作詳細及明確之規定，從而，臺灣法院在受理大陸地區仲裁判斷之認可程序時，是否得類推適用仲裁法第49條、第50條以及第51條等規定，抑或得否準用民事訴訟法之相關規定，即不無法律適用上之疑義」。[40]

可見，目前臺灣法院對於來自香港、澳門的仲裁裁決以及其他國家（地區）的仲裁裁決，在程序面及執行面上，比對大陸的仲裁裁決的認可明確。[41]

根據《兩岸投保協議》第14條，兩岸投資者「可選擇兩岸的仲裁機構及當時雙方同意的仲裁地點」，也規定「商事合約當事人可依據相關規定申請仲裁裁決的認可與執行」。實踐中，如果入臺投資的大陸投資者與臺灣的投資者之間的投資商務糾紛，雙方選擇大陸的仲裁機構，且仲裁地點在大陸，仲裁裁決需要到臺灣執行，但是目前經臺灣法院依「兩岸人民關係條例」第74條認可的大陸民事裁判，在臺灣僅具執行力而非既判力，或許將導致投資商務糾紛雙方當事人在大陸仲裁程序中所花費的時間與費用付之一炬；或許使得經大陸仲裁程序後的敗訴一方，再到臺灣另行啟動爭端程序，造成資源浪費。果如此，將可能導致當事人無形中會少選擇甚至放棄選擇大陸的仲裁機構來解決爭議。

（三）在實踐中完善《兩岸投保協議》條款

如前，《兩岸投保協議》的簽署開啟了兩岸經貿發展的新篇章，同時《兩岸投保協議》的磋商也是 ECFA 後續協議談判中「最難啃的骨頭」，能達成協議目前所涵蓋的條款內容已屬不易，對該協議所能保護兩岸投資利益，推動兩岸投資發展的積極作用不可忽視。但是畢竟兩岸分治已經超過 60 年，兩岸的法律制度與司法體制都存在差異，對協議條款的理解也難以不存在偏差，加之兩岸投資的發展進程中可能還會出現一些新的問題需要正視和解決，因此《兩岸投保協議》不必是一個靜態的文件，協議的條款與內容應該是動態變化的。

如《兩岸投保協議》允許投資商事爭議雙方選擇仲裁方式，仲裁也可能將是解決兩岸投資商務糾紛的最佳途徑，但是協議並未作機構仲裁與臨時仲裁之分，僅在第 14 條第 5 款原則性規定：「雙方確認，商事合約當事人可依據相關規定申請仲裁裁決的認可與執行。」這裡「相關規定」是指什麼規定，協議並沒有進一步明確，也即沒有共同可以遵守的規定。如果理解為申請仲裁裁決認可與執行地的規定，然而大陸原則上不承認按照涉外仲裁案件臨時仲裁協議的效力，[42]2009 年《最高人民法院關於人民法院認可臺灣有關法院民事判決的補充規定》中也沒有明確臺灣所作的臨時仲裁裁決是否可以申請到大陸法院認可與執行。如果需要認可與執行臺灣所作的臨時仲裁裁決，則涉及要考慮大陸是否需要出臺類似於承認與執行香港臨時仲裁裁決的規則問題。[43]而按照臺灣的「仲裁法」，當事人在仲裁條款中如果約定臨時仲裁，該仲裁條款應為有效。[44]但是臺灣高等法院在 2010 年度非抗字第 122 號民事確定裁定（2010 年 9 月 15 日）中，認為臨時仲裁的仲裁庭作成的仲裁判斷並無與法院之確定判決相同的效力，故駁回當事人申請法院強制執行該仲裁裁決。顯然，近年來臺灣法院駁回臨時仲裁裁決案例表明，即使在臺灣作成的臨時仲裁裁決，在臺灣法院申請執行強制執行時，也有可能遭到臺灣法院駁回。

如協議規定，兩岸投資者「可選擇兩岸的仲裁機構及當事雙方同意的仲裁地點」。海基會的有關解釋認為，依該條「臺灣仲裁機構可至大陸仲裁」，但可能還存在不確定的問題，如「臺灣仲裁機構可至大陸仲裁」是指噹噹事人約定由臺灣的仲裁機構辦理案件時，當事人可以約定「進行仲裁詢問會議

的地點」在大陸，還是指當事人可以約定「仲裁地」在大陸？此外，海基會解釋還認為，依該條「仲裁地點可選擇第三地」，但是，對於境外仲裁機構是否可以在大陸境內辦理仲裁案件，目前大陸法律並沒有明確規定，大陸法院的見解並不一致，學者們也是意見各異。所以包括入臺投資的大陸投資者如果依照協議規定選擇港、澳、臺地區的仲裁機構在大陸境內進行仲裁時，大陸法院將如何判斷該仲裁裁決的性質，恐怕無法預見，由此對投資者而言勢必留下權益保護的不確定性問題。

又如，協議第14條規定，兩岸投資者依「相關規定及當事人意思自治原則」簽訂商事合約時，可約定商事爭議的解決方式和途徑。但何為本條款「相關規定」？「當事人意思自治原則」是否要受到「相關規定」限制？如果是，又在何種程度及範圍內受到「相關規定」的限制？該條規定雙方「可約定商事爭議的解決方式和途徑」。由於調解是 ADR 方式解決紛爭的一種，兩岸目前均制定有非常完整的調解機制（如中國國際商會調解中心調解規則）（2012），且調解實踐非常普遍。如此，兩岸投資者完全可以基於意思自治原則，約定透過調解程序解決投資商務糾紛，但是協議對於調解解決投資商務糾紛並沒有予以進一步明確。由此，儘管投資者如果選擇兩岸的相關政府機構或授權單位，如大陸的臺辦，臺灣的海基會或者臺商聯合服務中心來居中調解似無不可，但是，是否需要考慮建立一個可以為兩岸投資人所信賴，又能獨立於政府的民間調解機構，並確立兩岸投資者所能共同認可的調解程序或方法，建立一個獨立、公正、專業的調解兩岸投資商務糾紛的平臺，也許是兩岸未來所應共同努力的方向。[45]

又如《投保協議》中的 P to G 項下調解問題：關於調解機制的啟動，是否有因一方投資者的申請而啟動調解機制還是需要投資者事先或事後與投資地政府達成調解合意才能啟動？P to G 項下調解協議的效力是與仲裁調解性質相同，屬於準司法調解的範疇，一方當事人可以直接向法院申請執行，還是只能透過雙方法院申請司法確認後才具有執行力？關於調解協議的司法審查，法院在進行審查時，是僅審查程序還是同時審查實體？就審查結果而言，如果法院認為調解違反了法定程序，是不予執行還是予以撤銷？[46]

以上這些問題，在實施《兩岸投保協議》過程中，可能需要透過兩岸經濟合作委員會投資工作小組建立的聯繫機制負責協調處理[47]或者經由兩會後續協商予以明確。

結論

《兩岸投保協議》的簽署和生效無疑將有力推動兩岸投資進一步朝著快速和法制化的軌道上前進，但是基於兩岸關係的特殊性和兩岸法制的差異等因素，兩岸投資者的合法權益並非僅靠《兩岸投保協議》所提供的保護即可，相反，仍然需要兩岸各自出臺或完善保護陸資入臺投資的法律規範。由此，既需要兩岸全面檢視自身的法律規範哪些與《兩岸投保協議》存在不一致或衝突之處，也需要兩岸考慮如何正確適用《兩岸投保協議》，以充分發揮《兩岸投保協議》在保護投資者權益和推動兩岸投資良好發展的應有效應。如大陸應該出臺專門法律規範保護入臺投資的大陸投資者，不但要將所保護的投資者擴大到大陸的自然人，要明確保護大陸投資者的主管機關和保護措施，而且要制定有針對性的投資保證機制保護入臺投資的大陸投資者。臺灣則要出臺相關法律規範，明確保護陸資入臺投資的基本原則和相應措施，也要修改諸如「兩岸人民關係條例」中相關規定，明確臺灣法院對於來自大陸的民事判決或裁決不僅具有執行力，而且具有既判力。同時，也需要在實施《兩岸投保協議》的實踐中，明確現有協議條款中存在的不確定之處，完善協議的相關條款與內容，以建立更加完善的保護陸資入臺投資合法權益的保護體系。

註釋

[1] 本文是作者主持的教育部人文社科規劃項目（項目號：11YJA820084）的階段性研究成果。

[2] 吳智，法學博士，湖南師範大學法學院副教授，碩士生導師，國際法研究所所長，主要研究方向：國際投資法、WTO法。

[3] 商務部官網：「2013年1-6月大陸與臺灣貿易、投資情況」，http：tga.mofcom.gov.cn/arti-cle/d/201307/20130700217616.shtml，2013-07-30。

[4] 參見林中森（海基會董事長）：《兩岸服務貿易協議全世界都在看》，《兩岸經貿月刊》2013年7月號。

[5]2013年1月31日,海協會與海基會互以書面通知對方,表示《海峽兩岸投資保護和促進協議》已各自完成相關程序,將於2月1日正式生效。

[6]2013年6月21日,海協會與海基會負責人在上海簽署了《海峽兩岸服務貿易協議》。臺灣「立法院」要求對《兩岸服務貿易協議》逐條審查,對此,海基會董事長林中森似乎也在感慨:「不僅大陸,全世界都在看臺灣對執行談判結果有沒有誠意,若發生波折,恐影響未來臺灣簽署FTA的進度。」林中森:《兩岸服務貿易全世界都在看》,《兩岸經貿月刊》2013年7月號。

[7]如國家發展改革委和國務院臺辦於2008年發佈的《關於大陸企業赴臺灣投資項目管理有關規定的通知》(發改外資[2008]3503號)、商務部和國務院臺辦於2009年發佈的《關於大陸企業赴臺灣投資或設立非企業法人有關事項的通知》(商合發2009]219號)。

[8]筆者注意到,2011年中國出口信用保險公司與臺灣的出口信用保險機構(含境外投資政治風險擔保業務)——「中國輸出入銀行」簽訂了合作備忘錄。資料來源:臺灣《中國輸出入銀行2011年年報》第7頁。

[9]林安妮:《投保協議近況》,Athttp:udn.com/NEWS/MAINLAND/MA13/7982688.shtml,2013-07-16。

[10]協議第3條第2款:「雙方應加強投資者及相關人員在投資中的人身自由與安全保障,依各自規定的時限履行與人身自由相關的通知義務,完善既有通報機制。」並進一步以兩會有關《〈海峽兩岸投資保護與促進協議〉人身自由與安全保障共識》文件,明確自限制自由起24小時內通知投資者家屬或其所屬投資企業等具體做法。

[11]《商務部條約法律司負責人解讀〈海峽兩岸投資保護和促進協議〉》,http:tga.mofcom.gov.cn/article/zt_ecfa/subjectjj/201208/20120808279018.shtml,2012-09-10。

[12]海基會協處臺商投訴的財產法益類案件2008年至2013年1-7月達到1992件,占1991年至2013年1-7月總量2648件的75.2% 海基會協處大陸人民及廠商投訴的財產法益類案件,2008年至2013年1-7月有53件,約占1991年至2013年1-7月總量136件的39.0%。作者根據海基會經貿處《海基會協處臺商經貿糾紛案件處理統計表》整理,at http: www.sefrb.org/download/%E7%B6%93%E8%B2%BF%E7%B3%BE%E7%B4%9B%E7%B5%Bl%E8%A8%8810207.xls,2013-08-09。

[13]參見《兩岸投保協議》第3條。

[14]參見《兩岸服務貿易協議》第4條。

[15][美]勞倫.S.威森費爾德著,徐崇利譯:《多邊投資擔保機構的十五年發展歷程》,《國際經濟法學刊》第9卷(2004),第196頁。

[16][美]勞倫.S.威森費爾德著,徐崇利譯:《多邊投資擔保機構的十五年發展歷程》,《國際經濟法學刊》第9卷(2004),第196頁。

[17] 如第二階段開放的製造業 25 項當中,對於肥料製造、冶金機械製造等 10 項,開放陸資得參股投資現有事業,持股比率不得超過 20%;合資新設事業,陸資持股比率須低於 50%;對該投資事業不得具有控制能力。第三階段開放的 115 項製造業項目中,不但有食品製造業、非酒精飲料製造業等 33 項陸資持股比率不得超過 50%,另有 7 項與僑外投資項目訂有相同之限制條件。

[18] 參見《兩岸投保協議》第 9 條。

[19] 參見吳智:《全球化背景下兩岸直接投資法律制度研究》,中國檢察出版社 2012 年版,第 197-201 頁。

[20] 如臺灣「外國人投資條例」第 17 條中規定:「投資人所投資之事業,其法律上權利義務,除法律另有規定外,與中華民國國民所經營之事業同。」

[21] 參見鄭玉波:《法學緒論》,元照出版公司(臺灣)2005 年版,第 17 頁。

[22] 臺灣「中央法規標準法」第 3 條。

[23] 臺灣「中央法規標準法」第 7 條。

[24] 臺灣「中央法規標準法」第 22 條第 2 款。

[25] 臺灣「中央法規標準法」第 11 條。

[26] 臺灣「憲法」第 171 條第 1 款。

[27] 臺灣「憲法」第 172 條。

[28] 鄭玉波:《法學緒論》,元照出版公司(臺灣)2005 年版,第 18 頁。

[29] 鄭玉波:《法學緒論》,元照出版公司(臺灣)2005 年版,第 18 頁。

[30] 如「兩岸人民關係條例」(2011 年修訂)第 73 條的規定。按照臺灣「中央法規標準法」的規定,「兩岸人民關係條例」的效力層次屬於臺灣的法律。

[31] 參見臺灣「中央法規標準法」,第 20 條第 1 款。

[32] 參見臺灣「中央法規標準法」,第 22 條第 1 款。

[33] OECD, policy Framework for Investment, 2006, p. 13.

[34] 參見吳智:《全球化背景下兩岸直接投資法律制度研究》,中國檢察出版社 2012 年版,第 118-119 頁。

[35] 宋方青:《臺灣涉外投資法研究》,中國民主法製出版社 2005 年版,第 63 頁。

[36] 參見張子鳳:《淺析臺灣僑外資政策》,《國際貿易》1987 年第 12 期,第 37 頁。

[37]「兩岸人民關係條例」第 74 條第 1 款:「在大陸地區作成之民事確定裁判、民事仲裁判斷,不違背臺灣公共秩序或善良風俗者,得申請法院裁定認可。」

[38] 參見李家慶:《兩岸仲裁判斷認可制度之研究》,《海峽兩岸經貿仲裁論文集(三)》中華仲裁協會出版,2011 年,第 63 頁。

[39] 陳長文（臺灣）：《閉門造車的最高法院兄弟們》，《聯合報》A11 版，2010 年 4 月 27 日。轉引自李家慶：《兩岸投資保障和促進協議的簽訂與兩岸民間投資人間的爭議解決途徑》，《第十二屆海峽兩岸經貿仲裁研討會－兩岸投資保障協定與 ADR 爭議解決機制之作用》（2012 年 10 月 26 日，臺北）論文集，第 11 頁。

[40] 參見李家慶：《兩岸仲裁判斷認可制度之研究》，《海峽兩岸經貿仲裁論文集（三）》中華仲裁協會出版，2011 年，第 60 頁。

[41] 參見李家慶：《兩岸仲裁判斷認可制度之研究》，《海峽兩岸經貿仲裁論文集（三）》中華仲裁協會出版，2011 年，第 64 頁。

[42] 大陸 2004 年《涉案商事海事審判實務問題解答》指出：就涉外仲裁案件，只要有關當事人約定在公約締約國境內臨時仲裁且該締約國法律並不禁止，則人民法院應認定有關臨時仲裁協議有效。但如果當事人約定在中國進行臨時仲裁的，人民法院應認定該臨時仲裁協議無效。

[43]《最高人民法院關於香港仲裁裁決在內地執行的有關問題的通知》（法[2009]415 號，2009 年 12 月 30 日發佈）中規定：當事人向人民法院申請執行在香港特別行政區作出的臨時仲裁裁決、國際商會仲裁院等國外仲裁機構在香港特別行政區作出的仲裁裁決的，人民法院應當按照《安排》的規定進行審查。不存在《安排》第七條規定的情形的，該仲裁裁決可以在內地得到執行。

[44] 臺灣的「仲裁法」中，無論是第 3 條關於「仲裁條款效力的認定」，還是第 38 條關於「駁回執行裁定申請之情形」和針對外國仲裁判斷中的「裁定駁回」（第 49 條）等條款，都並沒有規定當事人約定臨時仲裁的仲裁條款無效。

[45] 參見李家慶：《兩岸投資保障和促進協議的簽訂與兩岸民間投資人間的爭議解決途徑》，《第十二屆海峽兩岸經貿仲裁研討會——兩岸投資保障協定與 ADR 爭議解決機制之作用》（2012 年 10 月 26 日，臺北）論文集，第 17-19 頁。

[46] 王彥君：《兩岸民間投資人與投資地政府間的爭端解決機制》，《第十二屆海峽兩岸經貿仲裁研討會——兩岸投資保障協定與 ADR 爭議解決機制之作用》（2012 年 10 月 26 日，臺北）論文集，第 86-87 頁。

[47] 王彥君：《兩岸民間投資人與投資地政府間的爭端解決機制》，《第十二屆海峽兩岸經貿仲裁研討會——兩岸投資保障協定與 ADR 爭議解決機制之作用》（2012 年 10 月 26 日，臺北）論文集。

大陸企業赴臺投資應把握的幾個法律問題

黃來紀　傅泉勝[1]

　　自臺灣於 2009 年 6 月 30 日根據「大陸投資許可辦法」規定許可大陸企業直接赴臺投資以來，據臺灣「經濟部投審會」統計，截至 2013 年 9 月，核準陸資赴臺投資項目共 455 件，投資金額達 8.35 億美元。與文藝大戲有序幕、正戲等一樣，大陸企業赴臺投資活動，也有序幕和正戲之分。當然，上述大陸企業赴臺投資的投資活動，屬於大陸企業赴臺投資經濟大戲的「序幕」，隨之而來的即為「正戲」。大陸企業赴臺投資正戲的主要演員是大陸投資者。筆者認為，大陸投資者要當好正戲的演員，必須瞭解和把握臺灣關於許可大陸投資的有關「演戲」規則，即必須瞭解和把握投資法規的規定，反之，不但當不好投資「演員」，而且還可能難以實現投資願望。

　　目前，臺灣許可境外投資的「演戲」法規，主要有「外國人投資條例」和「華僑回國投資條例」及「大陸投資許可辦法」。民法原理告訴我們，平等原則是從事投資活動的重要原則，適用於世界各國和各地區的投資活動。但經作者對臺灣上述關於吸收境外投資的三部法規比較研究，發現臺灣的「大陸投資許可辦法」有不少規定有違平等原則。擇其要者，主要有以下五例。

　　第一，應把握立法目的之平等問題。這裡所說的立法目的，是指反映制定法律或法規（以下簡稱法規）的宗旨或意圖的規定。立法目的是整部法規的靈魂，也是制定每一法條的出發點和落腳點。任何國家和地區都是十分重視立法目的在法規中的規定的。應該說，臺灣在這方面是做得不錯的。如「華僑回國投資條例」第 1 條規定：「華僑回國投資之鼓勵、保障及處理，依本條例之規定。」這就是說，臺灣制定該「條例」的目的是「鼓勵、保障及處理」華僑回國投資。臺灣「外國人投資條例」在第 1 條也作了類似的規定。但在「在大陸投資許可辦法」中，沒有關於立法目的的規定，這是「大陸投資許可辦法」顯示的第一個不平等。

　　第二，應把握徵用補償機制的平等問題。一般來說，東道主對境外投資者投資設立的公司是十分注意避免徵用的，即使被徵用，也會按被徵用公司當時的市場價值的價款及衍生的利息予以相應補償，這已成為國家與國家、

國家與地區、地區與地區之間投資活動的慣例。臺灣「華僑回國投資條例」就是這麼規定的。該「條例」第 13 條規定：「投資人對所投資事業之投資，未達該事業總額百分之四十五者，如政府基於國防需要，對該事業徵用或收購時，應給與合理補償。」「前項補償所得價款，準予申請結匯。」「外國人投資條例」第 13 條就徵用或收購的補償問題，也作了上述相同的規定。

但是，「大陸投資許可辦法」對大陸企業在臺灣設立的陸資公司的徵用或收購的補償問題還沒有作出規定，而且該「大陸投資許可辦法」第 3 條第 2 項還特別規定：大陸企業在「第三地區投資之公司在臺灣之投資，不適用外國人投資條例之規定」。這種不適用，當然也包括「外國人投資條例」關於「徵用或收購時，應給予合理補償」之規定的不適用。這是「大陸投資許可辦法」顯示的第二個不平等。

第三，應把握相同待遇機制的平等問題。相同待遇機制是指陸資公司（即大陸企業在臺灣設立的公司）的權利義務，與臺灣人民所經營之事業享有相同的待遇。這也是民法的平等原則所要求的。臺灣「華僑回國投資條例」就是按照民法的這一原則來規定華僑投資的相同待遇的。該「條例」第 17 條規定：「投資人所投資的事業，其法律上的權利義務，除法律另有規定外，與臺灣人民所經營之事業同。」目前，「大陸投資許可辦法」中對陸資公司的權利義務並沒有與臺灣人民所投資經營之企業的權利義務作出相同的規定，這是「大陸投資許可辦法」所顯示的第三個不平等。

第四，應把握減稅優惠機制的平等問題。這裡所說的減稅優惠是就減納遺產稅而言的。「華僑回國投資條例」第 15 條規定：「投資人實行投資後，其經審定之投資額課徵遺產稅優待辦法，由行政院定之。」臺灣「行政院」根據上述規定，制定了「華僑回國投資其經審定之投資額課徵遺產稅優惠辦法」。該「辦法」共 4 條。其中第 2 條規定：華僑依「華僑回國投資條例」之規定核準投資者，於該華僑死亡後，其遺產中屬於經審定之投資額部分，得按遺產及贈與稅法規定估定之價值，扣除半數，免徵遺產稅。筆者認為，上述「辦法」關於規定死者的投資遺產可減免課徵遺產稅的優惠條款，不僅符合人的存亡的自然規律，而且也符合以人為本的海峽兩岸的優秀立法理念。

現在的問題是，臺灣還未將上述減納遺產稅的規定導入「大陸投資許可辦法」。這是「大陸投資許可辦法」顯示的第四個不平等。

第五，應把握代理投資機制的平等問題。這裡所說的代理投資機制，是指大陸企業可請臺灣親友代為投資或經營陸資公司的投資制度。從這個表述中可以看出，代理投資機制中的被代理人為大陸企業，代理人即可以是大陸企業在臺的親戚，也可以是在臺的朋友，被代理的標的既可以為設立陸資公司的設立行為，也可以為運營陸資公司的經營管理行為。

據瞭解，目前大陸在臺灣學有專長的親友是很多的，這是實施代理投資機制的寶貴資源。當然，請臺灣親友代為投資和經營管理陸資公司，不僅能節約大陸企業的投資和經營成本，而且也能拉動臺灣的就業。可見，代理投資機制是一項「一舉兩得」的機制。為便於臺灣企業赴大陸投資，《臺灣同胞投資保護法》將代理投資機制導入了該法。但是，目前臺灣還未將上述代理機制在「大陸投資許可辦法」中加以規定。從與《臺灣同胞投資保護法》比較角度考察，這也是「大陸投資許可辦法」顯示的不平等。

當然，反映「大陸投資許可辦證」不平等的地方還可舉一些，但主要有上述五者。大陸投資者對於這種不平等，應予以認真把握。當然，臺灣當局應及時完善上述不平等的規定，以便使吸收大陸企業赴臺投資的這場經濟大戲的正戲演出高潮。

註釋

[1] 黃來紀，上海市法學會港澳臺法律研究會會長；傅泉勝，上海市法學會港澳臺法律研究會副秘書長。

政府因應陸資入臺風險的角色定位分析

宋靖[1]

自上世紀80年代末以來，兩岸經貿交流一直以臺資單向登陸態勢為主調。隨著兩岸關係和緩，臺灣於2009年6月底開始向陸資開放，第一階段（2009年6月30日發佈）開放陸資投資項目共192項，其中製造業64項，服務業117項，公共建設11項；次年再開放12項，2011年1月1日配合《海

峽兩岸經濟合作框架協議》服務業早收清單又開放 1 項；第二階段（2011 年 3 月 2 日發佈）新增開放 42 個陸資入臺投資項目，其中製造業 25 項、服務業 8 項及公共建設 9 項。但這種開放是建立在臺灣自身利益考量的基礎上，其政策意義遠超過實質意義。

一、陸資入臺風險簡析

改革開放以後，祖國大陸出臺一系列開放的優惠政策以鼓勵臺商投資，從而呈現出迅速的增長態勢。與此相比，臺灣對陸資入臺則過於保守，因此顯現出規模小、進展滯緩的特徵。這種勢態使陸資入臺的風險若隱若現。檢視兩岸關於陸資入臺的主旨、政策、法律或社會環境，可以發現陸資入臺將面臨以下主要風險：（1）政治影響。基於歷史的原因，臺灣方面存在大陸掌控臺灣經濟的擔憂，第二輪政黨輪替讓國民黨重返臺灣執政舞臺，陸資入臺政策得以鬆綁。然而兩岸關係依然存在極大的不確定性，倘若「臺獨」勢力在臺的政治力量發生變化，陸資入臺政策則可能出現反覆，入臺的陸資將面臨巨大的政治風險。（2）制度供給不足。臺灣當局對陸資基本秉持「先緊後寬」、「循序漸進」、「有成果再擴大」等原則，以致陸資在臺享受的待遇遠遠不及外資和其他僑外投資，從相關制度看，不論從投資主體、投資行業、投資方式、投資審查還是相關聯的人員流動、資金流動方面，更多地採取限制性規定而乏鼓勵性、保護性措施；同時，中國轄治外的投資保障制度尚不健全，缺乏正式的保障機構，如何進行保障無明確規定；加之兩岸間尚無相關協議，中國加入的《多邊投資擔保機構公約》並不適用於兩岸間的風險擔保。由此，當入臺的陸資遭受若干風險後，將因投資保障制度的不完善而遭受巨大損失。（3）法治環境差異。臺灣法制透過不間斷的廢舊引新逐步實現現代化，而且日臻完善和成熟；臺灣的民眾法律素質也普遍較高，法治已經基本內化為修養。因此，陸資入臺後，大陸投資者必須重視臺灣的法治，依法辦事，才能確保投資安全。曾有法律業內人士這樣說：大陸地區人民來臺投資如能確實遵守相關法規規定，又能避免與預防來臺投資之糾紛，則不但來臺投資之財產權必會受到保障，且因雙方合作能結合兩岸產業互補優勢，同心協力一同搶占大陸及全球市場，歸來必能創造兩岸產業的雙贏之結果。（4）人才儲備不夠。臺灣的行政模式及其具體管理制度以及相對應的法律

淵源與大陸均不同,當前涉臺的知識課程在各類高等院校較少開設,專門的研究機構也不多,陸資入臺的各種職業培訓也未真正啟動。熟悉或精通兩岸管理和法律的專業人員的嚴重匱乏無疑加大了陸資入臺的風險係數。(5)糾紛解決渠道不通暢。兩岸間關於陸資入臺問題尚未達成協議,中國所加入的國際公約不適用於解決相關糾紛;雖然兩岸均為 WTO 成員,但 WTO 協議僅調整與貿易有關的一些糾紛,因此 WTO 爭端解決機制難以完全解決「陸資入臺」所產生的所有糾紛。所以一旦發生糾紛,只能靠兩岸協商,在不確定性的政治因素影響下必將耗費大量人力、物力,糾紛的解決也隨之不確定。

二、政府因應陸資入臺風險的角色定位

陸資入臺是大陸企業實施「走出去」戰略,拓展市場的重要平臺,同時透過建立兩岸「直接、雙向」的投資格局借鑑和吸收臺灣先進的經驗和技術,也為兩岸企業優勢互補,合資合作和共創雙贏提供歷史性契機。面對陸資在臺存在的種種風險,政府至少在以下方面應當有所為:

(一)政策的指引者

政府應制定入臺投資的中長期導向,充分評估臺灣各市縣的政治經濟狀況,分析環境優劣以及可能出現的政治風險種類、危害性大小,一方面多出臺鼓勵措施激勵陸資積極入臺投資,另一方面應採取必要的手段和方式警示陸資審慎投資,以合理地引導企業。區分不同的投資主體,對國有企業採取嚴格的審批制,對涉及資本大規模轉移、重要技術外流的須嚴格審查,以防止國有資產流失;鼓勵非公有制企業和個人入臺投資,特別是對中小企業應採取寬鬆的審批制,在申報材料上簡化,審批期限上也儘可能縮短。多採取諸如稅收優惠、融資便捷以及在原材料供給、人力資源開發利用和其他各種生產經營條件的保障上優待的措施。引導入臺陸資投資地域和投資行業上的平衡。引導投資人必須重視自身風險防範體制的建設,在風險來臨之前建立完備的防範,有備無患,使損失最小化。建立健全投資風險的評估機制,注重不斷吸納新情況、新風險,及時提出具體指導意見,成立入臺投資保險的專項研究項目,科學制定保險模式;細化投保範圍;與兩岸信用保險公司或其他專門機構協調,引導投資人對投資過程中所出現的各種法律風險,積極

向保險機構投保。引導大陸入臺投資者在投資過程中遵循多元化的投資理念，依據臺灣可能發生的各類政治性風險、商業性風險的固有性質和程度，透過對投資主體、投資客體、投資形式等多方面實行多元化的投資，合理配置在臺投資組合，以此來降低各種風險發生的影響力。

（二）公共訊息的服務者

陸資入臺前瞭解臺灣的經濟情況、政策、法律等相當重要，訊息是否對稱往往關係到其投資項目的收益甚至成敗，然而有時候這些訊息憑投資者之力是很難完全獲悉的。相較之下，政府在訊息收集和整理上卻擁有天然的優勢。因此，許多國家的政府會透過專設機構向本國的投資者提供投資區域的相關情報。如美國透過海外私人投資公司為本國投資者提供一系列的投資前期服務，包括出版關於國際上主要國家和地區的投資環境的出版物，幫助投資者分析這些國家或地區的政治、經濟、商業、基礎設施和市場情況及其投資機會，並建立相關數據庫；組織投資者前往投資國家或地區進行投資前期的考察，與當地進行交流研討等。[6]入臺投資者需要掌握的相關訊息包括商業訊息，如當地的勞動力水平、文化發展程度、相關產業的發展情況、政府的經濟管理能力等等，以便投資者有明確的投資目的和計劃；法律訊息，如當地與投資相關的所有法律、行政命令、行政程序和司法判例等，防止投資者在投資過程中因不懂法而侵犯他人合法權益或自身合法權益被侵害；科技訊息，如當地科學技術發展和進步水平等，可協助投資者調查和研究投資項目的可行性。為此各級政府應當適應訊息社會發展的要求，加快訊息網絡的建設，設立各類訊息或情報中心，建立專門的數據庫，及時發佈可信的市場動態和行情分析、行業監管法律規範、產品基本標準和其他各方面市場訊息，並提供適當的諮詢服務；鼓勵有條件的投資者加強跨國訊息網絡系統的研究、開發和應用，與國外大型訊息中心或數據庫對接，能夠及時掌握國際金融、貿易、科技及經營管理等方面的訊息，進而拓展成全球範圍商情和管理的訊息網絡控制系統。對入臺投資者開展投資政策與實務培訓，幫助其短時間內瞭解和熟悉兩岸投資的政策、法律規範以及與投資運作流程等；透過召開座談會、投資形勢報告會等多種載體為投資者提供政策指導、商品進出口及國際市場行情等訊息諮詢，加強兩岸企業與政府之間、企業與企業之間的經驗

交流；推動兩岸產品展銷會、交易會常態化、多樣化，組織投資者入臺參觀考察，等等。同時，建立預警機制，對可能出現的危機狀態或政治風險的時空範圍及風險等級進行識別、預報，並向投資者提出防範措施的建議。

（三）人才隊伍的培育者

入臺陸資目前人才資源較為匱乏，即便有也僅是單一通曉某一方面的知識，而缺乏精通經濟、管理、法律、外語等知識的通才。從短期看，在大陸專業人士赴臺從事專業活動仍受限制的情勢下，政府引導入臺投資者聘請臺灣的專業事務所和專業人士提供相關服務無疑是首選，因為在臺灣，他們有執業的優勢：熟悉各方面情況，精通與陸資入臺相關的管理流程，也有豐富的實務經驗，能夠為陸資入臺提供服務，而這種服務應是儘可能維護大陸投資者的正當權益，使他們實現利益最大化並免受不法行為的侵害。從中長期考慮，政府應利用與企業、研究機構和高等院校等進行聯合技術研發的機會，同時建立入臺投資企業教育網絡，提供技術培訓和企業人才隊伍培養，為企業提供其所需的技術和管理、營銷和法律人才，提高企業人員隊伍的整體素質。借助來大陸學習、提升學歷的臺灣學生，透過多種渠道對畢業後有志於回臺並為大陸投資服務的，以提供貸款或獎學金等形式幫助其完成學業。另外，利用社會力量如行業協會等培養人才也是有效的做法。政府還應鼓勵入臺投資企業營造寬鬆、靈活的內部環境來保持人才的合理流動：透過考察考核等手段，瞭解和掌握各類人才的特點和優長，將優秀人才安置到更有利於其發揮作用的崗位上；鼓勵企業和各類高校、研究所、實驗室或研究基地發展夥伴合作關係，使研究人員能自由流動。這種人員流動對各類人才開闊視野、更新知識、拓展能力大有益處。

（四）協處機制的建設者

兩岸均為 WTO 組織成員方，因此 WTO 有關協議適用於陸資入臺引發的貿易糾紛，其中 TRIMS 是 WTO 中與投資有關的最重要的協議，TRIMS 的核心內容是各成員方實施與貿易有關的投資時，禁止實施違反國民待遇原則和取消數量限制原則等一切可能對貿易產生限制或扭曲作用的投資措施，包括當地成分要求、貿易平衡要求、進口用匯限制、國內銷售要求等。其所規定的透明度原則，要求每一成員方加強其投資政策法規以及做法的透明度。因

此政府可以透過 WTO 有關機制監督和推動這些規則的實施。當然這些協議存在著調整範圍較窄等缺陷。對於存在的問題，政府應以 WTO 或者其他渠道積極推動規則的改進。但在缺陷尚存的情勢下，政府則必須透過促進兩岸協商達成協議以鼓勵或保護入臺陸資。當摩擦日益增多，投資者的合法權益受到損害時，除不得已透過司法程序解決糾紛外，政府應促進兩岸建立糾紛解決的社會參與機制，一方面鼓勵入臺投資者加入臺灣當地的商會或行業協會，另一方面深化大陸商會、行業協會自身的改革，去「官化」，充分發揮它們的自治功能，為投資者「走進臺灣」擔當糾紛調處或仲裁的角色，儘量使更多的糾紛以和解、調解等平和、高效、便捷的方式得以化解；而當窮盡調解、訴訟仍無法解決時，單個投資者在強勢的貿易政策和法律面前尤顯得勢單力薄，這時政府應「用盡當地救濟」的原則採取必要的保護措施，以最大程度地保護入臺投資者的合法權益，消除入臺陸資發展的後顧之憂。

三、公共利益的行政法解讀：政府因應陸資入臺風險的理論基礎

如前文所述，政府因應陸資入臺風險應扮演政策的指引者、公共訊息的服務者、人才隊伍的培育者、協處機制的建設者等角色，這種角色定位源於對行政法上對公共利益的解讀。

「公共利益的概念，由最高位階的憲法以降，所有國家之行為—立法、行政、司法，皆廣泛使用公益作為其行為『合法性』的理由以及行為之動機。」[7]「公共利益不僅在法律、法學、行政及司法實務上以各種形式上類似或不同的表達方式，而被普遍使用，甚至可以說是一個用以架構公法規範體系及公權力或國家權力結構的根本要素或概念。」[8]中國不論在公法領域或是私法領域，均有公共利益條款的存在。中國憲法規定：「國家為了公共利益的需要，可以依照法律規定對土地實行徵收或者徵用並給予補償」，「國家為了公共利益的需要，可以依照法律規定對公民的私有財產實行徵收或者徵用並給予補償」。但何謂公共利益，憲法並沒有作出界定。《物權法》第 7 條規定：「物權的取得和行使，應當遵守法律，尊重社會公德，不得損害公共利益和他人合法權益」，第 42 條第 1 款規定：「為了公共利益的需要，依照法律規定的權限和程序可以徵收集體所有的土地和單位、個人的房屋及其他不動產。」《物權法》是否需要對公共利益的概念作出界定理論界曾有激

烈的爭議。王利民教授認為,在《物權法》中界定公共利益的概念十分困難,僅僅寄望於透過《物權法》對公共利益概念的界定,來解決徵收中存在的問題,是《物權法》所不能承受之重。[9]立法實踐中,全國人大法律委員會副主任委員胡康生就物權法草案修改情況作說明時表示,對這一具有爭議的問題,法律委員會經反覆研究認為,在不同領域內,在不同情形下,公共利益是不同的,情況相當複雜。《物權法》作為民事法律,不宜也難以對各種公共利益作出統一規定。據此,法律委員會建議物權法對「公共利益」不作具體界定,而以由有關單行法律作規定為宜。[10]從立法實踐上看,行政法上涉及公共利益的立法條款最多。在中國傳統的立法思想中,公共利益具有絕對的正當性,即當個人利益與公共利益發生衝突時,個人的利益毫無疑問應當服從公共利益。大量的行政管理法律規範及政府機關的行政行為慣性,明確表達了這樣的觀點。因此「公民在行使自由和權利的時候,不得損害公共利益」的立法規定,自然地被解讀為「公共利益優先於私人利益」,從而否定了公共利益與私人利益的平等地位。從政府因應陸資入臺風險所應扮演的角色看,「行政的出發點是公共利益」,[11]這裡的公共利益應當是強調公共權力的公益性,而並非傳統思維所認為的公共利益高於私人利益。人民主權理論認為,政府對社會公共事務的管理權是人民授予的,因此政府扮演的角色只能是「公僕」。政府的行為實際上是在提供服務,一種公共服務,經濟學家們將能夠向社會所有社會成員提供服務的稱之為「公共產品」。然而「政府並不是唯一的提供者」,[12]除政府外,行業協會等非政府組織和公民個體都可以成為「公共產品」的提供者。公共利益不能透過市場選擇機制來實現,「市場經濟只是市場經濟,市場只是社會生產生活的一個方面,市場法則在國家管理和社會生活中的作用必須嚴格限制在特定的範圍之內,不能允許市場的利潤法則踐踏社會的道德法則,侵害社會公益」。[13]因此在「公共產品」的提供者中,政府的公共特性及權力行使張力決定了它是公共利益的最主要供給者。

當然,法治要求政府在實現和維護好公共利益的同時,不能以公共利益為藉口,肆意破壞公共利益和個人利益的平衡。政府必須在法的嚴密管束下,謹慎地界定公共利益範圍和處理公共利益問題。凱爾森說,「人們總不能否

認維護私人利益也是合乎公眾利益的。如果不然的話，私法的適用也就不至於託付給國家機關」。[14]因此需要「合理地尋找各種利益相互協調的機制，既要強化公共利益的正當性，又要強化對個人利益的保護力度，使兩者在協調中發展」。[15]袁曙宏教授指出，由於一種公共利益的實現經常是以其他公共利益和私人利益的減損作為代價的，因此立法機關在界定公共利益時就應當遵循合理性原則（或者比例性原則）：要對局部公共利益與整體公共利益、短期公共利益與長期公共利益加以權衡；對可能減損的私人利益與可能增長的公共利益加以權衡；對實現公共利益的不同方式加以權衡。透過這些權衡，最大限度地避免因小失大。[16]

註釋

[1]宋靖，福建江夏學院法學院副教授。

[2]袁飛：《開放101項臺灣呼應陸資登島願望》，《第一財經日報》2009年5月28日A3版。

[3]精英兩岸法律網：《臺第二階段新增開放42個陸資來臺投資項目》，http：www.e-learn.org.cn/cn/Html/?908.html，最後訪問日期：2011年8月11日。

[4]王立民：《陸資入臺的法制準備》，《文匯報》2010年4月12日，第12版。

[5]陳恩、王方方、譚小平：《陸資入臺的過程、現狀、作用和障礙探析》，《產業評論》2010年第3期，第81頁。

[6]龔慧峰：《一家幫助美國私人企業到發展中國家投資的公司——美國海外私人投資公司》，《國際展望》1989年第12期，第27-28頁。

[7]陳新民：《憲法基本權利之基本理論（上）》，臺灣三民書局1992年版，第133頁。

[8]陳新民：《德國公法學基礎理論（上冊）》，山東人民出版社2001年版，第182頁。

[9]王利明：《界定公共利益：物權法不能承受之重》，《法制日報》2006年10月21日，第4版。

[10]崔麗、程剛：《物權法草案對公共利益未作具體界定》，http：news，xinhuanet.com/fortune/2006-08/23/content 4994747.htm，最後訪問日期：2006年8月23日。

[11][德]哈特穆特·毛雷爾著、高家偉譯：《行政法學總論》，法律出版社2000年版，第6頁。

[12]世界銀行：《變革世界中的政府——1997年世界發展報告》，中國財政經濟出版社1997年版，第4頁。

[13]夏勇：《依法治國——國家與社會》，社會科學文獻出版社2004年版，第70頁。

[14][奧]凱爾森著、沈宗靈譯：《法與國家的一般理論》，中國大百科全書出版社 19% 年版，第 232 頁。

[15]韓大元：《憲法文本中「公共利益」的規範分析》，《法學論壇》2005 年第 1 期。

[16]袁曙宏：《「公共利益」如何界定？》，《人民日報（民主和法制週刊）》2004 年 8 月 11 日。

論 ECFA 框架下大陸臺資醫院的立法保障

張博源[1]

發展健康產業是中國保障民生的重要舉措，更是促進新興產業發展的必由之路。目前，中國因為供給能力和需求能力不足被抑制的醫療服務需求和保健需求總規模達 6400 多億元，其中醫療服務需求 4400 多億元，保健需求 2000 多億元。發改委《產業結構調整指導目錄》（2011 本）也明確地把醫療服務設施建設、傳染病及兒科等專科醫院和護理院建設列為鼓勵類。這樣一個前景廣闊、需求旺盛的市場，不僅引發了數百億國際資本、民間資本的關注，更激發了臺胞的投資熱情。繼「臺塑大王」王永慶在 2000 年宣布擬投資 150 億元在大陸建立三家長庚醫院之後，[3]臺灣知名企業集團明基、六和等紛紛在大陸投資設立醫療機構，更有國泰、聯新等醫療機構相繼赴大陸投資。據統計，截至 2011 年年底，已有北京寶島婦產醫院、南京明基醫院等 22 家臺資及兩岸合資醫院在大陸開設。主要集中在沿海地區，規模最大的約有 2000 個床位。這些醫院除了滿足當地臺胞就醫需求之外，還為大陸居民提供了更多選擇，其良好的管理機制和發展後勁，被業界人士形象地喻為促動國內時下公立醫院改革的「鯰魚」。積極引導、規範和保障臺胞投資者的合法權益，逐漸得到了衛生行政主管部門和經貿主管部門的共同關注，繼 2000 年發佈《中外合資合作醫療機構管理暫行辦法》後，大陸民營醫療機構蓬勃發展，臺資赴大陸投資醫療機構「放寬準入」的同時，也面臨著明顯的政策瓶頸和法律障礙。

繼內地與香港、澳門簽訂 CEPA 協議後，2010 年，兩岸簽訂《海峽兩岸經濟合作框架協議》（Economic Cooperation Framework Agreement，下稱 ECFA）、《海峽兩岸醫藥衛生合作協議》，其後，《臺灣服務提供者在大陸

設立獨資醫院管理暫行辦法》等規章、政策相繼出臺，特別是作為 ECFA 後續協議的《海峽兩岸投資保護和促進協議》（下稱《投資保護協議》）、《海峽兩岸服務貿易協議》（下稱《服務貿易協議》）的簽訂，進一步開啟了臺胞投資大陸醫療產業的新紀元。然而，政策「利好」的兌現，很大程度上還要依賴於更為細化、完備的法律制度框架。而在這方面，上世紀末制定的《臺灣同胞投資保護法》及其實施細則的歷史侷限性，以及 ECFA 相關協議的框架性、過渡性，[5]都決定了其難以應對醫療投資領域的諸多特殊問題。而針對這些前沿性、交叉性問題，政策的定位、導向和具體措施尚未明朗，政策研究仍有待進一步推進和拓展，有針對性的、以問題為導向的立法研究更是比較少見。因此，以兩岸合作制度化、法律化的精細化制度供給為目標，系統檢視和深入研討 ECFA 框架下臺資投資大陸醫療服務業的法律保障問題，無疑是一個橫跨經貿、醫療衛生領域的重大實踐課題。

一、臺資投資大陸醫院的法制變遷及評析

大陸臺資醫院投資制度經歷了一個從「禁止獨資」到「放寬獨資」的漸進開放過程。其大致分為以下兩個階段：

（一）「禁止獨資」階段

早期的醫院投資法是在外商投資企業法框架綜合醫療機構管理法規產生的。2000 年，衛生部和商務部聯合發佈的《中外合資合作醫療機構管理暫行辦法》是以《中外合資經營企業法》、《中外合作經營企業法》以及《醫療機構管理條例》等法律、法規為依據，確定了臺灣投資者投資形式。[6]其主要規定了以下內容：其一，明確限定合作方式僅為合資、合作，排斥獨資形式。其二，雙方主體須為獨立法人，排斥自然人投資。[7]其三，賦予省級以上衛生行政部門投資條件設置權。該辦法第 8 條除了規定投資總額不得低於 2000 萬人民幣、中方股權或權益占比不得低於 30% 等條件外，還規定省級以上衛生行政部門有權規定其他的條件。這是大陸外商投資法律制度中比較罕見的。此外，省級衛生行政部門還可以透過初審報批環節對投資項目予以調控。其四，禁止在大陸設立的臺資醫療機構設立分支機構。其五，允許對投資中西部地區或老、少、邊、窮地區的合資、合作醫療機構，適當放寬獨立法人、

設立資格條件的限制。這就引發了如下問題：省級衛生行政部門設置「地方性」投資條件的合法性依據何在，放寬準入的權力究竟屬於哪一個部門等等。這些問題在《暫行辦法》中都未予明確。

（二）獨資形式的「有限解禁」到「有序開放」階段

2009年國家醫改政策鼓勵社會資本舉辦醫療機構，滿足廣大群眾多層次醫療健康服務需求，提出要「鼓勵和引導社會資本發展醫療衛生事業。積極促進非公立醫療衛生機構發展，形成投資主體多元化、投資方式多樣化的辦醫體制。抓緊制定和完善有關政策法規，規範社會資本包括境外資本辦醫療機構的準入條件，完善公平公正的行業管理政策」。[9]與此同時，國內有關公立醫院改革政策也強調「鼓勵多元化辦醫，推動不同所有制和經營性質醫院協調發展」。[10]這些重要政策無疑將為臺資醫院的發展帶來了契機。

2010年6月29日，ECFA正式簽訂。其後，衛生部和商務部共同制定的《臺灣服務提供者在大陸設立獨資醫院管理暫行辦法》發佈實施，臺資獨資醫院的法律地位獲得確認。該辦法允許臺胞在大陸自主選擇開設營利性和非營利性的臺資獨資醫院，突破了臺資醫院僅限於開設營利性醫院的限制。但是，臺資獨資醫院的開辦需滿足如下條件：（1）獨資醫院限定在上海市、江蘇省、福建省、廣東省和海南省；（2）必須是獨立的法人；（3）三級醫院投資總額不低於5000萬人民幣，二級醫院投資總額不低於2000萬元人民幣；（4）符合二級以上醫院基本標準；（5）在老、少、邊、窮地區設置的臺資獨資醫院，投資總額要求可以適當降低；（6）審批權限。設置臺資非營利性獨資醫院的由衛生部審批，設置營利性臺資獨資醫院由衛生部會同商務部共同審批。

同年12月3日，《關於進一步鼓勵和引導社會資本舉辦醫療機構意見的通知》（國辦發〔2010〕58號。下稱58號文）為臺資醫院的設立和運營提供了相對寬鬆的政策環境，其政策亮點主要包括：第一，進一步明確「允許境外資本舉辦醫療機構。進一步擴大醫療機構對外開放，將境外資本舉辦醫療機構調整為允許類外商投資項目」。[11]第二，要求逐步取消對境外資本的股權比例限制。第三，港澳臺資本在內地舉辦醫療機構，按有關規定享受優先支持政策。第四，對具備條件的境外資本在中國境內設立獨資醫療機構

進行試點,逐步放開。境外資本既可舉辦營利性醫療機構,也可以舉辦非營利性醫療機構。第五,要求簡化並規範外資辦醫的審批程序。中外合資、合作醫療機構的設立由省級衛生部門和商務部門審批,外商獨資醫療機構的設立由衛生部和商務部審批。

2012年8月9日兩岸簽訂《投資保護協議》,就提高投資便利化、透明度和徵收等問題進行了比較系統的規定。2013年6月21日,兩岸正式簽署《服務貿易協議》,較之側重貨物貿易的ECFA早期收穫計劃,《服務貿易協議》涉及WTO服務貿易總協議12個服務部門中的11個,被業內人士視為大陸對臺灣的一次高水平、寬領域、大力度的服務市場開放。根據該協議附件一《服務貿易具體承諾表》開放「醫院服務」的承諾,臺資醫療機構的準入更趨寬鬆,主要體現在地域範圍、合作形式的放寬和審批權限的調整:

1. 確立臺灣服務提供者在大陸投資設立醫院可以採取合資、合作、獨資形式。服務提供者包括自然人和法人在內。

2. 臺資獨資醫院、療養院的設置地點擴及省會城市和直轄市,由國家衛生主管部門審批。

3. 臺灣服務提供者在大陸設置合資、合作醫療機構以及除獨資醫院、獨資療養院外其他獨資醫療機構的,其設置的標準和要求按照大陸單位或個人設置醫療機構辦理,由省級衛生主管部門審批。

儘管兩岸業內人士均盛讚ECFA框架下的大陸對臺資醫院投資開放程度,但是臺資醫院的投資仍然面臨諸多法律障礙和政策瓶頸。首先,政策、法律之間缺乏必要的協調性。近些年國內醫療衛生雖然政策利好頻出,法律制度卻鮮有實質性的進展,導致了臺胞對於大陸醫療機構競爭環境的公平性和透明性缺乏足夠信心。其次,「依法治理」的理念尚待確立。醫療衛生領域的許多重要內容是依靠政策和低位階的規章實施的,並形成了「重政策、輕法制」的弊端。再次,規範臺胞投資的法律制度不夠健全。儘管有關臺資醫療投資的準入方面建立了一些基本法律制度,而規範和保障投資權益方面卻不盡如人意,致使臺胞投資者無法與內地醫療機構公平競爭,這集中體現在分類管理、稅賦和醫保報銷政策適用上的差別待遇等。複次,在監管模式上,

國內行業監管中存在著「重準入、輕監管」、「重管理、輕服務」的規制傳統。一些投資者坦言，實踐中，非醫療直接相關的規劃及政策影響較大，跨部門的溝通成本較高等因素給早期投資的臺胞造成很大負面影響。[12]不過，需要澄清的是，隨著2009年國家醫改政策的進一步貫徹落實，行業管理者在工作理念、監管模式等方面也開始向市場釋放「積極信號」，開始嘗試政策整合和調適。但是，在短期內ECFA框架下的大陸對臺資醫院準入政策的開放性與實踐中法制弱化的「背離」現象仍然無法迅速改觀，臺胞投資權益的保障仍然充滿變數，為此，以強化法製為推手，促進投資、監管政策措施的修改、補充和完善，提高服務和監管水平，無疑是「後ECFA時代」立法者和監管者均不能迴避的重要課題之一。

二、大陸、臺灣醫院投資法律環境的比較分析

兩岸醫療法制體系有著不同的制度背景和成長路徑，總體而言，發展進化多年的臺灣醫療法制，不僅理念比較成熟，而且體系也比較完備；大陸醫療法在體系和內容上存在諸多缺陷和不足，不同程度地制約臺資醫院的發展壯大。具體表現是：

（一）大陸醫療基本法的缺位

大陸衛生政策與法律呈現出比較複雜的交織狀態，「強政策、弱法制」或「政策代法」的弊端比較明顯。截至目前，國內醫療行業法制化程度比較低，至今尚無一部醫療衛生基本法，有關醫療服務提供者（醫療機構、醫務人員）的法律制度分別散見於《醫療機構管理條例》、《執業醫師法》、《護士條例》等規範性文件中。社區醫師、全科醫生、基本藥物等重要制度仍然停留在政策或部門規章層次。醫療衛生法律體系不僅在體繫上缺乏完整性，針對醫療機構的分類管理和行為規制，主要由原衛生部出臺的部門規章進行調整。醫療機構管理規章更多是限於醫療機構的設置、校驗和組織監督，有關醫療執業行為規制的行業規章相當零亂。即使是關乎廣大人民群眾生命健康權益的2009年醫改方案的出臺和實施，也主要是靠中央和地方政策而不是靠法律啟動和推進的。儘管新醫改政策要求「加快推進基本醫療衛生立法，明確政府、社會和居民在促進健康方面的權利和義務，保障人人享有基本醫

療衛生服務」，但是方案實施 5 年來，醫療基本法律制度並沒有取得實質性進展。許多重要領域都存在著「政策先導、法律滯後」的消極現象，[13]突出地反映出政策之間、政策與法制建設之間缺乏基本的協同性。相比而言，臺灣「醫療法」是一部有關醫療機構及其醫療行為的規定較為全面的醫療服務基本法，主要涉及醫療機構、醫療法人、醫療業務、醫療廣告、醫療人力資源及設施分佈、教學醫院、醫事審議委員會等。該法第 1 條即開宗明義，將立法宗旨定位在「為促進醫療事業之健全發展，合理分佈醫療資源，提高醫療品質，保障病人權益，增進國民健康」，體現了「以患者為中心」的民生立法價值取向。「醫療法」於 1986 年頒布施行，為適應醫療機構發展，2005 年又增設社團法人醫院的規定。

(二) 大陸醫療機構分類管理的制度缺失

大陸並沒有嚴格的醫療機構法律分類。1994 年國務院《醫療機構管理條例》及其實施細則只是根據「行業管理邏輯」列舉了各種醫療機構的不同「業態」，即包括綜合醫院、專科醫院、婦幼保健院、診所、急救中心等 12 類。[14]2000 年，衛生部、國家中醫藥管理局、財政部、國家計委聯合制定《關於城鎮醫療機構分類管理的實施意見》（下稱《分類意見》），推行營利性和非營利性醫療機構的分類管理，並依據醫療機構的經營目的、服務任務，執行不同的財政、稅收、價格政策和財務會計制度。臺資投資設立的中外合資、合作醫療機構被界定為營利性醫療機構，直接導致了臺企醫院與公立醫院、其他非營利性醫院的經濟性質差異，這種「定性」處理，「人為」地造成了公立醫院與民營醫院適用不同法律制度的局面：即具有公益性、慈善性醫療機構被界定為非營利性質，包括政府舉辦的公立醫療機構、社會捐資興辦的醫療機構，法律性質屬於事業單位或民辦非企業單位；而具有投資屬性的城鎮個體診所、股份制、股份合作制和中外合資合作醫療機構一般定為營利性醫療機構，法律性質屬於企業。此外，企事業單位設立醫療機構、國資背景的聯合醫療機構等還擁有靈活選擇經營性質的權利。[15]對醫療機構公益性認識的誤區，直接導致了醫療機構分類的不當。此外，根據中國 20 世紀 90 年代末期頒布的一系列企業類組織、事業單位和非企業組織登記制度，營利性醫療機構適用企業化管理模式，必須辦理工商登記和納稅登記手續，接受衛

生部門、工商部門和稅務部門「多重管理」。而公立醫療機構則根據 1998 年《事業單位登記管理暫行條例》的規定，由政府編制管理機關辦理登記。其他非營利性醫療機構則適用《民辦非企業單位登記管理暫行條例》的規定，需要到民政部門辦理登記。至此，包括臺資企業在內的民營醫療機構面臨多部門的「共同管轄」，承擔著很大的行政協調成本。相比之下，臺灣「醫療法」主要是依據不同醫療機構的法律屬性進行分類的，並規定了相應的法律待遇，體現了比較一以貫之的法律邏輯。

（三）稅收負擔的差別

大陸非營利性醫療機構與營利性醫療機構的稅收政策各不相同。公立醫院作為事業單位享受免稅待遇。根據 2000 年財政部、國家稅務總局發佈的《關於醫療機構有關稅收政策的通知》，臺資營利性醫院需要繳納的稅種大致包括營業稅、房產稅、印花稅和企業所得稅。其中，營業稅及附加稅費主要包括營業稅和以流轉稅為計稅依據的附加稅費，如城市建設維護費、教育附加費等。《通知》規定：「對營利性醫療機構取得的收入，直接用於改善醫療衛生條件的，自其取得執業登記之日起，3 年內給予下列優惠：對其取得的醫療服務收入免徵營業稅；對其自產自用的製劑免徵增值稅；對營利性醫療機構自用的房產、土地、車船免徵房產稅、城鎮土地使用稅和車船使用稅。3 年免稅期滿後恢復徵稅。」表面看來，臺資醫院可以享受一定的稅收優惠，但是實踐中臺資醫院同其他民營醫院同樣面臨三個主要問題：一是「取得執業登記之日」在具體操作中存在多種不同的理解。有的地區理解為「獲得醫療機構執業登記之日」，導致許多在 2000 年前登記的臺資合資、合作醫院需要依法補繳其登記日到 2000 年的稅款。二是 3 年免稅期後，臺資醫院稅收負擔與企業並無二致，與享受免稅的公立醫院待遇懸殊。第三，臺資醫院需要繳納營業稅，有重複徵稅之嫌。在醫療機構的營業額中有相當一部分是藥品銷售的毛收入，而醫療機構在購買藥品支付貨款中已經包括了藥品銷售商代扣代繳的增殖稅。對此業內人士認為，稅收政策成為制約民營資本進入醫療服務領域的重要因素。

臺灣「醫療法」規定，醫療財團法人通常具有公益、慈善性質，其醫療、藥品及住院收入等銷售或服務所得需繳納所得稅，而捐贈收入等非銷售或服

務所得免納所得稅。而醫療社團法人是由社員共同出資成立，其收支結餘可按出資比例在社員間分配，是營利性機構，因此，其所有收入都要申報所得稅。在醫院的發展及社會公益方面，「醫療法」規定，醫療財團法人應提撥年度醫療收入結餘之 10% 以上，辦理有關研究發展、人才培訓、健康教育；10% 以上辦理醫療救濟、社區醫療服務及其他社會服務事項；辦理績效卓著者，由「中央」主管機關獎勵。相應地，醫療社團法人結餘之分配，應提撥 10% 以上，辦理研究發展、人才培訓、健康教育、醫療救濟、社區醫療服務及其他社會服務事項基金；並應提 20% 以上作為營運基金。

由於稅收待遇上處於劣勢地位，大陸醫院分類制度的實踐效果完全偏離了政策目標，臺資醫院根本不可能與大陸公立醫院公平競爭，甚至也不能和大陸其他形式的民營醫院公平競爭。實踐表明，一些大陸民營醫院為了規避分類管理規則，在 3 年免稅期後選擇「轉身」為非營利醫院，而臺資醫院卻無法順利轉變醫院性質，面對醫療市場的大量「失序」、「無序」現象束手無策。更為嚴峻的是，在大陸醫療體制改革的偽市場化（不徹底的市場化）過程中，由於存在籌資政策模糊和規制政策不確定等原因，許多地區的醫療市場實質上是一個「放任」的市場。由於市場激勵與行政規制嚴重失衡，公立醫院一方面享有公益身份，另一方面卻有著強烈的逐利驅動，以至於形塑出「公共身份、個人行為」的複雜面相，[17] 實質性地加劇了臺資與內資醫院法律待遇在「事實上」的不平等。

總而言之，大陸有關行政部門長期以來兼具醫療機構的興辦者和管理者的雙重角色，行業政策治理模式根深蒂固。與此同時，大陸的醫療衛生基本法卻一直處於「立法真空」狀態，政策制定者、監管者在有關醫療機構、患者、監管者在權利與義務、權力與職責等問題上的認識模糊性和規制行為的任意性，直接導致了多部門聯合制定的政策性文件「替代性」地「統御」國務院法規的邏輯倒錯，而差別化稅收待遇又使得這種錯漏進一步實質化，法律地位的不平等演變為經濟上的差別待遇。因此，進一步廓清法律與政策的關係，建立保障包括臺資在內的社會資本投資醫療服務的基本制度日益成為一個亟待解決的立法供給課題。

三、保障臺資赴大陸醫療服務產業投資的法律措施

（一）ECFA及後續協議的理念啟示

2012年海峽兩岸《投資保護協議》和2013年海峽兩岸《服務貿易協議》是對ECFA第五條（投資）、第四條（服務貿易）的進一步細化與拓展，這不僅將為兩岸直接投資奠定製度性基礎，也將使ECFA協議的制度闡釋更加全面和完整。[18]《投資保護協議》在促進投資自由化、保障透明度等方面為完善臺資投資醫療服務立法的完善提供了嶄新的思考視角和價值取向。例如，協議第3條規定，一方應確保給予另一方投資者及其投資公正與公平待遇，並提供充分保護與安全。這裡的「公正與公平待遇」，是指其政策、法律應當符合正當程序原則，且不得實行明顯的歧視性或專斷性措施。協議第4條規定，一方應依其規定及時公佈或用其他方式使公眾知悉普遍適用的或針對另一方與投資有關的規定、措施、程序等。這裡的「措施」包括任何影響投資者或投資的規定、政策或其他行政行為。我們認為，這對完善醫療行業的治理方式具有非常積極的意義。在缺乏基礎法律的情形下，衛生行業的規章、政策如果不能做到有機統一、公開透明，將無法營造鼓勵投資的「軟環境」，更有誘發地方政府間為爭相吸引臺資的「政策競爭」之虞。調查顯示，「法規不明確、隱含成本高」成為目前困擾臺商投資大陸的第三大因素。對此，作為行業監管者的衛生行政部門恐難辭其咎。例如，2012年5月，衛生部宣布允許社會資本按照經營目的，自主申辦營利性或非營利性醫療機構。要求不再適用2000年《分類意見》中「城鎮個體診所、股份制、股份合作制和中外合資合作醫療療機構一般定為營利性醫療機構」的規定，這意味著臺資投資方可以自主選擇醫療機構的法律性質。這樣一條重要訊息竟然是以「通知」的形式頒布的。至於備受關注的已開辦營利性醫院是否可以轉為非營利性醫院，《通知》則聲稱需要另行制定有關規定，[20]可見政策上的撲朔迷離使得臺資醫院運營徒增許多不確定性。2013年，商務部把「穩步擴大醫療服務業開放」作為一項重要戰略任務，醫療服務業加大開放力度，有助於為大陸醫改的順利推進提供契機，這就要求有關部門本著「公平、公正、公開」的原則構建市場環境，透過積極的立法和行政措施，消除制約臺資投資的制

度障礙，破除不應有的訊息屏障，發揮法律在行業規制中的重要作用，不斷提高全行業監管的合法性和透明度。

(二) 以公益法人制度為核心，完善投資主體制度

ECFA 及其後續協議的履行，將促使醫療機構分類管理制度出現一些積極變化。由於資金來源與醫療機構法律屬性不再具有對應關係，這就為建立統一、完善的醫療機構法律分類提供了良好機遇。國際經驗證明，具有公益性的醫療機構比較適宜採取公益法人的管理模式。公益法人是以社會公共利益為目的而成立的法人，屬於私法人，包括社團法人中的公益法人和財團法人。根據一般法理，社團法人屬於人合組織，即可以以營利為目的設立，也可以以公益為目的。財團法人是財產組合的性質，通常只能以公益為目的。[21] 臺灣「醫療法」的思路比較值得借鑑，根據法律屬性，臺灣的醫院可分類為：公立、私立醫療機構、醫療法人和法人附設醫療機構。按照其定義，公立醫療機構，係指由政府機關、公營事業機構或公立學校所設立之醫療機構。私立醫療機構是指「由醫師設立之醫療機構」。臺灣「醫療法」把醫療法人分為財團法人及社團法人兩類。醫療財團法人是由捐助人捐助一定財產，經主管機關許可並向法院登記之財團法人；醫療社團法人是指以從事醫療事業辦理醫療機構為目的，經「中央」主管機關許可登記之社團法人。臺灣「醫療法」關於醫療社團法人的分類是為了適應由醫師個人設立的醫療機構的變更和重組的制度設計。臺灣私立醫院並非公立醫院以外其他類型醫院的統稱，而是具有明確、特定的定義，是指個人或合夥性質的，以醫師個人名義申請設立的，本身則不具法人資格。

目前，大陸尚不存在公益法人制度。公立醫療機構一直套用事業單位管理模式，在一定程度上造成了醫療機構歸類上的「非公即私」認識誤區，也造成了許多「準入壁壘」。為此，應當借鑑發達國家的成功經驗，適時建立公益法人制度，確立其私法人性質，即不享有政府的預算資金，發展主要利用社會捐助資本和服務所得收入。建立公益法人制度後，可以為非營利醫療機構的發展提供有效的組織制度支撐。同時，還可以有效界分公法人性質的公立醫療機構和私法人性質的非營利性醫療機構，避免僅僅從稅收、財政撥款等方面對兩者的區分。這一對策與當前大陸開展的公立醫院回歸公益性的

改革舉措也會有所助益。長期以來，公立醫院的法人治理結構存在嚴重缺陷，雖然 1997 年醫改政策確定「院長負責制」體制，但是由於其缺乏對醫療服務產品特殊性的準確認識，並未取得積極效果，並進而誘發了醫院治理中的「代理風險」。因此，為了做大公益，僅僅改變醫院分類的名目並沒有實質意義，需要進一步強化以下制度設置：

1.淡化非營利醫院的準入限制。進一步放寬包括臺資在內的民營資本的準入限制。從嚴格限制準入的機制轉向嚴格監督日常行為的機制。依法規範行業監管部門的監管權限，提高依法行政能力。

2.確立稅收優惠待遇。在確保非營利醫院經營行為的公益性前提下，切實降低其稅收負擔，以確保大陸臺資醫院的「國民地位」。這一點可以從 2010 年國辦 58 號文的規定中窺見端倪，該文件提出「落實非公立醫療機構稅收和價格政策。社會資本舉辦的非營利性醫療機構按國家規定享受稅收優惠政策，用電、用水、用氣、用熱與公立醫療機構同價，提供的醫療服務和藥品要執行政府規定的相關價格政策。營利性醫療機構按國家規定繳納企業所得稅，提供的醫療服務實行自主定價，免徵營業稅」。

3.強化公共責任。醫療服務關乎社會公眾的健康權益，醫療機構公共責任的缺失勢必嚴重侵蝕公共利益。因此，應當強化其內部治理法律制度，使得自律和他律得到有機融合。對此，《分類意見》只是做出原則性規定，並無具體的制度建樹。未來不妨借鑑臺灣「醫療法」，將法人治理結構作為醫療機構的一項強制性義務予以規定，明確規定醫院的組織章程、董事會或理事會的設置、成員資格、議事規則等內容，促進其依法治理。

4.完善醫療機構平等發展的配套制度。例如，應當消除公立醫院與民營非營利醫院在財政補貼等待遇方面的差異；應當規定不得將投資主體性質作為醫療機構申請成為醫保定點機構的審核條件，將符合條件的非公立醫療機構納入醫保定點範圍；將依法經營、符合條件的臺資醫院，依法納入城鎮基本醫療保險、新型農村合作醫療、醫療救助、工傷保險、生育保險等社會保障的定點服務範圍，並執行與公立醫療機構相同的報銷政策。實踐表明，目前已在祖國大陸開辦的知名臺資醫院，諸如湖南旺旺醫院、南京明基醫院、蘇州明基醫院、廈門長庚醫院等知名臺資醫院均在當地被納入醫保體系，並

逐漸在發揮其影響，這反映出政府在積極營造公平投資環境方面正在發揮重要的積極作用。[22]

（三）發揮地方先行優勢，強化立法供給的針對性

根據中國《立法法》第 63 條，省會城市和直轄市人大及其常委會具有地方性法規創製權。基於鼓勵和引導社會辦醫，順應城市化、老齡化社會的多元化健康需求，可以根據臺資投資醫療機構的政策需求和實施狀況，以臺胞投資保障條例或專門性的地方性法規的形式作出回應。《廈門經濟特區臺灣同胞投資保障條例》第 13 條明確規定，「臺灣同胞投資者可以設立醫療機構」，汕頭臺胞保障條例也有類似規定。然而，臺資醫療投資環境的完善不可能一蹴而就，除了積極優化法律制度的「頂層設計」外，還可以採取「地方先行」的策略，在吸納臺資比較成功的地區積極實施與 ECFA 及其協議相銜接的地方立法。2010 年起廈門、汕頭等地的做法頗值得借鑑。例如，《汕頭經濟特區臺灣同胞投資保障條例》吸收 ECFA 的規定做出了鼓勵臺胞投資醫療機構的規定，還規定了「執行海峽兩岸經濟合作框架協議承諾開放的投資項目」等覺底性的條文。根據《服務貿易協議》附件的規定，各省會城市和直轄市可以設置臺資獨資醫療機構。這就需要省級立法機關進一步以地方立法的形式優化臺資醫療投資環境，以提高對臺資投資內地醫療行業的法律保障程度。實施此策略還需要考慮以下幾個方面的因素：

首先，大陸醫療法制發展水平的制約。大陸醫療法制化程度不高，不完善的法律制度與不完備的行業政策呈現出「先天不足」、「共生、交織」甚至「惡性互補」的景狀。在這種被學者稱為「行業法」[23]的特殊生態下，特別是行業立法相對粗疏之下，基於地方社會、經濟和法制資源的「個殊化」的「試驗樣本」常常蘊含著的借鑑意義較強的政策創新、法制創新「元素」，其對國家立法和行業規制的啟迪作用不容輕視。

其二，大陸醫療服務市場特殊性的限制。大陸醫療服務市場並不是一個真正意義上的、成熟的市場。地方政府的不同籌資能力、治理方式，使得內地產生了不同層次、不同樣態的醫療市場。既存在以政府供給為主導的地區（如青海、西藏），又存在計劃管理下的醫療市場以及一些自由放任的地區。

在這個複雜格局下，儘管全國對醫院設置和運營進行統一立法尚需時日，但也不排除醞釀產生促進兩岸醫療投資的「地方版」「良法」的可能性。

其三，地方醫改方案成熟、成功程度的差異。中央政府在社會保障和社會福利中角色的弱化甚至退出，以及地方社會政策創新的強化，各地社會保障制度安排和福利水平的差距進一步加大，福利的地方化趨勢更加明顯。以東莞和神木為代表的地方政府，憑藉強大的醫療保險基金實力和充分競爭的醫療服務市場，加之合理的費用控制手段，逐步建立起以本區域居民身份為基礎的，不分城鄉、不分職業身份的統一的社會醫療保險制度，[24]可以看出，其地方醫改的成功足以為臺資「落地」奠定成功的根基。[25]

我們認為，臺資醫療投資地方立法還可以在吸收、融合各自的具體化「惠臺」政策基礎上，在以下方面進行積極的制度嘗試：

1. 投資導向引導。引導臺資投向醫療資源相對貧瘠的地區（西部地區、城鄉結合部等）、投資高新技術和專科優勢醫療機構、高端醫療服務、創辦國內外領先水平的醫療集團和區域性醫療中心等。

2. 投資模式創新。可以根據不同的醫療資源和需求狀況，制定合理措施，積極引導臺資投向以下（但不限於）領域，嘗試「公辦民營」的運作模式：如BOT（建造、營運、移交）方式的委託運營的模式；政府提供基礎設施建設，臺資配置設備和醫務人員併負責運營，若干年後向政府支付租金的模式；重組經營不善的公立醫院，享有部分收益作為管理費用的模式；或者，以聯合、託管、兼併、購買等多種方式參與包括國有企業所辦醫院在內的公立醫院改制等。

3. 稅收優惠措施的具體化。例如，廈門市對非營利性醫療機構的稅收優惠規定：「經申請被認定為非營利組織的，可按稅法規定享受非營利組織的企業所得稅稅收優惠；鼓勵對社會資本舉辦的非營利性醫療機構進行捐助，符合稅收法律法規規定的可享受相關稅收優惠政策。」又如，浙江省突出社會捐贈的稅收減免，即「非公立醫療機構透過公益性社會團體或縣級以上政府及其部門，用於公益事業的捐贈支出，在年度利潤總額12%以內的部分，準予在計算應納稅所得額時扣除」。

4.財政激勵措施的法定化。例如，可以以財政支持推動臺資興辦的醫療機構的學科發展；或者，對於符合條件的臺資機構參照高端服務業和總部經濟等享受相應的扶植政策。或者，對於在服務質量、履行社會責任、公眾滿意度等方面考評成績突出的臺資醫院給予獎勵。

5.強化政府的監管和保障職責。2010年，衛生部發佈《醫療衛生服務單位訊息公開管理辦法（試行）》，以保障公眾訊息知情權，提高醫療衛生服務透明度，促進其依法執業和誠信服務。國辦58號文也規定，「暢通非公立醫療機構相關訊息獲取渠道。要保障非公立醫療機構在政策知情和訊息、數據等公共資源共享方面與公立醫療機構享受同等權益。要提高訊息透明度，按照訊息公開的有關規定及時公佈各類衛生資源配置規劃、行業政策、市場需求等方面的訊息」。從風險規制的視角看，強制醫院公佈其醫療質量訊息，有利於患者和社會公眾及時獲取相應的「市場信號」，以便在醫院之間的醫療服務競爭中占據有利地位，並有效緩解訊息不對稱問題，提高醫療服務效率和服務質量。地方立法以及行業立法中，應當進一步明確各級政府衛生行政主管部門保障臺資的知情權和參與權的具體職責、職權範圍和問責程序，促使政府依法行使行業訊息監管職權，為營造公開、透明的市場競爭環境提供有利的訊息資源支撐。

註釋

[1] 本文系作者主持的北京市哲學社會科學「十一五」規劃研究重點項目：「醫療侵權責任立法對首都醫師執業環境的影響評價與對策研究」的階段性成果，編號10AaFX093。張博源，首都醫科大學法學系副教授，法學博士，研究方向：立法學與法理學、經濟法學、衛生法學。

[2] 任靜、張振忠等：《我國健康產業發展現狀研究》，《衛生經濟研究》2013年第6期。

[3] 張智慧：《臺資醫院挺進大陸》，《中國醫療前沿》2006第3期。

[4] 據原衛生部統計，截至2011年年底，已有北京寶島婦產醫院、南京明基醫院等22家臺資及兩岸合資醫院在大陸開設。主要集中在沿海地區，規模最大的約有2000個床位。http://fztb.mofcom.gov.cn/article/as/shangwubangzhu/201307/20130700191590.shtml。最後訪問日期：2013年12月1日。

[5] 曾煒：《ECFA 的過渡性質及其完善》，《福建論壇（人文社會科學版）》2013 年第 8 期。

[6] 大陸 2004 年、2007 年版的《外商投資產業指導目錄》都把外商投資醫療機構的組織形式限定為合資、合作兩種方式。

[7]《中外合資合作醫療機構管理暫行辦法》第 2 條關於中外合資、合作醫療機構的界定，以及第 7 條有關「中外雙方應是能夠獨立承擔民事責任的法人」的規定均可說明此點。

[8] 2011 年，《衛生部調整中外合資合作醫療機構審批權限的通知》仍然固守這一規定。

[9] 參見 2009 年《中共中央、國務院關於深化醫藥衛生體制改革的意見》。

[10] 參見 2010 年，衛生部、中央編辦、國家發展改革委、財政部、人力資源社會保障部《關於公立醫院改革試點的指導意見》。

[11] 大陸 2011 年修訂的《外商投資產業指導目錄》取消了 2007 年版《指導目錄》中「醫療機構（限於合資、合作）」的內容。

[12] 閻桂蘭：《兩會簽署醫藥衛生協議助推臺資醫院搶占大陸醫療市場》，《海峽科技與產業》2011 年第 1 期。

[13] 大陸衛生政策實踐中比較突出的問題是政策之間缺乏協調性、政策與現行法律制度之間缺乏協調性。《國務院關於建立全科醫生制度的指導意見》（國發〔2011〕23 號）鼓勵醫師多地點執業政策與《執業醫師法》第 14 條存在明顯衝突，為此，《指導意見》明確提出盡快修改《執業醫師法》的立法需求。

[14] 參見《醫療機構管理條例實施細則》第 3 條。

[15] 例如，《分類意見》規定，社會團體和其他社會組織舉辦的醫療機構，由其自願選擇並經衛生行政等部門核定為非營利性醫療機構或轉為營利性醫療機構。國有或集體資產與醫療機構職工集資合辦的醫療機構（包括聯合診所），由其自願選擇並經衛生行政和財政部門核準可改造為股份制、股份合作制等營利性醫療機構；也可轉為非營利性醫療機構。

[16] 周其仁：《病有所醫當問誰》，北京大學出版社 2008 年版。

[17] Vivian Lin（林光汶）、郭岩、David Legge、吳群紅主編：《中國衛生政策》，北京大學醫學出版社 2010 年版。

[18] 袁海勇：《ECFA 的法律評析和若干思考》，《世界貿易組織動態與研究》2011 年第 4 期。

[19] 衣長軍、許小樹：《臺商投資大陸區位與產業分佈研究》，《福建論壇（人文社會科學版）》2013 年第 4 期。

[20] http：news. sohu. com/20120522/n343760817.shtml，最後訪問時間：2013 年 11 月 25 日。

[21] 梁慧星：《民法總論》，法律出版社 2007 年版。

[22] 鈕榮森：《讓上海市民也享受臺資醫院優質服務臺盟盟員建議將在滬臺資醫院納入醫保體系》，《聯合時報》2013 年 11 月 1 日。

[23] 孫笑俠：《論行業法》，《中國法學》2013 年第 1 期。

[24] 彭浩然、岳經綸：《東莞醫改與神木醫改：地方社會政策創新的經驗與挑戰》，《中山大學學報（社會科學版）》2012 年第 1 期。

[25] 楊興雲：《十年獨資夢覺東莞臺資醫院曲線落生》，《經濟觀察報》2011 年 4 月 18 日。

臺商隱名投資個體醫療機構之合法性研究

曹發貴[1]

一、序言

「十一五」期間，臺商投資大陸更加活躍，以廈門為例，臺商新設項目（含第三地）902 個，合約臺資 35.86 億美元，實際利用臺資 28.48 億美元。《海峽兩岸經濟合作框架協議》（以下簡稱 ECFA）於 2010 年 6 月 29 日簽署，兩岸將在建立投資保障機制、提高投資相關規定的透明度、逐步減少雙方相互投資的限制、促進投資便利化等方面進一步磋商。兩岸相互投資更加熱火，合作與交流領域越來越廣泛。其中，大陸方面承諾對臺灣服務提供者開放醫院服務，允許在大陸設立合資、合作醫院；允許在上海市、江蘇省、福建省、廣東省、海南省設立獨資醫院。此前，國務院及有關部門於 2006 年 4 月 15 日批準的 15 項惠臺措施中有 4 項涉及醫療衛生交流，[4] 但當時尚未開放醫療門診部、個體診所讓臺資進入。2010 年 12 月 21 日，海峽兩岸又簽署了《海峽兩岸醫藥衛生合作協議》，在醫藥衛生領域展開合作交流。筆者於 2011 年夏天完成此稿，欣聞海協會陳德銘會長與海基會林中森董事長於 2013 年 6 月 21 日在上海簽署了《海峽兩岸服務貿易協議》，乃修改本文。不管該協議在臺灣透過的阻力有多大，海峽兩岸之間的服務貿易勢必更加自由和便利。在該協議附件一中，大陸方面擴大承諾醫院服務市場開放度，允許臺灣投資

者投資於醫院、療養院以外的其他獨資醫療機構，準入標準按照大陸單位或個人設置醫療機構，由省級衛生醫療主管部門審批。[6]

乘著兩岸醫療衛生領域友好合作的東風，許多臺灣同胞紛紛投資於大陸醫療行業。臺資西進大陸醫療行業的原因，一是臺灣醫院的飽和狀態，[7]二是大陸醫院缺乏競爭力、大陸醫院有利可圖。據報導，有十四家臺灣企業計劃或已經在大陸設立醫院，例如由臺塑集團投資興建的廈門長庚醫院，由明基友達集團投資興建的南京明基醫院。2007年9月18日，臺商投資創辦的廈門市思明區文彬中醫門診部成立，這是第一家臺資個體中醫門診部。[9]同時，有一些臺商以受讓部分或全部醫療門診部投資權益的方式進入這個行業；由於對大陸投資政策的不瞭解，有的投資還處於隱名投資階段。從網絡媒體檢索的訊息看，福州、上海、北京等地紛紛批準設立了臺資醫療門診部[10]，糾紛也接踵而來。本文結合幾個案例、檢索相關法律法規，探討臺商隱名投資個體診所的合法性問題。

二、臺商隱名投資廈門個體醫療機構的兩個案例

2010年8月以來，廈門市中級人民法院受理了兩起涉及臺灣服務提供者隱名投資進入個體醫療機構是否合法的糾紛。

案例一：2007年3月，廈門居民黃先生將廈門市湖裡區某牙科門診部（下稱湖裡門診部）估價人民幣30萬元，並將80%「股權」以人民幣24萬元的價格轉讓給臺商何先生，雙方簽訂了股權轉讓合約。雙方約定，黃先生繼續擔任門診部的法定代表人，[11]由何先生負責門診部的經營管理。後來，湖裡門診部取得了醫保定點單位的資格，經營狀況日漸好轉。於是，黃先生反悔，起訴請求確認轉讓協議無效，而何先生在答辯中要求繼續履行協議。廈門中院判決轉讓協議有效。[12]後來，何先生到海滄法院起訴請求解決合夥組織經營管理問題，並與黃先生達成調解協議。[13]

案例二：廈門居民胡女士原系廈門市思明區某門診部（下稱思明門診部）法定代表人，因該門診部的醫保定點單位資格已被取消，擬出讓該門診部。2010年5月，胡女士與臺商林先生簽訂股權轉讓合約，約定林先生以人民幣50萬元的價格受讓門診部及其全部資產。胡女士依約向林先生交付了思明門

診部的資產和證照印章等，林先生已經順利取得門診部的經營管理權，其指定的大陸人員唐女士已擔任診所「法定代表人」。後因經營困難，林先生起訴請求人民法院確認轉讓醫療機構執業許可證的協議無效。[14]

當時，對於臺資能否直接進入醫療門診部，當事人似乎都沒有把握，林先生在收購思明門診部之前還特別諮詢廈門某張姓律師，答覆說臺商在大陸設立醫療機構只能以臺灣企業名義進行人民幣2000萬元以上的投資。所以，上述兩案的臺商雖然與出讓投資權益的大陸居民簽訂了股權轉讓合約，但都未以自己的名義擔任醫療門診部的「法定代表人」，而是採用隱名投資的方式進入這個行業。廈門市海滄區人民法院於2012年2月2日開始管轄全廈門市的涉臺民商事案件，該院受理了若干起有關個體門診部投資權益或者管理權方面的案件。這些案件均涉及隱名投資問題。那麼，在當今形勢下，臺商是否獲準投資於個體醫療機構？臺商能否以受讓全部或部分投資份額的方式進入這個行業？臺商隱名投資是否違反法律強制性規定？對此，筆者進行了調研，發現審判實踐做法不一，甚至衛生主管部門也有不同意見，令人頗感困惑。因此，探討臺資隱名進入個體醫療機構的合法性問題，對指導臺商投資於這個行業具有現實意義。即使在《海峽兩岸服務貿易協議》生效後，在大陸承諾開放的省會市、直轄市之外的地方，隱名投資勢必在一定範圍內和一段時期內持續存在，故仍有研究隱名投資合約效力之必要。

三、合約無效說

傳統觀點認為，臺資準入個體醫療機構事宜尚無直接可適用之法律規範；國家政策對於是否向臺灣投資者開放投資個體醫療機構這個具體領域尚不明確。即使臺資準入個體醫療機構，依照《醫療機構管理辦法》第23條之規定，也禁止醫療機構執業許可證的轉讓或買賣。北京有關法院判決轉讓許可證的合約無效；[15]廈門市中級人民法院2004年判決未經審批的合約無效。[16]

首先，大陸對於外商投資設立醫院的門檻較高，除對香港和澳門地區的投資者外，[17]未向其他境外投資者開放個體診所。根據商務部與衛生部聯合發佈的《中外合資、合作醫療機構管理暫行辦法》第二章的「設置條件」，外資準入醫院的條件如下：投資總額人民幣2000萬元以上，外方投資者是

具有先進管理經驗的有限責任公司。依照這樣的準入門檻，上文案例一、二中的臺灣居民地區僅投資人民幣幾十萬元，不管是從投資主體還是投資總額的條件出發，都不符合準入條件。

其次，兩岸之間的貿易和稅收優惠政策是在海峽兩岸協商的基礎上逐步做出的。在ECFA附件四中，大陸方面只承諾開放臺灣服務提供者在大陸設立合資、合作醫院；允許臺灣服務提供者在上海市、江蘇省、福建省、廣東省、海南省設立獨資醫院，[18] 大陸方面沒有承諾臺商可以投資個體醫療機構。到2010年12月30日，衛生部公佈《臺灣服務提供者在大陸獨資設立醫院管理暫行辦法》（衛醫政發〔2010〕110號），沒有關於允許臺資進入個體醫療機構的規定。優惠政策、開放程度，是海峽兩岸協商的結果，不可以由基層具體行政部門決定給予或由司法機關推定。

第三，《醫療機構管理辦法》第23條也禁止許可證的轉讓、買賣。在「天人信和診所案」中，北京市第一中級人民法院援引該規定判決關於診所承包經營權轉讓的合約無效。北京市第一中級人民法院認為：天人信和診所在沒有營業場所、醫療器械、從業人員及運營資金的情況下，其僅向王慧英提供了醫療機構執業許可證等證照，賦予王慧英經營天人信和診所的相關資質，將王慧英聘為其法定代表人，使王慧英承包天人信和診所在表面形式上合法化。上述協議內容應認定天人信和診所與王慧英之間實質是承包經營權的轉讓，是規避中國行政法規禁止性規定的行為，天人信和診所的上述行為違反了《醫療機構管理條例》第二十三條的規定。因此，雙方簽訂的聘任協議書應認定無效。[19]

最後，廈門市中級人民法院既往判決認定臺資進入醫療應滿足法定條件。2004年3月25日，原告曾韋龍與被告張駿發因合作開辦牙科診所簽訂了合作經營合約，約定：被告以多年牙科專業技術及管理經驗投資入夥，原告以60萬元入夥。後原告曾韋龍以被告張駿發無醫師資格為由提起訴訟，請求判決解除合約、被告賠償損失。該院釋明合約效力後，原告只好變更訴訟請求，請求判決確認合作合約無效。該院判決認為，曾韋龍投資經營牙科診所，必須辦理相關行政審批手續。雙方關於合夥成立牙科診所的內容規避了臺灣同胞在大陸成立合作企業需辦理相關審批的強制性規定，應確認為無效合約。

[20] 雙方合作的主體、投資總額兩個方面均不符合《中外合資、合作醫療機構管理暫行辦法》第二章的「設置條件」。[21]

四、合約有效說

此觀點認為，法律及司法解釋對合約無效的情形限縮在違反效力性強制性規範這樣狹窄的範圍內，更何況大陸沒有禁止臺商投資於這個領域，臺商可以成為個體工商戶經營者，可以進入醫療行業，兩者相結合，可以推斷臺商就可以開辦個體診所。廈門的地方法規還明確規定臺商可以投資於醫療機構，廣東省工商行政管理局的規定則更加明確地規定個體工商戶的經營範圍包括個體診所。當然，臺商也可以以受讓投資份額的方式投資於這個行業。司法解釋表明外商可以隱名投資。筆者支持此觀點。

（一）傳統判決合約無效的法律依據已經被廢止

在《合約法》頒布前，人民法院在認定合約無效方面的自由裁量度較大，一般性的違法，例如普通的超越經營範圍，都可能導致合約無效。《合約法》頒布後，人民法院判決合約無效的情況大量減少。《合約法》第52條第5款規定：「有下列情形之一的，合約無效……（五）違反法律、行政法規的強制性規定。」過了大約十年，最高人民法院《關於適用〈中華人民共和國合約法〉若干問題的解釋（二）》（以下簡稱《合約法》解釋二）第14條指出：合約法第52條第（五）項規定的「強制性規定」，是指效力性強制性規定。2009年7月7日最高人民法院在《關於當前形勢下審理民商事合約糾紛案件若干問題的指導意見》中要求「人民法院應當注意區分效力性強制規定和管理性強制規定，違反效力性強制規定的，人民法院應當認定合約無效；違反管理性強制規定的，人民法院應當根據具體情形認定其效力」。例如，工商行政管理部門關於個體工商戶經營者不得委託他人經營的規定就屬於行政管理性規章，僅作為行政執法依據，而不能作為人民法院認定有關合約效力的依據。相應地，最高人民法院關於隱名投資合約效力問題也作出了靈活調整，而在《關於審理外商投資企業糾紛案件若干問題的規定（一）》第十五條中認可了此類合約的效力，並區分合約效力和股權效力。因此，廈門中院

在 2004 年針對合夥開辦個體診所案的裁判理念已經嚴重過時了。合約法理論及司法解釋的更新，不允許再這樣幹涉合約效力。

（二）臺資進入個體醫療機構有法律和政策依據

首先，臺資可以在大陸創辦個體工商戶。大陸部分城市試點開放港澳臺居民開辦個體工商戶，經過五六年的試驗國務院廢除《城鄉個體工商戶管理暫行條例》，於 2011 年 3 月 30 日頒布了《個體工商戶條例》，該條例於 2011 年 11 月 1 日生效。該條例第二十七條規定：香港特別行政區、澳門特別行政區永久性居民中的中國公民，臺灣居民可以按照國家有關規定，申請登記為個體工商戶。因此，臺商投資創辦個體工商戶已沒有法律障礙。

第二，雖然上位法僅規定臺資準入醫院，未明確規定臺資是否準入個體醫療機構，但廣東省工商行政管理局明文規定臺資個體工商戶的經營範圍包括個體診所；廈門的地方性法規明確規定臺灣同胞可以投資醫療機構（包括醫院、醫療門診部、個體診所）。《個體工商戶條例》第二十七條所指「國家有關規定」，筆者理解，應該主要是指符合投資導向的規定。依照《中外合資、合作醫療機構管理暫行辦法》第二章的「設置條件」，外資可以進入醫療行業，但要符合以下三個條件：一是外資主體必須是法人，外商個人、內地個人均不能作為合資 / 合作醫療機構的主體；二是投資數額也必須達到人民幣 2000 萬元以上；三是應以合資或合作方式成立醫療機構，辦理衛生和外資兩項審批。

在 ECFA 附件四《服務貿易早期收穫部門及開放措施》中，大陸方面承諾開放醫院服務，允許臺灣服務提供者在大陸設立合資、合作醫院；允許臺灣服務提供者在上海市、江蘇省、福建省、廣東省、海南省設立獨資醫院。[23] 因此，大陸允許臺灣同胞投資於醫療衛生行業，並未禁止或限制臺灣同胞投資於個體診所。2013 年 6 月 21 日簽署的《海峽兩岸服務貿易協議》（尚未生效）附件一中，醫院服務再次納入協議承諾的市場開放範圍，且允許臺灣投資者投資於醫院、療養院以外的其他獨資醫療機構，準入標準按照大陸單位或個人設置醫療機構，由省級衛生醫療主管部門審批。目前，投資地域限於省會城市和直轄市。

《中華人民共和國臺灣同胞投資保護法》第七條規定臺灣同胞投資，可以採用法律、行政法規規定的其他投資形式。這裡的「其他投資形式」為地方立法允許臺資進入個體醫療機構留下了一定自由空間。在內地與香港、澳門簽訂的《〈關於建立更緊密經貿關係的安排〉補充協議五》頒布後，廣東省衛生廳於 2008 年 12 月 31 日發佈通知，取得內地醫師資格的港澳居民自 2009 年 1 月 1 日起可以獨資設置門診部。[24] 而廣東省工商行政管理局於 2009 年 12 月 10 日發文更明確規定臺資個體工商戶的經營範圍包括個體診所。[25] 在 ECFA 頒布的背景下，廈門市人大於 2010 年 12 月 2 日修訂《廈門經濟特區臺灣同胞投資保障條例》。其中有兩個修訂條文與臺灣同胞投資於個體診所直接相關。第三條規定：「臺灣同胞在本市投資，享受居民待遇，並依照有關法律、法規和本條例規定享受優惠待遇。」大陸居民可以申請開辦個體醫療機構，那麼，臺灣同胞享受居民待遇亦有此等權利。該條例第十三條明確規定：「臺灣同胞投資者可以設立醫療機構。」此處使用「醫療機構」，而非「醫院」的概念，醫療機構當然包括醫療門診部和個體診所。

　　至於大陸方面其他地區，廈門以外的海峽西岸經濟區，可以根據先行先試的政策，依照「同等優先、適當放寬的原則」，[26] 為臺商辦理個體醫療機構的《醫療機構執業許可證》。依照《海峽兩岸服務貿易協議》附件一，廈門作為副省級城市應該屬於大陸承諾開放醫療服務的城市範圍。相信大陸方面將逐步乃至於全面開放臺灣同胞投資於個體醫療機構。

　　第三，正確解釋相關概念，《廈門經濟特區臺灣同胞投資保障條例》規定允許臺商投資於醫療機構，對「醫療機構」進行文意解釋，該概念包括醫院和個體診所，就可以得出臺商可以投資於個體診所。假設該概念不明確，依照類推適用法律的方法，也很容易解決臺商是否可以在廈門投資個體醫療機構的問題。所謂類推適用，就是看能否找到一個法律條文，它所規定的案件類型與本案相似。[27] 既然 CEPA 已經明文承諾港澳服務提供者可以在內地開辦個體診所，且臺商與港澳商人都屬於中國不同行政區域內的投資者，那麼，可以類推得出如下結論：國務院及有關行政部門明文準許臺資進入個體醫療機構應該指日可待。廣東省有關行政法規規定臺商可以投資於個體診所，那麼，福建省應該也明文規定臺商可以投資個體醫療機構。如果廈門衛生行

政主管部門類推適用 CEPA 及參考廣東的做法向臺商頒發個體醫療機構的《醫療機構執業許可證》亦不違法。事實上，廈門市工商行政管理局於 2006 年 1 月頒布的《臺灣居民在廈門市申辦個體工商戶登記的若干意見（試行）》，就規定臺資個體工商戶的經營範圍參照港澳居民申辦個體工商戶的營業範圍，而港澳居民開辦的個體工商戶經營範圍已經擴大到了包含個體診所在內的 25 類，這樣，在廈門申辦臺資個體醫療機構是合理合法的。

此外，以合夥投資的方式投資於個體醫療機構也合理合法。中國現有的個體工商戶、私營企業都具有合夥的性質既然臺資個體診所可以獲準，那麼，以臺資私營企業、臺灣同胞之間合夥或者臺灣同胞與大陸居民之間的合夥等方式投資於醫療機構都可以獲準。案例一中，臺灣居民何先生持有 80% 的投資份額但不擔任「法定代表人」應該符合大陸投資政策。

（三）關於醫療機構投資權益的轉讓合約合法有效

個體醫療機構作為個體工商戶類型之一，依照有關規定，可以辦理經營者變更（即投資權益轉讓）手續。值得注意的是，醫療機構的轉讓和《醫療機構執業許可證》的轉讓有包容關係，但又有本質區別。

《個體工商戶條例》及《廈門經濟特區臺灣同胞投資保障條例》規定臺灣同胞可以在大陸／廈門投資設立個體工商戶。思明門診部登記為營利性醫療機構，經濟性質應屬於個體工商戶，其投資者本應依照國家工商行政管理總局《關於個體診所和個人行醫登記管理有關問題的答覆》（工商個字〔2007〕123 號）的有關規定辦理相應工商登記。個體工商戶的經營者變更符合《城鄉個體工商戶管理暫行條例》或《個體工商戶條例》的有關規定。《個體工商戶條例》第十條規定：「個體工商戶登記事項變更的，應當向登記機關申請辦理變更登記。個體工商戶變更經營者的，應當在辦理註銷登記後，由新的經營者重新申請辦理註冊登記。家庭經營的個體工商戶在家庭成員間變更經營者的，依照前款規定辦理變更手續。」第十一條規定：「申請註冊登記或者變更登記的登記事項屬於依法須取得行政許可的，應當向登記機關提交許可證明。」

我們應該正確理解國務院《醫療機構管理條例》第二十三條第一款的規定。該款內容：「《醫療機構執業許可證》不得偽造、塗改、出賣、轉讓、出借。」該規定禁止將醫療機構執業許可證單獨轉讓、出賣等行為，而並未涉及醫療機構的投資權益是否可以整體或部分轉讓的事宜。衛生行政主管部門在變更個體診所的「法定代表人」的方面所執行審查標準與工商行政管理部門在個體工商戶負經營者、企業法人的股東變更所掌握的標準是類似的，例如，要審查新的「法定代表人」的個人信用、資信狀況。思明門診部的「法定代表人」變更的事實證明，臺商所指定的大陸人員順利擔任了思明門診部「法定代表人」，更證明經過審批，個體門診部是可以轉讓的。推敲上文合約無效說所引北京天人診所無效承包合約案，從北京有關法院判決說理可推演出裁判的精神是禁止無資金、無財產，僅就《醫療機構執業許可證》的轉讓，而不是禁止醫療機構投資權益的轉讓。

浙江省杭州市中級人民法院在鄭武與俞振偉等股權轉讓糾紛上訴案中認為：「案涉方埠衛生院 20% 的股權系經鄭武、俞振偉和汪學增三方協商達成意思一致後以協議方式進行，依據最高人民法院關於適用〈中華人民共和國合約法〉若干問題的解釋（二）第一條規定，本院認定鄭武、俞振偉和汪學增之間就案涉方埠衛生院 20% 的股權轉讓事宜達成意思一致後即存在合約關係，對各方當事人均有約束力。」[29] 該案一審法院判決股轉轉讓無效，但二審法院明確判決股權轉讓合約有效，並且當事人解除合約的通知有效。這個案件對上文案例二的處理具有很好的示範效果。

（四）臺商隱名投資合約有效

由於上位法及國家政策沒有明確規定臺商可以在大陸設立個體醫療機構，廈門的地方性規章似乎不夠明確，故部分臺商採取隱名投資的方法進入個體醫療機構。

所謂隱名投資，是指基於趨利避害的原因，一方投資人（隱名投資人）實際認繳或認購出資，但卻以他方（顯名股東）名義登記於股東名冊或其他工商登記檔案，而以內部協議約束雙方之間的權利義務關係的現象。追求資本效益最大化是商人的本質特徵，投資人看好某個領域有利可圖，基於身份原因，例如自己的資信不好或者該領域限制個人或者外商進入，或者為了追

求投資效率,或者因為公司法對股東人數的限制,而將投資掛名於具有合適身份之顯名投資者名下。

臺商進行隱名投資,早期系因政治考量規避政治風險,近期多因規避行業準入限制,或者屬於對大陸投資政策不明了,而採取的應對措施。大約在2009年以前,隱名投資具有法律風險和隱含道德風險,那時,法院不支持隱名投資,判決相關隱名投資協議無效。自2010年5月起,臺商隱名投資在一定程度上獲得了司法認同。《最高人民法院關於審理外商投資企業糾紛案件若干問題的規定(一)》第十五條規定:「合約約定一方實際投資、另一方作為外商投資企業名義股東,不具有法律、行政法規規定的無效情形的,人民法院應認定該合約有效。一方當事人僅以未經外商投資企業審批機關批準為由主張該合約無效或者未生效的,人民法院不予支持。實際投資者請求外商投資企業名義股東依據雙方約定履行相應義務的,人民法院應予支持。雙方未約定利益分配,實際投資者請求外商投資企業名義股東向其交付從外商投資企業獲得的收益的,人民法院應予支持。外商投資企業名義股東向實際投資者請求支付必要報酬的,人民法院應酌情予以支持。」

既然《海峽兩岸服務貿易協議》將大陸個體醫療服務的開放程度暫時限定在省會市和直轄市,那麼,臺灣投資者隱名投資於其他城市的現象還會普遍存在,本文的研究就具有實際意義。

雖然隱名投資已有司法解釋作為合約有效的依據,但筆者並不鼓勵臺商隱名投資,因為隱名投資導致許多不必要的糾紛。工商管理規定個體工商戶經營者不得委託他人經營的規定,屬於行政管理規章,不足以認定合資、股權轉讓等合約無效,卻是行政處罰的依據。

五、結論

既然大陸方面的法律法規已明確規定臺資可以申辦個體工商戶,並承諾向臺灣服務提供者開放醫院服務,且廣東明文規定個體工商戶的經營範圍包括個體診所,廈門的地方性法規規定臺商可以投資醫療機構,廈門市工商行政管理局的規章規定廈門個體工商戶經營範圍參照港澳投資個體工商戶,而CEPA早就開放個體診所給港澳居民,那麼,臺資進入個體醫療機構這個小小

的投資領域的合法性是顯而易見的了。《海峽兩岸服務貿易協議》的簽署更證明廈門法院對上文兩案的判決是正確的。在此，筆者建議臺灣服務提供者直接向大陸有關省級衛生主管部門申辦個體醫療機構；對於過去因誤解而採取隱名方式進行的投資，盡快辦理變更登記，改為顯名投資，以避免不必要的行政處罰；同時，行政主管部門也儘量不要採取吊銷執照或許可證的處罰方式。臺商規範地投資於大陸醫療機構，必將增加大陸醫療機構的競爭力，使大陸人民受益，臺灣投資者獲利。

註釋

[1] 曹發貴，廈門市海滄區人民法院院長助理兼涉臺法庭庭長。

[2] 宗滿意：《廈門五年吸引外資超百億美元》，《廈門日報》，2011年3月23日第2版。

[3] ECFA附件四《服務貿易早期收穫部門及開放措施》，大陸方面非金融服務部門的第8項開放承諾中的醫院服務（CPC9311）。

[4]《陳雲林授權宣布大陸惠及臺胞采取的15項政策措施》，2006年4月15日華夏經緯網，2011年6月12日訪問。

[5] 醫療門診部的法定代表人（投資人）可以不是執業醫師，但個體診所的負責人必須是執業醫師。它們都是個體工商戶，故下文有時未嚴格區分這兩種醫療機構。

[6] 2013年6月21日在上海簽署的《海峽兩岸服務貿易協議》附件一。

[7] 許巧娜：《跨海辦診所，臺醫初探索》，《廈門商報》副刊《臺商週刊》，2007年10月8日。此訊息源於媒體，但據筆者走訪廈門市衛生局所獲悉情況，截至2011年年底廈門尚無經審批的臺資醫療門診部或者個體診所。

[8]《臺資企業投資大陸建醫院，挑戰大陸醫療盈利體系》，http：zhangffz.blog.sohu.com，2011年6月8日訪問。

[9] http：news.qq.com 2007年9月19日中國新聞網網頁，2011年6月12日訪問。

[10] 例如：北京市西城區天承金象中醫門診部；福州德康口腔牙科門診部。

[11] 本文對於醫療門診部法定代表人概念的使用系根據衛生部門頒發的《醫療機構執業許可證》。實際上，醫療門診部不是法人，絕大多數醫療機構甚至未辦理企業法人登記。

[12]（2010）廈民初字第357號與合夥企業有關的糾紛，2011年8月18日判決生效。

[13]（2012）廈海民初字第930號與合夥企業有關的糾紛，2012年10月15日調解協議生效。

[14] 廈門市中級人民法院於 2011 年 6 月 15 日的（2011）廈民初字第 165 號民事判決書，判決已生效。本判決入選 2011 年度廈門法院十大精品案件之一，並榮獲 2012 年度福建省法院精品案例。

[15] 北京市第一中級人民法院於 2007 年 6 月 18 日做出的（2007）——中民終字第 4125 號民事判決書。

[16]（2004）廈民初字第 253 號民事判決。

[17] 依照內地與香港、澳門簽訂《〈關於建立更緊密經貿關係的安排〉補充協議五》（下稱 CE-PA）中有關醫療服務事項，內地向香港、澳門的服務提供者開放個體診所。

[18] ECFA 附件四《服務貿易早期收穫部門及開放措施》，大陸方面非金融服務部門的第 8 項開放承諾中的醫院服務（CPC9311）。

[19] 北京市第一中級人民法院於 2007 年 6 月 18 日做出的（2007）——中民終字第 4125 號民事判決書。

[20] 當時，廈門還不允許臺商投資開辦個體工商戶。廈門市工商行政管理局於 2006 年 1 月 18 日頒布《臺灣居民在廈門市申辦個體工商戶登記的若干意見（試行）》（廈工商企注 [2006]1 號）後，臺灣居民才可以在廈門試點設立個體工商戶。

[21] 廈門市中級人民法院於 2004 年 11 月 1 日做出的（2004）廈民初字第 243 號民事判決書。該案經《廈門商報》副刊《臺商週刊》報導，許巧娜：《開診所，臺商應合資合作》，廈門網 2007 年 11 月 26 日網頁，2011 年 6 月 12 日訪問。

[22] 廈門於 2006 年 1 月 18 日開始試點。

[23] ECFA 附件四《服務貿易早期收穫部門及開放措施》，大陸方面非金融服務部門的第 8 項開放承諾中的醫院服務（CPC9311）。

[24] 廣東省衛生廳關於落實內地與香港、澳門《〈關於建設更緊密經貿關係的安排〉補充協議五》中有關醫療服務事項的通知，粵衛（2008）178 號發佈，自 2009 年 1 月 1 日起施行。

[25] 廣東省工商行政管理局《關於臺灣居民申辦個體工商戶登記試行辦法》第二條。

[26]《國務院關於支持福建省加快建設海峽西岸經濟區的若干意見》（國發〔2009〕24 號）第 31 條：賦予對臺先行先試政策。

[27] 梁慧星：《裁判的方法》，法律出版社 2003 年 4 月出版，第 156-157 頁。

[28] 馬俊駒、余延滿：《民法原論》，法律出版社 2007 年第 3 版，第 145-146 頁。

[29] 浙江省杭州市中級人民法院（2010）浙杭商終字第 643 號民事判決書。

參考資料

（一）著作

梁慧星：《裁判的方法》，法律出版社 2003 年 4 月版。

馬俊駒、余延滿：《民法原論》，法律出版社 2007 年第 3 版。

宗滿意：《廈門五年吸引外資超百億美元》，《廈門日報》，2011 年 3 月 23 日第 2 版。

許巧娜：《跨海辦診所，臺醫初探索》，《廈門商報》副刊《臺商週刊》，2007 年 10 月 8 日。

（二）網絡資料

《陳雲林授權宣布大陸惠及臺胞採取的 15 項政策措施》，2006 年 4 月 15 日華夏經緯網，2011 年 6 月 12 日訪問。

《臺資企業投資大陸建醫院，挑戰大陸醫療盈利體系》，http：zhangffz.blog.sohu.com，2011 年 6 月 8 日訪問。http：news.qq.com 2007 年 9 月 19 日中國新聞網網頁，2011 年 6 月 12 日訪問。

（三）案例

北京市第一中級人民法院於 2007 年 6 月 18 日做出的（2007）——中民終字第 4125 號民事判決書。

廈門市中級人民法院（2004）廈民初字第 253 號民事判決書。

浙江省杭州市中級人民法院（2010）浙杭商終字第 643 號民事判決書。

（四）法律法規

內地與香港、澳門簽訂《〈關於建立更緊密經貿關係的安排〉補充協議五》。

《海峽兩岸經濟合作框架協議》附件四《服務貿易早期收穫部門及開放措施》。

《海峽兩岸服務貿易協議》附件一《大陸方面非金融服務部門的開放承諾》。

廣東省衛生廳關於落實內地與香港、澳門《〈關於建設更緊密經貿關係的安排〉補充協議五》中有關醫療服務事項的通知，粵衛（2008）178 號發佈，自 2009 年 1 月 1 日起施行。

廣東省工商行政管理局《關於臺灣居民申辦個體工商戶登記試行辦法》。

《國務院關於支持福建省加快建設海峽西岸經濟區的若干意見》（國發〔2009〕24 號）。

▎兩岸投資補償爭端調解協議的執行機制初論——大陸方面的視角

劉文戈[1]

　　2012年8月9日，兩岸兩會發佈了《海峽兩岸投資保護和促進協議》（以下簡稱《兩岸投保協議》）。為了保障兩岸的投資者的權益，該協議規定了一系列的「投資者與投資所在地一方爭端解決」機制，其中包括協商、協調、協處、調解、行政復議或司法程序等類型。其中，透過兩岸投資爭端解決機構，以調解方式解決因該協議所產生的投資者與投資所在地一方的投資補償爭端，是一個很大的創新。該協議以附件「投資補償爭端調解程序」規定了調解的程序性事項，並明確要求雙方「應確保建立、完善與調解協議執行相關的制度」，使投資者可依據執行地一方相關規定申請調解協議的執行。

　　然而，這種調解協議的雙方一方為投資者，一方為公權力機構，調解所涉及標的並不是平等主體間的民事法律關係，不同於與其在形式上相似的人民調解協議。旨在解決行政糾紛的行政訴訟，在現行《行政訴訟法》的文本中也並不存在《民事訴訟法》所規定的司法確認程序。在這一情形下，執行兩岸投資補償爭端調解程序所作出的投資補償爭端調解協議（下文簡稱「調解協議」），存在一些亟待釐清的關鍵問題：該調解協議的性質為何？該調解協議可透過何種程序以獲得執行？該調解協議的執行需要建立或完善哪些制度？鑒於大陸有關部門尚未就調解協議的執行制定、修訂法律或發佈司法解釋，這些問題尚存探討的空間，本文擬以現行法律為依據，對這些問題進行初步的探討。

一、調解協議的性質

　　調解協議的性質為何，直接決定了它是否能獲得執行力，以及應當循何種途徑獲得執行力。由《兩岸投保協議》的附件「投資補償爭端調解程序」規定可知，調解協議是由一方相關部門或機構違反協議規定的義務、致另一方投資者受到損失所產生的爭端中，爭端雙方經調解達成合意後，由調解員根據合意內容製作的文書。爭端雙方、調解員均在調解協議上簽字或蓋章，

並加蓋兩岸投資爭端解決機構印章。本文主張，這種調解協議屬於行政合約的範疇。

根據中國行政法學主流教科書的觀點，[2] 行政合約具有行政性、合意性、法定性三大特徵。行政性包括合約當事人和合約內容兩方面的要素，即行政合約的一方是行政機關、行政合約的內容是行政機關所管理的公共事務。合意性是指行政合約的達成不是一方單方面行為的結果，而是各方當事人協商的結果，且合約的內容具有妥協性。法定性是指行政合約的訂立、履行、變更、解除必須依法而為之，是依法行政原則在行政合約領域的體現。結合《兩岸投保協議》考察調解協議，本文認為，其滿足行政合約的這些特徵。

其一，調解協議具有行政性。調解協議的雙方是一方「投資者」和另一方「相關部門或機構」。對於前者，《兩岸投保協議》的第一條「定義」中規定了「投資者」是自然人或企業；對於後者，《兩岸投保協議》的第二條第三款在規定協議適用範圍時，明確規定了是「各級主管部門及該類部門授權行使行政職權的機構」。據此，可以認定，調解協議的一方主體是行政機關。《兩岸投保協議》明確了其適用範圍是相關部門或機構所採取或維持的「措施」。對於「措施」，《兩岸投保協議》在第一條「定義」中明確為「規定、政策或其他行政行為」。調解協議的主要內容是針對「措施」所引發的補償，因此，調解協議的內容是具有公共性的。

其二，調解協議具有合意性。調解協議是一方「投資者」和另一方「相關部門或機構」經調解機構調解後達成的。兩岸根據《兩岸投保協議》已經分別確定了一批「兩岸投資爭端解決機構」作為調解機構，[3] 從這些調解機構的性質來看，它們並不具有司法權，調解機構的調解活動並不具有強制性。在調解的程序上，《兩岸投保協議》的附件「投資補償爭端調解程序」規定，調解員應保持中立，其調解的目的是促使爭端雙方達成合意，調解協議也是依據雙方的合意內容製作。由此可見，調解協議的達成，並非調解機構依職權作出的判斷。此外，由於調解協議的內容主要涉及投資補償，屬於金錢給付義務。在補償數額上，雙方可以妥協；在補償履行的形式上，雙方不僅可以選擇金錢補償、返還財產、以補償金和相應利息代替財產返還，還可以選擇雙方同意的其他合法補償方式。

其三，調解協議具有法定性。是否以調解協議的形式解決爭端，不是行政機關自主的決定，而是由《兩岸投保協議》所規定的。調解協議產生的依據是《兩岸投保協議》，而《兩岸投保協議》是依據《反分裂國家法》經兩岸協商和談判所形成的法理共識。調解協議的製作程序、形式、內容均受到《兩岸投保協議》的規範。

當然，調解協議也有一些不同於一般行政合約之處。首先，學界一般對行政合約的目的限定為「實施行政管理」，其形成的背景往往與「福利行政」、「給付行政」、「行政協商」相關聯。而調解協議的目的是化解兩岸間投資有關的行政糾紛，是一種具有「兩岸特色」糾紛解決機制的產物。調解協議的客體乃是一方投資者與另一方行政機關之間的有爭執的行政法律關係。因此，調解協議也是一種和解行政合約，其目的是透過妥協達成合意，進而解決行政法律糾紛。在《行政訴訟法》的文本中，明確限制了調解的適用。但是在實踐中，和解後撤訴已成為解決行政法律糾紛的重要路徑。基於此，行政機關與當事人在訴訟之前，透過調解方式達成調解協議，不僅化解了糾紛，也可以看成是廣義的「實施行政管理」內容。調解協議雖然具有不同於一般行政合約的特徵，但並不能據此否認其行政合約性質。調解協議是雙方達成合意的產物，具有契約的屬性，其與一般行政合約的區別僅在於意思表示內容不同。因此，目的的不同，並不導致調解協議被排除與行政合約之外。其次，調解協議的達成，有賴於調解機構的從中斡旋。根據《兩岸投保協議》規定，一方申請調解使得調解程序啟動以後，爭端雙方均應「積極、誠信參與調解，不得無故拖延」。最終形成的調解協議上，不僅有爭端雙方的簽名或蓋章，也有調解機構的印章。當然，儘管調解協議呈現出三方參與的形態，且爭端雙方對於參與調解過程具有一定的義務，這並不影響調解協議的合意性，即沒有爭端雙方的合意，就不能達成調解協議。

二、調解協議的執行程序

由前文分析得出的結論，調解協議應被定位為行政合約，因此，調解協議的執行理應依照有關行政訴訟的法律規定。那麼，何謂調解協議的「執行」？調解協議的司法確認應當遵循何種程序？調解協議的司法確認的內容和效果為何？這都是亟須解決的問題。

執行，不同於「履行」，是司法機關依職權對判決、裁定、調解書等已發生效力的法律文書的內容以強制手段加以實現的過程。根據《行政訴訟法》的規定，行政訴訟中的執行包括兩種，第一種是行政機關申請法院對公民、法人或者其他組織的執行，第二種是第一審法院對拒絕履行判決、裁定的行政機關採取的措施。從《兩岸投保協議》的文本觀察，調解協議的執行是「投資者可依據執行地一方相關規定申請調解協議的執行」，因此，這裡的執行應該屬於《行政訴訟法》所規定的第二種執行。然而，調解協議並不屬於《行政訴訟法》所規定判決、裁定、調解書範疇，並不具有執行力。因此，《兩岸投保協議》中的執行不僅包括了調解協議內容的實現，也包括了賦予調解協議以執行力的過程。

由於調解協議的執行包含了賦予執行力的過程，其應當先被法院司法確認以獲得執行力，而後經申請由法院執行。這就與《人民調解法》所規定的人民調解協議執行的程序類似。人民調解協議的司法確認是經過了《人民調解法》、《民事訴訟法》的規定：並由最高人民法院以司法解釋的形式明確其程序。《行政訴訟法》對此種程序並無規定，法院無法透過司法解釋的方式新設這一程序。看似調解協議的司法確認進入了死胡同。本文認為，法院在行政訴訟中，完全可以適用《民事訴訟法》關於人民調解協議司法確認的規定，對調解協議進行司法確認，理由有二：

第一，最高人民法院關於《行政訴訟法》的司法解釋為行政訴訟中引入《民事訴訟法》規定架起了橋樑。2000年3月10日，《最高人民法院關於執行〈中華人民共和國行政訴訟法〉若干問題的解釋》出臺，該解釋第97條規定：「人民法院審理行政案件，除依照行政訴訟法和本解釋外，可以參照民事訴訟的有關規定。」上世紀80年代，《民事訴訟法（試行）》中曾規定了行政訴訟適用民事訴訟規則。新出臺的《行政訴訟法修正案（草案）》也擬將《行政訴訟法》增加一條：「人民法院審理行政案件，本法沒有規定的，適用《中華人民共和國民事訴訟法》的相關規定。」這些條文均可支持在行政訴訟中適用《民事訴訟法》的規定。儘管有學者對於在公法訴訟中引入私法訴訟的規則存在不同的觀點，認為「民事訴訟規則無法吞併行政訴訟規則」，（4）本文認為，《民事訴訟法》的規定被適用於行政訴訟時，必

然要根據《行政訴訟法》的規定和行政訴訟的特點進行調適。民事訴訟規則不能原封不動地適用於行政訴訟,並不影響民事訴訟的規則部分地借用於行政訴訟;

第二,《民事訴訟法》中有關人民調解協議司法確認的規則並不是封閉的,不是為人民調解協議「量身定製」的。《民事訴訟法》第194條規定:「申請司法確認調解協議,由雙方當事人依照人民調解法等法律,自調解協議生效之日起三十日內,共同向調解組織所在地基層人民法院提出。」對於司法確認調解協議的法律依據,該條文作出了開放性的規定,既照顧了立法過程中各方對於種類繁多的非訴訟糾紛解決機制的不同意見,又為將來人民調解以外的非訴訟糾紛解決機制中的調解與訴訟對接保留了「接口」。[5]

調解協議的司法確認,本質上是法院賦予該協議以執行力的非訴訟程序。從效力上看,調解協議達成以後,即對爭端雙方具有約束力,協議所規定的各項義務有賴於雙方的自覺履行。因此,一般的行政合約中,一方不履行義務,另一方只能透過訴訟的方式提起給付之訴,要求對方履行合約義務。因此,調解協議在獲得司法確認之前並不具備直接被執行的效力。從程序上看,根據《兩岸投保協議》規定,調解協議的執行由投資者「依據執行地一方相關規定申請」,因此,調解協議的司法確認,僅有申請人而無被申請人,也就沒有雙方當事人存在爭議而形成的兩造對立。這樣一種程序中,法院無須對實體問題進行審理和判斷,僅需要對調解協議的效力以及可執行性進行審查。調解協議經過司法確認之後,獲得了執行力,也終結了爭議,有關爭議不得再進入行政復議或司法訴訟。在《兩岸投保協議》中,「調解」與「行政復議或司法訴訟」是並列的關係,具有排他性,[6]且「調解」的適用順序在前。

三、為執行調解協議所需要完善的制度

由前文分析可知,調解協議可以在行政訴訟中適用《民事訴訟法》關於調解協議司法確認的規則被賦予執行力,進而透過行政訴訟的執行程序獲得執行。儘管在訴訟規則方面,調解協議透過行政訴訟予以執行並無規則空白,為執行調解協議仍需要完善一些法律。

前文已經指出了調解協議可以適用《民事訴訟法》關於調解協議司法確認程序的規則，這一規則的形成並不是一蹴而就的，有必要分析民事訴訟中調解協議司法確認規則的形成過程。在2011年《人民調解法》施行以前，《民事訴訟法》和《人民調解委員會組織條例》規定，法院與人民調解組織之間的關係是指導與被指導。人民調解組織製作的調解協議書並不能被賦予強制執行力。2011年1月1日施行《人民調解法》第33條規定了當事人申請法院司法確認調解協議的程序，同年3月，最高人民法院出臺了《關於人民調解協議司法確認程序的若干規定》（以下簡稱《司法確認規定》）。《司法確認規定》的法律依據是《民事訴訟法》和《人民調解法》，而此時的《民事訴訟法》尚未將司法確認納入文本。由此可見，《司法確認規定》建立人民調解協議司法確認程序的依據是《人民調解法》，當時的《民事訴訟法》只是法院規範人民調解協議司法確認程序中的管轄、文書、時效等問題的依據。2012年修正後的《民事訴訟法》，納入了《司法確認規定》所建立的人民調解協議司法確認程序，並將其適用範圍拓展至人民調解為代表的法定非訴訟糾紛機制。從調解協議司法確認程序的規則變遷可以看出，一個非訴訟糾紛解決機制所產生的調解協議能否經司法確認程序獲得強制執行力，除了訴訟法文本的認可，還需要有法律對該調解協議可以經司法確認獲得強制執行力進行規定。

　　回到《兩岸投保協議》所規定的調解協議的執行問題論域中，暫不論兩岸兩會協議的法律位階為何，《兩岸投保協議》的文本並不能為調解協議的執行提供足夠的規範支撐。《兩岸投保協議》的附件僅規定了「雙方應確保建立、完善與調解協議執行相關的制度」，投資者據以執行調解協議的法律依據是「執行地一方相關規定」。因此，要使調解協議透過司法確認獲得執行力，必須要透過完善相關制度來支持。而這種制度的制定，必須以法律的形式完成。因為，《立法法》規定了「訴訟和仲裁製度」屬於全國人大及其常委會的立法權限。非訴訟糾紛解決機制本不屬於訴訟，然而這種機制產生的調解協議如需要透過司法確認獲得強制執行力，則必然會影響現有的訴訟制度。從《人民調解法》和人民調解協議司法確認的經驗來看，以立法形式

來明確《兩岸投保協議》的調解協議可以經司法確認而獲得強制執行力，是有必要的。

本文主張，修改《臺灣同胞投資保護法》，是一個比較適宜的路徑。在兩岸兩會簽訂的各項協議實施過程中，尚未出現透過立法的方式將一項協議完整地轉化為法律的形式。《反分裂國家法》也未對兩岸兩會協議的實施機製作出明確規定。兩岸兩會的協議往往透過有關部門以「實施（落實）《XX協議》」為名義，由制定部門規章或發佈司法解釋的方式予以實施。就《兩岸投保協議》而言，比較適宜的實施方式，是將有關投資爭端解決機制規定增補到《臺灣同胞投資保護法》中，並參照《人民調解法》的模式，明確調解協議可以經司法確認而獲得強制執行力。之後，再由最高人民法院以司法解釋的方式，以落實《兩岸投保協議》為目標，以《臺灣同胞投資保護法》和《行政訴訟法》、《民事訴訟法》為依據，制定司法確認調解協議的司法解釋，明確其程序、文書、時限。

對於《兩岸投保協議》中調解協議的執行，本文只是就一些問題提出了初步的見解。要使調解協議獲得執行力，使投資爭端調解機制真正發揮作用，還需要許多制度上的完善，本文只是拋磚引玉。兩岸兩會所簽訂的協議，越來越多地涉及立法、司法等問題，僅僅透過行政的方式實施協議，恐怕會遇到瓶頸。因此，未來有必要探索透過立法的方式實施兩岸兩會所簽訂的協議，使協議所規範的內容得以全面實施，從法治層面讓臺灣同胞對兩岸關係和平發展的成果有更完整的感知。

註釋

[1] 劉文戈，法學博士，現任廈門大學臺灣研究院法律研究所助理教授，主要研究臺灣問題、兩岸及港澳法制、憲法學與行政法學。本文系工作論文，僅限於本次會議使用，請勿引用。

[2] 參見姜明安主編：《行政法與行政訴訟法》（第5版），北京大學出版社2011年版；馬懷德主編：《行政法與行政訴訟法》（最新修訂），中國法製出版社2010年版。

[3] 國務院臺灣事務辦公室2013年11月27日例行新聞發佈會通報，大陸方面投資爭端解決機構共有14家，包括貿促會調解中心以及福建、浙江、廣東、湖南、陝西、廈門等6個下屬調解中心，貿易仲裁委員會投資爭端解決中心及上海、西南、華南、江蘇、山東、湖北等下屬的6個辦事處。

[4] 參見劉連泰：《民事訴訟規則在行政訴訟中的運用及其限度》，《甘肅政法學院學報》2009 年第 3 期。

[5] 參見全國人大常委會法工委民法室編著：《2012民事訴訟法修改決定條文釋解》，中國法製出版社 2012 年版，第 240-242 頁。

[6]《兩岸投保協議》第 13 條第四款：「如投資者已選擇依本條第一款第五項解決，除非符合投資所在地一方相關規定，投資者不得再就同一爭端提交兩岸投資爭端解決機構調解。」

[7] 例如商務部和國務院臺灣事務辦公室公佈的《臺灣投資者經第三地轉投資認定暫行辦法》第 1 條：「為保護臺灣投資者在大陸投資的合法權益，實施《海峽兩岸投資保護和促進協議》，根據有關法律、行政法規制定本辦法。」再如最高人民法院透過的《最高人民法院關於人民法院辦理海峽兩岸送達文書和調查取證司法互助案件的規定》前言：「為落實《海峽兩岸共同打擊犯罪及司法互助協議》（以下簡稱協議），進一步推動海峽兩岸司法互助業務的開展，確保協議中涉及人民法院有關送達文書和調查取證司法互助工作事項的順利實施，結合各級人民法院開展海峽兩岸司法互助工作實踐，制定本規定。」

論海峽兩岸投資爭端解決機制的發展及其評議裁處制度——以 Private Ombudsman 為例的立法政策學思考

石東坡[1]

一、健全兩岸投資爭端解決機制的新視角

（一）考察兩岸投資爭端解決機制的關鍵節點

《海峽兩岸投資保護和促進協議》的簽署，在落實兩岸經濟貿易合作的框架協議進程中又邁出堅實的一步。在框架協議及該協議等的護佑之下，本著和平發展、深化合作的宗旨，海峽兩岸經濟、文化交往將更加活躍。期間，文化創意產業等新興領域的投資經貿——包括知識產權貿易將會有一個較為明顯的增長，與之相伴隨，臺灣來大陸投資的企業將有可能表現出多樣化、中小型化等的特點，因此海峽兩岸的經濟糾紛在所涉及的權屬標的以及表現形態等方面的豐富性和複雜性，以及在投資地區分佈的分散性等，都必將日益突出。而由該保護和促進協議的規定分析，雙方，特別是大陸履行原本已

經在《臺胞投資保護法》中進行明確承諾和嚴格規定的保護義務，一併需要有著更加富有針對性的兩岸糾紛解決機制，並且該機制及其中的司法保護並不僅僅侷限在海峽西岸經濟區等臺資企業相對集中的六個省份或若干地區，從而方可對兩岸投資的可期性、穩定性與前瞻性予以底線意義的維護。

就現實而言，儘管近年來大陸已經在積極推進涉臺民商事審判機制的新探索，多元糾紛解決機制的建立健全，但遺憾的是尚存在很多缺陷與不足，甚至有論者斷言「還僅僅停留在僅靠各自制定單項性法律文件、授權或委託民間團體事務性商談等方式的程度上，包括調解、仲裁和訴訟等在內的多元化的投資糾紛解決機制尚未真正建立和完善」。這就需要在兩岸投資保護和促進協議的政治共識和制度平臺上，統合審視、統籌協調諸種糾紛解決機制的發展歷程、現實障礙與侷限、優勢，立足實踐，以更為積極和開放的心態，更加科學和深入的論證，推動糾紛解決機制的發展和完善。為此，本文擬以該論題上鮮有運用的立法政策學的視角、思維和方法，回顧剖析兩岸關於爭端解決的文本規定，評析比較多元糾紛解決的發展走向，進而以英國乃至於若干國家和地區在金融消費者權益保障中創設和運用的「金融公評人制度」為例證，提出在海峽兩岸投資爭端解決機制的發展上應予明確的規範設計的理念與思維，以及其中可資吸取的「評議裁斷制度」等若干建言。

（二）分析兩岸投資爭端解決機制的新型視角

之所以提出和運用立法政策學的視域，是因為如果歷史地就海峽兩岸的協商交往，特別是大陸吸引、吸納臺胞投資加以看待，可以描繪出其中不斷尋求糾紛解決機制的剛性化、規範化和普遍化的軌跡，而其中承上啟下、共商共識的關鍵節點，即《海峽兩岸投資保護和促進協議》。因此，可以說，在此之前，儘管同樣有著在1988年《國務院關於鼓勵臺灣同胞投資的規定》中即加以明確的投資糾紛解決途徑，但尚且是一種相對「湧現」情形的演進（儘管不能夠歸之於「自發、分散、籠統」的情形），還不盡具有在糾紛解決機制的發展上加以「頂層設計」的前提、必要、基礎和自覺。而該協議的簽署，確定和彰顯出兩岸雙方的「立法義務」，即對聯合或共同開展糾紛解決機制進行「制度設計」，從而才有可能開啟海峽兩岸經濟文化交往的相對嚴格意義的、以司法保護為共同的基礎保障的「法律治理」新階段（此前基

本可以稱之為政策調整的嘗試和向著法制調整延伸的前期醞釀與摸索累積階段。)。所以，要進入全然意義的法律治理，就必須首先對於既有的制度實踐、規範文本進行基於立法政策學的觀察和考察，並沿襲其思想方法給出後續制度、機制設計的原則基準與思維路徑，儘管不可能是明晰和切中的制度方案——而這是一定在此基礎上「呼之欲出」的。

　　當前，對海峽兩岸投資爭端解決機制的考量與設計，應該和可以運用立法政策學，同樣建立在立法政策學的適宜性、科學性上。所謂立法政策學，是法政策學的首要構成與基本表現。按照日本學者的解說，法政策學是指「從法的角度對意思決定理論進行重構、並與現行的實定法體系相聯繫，設計出法律制度或者規則，由此控制當今社會面臨的公共問題、社會問題，或者提供解決這些問題的各種方法、策略，或者就這些方法、策略向法律意思決定者提供建議」。簡言之，法政策學即在政策科學與法律科學的融合基礎上，以法律規範的需求、設計與供給為核心，論證作為政策工具之一的法律規範的合理性、可操作性。法政策學可以劃分為：立法政策學和司法政策學兩種。立法政策學，是針對法律制度、規範和機制進行立法事實的判斷、立法論證的開展、立法設計的比較、立法影響的評估，以提出妥當的立法方案的具有政策科學性質與特點的立法學之一。司法政策學是針對司法實踐中的案件認定、證據審查、法律適用等擬議、論證、評價諸如刑事司法政策、商事審判政策等司法政策，並為此證成和提出以解釋文件、司法批覆和指導案例等為表現形式的司法政策合理性、正當性的理論和方法。現行的諸種爭端機制何以能夠進行互補和支撐？各種爭端解決機制的程序規範與貫通渠道如何搭建？要針對一國兩制四法域前提下的海峽兩岸投資爭端解決機制進行怎樣的引導、規範和設計？這些固然有著其實踐進程中的路徑依賴，但很顯然，作為社會利益關係調整和社會利益紛爭裁處的愈發具有法律調整的性質和成分的糾紛解決實踐，原本就是均有著價值導向和主觀訴求的規則創製者與規則適用者能動追求和積極推進的產物。因此，難以有著任何可類比和可拷貝的制度藍本的海峽兩岸經濟糾紛解決機制，就尤其需要有關理論和方法支持下的衡量和預演，需要有著在立法政策學的支持下的自覺和展開。

二、兩岸投資爭端解決機制的依據與評價

（一）兩岸投資爭端解決機制的文本規定

對海峽兩岸投資爭端解決機制加以明文規定，一直以來是大陸針對臺灣同胞投資安全明確加以回應的重要舉措，是激發和促進臺灣同胞在大陸投資創業的莊嚴承諾，是營建和充實大陸改革開放的政策法律環境的必要環節，在先後四次總體性的臺胞投資保護立法或協議中，均有此專門規定。我們認為，透過回顧，可以明確在這一方面具有較高起點、尊重通則、漸進拓展、適度吸納、互認鏈接的發展過程和演變特點。

早在 1988 年 7 月，國務院頒布了《國務院關於鼓勵臺灣同胞投資的規定》。這是首部保護臺胞來大陸投資的基本行政法規。該法第 20 條第 2 款就涉臺投資糾紛的解決規定：「臺灣投資者在大陸投資因履行合約發生的或者與合約有關的爭議，可以依據合約中的仲裁條款或者事後達成的書面仲裁協議，提交大陸或者香港的仲裁機構仲裁。」應該看到，在當時之所以有這一集中針對仲裁的規定，一方面是出於初步萌生的開放意識，偏重依賴或者說信賴相對國際通行的經濟貿易糾紛裁決方式；另一方面是大陸對於涉臺民商事糾紛的多樣化解決機制尚未形成清晰的認知，尚未具有現實的基礎；再一方面是對於包括臺資在內的外來投資的渴求相對強烈，因此，該規定不僅強調仲裁的地位和作用，而且允許和接受了臺灣投資者在大陸與香港（當時尚未回歸，尚且屬於英國管轄下的香港地區）作為第三地的仲裁選擇。而今天看來，這在一定程度上不利於充分體現應有的糾紛解決的管轄權。

1994 年 3 月，作為國家中央單行法的專門立法，《中華人民共和國臺灣同胞投資保護法》規定：「臺灣同胞投資者與其他省、自治區和直轄市的公司、企業、其他經濟組織或者個人之間發生的與投資有關的爭議，當事人可以透過協商或者調解解決。」「當事人不願協商、調解的，或者經協商、調解不成的，可以依據合約中的仲裁條款或者事後達成的書面仲裁協議，提交仲裁機構仲裁。」「當事人未在合約中訂立仲裁條款，事後又未達成書面仲裁協議的，可以向人民法院提起訴訟。」

我們認為，作為迄今為止在大陸具有最高法律效力的法律文本，《中華人民共和國臺灣同胞投資保護法》在規定涉臺糾紛解決機制的規定上，具有以下五個方面的特點：第一，體現了專門立法的必要性和針對性。鑒於臺海局勢儘管有著根本向好的不可逆轉的趨勢，但是存在暗流湧動，甚至逆流反覆，也是符合歷史規律的，加之國際因素的影響，因此哪怕個案層面的涉臺投資爭端，都有著激化和擴散的可能。「風起於青萍之末」，對此必須高度警惕，因此，進行專門立法，對於該類糾紛單獨予以法律調整，盡最大可能地提供多樣化的糾紛解決機制，加大合力化解的效率與成效，是很有必要的。第二，明確了屬於國內糾紛解決管轄權的司法主權，其中所使用的「臺灣同胞」的語詞儘管是在嚴格法律意義的自然人的身份屬性上的一個可能模糊的表述，但是結合「其他省、自治區和直轄市」的表述，在立法語言和立法技術上，就已經意味著在同一個主權國家之下的堅定立場，並且即便在形式邏輯上，也相對於 1988 年的國務院行政法規徑直使用兩個地區的表述，顯得更加周延、嚴謹。第三，給出了多樣化的糾紛解決機制。按照上述規定，兩岸經貿糾紛可以採用協商、調解、仲裁和訴訟四種方式來解決。同時，也尊重和保障了程序選擇權。再者，這也為後續的立法——包括廈門特區的立法、福建海西經濟區建設的立法，留下較為開闊的能動而又合法的空間，第四，該規定並沒有直接採取若干糾紛解決機制的簡單羅列，而是採取了看似繁複、貌似不必要的一種遞進復合句式的表達，這就潛在隱含著程序選擇的序位問題。這一方面比較切合實際，另一方面，有著引導功能，即傾向於促使當事人首先選擇具有較低對抗性的糾紛解決方式。第五，似乎沒有在糾紛解決機制的意義上就此規定行政投訴辦理的機制和渠道，而現實之中這是很多臺商認為在大陸，需要重視和運用的一個重要途徑，至少是不可或缺的途徑，儘管其中利弊兼存。當然，上述規定仍然相對原則一些，在承接的環節、步驟等方面沒有進行統一規定和剛性約束。這些儘管可以由此透過援引、鏈接仲裁法、民事訴訟法等彌補其應用性，但是在其微觀流程方面具有一系列的特殊性，比如證據收集、文書送達等，如果沒有相應的規定，則會是贏得實效的較大的掣肘。

此後，1999 年 12 月，國務院頒布《中華人民共和國臺灣同胞投資保護法實施細則》，第 29 條規定中明確大陸的仲裁機構可以按照國家有關規定聘請臺灣同胞擔任仲裁員，這樣能夠以地緣、親緣、業緣的臺灣同胞自身的認同感和溝通度，增強透過具有民間性、中立性和終局性的仲裁在臺灣同胞之中的吸引力、接受度。此外，1998 年最高人民法院頒布的《關於人民法院認可臺灣有關法院民事判決的規定》對申請認可臺灣法院民商事判決或仲裁機構仲裁裁決（第 19 條）作了明確規定，為臺灣法院或仲裁機構所做民商事判決或仲裁裁決（包括大量與投資有關的裁決或判決）在大陸的認可與執行提供了法律保障。2009 年雙方達成的《海峽兩岸共同打擊犯罪及司法互助協議》第一章第 1 條第 4 項就兩岸相互「認可及執行民事裁判與仲裁裁決」作出了原則規定。這樣，分別在仲裁員的來源和構成、民事裁判與仲裁裁決的文書送達與效力認可諸環節給予了執行性以及補充性的規定。

　　2010 年 6 月，海協會與海基會達成並簽署《海峽兩岸經濟合作框架協議》，第 10 條爭端解決條款規定：（1）雙方應不遲於本協議生效後六個月內就建立適當的爭端解決程序展開磋商，並盡速達成協議，以解決任何關於本協議解釋、實施和適用的爭端；（2）在本條第一款所指的爭端解決協議生效前，任何關於本協議解釋、實施和適用的爭端，應由雙方透過協商解決，或由根據本協議第 11 條設立的兩岸經濟合作委員會以適當方式加以解決。這一規定，被一些學者直接認為是經濟貿易或投資爭端解決機制。而我們認為，這本身並不構成以經濟貿易或投資糾紛為適用對象的爭端解決機制的規定，那是一種混淆。就該框架協議的第 10 條的規定，實際上屬於雙方就經濟合作的談判未盡事宜的後續信守協商解決的一致的意思表示，是對於該協議後續談判的宣示，以提供「本協議解釋、實施和適用中」雙方之間的「立法」性質的──制定後續若干落實本框架協議的諸協議的一種爭端預防協商解決的重申，而絕非直接應用於經濟貿易糾紛解決的機制的規定──在這種意義上，幾乎可以說第 10 條是空洞的。就此適用的爭議類別和對象的迥異，在《海峽兩岸投資保護和促進協議》中分別由第 12 和 13、14 條加以規定，就意味著可以澄清這一點。

《海峽兩岸知識產權保護合作協議》作為 ECFA 下的一項單行協議。就其爭端解決而言，在規定上同樣是含混和和原則化的。以致有學者認為，應當借鑒 WIPO 的「提交諮詢服務」即如果一方當事人希望將爭議提交仲裁，可以向仲裁機構提出申請，由仲裁機構把該意向轉給另一當事方。如果另一當事方不反對，那麼仲裁機構可先以中間人身份做一些訊息交流工作，幫助爭端雙方瞭解對方立場。這被稱為是「專業輔導」性質的輔助活動。

在地方立法中，2005 年 10 月，廈門市人大常委會透過了《廈門市關於完善多元化糾紛解決機制的決定》，在全國率先以首個地方性法規確認和推進多元化糾紛解決機制的建設。該《決定》明確了協商、調解、仲裁、行政處理等不同的糾紛處理機制的地位、作用及其與訴訟之間的關係，試圖全面構建依法開展社會管理、防範和化解社會糾紛的糾紛解決網絡。儘管對於其中關於仲裁，以及涉及司法訴訟的規定，我們還存有合理的質疑，但是這無疑是地方國家權力機關非常富有見地地在糾紛解決機制上的系統化努力，並且在廈門這一具有最早設立也是規模最大的臺商組織、臺商投資份額保有最大、臺灣居民聚居最多的地域之中，該立法對涉臺糾紛解決的管道疏濬與民眾參與，都有著局部的「頂層設計」的功能和作用。在這一點上，著眼於海西經濟區的區位優勢和發展定位，可以說在涉臺糾紛解決的制度嘗試和規範設計上，有著積極意義。對此，甚而有學者提出，廈門可以被打造為海西糾紛解決中心。[13]

（二）兩岸投資爭端解決機制的規範評價

綜上可知，首先，在大陸就涉臺糾紛解決機制予以立法確認，是一直秉持並且著力推進的。而兩會商談簽署協議的情形，似乎可以進而視為「商談型立法」、「框架性立法」、「契約型立法」，那麼，在對兩岸簽署的協議歸屬於「軟法」的現實之上，完全可以再行前進一步，將其視為在授權之上的被「視同」的特殊「法源」。因此可以說，在涉臺糾紛解決機制的「制度化」、「法制化」的道路上，大陸是在不懈努力的。但是與此同時，由於兩岸商談的政治協商方面的制約，這一進程所具有的探索性、政治性、政策性是難以迴避的，因此，國家立法層面上，國家權力機關的立法僅僅具有宣告

和引導的作用，最高國家行政機關的立法僅僅可能在其執行性條款、補充性條款和解釋性條款上有所作為。

其次，如果在法律規範的類別上，運用構成性規則和調整性規則的劃分[4]加以分析，便會看到，儘管有著上述逐步發展的涉臺糾紛解決機制的文本即規定，但是仔細辨析其中的內容，可以說儘管也的確沒有必要進行手冊型的規範彙總，但是不可否認的事實，是現在仍然多屬於構成性規則（constitutive rules）。構成性規則，是對行為模式的存在創造條件，即屬於前提意義的規則，具體包括立法、協商、移用、轉引、程序以及法律規範所設計、確認和直接適用的行為模式在其接下來商討、博弈和適用中所應遵循的原則（對此，有學者以「條理法」進行廓定和歸納）等方面的規範或「規則」——而這些毋寧說是對於後續立法、兩岸協商以及調解、仲裁、審判等的組織機構本著怎樣的立場和態度、沿著怎樣的步驟和次序去取捨和應用調整性規則（regulative rules）的一種概括式的、前提性的規定。而在構成性規則的基礎上，再進行具體的法律意義的行為模式及其中包含的權利義務等的設定，並形成對應關係，才可以出現調整性規則，即禁止、要求或限制業已存在的活動或行為。所以，對於涉臺糾紛解決機制，在隨著臺灣同胞在大陸範圍更為廣泛的投資興業和創業興業的發展之中，在諸種糾紛解決機制的適用中必然需要調整性規則及其細密化的供應。

最後，儘管如此，筆者還是對涉臺糾紛解決機制的單獨立法不予贊同。因為就此而言，第一，需要進一步的實踐探索，儘管這種實踐不應當是零散化的。第二，作為特別法，涉及多樣化糾紛解決機制中業已存在的仲裁法、調解法、民事訴訟法，以及可能旁涉的（儘管我們不主張關聯該法）法律衝突適用法，因此，其可能的表現形式是在可能的相關法中以若干涉臺糾紛解決機制的條款分別規定，而相對集中的立法難度非常之大，這就決定了還沒有也不可能將其作為一個相對獨立的立法項目。而且我們也不認為這是如一些學者所判斷的「立法的滯後性」。第三，也是最為重要的，糾紛解決機制的搭建及其適用，應當根植於海峽兩岸投資的相互性和公平性，根植於糾紛解決機制適用中的貫通性和對等性，因此，適宜兩岸協議的性質和形式，而並不是大陸一方採取立法的方式。

三、兩岸投資爭端解決機制的發展與走向

（一）兩岸投資爭端解決機制的最近發展

2012年8月9日，海峽會、海基會簽訂《海峽兩岸投資保護和促進協議》。我們認為，這標誌著兩岸的投資保護相互承認、環境公平、程序對接、多維保障，[6]意味著雙方對於對方的投資均擔負著透過協商予以制度保障的義務，透過政策、規制予以行政保障的義務以及透過糾紛解決機制予以法律（司法）保障的義務等全面的義務承諾和切實負擔——而這種義務具有政治義務和法律義務的雙重性質，是對框架協議即ECFA的極具力度、非常（甚至是「最為」）重要的一個支撐柱式。同時，這一協議在糾紛解決機制的設置上是具有里程碑意義的顯著步驟（在客觀上，對於大陸的糾紛解決機制的融會性、整體性思考與設計也有著鏡鑒和助推作用）。就筆者的理解，在涉臺投資爭端解決機制上，該協議繼往開來，實現了在糾紛解決制度管道上的雙向、貫通、對接、系統、並濟的設計，成為糾紛解決實踐的新平臺。可以說，《海峽兩岸投資保護和促進協議》不僅宣告兩岸雙方將逐步減少或消除對相互投資的限制，推進投資環境的公平與開放、便利與保障，而且更為具有應用價值的在於，協議及附件確立了兩岸投資爭端解決機制及投資補償爭端調解程序。

第一，與此前的《中華人民共和國臺灣同胞投資保護法》相銜接的同時，有所發展，全面規劃、強化了諸種糾紛解決機制，具有系統性。其中規定：協調機制、協處機制以及行政復議等作為一方投資者與投資所在地一方爭端解決的方式和途徑，是在《臺灣同胞投資保護法》規定基礎上對於行政裁處的彌補。其中還規定：根據協議，兩岸投資者如發生投資爭端，可採取爭端雙方友好協商解決、由投資所在地或其上級的協調機制協調解決、由兩岸經濟合作委員會投資工作小組設立的投資爭端協處機制等方式解決。此外，商事爭議的當事雙方可選擇兩岸的仲裁機構及當事雙方同意的仲裁地點。

第二，在第13、14條區分了投資者與投資所在地一方爭端和投資商事爭議兩類，將分別具有政策規制的特徵、商事契約的特徵的投資爭端的解決機制進行了更加富有針對性、操作性的機制設計和對應配置。其中第13條

規定「投資者與投資所在地一方爭端解決」。「一方投資者主張另一方相關部門或機構違反本協議規定的義務,致該投資者受到損失所產生的爭端,可依下列方式解決:(一)爭端雙方友好協商解決;(二)由投資所在地或其上級的協調機制協調解決;(三)由本協議第十五條所設投資爭端協處機制協助解決;(四)因本協議所產生的投資者與投資所在地一方的投資補償爭端,可由投資者提交兩岸投資爭端解決機構透過調解方式解決,兩岸投資爭端解決機構應每半年將投資補償爭端的處理情況通報本協議第十五條的投資工作小組;(五)依據投資所在地一方行政復議或司法程序解決。」對於投資補償爭端,明確了具有特別程序意義的調解程序,即:投資者與投資所在地一方的投資補償爭端,可由投資者提交兩岸投資爭端解決機構透過調解方式解決。第14條規定投資商事爭議解決的途徑及其選擇。這樣的規定吸取和運用了類型化的思維,同時也更加具有鮮明的周延性。

第三,在確立各種糾紛解決機制的同時,開始注意並且觸及更為具體和微觀的運行機制、銜接機制的規定,在第15條規定了投資爭端協處機制和投資諮詢機制,這樣來作為雙方共同信守、分別施行、保持協商、同步調整的實際保證,傳遞出在後續的協議實施和可能的補充修改中的生長點與著力點。

(二)兩岸投資爭端解決機制的可能走向

在《海峽兩岸投資保護和促進協議》完善、整合和充實投資爭端解決機制的同時,還需要注意到實踐中多樣化糾紛解決機制的持續深化,以及學界對於投資爭端解決機制所給予的評價和見解,這些對於該協議的有效實施和解決機制的發展完善均有著參考和佐證的作用。

首先,就調解而言。以上海為例,上海市臺辦與市高院共同擬訂了《市高院、市委臺辦關於加強涉臺民商事糾紛化解和協調工作機建設的意見》。《意見》共8條,在建立溝通聯絡機制、訴訟對接機制、協作交流機制等方面進行了規定。要求建立訴調對接工作機制,包括委託臺辦或涉臺團體調解、邀請臺胞參與調解以及共同做好判後釋法工作等,並提出逐步探索涉臺民商事訴訟案件調解新途徑和新方式,推動涉訴信訪化解工作,維護涉臺穩定等。

要建立規範的涉臺糾紛訴訟協調機制,明確協調的具體形式和操作流程,探索委託調解的路徑和方法。

其次,仲裁的運用。仲裁早從 1988 年被明文規定以來,一直是獲得較高期望的投資爭端解決機制之一,特別是在臺灣更成為強烈要求,但是事實上,仲裁途徑並沒有發揮出較好的作用。有學者曾經樂觀地指出:仲裁是目前「解決兩岸民商事糾紛的最佳選擇」。[7]而有關調研則表明,這一期待與現實不符:「仲裁方式並非是臺商解決兩岸經貿糾紛的首要選擇。」[8]第一,證成仲裁作為首選的理論支點,往往是強調在兩岸之間的投資爭端,可以歸屬於「WTO 與 ECFA 框架下兩個單獨關稅區之間的投資爭議」,而不僅僅是一個主權國家內兩個不同法域間的投資爭議。這就可能已經在某種程度上出現了重大的立足點的偏移。因此,有學者主張「針對臺資與陸資分別與投資地主管機構之間的投資爭端,則應參照 ICSID 模式統籌考慮由兩岸四地共同建立專門仲裁機構加以妥善解決;而兩岸主管機構之間發生的因履行世界貿易組織 TRIMs 與 GATS 或 ECFA 及其後續投資保障協議而產生的爭端應當在 ECFA 框架下,與其他經貿爭端(如貨物貿易、服務貿易、知識產權保護等)綜合考慮,透過政治與法律混合模式加以妥善處理」。[9]這實際上還沒有得到採納。第二,有學者主張:第三地仲裁機構比如在香港專設,以解決兩岸的投資爭端。[10]還有學者主張:在兩岸糾紛解決的協商、調解、仲裁和訴訟等的諸種機制類型的同時,「在目前情況下,可以透過具有普通法律傳統的香港建立 ADR 機構」。[11]同樣沒有得到完全接受。按照中國國際經濟貿易仲裁委員會有關負責人的介紹,透過中國國際經濟貿易仲裁委員會與中華仲裁協會的合作,建立制度化合作模式,聯合建立仲裁員名錄,聯合處理涉臺經貿糾紛。在積極籌劃建立聯合調解機制的同時,是慎重對待在第三地設立聯合仲裁機構的倡議的。

之所以如此,我們認為,在一定情形下,將第三地的仲裁機構作為相對集中的兩岸經貿糾紛的管轄,可以透過授權得以實現,並且如果是香港,則在時間、地理等因素來考察,成本加大並不明顯,似乎可以接受。但這樣是不是潛在地更加助長島內法院將兩地仲裁異質化而並非互通性地加以對待,則是一個難以迴避的問題。再者,在實務中,臺灣法院將來自大陸的仲裁視

為一種「特殊的仲裁判斷」,有左右漂移的含混和可能。比如,臺灣臺北地方法院2006年度抗字第71號民事裁定認為:「在大陸地區做成之仲裁判斷,依現在台灣與大陸地區之關係,故難謂系外國仲裁判斷,亦難認系我國仲裁判斷,其許可與否之審查,縱不與外國仲裁判斷等同視之,亦不應較我國仲裁判斷為寬鬆。」甚至在臺灣臺北地方法院民事裁定2004年度仲申字第15號中,在駁回申請人申請認可、執行中國國際經濟貿易仲裁委員會上海分會的裁決時,就是按照將大陸的仲裁裁決識別為「外國仲裁判斷」,主張「外國仲裁判斷。經申請法院裁定承認後,得為執行名義……」。因此,對於仲裁的雙向認可,是有著其潛在的障礙的。而這種障礙並不僅僅是一種司法解釋和法律推理的障礙,而是潛在的在兩岸法域的差異性根源上的一種立場和態度上的障礙。

再次,還有學者提出透過「類WTO機制」,或吸納國際經濟貿易中的糾紛解決機制來裁處海峽兩岸投資爭端。比如主張「兩岸商議建立類似WTO爭端解決機制中的專家組和上訴機構的解釋機制,優先用磋商解決的方法解決兩岸投資中的糾紛。協商設置兩岸司法審務協調機構,破解兩岸投資糾紛中的司法協助難題」。[12] 而這種觀點,儘管認識到並不同於區際法律衝突,但實際上是按照這一思路去進行設計的,可見其侷限性。

又次,有學者在倡議海峽兩岸「柔性糾紛解決機制」中除去仲裁之外,給出了兩類可資借鑑的機制:其一是特殊解決方式,即國際實踐的借鑑,包括在公司決策糾紛處理中的僵局解決方式(Deadlock Resolution)和公司合營糾紛處理中的買或賣安排(Buy-or-Sell Arrangement)。其二就是中國式經驗,即國際貿易聯合調解制度。[13]

最後,就行政機制(投訴受理等)解決糾紛,則沒有得到應有的討論,似乎被認為是難以歸納到糾紛解決機制之中。而實際中行政機制所發揮的作用則是不可忽視的。《海峽兩岸投資保護和促進協議》在第13、14、15條的有關規定,對於不論在臺灣還是大陸,運用行政調處機制化解投資爭端,都給予了正面的肯定和明確的規定。但是,這一機制如何增強其客觀性、公正性?如何贏得爭端雙方的信任和接受?再者,諸種糾紛解決機制在開展之中,有沒有在相互之間的協調配合、機制融合與程序貫通?實際上,比如仲

裁與調解的結合，已經是我國實踐經驗基礎上予以制度化並獲得一定範圍的認可和推廣的。可見，這些都是需要在該保護與促進協議的實施過程中予以重點關注和設計跟進的。

四、兩岸投資爭端解決機制的完善理路

（一）完善兩岸投資爭端解決機制的基準尺度

透過回顧和總結海峽兩岸投資爭端解決機制的發展軌跡，著眼不斷完善的發展理念與制度展望，可以提煉在爭端解決機制設計上的以下三點理路：

第一，堅持主權唯一。第二，堅持多樣化發展。一方面，在諸種糾紛解決機制中，既有不同管道的客觀侷限，但更注重發揮其制度優勢，比如協商、調節和仲裁等非訴訟方式尊重和體現了當事人的合意，並且成本較低、信守度高；而訴訟儘管程序繁複、週期較長、耗資較大，但是適用於具有對抗性的利益紛爭，因此需要不同的糾紛解決機制，以及相互的銜接和互補。應當有選擇權利的賦予和立法設計的引導。在《臺胞投資保護法》的規定中，就比較適宜地體現出來，並為最近的《海峽兩岸投資保護和促進協議》所弘揚。另一方面，在根本上，並非為了單純的多樣化，而是為了一體化的糾紛解決，所以，更需要充分重視不同機制之間的內在融合度，以及司法審判的侷限性：這一點在兩岸之間的司法送達數量遠非相當，以及上述臺灣對於裁判執行和仲裁認可的理由與潛在的立場可見一斑。再者，作為整體的制度設計，尤其應當追求合力的效應。第三，堅持實效性基點。誠如學者針對海峽兩岸糾紛解決機制的柔性化選擇依存的多因素制約所概括的：「因文化差異、政策法律衝突以及解決成本等因素，使得柔性糾紛解決機製成為必然。」[14]在海峽兩岸的投資爭端解決機制上的順勢而為、多措並舉、多管齊下，並非刻意去將大陸的司法柔性化和隱性化，而是其所承受的諸多影響因素使然；是以實效性為基點，尋求效率性和可接受性的兼顧使然；是在這一併非嚴格意義的法制化的前期階段，試圖將政策宰制、法律治理和自身自治相糅合使然。

在深具挑戰性和開放性，並無任何可以遵循的、業已成熟的道路的海峽兩岸和平統一的點滴推進和勉力而為的過程中，這種「拿捏」的確是極為複

雜的。由此，在立法政策學的視角予以概括的基準尺度，將必須是在底線立場之上，為協商共識尋覓最大公約數。

（二）「評議裁處制度」的原發形態及其啟示

Private Ombudsman 是英國《金融服務暨市場法》第 16 編第 225 條至第 234 條及 schedule17 所規定的。這一制度是為了金融消費者私人利益進行調查核實和裁斷處置的監督糾舉、投訴處理、評議裁處制度。「許多包括日本、新加坡等亞洲國家在內之國家，追隨英國模式而採用相同或高度類似之程序機制。」[15]對此，臺灣有學者將其翻譯為「金融公評人」制度。我們則認為，第二代的更為廣泛的 Ombudsman 在社會各領域的引入和應用，是矯正實際上對公民私權利的侵害危險及其不利後果，不再僅僅針對政府公權力機關及其工作人員進行直接的、強有力的監督，而是對於各種侵害合法權益的強力部門和強勢組織開展相對獨立的、適度集權的、便利快捷的監督，是故，將其稱之為 Private Ombudsman。而這種制度的內核和關鍵在於評議裁處，因此我們主張表述為「為了公民權益的監察專員或者專門監督」的稱謂，即可以由「監督、評議、裁處」的核心要件，簡稱為「評議裁處」制度。

這種制度緣起於當事人特別是金融消費者在實質的開展訴訟以及承擔訴訟風險的能力（capability）上與對方即金融商品和服務的提供商之間的嚴重的不對等、不平等；以及訴訟途徑在解決相應糾紛方面勞民傷財、久拖不決的弊病或侷限。因此，面對金融資本市場的銀行等業界機構，要維護和保障金融消費者的權益，就著眼於建構一種「獨立、專業、客觀、公平、迅速、非制式、有效」的裁決機制。在運作上，這種金融消費權益保障的「評議裁處制度」是由設立的「金融公評人公司」獨立負責，並接受監督。其具有「公益代表」的獨立性和地位。一旦消費者提出投訴，經審核立案，交由初階裁決人即「公評人」的助理人員進行初步的證據蒐集及調查。隨之，會針對紛爭事實，依據相關法令、業界之慣習以及消費者之合理期待等事項，作成初步的評估報告。並在此過程中嘗試提出調解方案，勸服雙方當事人依其建議達成和解。期間，亦得視案件之需要，決定是否（公開）召開言詞聽審程序。在裁處上，亦非僅系進行法條的涵攝適用，而是在斟酌一切情狀後做出，即本著公平合理，不僅考慮相關的法規與標準，同時亦得斟酌其所認為優良的

實務慣習等，方可作出。而如果無法透過調處達成和解，消費者提出進一步的訴求的，金融機構必須接受後續的「公評人」評議環節；並且就其評議給出的評議決定，在消費者一方不反對並尋求起訴的情形下，必須接受其拘束力。該評議決定「將對雙方當事人產生實質的確定力，並得為執行名義」。這樣，在其制度設計中包含了針對金融資本市場從業機構的「片面強制管轄權」、「片面拘束力」的強制性規定。

這種貌似沒有在雙方當事人之間給予完全對等的權利配置的評議裁處制度，在解決糾紛的成效上，「同時獲得來自消費者與金融機構之正面積極評價」，成為在英國民事司法改革運動中成功的一環。按照黃國昌教授的譯介和理解，該制度「不以雙方當事人之合意為要件，即生約束力」，並非「調解」，也不是「仲裁」，還不是「先行中立之評估」，但是，偏偏在英國這樣相對保守的法治國家誕生，運行績效顯著並且得以推廣，還在有關美國判例中經受了所謂「合憲性」的考驗。

為什麼在圍繞海峽兩岸投資爭端的多元化糾紛解決機制進行探討中，好像非常突兀地引介這樣一個很「不搭」的英國金融維權的透過「金融公評人」及其初階裁決人開展的「評議裁處制度」？恰恰是因為透視英國該評議裁處制度的立法設計思維、理念和方法——而不是拘泥於觀察和觀測其在制度形態和規範構成上的模型與要素，完全可以體會出能夠給予我們的以下四點啟示：

第一，越是針對具有特殊性的法律事實——不論是設定行為模式，還是設定糾紛解決的模式——越是需要破除思想禁錮，不拘一格地創設因事制宜、因地制宜和因時制宜的實體規範或程序規範，而不必和不應當沉溺和拘泥於被主觀化、先驗化的類型模板之中。當然，橘生淮南淮北迥異，因此同樣不需要、也不應該照搬照抄，貿然引入和機械模仿。而是應當去體會「適用性」（不應等同於效率性）這個核心、趨向於「實效性」這一旨趣。就比如在英國這一制度實例中，立足於切中金融消費者的能力侷限和雙方失衡來進行機制設計和程序規定，而不侷限在哪種類型上。

第二，合比例地（proportionality）設定糾紛解決管道，是接近正義、實現正義與效率的統合性的關鍵所在。根植於特定的糾紛所附有的諸多社會、

政治、經濟、文化乃至於國際的可能的影響因素,涉臺投資爭端解決機制的設置,能否有新型樣態?能否同樣如上述在一個相對保守的自由主義回潮的國家,針對金融消費者的權益維護和救濟,「設計」和「供應」具有社會法(傳統所謂「經濟法」)屬性的消費者權益保障法中、有別於傳統的純粹的平等私人之間民事爭議解決機制的新規?如何尊重私法自治的性質,但是並不絕對放任地立法無為?如何恪守立法對於自由和權利的應有邊界,而絕不濫用立法介入?這其中的分水嶺,似乎就是能夠切合該類特定的糾紛的特點來合比例地設定法律規則,或如黃國昌教授所言:「依事件類型特性及需求」設計「適用不同程序法理的紛爭解決機制」。[16]

第三,分析和抽離制度樣本資源的合理因素,進行制度因子的靈活的「組裝」和「重生」,而非制度類型的僵硬的拼接和對接,消解具有總體一致功能的制度之間的隔膜的邊界,似乎是進行包括糾紛解決機制在內的法律程序的立法設計中一個更為細化和深入的因應之道。如上述英國的「金融公評人」評議裁處制度,如果以固守的所謂「學識」、知識和眼光進行度量,則貌似有些「跨界」和「混搭」,然而實則並非「不倫不類」——在客觀存在的客體那裡,恰恰相反,癥結糾結和依附於主體自身——是觀察者自己纏繞於種種價值論爭和制度類型之中而不能夠自拔。因此,實實在在地根植於特定的糾紛特徵,方可使得制度創設具有針對性——譬如在「開拓新的紛爭解決機制」上。

這其實,既來自上述英國「金融公評人」評議裁處制度的立法例所給予的啟迪,也是來自於在糾紛解決程序、環節諸方面的自身的融合形態的發展和演化,比如仲裁—調解(MED—ARB)交織發展的有益經驗,將調解乃至更多 ADR 置入仲裁這一平臺。MED—ARB 允許調解員在調解成功後,在仲裁程序中擔任仲裁員。前提條件是,該調解員必須同時是調解機構調解員名冊中的調解員和仲裁機構仲裁員名冊中的仲裁員可見,這裡已經和金融公評人評議裁處制度中的機理相互接近。由此,不僅在認知上不應簡單地在已有的管道中進行比附和歸類,如英國該制度實例,本身就是在民事司法改革中的創造和探索,不必將其在調解、仲裁等之中去以往的分類進行審視和判斷。

而且在具體的規範設計上，則很顯然應當是在內在的、可拆解的元件層面上加以吸收和重整。

大陸聘請臺灣的專業人士擔任涉臺仲裁案件的仲裁員。2009年6月，福建省漳州市中級人民法院聘請9名臺商任該院涉臺民商事案件的調解員。東莞市第二人民法院在審理涉臺民商事糾紛案件時，根據需要委託轄區內臺商協會下屬的調解委員會進行調解，而這些調解委員會的成員大多為臺灣居民。[18] 幾乎可以說，這些做法已經在踐行和昭示所述的制度創設的理念、思維和方法。

第四，最為直接和表層的，是可以和應該汲取「金融公評人」評議裁處制度，以及其中的積極調取查證、給出建議方案等的做法，來充實和改良涉臺投資爭端解決機制中的行政處理機制，使之避免掉入已有的行政復議、申訴信訪等的路徑閉鎖、制度陷阱。甚至，汲取這一評議裁決機制，可以是行政處置的解決機制的變革，可以是行業性的調解機制的完善，抑或單獨闢為糾紛解決機制的一種相對獨立化的存在，或作為訴前程序機制的改善，均可作為開放化的選項。因此並非作為一種單獨的程序去運用。

結語

綜上所述，海峽兩岸正在進入一個新的投資活躍時期，需要爭議解決機制的進一步健全。而其制度創設和規範設計，具有空前的特殊性、複雜性，為此，既需要在根本上推動兩岸授權協商的深化與突破，又需要現行糾紛化解軌道的整合與探索，還需要基於立法政策學的自覺立場和整合思維，以適用性為旨趣和歸依。為此，在《海峽兩岸投資保護和促進協議》構建的爭端解決機制的格局與程序基礎上，可以合理審慎地借鑑英國金融消費糾紛解決中的評議裁處制度（Private Ombudsman）的設置理念，不侷限於已有的糾紛解決機制途徑的各自獨立性和相對完整性，強化設置糾紛解決機制及其項下程序、環節的協同性、滲透性，推進海峽兩岸投資爭端解決機制的開放化發展、精細化演進和有效化操作。可以展望，歷經平潭試驗區立法的試水，以及兩岸修法的配合和擴展，在海峽兩岸投資爭端解決機制方面的完備、有效，是完全可以期許的。

註釋

[1] 石東坡，浙江工業大學法學院教授。本文系作者主持的教育部人文社會科學研究項目（編號 12YJA820059）階段成果。

[2] 解亘：《法政策學——有關制度設計的學問》，《環球法律評論》2005 年第 2 期，第 191-201 頁。

[3] 陳慰星：《海峽西岸經濟區糾紛解決中心建設的法律分析》，《華僑大學學報（哲學社會科學版）》2011 年第 4 期，第 72-79 頁。

[4] See Andrew T. Lang，Reconstructing Embedded Liberalism：John Gerard Ruggie and Constructivist Approaches to the Study of the International Trade Regime，9J.int， lEcon. L81.

[5] 有學者提出在法的構成類型上，存在著「條理法」。「條理法」特指立法目的、立法精神、法律價值、法律原則以及特殊條件下的社會公德、當地習慣等成文或不成文的廣義法規範。它以立法精神、法律價值和法律原則為基本內核。在立法上，「條理法」解決的是一部法律的方向、品格和功能問題；在執法和司法過程中，執法者和司法者在沒有相關法律規定等特定情形下，可選擇適用立法精神、立法目的、法律價值、法律原則、社會公德、當地習慣等條理法作為判斷是非、解決爭議、補救權益、處理案件的多樣化補充依據。參見莫於川等：《我國〈行政訴訟法〉的修改路向、修改要點和修改方案》，《河南財經政法大學學報》2012 年第 3 期，第 17-52 頁，其中第 21 頁註釋 1。我們認為，結合民法解釋學、利益衡量理論等進行觀察，該範疇實際上是對於法律基本原則在法源意義上的重要性和獨立性給予強調，使之更加有別於實體法律規範和程序法律規範。至於其確當性，以及對法官裁量權的利弊，值得進一步論證和思考。

[6] 由於時間晚近，除新聞解讀之外，針對《海峽兩岸投資保護和促進協議》的學理分析與制度評價等鮮有論述。有文章儘管粗疏，但聯繫地方保護臺商投資合法權益的實際，分別分析了優惠政策法律化、國民待遇、涉臺糾紛調處機制以及法律服務保障等該協議實施中的有關問題，參見蓋志凌、胡凱：《兩岸簽訂投資保護和促進協議後臺商投資法治環境的完善——以漳州臺商投資區為視角》，《法制與社會》2012 年第 12 期（下），第 105-106 頁。

[7] 王利明：《海峽兩岸仲裁立法的比較研究》，《法學評論》2004 年第 1 期，第 42-51 頁。

[8] 鄭清賢：《海峽兩岸相互認可與執行民事仲裁存在的問題及對策建議》，《海峽法學》2010 年第 1 期，第 85-89 頁。

[9] 陳力：《海峽兩岸投資爭議解決機制之構建與完善》，《復旦學報（社會科學版）》2011 年第 6 期，第 82-90 頁。

[10]顧敏康：《兩岸投資協議下爭端解決的機構選擇》，《時代法學》2012年第3期，第64-67頁。

[11]劉文忠：《論ECFA簽訂後兩岸和平發展時期法律合作框架的建構》，《河北法學》2011年第4期，第61-68頁。

[12]陳光儀：《兩岸投資糾紛解決機制及法律服務問題》，《上海政法學院學報（法治論叢）》2012年第2期，第121-126頁。

[13]陳慰星：《海峽區域投資糾紛解決機制試析：一個柔性糾紛解決機制的視角》，《華僑大學學報（哲學社會科學版）》，2009年第2期，第74-80頁。

[14]陳慰星：《海峽區域投資糾紛解決機制試析：一個柔性糾紛解決機制的視角》，《華僑大學學報（哲學社會科學版）》，2009年第2期，第74-80頁。

[15]黃國昌：《紛爭解決機制之舊挑戰與新視野——英國Private Ombudsman對臺灣「金融消費者保護法」之影響為例》，《北大法律評論》（2012）第13卷第1輯，北京大學出版社2012年版，第93-126頁。這裡有關英國金融維權「評議裁處制度」的概況和引文，系參見此文以及FSA（即金融公評人公司）Handbook。

[16]黃國昌：《紛爭解決機制之舊挑戰與新視野——英國Private Ombudsman對臺灣「金融消費者保護法」之影響為例》，《北大法律評論》（2012）第13卷第1輯，北京大學出版社2012年版，第93-126頁。

[17]參見王生長：《MED-ARB：仲裁與調解相結合的新形式》，《中國對外貿易》2001年第6期，第16-18頁。陳慰星：《海峽區域投資糾紛解決機制試析：一個柔性糾紛解決機制的視角》，《華僑大學學報（哲學社會科學版）》2009年第2期，第74-80頁。

[18]廣東省東莞市第二人民法院課題組：《論海峽兩岸訴訟與非訴訟相銜接糾紛解決機制的對接與配合》，《人民司法·應用》2010年第7期，第91-95頁。

參考文獻：

1.Andrew T.Lang，Reconstructing Embedded Liberalism：John Gerard Ruggie and Constructivist Approaches to the Study of the International Trade Regime，9J.int'l Econ.L81.

2.陳光儀：《兩岸投資糾紛解決機制及法律服務問題》，《上海政法學院學報（法治論叢）》2012年第2期。

3.陳力：《海峽兩岸投資爭議解決機制之構建與完善》，《復旦學報（社會科學版）》2011年第6期。

4.陳慰星：《海峽區域投資糾紛解決機制試析：一個柔性糾紛解決機制的視角》，《華僑大學學報（哲學社會科學版）》2009年第2期。

5. 陳慰星：《海峽西岸經濟區糾紛解決中心建設的法律分析》，《華僑大學學報（哲學社會科學版）》2011年第4期。
6. 蓋志凌、胡凱：《兩岸簽訂投資保護和促進協議後臺商投資法治環境的完善——以漳州臺商投資區為視角》，《法制與社會》2012年第12期（下）。
7. 顧敏康：《兩岸投資協議下爭端解決的機構選擇》，《時代法學》2012年第3期。
8. 廣東省東莞市第二人民法院課題組：《論海峽兩岸訴訟與非訴訟相銜接糾紛解決機制的對接與配合》，《人民司法·應用》2010年第7期。
9. 黃國昌：《紛爭解決機制之舊挑戰與新視野——英國Private Ombudsman對臺灣「金融消費者保護法」之影響為例》，《北大法律評論》（2012）第13卷第1輯，北京大學出版社2012年版。
10. 解亘：《法政策學——有關制度設計的學問》，《環球法律評論》2005年第2期。
11. 劉文忠：《論ECFA簽訂後兩岸和平發展時期法律合作框架的建構》，《河北法學》2011年第4期。
12. 莫於川等：《我國〈行政訴訟法〉的修改路向、修改要點和修改方案》，《河南財經政法大學學報》2012年第3期。
13. 王利明：《海峽兩岸仲裁立法的比較研究》，《法學評論》2004年第1期。
14. 王琦、何曉薇、張元元：《臺商在瓊投資權益保護狀況研究》，《海南大學學報（人文社會科學版）》2010年第5期。
15. 王生長：《MED-ARB：仲裁與調解相結合的新形式》，《中國對外貿易》2001年第6期。
16. 王喆：《海峽兩岸經貿糾紛多元化解決機制略論》，《特區經濟》2012年第8期。
17. 鄭清賢：《海峽兩岸相互認可與執行民事仲裁存在的問題及對策建議》，《海峽法學》2010年第1期。

陸資來臺投資權益保障之研究

李永然[1]

一、前言

臺灣自西元（下同）2009年6月30日起開始，即陸續開放陸資來臺投資，並訂定相關配套措施。兩岸兩會已在2010年6月29日簽訂海峽兩岸合作架構經濟協議（EconormcCoopem-tionFramework Agreement，以下簡稱：ECFA），

2010年9月12日正式生效，2011年1月1日起，兩岸全面開放ECFA貨品貿易早期收穫清單及ECFA服務貿易早期收穫清單，使得兩岸經貿關係邁向新的里程碑。2012年8月9日，兩岸兩會近一步簽署了海峽兩岸投資保障和促進協議，並於2013年2月1日生效。2013年6月21日，兩岸兩會更在上海簽署了「海峽兩岸服務貿易協議」，大陸承諾對臺灣開放八十項，臺灣則對大陸承諾開放六十四項；這是兩岸間依據EC-FA及世界貿易組織（WTO）服務貿易總協定（GATS）完成的第一個自由貿易協定，為兩岸經濟整合邁出一大步。以上足見兩岸在經貿關係發展上，已係朝向和平且正常化的方向發展邁進。

陸資來臺投資既已成為未來趨勢，而兩岸人民或是公司企業在商業交易往來逐漸頻繁的情況下，法律爭議的發生也將不難預見。以下僅就臺灣現行法規對大陸地區人民來臺投資之相關法令規範為介紹與說明，期能對陸資來臺之投資者的權益保障有所裨益與幫助。

二、基礎概念 - 陸資之定義、範圍與限制

（一）首先要瞭解的，就是本文所稱的「陸資（即大陸地區人民來臺投資）」定義為何？在臺灣，「陸資」的概念與「外資」概念並不相同；當然，所適用的法源依據也就不同。詳言之，凡是大陸地區的人民、法人、團體、其他機構或其於第三地區投資之公司，依《大陸地區人民來臺投資許可辦法》規定在臺灣從事投資行為者，均屬本文所稱「陸資」之概念。至於「外資」概念，主要則是依據《外國人投資條例》；故二者有所不同。

（二）上開所稱之「第三地區投資之公司」，係指大陸地區人民、法人、團體或其他機構於第三地區投資之公司，且有下列情形之一者：（1）直接或間接持有該第三地區公司股份或出資總額逾百分之三十。（2）對該第三地區公司具有控制能力。因此，這裡所稱「第三地區投資之公司」在臺灣的投資，也就不適用《外國人投資條例》的規定。另外，倘若陸資持有所投資事業的股份或出資額，合計超過該事業之股份總數或資本總額的三分之一以上時，則稱為「陸資投資事業」，該陸資投資事業之轉投資，也必須適用《大陸地區人民來臺投資許可辦法》的規定。

（三）須注意的是，倘若陸資為大陸地區軍方投資或具有軍事目的之企業者，此時臺灣目的事業主管機關依法將「限制」陸資來臺投資。而陸資所為投資之申請，若具有經濟上具有獨占、寡占或壟斷性地位，或是對於臺灣的政治、社會、文化上具有敏感性或影響國家安全，抑或是對於臺灣的經濟發展或金融穩定有不利影響者時，臺灣目的事業主管機關也得禁止陸資到臺灣來投資。

三、陸資在臺灣可以投資的業別與項目

（一）依據《大陸地區人民來臺投資許可辦法》及《大陸地區之營利事業在臺設立分公司或辦事處許可辦法》等規定，陸資來臺投資業別項目，係採「正面表列」方式、分階段予以開放。包括「製造業」204項、服務業161項及公共建設43項。

（二）在「製造業」部份，為確保部分該領域之產業關鍵技術的發展競爭優勢與擁有決策權，上開法令就陸資投資從事經營「積體電路製造業」、「半導體封裝及測試業」、「液晶面板及其組件製造業」、「發光二極體製造業」、「太陽能電池製造業」、「金屬切削工具機製造業」或「電子及半導體生產用機械設備製造業」等個案，陸資必須向臺灣目的事業主管機關提出產業合作策略；且陸資投資人於專案審查時必須承諾其陸資股東不得擔任或指派其所投資事業之經理人、擔任董事之人數不得超過其他股東擔任之總人數，也不得於股東大會前徵求委託書等限制。

（三）在「服務業」部分，也針對投資經營「港埠業」、「其他水上運輸輔助業」、「其他運輸輔助業」、「普通倉儲業」或「冷凍冷藏倉儲業」等個案，要求臺灣目的事業主管機關於專案審查時，陸資投資人必須承諾其陸資股東不得擔任或指派其所投資事業之經理人、擔任董事之人數不得超過其他股東擔任之總人數，以及不得於股東大會前徵求委託書等限制；且限依臺灣《促進民間參與公共建設法》投資公共建設案之營運區域及業務範圍，其陸資持股比率更須低於50%，且不得超過其他非陸資最大股東之持股比率，更要求對投資事業不得具有控制能力。

（四）在「公共建設」部分，就民用航空站與其設施，除限制地點必須位於航空站陸側且非涉及管制區者外；且限制陸資的持股比率須低於 50%，也不得超過臺灣最大股東之持股比率。港埠與其設施雖無地點的限制，但與上開民用航空站相同，陸資的持股比率必須低於 50%，且不得超過其他非陸資最大股東之持股比率。交通建設，就大眾捷運系統及輕軌運輸系統部分，更特別規定陸資的持股比率須低於 50%，且不得超過臺灣最大股東之持股比率（外資亦同）。而有關重大商業設施就大型物流中心部分，也限制陸資須以合資方式投資，且對該投資事業不得具有控制能力。文教設施中，無論是公立文化機構及其設施，依法指定之古蹟、登錄之歷史建築及其設施，或是其他經目的事業主管機關認定之文化、教育機構及其設施，則均要求陸資的投資比率必須低於 50%，且不得超過臺灣最大股東之持股比率（外資亦同）。

四、陸資在臺灣的投資方式與型態

（一）陸資在臺灣下列的投資行為，係採「事前許可制」：

1. 持有臺灣公司或事業之股份或出資額；但不包括單次且累計投資均未達百分之十之上市、上櫃及興櫃公司股份。又陸資若依《臺灣與大陸地區金融業務往來及投資許可管理辦法》、《臺灣與大陸地區保險業務往來及投資許可管理辦法》及《臺灣與大陸地區證券期貨業務往來及投資許可管理辦法》等規定，來臺投資有關臺灣的金融、保險、證券、期貨等機構，則又例外不適用之。

2. 在臺灣設立分公司、獨資或合夥事業。

3. 對前二款所投資事業提供一年期以上貸款。

（二）關於陸資的出資種類，原則上則係以現金、自用機器設備或原料，專利權、商標權、著作財產權、專門技術或其他智慧財產權，以及其他經主管機關認可投資之財產為限。

（三）臺灣行政院大陸委員會曾作出函釋略以：「……大陸地區人民僅得於陸資企業任職或受聘僱於陸資企業，並須依照『大陸地區專業人士來臺從事專業活動許可辦法』及『大陸地區人民來臺投資許可辦法』相關規定辦

理」。因此，大陸地區人民在臺灣若有獨資或合夥事業的投資行為，依法仍應取得臺灣經濟部投資審議委員會的「許可」；而且，此經許可的陸資企業如欲委任大陸地區人民來擔任經理人，仍應向臺灣商業登記機關依臺灣《商業登記法》等規定申請辦理登記。至於該大陸地區人民來臺則應依照《大陸地區專業人士來臺從事專業活動許可辦法》規定辦理。而大陸籍配偶若有繼承臺灣人民獨資或合夥事業之出資額，也應依《臺灣與大陸地區人民關係條例》有關繼承之程序辦理後，再依《大陸地區人民來臺投資許可辦法》申請許可，始得進行出資額移轉。

（四）臺灣對於「陸資」與「外資」的概念和法源依據雖然不同，但就二者來臺的投資方式，除上述以取得股權、設立分公司、獨資或合夥事業外，也可以選擇策略聯盟、參股、設立辦事處等方式為之。事實上，陸資來臺只要確認其所投資的標的，確實是屬於前面所提到、以「正面表列」方式所開放的業別與項目即可；至於對於臺灣尚未開放的項目，則建議可以先就臺灣市場的環境與其特殊性進行市場調查或研究，亦即事先做好投資評估研究等功課，當然也可以事先尋求合作之夥伴，以求取得先機、蓄勢待發！

五、有關大陸地區專業人士來臺從事「專業活動」、或大陸地區人民來臺從事「商務活動」之法令規範依據

（一）早在臺灣於 1992 年制定《臺灣與大陸地區人民關係條例》時，其第 10 條即已明定：大陸地區人民非經主管機關許可，不得進入臺灣；且經許可進入臺灣之大陸地區人民，不得從事與許可目的不符之活動。隔年，隨即頒布《大陸地區人民進入臺灣許可辦法》。2000 年 12 月 20 日，因《臺灣與大陸地區人民關係條例》第 16 條增訂第 1 項有關大陸地區人民得申請來臺從事「商務」或「觀光活動」的規定；且自開放陸資赴臺投資後，為因應陸資來臺及其人員往返大陸地區及臺灣之需要，為此又陸續制定了《大陸地區專業人士來臺從事專業活動許可辦法》及《大陸地區人民來臺從事商務活動許可辦法》，這些都是陸資來臺投資前，不可不知的法令。

（二）依《大陸地區專業人士來臺從事專業活動許可辦法》第 12 條第 2 項的規定，「庚類」大陸地區經貿專業人士擔任臺灣投資事業之負責人，來

臺從事經營、管理、執行董、監事業務等活動,每次停留期間不得逾一年;「辛類」大陸地區經貿專業人士,每次停留期間則不得逾一年。

1. 上開所稱之「庚類」大陸地區經貿專業人士,是指:

（1）大陸地區人民、法人、團體、其他機構或其於第三地區投資之公司（即陸資公司）,將在臺灣從事投資或設立辦事處者,於【設立登記前】之下列人士,得申請來臺從事經貿活動:

A. 投資臺灣現有事業之投資人或其委派授權之人。

B. 於臺灣設立新創事業或辦事處之投資人、代表人或其委派授權之人。該類大陸地區經貿專業人士所能夠從事之「專業活動」,係指有關於臺灣從事投資或設立辦事處之相關經貿活動,包括投資規劃、籌備等短期之開業準備行為。

（2）陸資公司若已依法在臺灣從事投資或設立辦事處者,於【設立登記後】,該負責人得申請來臺從事經貿活動。該類大陸地區經貿專業人士所能夠從事之「專業活動」,係指大陸地區投資人於投資或設立辦事處後,臺灣事業之負責人,其從事經營、管理該投資事業或辦事處及執行董監事業務等活動。

（3）原則上,陸資公司的投資金額若超過二十萬美元以上者,得申請二人;而投資金額每增加五十萬美元,則得申請增加一人。但最多不得超過七人。

2. 上開所稱之「辛類」大陸地區經貿專業人士,則是指:

（1）陸資公司依法於臺灣投資之事業,符合下列資格者:

A. 設立未滿一年者,實收資本額或中華民國境內營業所用資金金額達新臺幣一千萬元以上。

B. 設立一年以上者,最近一年或前三年平均營業額達新臺幣三千萬元以上、平均進出口實績總額達三百萬美元以上或平均代理佣金達一百萬美元以上。

（2）陸資公司依法於臺灣設立之辦事處者。

（3）符合前二項資格之公司或辦事處，得申請經理人一人（限「投資設立」之公司）。另外，關於主管或專業技術人員部分，大陸地區人民應具碩士學位或具學士學位並有二年以上相關工作經驗，或具有專業技術持有證明文件，並具五年相關工作經驗者。其名額應符合以下之規定：

A. 已實行投資金額三十萬美元以上者，得申請一人，已實行投資金額每增加五十萬美元，得再申請增加一人，最多不得超過七人。

B. 陸資公司依法於臺灣設立之辦事處者得申請一人。

C. 若經許可來臺投資之陸資事業對經濟、就業市場及社會有貢獻者，經會商相關機關同意，其名額得不受前開之限制。

（4）上開「辛類」所謂大陸地區經貿專業人士所能夠從事之「專業活動」，係指大陸地區投資人於設立營利事業或辦事處後，其經理人、主管或專業技術人員，從事之經貿活動。

3. 依《大陸地區專業人士來臺從事專業活動許可辦法》第 12 條第 2 項規定來臺的大陸地區經貿專業人士，得申請其配偶及子女同行來臺；且隨其同行來臺之未滿十八歲子女，更得依下列規定申請入學：

（1）申請就讀與其學歷相銜接之國民中、小學者，應向其在臺住所所在地學校之主管教育行政機關提出申請，由該主管教育行政機關分發至在臺住所學區或鄰近學區學校；其擬就讀私立學校者，應附學校同意入學證明。

（2）申請就讀與其學歷相銜接之高級中等學校者，應檢附下列文件，向其擬就讀學校之主管教育行政機關提出申請，比照臺灣學生參加學校轉（入）學甄試，達錄取標準，經主管教育行政機關核定後，採增額方式錄取；其增加之名額，以各校各年級轉（入）學名額百分之一為限，計算遇小數點時，採無條件進位法取整數計算：

A. 入學申請表。

B. 中央衛生主管機關指定醫院所出具之健康檢查合格證明。

C. 申請人之父或母臺灣入出境許可證影本。

D. 經大陸地區公證處公證，並經本條例第 4 條第 1 項所定機構或依第 2 項規定受委託之民間團體查證、驗證之最高學歷證明文件及成績單。

E. 臺灣入出境許可證影本。

F. 其他相關證明文件。

（3）申請就讀外國僑民學校者，則準用外國僑民子女就學相關規定辦理。

（三）依《大陸地區專業人士來臺從事專業活動許可辦法》第 12 條第 3 項規定：「大陸地區人民已取得臺灣不動產所有權者，其來臺停留期間及入境次數，不予限制。但每年總停留期間不得逾四個月。」。然須特別注意者，乃鑒於海峽兩岸無論在土地面積、資源及人口數量過於懸殊，為免有心人士藉由共有模式取得臺灣的不動產，藉此方式進入臺灣，在考量若人數過多將不易管控，且有危害國安或社會安定之虞，再加上當一筆不動產如持分共有人過多時，表面上來臺購置不動產之大陸人士眾多，但實質所持有不動產卻不多，將對於有效運用資金及技術提升國家整體土地資源開發利用之立法意旨並無助益。因此，陸資原則上不得以「共有方式」來取得臺灣的不動產。

（四）有關《大陸地區人民來臺從事商務活動許可辦法》部分，重點如下：

1. 資格僅限於「企業負責人或經理人」，以及「專門性或技術性人員」二種；

2. 這裡所稱的「商務活動」，也以下列各款為限：

（1）商務訪問。

（2）商務考察。

（3）商務會議。

（4）演講。

（5）商務研習（含受訓）。

（6）為邀請單位提供驗貨、售後服務、技術指導等履行服務活動。

（7）參加商展D

（8）參觀商展。

3. 上開人員經許可進入臺灣從事商務活動後，其在臺停留期間，若未事先經過目的事業主管機關核準，原則上不得從事接受酬勞或直接銷售之活動。

4. 陸資在臺辦事處採購實績達一百萬美元（但金融服務業在臺辦事處，不受採購實績限制）；或者陸資在臺分公司年度營業額達新臺幣一千萬元，或其營運資金達新臺幣五百萬元之新設大陸地區公司在臺分公司（但金融服務業在臺分公司，不受營業額及營運資金限制）時，也屬《大陸地區人民來臺從事商務活動許可辦法》之「邀請單位」；而「邀請單位」邀請大陸地區人民來臺從事商務活動，其每年邀請人數依法有其限制：

（1）設立未滿一年且年度營業額未達新臺幣一千萬元，其每年邀請人數不得超過五十人次（不得邀請大陸地區人民來臺從事商務研習（含受訓））。

（2）邀請單位年度營業額為新臺幣一千萬元以上、未達新臺幣五千萬元者，其每年邀請人數不得超過一百人次。

（3）邀請單位年度營業額為新臺幣五千萬元以上、未達新臺幣一億元者，其每年邀請人數不得超過二百人次。

（4）邀請單位年度營業額達新臺幣一億元，其每年邀請人數不得超過四百人次。

（5）上開（2）～（4）中，其邀請單位每年邀請大陸地區人民來臺從事商務研習（含受訓）人數不得逾各該款人數四分之一。但符合下列各款規定之一者，不在此限：

A. 在臺設有營運總部，領有臺灣經濟部工業局核發之認定函。

B. 在臺設有研發中心，領有臺灣經濟部核發之證明文件。

5. 因《大陸地區人民來臺從事商務活動許可辦法》第6條第3項規定：「邀請單位每年邀請人數，經目的事業主管機關認定有特殊需要者，不受第

一項規定限制;其認定原則,由目的事業主管機關會商相關機關定之。」為此,臺灣經濟部另頒訂《每年邀請人數超過大陸地區人民來臺從事商務活動許可辦法第6條第1項所訂上限之認定原則》,並責由臺灣「經濟部投資審議委員會」辦理。

(1)依上開認定原則第3點規定,邀請單位有下列情形之一者,每年邀請大陸地區人民來臺從事商務活動之人數至多可達該辦法第6條第1項第2款規定每年邀請人次上限之二倍:

A.僑外投資事業年度營業額達新臺幣一千萬元以上,且符合跨國企業內部調動之大陸地區人民申請來臺服務許可辦法所定義之跨國企業。

B.自由港區事業年度營業額達新臺幣三千萬元以上。

C.本國企業國內年營業收入淨額達新臺幣十億元以上。

D.從事商務活動有助於臺灣在下列事項之發展:

(a)企業營運總部。

(b)運籌中心。

(c)國際物流配銷中心。

(d)國際物流中心。

(e)研發中心。

(2)依上開認定原則第4點規定,若有符合下列情形之一,並經臺灣「經濟部投資審議委員會」會商臺灣「行政院大陸委員會」及相關機關同意後,則得不受邀請人數限制:

A.跨國企業邀請受僱於該企業之大陸地區人民、往來供應商、授權經銷商或加盟店業主,來臺參加區域性或國際性商務會議。

B.其他具有重大政策意涵或對臺灣經濟、社會有重大利益之案件。

六、陸資在臺灣所投資或取得的「財產權」，均同受臺灣《憲法》及相關法令的保障

（一）基本法規範：

1. 臺灣《憲法》第15條明定：「人民之生存權，工作權及財產權，應予保障。」，要求各種國家行為須受《憲法》支配，特別應該受「基本權」之拘束。臺灣《憲法》關於人民基本權利之保障，不僅具有拘束國家公權力行使之效力，並且消極上具有避免公權力不當之干預與侵害，而構成國家公權力行使之界限，此即所謂「基本權利之防禦性功能」。另外，臺灣《憲法》增修條文第11條明定：「自由地區與大陸地區間人民權利義務關係及其他事務之處理，得以法律為特別之規定。」，因此，倘如臺灣法律未針對大陸地區人民或法人為特別之規定，則大陸地區人民或法人自應與臺灣之人民及法人相同，均受臺灣《憲法》及相關法令的保障。

2. 為實施聯合國1966年《公民與政治權利國際公約》（International Covenanton Civiland Political Rights）及《經濟社會文化權利國際公約》（International Covenanton Economic Social and Cultural Rights）（以下合稱：兩公約），並且健全人權保障之體系，臺灣於2009年12月10日頒布《公民與政治權利國際公約及經濟社會文化權利國際公約施行法》，其中第4條及第8條亦分別明文規定指示：「各級政府機關行使其職權，應符合兩公約有關人權保障之規定，避免侵害人權，保護人民不受他人侵害，並應積極促進各項人權之實現。」、「各級政府機關應依兩公約規定之內容，檢討所主管之法令及行政措施，有不符兩公約規定者，應於本法施行後二年內，完成法令之制（訂）定、修正或廢止及行政措施之改進。」。上開兩公約所揭示之規定，均係國際上最重要之人權保障規範。要言之，若有不符上開兩公約的規定者，均應立即完成相關法令之制（訂）定、修正或廢止，以及行政措施之改進。故就大陸地區人民或法人在臺灣之權利義務而言，倘涉及人民權利之限制，而依臺灣《憲法》第23條及《中央法規標準法》第5條第2款之規定，原則上均應以「法律」定之；若法律授權以命令為補充規定者，則其授權之目的、內容及範圍，也應具體明確，始得據以發佈命令。

（二）對於「財產權」的法律概念，可謂是一組資源上的權利組合，至少有兩項內含：

（1）所有人可以自由的使用或處分其財產；（2）其他人被禁止干擾所有人行使權利。因此，除了傳統以「物」或「實體物」為標的的有體財產權外（可以區分成「動產」與「不動產」兩大類型，這也就是一般人所理解的「實體物」概念），無體財產權（例如商標權、專利權、著作權等智慧財產權）亦同受法律制度予以保障。以下僅就陸資來臺取得、設定或移轉「不動產」之規定作說明。

（三）陸資來臺依法可以取得、設定或移轉臺灣的「不動產」：

1. 首須瞭解的是，何謂「不動產」？

（1）在臺灣，稱不動產者，謂「土地」及其「定著物」。「土地」的概念較無疑義，但就「定著物」而言，則似有爭議。目前臺灣司法實務的解釋是，該條所謂的「定著物」，係指非土地之構成部分，繼續附著於土地，而達一定經濟上目的，不易移動其所在之物而言。

（2）必需注意的是，「定著物」這一個概念僅需獨立判斷即可，原則上不會因為這個「定著物」是否有辦理「建物保存登記」、有無取得「使用執照」等行政管理措施，而影響其性質。例如：屋頂尚未完全完工之房屋，臺灣最高法院就認為，倘若「已足避風雨，可達經濟上使用之目的者」，即屬「不動產」；至於若欲進一步移轉所有權登記給第三人，則仍需待其取得使用執照、辦理「保存登記」（即建物所有權第一次登記）後，方得為之。

（3）又無頂蓋之鋼筋混凝土造的「魚塭」、「養魚池」、「游泳池」等可否與土地分開買賣？臺灣最高法院亦曾表示，因「魚塭」已非土地的構成部分、且係繼續附著於土地上、並具獨立經濟價值之「定著物」，因此可以與土地分開，進而成為單獨為交易的標的。

（4）臺灣司法實務上曾存有一個重要的爭議問題是，「違章建築」究竟可否作為為市場交易的標的？

A. 這裡所謂「違章建築」，依臺灣《違章建築處理辦法》第2條之規定，係指「建築法適用地區內，依法應申請當地主管建築機關之審查許可並發給執照方能建築，而擅自建築之建築物」。在理論上，建築主管機關因查報、檢舉或其他情事而知有「違章建築」存在時，本均應予以拆除；但臺灣立法者或基於現實考量、或另有其政策實行之配套措施，除將「違章建築」予以類型化，而有其不同之處理外，對於特殊區域內之違章建築，例如：對於實施「都市更新」地區「舊違章建築」的處理，甚至給予容積獎勵，藉此達成「都市更新」之目的。

B. 原則上，凡具有財產價值、在不違反公序良俗或法令禁止規範的前提下，任何標的均可在自由經濟的市場上進行交易；但在現行交易市場與司法實務上，似未禁止對「違章建築」於市場上為買賣、租賃等交易之行為。唯一有影響的，就是「違章建築」因未能依臺灣現行不動產相關登記法令予以登記，故形式上似無法履行移轉不動產所有權的程序。臺灣司法實務上為解決此一問題，則創設了「事實上處分權」的概念，亦即：「違章建築」於買賣雙方的交易過程中，其標的為「事實上的處分權」，至於所有權仍為起造人擁有，買受人僅是取得「違章建築」之事實上處分權而已，只是買受人可以像所有權人一樣，對於該「違章建築」為使用、受益，甚至再出賣給其他第三人，而原所有權人無法再對該買受人主張任何權利。臺灣最高法院即曾表示：「按違章建築之讓與，雖不能為移轉登記，但受讓人與讓與人間如無相反之約定，應認為讓與人已將該違章建築之事實上處分權讓與受讓人。又未取得建築執照及使用執照，固屬違章建築，但對於違章建築之拆除須按照一定程序為之。」可參。暫時不論這樣便宜融通解釋方式有無違反法理或法令制度精神，但至少解決、也確認了一件事情，那就是在臺灣「違章建築」可作為市場交易的標的；在臺灣的法院拍賣也不例外。

2. 陸資可以登記成為不動產之「權利主體」：

（1）無論是大陸地區人民（但現擔任大陸地區黨務、軍事、行政或具政治性機關（構）、團體之職務或為成員者，則不得取得或設定不動產物權），或經依本條例許可之大陸地區法人、團體或其他機構，或是經依臺灣《公司法》所認許之陸資公司，其所欲取得、設定或移轉之不動產，只要不是屬於

以下四種類型的土地(「應」不予許可類型),依法均得登記成為該不動產之權利主體:

　　A.依臺灣《土地法》第17條第1項各款所定之土地;

　　B.依臺灣《國家安全法》及其施行細則所劃定公告一定範圍之土地;

　　C.依臺灣《要塞堡壘地帶法》所劃定公告一定範圍之土地;

　　D.各港口地帶,由港口主管機關會同臺灣國防部及所在地地方政府所劃定一定範圍之土地。

　　E.其他經臺灣中央目的事業主管機關劃定應予禁止取得之土地。

　　須補充說明者,乃大陸地區人民申請取得或設定不動產時,應檢附相關文件證明非屬擔任大陸地區黨務、軍事、行政或具政治性機關團體之職務或為成員;而填寫建物面積時,應包含層次及附屬建物面積,如有共有部分,亦應一併填列。

　　(2)以下情形,則屬臺灣中央目的事業主管機關「得」不予許可情形:

　　A.影響國家重大建設者。

　　B.涉及土地壟斷投機或炒作者。

　　C.影響國土整體發展者。

　　D.其他經中央目的事業主管機關認為足以危害國家安全或社會安定之虞者。

　　日前即有大陸地區人民經臺灣主管機關以「為避免一再購置不動產導致土地壟斷投機或炒作之虞」,而不予許可其第二筆不動產之買賣案例,其案例內容略以:按「大陸地區人民、法人、團體或其他機構,或陸資公司申請在臺灣取得、設定或移轉不動產物權,有下列情形之一者,得不予許可:……二、涉及土地壟斷投機或炒作者。……」為《大陸地區人民在臺灣取得、設定或移轉不動產物權許可辦法》第3條第2款所明定。本案大陸地區人民林〇君申請取得臺中市〇區〇〇路〇〇段〇〇地號土地及其上建物乙案,經查林〇君已經本部99年7月23日臺內地字第0990149304號函核准在臺灣取

得臺中市○區○○段○地號及同段○○建號等建物有案,為避免一再購置不動產導致土地壟斷投機或炒作之虞,依上開許可辦法第 3 條第 2 款規定不予許可。

3. 需經臺灣主管機關的認可:

(1)陸資欲取得、設定或移轉不動產物權,應填具申請書,並檢附相關文件,向該管直轄市或縣(市)政府申請審核,待審核透過後,應併同取得、設定或移轉不動產權利案件簡報表,報請臺灣內政部許可。

(2)陸資為供其業務人員居住之住宅;或是從事工商業務經營之廠房、營業處所或辦公場所;或是有其他因業務需要之處所等業務需要時,此時陸資得向臺灣該管直轄市或縣(市)政府申請審核申請取得、設定或移轉不動產物權,待審核透過後,應併同取得、設定或移轉不動產權利案件簡報表,報請臺灣內政部許可。

(3)陸資欲從事有助於臺灣「整體經濟」或「農牧經營之投資」,經臺灣中央目的事業主管機關同意後,得申請取得、設定或移轉不動產物權。

上開所稱「整體經濟之投資」,指下列各款投資:

A. 觀光旅館、觀光遊樂設施及體育場館之開發或經營。

B. 住宅及大樓之開發或經營。

C. 工業廠房之開發或經營。

D. 工業區及工商綜合區之開發或經營。

E. 其他經中央目的事業主管機關公告投資項目之開發或經營。

而上開所稱「農牧經營之投資」,指符合臺灣行政院農業委員會公告之農業技術密集與資本密集類目及標準之投資。

(4)須注意者,乃臺灣各直轄市、縣(市)政府在受理大陸地區人民、法人、團體或陸資公司取得、設定或移轉不動產物權之案件,於各申請書中,取得設定或移轉不動產(包含土地及建物)權利價值之欄位,應要求申請人

依擬購買之「實際成交價格」填載,而不得以公告土地現值及房屋現值或其他課稅現值之金額填寫,俾利統計主管機關對於陸資來臺投資不動產金額。

4.大陸地區人民在取得「供住宅用」之不動產所有權,於登記完畢後滿三年,始得移轉;但因繼承、強制執行、徵收或法院之判決而移轉者,不在此限。至於大陸配偶,其係基於婚姻關係而與臺灣配偶共營生活,與臺灣社會及家庭建立緊密連帶關係,實有別於一般大陸地區人民;而為維護大陸配偶本於婚姻關係之生活及財產權益,其繼承權應進一步予以保障,因此,大陸配偶若是依據《臺灣與大陸地區人民關係條例》第67條第5項之規定、因繼承而取得臺灣供住宅用不動產所有權,則將不受登記完畢後滿3年始得移轉之限制,且亦無須報請內政部許可。另外,臺灣地政機關為辦理上開不動產移轉登記管制事宜,原則上應於該土地及建物登記簿所有權部之其他登記事項欄註記:「本筆土地(建物)於取得登記完畢後,滿三年始得移轉,但因繼承、強制執行、徵收或法院之判決而移轉者,不在此限。」,代碼為「H2」又有關住宅用不動產之認定範圍,亦應以逐案就建物用途或土地使用分區及相關資料認定之。

5.陸資所取得之「不動產」可以設定抵押權:

(1)「不動產」因價值較高,在臺灣往往可以做為借貸時的擔保物,而以抵押權之方式設定。依臺灣《民法》之制度設計,抵押權可以分為「普通抵押權」以及「最高限額抵押權權」兩種。稱「普通抵押權」者,謂債權人對於債務人或第三人不移轉占有而供其債權擔保之不動產,得就該不動產賣得價金優先受償之權。;而「稱最高限額抵押權」者,則係指債務人或第三人提供其不動產為擔保,就債權人對債務人一定範圍內之不特定債權,在最高限額內設定之抵押權。最高限額抵押權所擔保之債權,以由一定法律關係所生之債權或基於票據所生之權利為限。而基於票據所生之權利,除本於與債務人間依上開一定法律關係取得者外,如抵押權人係於債務人已停止支付、開始清算程序,或依破產法有和解、破產之聲請或有公司重整之聲請,而仍受讓票據者,不屬最高限額抵押權所擔保之債權(但抵押權人不知其情事而受讓者,不在此限)。

(2)對於「普通抵押權」,陸資公司至少要注意以下五點:

A. 要注意抵押權所擔保的範圍。依臺灣《民法》第861條規定，抵押權所擔保者為原債權、利息、遲延利息、違約金及實行抵押權之費用；至於得優先受償之利息、遲延利息、一年或不及一年定期給付之違約金債權，以於抵押權人實行抵押權聲請強制執行前五年內發生及於強制執行程序中發生者為限。

B. 要注意抵押權效力所及的範圍。依臺灣《民法》第862條規定，抵押權之效力，及於抵押物之從物與從權利；至於第三人於抵押權設定前，就從物取得之權利，則不受影響。以往對於建築物為抵押，就其附加於該建築物而不具有獨立性部分是否亦為抵押權效力所及？進而能在實行抵押權時併付拍賣？臺灣《民法》第862條第3項已做了肯定的規範，亦即：「以建築物為抵押者，其附加於該建築物而不具獨立性之部分，亦為抵押權效力所及。但其附加部分為獨立之物，如係於抵押權設定後附加者，準用第八百七十七條之規定。」

C. 要注意抵押權效力及於抵押物滅失之殘餘物。蓋抵押物滅失致有殘餘物時，例如抵押之建築物因倒塌而成為動產，從經濟上言，其應屬抵押物之變形物。又抵押物之成分，非依物之通常用法，因分離而獨立成為動產者，例如自抵押建築物拆取之「交趾陶」是，其較諸因抵押物滅失而得受之賠償，更屬抵押物之變形物，臺灣學者通說以為仍應為抵押權效力所及，始得鞏固抵押權之效用。臺灣《民法》第862-1條第1項因此規定：抵押物滅失之殘餘物，仍為抵押權效力所及。抵押物之成分非依物之通常用法而分離成為獨立之動產者，亦同。

D. 要注意抵押權人可以調整其優先受償的份額。詳言之，抵押權人依其次序所能支配者係抵押物之交換價值，即抵押權人依其次序所得優先受償之分配額。而為使抵押權人對此交換價值之利用更具彈性，俾使其投下之金融資本在多數債權人間仍有靈活週轉之餘地，並有相互調整其複雜之利害關係之手段，且與抵押人、第三人之權益無影響，而在臺灣學說及臺灣之土地登記實務（參考臺灣土地登記規則第116條規定）上均承認之。臺灣《民法》第870-1條第1項因此規定：同一抵押物有多數抵押權者，抵押權人得以下

列方法調整其可優先受償之分配額。但他抵押權人之利益不受影響：(1)為特定抵押權人之利益，讓與其抵押權之次序。

(2)為特定後次序抵押權人之利益，拋棄其抵押權之次序。(3)為全體後次序抵押權人之利益，拋棄其抵押權之次序。上開所謂「特定抵押權人」，係指因調整可優先受償分配額而受利益之該抵押權人而言，不包括其他抵押權人在內。又其得調整之可優先受償之分配額，包括全部及一部。其內容包括學說上所稱「抵押權次序之讓」（此係指抵押權人為特定抵押權人之利益，讓與其抵押權之次序之謂，亦即指同一抵押物之先次序或同次序抵押權人，為特定後次序或同次序抵押權人之利益，將其可優先受償之分配額讓與該後次序或同次序抵押權人之謂。此時讓與人與受讓人仍保有原抵押權及次序，讓與人與受讓人仍依其原次序受分配，惟依其次序所能獲得分配之合計金額，由受讓人優先受償，如有剩餘，始由讓與人受償），以及「次序之拋棄」。

E.要注意放寬對流質抵押的限制。臺灣《民法》第8乃條第2項原禁止流質（押）契約：「約定於債權已屆清償期，而未為清償時，抵押物之所有權，移屬於抵押權人者，其約定為無效。」，現則已刪除該項規定，改採「流質（押）契約自由原則」。

(3)增訂「最高限額抵押權」，其係指債務人或第三人提供其不動產為擔保，就債權人對債務人一定範圍內之不特定債權，在最高限額內設定之抵押權。而關於該類型的抵押權，應注意以下四點：

A.要注意被擔保債權資格的限制。臺灣《民法》第881-1條第2項規定：最高限額抵押權所擔保之債權，以由一定法律關係所生之債權或基於票據所生之權利為限。

B.要注意最高限額約定額度的範圍。臺灣《民法》第881-2條規定：最高限額抵押權人就確定之原債權，僅得於其約定之最高限額範圍內，行使其權利。而前項債權之利息、遲延利息、違約金，與前項債權合計不逾最高限額範圍者，亦同。最高限額之約定額度，原有「債權最高限額」及「本金最

高限額」二說，臺灣早期實務上係採「債權最高限額」，臺灣立法機關於該修訂條法令時，則遵循實務見解、立法從之。

C.要注意最高限額抵押權所擔保債權的確定日期。臺灣《民法》第881-4條規定：最高限額抵押權得約定其所擔保原債權應確定之期日，並得於確定之期日前，約定變更之。前項確定之期日，自抵押權設定時起，不得逾三十年。逾三十年者，縮短為三十年。前項期限，當事人得更新之。

D.要注意最高限額抵押權具有「讓與性」。臺灣《民法》第881-8條規定：原債權確定前，抵押權人經抵押人之同意，得將最高限額抵押權之全部或分割其一部讓與他人。原債權確定前，抵押權人經抵押人之同意，得使他人成為最高限額抵押權之共有人。

（4）抵押權為不動產物權，非經登記，不生效力，抵押權人僅能依設定登記之內容行使權利，是抵押債務人究為何人，應以設定登記之內容為準。另外，「登記」與「占有」同為物權公示方法之一，臺灣《民法》就占有既於第943條設有權利推定效力之規定，「登記」自亦應有此種效力。因此，臺灣《民法》第乃9-1條第1項規定：不動產物權經登記者，推定登記權利人適法有此權利。故陸資於不動產交易之前，應先向臺灣地政機關調閱「土地登記謄本」與「建物登記謄本」等相關資料，以避免權益受損。

6.關於大陸地區人民辦理「不動產融資」之相關規定：

（1）鑒於臺灣開放陸資來臺後，兩岸經貿往來及人員交流將更為頻繁，故有關臺灣金融機構與大陸地區個人、法人、團體、其他機構及其海外分支機構辦理交易幣別為新臺幣之金融業務往來，其管理架構可比照。亦即與在臺灣有居留資格或登記證照之大陸地區個人、法人、團體、其他機構及其海外分支機構往來，將比照與臺灣人民往來之規範（依據現行內政部所訂定之大陸地區人民申請在國內居留之相關規定，居留資格係指持有臺灣長期居留證或臺灣依親居留證者）。

（2）又臺灣金融機構與未取得國內居留資格及登記證照之大陸地區個人、法人、團體、其他機構及其海外分支機構從事新臺幣業務往來，基於往來風險之考量並為配合臺灣政府放寬陸資投資臺灣不動產的政策，爰明定新

臺幣授信業務以銀行及信用合作社對未取得國內居留資格之大陸地區個人辦理不動產物權擔保放款業務為限,且授信對象須經許可在國內取得、設定不動產物權;至於授信以外之其他新臺幣業務,則比照與未取得國內居留資格或登記證照之外國人往來。須注意者,乃依臺灣《臺灣銀行及信用合作社辦理在臺無住所大陸地區人民不動產擔保放款業務應注意事項》第7條的規定,銀行及信用合作社辦理本放款業務之核貸成數,「不得優於」適用相同利率期間、融資用途、擔保品條件之臺灣客戶,並以擔保品鑑估價值百分之五十為上限。

(3)臺灣行政院金融監督管理委員會曾發函表示:

A.銀行辦理房屋貸款業務時,不得以購買房貸壽險商品做為貸款之「搭售條件」或於貸款過程中「不當勸誘」。

B.銀行辦理共同行銷或合作推廣房貸壽險商品時,應落實認識客戶程序,確實瞭解客戶之需求,以提供適合客戶之商品。

C.為避免房貸壽險保單解約金爭議發生,應以客戶能充分瞭解之方式,具體說明包含保單契約終止之相關權益影響等重要內容。

D.銀行辦理房屋貸款已取得足額擔保,借款人基於自身保險需求向銀行購買房貸壽險商品,回歸以借款人為要保人之一般保險商品為主,並需提供期繳型及躉繳型之商品供客戶選擇。

E.前述事項應納入銀行內部控制及內部稽核制度規定,並落實執行。

七、重要投資基礎法規

(一)民事法規:大陸地區人民來臺投資往往要製作或簽署相當多的文件,但有些陸資不解這些文件的法律意義,或製作不符法律的形式,一旦發生爭議或糾紛,這些法律文件又無法使大陸地區人民獲得應有的權益保障。如臺灣《民法》就債編買賣契約、租賃契約、借貸契約、僱傭契約、承攬契約……等於契約的要件和效力有不少的規定。故大陸地區人民在訂立契約過程中應特別注意與審閱,最好委請專業的律師,事先做好周全的把關,方能避免各種不必要的民事糾紛。又陸資在取得臺灣經濟部的許可後,來臺設立

子公司、分公司、獨資或合夥事業,此時覓尋臺灣的合作夥伴相當重要,倘若事先對臺灣的合夥者之「資信及履約能力」予以調查,較能避免誤信,甚至讓合作或合夥事業陷於困難並發生經營危機。

（二）勞動法令：由於臺灣勞工意識高漲,勞動糾紛時有所聞。臺灣主要涉及勞雇關係的法令為臺灣《勞動基準法》、《勞工保險條例》、《就業服務法》、《兩性工作平等法》……,舉凡勞動契約、薪資、工作時間、休息、休假、退休、職業災害補償、工作規則……等影響勞工權益之勞資爭議,均應遵守其相關規定。另以社會保險而言,僱主均應遵守臺灣《勞工保險條例》的規定,盡其為勞工投保的義務;否則勞工事後爭議,即招致麻煩,甚至受罰,而得不償失！

（三）稅務法令：臺灣稅務法令繁雜,有「營業事業所得稅」、「所得稅」……等,陸資可能因為開立發票問題（如應由總經銷開立銷售發票,卻由合作門市開立銷售發票）,而招致臺灣國稅局認定逃漏營業稅,而須補稅及罰鍰;再者,陸資企業如仿效臺灣企業常用的「兩套帳」習慣,可能會發生遭臺灣相關單位的追查,除可能被行政機關處罰外,也可能構成「犯罪」,另將涉及刑事及行政救濟。

（四）智慧財產法令,例如《商標法》、《專利法》、《著作權法》：「智慧財產」是指法律賦予財產權保護的心智創作品,有別於「動產」或「不動產」,屬「無體之財產」;而所謂「智慧財產權」（Intellectual Property Rights,或稱之為「無體財產權」、「知識產權」、「智慧權」等）,可說是各國法律為了保護人類精神活動成果,而創設各種權益或保護規定的統稱。陸資來臺投資,對於此類法令亦須瞭解,以避免侵害他人權利,導致賠上高額的損害賠償而得不償失！

（五）其他諸如臺灣《公司法》、《企業併購法》、《公平交易法》、《消費者保護法》、《金融消費者保護法》等,均為陸資來臺必須要瞭解的法規範。

結語

從自由民主法治社會的發展過程與現況來看,中國大陸地區的投資者對於臺灣的法令制度規範,應是可以值得信賴與放心的。蓋任何人、包含陸資

在內,無論是對其所擁有的「財產權」、抑或是大陸地區人民來臺之人身自由與安全,臺灣均能給予一定程度的法律保障與優質的環境;當然,此前提必須建立在陸資來臺投資均能事先預防,認識、瞭解與遵守臺灣相關之法令制度規範。期待兩岸的經濟交流與政治互動均能夠越來越活絡、也能越趨和諧。

註釋

[1] 李永然,永然聯合法律事務所所長。

第二部分　兩岸司法互助

▍兩岸法院司法互助之回顧與展望

鄔中林[1]

一、前言

　　由於歷史原因和政治現實，中國目前客觀上處於一國兩岸三法系四法域的狀況。隨著兩岸經貿往來的不斷擴展和人員交流的日趨頻密，互涉案件日益增多。處理這些互涉案件客觀上需要相互提供包括送達文書、調查取證、裁判認可等在內的司法協助。

　　兩岸雖屬不同法域，但畢竟同屬一個中國框架。因此，彼此間的司法協助在性質上並不屬於國際司法協助，而應屬於區際司法協助，[4]當然也就不可能透過海牙送達公約和海牙取證公約以及紐約公約[5]等來解決彼此間的司法協助[6]問題。與中國內地與港澳間根據基本法的規定透過各自官方部門商簽制度性安排來相互提供司法協助的模式不同，兩岸之間在2009年前主要透過兩會（海峽兩岸關係協會和財團法人海峽交流基金會）轉送文書和各自單方認可對方裁判等方式開展非全面性的司法互助，2009年起則是採取官方授權民間團體商簽協議模式，透過兩會簽署《海峽兩岸共同打擊犯罪及司法互助協議》（下稱兩岸司法互助協議），全面確立了兩岸司法互助的制度框架。

　　無論是國際司法協助還是區際司法協助，也不論有廣義和狹義之說，[7]內容一般多針對訴訟程序事項和訴後執行程序事項，因此，運用和實施主體也多以法院為主。基於筆者公職所在並考慮所掌握的資料有限，本文僅從大陸人民法院的工作視角出發，對兩岸法院司法互助工作試作一概括介紹並展望願景。

二、歷史回顧

兩岸在上世紀50年代至70年代處於完全隔離、不相往來的狀態,也就不存在司法互助的問題。從上世紀80年代起,兩岸逐步開始交流交往,司法互助的需求開始出現並日益強烈,司法互助實踐由無到有、由少到多、由個案處理到逐步機制化。

(一)早期探索與嘗試

為解決涉臺民事案件中的送達問題,最高人民法院早在1984年出臺的《關於貫徹執行＜民事訴訟法(試行)＞若干問題的意見》中提出,對於居住在港澳地區的當事人可以採用由訴訟代理人送達或郵寄送達方式。[8]這種做法在司法實踐中也被參照用於涉臺民事案件。實務中也有法院採取委託當事人親屬代為送達或向臺資企業在大陸分支機構送達等方式向在臺灣的當事人送達文書。[9]

1987年臺灣當局開放民眾赴大陸探親。從此,兩岸經貿交流和人員往來迅猛發展,兩岸互涉案件大量湧現,跨海峽送達文書和調查取證等問題日益提上兩岸法院工作日程。

1988年8月5日,最高人民法院印發的《處理涉臺刑事申訴民事案件座談會紀要》中就證據問題特別提出:「去臺人員和臺胞在人民法院進行訴訟,應依大陸法律的規定,提供有關證明。對其提供的臺灣公證機關或其他部門、民間組織出具的證明文書,可作為證據。」[10]

此外,為及時公正解決歷史遺留問題和兩岸交往中出現的各類糾紛,最高人民法院在1988年對審理兩岸的婚姻、夫妻共同財產、撫養、贍養、收養、繼承、房產、債務等涉臺案件中的有關民事法律問題作出司法解釋;[11]同年,最高人民法院與最高人民檢察院還共同發佈了《關於不再追訴去臺人員在新中國成立前的犯罪行為的公告》,次年又共同發佈了《關於不再追訴去臺人員在中華人民共和國成立後當地人民政權建立前的犯罪行為的公告》。

上述這些司法解釋初步解決了兩岸開展交流交往的一些基礎性法律問題。

（二）單方認可規定

從上世紀 90 年代至 2009 年，兩岸不約而同地對涉及對岸的文書送達和裁判認可等均採取各自單方制定規範的方式進行。臺灣方面主要透過制定和修訂「兩岸人民關係條例」來解決相關問題，大陸方面則主要由最高人民法院發佈一系列司法解釋來提供操作依據。

臺灣 1992 年制定的「兩岸人民關係條例」第 7 條規定：「在大陸地區製作之文書，經行政院設立或指定之機構或委託之民間團體驗證者，推定為真正。」第 8 條規定：「應於大陸地區送達司法文書或為必要之調查者，司法機關得囑託或委託第四條之機構或民間團體為之。」[12] 第 74 條第 1 項規定，可以認可大陸裁判（詳見本文後述）。

大陸方面，最高人民法院於 1991 年明確提出：「臺灣居民在臺灣的民事行為和依據臺灣法規所取得的民事權利，如果不違反中華人民共和國法律的基本原則，不損害社會公共利益，可以承認其效力。對臺灣法院的民事判決，也將根據這一原則，分別不同情況，具體解決承認其效力問題。根據法律的有關規定，高級人民法院經最高人民法院同意，可與臺灣省有關方面透過適當途徑，妥善解決相互委託代為一定的訴訟行為、送達訴訟文書和執行等問題。」[13] 據此，人民法院在繼續採用郵寄送達等送達方式的同時，也透過海協會與海基會途徑開展對臺送達司法文書。[14]

為推動兩岸關係發展，保護兩岸同胞合法權益尤其是臺灣同胞在大陸權益，避免當事人訴累，最高人民法院於 1998 年制定公佈了《關於人民法院認可臺灣有關法院民事判決的規定》，[15] 明確當事人可以在臺灣有關法院民事判決、裁定和臺灣仲裁機構裁決生效後一年內向人民法院申請認可並可據此申請強制執行，人民法院受理認可申請後不再受理就同一案件事實的起訴，人民法院受理的案件在判決前一方當事人申請認可臺灣法院就同一案件事實所作判決時優先處理該申請認可案件。之後又因應實踐需要和民眾訴求，先後發佈了三個補充性司法解釋，即，於 1999 年發佈的《關於當事人持臺灣有關法院民事調解書或者有關機構出具或確認的調解協議書向人民法院申請認可人民法院應否受理的批覆》[16]（明確臺灣法院出具的民事調解書可予認可）、2001 年發佈的《關於當事人持臺灣有關法院支付命令向人民法院申請

169

認可人民法院應否受理的批覆》[17]（明確臺灣法院作出的支付命令可予認可）和 2009 年發佈的《關於人民法院認可臺灣有關法院民事判決的補充規定》[18]（明確經人民法院認可的臺灣法院民事判決，與人民法院作出的生效判決具有同等效力，目叩，賦予被認可的臺灣法院判決以既判力；明確在認可程序中可以申請財產保全；將申請認可的期限由一年延長為兩年）。前述四個司法解釋，構建起了比較全面完整的人民法院認可臺灣裁判的制度規範。

為切實解決人民法院和臺灣法院在受理互涉民事案件中面臨的文書送達瓶頸問題，最高人民法院於 2008 年出臺《關於涉臺民事訴訟文書送達的若干規定》，[19] 既明確規定了人民法院向住所地在臺灣的當事人送達民事訴訟文書的七種方式，[20] 也單方面承諾接受臺灣法院委託代為送達民事訴訟文書。

這一時期，雖然兩岸官方都透過各自的規定來為對方提供一定的司法協助，但這些畢竟都是單方面的規定，並非建立在創設穩定可靠的兩岸司法互助關係的共識之上，[21] 因此只能是因應一時一方之需而已。

（三）兩岸協商、協議與落實

在推動兩岸建立制度性司法互助機制方面，兩岸有關方面一直秉持務實積極的態度，努力加以推動。為解決兩岸民事訴訟文書送達難問題，早在 1993 年「辜汪會談」時，海協會與海基會即商定盡快協商「兩岸有關法院之間的聯繫與協助」等議題，但其後由於眾所周知的原因兩會商談被迫中斷，有關司法互助議題的協商相應擱淺。[22]

2008 年兩岸關係實現歷史性轉折，和平發展成為兩岸關係的主題。在這一大背景下，2009 年 4 月 26 日，海協會與海基會簽署了兩岸司法互助協議，使兩岸開展司法互助的依據由各自規範上升為共同規範，開展司法互助的方式由個案協助轉變為通案機制，兩岸的司法合作自此均被納入協議框架下來進行。[23] 協議確定的送達文書、調查取證、裁判認可三項司法互助內容主要涉及法院工作，罪贓移交和罪犯移交兩項司法互助內容也與人民法院工作有關，人道探視司法互助有時也會涉及人民法院工作。

為切實落實兩岸司法互助協議，最高人民法院於 2011 年 6 月 14 日發佈了《關於人民法院辦理海峽兩岸送達文書和調查取證司法互助案件的規定》，[24] 將協議有關人民法院工作的內容轉化為全面系統的司法解釋，為人民法院開展兩岸送達文書和調查取證司法互助提供了基礎性法律規範依據。該《規定》共 5 章 30 條，全面規範了人民法院辦理兩岸送達文書和調查取證司法互助業務應當遵守的基本原則、職責分工、具體辦理程序、審查轉送流程及時限、相關保障措施等。《規定》的主要內容有：在適用範圍上不僅限於兩岸司法互助協議確定的民事和刑事領域，而是明確擴展到行政訴訟領域；明確了兩岸法院對口協助原則，只要是臺灣法院提出的請求，人民法院應當予以協助；在兩岸聯絡渠道上，以最高人民法院授權方式，就辦理送達文書司法互助案件開通了高級人民法院對臺聯絡的二級窗口，即送達文書案件無須經最高人民法院轉遞，調查取證案件仍須經最高人民法院轉遞；在辦理程序上，明確要求將送達文書和調查取證司法互助案件作為特殊程序案件立案辦理，並且高級人民法院與基層人民法院之間可以不經中級人民法院層轉而直接聯絡辦理；在辦理時限上，就協助臺灣送達文書和調查取證對具體辦理法院分別明確規定了 15 日和 1 個月的一般辦理時限以及 2 個月和 3 個月的最長辦理時限，[25] 同時明確規定了立案、轉遞等各個環節的辦理時限以及庭期確定的合理期間；《規定》特別要求，人民法院協助臺灣送達文書時要儘可能採用直接送達方式，以方便臺灣法院確認送達的效力。在發佈《規定》的同時，根據兩岸司法互助協議第 19 條有關文書格式的要求，為確保辦案規範性，最高人民法院還發佈了 24 種涉臺司法互助案件文書樣式。[26]

三、執行狀況

（一）人民法院辦案數據情況

1. 案件類型

就司法互類型而言，根據兩岸司法互助協議和最高人民法院的有關司法解釋，目前大陸人民法院辦理的涉臺司法互助案件主要有以下 5 種基本類型：（1）請求和協助送達司法文書案件；（2）請求和協助調查取證案件；（3）申請認可和執行臺灣法院判決和仲裁裁決案件（以下統稱裁判認可案件）；

（4）對臺罪贓移交案件（主要是被害人財產返還案件[27]）。（5）罪犯移管案件（主要是接收在臺灣服刑的大陸居民返回大陸服刑案件[28]）。

上述5類案件中，送達文書、調查取證和裁判認可是三種傳統和常見的法院司法互助案件，具體辦案數據見後文所述。罪贓移交和罪犯移管屬於兩種新類型案件。2013年6月，大陸人民法院辦理完成了兩岸首例罪贓移交司法互助案件，成功向17名臺灣居民被害人返還財產共計人民幣237萬餘元（約合新臺幣1153萬餘元），[29]可以合理預期，此類案件今後也會成為常態案件。[30]兩岸罪犯移管目前僅有2010年以來大陸方面向臺方陸續移交了12名病重臺灣服刑人員，尚無臺方向大陸移管的具體實踐，但隨著臺灣「跨國移交受刑人法」在近期生效[31]和大陸方面有關操作規範的出臺，[32]兩岸罪犯移管的通案操作機制指日可待。

就互助領域或訴訟程序性質而言，根據兩岸司法互助協議精神和最高人民法院的有關司法解釋以及司法實踐操作，送達文書和調查取證司法互助不僅適用於民事案件，也適用於刑事案件和行政訴訟案件；裁判認可司法互助目前明確適用於民事案件（包括商事案件）；罪贓移交和罪犯移管司法互助當然只適用於刑事案件，但在一定程度和意義上也涉及相互認可和執行對方刑事裁判的問題。

目前人民法院辦理的涉臺調查取證司法互助案件，已經涉及兩岸司法互助協議所規定的取得證言及陳述，提供書證、物證及視聽資料，確定關係人所在或其身份、前科，進行勘驗、檢查、鑒定和查詢等各種證據形式和取證方式，還出現了法律查明和遠距視訊詢問證人等取證請求。

2. 辦案數量統計

據統計，從2009年6月25日兩岸司法互助協議生效至2013年6月底的4週年時間裡，[33]人民法院共辦理涉臺送達文書和調查取證司法互助案件27738件，[34]其中，協助臺方送達文書案件23305件，協助臺方調查取證案件448件；請求臺方送達文書案件3827件，請求臺方調查取證案件158件。[35]據初步統計，從2008年至2013年6月底，人民法院共新收申請認可臺灣法院民事判決案件232件，審結228件；新收申請認可臺灣仲裁裁決案件5件，

審結 5 件。此外，2013 年上半年，人民法院辦理對臺罪贓移交（被害人財產返還）司法互助案件 2 件，已完成 1 件。有關分年度具體數據見附表 1。

就涉臺送達文書和調查取證司法互助案件數量年度變化來看，總體上呈現持續較快增長態勢。其中，臺灣請求案件基本上呈相對穩定狀態，2010-2012 年 3 年間臺方請求送達文書案件每年約 6000 件左右，請求調查取證案件每年約 120 件左右；大陸請求案件相對而言總體數量偏少但增長勢頭迅猛，請求送達文書和調查取證案件從 2010 年的 85 件和 8 件分別激增至 2012 年的 1946 件和 69 件，2013 年上半年分別達到 1526 件和 68 件，幾乎接近 2012 年全年請求量。大陸法院請求數量的快速增加，主要與最高人民法院持續宣傳和推動使用司法互助方式送達和取證以及要求儘量避免直接郵寄送達有關。

3. 辦案質量分析

由於目前受統計條件所限，難以對送達文書案件的辦理質量作出精確分析，但從一般評價和感受來看，透過司法互助途徑送達的成功率肯定遠遠高於郵寄送達的成功率，不僅有效保障了當事人的訴訟知情權，也充分體現了正當程序要求。

若以調查取證的相關數據來分析，評價可能相對更為正面和準確。根據最高人民法院的初步統計，2012 年人民法院共收到臺方調查取證請求 122 件，回覆臺方調查取證請求 113 件，已回覆案件中人民法院平均辦理時限（指從最高人民法院收到請求書之日起至發出回覆書之日止）為 102 天，最長用時 361 天，最短用時 2 天；人民法院請求臺方調查取證 69 件，收到臺方回覆 50 件，平均用時（指從最高人民法院寄出請求書之日起至收到回覆書之日止）99 天，其中最長 174 天，最短 65 天。無論耗時多久，從取證結果來看，兩岸相互請求調查取證案件中，除個別案件由於提供的訊息有限等難以及時開展協助以外，基本上對請求事項都能得到預期結果，調取證據的成功率應在 95% 以上。

整體看，目前臺灣方面平均辦案時間要短於大陸方面，這其中的原因應在以下幾方面。一是大陸本身地域廣大，交通通訊條件以及法院辦案能力地

區差異較大,而臺灣法院不存在類似問題。二是案件材料客觀上需要經過臺灣法務主管部門(「法務部」)和最高人民法院和/或高級人民法院等多道中轉程序。三是目前大陸人民法院請求臺方調查取證事項主要是查明送達地址和被調查人生死及繼承人狀況等問題,相對較為簡單易行,而臺灣法院的請求事項相對比較複雜疑難,比如進行技術對比鑒定、查明銀行關聯帳戶記錄、取得電信詐騙案件證人證言、確認涉案被害人身份等,往往涉及面很廣且調查提綱所涉問題很多,十分耗時費力,經常是一個案件就需要多個省份的多個法院提供協助。四是臺方請求案件中有的提供的受送達人或被調查人訊息和案件背景資料過少或不完整、不準確,導致人民法院難以及時開展協助,需要與臺方聯絡補充或補正材料。

4. 辦理法院覆蓋面

目前,兩岸法院間相互協助的地域範圍已經基本實現全覆蓋。臺灣所有法院包括第三審法院均已透過兩岸司法互助途徑向人民法院提出過送達或取證請求;大陸所有省份法院包括遠至西藏和新疆喀什地區的人民法院均為臺灣法院提供過送達或取證協助。

(二)人民法院涉臺司法互助工作機制

1. 職責分工

為確保司法互助案件的及時有效辦理,大陸人民法院採取對臺二級聯絡、內部分級審查、直接指定辦理的工作模式。

最高人民法院作為兩岸司法互助協議對臺一級聯絡窗口,負責就協議中涉及人民法院的工作事項與臺灣業務主管部門開展磋商、協調和交流以及訊息通報,指導、監督、組織、協調地方各級人民法院辦理兩岸司法互助業務,同時就辦理涉臺調查取證司法互助案件對臺聯絡併負責文書入出口的審查把關。

各高級人民法院作為協議項下人民法院對臺二級聯絡窗口,負責就送達文書司法互助具體案件的辦理對臺聯繫併負責文書入出口的審查把關,但不能就相關規則確定等抽象性、普遍性問題直接對臺磋商聯絡。

中級人民法院和基層人民法院經高級人民法院個案直接指定，負責具體辦理送達文書和調查取證司法互助案件。

2. 工作網絡

一是實行歸口管理。根據最高人民法院的要求，目前最高人民法院和各高級人民法院均已設立專門歸口管理機構負責統一辦理涉臺司法互助業務，中級、基層人民法院也普遍確定由一個部門具體負責辦理。[37]

二是確定專人負責。最高人民法院和各高級人民法院均指定了負責涉臺司法互助業務的協議聯絡人和代理聯絡人，各中級和基層人民法院也普遍指定了專辦員，而且一般都是由法官擔任，基本形成了上下一體、有效銜接的工作網絡。

（三）人民法院的有關重要工作舉措

1. 會議部署

最高人民法院三次召開人民法院全系統性專題會議研究部署涉港澳臺司法協助工作。2009年兩岸司法互助協議生效不久即召開部分高級人民法院座談會進行研究部署；2011年6月召開人民法院涉港澳臺工作暨涉臺司法互助工作電視電話會議，大陸四級人民法院的院領導和部門負責人以及所有相關工作人員參加；2012年7月召開人民法院涉港澳臺工作座談會，這是人民法院歷史上首次專題研究部署涉港澳臺整體工作的全系統性會議，重點研究部署了涉港澳臺司法協助工作。

2. 培訓指導

最高人民法院舉辦三期人民法院全系統性專題培訓班。2009年兩岸司法互助協議生效不久即舉辦各高級人民法院涉臺司法互助工作人員培訓班；2012年3月和2013年5月又分別在國家法官學院舉辦兩期人民法院涉港澳臺司法協助培訓班，每期一週時間，分別有250人和270人參加。各高級人民法院也紛紛舉辦了此類專題業務培訓班。最高人民法院除及時研究答覆各地法院有關辦理司法互助業務問題的日常請示外，每年還定期就辦案時限執行情況和不定期就重要典型案例向各地人民法院作出通報。

3. 物質保障

為儘可能提高辦案效率，最高人民法院要求，各級人民法院辦案中一律採用郵政特快專遞方式（一封郵件對臺寄送基準價格為 90 元人民幣、大陸內部寄送為 40 元人民幣）轉送案件材料。同時，為便於對臺聯絡，最高人民法院和各高級人民法院都為聯絡人和代理聯絡人配置了專用公務手機並已通報臺方。

4. 兩岸會商

最高人民法院與臺灣法務主管部門在兩岸司法互助協議框架下就協議執行保持每年兩次業務會商，目前已先後進行九次，定期全面總結（檢討）兩岸法院司法互助業務，達成不少操作共識，明確了各自工作的努力方向。

（四）社會認同度

司法互助在本質上具有保障互涉案件當事人權益和方便各自司法機關處理案件的雙重保障與服務屬性，因此兩岸民眾對兩岸開展司法互助普遍持贊成態度。大陸媒體對於兩岸司法互助成就一直予以充分肯定。在近年來臺灣方面就海協會與海基會所簽各項協議執行情況的民意調查中，兩岸司法互助協議支持率始終保持最高，接近或超過八成。

四、存在的問題

兩岸制度化的司法互助開展剛滿四週年，加之兩岸司法互助協議本身的原則性、框架性以及兩岸法律制度的差異性，實踐中有許多問題需要兩岸共同探索與研討，也有一些做法仍需兩岸不斷摸索與完善，以期兩岸司法互助不斷深化與發展。筆者此處僅就亟須兩岸研究解決的幾個問題略作探討或說明。

（一）臺灣對大陸民事裁判認可與執行問題

兩岸司法互助協議第 10 條明確規定：「雙方同意基於互惠原則，於不違反公共秩序或善良風俗之情況下，相互認可及執行民事確定裁判與仲裁裁決（仲裁判斷）。」大陸對臺灣民商事判決和仲裁裁決的認可與執行，不論是在認可範圍[38]和認可標準上，還是在效力層級上，不論是在協議簽署之前

還是之後,都始終秉持全面開放、務實合作、積極進取的態度,不遺餘力地加以推進。相比較而言,目前臺灣方面在認可大陸法院民事裁判中還存在兩個較為突出的問題:一是大陸人民法院的調解書、支付令以及經人民法院司法確認的調解協議仍得不到臺灣的明確認可;二是臺灣法院尚未明確認可大陸人民法院民事裁判和仲裁裁決的既判力,[39] 導致當事人訴累,並容易出現裁判衝突。究其原因,既有臺灣現有立法方面的法規範原因,也有臺灣司法實務中的法解釋原因。

　　臺灣 1992 年制定的「兩岸人民關係條例」第 74 條第 1 項規定:「在大陸地區作成之民事確定裁判、民事仲裁判斷,不違背臺灣公共秩序或善良風俗者,得聲請法院裁定認可。」第 2 項規定:「前項經法院裁定認可之裁判或判斷,以給付為內容者,得為執行名義。」1997 年修訂後的「兩岸人民關係條例」第 74 條增列第 3 項規定:「前二項規定,以在臺灣作成之民事確定裁判、民事仲裁判斷,得聲請大陸地區法院裁定認可或為執行名義者,始適用之。」(此即所謂的「平等互惠原則」。)此外,「兩岸人民關係條例施行細則」第 68 條還規定,申請認可大陸裁判時須辦理「驗證」手續。[40]

　　對「兩岸人民關係條例」第 74 條中所謂大陸「民事確定裁判」,被臺官方解釋為不包括調解書[41]和其他非以裁判冠名的司法文書,[42] 因此,大陸人民法院的調解書、支付令不為臺灣法院所明確認可。[43] 按此推理,根據大陸 2011 年起施行的《人民調解法》和 2012 年修訂的《民事訴訟法》,經人民法院司法確認的調解協議,[44] 也當然不可能得到臺灣法院的明確認可。

　　對「兩岸人民關係條例」第 74 條中的「裁定認可」和「得為執行名義」,臺灣審判主管機構(「最高法院」)2007 年在「96 年度臺上字第 2531 號」民事判決中認為,條例對大陸裁判的認可採取「裁定認可執行制」,[45] 不同於對外國法院裁判和港澳裁判認可所採取的「自動承認制」,[46] 被裁定認可的大陸裁判只具有執行力而無與臺灣法院確定判決同一效力的既判力,因此,債務人可依「強制執行法」第 14 條第 2 項規定在強制執行程序中提起債務人異議之訴。[47] 基於上述理由,臺灣審判主管機構在此案中將臺灣高等法院「96 年度重上字第 175 號」民事判決[48]廢棄,發回重審。臺灣高等法院據此作出第二審更審判決[49]後,在隨後對該案再次第三審上訴的終審判決中,

177

臺灣審判主管機構以「97年度臺上字第2376號」民事判決再次確認，大陸法院判決在臺灣不具有既判力，也不存在爭點效原則的適用問題。[50]此外，臺灣審判主管機構還在「97年度臺上字第2258號」民事判決[51]中也持相同見解。[52]

臺灣審判主管機構的上述判決理由和結論，不論大陸方面如何看待，即使在臺灣也引起了廣泛爭議，雖支持者有之，[53]但不少臺灣學者撰文予以批判，[54]更有臺灣法官也撰文予以商榷。[55]在「兩岸人民關係條例」施行前，有臺灣學者如張特生教授認為，應「準用」臺灣「民事訴訟法」第402條規定，審認大陸法院判決之效力；在「兩岸人民關係條例」施行後，臺灣的劉鐵錚教授、陳榮傳教授、賴來焜教授、陳計男教授和吳明軒法官、林俊益法官等均撰文主張應賦予被裁定認可的大陸裁判以既判力。[56]

上述臺灣審判主管機構第2531號和第2376號判決均在兩岸司法互助協議簽署前作出，也並非判例，在協議生效後，臺灣法院本可按照協議確定的互惠原則對大陸裁判的既判力問題作出新的解釋。然而，臺灣法院當前司法實踐中似乎仍在遵循其審判主管機構的上述判決理由。近期大陸法院在辦理臺灣第1010054492號調查取證請求中發現，該請求所附臺灣高等法院審理「100年度重上字第485號債務人異議之訴事件」，涉及一方當事人向臺灣法院申請認可並執行大陸江蘇省南京市中級人民法院的生效民事判決，另一方當事人則在臺灣法院強制執行程序中提出債務人異議之訴並被臺灣法院受理且作出與大陸判決相反的裁判結果。[57]

目前兩岸在認可對方裁判問題上均採取所謂的「裁定認可制」但二者的實際內涵有所不同，大陸的裁定認可既包括具有強制執行力，也包括明確認可既判力，而臺灣則否認大陸裁判的既判力。臺灣法院的上述判決和目前實踐做法，容易導致大陸裁判在臺灣得不到實際的認可和執行，而本應透過大陸審判監督程序來處理的債務人對人民法院裁判的異議，[59]卻完全可以透過在臺灣法院另行提起債務人異議之訴而重新就大陸法院已經裁判的事實和權利義務關係進行審查認定。這不僅容易導致大陸裁判成為一紙空文，也與「一事不再理」原則相悖，不僅徒增當事人的訴累，也容易造成矛盾裁判，影響到兩岸司法互助協議有關裁判認可目的的實現。

（二）送達文書司法互助有關問題

1. 送達方式有效性問題

兩岸司法互助協議第 7 條第 1 款規定，雙方同意依己方規定相互協助送達司法文書。當前兩岸法院間每年有七八千件的送達文書司法互助案件，這些案件的協助結果絕大多數都得到了請求方法院的認可。雖然兩岸均採用職權主義送達方式，但是由於兩岸法律對於具體送達方式的規定有所不同，難免會產生協助方依照己方規定採取的送達方式能否為請求方法院所認可的問題。

根據 2012 年修訂後的《中華人民共和國民事訴訟法》（以下簡稱《民事訴訟法》），民事案件送達方式有直接送達、留置送達、簡易送達、委託送達、郵寄送達和公告送達六種方式。[61] 臺灣民事訴訟制度中的送達方式有直接送達、間接送達、寄存送達、留置送達及公示送達五種。[62]

目前，兩岸相互協助送達均不採用公告送達或公示送達方式。大陸的委託送達和郵寄送達在臺灣實際上都可歸類於直接送達，採用此種方式協助送達一般不會產生效力認定問題。大陸採取的傳真、電郵等簡易送達方式，由於要取得受送達人的事前同意，一般不會在協助臺灣法院送達時採用。

臺灣的送達方式相對要寬於大陸。因此，實踐中大陸對臺提供協助時的送達效力一般不會受到臺灣法院的質疑，但在臺灣對大陸提供協助時，如果送達方式超出大陸規定時，就存在如何確認送達效力的問題。人民法院實踐中容易產生疑問的送達方式主要是臺灣的寄存送達、間接送達和留置送達。大陸由於派出所、居委會、村委會等基層組織並無法定義務收存司法文書，所以並不存在採取臺灣式的寄存送達的可能。臺灣間接送達的同居人或受僱人與大陸直接送達中的代收人大體對應，但大陸同居人代收的範圍僅限於「同住成年家屬」，受僱人的範圍也明顯窄於臺灣。在留置送達上，2012 年修改後的《民事訴訟法》已將條件放寬，大體上與臺灣相當，但適用對象上除受送達人本人外限於其同住成年家屬，範圍上同樣窄於臺灣的同居人和受僱人，實踐中人民法院也會十分審慎考慮是否使用留置送達方式進行協助送達。

如前所述,雖然根據兩岸司法互助協議各自依己方規定協助送達,但兩岸有關送達方式的差異畢竟與請求方法律規定不符,也容易引起當事人對程序正當性的質疑。如何儘可能避免對送達方式有效性的質疑以及如何具體判斷送達是否成功,還需要兩岸法院在實踐中摸索、溝通與協調。

2.刑事文書送達應否附案情資料問題

兩岸司法互助協議第4條第1款規定:「雙方同意採取措施共同打擊雙方均認為涉嫌犯罪的行為。」這被認為是在兩岸刑事司法合作中的「雙重犯罪原則」,當然協議第4條第3款對此也有例外規定。目前臺灣法院請求大陸法院協助送達刑事案件證人、告訴人傳票及刑事案件被告人傳票時,一般不附起訴書或一審判決書等案情資料,大陸法院實際難以審查涉案行為依大陸法律是否涉嫌犯罪。

兩岸在刑事司法合作中要不要全面貫徹「雙重犯罪原則」,特別是在送達文書環節要不要審查涉案行為是否涉嫌犯罪,目前兩岸實務操作中尚未能達成共識,大陸法院一般會要求請求方提供起訴書或一審判決書等案情資料。學界對此也有不同觀點。一種觀點認為,「雙重犯罪原則」是兩岸刑事司法合作的基礎,不論是協助偵查、人員遣返、罪犯移管、罪贓移交,還是送達文書、調查取證、裁判認可,均應以此為前提。另一種觀點認為,從協議文本編排方式看,「雙重犯罪原則」被寫入第二章「共同打擊犯罪」,在第三章「司法互助」中並未出現,因此,不適用於協議所稱之各種司法互助。[64] 也有觀點認為,送達文書司法互助本身具有服務性和中立性,一方協助另一方送達司法文書,並非表明一方對另一司法文書內容和相關司法行為及結果的認可。總體來看,有越來越多的人主張,區際司法協助不同於國際司法協助,應當儘可能限縮「雙重犯罪原則」的適用範圍。

3.送達證明材料是否提供原件問題

目前兩岸法院在送達文書司法互助實踐中均不使用請求方提供的送達證明材料(大陸請求時附送送達回證,臺灣法院請求時附送送達證書),而使用自己製作的送達證明材料。大陸法院完成協助送達後一般會將送達證明材料(海峽兩岸共同打擊犯罪及司法互助協議送達回證)原件提供給臺灣法院,

而臺灣法院以訴訟檔案管理需要為由，一般僅提供送達證明材料（送達證書）複印件給大陸法院。對此，需要兩岸法院協商，協調一致，要麼相互提供原件，要麼相互提供複印件。

（三）調查取證司法互助有關問題

證據是訴訟的核心。目前兩岸法院相互請求調查取證數量上雖不及送達文書，但每年約300件左右調查取證司法互助案件量也蔚為可觀。兩岸司法互助協議第8條規定，各自依己方規定相互協助調查取證，除非請求方有特別形式要求且不違反己方規定。這僅解決了證據取得（取證行為）的準據法問題，但對於協助取得的證據的使用即對其效力的審查評價，則還涉及如何適用請求方法律的問題。[65]當雙方有關證據規則不一致時，如何具體審查判斷，未來尤其需要作深入探討。

1. 證據形式問題

證據形式問題也就是證據的真實性判斷問題。兩岸司法互助協議第18條規定：「雙方同意依本協議請求及協助提供之證據資料、司法文書及其他資料，不要求任何形式之證明。」大陸方面透過司法解釋已經明確，透過兩岸司法互助途逕取得的證據材料無需辦理形式證明，[66]相比於從外國取得的證據在形式要求上相對較為寬鬆便利。[67]臺灣方面「兩岸人民關係條例」第7條規定了大陸製作文書的「驗證推定真正」制度，目前是仍然適用於兩岸調查取證司法互助還是對該條作出適當修改，不無疑問。

2. 證據能力問題

在臺灣，證據真實與否與證據能力是兩個概念。臺灣所講證據能力更接近大陸所講證據資格的概念，主要是判斷證據的合法性和關聯性。

對於透過司法互助途逕取得的證據（境外證據）的證據能力的判斷，與文書送達效力判斷一樣，首要問題是應以請求方還是協助方法律為準據法。對此，兩岸司法互助協議雖未明確，但兩岸法院實踐中一般都是以請求方（自己）的法律作為審查判斷依據的，當然其前提是證據取得本身已符合協助方的法律規定。

如何對待大陸公安或檢察機關針對證人或共犯所製作的詢問（訊問）筆錄，是臺灣法院實務中經常碰到的問題。截至目前，[68]臺灣審判主管機構已多次認定，被告以外之第三人於大陸公安機關（司法警察）調查時所為之陳述，得類推適用臺灣「刑事訴訟法」之「傳聞法則之例外」，而具有證據能力；臺灣審判主管機構最近所作「101年度臺上字第900號」刑事判決則進一步認為，基於時代演進及實際需求而為適當解釋之必要，對此類證據可同時類推適用臺灣「刑事訴訟法」第159條之2[69]、第159條之3[70]「如跟我方所作」和第159條之4第3款[71]作為「特信性文書」[72]而承認其證據能力。[73]值得注意的是，臺灣審判主管機構在此問題上並未如同前述對「兩岸人民關係條例」第74條的解釋那樣採取嚴格的文義解釋，而是根據實踐需要作出類推適用的解釋，不管類推適用哪一個法律條文，總的目標是要能夠解決實際問題。

臺灣刑事訴訟采直接言詞審理原則，故同時發展出傳聞證據規則及其例外。《中華人民共和國刑事訴訟法》（以下簡稱《刑事訴訟法》）並未確立直接言詞原則，學界和實務界也未形成明確或共識之傳聞證據規則，長期以來證人出庭率較低，偵查階段獲取的證人證言筆錄等書面材料經法庭查證屬實可以採用。對大陸法院而言，如何樹立以庭審為中心的訴訟理念和健全完善相關制度，包括明確有關司法互助證據的審查判斷規則，亟須盡快加以推進。當然，對於司法互助證據的合法性判斷，也需要兩岸有關方面共同研討，以期形成統一或趨同之審查判斷標準。

3.質證問題

證據須經庭審質證（臺灣稱為交互詰問），才能作為定案依據。即使認可司法互助證據的證據能力，也不能忽視對該證據的質證，唯此才能平衡和保護於證據不利者特別是被告人的正當程序權利，全面落實刑事訴訟中人權之保護。

首先，對於透過司法互助途逕取得的證人證言如何質證。實踐問題在於，是否必須經通知證人出庭（臺灣稱為傳喚）程序方可具有證據能力；如須經此通知程序，則仍需透過司法互助途徑送達通知書（臺灣為刑事庭傳票）；如證人拒絕到庭，可否請求強制到庭，但又如何對境外證人施以強制力。[74]

目前，臺灣法院請求大陸法院協助送達的刑事庭傳票上均註明「證人受合法傳喚無正當理由而不到場，法院得以裁定科新臺幣 3 萬元以下罰款，並得拘提，再傳不到者亦同」。這表明臺灣法院將傳喚程序作為認定證人證言證據能力的前提，但該提示能否具有域外效力，頗有疑問。況且，這不僅涉及臺灣法律發生域外效力的問題，也與《刑事訴訟法》上的證人強制作證制度中的責任規定有所不同。此外，如果在大陸的證人經臺灣法院傳喚未到庭而在事後入境臺灣，臺灣入出境部門是否會採取措施以及臺灣法院是否可以此為由裁定予以處罰，實務上亦不無疑問。

其次，對於鑒定意見如何質證。具體問題包括對於鑒定人資格、鑒定程序、鑒定方法等的選定，如果協助方與請求方的法律規定有重大差異時，還能否簡單地依協助方規定來審查判斷；鑒定人是否必須出庭，如果不出庭，鑒定意見還能否採信以及如何採信。這些問題，需要兩岸法院在實際案件中不斷予以探索和明確。

再次，能否採用遠距視訊方式詢問（訊問）證人等。目前兩岸檢察機關已在商談試行兩岸「遠距視訊調查取證機制」。[75]對於此種取證方式，是否具有合法性，應當適用哪一方法律為準據法，具體如何操作（包括如何實現通信模式的兼容與安全，由哪一方人員主持視訊以及另一方的地位與角色，等等），能否在庭審環節也採用此方式以解決證據能力以及質證問題，[76]不無豐富的想像空間和廣闊的探索餘地。

4. 涉嫌偽證的處理問題

透過司法互助途逕取得的證據也可能涉嫌偽證。這種涉嫌偽證行為，一般其行為地在協助方，而結果地可能在請求方。同時，同樣的行為，在一方可能涉嫌犯罪，而在另一方並不涉嫌犯罪。如，民事訴訟中的偽證行為在大陸就不認為涉嫌犯罪，而臺灣就涉嫌犯罪。因此，管轄地和準據法的確定就非常關鍵。如何針對此類涉嫌偽證行為確定管轄地和準據法，需要兩岸深入思考和積極協調。當然，如臺灣學者所建言，由行為地優先管轄可能較為合理，[77]也便於實際行使管轄權。

（四）建立兩岸法院直接對口協助與業務交流機制問題

目前兩岸法院間還不能直接開展對口協助和對口業務交流,而均需透過臺灣法務主管部門中轉。[78] 對臺灣方面而言,這種工作機制固然有其歸口聯絡、統一對外的優勢,但就數量最大並已成為日常性工作的兩岸法院間的送達文書和調查取證司法互助而言,卻顯得既耗時又費力。同時,這也不便於兩岸法院間就司法互助業務開展深入交流,難以做到及時溝通協調和有效解疑釋惑。

隨著兩岸法院司法互助案件的日益增長,司法互助案件必將成為兩岸法院的一項普遍性、日常性、長久性業務。從進一步提高司法互助質效之考慮出發,兩岸都有必要認真思考如何進一步簡化轉遞手續和便利業務交流的問題,努力縮短請求法院與協助法院間的文書周轉時間,盡可能實現請求法院與協助法院間就具體案件辦理的直接業務溝通與協調。

五、前景展望

兩岸司法互助是一項新生事物,對於兩岸法院而言,也是一項新興審判業務。展望未來,兩岸司法互助必將更加緊密頻繁,前景無限,潛力巨大,但問題也會隨之應運而生,且不容忽視。

(一)發展勢頭將持續向好

1. 案件數量將繼續增長。司法互助具有反應性和服務性,其與經貿往來和人員流動的數頻應為正相關。無需將兩岸與其他國家和地區作比較,僅與同屬一國框架之內的港澳相比,就可見兩岸關係未來的發展潛力之巨大。2012 年,兩岸貿易額還不到內地與香港的一半,兩岸人員往來只有內地與香港的十四分之一,也只是內地與澳門的五分之一多而已。[79] 遑論臺灣與港澳的地域面積差距之大,僅在人口數量上臺灣就有 2322 萬之多,而港澳分別只有 715 萬和 58 萬。[80] 幾乎無需做太多的經濟和數理分析,即可完全合理預期,隨著兩岸經濟社會領域交流交往的持續擴大乃至兩岸政治關係的不斷改善,兩岸互涉案件包括司法互助案件必將持續增長。

特別是,從最近幾年的統計數據看,臺灣法院送達文書和調查取證請求量相對較為穩定,而大陸法院請求量近三年來均翻倍增長。僅以送達文書案件為例,2011 年(270 件)是 2010 年(85 件)的 3.18 倍,2012 年(1946 件)

是2011年的7.21倍，2013年上半年就已接近2012年全年數量。因此，可以再作合理預期，這種增長勢頭還將持續若干年，甚至不排除在若干年之內，大陸法院請求量就會超過臺灣法院請求量。

2. 辦理質效將不斷提高。隨著兩岸法院對司法互助業務的不斷熟悉與熟練，相關配套制度措施的出臺與落實，兩岸業務磋商的不斷進行與深化，司法互助案件的辦理質量也將隨之繼續提高，辦案效率也會穩步提升。

3. 合作範圍將不斷擴大。送達文書、調查取證和裁判認可這三類最常見的司法協助業務目前已經成為兩岸法院的常規案件，在此基礎上，目前又已啟動了罪贓移交作業，未來還將啟動罪犯移管的通案機制，人道探視也已納入工作考慮。即使在已經常規開展的司法互助領域，也還有進一步拓展的空間。比如，在裁判認可領域，臺灣方面應考慮明確將大陸法院的調解書、支付令和經大陸法院司法認可的調解協議等與判決具有同等效力的文書納入認可範圍，而大陸方面已經計劃在近期將臺灣鄉鎮市調解委員會出具並經臺灣法院核定的調解書明確納入認可範圍。兩岸司法互助協議第1條還明定，經雙方同意還可開展協議未列名之其他合作事項，由此可知，兩岸司法互助不僅限於協議現有文本和當前實踐，未來還有很多想像與發展空間。

4. 協助內容將日益深化。過去的四年，可以說是兩岸司法互助協議的起步階段，最重要的事情是將協議明定事項先做起來。接下來，兩岸應在深化合作上重點下功夫，努力把好事辦好，做深做細。前文所提在送達文書和調查取證工作中出現的一些操作問題和法律適用問題，相信都將逐步得到妥善解決，而且可以在現有工作基礎上不斷深化拓展有關合作內容對於認可大陸民事裁判的既判力問題和兩岸刑事裁判認可相關問題，只要兩岸秉持互信、基於誠善、為民司法，解決之日亦應可期。

（二）重大問題有待著力解決

首先，作為當務之急，大陸有理由期待臺灣方面能夠根據兩岸司法互助協議確定的互惠原則，本於促進兩岸交流交往的現實需要和保護兩岸人民權益的根本所在，積極回應兩岸有識之士的呼籲[82]與廣大民眾的訴求，全面認可和執行大陸生效民事裁判與仲裁裁決。「解鈴還需繫鈴人」，臺灣方面可

以透過修正「兩岸人民關係條例」第 74 條或者作出新的裁判解釋,明確經臺灣法院認可的大陸法院裁判,包括大陸法院民事調解書、支付令和經大陸法院司法確認的調解協議,與臺灣民事確定判決具有同一效力,並明確可以回溯適用於之前大陸法院所作裁判;甚至還可以考慮在修法中不再將所謂的「平等互惠原則」作為認可大陸裁判的適用條件。[83] 與此同時,兩岸應在司法互助協議框架下積極推動並配合開展好罪犯移管、罪贓移交(包括被害人財產返還)工作,積極探索並妥善解決兩岸刑事裁判認可和執行的相關問題。[84]

其次,從深化合作考慮,應當考慮建立兩岸法院司法互助直接對口協助與業務交流機制。兩岸司法互助效率不夠高仍是目前兩岸司法互助協議執行中比較突出的問題。目前兩岸法院司法互助事項均透過臺灣法務主管部門轉遞的實踐操作模式,應屬協議執行初期的一種臨時性變通處理方式。為進一步提高司法互助工作質量和效率,增進業務磋商的有效性,深化司法合作與交流,根據兩岸司法互助協議第 2 條和第 3 條確定的兩岸司法互助工作由雙方業務主管部門進行業務交流並由各方主管部門指定聯絡人聯繫實施的對口協助精神,兩岸應盡快建立兩岸法院系統間就司法互助工作進行直接對口協助和業務交流的常態化機制,並努力推動實現臺灣高等法院及其分院乃至臺灣地方法院與大陸高級人民法院或指定的中級、基層人民法院間直接相互請求來開展送達文書司法互助。[85] 考慮到目前福建法院辦理的涉臺文書送達司法互助案件占到大陸法院的三分之一以上,且在福建省內案件也相對集中於幾個中級、基層人民法院,兩岸可以探索先行指定福建法院或者福建部分法院與臺灣地方法院或者部分地方法院之間試點開展文書送達司法互助案件的直接聯絡辦理(可首選廈門和金門法院),待積累經驗後再行逐步推廣。

再次,為兩岸司法合作長久與效果計,兩岸應考慮適時商簽司法互助補充協議。兩岸司法互助協議作為一個框架性文件,只是確立了兩岸司法合作的原則、方向和基本內容,但對於執行過程中所涉及的具體操作以及法律衝突等諸多問題,仍需進一步予以明確,兩岸雙方有必要適時商簽補充協議或者一些單項實施協議。一方面,可以對協議實施四年多來實踐中出現的範圍有待擴大、內容有待深化、效率有待提高、操作有待細化、程序有待規範等

問題作出具體規定;另一方面,也可以對兩岸法院間的直接對口協助、兩岸法院裁決的相互認可和執行、管轄權與法律適用衝突的解決、雙重犯罪原則的具體適用等問題,作出明確的制度性安排。當然,也可以將一些已有的共識和實際做法進一步加以確認。

六、結語

就中國大陸所開展的區際司法協助與國際司法協助來比較,2006年以來人民法院每年辦理約3000件國際司法協助案件,而近年來人民法院每年要辦理近萬件涉港澳臺司法協助案件遠多於國際司法協助案件,[86]區際司法協助案件量基本上是國際司法協助的三倍左右,且區際司法協助案件整體上增長勢頭明顯。

就中國區際司法協助內部法域間比較,相對於內地與港澳間的司法協助而言,兩岸間的制度性司法互助啟動最晚,[87]但發展最快、範圍最廣、[88]數量最多、[89]成效也相對最為明顯,當然也存在不少需要探討解決和深化擴展的具體問題。

世界和平進步是時代潮流,兩岸關係和平發展是歷史大勢。司法作為社會發展的基石與保障,兩岸法院司法互助的未來前景無可限量。目前兩岸司法互助僅在案件量上就已非大陸或臺灣與其他任何國家和地區的司法協助案件量可比,隨著兩岸關係和平發展的不斷深化與拓展,兩岸司法互助必將在世界範圍內成為不同法域間開展司法合作的重要舞臺和全新典範,也必將對促進兩岸關係發展、保障兩岸人民福祉,發揮更積極更重要的作用。

附表1　2008-2013年6月人民法院辦理各類涉臺案件統計表

地區	案件類型		2008年	2009年	2010年	2011年	2012年	2013年上半年	總計
涉台訴訟一審案件	一審審結案件	刑事	63	68	76	113	128	86	534
		民事	3500	3953	3750	5040	6865	1842	24950
		行政	59	78	96	190	137	35	595
	訴訟案小計		3622	4099	3922	5343	7130	1963	26079
涉台司法互助案件	送達文書	請求	-	0	85	270	1946	1526	3827
		受請	-	1167	7365	5906	5866	3001	23305
	調查取證	請求	-	1	8	12	69	68	158
		受請	-	6	116	137	122	67	448
	送達和取證互助案小計		-	1174	7574	6325	8003	4662	27738
	裁判認可	判決	23	28	38	52	57	30	228
		仲裁	0	0	0	2	3	0	5
	罪贓移交		-	-	-	-	-	2	2
	罪犯移管		-	-	-	-	-	-	-
	五類互助案件合計		23	1202	7612	6379	8063	4696	27973
總計			3645	5301	11534	11722	15193	6657	54052

註：1.人民法院辦理的涉臺司法互助案件，2009年6月以前並無專項統計數據；2009年數據從當年6月25日兩岸司法互助協議生效之日起計算。2.裁判認可案件僅統計審結案件，2008年以前人民法院共辦理200余件。3.罪贓移交案件僅指人民法院負責辦理的臺灣居民受害人財產返還案件。4.罪犯移管案件指人民法院辦理的接收在臺服刑的大陸居民返回大陸服刑案件，不含大陸向臺灣移交臺灣居民被判刑人案件。

附表2　海峽兩岸及香港澳門有關基礎數據彙總表

第二部分　兩岸司法互助
兩岸法院司法互助之回顧與展望

類別	地區	2008年	2009年	2010年	2011年	2012年	5年總計
兩地貿易類 (億美元) [90]	兩岸	1292.2	1062.3	1453.7	1600.3	1689.6	7098.1
	香港	2036.7	1749.5	2305.8	2835.2	3414.9	12342.1
	澳門	29.1	21	22.6	25.2	29.9	127.8
兩地人員往來 (億美元) [91]	兩岸	464.6306	541.9370	680.2431	710.7994	797.0406	3194.6507
	香港	9521.2129	9529.30	10200.7535	10745.77	11362.40	51359.4364
	澳門	3457.9507	3370.7933	3640.1826	3985.3547	3806.3099	18260.5912
國民生產總值 (GDP) [92]	中國(億元人民幣)	314045	340903	401513	476104	519322	2048887
	台灣(百萬新台幣)	12620150	12481093	13552099	13674346	14042125	66369813
	香港(百萬港元)	1707487	1659245	1777720	1935195	2040100	9119747
	澳門(百萬澳門元)	166265.1	170171.1	226940.5	295046.3	348216.4	1206639.4
人口 (千人) [93]	中國	-	-	-	-	1354040	-
	台灣	-	-	-	-	23225	-
	香港	-	-	-	-	7154.6	-
	澳門	-	-	-	-	582	-

續表

類別	地區	2008年	2009年	2010年	2011年	2012年	5年總計
陸地面積 (平方公里) [94]	中國	-	-	-	-	約960萬	-
	台灣	-	-	-	-	3.6萬	-
	香港	-	-	-	-	1104.4	-
	澳門	-	-	-	-	29.9	-

註釋

[1] 郃中林，海峽兩岸共同打擊犯罪及司法互助協議聯絡人、最高人民法院研究室副主任兼港澳臺司法事務辦公室主任。

[2] 參見：韓德培主編：《國際私法》，高等教育出版社2000年版，第299頁。該教材在講述中國的區際法律衝突時提出，隨著港澳回歸和兩岸統一，「中國將出現一國兩制四法域局面」。趙秉志、何超明主編：《中國區際刑事司法協助探索》，中國人民公安大學出版社2003年版，第1頁。趙秉志教授在前言中提出，「我國現階段『一國兩制三法系四法域』的形成自有其歷史的與現實的根據，這也是特殊時期國家統一進程中法治融合的一種特殊表現形式」。趙秉志：《論中國區際刑事司法合作法理機制的構建——以〈海峽兩岸共同打擊犯罪及司法互助協議〉為切入點》，載《2009海峽兩岸司法實務熱點問題研究（上）》，人民法院出版社2010年版，第19頁。文中提出，「在當前中國範圍內，客觀地存在『一國、兩制、三法系、四法域』之多元法治的現實情況」。沈娟：《中國區際衝突法研究》，中國政法大

學出版社 1999 年版,第 54 頁。作者認為,「所謂中國現代區際衝突,即是指中國範圍內大陸、香港、澳門、臺灣四個法域之間的利益衝突及法律衝突」。基於臺灣方面有人不認同「一國兩制」的提法,本文采用「一國兩岸」這一更中性的、不含政治色彩的地理概念。另外,一般所稱「三法系」是指,大陸的中國特色社會主義法律體系,臺灣和澳門的大陸法系,香港的普通法系。

[3] 就兩岸貿易額而言,1987 年是 15.2 億美元,2008 年是 1292.2 億美元,2012 年達到 1689.6 億美元(數據源於商務部網站)。就兩岸人員往來而言,1987 年是 4.6 萬人次(均為臺灣居民赴大陸),2008 年是 464.6 萬人次,2012 年達到 797 萬人次(數據源於國務院臺辦官網)。就互涉訴訟案件而言,人民法院審結的各類涉臺一審訴訟案件 1996 年為 712 件,2008 年為 3622 件,2012 年達到 7130 件(數據源於最高人民法院司法統計)。有關具體數據參見附表 1 和 2。

[4] 兩岸司法互助屬於區際司法協助性質,系大陸實務界與學界的共識。但在臺灣對此尚未形成高度共識,有人主張應系區際司法協助,也有人認為如果承認區際關係就等於承認是「中華人民共和國內部不同法域間的司法協助」。參見:(臺)伍偉華:《經臺灣法院裁定認可之大陸地區民事確定裁判是否有既判力?——臺灣最高法院 96 年第臺上字第 2531 號和 97 年度臺上字第 2376 號判決之評析》,載《臺大法學論叢》第 38 卷第 4 期 2008 年 12 月,第 405-406 頁;(臺)陳文琪:《兩岸刑事司法互助有關人員遣返的法制架構》,載《月旦法學》2010 年 10 月號抽印本,第 213 頁。兩岸之間對司法互助的法理屬性雖未形成高度共識,但並未妨礙實務層面達成兩岸司法互助協議與實際開展相互協助。

[5] 指 1965 年 11 月 15 日訂於海牙的《關於向國外送達民事或商事司法文書和司法外文書公約》(中國 1991 年加入)、1970 年 3 月 18 日訂於海牙的《關於從國外調取民事或商事證據的公約》(中國 1997 年加入)和 1958 年 6 月 10 日訂於紐約的聯合國《承認及執行外國仲裁裁決公約》(中國 1986 年加入)。

[6] 在司法協助的概念使用上,中國大陸將其與臺灣之間稱為「司法互助」,將中國內地與港澳之間和中國大陸與外國之間稱為「司法協助」;香港基本法和澳門基本法中將特區與內地之間稱為「相互提供協助」,將港澳與外國之間稱為「司法互助」。臺灣則將其與大陸和港澳以及外國之間均稱為「司法互助」。雖有這種中文概念使用的差異,本質上都是針對不同法域間的相互協助。

[7]《海峽兩岸共同打擊犯罪及司法互助協議》在整體上看是一個廣義的司法協助協議,但從其名稱和章節編排來看,似乎所用「司法互助」是指狹義的司法協助。也有學者指,該協議中的刑事司法互助仍以狹義刑事司法互助為主。參見:(臺)許福生:《論兩岸刑事司法互助調查取證之證據能力》,載《2013 年海峽兩岸司法實務研討會論文彙編(下)》,第 219 頁注①。

[8]1984 年 8 月 30 日發佈，該《意見》第 73 條規定：「人民法院向居住在港、澳地區的當事人送達訴訟文書，可由當事人的訴訟代理人送達或郵寄送達。不能用上述方式送達的，公告送達。自公告之日起，滿三個月，即視為送達。」

[9]參見陳力：《一國兩制下的中國區際司法協助》，復旦大學出版社 2003 年版，第 66 頁。

[10]參見最高人民法院港澳臺司法事務辦公室編：《涉港澳臺司法實務手冊》，人民法院出版社 2013 年版，第 429 頁。

[11]參見最高人民法院港澳臺司法事務辦公室編：《涉港澳臺司法實務手冊》，人民法院出版社 2013 年版，第 343-346 頁。

[12]據此，臺灣司法主管機構（「司法院」）指定海基會處理相關事宜，由各法院直接函請海基會代為轉送司法文書，副本送其「民事廳」，海基會收到結果後亦需將副本送其「民事廳」。

[13]參見《最高人民法院工作報告》（1991 年 4 月 9 日第七屆全國人民代表大會第四次會議透過），載《最高人民法院公報》1991 年卷。另參見最高人民法院港澳臺司法事務辦公室編：《涉港澳臺司法實務手冊》，人民法院出版社 2013 年版，第 178 頁。

[14]司法部曾於 1990 年發出《關於辦理涉臺法律事務有關事宜的通知》，其中就有關授權委託書公證、繼承公證、親屬關係公證等公證文書向臺灣的送達提出了委託臺灣律師辦理的四條途徑。1993 年 4 月 29 日，海協會與海基會簽署了《兩岸公證書使用查證協議》，就公證書的查證及相互送達問題達成一致。但是這兩份文件的適用範圍都限於民事公證書的送達，不包括法院訴訟中各類司法文書的送達。

[15]法釋〔1998〕11 號，自 1998 年 5 月 26 日起施行。

[16]法釋〔1999〕10 號，自 1999 年 5 月 12 日起施行。

[17]法釋〔2001〕13 號，自 2001 年 4 月 27 日起施行。

[18]法釋〔2009〕4 號，自 2009 年 5 月 14 日起施行。

[19]法釋〔2008〕4 號，自 2008 年 4 月 23 日起施行。

[20]其中「按照兩岸認可的其他途徑送達」為後來簽署兩岸司法互助協議，采用司法互助方式送達預留了制度空間。

[21]參見陳力：《一國兩制下的中國區際司法協助》，復旦大學出版社 2003 年版，第 79 頁。

[22]此前，雖有 1990 年 9 月 20 日《海峽兩岸紅十字組織在金門商談達成有關海上遣返的協議》，但其內容僅涉及刑事司法合作領域的人員遣返，與兩岸法院司法互助無關。

[23] 對此臺灣有學者認為，對於兩岸司法互助協議，大陸透過制定司法解釋予以轉化，臺灣方面並未將協議報請立法機關審議，應是認為無需立法或修法。因此，在臺灣，實務上仍須以既有的法律規定為依據，在協議生效之後，臺灣法院向大陸為送達時，既可依「兩岸人民關係條例」第 8 條囑託或委託海基會為之，亦可依協議第 7 條約定請求大陸人民法院協助送達，此二者臺灣法院應得自由選擇。參見：（臺）陳榮傳：《兩岸協議在訴訟上衍生的問題》，載《第二屆兩岸和平發展法學論壇論文集（下）》，2013 年 8 月，第 716 頁。目前未見兩岸有關業務主管部門認可學者的這種說法，在兩岸司法互助協議生效後，兩岸法院在實務中均循協議途徑開展互助，均不再使用兩岸兩會途徑。

[24] 法釋〔2011〕15 號，自 2011 年 6 月 25 日起施行。目前大陸學界對兩岸兩會所簽協議的法律定位尚未形成高度共識，為確保兩岸司法互助協議的有效執行，最終由最高人民法院發佈司法解釋來轉化執行。

[25] 兩岸司法互助協議對送達文書司法互助規定了 3 個月的時限，對調查取證未規定時限。

[26] 《最高人民法院關於印發〈人民法院辦理海峽兩岸司法互助案件文書樣式（試行）〉的通知》，2011 年 6 月 14 日，法〔2011〕202 號。24 種文書樣式參見最高人民法院港澳臺司法事務辦公室編：《涉港澳臺司法實務手冊》，人民法院出版社 2013 年版，第 147-177 頁。

[27] 對於罪贓移交案件的辦理，目前大陸方面的基本做法是由涉案贓款贓物的接收機關負責對臺開展移交工作，臺灣方面則由其法務主管部門及所屬檢察機關負責辦理。

[28] 大陸方面對臺移管被判刑人一般不需要經過人民法院審查並作出裁定，對外國移管亦然。

[29] 參見：2013 年 6 月 14 日《人民日報》第 4 版、《人民法院報》第 1 版和臺灣的《中國時報》第 A25 版、《聯合報》第 A18 版、《自由報》A24 版。2013 年 6 月 7 日，浙江省杭州市中級人民法院在兩岸司法互助協議框架下順利完成一起被害人財產返還司法互助案件，該案涉及一起兩岸合作共同打擊的電信詐騙犯罪案，共 17 名被告人，其中犯罪集團首要分子魏仲伯和曾宇辰等 13 人系臺灣居民，詐騙既遂共計人民幣 2372 萬元，被害人均為臺灣居民，最大年齡 87 歲，最小年齡 62 歲。案件審理過程中，涉案贓款贓物均被隨案移送至人民法院，贓款（1462275.72 元人民幣）和經依法拍賣的贓物價款（908500 元人民幣）共計人民幣 2370775.72 元，杭州市中級人民法院確定依受害金額比例返還被害人。經過最高人民法院、浙江省高級人民法院及杭州市中級人民法院和臺灣法務主管部門及臺灣 10 個地方法院檢察署在兩岸司法互助協議框架下的通力協作，最終透過兩岸銀行匯兌方式完成了對全部被害人的財產返還。

[30]近期廣東省東莞市中級人民法院也已啟動一起被害人財產返還案件的請求程序。

[31]該規定自 2013 年 7 月 23 日起施行,兩岸和臺灣與港澳間的受刑人移交準用該規定。

[32]目前最高人民法院正在負責起草人民法院辦理接收在臺灣服刑的大陸居民返回大陸服刑案件的規定,有望在近期發佈。

[33]2009 年 6 月 25 日兩岸司法互助協議生效前,人民法院雖然也辦理了一些涉臺送達文書司法互助案件,但並無專項統計數據。

[34]據臺灣法務主管部門統計,截至 2013 年 5 月底,兩岸相互提出各式請求與通報共計 37773 件,相互完成 32807 件,平均每月完成達 690 件司法互助案(源自:http:www.chinanews.com/tw/2013/06-13/4924104.shtml)。據國務院臺辦 2013 年 6 月 9 日新聞發佈,協議生效 4 年來,在合作打擊犯罪方面,兩岸警方聯合偵破上萬起電信詐騙案件,抓獲犯罪嫌疑人 4700 多名;大陸方面遣返臺方通緝犯 288 人,臺灣警方向大陸遣返 4 名逃犯(源自:http:www.gwytb.gov.cn/xw£bh/201306/t201306094301026.htm)。兩岸有關數據統計因涉及對內部中轉計算口徑和郵件往來兩岸時間差等因素,一直存有一定的差異,但數據基本對應。

[35]2009-2012 年數據參見萬鄂湘主編:《綜合審判改革的路徑與成效》,人民法院出版社 2013 年版,第 158 頁。

[36]對於 2008 年以前人民法院辦理的涉臺裁判認可案件的統計數據,2008 年 4 月 22 日最高人民法院負責人在最高人民法院《關於涉臺民事訴訟文書送達的若干規定》新聞發佈會上的講話中指出:「自 1998 年以來,大陸各級人民法院依據《關於人民法院認可臺灣有關法院民事判決的規定》,受理申請認可臺灣民事判決、仲裁裁決、調解書、支付令的案件已達 200 余件,處理結果得到了臺胞的稱讚和肯定。」參見最高人民法院港澳臺司法事務辦公室編:《涉港澳臺司法實務手冊》,人民法院出版社 2013 年版,第 351 頁。

[37]根據目前人民法院的內部分工,涉臺裁判認可案件由有管轄權的中級或基層人民法院直接受理並由其負責涉臺民事案件審判的民事審判庭和執行局分別負責辦理。其他涉臺司法互助案件,包括送達文書、調查取證、罪贓移交案件,對於臺灣提出的協助請求,由最高人民法院或各高級人民法院協議聯絡人審查後,轉交中級或基層人民法院並由其自行確定的一個部門或審判庭負責具體辦理;對於案件審理法院對臺提出的協助請求,由本院涉臺司法互助專辦員審查後送交高級人民法院協議聯絡人審查(調查取證和罪贓移交案件轉送最高人民法院協議聯絡人審查),然後轉遞臺灣。

[38]大陸法院認可的臺灣裁判的範圍不僅包括民事判決、民事裁定、仲裁裁決、民事調解書和支付命令,實踐中也認可了刑事附帶民事和解筆錄。如,福建省廈門市

中級人民法院2008年4月29日作出的（2005）廈民認字第74號民事裁定，就認可了臺灣臺中地方法院於2004年8月18日所作「93年度附民字第58號」和解筆錄。

[39] 為討論方便，下文不再特別提及對大陸仲裁裁決的認可問題，有關問題與對待大陸法院裁判大同小異。

[40]「兩岸人民關係條例施行細則」第68條規定：「依本條例第七十四條規定聲請法院裁定認可之民事確定裁判、民事仲裁判斷，應經行政院設立或指定之機構或委託之民間團體驗證。」2009年兩岸司法互助協議第18條明定，依協議取得的資料免除此類形式證明。故，目前兩岸法院在認可對方裁判案件中，可以透過調查取證司法互助途徑請求查明對方有關裁判文書的真實性，而不一定要再辦理「驗證」或「公證」手續。

[41] 臺灣司法主管機構1994年11月在「（83）秘臺廳民三字第20542號」函中認為：「按臺灣與大陸地區人民關係條例第74條所定得聲請法院裁定認可而取得執行名義者，應以在大陸地區作成之民事確定裁判或民事仲裁判斷，並以給付為內容者為限，該法條文規定甚明。而得為執行名義之訴訟上調解，強制執行法第4條第4項第3款系以專款明定，與民事裁判分屬不同款別。就上述兩種法律參互以觀，該條例第74條所指民事確定裁判，宜解為不包括民事調解書在內。」

[42] 臺灣法務主管部門1994年12月22日發佈的「法83律決字第27860號」函認為：「惟究竟立法原意如何？大陸地區人民法院的離婚調解書或其它非以裁判為名的公文書，即使在大陸地區具有與裁判相同的效力，在臺灣亦非屬於法院認可的標的。」

[43] 據臺灣大陸事務主管部門人員介紹，臺灣法院實務中既有認可大陸法院調解書的案例，也有不認可的案例。另，臺灣目前對大陸法院離婚調解書，只要當事人能夠提供經雙方當事人簽名的送達回證或離婚調解書生效證明並在大陸辦理公證手續和經過海基會驗證，即可在戶籍所在地戶政事務所辦理離婚登記。

[44] 根據《人民調解法》第33條第2款和2012年《民事訴訟法》第195條，人民法院依法確認調解協議有效制執行。人民法院確認調解協議有效時，出具《確認決定書》，其效力類似於臺灣鄉鎮市調解委員會出具並經臺灣有關法院核定的調解書。

[45] 參見「兩岸人民關係條例」第74條立法理由：「兩岸地區之民事訴訟制度和商務仲裁體制有異，為維護我法律制度，並兼顧當事人權益，爰規定因爭議而在大陸地區作成之民事確定裁判或仲裁判斷，須不違背臺灣公共秩序或善良風俗，始得聲請法院裁定認可。又經聲請法院裁定認可之裁判或判斷，若系以給付為內容者，為實現其給付，並明定得為執行名義。」

[46] 臺灣「民事訴訟法」第402條規定：「外國法院之確定判決，有下列各款情形之一者，不認其效力：1.依中華民國之法律，外國法院無管轄權者。2.敗訴之被告未應訴者。但開始訴訟之通知或命令已於相當時期在該國合法送達，或依中華民國

法律上之協助送達者,不在此限。3. 判決之內容或訴訟程序,有背中華民國之公共秩序或善良風俗者。4. 無相互之承認者。前項規定,於外國法院之確定裁定準用之。」所謂「自動承認制」,即採行式審查主義,只要法院在形式上審查不具備法律設定的消極要件,即承認該外國法院判決的效力,即原則上與臺灣法院民事確定裁判有同一效力,除具有既判力外,還應具有執行力及形成力。參見:(臺)楊建華:《外國法院確定判決消極要件之認定》,載《問題研析民事訴訟法(一)》,洪惠慈發行1999年版,第334—336頁;(臺)石志泉原著,楊建華增訂:《民事訴訟法釋義》,三民書局1982年版,第452頁。

[47] 臺灣審判主管機構2007年11月15日就上訴人長榮國際儲運股份有限公司與被上訴人浙江省紡織品進出口集團有限公司間因債務人異議之訴等事件所作出的「96年度臺上字第2531號」民事判決要旨為:「兩岸人民關係條例第七十四條僅規定,經法院裁定認可之大陸地區民事確定裁判,以給付為內容者,得為執行名義,並未明定在大陸地區作成之民事確定裁判,與確定判決有同一之效力,該執行名義核屬強制執行法第四條第一項第六款規定其它依法律之規定得為強制執行名義,而非同條項第一款所稱我國確定之終局判決可比。又該條就大陸地區民事確定裁判之規範,系採裁定認可執行制,與外國法院或在香港、澳門作成之民事確定裁判(香港澳門關係條例第四十二條第一項明定其效力、管轄及得為強制執行之要件,準用民事訴訟法第四百零二條及強制執行法第四條之一之規定),仿德國及日本之例,依民事訴訟法第四百零二條之規定,就外國法院或在香港、澳門作成之民事確定裁判,采自動承認制,原則上不待我國法院之承認裁判,即因符合承認要件而自動發生承認之效力未盡相同,是經我國法院裁定認可之大陸地區民事確定裁判,應只具有執行力而無與我國法院確定判決同一效力之既判力,債務人自得依強制執行法第十四條第二項規定,以執行名義成立前,有債權不成立或消滅或妨礙債權人請求之事由發生,於強制執行程序終結前,提起債務人異議之訴。」

[48] 臺灣高等法院「96年度重上字第175號」二審民事判決認為,雖然「兩岸人民關係條例」對於大陸判決未采自動承認制,但基於條例第74條第3項所采取的平等互惠政策原則,應認大陸地區判決經臺灣法院認可裁定後有與確定判決同一之效力,方符禮讓原則、平等互惠原則及對大陸司法之尊重;且自法理層面而言,兩岸目前並非本國與外國之關係,仍應適用國際法律衝突之相同法理,比較「兩岸人民關係條例」第74條與「民事訴訟法」第402條之規定,就形式審查方面,兩者固相同,然就審查之項目及審查程序,前者顯較後者采取更寬鬆之方式,例如對大陸判決之承認與否僅以裁定程序進行審查,而未如對外國判決一般要求以較為嚴格之訴訟程序為之。外國判決除非構成「民事訴訟法」第402條第1項各款事由,否則當然具有與臺灣法院確定判決同一之效力,依舉輕以明重之法理,大陸判決經臺灣法院裁

定認可後,自應與臺灣法院確定判決有同一之效力。該院據此維持臺灣桃園地方法院「94年度重訴字第208號」一審判決。

[49]「96年度重上更(一)字第210號」民事判決。

[50]臺灣審判主管機構2008年11月13日「97年度臺上字第2376號」判決要旨為:經臺灣法院裁定認可之大陸民事確定裁判,應只具有執行力而無與臺灣法院確定判決同一效力之既判力。該大陸裁判,對於訴訟標的或訴訟標的以外當事人主張之重大爭點,不論有無為「實體」之認定,於臺灣當然無爭點效原則之適用。臺灣法院自得斟酌全辯論意旨及調查證據之結果,為不同之判斷,不受大陸法院裁判之拘束。

[51]涉及臺灣新竹地方法院以「96年度聲字第88號」裁定認可的浙江省寧波市中級人民法院(2005)甬民二初字第144號判決、浙江省高級人民法院(2006)浙民三終字第170號判決。

[52]參見(臺)伍偉華:《經臺灣法院裁定認可確定之大陸仲裁判斷是否有既判力?一最高法院97年度臺上字第2258號判決等見解之分析》,載《仲裁季刊》第88期2009年6月30日,第66-86頁。

[53](臺)黃國昌:《一個美麗的錯誤:裁定認可之中國大陸判決與仲裁判斷——評最高法院九十六年度臺上字第二五三一號判決》,載《月旦法學雜誌》第167期,2009年4月,第198頁。但該文同時認為,此案屬於「美麗的錯誤,是兩岸判決相互認可法制的後退,這個錯誤將促使臺灣立法者重新面對實質之考慮」。

[54]曾任海基會副董事長兼秘書長的臺灣知名學者、律師陳長文當年即在《聯合報》上發表題為《閉門造車的最高法院兄弟們》的文章,認為「必將造成兩岸人民就相同的爭議重複奔波於兩岸法院,不但損害當事人的權益,更玷汙司法的尊嚴」。文章載臺灣《聯合報》2009年4月27日All版。

[55](臺)伍偉華:《經臺灣法院裁定認可之大陸地區民事確定裁判是否有既判力?一臺灣最高法院96年第臺上字第2531號和97年度臺上字第2376號判決之評析》,載《臺大法學論叢》第38卷第4期2008年12月,第385-42頁。

[56]參見前注伍偉華文,第391-392頁。

[57]該案涉及江蘇省南京市中級人民法院(2005)寧民五初字第52號原告中達電通股份有限公司訴被告姬鳳岐、謝靜凱(曾用名謝國明)等4人買賣合約糾紛案。在南京中院判決生效後,中達電通股份有限公司向臺灣臺北地方法院申請認可該判決,臺北地方法院作出「99年度聲字第2748號」民事裁定,認可南京中院判決。之後,在強制執行程序中,謝靜凱作為原告提起債務人異議之訴,臺北地方法院於2011年5月18日作出「99年度重訴字第1361號」民事判決認為,南京中院判決只具有執行力而不具有既判力,債務人自得提起債務人異議之訴,「最高法院96年度臺上字

第 2531 號判決意旨可參」;該院還認定南京中院判決確認的債權不存在。該案目前已被上訴至臺灣高等法院待決。

[58] 目前世界各國和地區關於承認與執行外國法院判決的方式主要有登記制(如英國對於英聯邦國家和歐盟國家)、重新審理制(英國對於非英聯邦國家和非歐盟國家)、裁定承認制和自動承認制四種。參見張自合:《論經承認的外國法院裁判的效力》,載《探求》2013 年第 1 期。

[59] 根據 2012 年修訂的《民事訴訟法》第 199 條,當事人對已經發生法律效力的判決、裁定,認為有錯誤的,可以向上一級人民法院申請再審。此外,該法第 227 條規定了強制執行程序中的案外人異議之訴和申請執行人異議之訴(也稱許可執行之訴)制度,但這與臺灣強制執行程序中的債務人異議之訴制度有所不同。

[60] 實踐中債務人往往會先申請免於執行並提供擔保,然後再在法定期限內提出債務人異議之訴。

[61] 大陸的直接送達,指直接送交受送達人。以下幾種情況都屬於直接送達:受送達人是公民的,本人不在交其同住成年家屬簽收;受送達人是法人或者其他組織的,應當由法人的法定代表人、其他組織的主要負責人或者該法人、組織負責收件的人簽收;受送達人有訴訟代理人的,可以送交其代理人簽收;受送達人已向人民法院指定代收人的,送交代收人簽收。留置送達,指受送達人或者其同住成年家屬拒絕接收訴訟文書的,送達人可以邀請有關基層組織或者所在單位的代表到場,說明情況,在送達回證上記明拒收事由和日期,由送達人、見證人簽名或者蓋章,把訴訟文書留在受送達人的住所;也可以把訴訟文書留在受送達人的住所,並采用拍照、錄像等方式記錄送達過程,即視為送達。簡易送達,指經受送達人同意,人民法院可以采用傳真、電子郵件等能夠確認其收悉的方式送達訴訟文書,但判決書、裁定書、調解書除外。委託送達,指直接送達訴訟文書有困難的,可以委託其他人民法院代為送達。郵寄送達,指人民法院將所送達的文書交付郵局,郵局用掛號寄給受送達人。公告送達,指人民法院以張貼佈告、登報等方式將訴訟內容,公開告知受送達人。

[62] 臺灣的直接送達,又稱本人送達,指送達機關將應送達之文書直接送達於應受送達人本人,此行為可在法院內或受送達人之住居所、事務所或營業所為之。間接送達,又稱補充送達,指在應受送達人住居所、事務所或營業所未見到該應受送達人時,可將文書交付與應受送達人有辨別事理能力的同居人或受僱人。此處「同居人」不以具有親屬關係或永久共同生活為必要,但必須以相當繼續性居住一處共同生活。「受僱人」不以給付報酬或訂有僱傭合約為前提,但必須有持續性服務關係,如法人或其他組織的收發人員、經住戶委任或依習慣代住戶收受送達之大廈公寓管理員。寄存送達,指文書不能依直接送達或間接送達方式送達時,將文書寄存於送達地之自治或警察機關,並作送達通知書兩份,一份黏貼於應受送達人住居所、事

務所、營業所或其就業處所門首，另一份置於送達處所信箱或其他適當位置。無論應受送達人實際上於何時收受文書，均應自寄存之日起，經 10 天發生法律效力。但如應受送達人在寄存送達發生效力前，已向寄存機關領取寄存文書，則領取時即發生送達效力，寄存機關對受寄存的文書，應保存 2 個月，期滿後應受送達人未領取，寄存機關應將送達文書退回法院，但並不影響寄存送達效力。留置送達，指應受送達人拒絕受領而無法律上理由的，將文書置於送達處所，則視為已經送達，其中「應受送達人」包括同居人或受僱人在內。送達人遇應受送達人無法律上正當理由拒絕受領而難以將文書置於送達處所的，如送達地址在樓房高層，應受送達人拒絕受領，又不開啟樓門，以致難以將文書留置時，可改用寄存送達方式送達。公示送達，指將應送達之文書，依一定程式公示後，經過一定時間，則可與實際交付應受送達人本人有同一效力的送達方式。

[63]《最高人民法院關於人民法院辦理海峽兩岸送達文書和調查取證司法互助案件的規定》第 8 條規定：「人民法院協助臺灣法院送達司法文書，應當采用民事訴訟法、刑事訴訟法、行政訴訟法等法律和相關司法解釋規定的送達方式，並應當儘可能采用直接送達方式，但不采用公告送達方式。」臺灣司法主管機構 2009 年 10 月 30 日秘臺廳少家二字第 0980023052 號函針對大陸人民法院函請協助張貼公告應如何處理問題明確指出：「我國民事訴訟法有關囑託送達之規定，並未包括代他法院張貼公告之行為；又『張貼公告』非屬文書之送達，不在兩岸簽訂之《海峽兩岸共同打擊犯罪及司法互助協議》之範圍。」但臺灣法院在認可大陸法院判決案件中有實務見解認為，係爭大陸判決僅采用公示送達方式在大陸對抗告人為訴訟文書之送達，確有令抗告人無從得知被訴而實際出庭應訴，無法保障抗告人充分行使實質攻擊防禦權之情事，不符臺灣「民事訴訟法」程序上程序保障原則之要求及「民事訴訟法」第 402 條第 1 項第 2 款規定，自堪認係爭大陸判決有違背公共秩序或善良風俗之情形，不應準予認可。參見臺灣臺北地方法院「99 年度抗字第 125 號」民事裁定，轉引自（臺）陳榮傳：《兩岸協議在訴訟上衍生的問題》，載《第二屆兩岸和平發展法學論壇論文集（下）》（2013 年 8 月），第 721 頁。

[64] 但是，罪犯移管司法互助也被列入兩岸司法互助協議第三章「司法互助」，開展罪犯移管不可能放棄「雙重犯罪原則」的適用，臺灣 2013 年 7 月起施行的「跨國移交受刑人法」第 4 條對此也有明文規定。

[65] 實務界一般認為，司法互助證據的取得和審查，應分別依協助方和請求方的法律為準據法。參見董武全：《兩岸刑事司法互助之證據調查——兼論〈海峽兩岸共同打擊犯罪及司法互助協議〉》，載《2009 海峽兩岸司法實務熱點問題研究（上）》，人民法院出版社 2010 年版，第 235 頁。

[66]《最高人民法院關於人民法院辦理海峽兩岸送達文書和調查取證司法互助案件的規定》第24條規定：「對於依照協議和本規定從臺灣獲得的證據和司法文書等材料，不需要辦理公證、認證等形式證明。」

[67]《最高人民法院關於適用〈中華人民共和國刑事訴訟法〉的解釋》第405條規定：「對來自境外的證據材料，人民法院應當對材料來源、提供人、提供時間以及提取人、提取時間等進行審查。經審查，能夠證明案件事實且符合刑事訴訟法規定的，可以作為證據使用，但提供人或者我國與有關國家簽訂的雙邊條約對材料的使用範圍有明確限制的除外；材料來源不明或者其真實性無法確認的，不得作為定案的根據。當事人及其辯護人、訴訟代理人提供來自境外的證據材料的，該證據材料應當經所在國公證機關證明，所在國中央外交主管機關或者其授權機關認證，並經我國駐該國使、領館認證。」

[68]如臺灣審判主管機構「96年度臺上字第5388號」和「99年度臺上字第5360號」刑事判決。

[69]臺灣「刑事訴訟法」第159條之2規定：「被告以外之人於檢察事務官、司法警察官或司法警察調查中所為之陳述，與審判中不符時，其先前之陳述具有較可信之特別情況，且為證明犯罪事實存否所必要者，得為證據。」

[70]臺灣「刑事訴訟法」第159條之3規定：「被告以外之人於審判中有下列情形之一，其於檢察事務官、司法警察官或司法警察調查中所為之陳述，經證明具有可信之特別情況，且為證明犯罪事實之存否所必要者，得為證據：一、死亡者。二、身心障礙致記憶喪失或無法陳述者。三、滯留國外或所在不明而無法傳喚或傳喚不到者。四、到庭後無正當理由拒絕陳述者。」

[71]臺灣「刑事訴訟法」第159條之4規定：「除前三條之情形外，下列文書亦得為證據：一、除顯有不可信之情況外，公務員職務上製作之紀錄文書、證明文書。二、除顯有不可信之情況外，從事業務之人於業務上或通常業務過程所須製作之紀錄文書、證明文書。三、除前二款之情形外，其他於可信之特別情況下所製作之文書。」

[72]之前已有臺灣審判主管機構「100年度臺上字第4813號」刑事判決認為，大陸公安機關所製作證人筆錄，因公安機關非屬臺灣偵查輔助機關，故不能直接適用「刑事訴訟法」第159條之2或之3之規定，得逕依「刑事訴訟法」第159條之4第3款判斷其證據能力。參見（臺）林家賢：《司法公正與證據采信》，載《2013年海峽兩岸司法實務研討會論文彙編（下）》，第209頁。

[73]參見（臺）魏俊明：《跨境取證之相關問題——以最高法院判決對於證人在大陸地區證述之見解為中心》，載《2013年海峽兩岸司法實務研討會論文彙編（下）》，第196-203頁；（臺）許福生：《論兩岸刑事司法互助調查取證之證據能力》，載同前《論文彙編》第224-228頁（許福生同時認為，承認傳聞例外的同時，應適用「補

強法則」，須有其他證據補強證人證言時方可，即不能以該證人證言作為認定犯罪事實的唯一證據）。

[74] 在世界各國的普遍實踐中，域外取證應當取得證據或證人所在地當局的同意，即使證人有義務出庭作證，如果所在地當局不同意就不能強制要求作證，更不能采取強制措施。參見韓德培主編：《國際私法》，高等教育出版社 2000 年版，第 447 頁。

[75] 初步考慮兩岸各設 6 點（臺灣 6 個「地檢署」、大陸 6 省份的檢察院），但目前因通信加密方式不兼容等問題，實際尚未正式啟動。

[76] 臺灣法院曾在一起調查取證司法互助案件中向大陸法院提出了遠距視訊請求，但很遺憾，證人查無可找，未能實際推進。近期臺灣法院已提出另一起類似的調查取證請求，端賴證人能否找到以及是否願意作證。

[77] （臺）陳榮傳：《兩岸司法互助的協議與實施》，載《人民司法》2011 年第 13 期第 17 頁。

[78] 目前臺方送達文書司法互助實際上仍由設在海基會的文書送達中心轉遞（使用臺灣法務主管部門協議聯絡人名義），調查取證才由臺灣法務主管部門自行轉遞。

[79] 就兩地貿易額而言，兩岸 2008 年是 1292.2 億美元，2012 年達到 1689.6 億美元；內地與香港 2008 年是 2036.7 億美元，2012 年達到 3414.9 億美元；內地與澳門 2008 年是 29.1 億美元，2012 年達到 29.9 億美元（數據源於商務部官網）。就兩地人員往來而言，兩岸 2008 年是 464.6 萬人次，2012 年達到 797 萬人次；內地與香港 2008 年是 9521 萬人次，2012 年達到 11362 萬人次；內地與澳門 2008 年 3457 萬人次，2012 年達到 3806 萬人次（數據源於對《中國統計年鑒》、《香港統計年刊》、國務院臺辦官網、國家旅遊局官網和澳門特區政府統計局官網等訊息的綜合）。有關具體數據參見附表 2。

[80] 臺港澳三地人口數為 2012 年數字，源自《中國統計年鑒》。有關具體數據參見附表 2。

[81] 如，可以明確允許互涉案件當事人利用兩岸司法互助途徑向案件審理法院提交訴辯意見和證據材料等，近期臺灣法院在一起協助大陸法院調查取證並送達文書的案件中就直接將臺方當事人的答辯書一併附送回覆大陸方面 [最高人民法院（2013）法助請臺（調）字第 39 號和臺灣第 1020061391 號調查取證回覆書，涉及廣東省東莞市第一人民法院（2012）東一法民四初字第 264 號信用卡糾紛案]。又如，對於前文所述遠距視訊問題，在技術條件具備並能保證通信安全的前提下，兩岸法院完全可以透過遠距視訊對證人等進行調查取證乃至庭審質證。

[82] 臺北大學教授陳榮傳曾在大陸發表文章認為，在兩岸司法互助協議生效後，臺灣方面有必要修正「兩岸人民關係條例」第 74 條，使認可的範圍擴展到大陸裁判有同等效力的所有文件；對於臺灣「最高法院」的第 2376 號判決實有必要根據協議強

調的互惠原則重新檢討改進參見（臺）陳榮傳：《兩岸司法互助的協議與實施》，載《人民司法》2011年第13期第18-19頁。曾任海基會副董事長兼秘書長的臺灣知名學者、律師陳長文近期也再次撰文呼籲：「政府應該盡速修正兩岸條例，並在第七十四條中明定大陸確定民事判決及仲裁判斷應具有既判力。」參見（臺）陳長文：《大陸民事確定判決及仲裁判斷應具有既判力》，載《中國時報》2012年12月3日A14版。

[83] 兩岸司法互助協議已經規定了互惠原則，沒有必要再重複。況且，目前大陸有關司法解釋中也未出現這種互惠條件的規定。

[84] 由於篇幅和兩岸刑事法律問題的複雜性，本文對兩岸刑事裁判認可問題未作介紹與研究。

[85] 大陸現有33個高級人民法院（含解放軍軍事法院和新疆維吾爾自治區高級人民法院生產建設兵團分院）、400多個中級人民法院和3100多個基層人民法院。考慮到大陸地域廣大，法院眾多而不易辨識與聯絡，由臺灣法院直接與所有大陸中級、基層人民法院間相互請求開展送達文書司法互助在目前條件下似乎並不很現實。

[86] 2012年已達9599件，預計2013年將過萬件。

[87] 中國內地與香港目前簽署有《關於內地與香港特別行政區法院相互委託送達民商事司法文書的安排》（1998年）、《關於內地與香港特別行政區法院相互執行仲裁裁決的安排》（1999年）、《關於內地與香港特別行政區法院相互認可和執行當事人協議管轄的民商事案件判決的安排》（2006年）3項安排；與澳門簽署有《關於內地與澳門特別行政區法院就民商事案件相互委託送達司法文書和調取證據的安排》（2001年）、《關於內地與澳門特別行政區法院相互認可和執行民商事判決的安排》（2006年）、《關於內地與澳門特別行政區法院相互認可和執行仲裁裁決的安排》（2007年）3項安排。上述6項安排均在2009年兩岸司法互助協議以前。

[88] 內地與香港的制度性司法協助目前僅侷限於民商事領域的部分內容，內地與澳門的制度性司法協助也仍侷限於民商事領域，內地與港澳在刑事領域和內地與香港在一般民事裁判認可以及調查取證領域目前尚未建立制度性安排。

[89] 2008-2012年5年間，內地與香港相互委託協助送達文書案件共6058件（基本上是兩岸間一年的相互請求量），內地與澳門相互委託送達和調查取證案件共301件（幾乎是兩岸間一年的調查取證請求量）。

[90] 數據源自商務部官網。

[91] 數據源自國務院臺辦官網、《中國統計年鑒》、《香港統計年刊》、澳門統計局官網等。

[92] 數據源自中央人民政府官網、《中國統計年鑒》、臺灣統計資訊網、《香港統計年刊》、澳門統計局官網等。

[93] 數據源自《中國統計年鑑》、《香港統計年刊》、澳門統計局官網等。

[94] 數據源自《中國統計年鑑》、《香港統計年刊》、澳門統計局官網等。

▌兩岸刑事案件調查取證協助中的衝突及其解決——以兩岸證據制度的比較為視角

姚莉[1]

一、兩岸刑事案件調查取證協助概述

隨著海峽兩岸人民的密切交流和頻繁往來，為有效打擊日益嚴重的跨境犯罪，確保兩岸人民生命、財產安全，建立雙方交流往來的新秩序，2009年4月26日，海峽兩岸關係協會（海協會）與財團法人海峽交流基金會（海基會）就兩岸共同打擊犯罪及司法互助事項簽訂《海峽兩岸共同打擊犯罪及司法互助協議》（以下簡稱《協議》），開啟了兩岸司法互助的新篇章。協議涉及的內容包括「共同打擊犯罪、送達文書、調查取證、認可及執行民事判決與仲裁裁決（仲裁判斷）、移管（接返）被判刑人（受刑事裁判確定人）及雙方同意之其他合作事項」，涵蓋的範圍極廣。作為對當前海峽兩岸大量刑事案件需要對岸提供調查取證司法協助之現狀的回應，《協議》首次規定了兩岸刑事調查取證互助事項。刑事調查取證是刑事訴訟的基礎，在國際刑事司法協助中，相互代為調查收集有關涉外刑事案件的證據始終是各國之間在國際刑事司法協助中最普遍採用的合作形式。隨著海峽兩岸的互通有無、密切往來，一些不法分子在大陸或臺灣大肆從事網絡詐騙、綁架、敲詐勒索、走私、販毒等犯罪活動，同一犯罪集團之成員及證據常分散於海峽兩地，兩岸法院均有審判權，以目前的兩岸司法現狀，案件還不能合併由一地法院審判，請求對方協助調查取證是辦理該類案件所必不可少的程序。故兩岸調查取證的合作不僅是當前兩岸刑事司法互助的重點，也是推動兩岸司法互助取得實質性進展的關鍵點。

根據《協議》第8條之規定，海峽兩岸調查取證互助措施項目眾多，涵蓋了「合作協查、偵辦；確定關係人所在或確認其身份；提供書證、物證及視聽資料；取得證言及陳述；勘驗、鑒定、檢查、訪視、調查；搜索及扣押

等」豐富的內容。《協議》第8條還規定：「雙方同意依己方規定相互協助調查取證，受請求方在不違反己方規定前提下，應儘量依請求方要求之形式提供協助」，由此確定受請求方的法律規定為協助調查取證的主要法律依據。但《協議》的規定顯得過於原則和粗疏，兩岸協助調查取證的許多細節問題難以找到明確的答案，如：協助調查取證的方式如何？是否允許請求方偵查人員到受請求方之處親自調查取證，或允許請求方偵查人員陪同受請求方偵查人員共同調查取證？更為重要的是，協助調查取證不分情形統一以受請求方法律規定為依據，其合理性與可行性如何？依受請求方法律規定獲得的證據在證據使用地的證據效力如何保證？由於歷史的原因，海峽兩岸的證據制度表現出較多的差異，協助取證過程中不免會出現兩岸刑事證據規定的衝突，如何協調該衝突，保證跨境取證的效力便成為我們需要研究的問題。

二、兩岸證據制度的差異及由此產生的衝突

2012年3月14日，第十一屆全國人民代表大會第五次會議對《中華人民共和國刑事訴訟法》進行了修改，修改後的刑事訴訟法（以下簡稱新《刑訴法》）對證據制度作了較大幅度的修改和完善，如，完善了非法證據排除規則，明確了證人應當出庭作證的案件範圍並規定了強制出庭作證制度，強化了對證人的權利保障，從而與臺灣的證據制度表現出更大的共通性，為兩岸調查取證司法互助創造了有利的條件。但兩岸的證據制度及相關制度在某些方面仍存在較大的差異，尤其是大陸有關犯罪嫌疑人、被告人、證人等權利保障的事項與臺灣相比仍有差距。具體而言，兩岸證據制度的差異及由此帶來的協助調查取證的困惑主要體現在如下幾個方面。

（一）證人拒證規則

證人拒證規則是透過免除證人的作證義務從而使證人擺脫作證困境的權利規則，正如美國的喬恩·R·華爾 教授關於證人拒絕作證權的表述中所講：「社會期望透過保守秘密來促進某種關係。社會極其重視某些社會關係，為捍衛保守秘密的本性，甚至不惜失去與案件結局關係重大的訊息。」[2]該規則是法律在訴訟內利益和穩定社會關係利益之間進行權衡的結果。臺灣「刑訴法」關於證人拒絕作證權的規定十分豐富，涉及的主體極為廣泛。該法第

179 條規定了公務員因公務秘密而享有的拒證權；第 180 條規定了廣泛的親屬拒證權，享有親屬拒證權的主體包括「配偶、直系血親、三親等內之旁系血親、二親等內之姻親或家長家屬者、訂有婚約者、法定代理人」；第 181 條規定了證人因擔心其陳述會導致自己或親屬受刑事追訴或處罰而享有的拒證權；第 182 條規定了醫師、宗教師、律師等因業務關係而享有的拒證權。而《刑訴法》長期以來缺乏證人拒證權的規定，新《刑訴法》第 188 條增加規定：「經人民法院通知，證人沒有正當理由不出庭作證的，人民法院可以強制其到庭，但是被告人的配偶、父母、子女除外。」初步建立了大陸的強制證人出庭及近親屬拒絕作證制度。但該規定存在明顯的缺陷：一方面，享有拒證權的主體範圍過於狹窄；另一方面，拒證權的內容不全面，被告人的配偶、父母、子女僅僅是在審判階段享有不被強製出庭作證的權利，其在偵查階段和審查起訴階段的作證義務並沒有被免除。

根據《協議》「雙方同意依己方規定相互協助調查取證」之規定，如果臺灣請求大陸協助詢問證人，證人似乎不能夠以其依照臺灣法律享有的拒證權拒絕舉證。但依照聯合國 1990 年《刑事互助示範條約》第 12 條之規定，被要求在被請求國或請求國國內舉證的人，既可以依照被請求國法律規定，也可以依照請求國法律規定，拒絕舉證。該條還規定：「如某人聲稱他按照對方的法律有權利或義務拒絕舉證，該人所在的國家對該情事應將對方主管當局出示的證明作為該項權利或義務是否存在的憑證。」[3] 雖然依照該規定，請求國的法律規定在受請求國適用不免與司法主權原則有所牴觸，但這樣的規定可以充分保障證人的拒證權，也避免了透過司法互助取得的證據因違反證據使用地法律規定而被認定為無效的風險。既然國際調查取證互助都允許證人依照請求國的法律規定主張拒證權，區際調查取證互助是否更應該如此，《協議》的上述規定是否合理值得商榷。

（二）詢問證人的主體和程序

依據臺灣「刑訴法」，警察機關為偵查輔助機關，檢察官才是唯一的偵查主體，故證人對檢察官作出的陳述與對警察作出的陳述具有完全不同的證據效力。按照臺灣「刑訴法」第 159 條之 1 的規定，作為傳聞法則之例外，證人在偵查中對檢察官作出的陳述，除明顯有不可信的情況之外，均可以作

為證據；而按照臺灣「刑訴法」第159條之2、之3、之4、之5的規定，證人在警察面前作出的陳述即警訊筆錄原則上不具備證據能力，只有在例外的情況下才可以作為證據：如，證人的該陳述與在審判中作出的陳述不符，且在警察面前所作的陳述具有較可信的特別情況；證人在審判中處於死亡、身心障礙、滯留國外等供述不能的狀態；公務員職務上製作的記錄文本；當事人在審判程序中同意該陳述作為證據。而根據《刑訴法》的規定，除職務犯罪案件由檢察機關偵查和法律規定的其他情況之外，刑事案件的偵查由公安機關進行。除《刑訴法》第187條規定的證人應當出庭作證的情形之外，公安機關詢問證人製作的證言筆錄經當庭宣讀後可以作為證據，且公安機關和檢察機關所作的證言筆錄在證據效力上並無差別。

依照臺灣「刑訴法」第187-189條之規定，證人在檢察官和法官進行詢問之前或之後需踐行具結程序以確保證言的真實性，臺灣「刑法」第168條規定的偽證罪，也只包含證人在檢察官或法官詢問時作出的虛偽陳述；而依據《刑訴法》第123條之規定，偵查人員（含公安機關、國家安全機關、人民檢察院等偵查機關的偵查人員）訊問證人並不需要證人履行類似具結的程序，偵查人員僅需告知證人「應答如實提供證據、證言和有意作偽證或隱匿罪證要負的法律責任」。《中華人民共和國刑法》（以下簡稱《刑法》）第305條規定的偽證罪也包含證人在公安機關面前所作的虛假陳述。

兩岸證人制度各方面的區別會造成協助調查取證的諸多困惑並直接影響到跨境證人證言的證據效力。如：大陸公安機關請求臺灣協助訊問證人，是由臺灣的警察還是檢察官來訊問，訊問之前是否必須履行具結程序；反之，如果臺灣的檢察官請求大陸協助訊問證人，是由偵查人員還是由檢察官協助詢問，未經具結程序徑行訊問取得的證言筆錄是否具備證據效力。在臺灣的司法實踐中，曾有地方法院裁定對大陸公安機關協助取得的證人證言可以類推適用臺灣「刑訴法」第159條之1關於檢察官訊問筆錄之規定，原則上具有證據效力，也有法院裁定大陸公安的記載的證人筆錄為傳聞證據之一種，可類推適用臺灣「刑訴法」之2或同條之3關於警訊筆錄在例外情形下具備證據效力之規定。[6] 由此可見，證人在大陸公安機關面前作的陳述在臺灣證據法上的效力還遠未達成共識，尚有較大的討論空間。

(三) 訊問犯罪嫌疑人、被告人的程序

其一，根據臺灣「刑訴法」第95條之規定，在對犯罪嫌疑人、被告人進行訊問時，應當告知其所犯的罪名，並告知其可以保持緘默、可以選任辯護人、可以請求調查有利證據。依照臺灣「刑訴法」第158條之2的規定，如果檢察事務官、司法員警官或司法員警訊問受拘提、逮捕的被告人或犯罪嫌疑人時，沒有告知保持緘默、選任辯護人的權利，該自白和陳述將不得作為證據使用。該告知程序確定了臺灣的沉默權制度，類似於美國的「米蘭達」警語，故有學者將其稱為臺灣的米蘭達。新《刑訴法》在證據一章的第50條增加規定「不得強迫任何人證實自己有罪」，從而確定了國際社會通行的反對強迫自證其罪原則，但由於新《刑訴法》沒有對沉默權及沉默權事前告知程序進行明確規定，僅有第33條規定：「偵查機關在第一次訊問犯罪嫌疑人或者對犯罪嫌疑人採取強制措施的時候，應當告知犯罪嫌疑人有權委託辯護人。」且新《刑訴法》第118條保留了原有規定「犯罪嫌疑人對偵查人員的提問，應當如實回答」，與「不得強迫自證其罪」原則形成一定衝突，故大陸是否具備沉默權制度在理論界和實務界尚存在較大爭議。

其二，依據臺灣「刑訴法」第100條之1，除有緊急情況之外，犯罪嫌疑人、被告人供述筆錄必須全程連續錄音，必要時還應全程連續錄影。大陸關於對訊問過程實行同步錄音錄像的規定出臺較晚，最高人民檢察院於2005年12月15日發佈《最高人民檢察院訊問職務犯罪嫌疑人實行全程同步錄音錄像的規定（試行）》，2012年新修改的《刑訴法》增加規定錄音錄像制度，該法第121條規定：「偵查人員在訊問犯罪嫌疑人的時候，可以對訊問過程進行錄音或者錄像；對於可能判處無期徒刑、死刑的案件或其他重大犯罪案件，應當對訊問過程進行錄音或者錄像。錄音或者錄像應當全程進行，保持完整性。」在大陸，必須對訊問犯罪嫌疑人的過程進行錄音錄像的案件為檢察機關立案偵查的職務犯罪案件和「可能判處無期徒刑、死刑的案件或者其他重大犯罪案件」，強制錄音錄像的案件範圍比臺灣要小。

其三，根據臺灣「刑訴法」第245條之規定，犯罪嫌疑人、被告人接受偵訊時，辯護人可以在場並陳述意見，除緊急情況之外，偵查人員應向辯護人通知訊問的時間和地點；《刑訴法》並無辯護人在場權的相關規定。

透過比較兩岸的犯罪嫌疑人、被告人訊問程序，可以看出，臺灣對犯罪嫌疑人、被告人的權利保障更為全面，證據規則的標準不同會帶來境外取證的兩難境地。如果採用受請求方法律規定，證據使用地特別是證據要求更為嚴格的請求方未必能承認該證據的效力，證據的可信度會受到影響；如果採用請求方法律規定，受請求方的取證人員未必熟悉對方的法律規定及實務操作模式。而且，無論以哪一方的法律為依據，訊問程序的差異都會帶來人權保障的雙重標準，即允許對境外取證涉及的對象提供較低或較高的人權保障，分別形成對境外人員或境內人員的不公，並難以避免對雙方現存法秩序構成的衝擊。

（四）強制性偵查措施的批準程序

協助調查取證的方式既包括詢問證人、訊問犯罪嫌疑人、被告人等非強制性措施，也包括搜查、扣押物證、書證等強制性措施。跨境犯罪如網絡詐騙、走私、販毒等通常具有社會危害性大且智慧化程度高的特點，在合力協查、偵辦中，為保證偵查活動的順利進行，技術偵查措施及逮捕、拘留等強制措施也常有涉及。但在強制性偵查措施的批準程序上，兩岸有著截然不同的規定。臺灣實行強制性偵查措施的「法官令狀主義」，根據臺灣「刑訴法」第 101 條之規定，檢察官只有羈押申請權，法院才有羈押決定權；根據臺灣「通訊保障及監察法」，監聽必須由法院核發通訊監聽書。而在大陸，逮捕作為剝奪犯罪嫌疑人、被告人人身自由最為嚴厲的強制措施，由檢察機關審查批準，除此之外，其他的強制性偵查措施包括技術偵查措施通常都由偵查機關自行決定，所有的偵查措施均不需要法院的授權。由此產生的問題在於：雙方在強制性偵查措施的配合上，是由請求方將己方強制性偵查措施的批準文件（如臺灣法官簽發的拘票、通訊監察書或大陸檢察機關簽發的批準逮捕決定書）徑直交由受請求方司法機關執行，還是由受請求方有權限的機關代為批準後再交執行機關執行？

三、兩岸調查取證互助衝突之解決路徑

（一）大陸對臺灣相關刑事證據制度的借鑑

兩岸調查取證互助的諸多問題產生的根本原因在於兩岸證據制度的差異，透過比較，可以看出臺灣的證據制度在保障人權、確保程序正當等方面比大陸證據制度更為周延，且兩岸統屬大陸法系，均有采職權主義訴訟模式的體驗和吸收改良當事人主義訴訟模式的探索，大陸對臺灣證據制度的借鑑不僅必要而且可行，這不僅是完善大陸證據制度的有效方式，也是解決兩岸調查取證互助之瓶頸的基本路徑。大陸對臺灣證據制度的借鑑可以從下幾個方面進行：

1.擴大拒證權的主體範圍和適用階段

法律天然具有道德理性，羅馬法諺雲：「法律不強人所難。」出於對保護親情、職業倫理和公務倫理的需要，無論是大陸法系國家還是英美法系國家均賦予公民一定的拒證特權，只是享有證據特權的主體範圍和內容不盡相同。中國古代就有「親親相隱」的文化傳統和社會倫理習慣，「親親相隱」的司法原則最早在漢代法律中就被確定下來並成為中國古代法律制度儒家化的重要標誌。自漢迄清，容隱制度的範圍呈不斷擴大趨勢，民國時期的刑事訴訟法律中亦有此種規定。[8] 臺灣的拒證權規則正是民國容隱制度的延續和發展。新中國成立後，源於過分強調國家、集體利益而忽視個人價值的思想理念，立法片面突出法的工具性、階級性價值而忽視對個人價值的應有保護，故包括親屬拒證權在內的證人拒證特權在大陸立法中長期缺位。無論是《刑法》第305條規定的偽證罪還是《刑訴法》第60條、第123條所規定的「證人如實提供證人證言的義務」都並不因證人的近親屬身份或職業、公務等特殊身份而有任何差異。2012年新修改的《刑訴法》第188條明確被告人的配偶、父母、子女享有在法庭審理階段不被強製出庭作證的豁免權，具有重大的進步意義，但如上所述，該規定在主體範圍和適用階段上均有較大的缺陷。

完善大陸的證人拒證權規則，一方面，要擴大拒證權的主體範圍，因兩岸的歷史、傳統、價值觀同根同源，大陸可以借鑑臺灣的拒證權主體範圍，構建涵蓋親屬拒證特權、職業拒證特權、公務拒證特權在內的完整的證人拒證權。在親屬拒證特權的範圍上，因臺灣「刑訴法」規定的範圍寬泛，完全借鑑恐不利於對犯罪的追訴，可將範圍確定為《刑訴法》第106條第6項規

定的人員,即「夫、妻、父、母、子、女、同胞兄弟姐妹」,基於大陸獨生子女政策和人口老齡化現狀導致祖父母和外祖父母成為家庭重要成員的基本國情,可以在該條規定的近親屬範圍基礎上增加祖父母、外祖父母、孫子女、外孫子女。[9] 另一方面,擴大證人拒證權的適用階段,明確拒證權的內容,不僅賦予拒證權主體在審判階段不被強製出庭作證的權利,也要保障其在偵查、審查起訴階段的拒絕作證特權。結合《刑訴法》第187條、第190條之規定,除187條規定的應當出庭作證的證人之外的其他證人的證言筆錄經宣讀也可以作為證據使用,這些規定很可能使《刑訴法》第188條規定的拒證權落空,而實際上,真正意義上的拒證權不僅包括在審判階段拒絕出庭作證的權利,也應包括拒絕在任何階段以任何形式作證的權利。

2. 完善犯罪嫌疑人、被告人訊問程序的程序規制

其一,對沉默權予以明確規定並確立沉默權事先告知程序,保障「不得強迫自證其罪」原則的貫徹落實。沉默權與「不被強迫自證其罪」原則是一個事物的兩個方面,沉默權的說法側重於行使此項權利的形式,而「不被強迫自證其罪」則強調行使此項特權的目的,角度不同而已。[10] 有學者認為,與美國明示的沉默權制度不同,中國大陸實行的是默示的沉默權制度,新《刑訴法》第50條規定的「不得強迫任何人證實自己有罪」構成大陸沉默權制度的法律依據。[11] 但筆者認為,鑒於大陸長期以來存在的「坦白從寬、抗拒從嚴」刑事政策根深蒂固,加上偵查機關權力過大、制約不足,而公民權利孱弱且保護乏力,大陸有必要對沉默權以明示的方式予以規定,以保證「不被強迫自證其罪」原則真正發揮作用。因沉默權與犯罪偵查需要存在天然衝突,為防止公民的沉默權面對強大的公安司法機關出現難以維系的局面,相應的制度保障必不可少,沉默權的事先告知程序便是最其中最為重要的保障制度。確立沉默權的事先告知程序也是「法律面前人人平等」的憲法原則的必然要求,因為「富有的、受過教育的或智力高的嫌疑人很可能從外界得知他有沉默權;反之,貧窮的、未受過教育的或智力低的嫌疑人則不知道這種特權」。[12]

其二,明確訊問時的辯護律師在場權。辯護律師在場權對於建立符合訴訟民主要求的控辯平衡訴訟機制、保障被追訴人的供述任意性、推動大陸偵

查訊問方式和刑事辯護制度的改革意義重大。新《刑訴法》對辯護制度進行了大幅度的修改，其中偵查階段律師辯護權的「名歸正傳」是修改的一大亮點，新《刑訴法》第34條還對刑事法律援助制度進行了完善，拓寬了法律援助的範圍和對象。立法的日臻完善和律師行業的迅速發展為大陸確立辯護律師在場權奠定了基礎和條件，《刑訴法》有必要參照臺灣「刑訴法」第245條之規定，明確辯護律師在犯罪嫌疑人接受訊問時的在場權。當然，在目前律師資源缺乏的情況下，至少立法應規定重大的案件，比如可能判處「死緩無」的案件，應當保障律師的在場權。

其三，逐步擴大強制錄音錄像的案件範圍。隨著科技的發展和數碼產品的廣泛應用，錄音錄像在技術和成本上都不再是大的問題。新《刑訴法》完善了非法證據排除規則，要求檢察機關和公安機關對證據收集的合法性承擔證明責任。大陸有必要盡快實現偵查訊問強制錄音錄像的全面覆蓋，有效防止偵查人員違法取證，充分保障犯罪嫌疑人人權，同時，同步錄音錄像也可以造成防止犯罪嫌疑人、被告人翻供，保護偵查人員不被誣陷的作用。

（二）協助調查取證準據法的合理選擇

《協議》規定：「雙方同意依己方規定協助調查取證……受請求方在不違反己方規定前提下，應儘量依請求方要求之形式提供協助。」依照該規定，受請求方的法律規定即取證地法是協助調查取證的準據法，即使請求方有特殊的形式要求，也不能違反取證地的相關規定。筆者認為，不分情況將取證地法規定為協助調查取證的準據法不能很好地調和兩岸調查取證制度的差異並保證協助取證的有效性，應區分調查取證的具體執行程序和批準、執行機構兩個層面，分別適用不同的準據法。[13]

首先，調查取證的具體執行程序應當以請求方法律規定即證據使用地法為準據法。從取證程序對法秩序的影響來看，受請求方只是代為調查證據，少數的個案協助即使與該地區的法定做法有所出人，但因該證據最終不會在當地法庭上公開使用，對受請求方法秩序影響程度較輕。而透過協助調查取得的證據最終要在請求方的法庭上公開使用並作為定罪量刑的依據，如以受請求方的法律為準據法，對請求方的法秩序破壞較大。為解決受請求方取證人員可能對請求方的取證規範和實務操作模式不熟悉的問題，請求方除應依

照《協議》第 13 條之規定將「請求部門、請求目的、事項說明、案情摘要及執行請求所需其他資料等」載明於請求書內之外，還應具體說明請求地對於請求事項的正當法律程序和證據能力認定的準則。如，臺灣請求大陸協助訊問犯罪嫌疑人，應說明要在訊問前對犯罪嫌疑人告知沉默權等事項，允許辯護人在場，對訊問過程進行全程連續錄音錄影；請求大陸協助調取證人證言，應當說明享有拒證權的主體範圍，要求證人踐行具結程序。儘管請求方提出的要求與受請求方的法律規定有一定衝突，但基於區際司法協助的靈活性，受請求方也應儘量按照要求提供協助。

其次，調查取證的批準、執行機構，因其涉及不同地區的制度、政策和司法機關的事實權限，應當以受請求方的法律規定為準。按照該原則，大陸請求臺灣對某犯罪嫌疑人實施監聽或逮捕，應當由臺灣的法官核發令狀，而臺灣如請求大陸對犯罪嫌疑實施監聽或逮捕應當由大陸的偵查機關或檢察機關批準；如果大陸請求臺灣協助詢問證人，一般由臺灣的檢察官詢問，而臺灣請求大陸協助詢問證人，一般由公安進行詢問，臺灣應承認大陸公安機關協助取得的證人筆錄與臺灣檢察官作出的證人筆錄具有相同的證據效力。

（三）兩岸協助調查取證類型的多元化

跨境偵查取證一般包括三種類型：請求方委託受請求方的相關機構和人員單獨調查取證（簡稱「委託取證」）；請求方的偵查人員親自到受請求方單獨調查取證（簡稱「親往取證」）；請求方委託受請求方的相關機構和人員調查取證，但請求方的偵查人員也親自到場陪同見證（簡稱「合作取證」）。[14]《協議》第 8 條規定的兩岸調查取證互助似乎只側重於「委託取證」，該種單一的協助調查取證方式存在一定的弊端，由受請求方偵查人員單獨調查取證，取證結果不一定符合請求方關於正當法律程序的要求，即使以取證地法作為調查取證的準據法，請求方也無法知悉受請求方的實際取證過程並難以審查受請求方是否依取證地法取證。根據平等互利的原則，兩國或多國（尤其是毗鄰國）達成協議，一國在別國允許的情況下到別國領域內進行偵查和調查取證或與別國合作偵查的事例並不鮮見，如中國和加拿大簽訂的司法協助協定中就規定：「在受請求方的法律不予禁止的範圍內，受請求方應準許請求方與調查取證或訴訟有關的司法人員或其它人員在受請求方的主管機關

根據一項請求調查取證或提供其他協助時到場,並按照受請求方同意的方式提問和進行逐字記錄。」[15]《協議》第 5 條也規定:「雙方同意交換涉及犯罪有關情資,協助緝捕、遣返刑事犯與刑事嫌疑犯,並於必要時合作協查、偵辦。」筆者認為,兩岸刑事司法互助的性質是一個主權國家內部不同法域之間的司法協助與合作,國際司法互助中有關維護國家主權的原則如「雙重犯罪原則、本國國民不引渡、死刑犯不引渡等」都不適用於兩岸的刑事司法互助。[16] 在此基礎上,兩岸應倡導並推進「請求方親往取證」和「雙方合作取證」的廣泛適用,以保證調查取證協助的有效性。但基於對兩岸在各自統治領域內司法主權的尊重,「親往取證」的適用範圍應限定為非強制性偵查行為,搜索、扣押、拘捕、技術偵查等強制性偵查措施應當以「委託取證」或「合作取證」的方式進行。

註釋

[1] 姚莉,中南財經政法大學法學院教授。

[2][美]喬恩‧R.華爾 著、何家弘譯:《刑事證據大全》,中國人民公安大學出版社 2004 版,第 356 頁。

[3] 王錚:《國際刑事司法協助中的調查取證》,載《政法論壇》1998 年第 1 期。

[4] 張淑平:《當前海峽兩岸刑事司法互助的重點——調查取證》,《中國人民公安大學學報(社會科學版)》2011 年第 4 期。

[5](臺)王綽光、吳冠霆:《由臺灣證據法則論被告以外之人於大陸公安面前之陳述》,「中國警察協會」:《海峽兩岸及暨香港澳門警學研討會論文集》,2006 年 1 月。

[6] 伍偉華:《兩岸司法互助和交流機制》,載《刑事法雜誌》第 56 卷第 6 期,2012 年 12 月。

[7] 林鈺雄:《刑事法理論與實踐》,臺北,學林 2001 年版,第 179 頁。

[8] 如 1935 年的《中華民國刑事訴訟法》中規定:「近親屬得拒絕證言,其自願作證者,不得令具結。司法官不得詢問恐證言有害親屬而不願證之人。」

[9] 劉廣三:《內地與港澳刑事案件調查取證協助中的衝突及解決》,載趙秉志主編:《中國區際刑事司法協助》,中國人民公安大學出版社 2010 年版。

[10] 卞建林、郭志媛:《英國對沉默權的限制》,載《比較法學》1999 年第 1 期,第 283 頁。

[11] 何家弘:《中國式沉默權制度之我見一以「美國式」為參照》,載《政法論壇》2013 年第 1 期。

[12][美]弗雷德·英博等著、何家弘等譯:《審訊與供述》,群眾出版社1992年版。

[13]邱忠義:《兩岸司法互助調查取證及證據能力之探討——兼述防範被告逃匿政策》,載《刑事法雜誌》第54卷第5期,2010年10月。

[14]邱忠義:《兩岸司法互助調查取證及證據能力之探討——兼述防範被告逃匿對策》,載《刑事法雜誌》,第54卷第5期,2010年10月。

[15]王錚:《國際刑事司法協助中的調查取證》,載《政法論壇》1998年第1期。

[16]陳文琪:《兩岸司法互助協議之沿革與實踐》,載《月旦法學雜誌》2011年第8期。

海峽兩岸遣返刑事犯或刑事嫌疑犯的困境和範圍

高通[1]

1990年海峽兩岸簽訂《金門協議》,確立兩岸相互遣返刑事犯或刑事嫌疑犯機制。《金門協議》簽訂後,兩岸相互遣返刑事犯或刑事嫌疑犯得到快速發展。隨著兩岸司法交流的擴大,司法實踐中也發展關於遣返的一些新的方式和內容。為適應兩岸合作的新形勢,2009年海協會與海基會簽訂《海峽兩岸共同打擊犯罪及司法互助協議》,再次對兩岸相互遣返刑事犯或刑事嫌疑犯機制進行確認,同時也增加了相關規定。當然,兩岸刑事犯遣返實踐中也存在諸多問題,有些內容甚至處於失範的狀態。因此,我們需要對海峽兩岸刑事犯或刑事嫌疑犯遣返機制進行系統研究,以促進兩岸刑事司法合作的順利進行。

一、兩岸遣返刑事犯或刑事嫌疑犯機制的困境

雖然海峽兩岸刑事犯或刑事嫌疑犯遣返業務已開展二十餘年,也取得巨大成績,但海峽兩岸遣返事宜仍然面臨許多困境,制約兩岸遣返工作進一步發展。

第一,兩岸對遣返刑事犯性質的爭論,以及其所帶來的兩岸在遣返刑事犯或刑事嫌疑犯時的諸多衝突。

兩岸對遣返刑事犯機制性質的爭論,實際上也就是兩岸對兩岸刑事司法合作性質的爭論。關於兩岸區際司法合作的定位,大陸並不存在任何問題;

但隨著近些年臺灣「本土化」、「臺獨」意識的興起，臺灣目前更傾向於比照國際刑事司法合作模式來定位和建構兩岸刑事司法合作。這一爭論在兩岸刑事犯遣返方面，集中表現為兩岸刑事犯遣返能否準用國際引渡制度相關內容的問題。以兩岸刑事犯遣返應否遵循本地區居民不遣返原則為例。大陸學者大都認為，兩岸遣返屬於區際逃犯移交的一種，並不能完全照搬引渡制度的限制性規則。如有觀點認為：「刑事法律制度上的明顯差異使三法域在罪名設置和對行為的定性上難以達到一致……在《區際逃犯安排》中確立這一原則就會埋下隱患，使今後的合作實踐衝突迭起，而協調解決這種困難又十分困難，甚至於會被犯罪分子用作逃避懲罰的重要藉口。」而臺灣一些學者則認為，雖然兩岸刑事犯遣返未使用「引渡」這一特定詞彙，但兩岸遣返刑事犯依然具有引渡的性質：兩岸處於分治狀態，彼此管轄權互不及於對方統治之地區，故將刑事犯遣返對方追訴、處罰之行為，自然具有引渡之性質。刑事犯遣返固然其有引渡之性質，惟目前之遣返方式，與引渡法之規定有差異性存在。因此，兩岸之間人犯之遣返是否需貫徹「雙重可罰原則」，參酌國際條約及美國最高法院之解釋應采肯定之態度。[4] 當然，同樣的爭論也存在於政治犯、軍事犯能否遣返等問題。理論上的爭論在實踐中也引發諸多問題，如兩岸對劫機犯的遣返、對「法輪功」等邪教組織人員的遣返等問題。

2009年《海峽兩岸共同打擊犯罪及司法互助協議》在一定程度上彌合了雙方的爭論，吸收借鑑了引渡制度中的部分內容。如協議在一定程度上確立兩岸遣返並不適用「雙重犯罪規則」，第4條第3款規定：「一方認為涉嫌犯罪，另一方認為未涉嫌犯罪但有重大社會危害，得經雙方同意個案協助。」但該條概念模糊，究竟何謂「重大社會危害」定義不明，其實踐效果仍然值得檢驗。如臺灣有學者認為：「對『重大社會危害』之認定，究竟依請求方抑或被請求方之標準，並未明確訂定。究系於被請求方不算犯罪之行為，被請求方應主動以請求方之立場思考，該行為是否已嚴重到『重大社會危害』；抑或請求方應主動列舉『重大社會危害』之程度，供被請求方審查是否已屬『重大社會危害』。」此外，臺灣「法務部」隨即出臺的「海峽兩岸緝捕遣返刑事犯或刑事嫌疑犯作業要點」中，又增加了政治犯、軍事犯、宗教犯、

本地區居民不遣返的規定。但這些規定實際上增加了兩岸協議關於遣返的限制條件，在一定程度上消減了兩岸談判的成果。

第二，兩岸刑事犯或刑事嫌疑犯遣返規範過於原則化，可操作性不強。

當前兩岸遣返工作的主要依據是《金門協議》和《海峽兩岸共同打擊犯罪和刑事司法互助協議》，但上述協議規定都比較原則。具體的遣返作業主要依據兩岸各自出臺的遣返規定。如《公安部關於實施大陸與臺灣雙向遣返工作的通知》、臺灣「臺灣人民自大陸地區遣返實施要點」等。但囿於兩岸協議的原則性，兩岸的規定也無法規定得十分詳細，有些內容甚至違背了兩岸協議的要求。如《金門協議》第4條規定了要對遣返請求進行核查，但如何核查對方申請、交接時的具體程序以及後續程序等，不僅《金門協議》和《海峽兩岸共同打擊犯罪和刑事司法互助協議》中沒有規定，兩岸各自出臺的遣返規定中也是十分模糊。當然，這可能與兩岸刑事犯遣返仍處於不斷摸索並積累經驗階段有關。但遣返規範的缺失，的確影響兩岸遣返工作順利進行。如臺灣有學者抨擊大陸遣返作業的無序狀態：「由於大陸地區偷渡人民，為數頗多，其遣返作業，實務運作上，約每隔三個月即進行一次，惟遣返之工作，主動權落於中共，對方何時要派遣船隻接返？一次接多少人？完全由其決定，我方是處於被動、配合的立場。根據以往經驗，兩岸關係若因漁事或其他糾紛，正處低潮時，對方即以天候不良、船隻故障等理由搪塞，藉故不接任。若逢偷渡旺季，每天都有偷渡犯被緝送處理中心，最高紀錄一天緝獲一百餘名者。」[5]而且，遣返規範不明確也導致遣返週期過長，不利於兩岸合作打擊犯罪。如由於兩岸刑事遣返人數明顯偏多，實踐中為避免麻煩，經常是累計一定人數後集中遣返。但集中遣返在一定程度上導致了遣返週期過長，這對於兩岸合作打擊跨境犯罪來說是十分不利的。如臺灣遣返大陸私渡犯時，查獲的私渡犯平均要在臺灣的處理中心等待5個月以上才能遣返。[6]

此外，兩岸也並未就遣返強制措施等進行規範。遣返刑事犯或刑事嫌疑犯，首先意味著對相關人員的有效控制，控制的主要手段就是採取強制措施。強制措施是嚴重限制或剝奪人身自由的措施，其適用需要滿足法律的條件，而且審前強制措施也應當依法折抵刑期。對於上述問題，兩岸並無具體規定。

特別是在海峽兩岸尚不認可雙方法律的當下，對於對方羈押的期限該作何處理，能否折抵刑期，亟需兩岸雙方進行協商解決。

第三，兩岸對遣返對象的爭論。

《金門協議》第 2 條規定，遣返對象主要包括兩類，「（一）違反有關規定進入對方地區的居民（但因捕魚作業遭遇緊急避風等不可抗力因素必須暫入對方地區者，不在此列）。（二）刑事嫌疑犯或刑事犯。」《海峽兩岸共同打擊犯罪和刑事司法互助協議》對上述對象予以確認。應該說，經過二十多年的實踐，兩岸對遣返普通刑事犯或刑事嫌疑犯並無爭議，但兩岸對遣返對象能否包括劫機犯等恐怖主義罪犯則存在諸多爭議。其一，就是否遣返劫機犯的爭論。早在兩岸尚未相互開放之前，兩岸就已發生多起劫機犯罪，但當時的劫機因具有很強的政治目的而被視為叛逃行為。但在兩岸相互開放之初，特別是在 1993 年至 1994 年間，兩岸爆發一股「劫機潮」。大陸民航共發生劫機事件 21 起，劫機未遂的 11 起，得逞的 10 起，最頻繁的時候，7 天之內發生三次劫機事件。雖然當時劫機已被視作一項國際犯罪，但囿於兩岸間特殊的政治關係，臺灣對上述罪犯並未予以遣返，而是由臺灣司法機關管轄。如臺灣有觀點認為：「兩岸間，《金門協議》雖然確立了雙方遣返的模式與制度，惟其遣返對象為一般偷渡犯、刑事嫌疑犯或刑事犯，並未包含劫機犯，就法律言，劫機犯本質上固為刑事犯之一種，然劫機犯系屬萬國公罪，其法律層面間問題，遠比一般非法入境之偷渡犯，或其他普通刑事案件更為複雜；然劫機犯之遣返，在法律性質上與『準引渡』相類似，故應考慮國際法上有關本國人民、政治犯、軍事犯不予遣送等例外情形，必須有嚴謹之決定程序，自不能將劫機犯視同一般偷渡犯，依《金門協議》遣返。」[7] 但隨著臺灣島內對兩岸劫機犯罪輿論壓力的增強，臺灣方面同意授權海基會與海協會就兩岸劫機犯遣返問題進行談判。經過近兩年的協商，兩會雖然未達成協議，但也形成諸多共識。如「雙方同意對於以強暴、脅迫或其他方式劫持兩岸一方之民用航空器至對方之劫機犯、劫機嫌疑犯，遣返由民用航空器所屬一方（包括經營方）處罰」、「被要求方於被要求遣返之對象，經必要偵查予以遣返」及有關證物移交與遣返方式等。[8] 其二，兩岸不僅在是否遣返劫機犯上存爭論，而且對遣返的依據也存在爭論。1997 年大陸遣返臺灣

劫機犯劉善忠案中，大陸認為遣返依據為《金門協議》；而臺灣則認為絕非以《金門協議》完成遣返，而是由臺灣「行政院陸委會」授權海基會取代紅十字會，以「專案接回」的個案解決方式。[9] 其三，合法進入對方區域但滯留不歸的情形，能否予以遣返？隨著兩岸交流增多，依法進入對方地區但違法滯留的人員不斷增多，如觀光客滯留不歸等情形。而且，隨著兩岸人員往來的快速增加，滯留不歸或逾期滯留的情形會越來越多，我們需要高度重視。這些人員並不屬於「違反有關規定進入對方地區的居民」，當前的協議對這類情形並沒有規範。對這些人員該如何處理，也是近些年遇到的新情形。對於這類情形，主要應當依據違反兩岸出入境管理規定進行管理，採取限期離境、遣送出境等措施。

雖然兩岸在遣返劫機犯問題上仍然爭論不休，但這一問題在《海峽兩岸共同打擊犯罪和刑事司法互助協議》中取得重大突破。第 4 條第 2 款列舉了兩岸著重打擊的犯罪「……（四）劫持航空器、船舶及涉恐怖活動等犯罪……」雖然該條並未直接規定能否遣返劫機犯等恐怖活動罪犯，但從該條的前後結構來看，基本可以確定兩岸相互允許遣返劫機犯。《海峽兩岸共同打擊犯罪和刑事司法互助協議》共分為兩大部分，即打擊犯罪和司法互助。第 4 條是規定在「打擊犯罪」部分，第 5 條提出：「雙方同意交換涉及犯罪有關情資，協助緝捕、遣返刑事犯與刑事嫌疑犯，並於必要時合作協查、偵辦。」可見，打擊劫機犯等恐怖主義罪犯時，當然可以予以遣返，其依據應是《海峽兩岸共同打擊犯罪和刑事司法互助協議》，而非先前大陸和臺灣分別主張的《金門協議》和「專案接回」。當然，目前兩岸劫機案件鮮有發生，但其他恐怖主義活動逐漸增多如何依據《海峽兩岸共同打擊犯罪和刑事司法互助協議》予以遣返，仍然是兩岸遣返合作的重要內容。

二、兩岸遣返刑事犯或刑事嫌疑犯的範圍

「刑事犯、刑事嫌疑犯」是兩岸遣返的對象，但並非所有的刑事犯或刑事嫌疑犯都能予以遣返，遣返對象也應當有一定的限制。《金門協議》中對此並無明確規定，《海峽兩岸共同打擊犯罪和刑事司法互助協議》第 6 條第 3 款僅規定了「受請求方認為有重大關切利益等特殊情形者，得視情決定遣返」。「重大關切利益」是一個異常模糊的概念，究竟哪些情形屬於上述規

定的內容仍需要兩岸專家學者進一步探討。目前來看，兩岸遣返實踐主要是遣返普通的刑事案件嫌疑犯或刑事犯，對於可能引起兩岸政治爭議的較為敏感的刑事案件，兩岸則採取較為克制的態度，儘量避免爭端。雖然兩岸克制的態度有利於兩岸刑事犯遣返工作順利開展，但遣返對象範圍問題始終存在，並隨時可能影響兩岸遣返的順利進行。為了避免可能出現的理論和實踐困境，我們首先需要從理論上對該問題予以探討。

第一，「私渡犯」和普通的「刑事犯、刑事嫌疑犯」是兩岸遣返對象的主體。

私渡犯比較容易理解，即私自進入對方法域的本法域居民，但「刑事犯」的理解則存在一定差異。雖然兩岸協議中使用「刑事犯」一詞，但「刑事犯」一詞卻並未出現在兩岸各自法律文本中，究竟何為「刑事犯」需要我們進一步探討。當然，我們可以想當然地把它解釋為「觸犯刑事法律的人」，但如果是這種意義的話，那為何不使用兩岸通用的「犯罪嫌疑人」、「被告人」和「受刑人」等詞？作為一個法律名詞，「刑事犯」應當有其本來內涵。在刑事法中，「刑事犯」主要是一個學理用語，其對應詞為「行政犯」。刑事犯與行政犯，也稱刑事不法與行政不法，學理上有本於傳統的「自然犯」與「法定犯」的概念，即羅馬法所謂的「mala inse」與「mala prohibita」的觀念，認為刑事犯是屬於自然犯，也就是指一個實質上違反社會倫理道德的違法行為，因侵害公共秩序、善良風俗，為一般社會正義所不容者；而行政犯乃屬法定犯的性質，其行為在本質上並不違反倫理道德，但是為了因應情勢的需要，或貫徹行政措施的目的，對於違反行政義務者，加以處罰。[11] 有關刑事犯與行政犯的爭論源自德國，主要是針對違警罪（或行政不法行為）的性質問題，後該問題經日本傳至臺灣。臺灣法制深受德、日影響，對於刑事犯與行政犯區別之問題，學者大都援引德、日學說，總的來說形成三種觀點。[12] 上述三種觀點中，「刑事犯」的界定主要有兩種：其一，刑事犯是指普通刑法之犯罪而言；[13] 其二，凡使用刑罰制裁之行為，無論規定在刑法法典，抑或規定在刑法法典以外之其他法律，均屬具有刑事不法本質之刑事犯。[14] 大陸有關刑事犯與行政犯的研究起步較晚，過去在使用「刑事犯」時，主要是指「觸犯刑事法律的人」。由於《中華人民共和國刑法》（以下簡稱《刑

第二部分 兩岸司法互助
海峽兩岸遣返刑事犯或刑事嫌疑犯的困境和範圍

法》）中並沒有區分刑事犯與行政犯，只是規定對某種構成犯罪的行為依照或比照刑法典、單行刑法的規定追究刑事責任，甚至只籠統地規定「依法追究刑事責任」，並沒有直接規定罪名與法定刑。如《公安部關於實施大陸與臺灣雙向遣返工作的通知》第2條「遣返人員範圍」中不僅包括普通刑事犯，還包括部分尚未構成犯罪但不適宜繼續在大陸拘留的臺方人員，如「（一）我方接收人員：經核查屬實的私自渡海的大陸公民；我方通緝的刑事犯罪分子；偷渡逃臺的其他違法犯罪分子。對我已遣返至臺灣的人員堅決不予接收。（二）向臺灣遣返人員：利用非法途徑、沒有合法證件進入大陸的臺灣人員；經甄審上報同意遣返的臺方通緝的犯罪分子；臺灣人員在大陸犯罪依法審理後認為可以遣返的，或在偵查過程中拘捕經甄審同意遣返的；在大陸有嫖娼、套匯、賭博、走私等違法行為，尚不構成犯罪的，依法給予行政處罰後，在大陸繼續居留有礙社會安定的臺方人員；滯留大陸、證件過期或因其他原因不適宜在大陸居留必須遣返的臺方人員」。因此，「刑事犯」在大陸不僅包括臺灣所稱之「刑事犯」，也包括「行政犯」。由於現代刑事訴訟法對犯罪嫌疑人與被告人進行區分，遣返對象自然就分為刑事犯與刑事嫌疑犯。綜上，所謂「刑事犯」是指觸犯刑事法律的人，在大陸主要是觸犯《刑法》的人，而在臺灣則還包括觸犯附屬「刑法」以及行政法律而可能被判處刑事處罰的人。

第二，大陸當前不宜對政治犯、軍事犯應否遣返問題立即作出規定，宜由實踐機關視情況決定是否遣返。

政治犯、軍事犯不引渡是國際引渡制度中的一項規則。兩岸刑事犯遣返應否堅持該規則，兩岸存在不同觀點。總的來說，大陸學者大都認為兩岸遣返不應堅持該規則，如「從道理上講，對於損害中央政府和現行國家制度的犯罪，臺灣也應當給予打擊和追逃上的協助。反過來說，由於臺灣當局並未合法化，那麼，對於危害臺灣現行『政權』和政治制度的行為，大陸並不認為是犯罪，所以，就不存在要打擊這類行為或者移交相關『逃犯』的問題」；[15] 臺灣學者則大都堅持該原則，認為「至有關政治犯、軍事犯、財政犯不引渡原則，各國視為當然，在兩岸之刑事司法互助應有其適用」。[16] 臺灣「海峽兩岸緝捕遣返刑事犯或刑事嫌疑犯作業要點」中，明確規定了「政治犯、

219

軍事犯、宗教犯」等不予遣返原則。對這一問題，大陸目前尚未有明確規定。筆者認為，當前大陸不宜對這一問題立即作出規定，可由司法機關根據情況決定是否遣返。首先，從引渡制度的發展來看，政治犯、軍事犯不引渡原則的適用正在逐漸萎縮，比較符合當前大陸專家學者的主張。近些年來，政治犯、軍事犯不引渡受到巨大衝擊，一些國際公約不僅大幅壓縮「政治犯」的內涵，而且各國在適用該原則時也越來越謹慎。而且，該原則並非國際法上的一項法律原則，雖然國際法允許或鼓勵國家對政治犯罪的引渡請求予以拒絕，但最後決定允許或拒絕引渡，應由被請求國自由裁量。[17] 因此，從未來發展趨勢來看，政治犯、軍事犯不引渡原則的適用將會越來越少。兩岸刑事犯遣返機制雖然與引渡定性不同，但在不考慮主體的情況下，兩岸刑事犯遣返在表現形式上與引渡制度並無太大區別。而且，區際刑事司法合作是對國際刑事司法合作的改造。隨著國際引渡制度的新變化，區際刑事司法合作也有必要吸收借鑑國際引渡制度的最新成果，以適應快速發展的區際刑事司法合作需要。從這種意義上講，兩岸應當確立政治犯、軍事犯也應遣返的規定。其次，從兩岸特殊的政治現實來看，完全不適用「政治犯、軍事犯不遣返」原則還存在很大問題，當前仍有保留適用該原則的必要性。雖然當前兩岸正在進行相互接觸，但從法律上講兩岸仍未結束敵對狀態，大陸將臺灣問題定位為「國共內戰的遺留問題」，而臺灣「離心主義傾向」嚴重，在國際上謀求獨立的願望十分強烈。在兩岸仍未實現關係正常化的當下，兩岸互不承認對方的政治地位，兩岸對同一行為是否屬於「政治犯」、「軍事犯」可能存在不同理解。政治犯、軍事犯等主要是損害一方的利益，但這種行為對另一方來說反而是有益的，當然也就無所謂是政治犯、軍事犯。如前些年叛逃至臺灣的大陸人士在臺灣被稱為「反共義士」而許以高官厚祿。所以說，當前兩岸仍欠缺政治犯、軍事犯遣返的現實土壤。可見，理論和實踐對政治犯、軍事犯應否遣返存在重大的衝突，因此，當前大陸不宜立即對其作出應夠遣返的規定。此外，政治犯、軍事犯等概念是與國家主權息息相關的，臺灣作為中國一部分，當然不應存在政治犯、軍事犯的問題。如果大陸就政治犯、軍事犯應否遣返作出規定，在一定程度上會被臺灣某些「別有用心」的人士解釋為大陸對臺灣當局政治實體身份的確認，從而實現其謀求「事實獨立」的野心。因此，當前大陸不宜在正式文件中確立政治犯、軍事犯應否遣返的

原則，可交由實踐視情況決定應否遣返。這也是《海峽兩岸共同打擊犯罪和刑事司法互助協議》中的基本觀點，第 6 條第 3 款規定：「受請求方認為有重大關切利益等特殊情形者，得視情決定遣返。」究竟何謂「有重大關切利益等特殊情況」，協議中並未明確規定。即便政治犯、軍事犯屬於上述情形，協議也並未明確規定不得遣返，而是賦予雙方一定的自由裁量權，「視情況」決定是否遣返。

第三，當前死刑犯也可以遣返，但未來宜確立死刑犯相對不遣返原則。

雖然死刑不引渡規則的重要性日益上升，大陸對外簽訂的引渡條約中也多有該條規定，但對兩岸遣返能否適用該規則，臺灣學者對此論述不多，大陸學者大都認為不能適用：「在國際刑事司法協助中實行死刑犯不引渡原則，不等於在國內就要遵循死刑犯不移交原則……如果一些嚴重犯罪的行為人將港、澳作為逃避死刑的避風港，則不僅會給港、澳的治安帶來嚴重的威脅或隱患，也存在如何安置這些人的實際問題。」[18] 實踐中，也出現被遣送回的刑事犯被判處死刑的案例。[19] 對該問題兩岸的認識比較統一，究其原因，仍在於兩岸不承認對方法律的態度。所謂死刑犯不引渡是指逃亡犯罪人根據本國法律被判處死刑的情況下，被請求國因死刑而不引渡該逃亡犯罪人的規則。依上述表述，判斷死刑犯的標準是「死刑犯本國法律」，具體到兩岸的話，就是要依據對方法律可能判處死刑的刑事嫌疑犯。但當前兩岸互不承認對方法律，不可能依據對方法律來進行判斷能否被判處死刑，所以，兩岸在能否適用死刑犯不遣返規則上的態度比較一致。

但從未來發展趨勢來看，死刑犯不遣返正逐漸成為當前國際刑事司法合作的一項基本規則。而且大陸對外簽訂的一些引渡條約中，試圖採用間接的方式確認死刑不引渡規則，即不直接提及「死刑」，同時又為被請求國保留以此為理由拒絕引渡的權利。[20] 隨著人道主義觀念與人權保障觀念的引入，臺灣刑罰向輕緩化發展，臺灣死刑政策也向限制死刑乃至廢除死刑的方向演進。雖然當前兩岸由於特殊的政治背景不宜採納該規則，但在未來兩岸關係正常化後，隨著人權保障事業的發展，死刑犯能否遣返問題必然會凸現出來。因此，未來兩岸宜確立死刑犯不遣返規則。

第四，確立本法域居民不得遣返規則。

臺灣學者基於遣返具有引渡性質之定位，大都堅持應確立該規則。認為「臺灣人民或大陸地區人民在對岸犯罪後，逃回原住居地，從犯罪地之一方，請求遣返人犯，基於己區人民不予協助之原則，被請求方得拒絕遣返。但原住居國依屬人主義之原則仍得對原住居之人民，於域外之犯罪，進行追訴，使僥倖之徒，不能因區界之屏障，逃脫法律之制裁」。[21] 大陸學者觀點不一。有些學者認為兩岸遣返不應適用該規則，「為維護全社會的整體利益，一國內不適用本法域居民不移交的原則，犯罪人居住地的偵查當局應當將其移交犯罪地偵查當局處理」；[22] 也有學者認為應當限制適用該規則，「絕對的不移交是狹隘的和偏激的，不利於區際間的正常交往與流動，也會造成區際之間管理上的隔膜，給犯罪分子留下可乘之際。因此，可以有限適用本區居民不移交原則」。[23] 筆者贊同兩岸確立適用本區居民不得遣返規則。

　　首先，從遣返的內涵分析，遣返與引渡不同，遣返僅僅是一項將一個人送回其出生地或國籍國的制度，並不涉及將本國或本地區居民送到國外的問題。兩岸刑事犯遣返主要是解決在本區域內犯罪而逃到對方區域內的罪犯的遣送問題；而引渡從理論上講既可以引渡請求國國民，也可以引渡被請求國國民，甚至是居住在被請求國的第三國國民。因此，遣返當然不涉及將本區居民遣返至對方區域的活動。其次，即便未來兩岸將遣返改造成為準引渡或區際移交逃犯制度，也不太可能將本區居民遣返至對方區域。英美法系國家和大陸法系國家對該規則的態度截然相反，大陸和臺灣深受大陸法系法制影響，兩岸在各自《引渡法》中都確立了該規則。[24] 既然兩岸在各自法律中都確立了本區居民不遣返規則，兩岸刑事犯遣返對象也不可能涵蓋本區居民。再次，由於兩岸刑事法律制度存在較大差異，基於保護本區居民的考慮，兩岸也會建立較為嚴格的本區居民不遣返規則。引渡制度中確立「本國國民不引渡原則」的一個重要原因就是對外國刑事司法程序的不信任感，特別是在宗教觀念、政治和法律制度不一樣的情況下，對外國刑事司法程序的不信任感就會更加深刻。雖然兩岸法律現代化都源自清末變法運動，但自 1949 年後，兩岸法律走上不同的道路，法律內部的差異性日趨增大。特別是在刑事司法程序中，兩岸差異更大。臺灣受大陸法系國家以及近些年來的人權保障運動影響甚巨，島內法制逐漸與國際刑事司法準則接軌；大陸的刑事司法程

序自 20 世紀 90 年代以來啟動改革,但目前仍與國際刑事司法準則存在較大差異。在 2011 年年初菲律賓遣返臺籍犯罪嫌疑人至中國大陸案中,臺灣方面除關注「國格消亡」外,主要關注的就是大陸刑事司法程序能否保障臺籍犯罪嫌疑人的基本訴訟權利。臺灣對大陸刑事司法程序的不信任感躍然紙上。綜上,兩岸在刑事犯遣返中宜採用本區居民不遣返原則。對於該規則可能給罪犯帶來不應有庇護的問題,應該說,當前尚無較好的應對辦法。一般處理方式是,待該罪犯再次回到犯罪實施地所在的法域時,再對其展開刑事追究。當然,如果未來兩岸就刑事管轄權問題達成協議,兩岸或可建立「或遣返或起訴」的規則。[25]

註釋

[1] 高通,南開大學法學院講師,法學博士,主要研究方向為刑事訴訟法、司法制度、區際司法合作等。

[2] 馬進保:《中國區際偵查合作》,群眾出版社 2003 年版,第 338 頁。

[3] 鐘德勛:《兩岸刑事司法互助與共同打擊犯罪之研究》,臺灣東華大學公共行政研究所 2003 年碩士學位論文,第 272 頁。

[4] 劉岳承:《由國際刑事司法互助理論探討涉及兩岸刑事司法案件之實踐》,臺灣海洋大學海洋法律研究所 2002 年碩士學位論文,第 98 頁。

[5] 鐘德勛:《兩岸刑事司法互助與共同打擊犯罪之研究》,臺灣東華大學公共行政研究所 2003 年碩士學位論文,第 271 頁。

[6] 丁樹蘭:《兩岸共同打擊犯罪問題之研究》,臺灣政治大學 2001 年行政管理碩士學位論文,第 110-111

[7] 張增梁:《大陸劫機犯收容與遣返問題之研究》,《臺灣警學叢刊》2000 年第 31 卷。

[8] 王泰銓、陳建瑜:《大陸劫機犯受海峽兩岸二度審判之國際法與人權》,臺灣《月旦法學》1998 年第 35 期,第 90 頁。經過多次磋商和多方努力,雙方決定迴避政治敏感問題,用處理事務性問題的態度和辦法來處理這類問題,不將事務性問題泛政治化和複雜化。1993 年 11 月 5 日,海峽兩岸關係協會與海峽交流基金會在廈門討論遣返劫機犯問題時達成一致意見:劫機犯是刑事犯,一方航空器被劫持到另外一方時,另一方應將案犯移送給民航客機所屬方來處理。1997 年 7 月 16 日,劫機犯黃樹剛、韓鳳英被遣返大陸,這是臺灣第一次遣返大陸劫機犯。2008 年 2 月 28 日,中國大陸最後一名在臺灣的劫機犯王志華終被遣返。至此,有關兩岸劫機犯遣返工作最終落下帷幕。

[9] 臺灣《中央日報》1997年4月18日，第4版。

[10] 如在奧運期間，也曾傳出15名「東突」組織重要頭目要化整為零潛入臺灣的消息，其中包括「東突」重要人物、被國際刑警組織列為紅色警戒的多里坤‧艾莎。而早在2006年10月，此人就已經持德國護照以免簽方式在臺灣停留過5天。

[11] 韓忠謨：《行政犯之法律性質及其理論基礎》，《臺灣大學法學論叢》1980年第10卷。

[12] 一是認為「刑事犯」指的是普通刑法，而「行政犯」則有廣狹二義，廣義的行政犯兼指科處罰鍰之行為不法，狹義的行政犯則專指行政法上科處刑名之不法；二是雖亦認為「刑事犯」指的是普通刑法，而「行政犯」則有廣狹二義，廣義的行政犯兼指科處罰鍰之行為不法，狹義的行政犯則專指行政法上科處刑名之不法；三是認為「刑事犯」指的是科處刑名之刑事不法，不因其系規定於普通刑法或行政法上而有不同，而「行政犯」則指科處罰鍰之秩序違反行為，不包括科處刑名之犯罪行為。參見何子倫：《臺灣刑事犯與行政犯分界之研究》，中國政法大學2005年博士學位論文，第19—30頁。

[13] 黃守高：《現代行政罰之比較研究》，臺灣商務印書館1970年版，第3、12頁。

[14] 林山田：《論制裁法之體系》，臺灣《刑事法雜誌》，第30卷。

[15] 梁玉霞：《中國區際刑事司法協助研究》，中國人民公安大學出版社2009年版，第164頁。

[16] 劉岳承：《由國際刑事司法互助理論探討涉及兩岸刑事司法案件之實踐》，臺灣海洋大學海洋法律研究所2002年碩士學位論文，第99頁。

[17] The State v. Tapley（Eire, Supreme Court-1950），I.L.R, Vol.18（1957），pp.336-45.

[18] 梁玉霞：《中國區際刑事司法協助研究》，中國人民公安大學出版社2009年版，第166頁。

[19] 如在2002年無錫「滅門慘案」中，3名歹徒進入無錫市崇安區東映山河某樓702室，將無錫某醫院在讀博士顧某及其妻子和14個月大的女兒殺死，將顧母戳傷，搶劫錢物後逃離現場。隨後，無錫警方偵破該案並抓獲其中兩名犯罪嫌疑人，但另外一名犯罪嫌疑人黃吉茂一直潛逃。經查，據臺灣媒體報導稱，黃吉茂作案後逃到香港，再以探親名義赴臺，之後逾期停留在臺。2010年9月15日，臺灣警方根據無錫警方提供的準確線索，成功在當地緝獲黃吉茂。當年11月12日，在臺灣警方的大力協助下，無錫警方會同省公安廳派員赴臺將黃吉茂成功押解回錫。2011年6月24日，無錫市中級人民法院一審依法判處黃吉茂死刑，剝奪政治權利終身，並處沒收個人全部財產。

[20] 黃風：《引渡問題研究》，中國政法大學出版社2006年版，第102頁。

[21] 劉岳承：《由國際刑事司法互助理論探討涉及兩岸刑事司法案件之實踐》，臺灣海洋大學海洋法律研究所 2002 年碩士學位論文，第 119-124 頁。

[22] 馬進保：《中國區際偵查合作》，群眾出版社 2003 年版，第 342 頁。

[23] 梁玉霞：《中國區際刑事司法協助研究》，中國人民公安大學出版社 2009 年版，第 166 頁。

[24]《中華人民共和國引渡法》第 8 條規定：「外國向中華人民共和國提出的引渡請求，有下列情形之一的，應當拒絕引渡：（一）根據中華人民共和國法律，被請求引渡人具有中華人民共和國國籍的……」臺灣「引渡法」第 4 條第 1 款規定：「請求引渡之人犯，為中華民國國民時，應拒絕引渡。但該人犯取得中華民國國籍在請求引渡後者不在此限。」

[25]「或起訴或引渡」（拉丁語為 aut dedere aut iudicare），是由荷蘭國際法學家格老秀斯創設，他認為「對於所有使一國遭受損害的犯罪，受害國享有天然的懲罰權，罪犯躲藏地國家不應妨礙這種懲罰權的行使，因而，它應當將罪犯移交給請求國以便使其受到懲罰，當它不能這樣做時，則應當作出另一選擇：自己懲罰該犯罪人」。（黃風：《國際刑事司法合作的規則與實踐》，北京大學出版社 2008 年版，第 14 頁。）「或起訴或引渡」主要針對的是政治犯罪、軍事犯罪、本國居民犯罪等不可引渡的犯罪。兩岸如果建立「或遣返或起訴」規則的話，如前所述，當然不能適用於政治犯罪、軍事犯罪等具有較強政治性的犯罪，主要適用於普通刑事犯罪，如本區居民犯罪等情形。

大陸被判刑人移管制度與海峽兩岸被判刑人移管問題研究

郭建安[1]

「被判刑人移管」（Transfer of Sentenced Person），一般是指一國將在本國受到審判的被判刑人移交給另一國（通常是其國籍國或慣常住所地國）執行判決所判處的全部或一部分刑罰的國際刑事司法協助制度。這一制度自 20 世紀中葉產生後發展迅速，合作的範圍已遍及五大洲。中國在 90 年代初首嘗這一制度之後便奮起直追國際趨勢，迄今已經簽訂了 11 個雙邊條約，移出數十個被判刑人。

一、被判刑人移管制度產生的歷史背景

　　被判刑人移管制度是在同跨國犯罪進行鬥爭的過程中產生、發展和完善的。它產生的歷史背景可以從幾個方面解讀。

　　一是為了有效懲治跨國犯罪的需要。隨著交通工具的發展，跨國旅行越來越便利，而跨境犯罪帶來的利益會遠遠高於境內犯罪，且跨國犯罪往往更易逃脫司法制裁，因此 20 世紀中葉之後跨國犯罪日益增長，國際司法合作便隨之更加密切，在他國落網的犯罪分子日漸增多。特別是在歐洲，國家幅員較小，洲內人員的跨國流動更加便利，因而跨國犯罪問題更加嚴重。為了更好地處置這些跨國犯罪分子，有必要在移管刑事訴訟的同時對已經被判刑的犯罪分子進行移管，使其在他熟悉的生活環境中服刑，以便實現司法主權的同時，增進被判刑人的福祉。隨著跨國犯罪的增加，首個對被判刑人移管做出規定的多邊公約便在歐洲簽訂，即歐洲《關於刑事判決國際效力的歐洲公約》。該公約在序言中明確指出，簽訂該公約是「考慮到與犯罪做鬥爭正在日益成為一個國際問題，需要在國際範圍內運用現代的和有效的辦法」。後來於 1983 年簽訂的專門公約《歐洲移交被判刑人公約》更是在歐洲理事會反覆研究如何處理越來越多的外籍犯的基礎上簽訂的，該公約在序言中強調「希望在刑法領域進一步發展國際合作」。1996 年簽訂的《美洲國家組織關於在外國服刑的公約》也在序言說明，該公約是根據《美洲組織國家組織憲章》第 2 條的規定，基於「解決在這些國家中產生的政治、司法和經濟問題而簽訂的」。[4]

　　二是為了適應國際刑罰趨勢的發展。19 世紀後期至 20 世紀初，盛行一個多世紀的刑事古典學派受到刑事實證學派的挑戰。在刑罰目的上，實證學派以教育刑論對抗古典學派的報應刑論，教育刑論一度占了上風。到 20 世紀中葉，一些理性的學者試圖在報應刑與教育刑之間尋求平衡。他們認為，對犯罪人定罪與量刑以罪行法定和罪刑相適應為主要考量，主要是考慮報應刑的目的，而到判決執行階段應當以教育改造犯罪人為主要考量。這樣一種觀點逐漸成為主流。在監禁中對罪犯進行改造，使其能夠成功地回歸社會，不再重新犯罪的觀念越來越為學界、政府和社會所接受。聯合國《公民權利與政治權利公約》第 10 條第 3 款、《囚犯待遇最低限度標準規則》第 58 條

和第 60 條、《聯合國關於外國囚犯移管的模式協定》等都確認了這一理念。既然監禁的目的是為了使被判刑人成功地回歸社會，使罪犯在本國原本熟悉的環境中服刑，顯然更有利於他們的改造和重返社會。特別是到釋放前階段，被判刑人應當為回歸社會做最後的準備，許多國家對他們都予以附條件釋放，讓他們到社會上尋找工作甚至試工，為出獄後的衣食住行做安排等。這樣，使他們回到本國服刑是非常必要的，因而被判刑人移管制度逐漸受到世界各國的高度重視並且得到快速發展。[6]

　　三是為了適應人道主義潮流。20 世紀中期之後，經過兩次世界大戰的創傷，特別是二戰法西斯瘋狂實施反人道罪行之後，人道主義潮流高漲。這種潮流也體現在對罪犯的監禁上，要求保障罪犯最低限度待遇的呼聲越來越強烈，聯合國在這一時期制定了《囚犯待遇最低限度標準規則》。同時，對於外籍犯進行移管也是呼應這一潮流的一個舉措。首先，一些罪犯可能有健康方面的問題，還有一些女犯可能在外國的監獄裡懷孕，這些罪犯顯然需要家人的照顧，將其移管回國有利於其健康和孕育。其次，在外國服刑，罪犯面臨著語言、文化、宗教和遠離家庭和朋友的困難，將其移管回國有利於其克服這些日常生活所面臨的困難。其三，一些在外國服刑的罪犯可能在國內還有需要扶養的未成年人或老年人，將其移管回國有利於他們在一定程度上履行扶養義務。其四，有些國家的監獄可能條件很差，滿足不了聯合國《囚犯待遇最低限度標準規則》的基本要求，將其移管回國服刑可以滿足對他們的最低限度標準待遇的要求。

　　除了這些歷史背景之外，合作雙方對移管被判刑人可能還有另外一些現實考慮，如加強雙方的執法和司法合作，促進雙方的友好關係，減輕判刑國監禁外籍犯的巨額財政負擔等。

二、被判刑人移管制度的法律基礎

　　現行被判刑人移管法律制度源於早期兩國相互承認和執行刑事判決的雙邊協定，黎巴嫩與敘利亞於 1954 年最早簽訂這類雙邊協定。該協定規定締約一方的刑事判決可以在另一方執行，除非判決判處的刑期較短。後來又出

現了多邊協定，一些國家還透過了國內立法，被判刑人移管的法律基礎不斷完善，目前大致分為以下幾個層面。

一是多邊公約。多邊公約是雙邊協定或條約發展到一定程度的產物，由於多個國家簽署，效力範圍較廣，避免了雙邊條約兩國一簽的麻煩，因而發展很快。第一個規定被判刑人移管的多邊公約是 1964 年的《歐洲監督附條件判刑和附條件釋放罪犯公約》。這個公約沒有直接規定被判刑人移管，但是規定最初的監禁判決可以在接收被判刑人的國家執行。目前，締約國規範較大、內容較為全面的多邊公約當屬 1985 年簽訂的《歐洲被判刑人移管公約》。這個公約也向歐洲以外的國家開放，目前有 64 個國家簽署了該公約，其中 18 個是歐洲以外的國家。其他多邊公約還有 1996 年簽訂的《美洲國家組織關於在外國服刑的公約》和《英聯邦國家被判刑罪犯移管計劃》等。《美洲國家組織關於在外國服刑的公約》也向美洲以外的國家開發，在 17 個締約國中有兩個是非美洲國家，而且許多《美洲國家組織關於在外國服刑的公約》締約國也簽署了《歐洲被判刑人移管公約》。在多邊公約上的最新發展是 2008 年透過的《歐洲被判刑人移管框架決定》，這個決定進一步擴大了不經被判刑人同意便可以移管的範圍。

除地區性公約之外，在被判刑人移管領域還透過了一些次地區性協定，如 1983 年阿拉伯國家司法部長理事會透過的《利雅得阿拉伯司法合作協定》，其中第 7 條規定了被判處監禁的罪犯的移管問題。[7]

二是雙邊協定或條約。雙邊協定或公約是被判刑人移管法律制度的一個重要組成部分，在被判刑人移管實踐中發揮著重要作用。儘管一些國家加入了公約，但是仍然需要與未加入公約的國家簽訂雙邊協定或條約，如英國加入了《歐洲被判刑人移管公約》和《英聯邦國家被判刑人移管計劃》，還簽署了《歐洲被判刑人移管框架決定》，但是依然與 20 多個國家和地區簽署了雙邊條約。與公約相比，雙邊協定或條約更具有靈活性，更能夠適應兩個國家之間移管被判刑人的需要。

聯合國對推廣被判刑人移管雙邊協定或條約的簽署發揮了很大作用。1985 年，聯合國第七屆預防犯罪和罪犯待遇大會透過了《關於外國被判刑人移管的模式協定》（Model Agreement on the Transfer of Foreign Prisoners）。該

協定對雙邊協定或條約涉及的主要條款都做出了示範性規定，不僅對被判刑人移管雙邊協定或條約的簽訂具有指導意義，而且引導了被判刑人移管制度的發展趨勢。

三是國內立法。為了將公約或雙邊協定的有關規定轉換為國內法進行執行或者為了彌補國際公約或雙邊協定的缺失，一些國家或地區制定了被判刑人移管的國內法，或者制定專門的立法，或者在刑事訴訟法中列專篇或專章規定，透過國內立法的形式來規定被判刑人移管制度。例如，加拿大於 1978 年 7 月生效的《囚犯移管法》，瑞士和聯邦德國分別於 1981 年和 1982 年制定的《國際刑事司法協助法》，葡萄牙於 1990 年 12 月頒布的《國際刑事司法合作法》；法國、俄羅斯、義大利則在刑事訴訟法中規定了關於被判刑人移管的內容。臺灣最近也透過了「跨國移交受刑人法」。

三、被判刑人移管的基本原則

為了實現被判刑人移管制度的宗旨，並使這一形式的國際司法合作能夠有效地進行，在被判刑人移管實踐中逐漸形成了一些基本原則，並在國際條約和相關立法中得到了確認。

一是相互尊重國家主權和管轄權原則。相互尊重國家主權和管轄權是適用於各種形式的國際刑事司法協助的基本原則，在被判刑人移管制度中尤為應當強調，因為這一制度涉及國家司法主權的程度更深。例如，執行國在接受被判刑人後應尊重判刑國的刑事判決，即使是對刑罰進行調整，也應接受該判決對犯罪事實認定的約束；移管後如被判刑人對原判決提起申訴，只能由判刑國進行重新審理；判刑國應尊重執行國根據本國法律對原刑罰作出的轉換與變更；執行國在執行判刑國判決的過程中適用本國的法律等。因此，一些公約和絕大多數雙邊條約都規定了這一原則。聯合國《關於外國囚犯移管的模式協定》也為各國在締約時規定這一原則提供了範本。總則第 2 條規定：「移交囚犯應在相互尊重國家主權和管轄權的基礎上進行。」

二是有利於被判刑人原則。被判刑人移管這一制度的宗旨或目的是為了使被判刑人更好地改造並重返社會，絕大多數移管條約和國內法中都對此做出了相應規定。被判刑人移管制度以被判刑人利益為出發點和落腳點，是被

判刑人移管制度獨有的特點,並因此區別引渡、刑事訴訟移管等其他國際刑事司法合作形式。

「有利於被判刑人原則」首先體現為,移管必須獲得被判刑人同意,很多條約中都規定這種同意須是書面的且須經過執行國的核實。其次,在被判刑人移管制度中,執行國在適用本國法對判刑國判處的刑罰進行轉換和調整以及對被判刑人執行刑罰時,均不得加重原判刑罰。最後,對被判刑人的同一犯罪行為不得重複定罪判刑。「一事不再理」原則在被判刑人移管制度中同樣具有約束力。這條原則充分反映出現代國際司法實踐中人道主義原則的適用。

有些作者將有利於被判刑人這一原則做了分解,將本文所述有利於被判刑人原則分解為有利於被判刑人、不得加重刑罰和一罪不再罰三個原則。[8]

四、被判刑人移管的條件

除了遵循上述基本原則之外,被判刑人移管還必須滿足一些條件。通常,被判刑人移管的條件包括以下幾個。

一是被判刑人是執行國的國民,也就是說被判刑人要有接收國的相應國籍身份。對於具有執行國永久居留權或者實際上長期居住在執行國的被判刑人是否可以移管,目前尚存爭議。從被判刑人移管制度的初衷來看,似乎應把這部分人包括在移管對象之內。但是,有時被判刑人擁有永久居留權或長期居住地的情況比較複雜,有時甚至擁有不止一個國家的永久居留權或者分時居住在不同國家,會對移管產生複雜影響。因此,中國迄今為止與外國簽訂的條約或協定都把移管的對象,原則上限於執行國公民,但是也保持一定程度的靈活性。

二是被移管人所犯之罪在執行國也構成犯罪,即符合「雙重犯罪」原則。「雙重犯罪」原則是國際司法合作一直遵循的一個古老原則,在被判刑人移管制度中也應當遵守。歐洲《移交被判刑人公約》和《美洲國家組織關於在外國服刑的公約》等多邊公約和所有雙邊條約都做出了相應規定。聯合國《關於外國被判刑人移管的模式協定》也提供了示範性表述條款。但是,近年來出現了一些條約不要求雙重犯罪的趨勢。2008 年簽訂的《歐洲被判刑人移管

框架決定》規定,對於相當一部分犯罪不要求在判刑國和執行國都構成犯罪,而且其列出的清單包括了絕大多數傳統和新型犯罪。[9]

三是被判刑人仍須服一定期限的刑罰。移管一般只適用於被判處剝奪自由刑的被判刑人,中國對外簽訂的條約始終堅持這一點。但是,對被判處緩刑或予以假釋等限制人身自由的被判刑人進行移管的趨勢越來越盛,一些公約都做出了規定或者進行了調整。《美洲國家組織關於在外國服刑的公約》第1條第3款對刑罰做出的定義明確包括了緩刑、假釋和其他形式的非監禁性監督。至於剩餘刑期的時間,一般都規定為至少剩餘6個月。中國對外簽訂的有些條約甚至規定為1年,如中俄條約。還有一些國家簽訂的雙邊條約允許對被判處不定期刑的服刑人進行移管。如美國與加拿大簽訂的《刑事判決執行條約》和泰國與美國簽訂的《刑事判決執行合作條約》。聯合國的模式協定也提供了這樣的條款供成員國參考。對剩餘刑期提出要求,主要是考慮實施移管程序需要的時間較長,如果剩餘刑期較短還進行移管,可能在剩餘刑期期間還走不完移管程序,因而純粹浪費司法和行政資源。

四是判決應當是終審的。這一點不難理解,因為執行國執行的是判刑國的判決,所以判決必須是終審的生效判決,對被判刑人才能移管。否則,執行國沒有辦法處理被判刑人針對判決提出的上訴,不可能將被判刑人再送回判刑國審理。此外,除法定上訴程序之外,一些國家可能還規定了申訴程序。被判刑人在服刑的全過程中甚至服刑完畢之後都可以行使這一權利。這樣的程序不影響移管,但是申訴應當向判刑國提出。另外,被判刑人如果在判刑國存在尚未完結的民事訴訟或債務,判刑國一般也不移管。對於針對被判刑人的判決應當是終審這一點,所有多邊公約和雙邊條約或協定都是這麼規定的。對於申訴和未了結的民事訴訟或債務問題,中國對外簽訂的條約一般都做了規定。

五是必須獲得判刑國、執行國和被判刑人的同意。這是移管被判刑人不可或缺的剛性條件。兩國同意不難理解,因為這涉及兩個國家的司法主權。被判刑人同意主要是考慮到這項制度的初衷就是為了他們的利益,有利於他們的改造和回歸社會。同時,這一要求也是為了防止判刑國將被判刑人驅逐出境或變相引渡。被判刑人的同意應當是指在充分瞭解移管的法律後果基礎

上的同意。當被判刑人由於年齡、身體或精神狀況而屬於沒有行為能力或者沒有完全行為能力者時，應由其法定代理人做出同意的表示。而且，判刑國還應當保證執行國有機會核實被判刑人是否確實是在完全知曉移管法律後果的基礎上做出的同意表示。但是，近年來一些國際公約對被判刑人的同意這一條件做了修改。首先應當一提的歐洲《移交被判刑人公約》附加議定書。這一議定書規定，對於在服刑中逃到另一歐洲國家的被判刑人和服刑完畢後應當被驅逐出境的被判刑人，在移管時不必徵得被判刑人的同意，但是雙方在做出決定時應當考慮被判刑人的意見。[10] 其次是《歐洲移管被判刑人框架決定》。這個框架決定規定，在歐盟成員國之間移管被判刑人，不需要被判刑人的同意。[11]

五、中國被判刑人移管制度的產生與發展

隨著中國對外開放實施和不斷擴大，外國人在中國犯罪被判刑和中國人在外國被判刑的現象也開始出現並逐漸增加，因而中國也隨著國際趨勢建立了被判刑人移管制度，並不斷發展。

（一）中國被判刑人移管制度的產生與發展

中國移管外國被判刑人回國服刑的實踐始於 1993 年。當時，羅馬尼亞向中國提出了移管在中國服刑的羅籍罪犯弗洛雷亞回國服刑的請求，中國有關部門研究形成了中國向外國移管被判刑人工作的意見，並經國務院批準，但是由於羅方的原因該犯沒有被成功移管。[12] 1997 年，在最高人民法院、最高人民檢察院、外交部、公安部、司法部 5 個部門的通力合作下，將在華犯有搶劫罪而被判刑的烏克蘭公民克里米諾克·奧列格和舍夫佐杰·杰尼斯成功移管回其國籍國服刑，成為在中國被判刑人移管實踐中具有開創意義的首個成功移管被判刑人的案例。

近年來，被判刑人移管作為較新的合作形式，無論是締約談判還是移管合作，數量上從無到有，規模上從小到大，都呈現較強勁的發展勢頭並有條不紊地向前發展。據統計，目前司法部作為中央機關接到的向外國移管被判刑人的請求涉及韓國、伊朗、俄羅斯、瑞典、烏克蘭、利比里亞、吉爾吉斯斯坦、法國、老撾、也門、丹麥等十幾個國家，迄今已向外國移管被判刑人

數十個，向外移管被判刑人合作較多的國家有伊朗、韓國、阿塞拜疆等。同時，與 11 個國家簽訂了被判刑人移管條約。

（二）中國被判刑人移管制度的特點

對近 20 年中國被判刑人移管制度進行分析，可以看出以下幾個特點。

一是先有移管實踐後有移管立法。如上所述，中國自 1994 年就開始了移管被判刑人的實踐，1997 年成功移管了兩名外國服刑人員。但是，到 2001 年才與烏克蘭簽訂了第一個被判刑人移管條約。直至今日，我們還沒有透過任何形式的關於被判刑人移管的國內法。刑事訴訟法第 17 條規定了中國司法機關可以依條約或互惠原則與外國司法機關開展司法協助的原則性規定。[13] 然而，這一條既不是針對被判刑人移管而做出的專門規定，也沒有規定被判刑人移管的任何實質性條件和具體程序。

二是只有國際條約沒有國內立法。如上所述，目前中國關於被判刑人移管的國內立法僅有刑事訴訟法第 17 條這樣一個關於國際司法協助的原則規定。但是，自 2001 年 7 月 21 日中國與烏克蘭簽訂首個被判刑人移管條約以來，中國先後與又與俄羅斯、泰國、西班牙、葡萄牙、澳大利亞、韓國、哈薩克斯坦、蒙古、吉爾吉斯斯坦、伊朗等 10 個國家簽訂了專門的被判刑人移管條約，其中 7 個已生效。[14] 而且，希望與中國締結被判刑人移管條約的國家還在不斷增加，目前尚有十幾個。

三是依互惠原則移管多於依約移管。中國的被判刑人移管制度始於個案而不是立法。而且，即使中國與外國開展締約之後，締約的速度依然趕不上移管需求增加的速度。因此，中國與許多國家都是在互惠基礎上開展的被判刑人移管合作。目前，中國與 11 個國家締結了被判刑人移管條約，其中僅 7 個生效，但是卻與 15 個國家進行了成功的移管合作。[15] 在與之締約的國家中，許多合作也都是在條約生效之前開展的。締約的需求往往來自移管實踐的需求，成功的個案合作往往成為締約的基礎。

四是全部成功案例均為「移出式」移管。自 1997 年與外國成功進行移管合作以來，中國與 15 個國家成功合作的案例都是將在中國服刑的外籍被判刑人移管回到其國籍國服刑，而沒有一例是從外國移管在國外服刑的中國

籍被判刑人回國服刑的案例。根據近20年來開展個案合作和根據條約規定形成的一系列規則,中國的「移出式」被判刑人移管模式已經比較成熟,而「移入式」移管的成功案例仍為零,僅收到過幾件請求,因為這樣那樣的原因沒有移管成功。關於在外國服刑的中國籍被判刑人至今沒有被成功移管回國服刑的原因,經初步分析可能包括:(1)中國公民在外國被判刑的人數較少;(2)許多發達國家監獄的條件較好,勞動是有償的而且不帶強制性,中國人在各個方面的適應性較強,在外國服刑的中國公民希望移管的意願不強;(3)對刑事管轄權的理解不同。承認和執行外國法院對本國公民的刑事判決是開展被判刑人移管合作的前提和基礎。但是,中國刑法第10條規定,[16]即使外國法院依據其本國法律對中國公民作出了刑事判決,中國的法院根據刑法第10條對同一行為仍有管轄權,仍可以再次審判給予處罰。很多刑事司法界人士認為,這明顯意味著中國在屬人管轄上不讓渡或不完全讓渡管轄權,因而也就意味著對外國法院針對中國公民的刑事判決不予承認。但是,另外一些人認為,既然中國對外簽訂了被判刑人移管的雙邊條約和含有相關內容的多邊公約,就意味著中國承認外國法院針對中國公民的刑事判決。在觀念上對刑法第10條理解的不一致,是目前中國開展「移入式」被判刑人移管合作的主要障礙之一;(4)相關程序尚未建立。由於沒有相關實踐,「移入式」移管的相關制度和程序還沒有建立起來,相關部門的職責也不夠明確,因而影響了「移入式」移管實踐的發展。

(三)中國被判刑人移管制度的規則與程序

與中國的被判刑人移管合作,透過兩個渠道提出請求。

與中國沒有締結被判刑人移管條約的國家,透過外交渠道提出。請求從中國向外國移管的,由請求國外交部門向中國外交部提出請求,由外交部轉交主管機關執行。反之,由中國外交部向外國外交部門提出。

在中國與外國之間有生效的被判刑人移管條約的情況下,中國與外國進行被判刑人移管合作透過中央機關聯繫。目前為止簽訂的11個條約均規定中方中央機關為司法部。由於司法部的刑罰執行機關承擔著絕大多數服刑人員的刑罰執行,因而無論有無條約,中國與外國進行被判刑人移管的主管機關一般都是司法部。[17]司法部在接到移管請求後,根據相關條約和中國法律

進行審查，作出是否同意移管的決定。在中國主管機關同意移管的情況下，如果被判刑人本人也表示同意移管，透過締約雙方中央機關協商確定移交被判刑人的具體時間、地點、方式及相關事宜。移交工作由司法部負責組織實施。在移交被判刑人的過程中，境內的押解工作按國內異地調犯的做法辦理。如有特殊需要，可商請有關部門予以協助。[18]

另外，在中國向外國移管被判刑人的實踐中還須遵循被判刑人移管基本條件外的一些規則。這些規則通常包括：被判刑人服刑表現良好；對中國法院所作出的判決不進行改判；被判刑人如有申訴，應向中國法院提出，審理結果透過締約雙方中央機關通知申訴人；移管後的刑罰執行適用接收國法律；向中方通報刑罰執行情況；接收方承擔與移管有關的費用，並採取必要措施確保被判刑人安全回到本國境內服刑；被判刑人在中國境內不存在尚未了結的訴訟，不存在尚未結清的債務，包括不存在未支付法院判決所判處的刑事罰金、沒收個人財產金額或民事賠償金；對涉及國家安全的服刑人，可拒絕移管；中方可能要求外方預先說明對中國法院判處的刑罰如何調整或轉換，如果經調整或轉換，中國法院所判處的刑罰折損過大，中方也可能不同意移管；犯罪行為對國家、公司或受害人財產造成重大損失的，須賠償損失後，或由外國政府承諾移管後繼續向被判刑人追償所造成的損失，方可考慮移管；被判處死刑緩期兩年執行或被判處無期徒刑的，一般鬚根據法律和被判刑人表現減為有期徒刑後，方可考慮移管等。

六、海峽兩岸被判刑人移管問題

被判刑人移管這一國際司法合作制度原則上是在主權國家之間進行合作。但是，中國在「一國兩制四司法管轄區」這種特殊國家架構的出現後，在一個國家之內不同司法管轄區之間簽訂了移管協議。[19] 大陸與臺灣之間，經過1993年和1998年兩次「辜汪會談」就海峽兩岸對於「涉及人民權益的個案積極相互協助」達成共識之後，兩岸於1999年4月26日在第三次「江陳會談」中簽訂了《海峽兩岸共同打擊犯罪及司法互助協議》（以下簡稱《協議》）並於當年生效。《協議》共5章24條，其中第3章第11條規定了「罪犯接返（移管）」，[20] 從此確立了兩岸被判刑人移管制度。據此，兩岸開始

了移管被判刑人的實踐。兩岸開展被判刑人移管的合作，可以分為臺灣透過「跨國移交受刑人法」前後兩個階段。

（一）「跨國移交受刑人法」透過之前兩岸移管被判刑人合作

臺灣於 2013 年 1 月透過了「跨國移交受刑人法」，7 月生效。此前，兩岸根據協議開展了 3 次移管，共涉及 13 名被判刑人，其中 1 名在辦理過程中死亡，均是大陸向臺灣移管臺籍被判刑人。

第一次移管於 2010 年實施。2009 年 3 月，臺灣居民馮立信在大陸觸犯走私、運輸毒品罪，被大陸法院判處重刑。在大陸服刑的馮立信，因罹患惡性腫瘤，病況嚴重，家屬在 2010 年 1 月向臺灣「法務部」提出罪犯接返請求。臺「法務部」啟動兩岸司法互助機制，向大陸提出移管請求。大陸方面基於人道主義考慮，同意臺方將馮立信接返臺灣，讓馮立信在臺接受醫療與家屬照護，相當於保外就醫。4 月 21 日，臺方從廈門將馮立信接返，標誌著兩岸移管被判刑人制度開始實施。臺灣方面稱，後續將由板橋地檢署依法分案，依照臺灣法律程序重新進行偵查、審判。檢方考慮馮的病情嚴重，無法入獄服刑，對他限製出境，責付給家屬，規定馮立信每天向警方報到。

第二次移管於 2011 年月實施。根據臺方提出的請求，大陸方面仍然基於人道主義考慮，決定將在大陸福建省監獄服刑的 5 名被判刑人和 1 名在廣東省保外就醫的被判刑人移管回臺灣服刑，其中 1 名在辦理的過程中死亡，其餘 5 名均在當年移管完畢。

第 3 次移管於 2012 年實施。經臺灣方面請求，大陸方面從人道主義考慮，決定將在福建省監獄服刑的 6 名臺籍被判刑人移管回臺灣服刑，並於當年 12 月完成移管。

這 3 次移管的 12 名被判刑人均年齡較大，量刑較重，患有重病，移管的原因都是基於人道主義考慮，回臺灣後都沒有到監獄繼續服刑。

（二）臺灣「跨國移交受刑人法」透過之後的兩岸移管合作

如上所述，臺灣於 2013 年透過了「跨國移交受刑人法」，從此開展被判刑人移管在臺灣方面有了專門的法律依據。此法實施之後，大量臺灣居民

向「法務部」提出了從大陸移管被判刑親屬的請求,「法務部」向大陸一次性提出了 21 人移管名單,並向大陸提交了 6 名陸籍服刑人希望移管回大陸服刑的名單。截至 3 月 31 日,臺籍在大陸監獄服刑的被判刑人共計 1506 人,主要分佈在福建、廣東、上海、浙江等省市。截至 6 月 30 日,陸籍在臺服刑被判刑人 39 人。對於這些請求,兩岸相關部門正在辦理之中。

(三)兩岸移管合作中遇到的問題

兩岸開展的移管合作,總的來看是比較成功的,使《海峽兩岸共同打擊犯罪及司法互助協議》得到全面實施,體現了兩岸相關部門對一些臺籍病犯的人道主義關懷,減輕了大陸監獄監管臺籍病犯的困難,得到了兩岸公眾特別是臺籍被移管服刑人家屬的歡迎。但是,從已經和即將開展的合作來看,還存在一些問題值得注意,並探討解決辦法。

一是在臺灣「跨國移交受刑人法」實施之前移管的 12 名服刑人一直未進入監獄服刑,一些服刑人員病癒之後仍處於自由狀態引起部分臺灣公眾的不滿。如上所述,迄今為止向臺灣單方面移管的 12 名被判刑人均年齡較大,刑期較長,患有嚴重或慢性疾病。對他們的移管,兩岸均出於人道主義考慮,使其盡可能在自己熟悉的環境中,在家人的照料下來治療疾病。但是,臺灣方面反映,在這 12 人之中,有極個別人已經病癒或者當初診斷不夠確切,表現得較為健康,仍然在社會上而不到監獄服刑,引起公眾抱怨。

二是大陸方面尚未透過相應的被判刑人移管法律,「移入式」移管制度和實踐尚未健全和成熟。如上所述,由於多方面的原因,大陸不僅沒有從臺灣移管被判刑人的實踐,而且也沒有從外國移回被判刑人的實踐,再加上相關立法一直沒有透過,因而相關制度和實踐不夠健全和成熟,可能會對從臺灣移管被判刑人回大陸服刑產生障礙。

三是兩岸對一些犯罪的量刑差距較大,可能對兩岸相互移管判刑人產生影響。比較明顯的是毒品犯罪,大陸對毒品犯罪的處罰比臺灣對這類犯罪的處罰要重得多。

四是臺方實施「跨國移交受刑人法」的有關規定,可能對兩岸移管被判刑人實踐造成干擾。臺灣「跨國移交受刑人法」中的一些規定,超出了大陸

對外締結的條約中相關條款的規定，如在接收受刑人的條件中要求受刑人在移交方接受公正審判之權利已受保障；法務部門應派員或委託機關指派人員確認受刑人自願移管意願，即使作為請求方時也是如此，等等。這些都可能對兩岸移管被判刑人造成干擾。

（四）關於解決兩岸移管被判刑人實踐中所存在問題的考慮

對於上述問題，如不及時解決，會對兩岸移管被判刑人實踐造成消極影響，因而兩岸應當從切實加強合作，促進被判刑人的改造和回歸，增進被判刑人的福祉考慮，對所存在的問題及時研究解決。

一是應當確立《海峽兩岸共同打擊犯罪及司法互助協議》的實施即確立了兩岸相互承認與執行刑事判決制度的觀念。在不同司法管轄區之間，相互承認與執行判決是開展移管被判刑人合作的前提和基礎。儘管大陸與臺灣不是兩個國家，但是屬於兩個不同的司法管轄區，也應當參照不同國家之間相互尊重管轄權的慣例，相互承認和執行對方的判決。臺方應按照這樣的原則處理好臺灣「跨國移交受刑人法」實施之前移管到臺灣的被判刑人，而不宜再對其同一犯罪行為進行偵查、起訴和審判。其實，兩岸刑事法律制度在管轄權問題上都採取了保守和僵硬的立場。[21] 大陸遲遲沒有「移入式」移管成功案例，在一定程度上也受了在這一問題上觀念僵硬的影響。如果這樣的僵硬觀念不改變，從臺灣向大陸移管被判刑人的進程也會受到影響。

二是可以考慮就《海峽兩岸共同打擊犯罪及司法互助協議》第 11 條的實施制定細則。該條規定簡潔明了，但是可操作性不夠強，對於刑罰種類、原則、條件、刑罰轉換、程序、適用的法律、費用的承擔等移管涉及的許多基本問題都沒有規定。臺灣透過了相關立法，而且明確了適用於大陸，相當於有法可依。大陸尚沒有透過相關立法，與外國的移管一般是根據或按照雙邊條約進行。但是，大陸與臺灣之間的移管與大陸與外國之間的移管不盡相同，再考慮到移管是最為重要和複雜的司法互助形式，大陸正在制定中的刑事司法協助法是否可能附有適用於臺灣的條款尚不能確定，因而兩岸細化《海峽兩岸共同打擊犯罪及司法互助協議》第 11 條的規定，制定實施細則是必要的。

三是適當參考當前已經形成的一些國際慣例。經過半個多世紀的實踐，對移管所涉及的刑罰種類、原則、條件、刑罰轉換、程序、適用的法律、費用的承擔等許多基本問題，國際社會已經形成了慣例。雖然兩岸不是兩個國家，但作為兩個不同的司法管轄區，可以參考國際社會已經形成的這些慣例。如若兩岸進一步簽訂實施《海峽兩岸共同打擊犯罪及司法互助協議》第11條的細則，應當把這些慣例確定下來。在未簽訂的情形下，在移管實踐中可以參考這些慣例。

四是兩岸有關部門應當進一步增強合作意願，完善合作機制，提高合作效率。經過三年多的移管實踐，兩岸相關部門和人員已經建立了非常密切的合作關係。但是，考慮到移管在兩岸司法互助中的重要地位、對被判刑人的巨大影響和實施的複雜程度，面對來自被判刑人的大量移管請求，兩岸有關部門依然需要進一步增強合作意願，完善機制，提高效率，以增進被判刑人的福祉，推動兩岸關係健康發展。

註釋

[1] 郭建安，司法部臺灣事務辦公室主任。

[2] 見《關於刑事判決國際效力的歐洲公約》序言。

[3] 見《歐洲移交被判刑人公約》序言。

[4] 見 INTER-AMERICAN CONVENTION ON SERVING CRIMINAL SENTENCES ABROAD 序言。

[5] 見相應條款。

[6] 見 UNODC, Handbook on the International Transfer of Sentenced Persons、《歐洲移交被判刑人公約》和相應條款及註釋。

[7] 見 UNODC, Handbook on the International Transfer of Sentenced Persons、《歐洲移交被判刑人公約》和相應條款及註釋。

[8] 趙秉志、黃風主編：《被判刑人移管國際暨區域合作》，中國人民公安大學出版社2004年版，第5-8頁。

[9] 清單包括參與犯罪集團，恐怖主義，販運人口，對兒童性剝削和兒童色情，販運毒品和麻醉品，販運武器、軍火和炸藥，腐敗，欺詐，洗錢，偽造貨幣，計算機犯罪，環境犯罪，謀殺和重傷害，非法買賣人體器官和組織，綁架，非法拘禁，種族歧視和種族仇視，有組織的或武裝的搶劫，販運文物和藝術品等文化商品，詐騙，敲詐

勒索，偽造和假冒產品，偽造和販運公文，偽造支付手段，販運盜竊的汽車，販運激素和其他助長劑，販運核和輻射材料，強姦，縱火，國際刑事法院管轄的犯罪，非法劫持航空器或船舶，蓄意破壞，幫助非法入境和居留。

[10] 見歐洲《移交被判刑人公約》附加議定書。

[11] 見《歐洲移管被判刑人框架決定》。

[12] 趙秉志、黃風主編《被判刑人移管國際暨區域合作》，中國人民公安大學出版社2004年版，第580頁。

[13]《刑事訴訟法》第17條：「根據中華人民共和國締結或者參加的國際條約，或者按照互惠原則，中國司法機關和外國司法機關可以相互請求顯示司法協助。」

[14] 截至2013年8月，除《中蒙移管條約》、《中哈移管條約》、《中吉移管條約》、《中伊移管條約》外的其他條約均已生效。

[15] 中國與之開展成功移管合作的國家依時間順序包括：烏克蘭、喀麥隆、馬里、也門、俄羅斯、阿塞拜疆、伊朗、蒙古、韓國、瑞典、老撾、法國、利比里亞、吉爾吉斯、巴基斯坦、埃塞俄比亞等；開展合作未成功移管或為一方拒絕的國家還有印尼、阿富汗、黎巴嫩、尼日利亞、贊比亞、丹麥、墨西哥、塞內加爾、奧地利、納米比亞、泰國、埃及、約旦、肯尼亞、澳大利亞、西班牙、哈薩克斯坦、土耳其、羅馬尼亞、秘魯、緬甸、加納等。

[16]《刑法》第10條規定：「凡在中華人民共和國領域外犯罪，依照本法應當負刑事責任的，雖然經過外國審判，仍然可以依照本法追究，但是在外國已經受過刑罰處罰的，可以免除或者減輕處罰。」

[17] 張明：《關於中國與外國移管被判刑人若干問題的規定（學術討論稿）》，載趙秉志、黃風主編《被判刑人移管國際暨區域合作》，中國人民公安大學出版社2004年版，第128頁，第3條：「中國與外國進行被判刑人移管的主管機關依情況為司法部或公安部：在司法部各刑罰執行機關承擔的刑罰執行職能範圍內，由司法部主管；在公安部各刑罰執行機關承擔的刑罰執行職能範圍內，由公安部主管」。

[18] 同註17。

[19] 2005年5月20日，香港特別行政區政府代表與澳門特別行政區政府代表在香港簽訂了港澳兩個特區之間的《關於移交被判刑人的安排》，該《安排》於同年12月26日生效。

[20]《協議》第11條規定：「雙方同意基於人道、互惠原則，在請求方、受請求方及受刑事裁判確定人（被判刑人）均同意移交之情形下，接返（移管）受刑事裁判確定人（被判刑人）。」

[21]《刑法》第 10 條規定見注 15。臺灣「刑法」第 9 條規定：「同一行為雖經外國確定裁判，仍得依本法處斷。但在外國已受刑之全部或一部執行者，得免其刑之全部或一部之執行。」

海峽兩岸共同打擊犯罪問題新探討[1]

趙秉志[2]

一、前言

長期以來，海峽兩岸透過多種方式開展合作和互助，共同依法嚴厲打擊跨海峽的犯罪活動，維護各自法域的社會安定秩序，保護海峽兩岸居民的合法權益，其中具有里程碑意義的莫過於由海峽兩岸關係協會與財團法人海峽交流基金會於 2009 年 4 月 26 日在南京簽訂的《海峽兩岸共同打擊犯罪及司法互助協議》（以下簡稱《南京協議》）。該協議的簽訂和實施對海峽兩岸共同打擊犯罪和開展相關的司法互助，造成了巨大的推動作用。就海峽兩岸共同打擊犯罪部分來說，成效頗為顯著。不過，我們還應該看到，關於上述兩岸協議中共同打擊犯罪之規定的性質，以及兩岸共同打擊犯罪在目前所遇到的新情況和新問題，不管是在理論上還是實務上，都還欠缺深入和全面的研究。這種狀況顯然不利於保障海峽兩岸人民的合法權益。因而本文將結合新的情況和問題分析和研討海峽兩岸協議中共同打擊犯罪之規定的不足和缺陷，並提出改進和完善的建言。

二、海峽兩岸共同打擊犯罪所面臨的新情況和新問題

近年來，跨越海峽的犯罪呈現出一些新的情況，並相應地形成了一些新的問題。儘管具有突破性意義的《南京協議》曾經對海峽兩岸共同打擊犯罪的問題做出了規定，但是，該部分的規定已經表現出滯後的情形，對新情況和新問題並不能及時、有效地予以反映和應對。歸納而言，這些新情況和新問題主要表現為如下三個方面：

（一）涉外犯罪逐漸增多

不法分子跨越海峽而實施的犯罪，時常會涉及其他國家或者地區的因素。例如，臺灣居民何某糾集多人，將詐騙總部設立在臺灣，後來到廣東省東莞市設立據點，對泰國人實施詐騙，回到臺灣以合法收入名義取出騙得的財物。該犯罪團夥還吸收了不少泰國人參與其中。大陸公安機關查處此案，在 2012 年 5 月 16 日將 10 名泰國犯罪嫌疑人移交給了泰國警方，將何某等人遣返回臺灣。但是，對於此類涉及其他國家或者地區犯罪嫌疑人或者罪犯因素的犯罪，《南京協議》並沒有就海峽兩岸如何共同打擊作出規定。客觀而言，這種情形確實非常複雜。因為海峽兩岸在很多政治問題上並未達成較為一致的意見，對涉及政治因素的事項自然也不可能很快很有成效地完成溝通，難以形成相互認同的觀點，自然不會將這種有涉外因素之犯罪該如何處理的問題規定於《南京協議》中。有論者認為可以將此種情形作為《南京協議》第 23 條所規定的「未盡事宜」，（4）但還有待於進一步研究。現在來看，《南京協議》對此未作明確的規定，因而無法為海峽兩岸司法機關共同打擊此類有涉外因素的犯罪提供明確的法律依據，可能會給不法分子留下法律空子。

（二）分裂國家的犯罪時有出現

不可否認，海峽兩岸的政治制度目前存在較大的差異，但雙方在各自的法律制度中都認可並規定了一個中國的原則。如臺灣方面的「臺灣與大陸地區人民關係條例」第 2 條明確指出：「大陸地區指臺灣以外之中華民國領土」。大陸方面於 2005 年 3 月 14 日頒布實施的《反分裂法》第 2 條指出：「世界上只有一個中國，大陸和臺灣同屬一個中國，中國的主權和領土完整不容分割。維護國家主權和領土完整是包括臺灣同胞在內的全中國人民的共同義務。」而對於破壞國家統一、分裂國家的危害行為及其懲治，海峽兩岸都在刑法典中做出了規定。如《中華人民共和國刑法》（以下簡稱《刑法》）第 103 條就規定了分裂國家罪、煽動分裂國家罪；臺灣「刑法典」第 100 條規定了內亂罪。可見，儘管海峽兩岸對「一個中國」的具體內涵有不同認識，但在透過刑事法來防止分裂中國方面卻有著顯著的共同點，即將分裂中國的行為規定為犯罪，對煽動犯或者預備犯也予以處罰。然而，對於某些不法分子公然分裂中國的行為或者言論（如前幾年達賴喇嘛到臺灣訪問，宣言「西藏獨立」），海峽兩岸司法機關還沒有就如何共同打擊進行過磋商。即便臺

灣有關部門考慮禁止分裂中國的不法分子（如熱比婭）入臺，但遺憾的是，其並未從海峽兩岸，甚至本岸「刑法」關於分裂國家之規定的角度予以分析和考量。這種情形顯然不利於從刑事法治的角度全面維護國家的統一，徹底落實一個中國的基本原則。

（三）刑事犯罪的侵害範圍日益擴大

《南京協議》第 4 條「合作範圍」就海峽兩岸共同打擊之犯罪的範圍做出了明確的規定。從司法實踐的具體情況看，雙方也取得了顯著的成果。有論者曾指出，《南京協議》生效實施後一年多，海峽兩岸治安單位就破獲電信、網絡詐騙集團 130 多個，抓獲犯罪嫌疑人 1700 多人。[6] 而國務院臺灣事務辦公室發言人範麗青於 2013 年 6 月 9 日也指出，兩岸警方聯合偵破上萬起電信詐騙案件，抓獲犯罪嫌疑人 4700 多名；聯手破獲一批重大毒品犯罪案件，大陸警方繳獲各類毒品1720多公斤；大陸方面遣返臺通緝犯288人，臺灣警方向大陸遣返 4 名逃犯。從上述資料看，近年來，跨越海峽兩岸的刑事犯罪主要表現為詐騙犯罪、毒品犯罪。而實際上，海峽兩岸跨境犯罪在類型上不斷增多，很多是《南京協議》並未明確列舉出來的犯罪，如賭博犯罪、侵犯知識產權犯罪、以六合彩形式進行的非法經營犯罪、侵犯個人訊息或者資訊的犯罪、跨境發放高利貸以及非法追債犯罪、黑社會犯罪或者黑社會性質組織犯罪等。[7] 這些犯罪侵犯的社會關係範圍不斷擴大，影響到海峽兩岸民眾生產生活的方方面面，亟待海峽兩岸法律機關以更為明確的方針積極合作，嚴厲打擊。

三、兩岸「共同打擊犯罪」之規定的性質與不足

《南京協議》未能全面反映和有效地應對上述新情況和新問題，既與該協議簽訂的時代背景有關，又受制於該協議第二章「共同打擊犯罪」之具體內容的侷限性。因而分析該協議第二章之規定的性質和不足，能為有效應對上述新情況和新問題提供有益的思路。

（一）兩岸「共同打擊犯罪」之規定的性質界定

《南京協議》第二章「共同打擊犯罪」對海峽兩岸共同打擊犯罪事宜作出了規定。該部分共有三個條文，即第 4 條、第 5 條和第 6 條。第 4 條為「合

作範圍」，確立了海峽兩岸共同打擊犯罪的合作範圍，其第 1 款規定了雙重犯罪原則；第 2 款依據第 1 款確立之原則具體列舉了雙方商定著重打擊之犯罪的範圍；第 3 款則對第 1 款的規定作了補充，即規定了雙重犯罪原則的例外情況。第 5 條為「協助偵查」，但內容其實並不限於「協助偵查」，具體還包括犯罪情資的交換、協助緝捕或遣返刑事犯或者犯罪嫌疑人、合作共同偵查刑事案件等內容。第 6 條規定的是「人員遣返」，對刑事犯、犯罪嫌疑人的遣返做出了規定。有論者指出，第 6 條在《金門協議》基礎上，因應形勢作出了更為妥當的規定。[8]

儘管《南京協議》將上述內容置於「共同打擊犯罪」的標題之下，但客觀而言，「共同打擊犯罪」的標題本身其實不能準確地界定這些內容的刑事法性質。例如，雖然第 4 條的標題冠之以「合作範圍」，但該條的第 1 款確立了海峽兩岸雙方共同打擊犯罪的雙重犯罪原則，而第 3 款則規定了雙重犯罪原則的例外情況；其實，雙重犯罪原則是刑事司法協助或者互助的一項基礎性原則，雖與有關方面共同打擊犯罪有密切關係，但更多地適用於引渡（逃犯移交或者人員遣返）、刑事訴訟移轉、被判刑人移管（罪犯接返）等涉及罪犯或者犯罪嫌疑人人身自由的情況。[9] 再來看第 5 條和第 6 條所規定的內容。第 5 條「協助偵查」、第 6 條「人員遣返」針對的是海峽兩岸刑事警察機關在刑事訴訟偵查階段的合作活動，是刑事司法協助或者互助中常見的警務合作形式。有論者據此認為，兩岸警方已經建構了遣返移交、熱線聯絡、應急處突、對口協作等相對成熟的合作機制。[10] 因而從《南京協議》第二章的具體內容來看，該章的標題其實在內容上更多地反映了海峽兩岸共同打擊犯罪的共識與決心，但卻並未明確地揭示本章具體條文之規定在刑事法律上的性質。

至於《南京協議》第二章之條文所規定之內容的法律性質，需要在分析該章各個條文之內容的基礎上來確定。如前所述，第 4 條規定了雙重犯罪原則，劃定了海峽兩岸共同打擊之犯罪的範圍；而第 5 條、第 6 條的規定本身就是警務合作的常見形式。而有論者曾明確指出，互通犯罪情報、預審合作、協助緝捕並移交案犯、刑事訴訟法移管等措施是中國區際刑事司法協助的主要形式。[11] 因而《南京協議》第二章的規定屬於該論者所述的中國區際刑事

司法協助的形式，與該協議第三章多個條文（如第 9 條「罪贓移交」、第 11 條「罪犯接返」）具有相同的性質，都是屬於海峽兩岸刑事司法互助的內容。對此，筆者曾經從整體上分析認為，《南京協議》不僅將過去《金門協議》中所確定之刑事司法互助的主要形式予以繼承，肯定了在司法實踐中已經存在的互助合作形式，而且還擴張了兩岸刑事司法互助的形式，涉及刑事訴訟程序和刑罰執行諸多方面，在總體上顯著地擴展了海峽兩岸刑事司法合作的範圍。[12]

（二）兩岸「共同打擊犯罪」之規定的不足

1. 兩岸「共同打擊犯罪」之規定的性質未明示

從表面看，《南京協議》第二章之規定的刑事法性質似乎與前述不能有效應對新情況的問題沒有直接的聯繫。但在筆者看來，依據《南京協議》不能有效應對前述新情況和新問題，緣於《南京協議》第二章的法律性質未被明示這一根本問題。筆者此前在研究《南京協議》的論文中曾明確地指出，該協議並不是純粹的刑事司法互助協議，也不是純粹的民事司法互助協議，而是將刑事與民事司法互助事宜同時規定於一起，在形式上具有混合性的協議。[13] 但是，刑事司法互助與民事司法互助有著不同的性質和內容。海峽兩岸警務機關在刑事訴訟偵查階段的多種合作活動，不能像文書送達、調查取證等措施一樣，既可能發生於刑事司法互助，又可能發生於民事司法互助中。因而《南京協議》不得不將警務合作從一般性的司法互助中分離出來，單獨地作出規定。而在單獨規定的情況下，第二章的內容顯然具有刑事法的性質，第三章的各個條文則非常明確和典型地規定了刑事和民事司法互助的各種舉措，因而第二章在標題上勢必要區別於第三章的標題「司法互助」，而這就掩蓋了第二章之規定的法律性質。如果不被《南京協議》第二章的標題所迷惑，準確地把握該章內容的法律性質，就能明白，在警務合作的範圍內若嚴格遵守「雙重犯罪」原則的規定，就不能縮手縮腳，不合理地限定懲處犯罪的範圍。

2.「合作範圍」的規定模式可能會造成合作方面的誤解

除了「共同打擊犯罪」一章之法律性質未被明示的不足之外，第 4 條「合作範圍」的規定模式也為不能有效應對新情況和新問題埋下了伏筆。根據第 4 條第 1 款規定，海峽兩岸同意「採取措施共同打擊雙方均認為涉嫌犯罪的行為」，即對於所有同時違反海峽兩岸刑事法律制度而構成犯罪的危害行為，海峽兩岸均可採取措施，進行刑事司法合作，對行為人給予刑事制裁。對此，有論者也指出，第 1 款確定了雙重犯罪的原則，即將「雙方均認為涉嫌犯罪的行為」納入共同打擊的對象範圍。[14] 但是，除了第 1 款之外，第 2 款又以拉清單的形式明確地列舉了「著重打擊」的犯罪的範圍。那麼，該如何理解第 2 款與第 1 款的關係呢？有論者認為，這借鑑了引渡制度中「可引渡之罪」的列舉式標準，即具體列舉出可移交之罪的罪名。[15] 但是，筆者不同意這種看法，第 2 款是對第 1 款的補充說明，第 2 款只是劃定海峽兩岸重點關注和打擊的犯罪類型及具體犯罪罪名，並非對海峽兩岸共同打擊犯罪的範圍作出限定。換言之，第 2 款在實際上並不具有劃定共同打擊犯罪之範圍的功能，因為根據第 1 款的規定，只要某種危害行為符合雙重犯罪原則而符合海峽兩岸刑事法的規定，海峽兩岸司法機關就要開展合作，共同予以打擊。因此，屬於第 2 款之外的犯罪，只要符合雙重犯罪的原則，自然屬於海峽兩岸共同打擊的對象。但是，在第 1 款之外再規定第 2 款的模式卻可能會造成誤解，即對於不在該款清單中的其他嚴重犯罪，進行「協助偵查」的被請求方可能會以罪名不在清單列舉範圍的理由而拒絕請求方關於合作的要求。而且，未被列入第 2 款範圍的有關犯罪（如組織賣淫、侵犯知識產權等）所造成的危害和對海峽兩岸居民合法權益的侵害，也可能大於已經列出的某些犯罪。有論者就此也指出，是否應未雨綢繆，相應地調整兩岸合作打擊犯罪的範圍，值得斟酌。[17]

3. 對涉及其他國家或者地區的因素未涉及

如前所述，對於涉及其他國家或者地區的跨越海峽犯罪如何開展刑事司法互助的問題，在《南京協議》中找不到隻言片語。就該協議第二章而言，關於海峽兩岸如何共同打擊涉及其他國家或者地區的海峽兩岸跨境犯罪的問題，在內容上同樣也是付之闕如。而在司法實踐中，海峽兩岸的司法機關都遇到了這方面的問題，並依照己方的規定單方面地處理涉外因素。這樣一來，

當前的做法就不能納入到海峽兩岸刑事司法合作的法律機制中,既不符合海峽兩岸共同建構和不斷促進刑事司法合作的法律精神,也不利於維護海峽兩岸人民的合法權益和保障有關犯罪嫌疑人的合法權益。[18]

當然,這裡需要特別指出,上述「其他地區」並不包括中國香港特區和澳門特區。因為對於香港、澳門特區與臺灣之間的各種政治、經濟和法律關係,不管是大陸還是臺灣,都有明確的規定。國務院於 1995 年 6 月 22 日宣布了《中央人民政府處理「九七」後香港涉臺問題的基本原則和政策》,於 1999 年 1 月 15 日宣布了《中央人民政府處理「九九」後澳門涉臺問題的基本原則和政策》,而且,香港、澳門特區基本法也都作了相應的規定。這在臺灣的相關規定中也有反映。即臺灣於 1997 年 4 月 2 日發佈的「香港澳門關係條例」具體規定:「臺灣與香港、澳門司法之相互協助,得依互惠原則處理。」儘管海峽兩岸上述規定在精神上存在一定的區別,但都不否認香港、澳門是中國的一部分。而該如何確定四個法域間的警務合作關係,則是需要另外研究的重大課題。

四、兩岸「共同打擊犯罪」之規定的改進與完善

為了及時、全面地反映和有效地應對海峽兩岸共同打擊犯罪過程中出現的新情況和新問題,筆者認為,海峽兩岸刑事法律界和相關部門有必要從法律適用和規範制定的層面考慮《南京協議》中「共同打擊犯罪」之規定的改進與完善問題。這裡需要指出,早在《南京協議》於 2009 年 6 月生效實施後一個多月的時候,筆者就曾專門撰文研究該協議,提出了未來修改完善的建議。[19] 在該協議生效實施四年多後回頭再看,筆者在上述論文中所作的分析和所提出的建議,對於促進海峽兩岸刑事司法互助活動仍具有相當的參考價值。不過,筆者在此不再贅述在前述論文中所提出的建議,而是結合《南京協議》實施四年多來的有關實踐經驗,提出新的看法和認識,供海峽兩岸刑事法律界的先進和同仁參考。

(一)明確規定兩岸共同打擊犯罪的刑事政策

自 2005 年以來,海峽兩岸的刑事政策都有重大的轉向,而且,各自的轉向有著一定的趨同性,即都注重合理調整懲處犯罪的「寬嚴」尺度。就臺

灣而言，有論者指出，臺灣「立法院」於2005年1月修訂透過的「刑法典」，全面、充分地貫徹了「寬嚴並進」的刑事政策。[20] 在筆者看來，這其實也是確立了「寬嚴並進」刑事政策作為刑法立法指導理念的地位。而在大陸，在臺灣修改透過「刑法典」之前的一個多月時（即2004年12月），就有中央政法領導人在工作講話中提出了「正確運用寬嚴相濟刑事政策」的主張，中央政法機關在此後數年中逐步將「寬嚴相濟」確立為刑事法律活動的基本刑事政策，「寬嚴相濟基本刑事政策」深刻地影響到大陸的刑法立法、司法和執法活動。[21]

但遺憾的是，均主張合理把握懲處犯罪之寬嚴尺度的海峽兩岸刑事政策，卻並未在《南京協議》中得到反映，因而是否在共同打擊犯罪過程中貫徹「寬嚴並進」或者「寬嚴相濟」之刑事政策，就成為懸而未決的問題。有論者認為，《南京協議》中「共同打擊犯罪」之規定體現了「全面合作、重點打擊」的原則，該原則似乎可以成為海峽兩岸共同打擊犯罪的政策。[22] 而在筆者看來，該原則與上述海峽兩岸各自秉承卻具有異曲同工之處的寬嚴結合刑事政策，在內涵和指導意義上還有很大的差別，因為「全面合作、重點打擊」的原則可能會給一方就非重點打擊之犯罪拒絕或者拖延有關合作措施提供潛在的藉口；而寬嚴結合的刑事政策則不會留下這種可能性，相反，其要求海峽兩岸打擊所有符合雙重犯罪原則的犯罪，不必列舉所謂的重點打擊對象，只不過是在刑事處罰的寬嚴上做到「合理地區別對待」。所以，筆者認為，海峽兩岸有必要認真研究如何在共同打擊犯罪中貫徹寬嚴結合的刑事政策，並考慮如何以適當的方式在相關的文件中作出明確的規定。據此分析，海峽兩岸可在司法實踐中不必過分強調第4條第2款的適用，從而也充分注意應對前述司法實踐中出現的新情況和新問題。

（二）在兩岸共同打擊犯罪中排除「互惠原則」的適用

臺灣某檢察機關曾在處理臺灣某公司控告有關網站或者商戶侵犯大陸有關企業著作權的案件時，在處分不起訴的有關文書中認為，兩岸保障著作權的法令應具備「互惠」的精神，即在大陸如不構成犯罪，臺灣也不需要起訴論究刑責；臺灣音樂在大陸遭到違法下載，也未見大陸啟動刑事處罰。[23] 對於該檢察機關關於共同打擊犯罪須遵循「互惠原則」的認識，筆者並不贊同，

相反，筆者認為，海峽兩岸在共同打擊犯罪的活動中，應自覺地排除「互惠原則」的適用，堅持平等地適用本法域的刑事法。具體理由有如下幾點：

（1）在海峽兩岸共同打擊犯罪活動中主張「互惠原則」，不符合一個中國原則。通常而言，「互惠原則」源於不同國家對主權行使的相互禮讓，因而在國際司法協助活動中被確立為一項重要的原則，多用於民事司法互助活動。即令如此，該原則畢竟是出自國家利害考慮或報復觀念，不利於人民權益保障，故晚近各國已有限制或排除該原則的趨勢。而刑事司法協助或者互助活動已經很少適用該原則。即便是合作各方考慮己方實際利益，也通常以其他法律原則來規定，而摒棄將「互惠原則」作為法律原則的做法。[24]

（2）在共同打擊犯罪活動中主張「互惠原則」已經落後於時代，不符合現代刑事法治精神的要求。上述臺灣檢察機關所提出之「互惠精神」，源自於臺灣此前發佈之「臺灣與大陸地區人民關係條例」第 78 條的規定。[25] 依據此規定，若臺灣人民的著作權在大陸未得到同等的刑法保護，則對於大陸人民著作權在臺灣遭受侵犯的情形，臺灣司法機關也不予以刑事追究。這可能就會造成執法完全不平等的兩種現象：第一，若同一不法分子同時侵犯大陸居民和臺灣居民的著作權，因臺灣居民著作權在大陸未得到同等刑法保護，臺灣司法機關僅對該不法分子侵犯臺灣居民著作權之行為給予刑事追究，對侵犯大陸居民著作權的行為予以放縱；第二，不同不法分子分別侵犯大陸居民和臺灣居民的著作權，因臺灣居民著作權在大陸未得到同等刑法保護，因而臺灣司法機關僅對侵犯臺灣居民著作權的不法分子追究刑事責任，對侵犯大陸居民著作權的不法分子則不追刑事責任。這顯然與臺灣司法機關的法定職責不相符合，也與臺灣建構並發展刑事法治的社會理念相背離。[26] 反觀大陸，司法機關堅持尊重刑法典第 4 條確立的平等適用刑法原則，並不因為臺灣是否對被侵犯著作權的大陸居民給予同等訴訟權利而區別對待，只要臺灣居民在大陸被侵犯著作權的情形符合刑法典關於侵犯知識產權犯罪的規定，就會對不法分子追究刑事責任，相反，即便是大陸的居民，若其著作權被侵害的情況不符合大陸刑事法律制度第 217 條、第 218 條的規定，那麼，也不會對侵權人追究刑事責任。

（3）《南京協議》並未將「互惠原則」確立為海峽兩岸共同打擊犯罪所必須遵循的法律原則。具體而言，其第二章「共同打擊犯罪」部分所確立的原則主要有第4條第1款規定的「雙重犯罪原則」，第6條第1款規定的人員遣返「人道、安全、迅速、便利原則」和第3款規定的「重大關切利益等特殊情形」原則。而該協議其他部分規定「互惠原則」，或者是適用於民事司法互助活動（第10條），或者適用於保障被判刑人合法權益的刑事司法互助活動（第11條），都與維護海峽兩岸居民之合法權益有密切關係，在本質上是對海峽兩岸居民予以互惠，並非在履行公務機關之職責上實現司法權上的互惠。因而海峽兩岸任何一方對於在本地區發生之符合本地區刑事法律制度規定之要件的刑事違法行為，應當履行職責，追究不法行為人之刑事責任，不必過分地計較己方居民在對方地區受侵害之行為是否受到刑法保護的問題。

　　（4）「雙重犯罪原則」在內涵上與「互惠原則」有著根本的區別。「雙重犯罪原則」已經被賦予保障人權的價值和功能就共同打擊犯罪而言，其能夠造成嚴格要求司法機關恪守罪刑法定原則的作用，防止司法機關在刑事法的規定之外擅自動用刑罰權，不當地侵犯有關人員的人權。因而在共同打擊犯罪方面，協助的被請求方僅應考慮被請求協助之危害行為是否符合本法域刑事法律制度之規定而構成犯罪的問題，不需考慮協助是否為法域帶來相應利益的問題。更何況，為了維護重大公共利益和社會秩序，對僅構成一方刑事法律制度規定之犯罪的情形，《南京協議》第4條第3款還規定了「雙重犯罪原則」適用的例外。但是，「互惠原則」除了維護本法域司法權的獨立地位、為本法域司法權行使爭取更多便利之外，不具有「雙重犯罪原則」的前述功能，反而讓本法域的司法機關過多考慮本法域利益而不當地限制打擊犯罪的範圍，既不利於維護本法域的公共利益和法律秩序，也不能有效地應對前述新情況和新問題，不利於促進海峽兩岸刑事司法互助活動的發展。

　　（三）調整和改進「協助偵查」措施

　　如前所述，《南京協議》第二章的標題掩蓋了該章之下第5條和第6條的真實性質。除此之外，這兩個條文的規定還有其他不足之處，尤其是第5

條的內容還是有些單薄,有著較大的改進和完善空間。從因應前述新情況和新問題的角度,筆者嘗試分析如下:

（1）將第 5 條中「必要時合作協查、偵辦」的規定明晰化。根據第 5 條的規定,海峽兩岸司法機關「必要時合作協查、偵辦」刑事犯罪案件,但是,何為「必要時」?「如何協查、偵辦」?一方參與另一方之案件「協查、偵辦」有何種法律身份?這些問題卻在《南京協議》中沒有任何反映。這使得上述「必要時合作協查、偵辦」的規定有可能被虛置。因而海峽兩岸司法機關在共同打擊犯罪的合作活動中,有必要參照第 6 條的規定考慮將第 5 條之上述規定予以具體化,形成可操作的工作機制。

（2）考慮增加其他形式的協助偵查措施,如偵查轉移,即一方中斷對犯罪嫌疑人的偵查活動,請求或者經請求決定轉由另一方來繼續進行偵查活動;再如查封、凍結,即一方協助另一方查封、凍結犯罪嫌疑人用於犯罪活動的財產、在犯罪活動中得到的財產等。

（3）增加規定證據審查的原則。海峽兩岸儘管都是奉行成文法的法文化傳統,頒行刑事法律制度和刑事訴訟法律制度,但在刑事訴訟證據的審查上卻有不同的規則。對於一方偵查取得的證據,另一方是否接受以及如何審查,關係到共同打擊犯罪的效果。而對於一方非法或者不當取得的證據,另一方接受後能否用於後續的刑事訴訟活動,在司法實踐中給海峽兩岸有關機關造成了相當大的困惑。遺憾的是,這些問題並未反映於《南京協議》中。儘管海峽兩岸在規定證據審查的具體規則方面取得一致意見尚存在很大的困難,但是,雙方就證據審查問題規定均認可的原則,則相對簡易一些。

五、結語

「法有限而情無窮。」已經成文的《南京協議》儘管在司法實踐中對海峽兩岸共同打擊犯罪和刑事司法互助發揮了巨大的作用,但也存在相當的不足,對現實生活中出現的新情況和新問題已難以全面地反映和有效地應對。客觀地承認並理性地對待該問題,是我們採取有效的方式解決該問題的前提。當然,解決該問題,並不意味著原來簽訂《南京協議》的海峽兩岸關係協會與海峽交流基金會要重新簽署一份同類性質的協議。其實,海峽兩岸的「業

務主管部門」（第 2 條）完全可以在工作會晤、人員互訪、業務培訓中討論包括上述問題在內的各種新情況和新問題，以合作備忘錄或者共同商定的工作操作規程等方式來彌補《南京協議》的不足之處，從而逐步形成全面落實和貫徹《南京協議》的法律機制，為將來簽訂專門的兩岸刑事司法互助協議不斷地創造條件。

註釋

[1] 本文系海峽兩岸關係法學研究會 2012 年委託課題「兩岸四地間區際刑事法制衝突與協調研究」[項目編號 CLS（2012）WT07] 的階段性成果。

[2] 趙秉志，北京師範大學刑事法律科學研究院暨法學院院長、教授、法學博士、博士生導師，中國刑法學研究會會長，國際刑法學協會副主席暨中國分會主席。

[3] 參見《臺灣男子東莞設點詐騙泰國用戶》，載《深圳特區報》2012 年 9 月 6 日。

[4] 參見黃曉亮：《論國際視野中的海峽兩岸反洗錢刑事司法互助問題》，載趙秉志主編：《刑法論叢》2013 年第 2 卷，法律出版社 2013 年版，第 400 頁。

[5] 臺灣「刑法典」第 100 條規定：「意圖破壞國體，竊據國土，或以非法之方法變更國憲，顛覆政府，而以強暴或脅迫著手實行者，處七年以上有期徒刑；首謀者，處無期徒刑。預備犯前項之罪者，處六月以上五年以下有期徒刑。」

[6] 參見彭維學：《兩岸關係和平發展的現狀與遠景》，載《時事報告》2011 年第 1 期。

[7] 參見黃少雄：《海峽兩岸及港、澳地區警務合作》，載《人民檢察》2008 年第 19 期。

[8] 參見時延安：《海峽兩岸刑事合作新時代的來臨》，載《法制日報》2009 年 5 月 20 日。

[9] 參見蘇彩霞：《我國區際刑事司法協助適用「雙重犯罪原則」新論》，載《政治與法律》2009 年第 6 期。

[10] 參見熊一新、吳仲柱：《海峽兩岸警務合作機制研究》，載《公安研究》2010 年第 11 期。

[11] 參見呂岩峰、李海：《中國區際刑事司法協助初論》，吉林人民出版社 2007 年版，第 78 頁。

[12] 參見趙秉志、黃曉亮：《論中國區際刑事司法合作法律機制的構建》，載《江海學刊》2011 年第 10 期。

[13] 參見趙秉志、黃曉亮：《論中國區際刑事司法合作法律機制的構建》，載《江海學刊》2011 年第 10 期。

[14] 參見陳雷、王君祥:《論〈兩岸司法互助協議的基本特點〉》,載趙秉志主編:《腐敗犯罪的懲治與司法合作》,北京師範大學出版社 2013 年版,第 301 頁。

[15] 參見陳雷、王君祥:《論〈兩岸司法互助協議的基本特點〉》,載趙秉志主編:《腐敗犯罪的懲治與司法合作》,北京師範大學出版社 2013 年版,第 301 頁。

[16] 參見陳雷、王君祥:《論〈兩岸司法互助協議的基本特點〉》,載趙秉志主編:《腐敗犯罪的懲治與司法合作》,北京師範大學出版社 2013 年版,第 301 頁。

[17] 參見戴世瑛:《兩岸關於「制售假冒偽劣商品」的刑事懲治與共同打擊犯罪》,載趙秉志主編:《刑法評論》2012 年第 2 卷,法律出版社 2012 年版,第 55 頁。

[18] 參見黃曉亮:《論國際視野中的海峽兩岸反洗錢刑事司法互助問題》,載趙秉志主編:《刑法論叢》2013 年第 2 卷,法律出版社 2013 年版,第 400 頁。

[19] 筆者曾經與北師大刑科院黃曉亮副教授合作,向 2009 年 7 月 9 日在福州召開的首屆海峽兩岸司法實務研討會,提交了題為《論中國區際刑事司法合作法律機制的構建——以〈海峽兩岸共同打擊犯罪及司法互助協議〉為切入點》的論文,全面分析了《南京協議》的價值和意義、缺陷和不足以及改進和完善的途徑。會後,我們對此文進行了認真的修改補充,將該文發表於《江海學刊》2011 年的第 10 期。

[20] 參見盧建平、周建軍:《「寬嚴並進」刑事政策在臺灣的實踐》,載《南昌大學學報(人文社會科學版)》2007 年第 1 期。

[21] 參見張軍、趙秉志主編:《寬嚴相濟刑事政策司法解讀》,中國法製出版社 2011 年版,第 3-11 頁。

[22] 參見陳雷、王君祥:《論〈兩岸司法互助協議的基本特點〉》,載趙秉志主編:《腐敗犯罪的懲治與司法合作》,北京師範大學出版社 2013 年版,第 301 頁。

[23] 轉引自戴世瑛:《兩岸關於「制售假冒偽劣商品」的刑事懲治與共同打擊犯罪》,載趙秉志主編:《刑法評論》2012 年第 2 卷,法律出版社 2012 年版,第 56 頁。

[24] 參見戴世瑛:《兩岸關於「制售假冒偽劣商品」的刑事懲治與共同打擊犯罪》,載趙秉志主編:《刑法評論》2012 年第 2 卷,法律出版社 2012 年版,第 55 頁。

[25] 臺灣此前發佈之「臺灣與大陸地區人民關係條例」第 78 條具體規定,大陸地區人民之著作權在如臺灣遭受侵害,應以臺灣人民是否可在大陸地區享有同等訴訟權利而定。

[26] 對於此問題,筆者曾在十餘年前作了初步的分析,當時即認為,「臺灣與大陸地區人民關係條例」第 78 條對大陸地區居民著作權之司法保護的「對等規定」是一種歧視性的待遇。具體參見趙秉志:《外向型刑法問題研究》,中國法製出版社 1997 年版,第 486—489 頁。遺憾的是,該條款的規定至今並未被修改或者廢止,且仍被臺灣有關司法機關援引適用。

[27] 參見蘇彩霞：《我國區際刑事司法協助適用「雙重犯罪原則」新論》，載《政治與法律》2009 年第 6 期。

兩岸刑事犯、刑事嫌疑犯遣返芻論

時延安[1]

引言：對兩岸刑事犯、刑事嫌疑犯遣返的簡要回顧及存在的質疑

毋庸置疑，當前兩岸刑事合作已經進入一個良性發展階段，在共同打擊犯罪方面取得相當大的成績，兩岸刑事犯、刑事嫌疑犯遣返方面成就令人矚目。以 1990 年 9 月 12 日《海峽兩岸紅十字組織在金門商談達成有關海上遣返的協議》（以下簡稱《金門協議》）和 2009 年 4 月 26 日《海峽兩岸共同打擊犯罪及司法互助協議》（以下簡稱《南京協議》）為標誌，可以劃分為三個階段：（1）《金門協議》簽訂前為個案協助階段。由於當時兩岸缺少逃犯移交途徑，因而借助其他國家或國際組織實現移交。（2）海峽兩岸紅十字組織簽訂《金門協議》至《南京協議》簽訂。為落實《金門協議》，公安部於 1991 年 12 月 31 日發佈《關於實施大陸與臺灣雙向遣返工作的通知》，對海上遣返的工作原則、遣返人員範圍、業務部門分工、遣返程序、工作要求等作出規定。臺灣「行政院大陸委員會」於 1992 年 6 月 17 日製定「大陸地區人民非法入境遣返實施要點」。截至 2009 年 1 月，根據《金門協議》，兩岸紅十字組織共同實施雙向遣返作業 212 批，雙向遣返 38936 人。其中，大陸向臺方遣返非法入境人員、刑事犯、刑事嫌疑人 91 批 366 人。接受大陸劫機犯罪嫌疑人 5 批 18 人，向臺灣遣返劫機犯罪嫌疑人 1 人。[4] （3）自《南京協議》簽訂至今。據大陸權威部門統計，在過去 4 年間，大陸方面遣返臺通緝犯 288 人。臺灣警方也向大陸遣返 4 名逃犯。[5]

對於兩岸刑事犯、刑事嫌疑犯遣返的進展情況，兩岸都表示積極肯定的態度。不過，在臺灣也有觀點認為，一些經濟要犯、「大咖」級人物未給予遣返，並由此提出一定的質疑。[6] 有論者認為，「觀諸大陸援以拒絕協助之理由，實系跳脫了區際刑事司法互助之論述而比附國際間引渡所適用之原則。臺灣面對此問題，則強調經濟罪犯已明列第 4 條第 2 款之重點打擊之對象，不屬於第 6 條第 3 款所謂重大關切利益等特殊情形之範疇。」[7]

就兩岸刑事犯、刑事嫌疑犯遣返的現狀及存在的質疑，筆者認為，在總體向好的基調中存在一些不盡如意的地方，應當客觀看待，既不能等閒小覷，也不能過於誇大。如果因現有協議規定過於原則而導致雙方認識上的不同，就應該透過協商明確規定，統一認識，減少歧見；如果屬於執行協議中存在的問題，也應考慮設立一定的機制加以解決。

本文意圖討論的問題，就是在《南京協議》有關遣返規定的基礎上，就如何進一步完善兩岸刑事犯、刑事嫌疑犯遣返的規定提出一些設想和建議。具體論述思路是，對兩岸現有機制進行評價，而後就《南京協議》中遣返的性質和特徵進行分析，進而試圖說明目前存在問題的根源，並初步地提出解決問題的思路和建議。

一、臺灣有關兩岸間遣返的規定

為落實《南京協議》，臺灣「法務部」於2011年1月4日製定頒行了「海峽兩岸緝捕遣返刑事犯或刑事嫌疑犯作業要點」（以下簡稱「要點」）。「要點」制定背景就是「妥適執行」《南京協議》第5條、第6條有關緝捕、遣返刑事犯、刑事嫌疑犯事宜。

「要點」區分司法警察機關與檢察機關規定兩種聯繫渠道（第2條、第3條）：（1）司法警察機關與公安部直接聯繫。司法警察機關經「法務部」授權後，可以與公安部直接聯繫執行刑事犯、刑事嫌疑犯的緝捕遣返事宜。在人員遣返事項確定後，應由移送司法機關及時報告「法務部」及發佈通緝或核發拘票的法院或檢察機關。（2）經「法務部」與大陸主管部門聯繫。檢察機關認為有緝捕、遣返進入大陸刑事犯、刑事嫌疑犯必要的，應提出請求書及相關資料，密送「法務部」審核同意後，由「法務部」以書面形式向大陸主管部門提出協助請求。在緊急情況下，經大陸主管部門同意，可以電話、口頭、傳真、電子郵件或其他適當方式提出，並在3日內補提請求書加以確認。司法警察機關經授權後，認為仍有經由「法務部」向大陸主管部門提出緝捕、遣返進入大陸刑事犯、刑事嫌疑犯必要的，也可以透過「法務部」聯繫。

上述請求書的內容（第4條）包括：（1）請求機關；（2）請求目的；（3）事項說明，具體包括受緝捕、遣返人姓名、性別、出生年月日、身份證統一

編號、住所或居所或其他足以用於辨別身份的特徵,以及受緝捕、遣返人目前的行蹤;(4)案情摘要,具體包括犯罪事實摘要、證據並所犯法條,以及目前偵審情形;(5)追訴限制;(6)請求執行所附帶資料,具體包括受緝捕、遣返人戶籍資料、相片或指紋卡,受緝捕、遣返人所涉案件的刑事案件移送(報告)書、拘票、通緝書、起訴書、判決書;(7)聯絡人及聯絡方式。

對於從大陸遣返回的刑事犯、刑事嫌疑犯,接受單位為原移案機關派員負責並予以押解及戒護;如果是受公安部通知機關非原移案機關,受通知機關應移由原移送機關處理。如果是同一遣返對像有多個機關向公安部提出緝捕、遣返請求的,由提供重要情資而緝獲遣返對象的機關派員執行(第5條)。

對於大陸方面主管部門以請求書方式請求協助緝捕遣返刑事犯、刑事嫌疑犯的,臺灣「法務部」應考慮以下事項作為決定與否的根據(第6條):(1)受緝捕、遣返人為非臺灣居民;(2)受緝捕、遣返人並非軍事犯、政治犯、宗教犯,或者認為有重大關切利益等特殊情形;(3)請求內容符合臺灣法令規定;(4)執行請求不損害臺灣公共秩序或善良風俗;(5)根據臺灣法令規定不涉嫌犯罪,但依照大陸規定涉嫌犯罪,以事先經雙方同意進行個案協助且對臺灣有重大社會危害者為限;[9](6)大陸主管部門書面承諾不得對遣返對象追訴遣返請求以外的行為。[9]如果「法務部」經審核同意大陸主管部門協助緝捕、遣返請求,應立即通知檢察機關、司法警察機關協助;如果拒絕請求,則應立即向大陸主管部門說明並送還相關資料。如果屬於請求書內容或相關資料欠缺,經過「法務部」通知補充或者補充後仍認為無法執行的,「法務部」可以不予協助(第7條)。

在「法務部」同意大陸主管部門協助緝捕、遣返請求後,檢察機關應當根據「要點」及臺灣法令,指揮司法警察機關協助執行大陸主管部門請求,並及時填寫執行結果通報書,向「法務部通報執行情形」(第8條);「法務部」應將執行結果通知大陸主管部門,如果緝獲被請求對象,應請大陸主管部門盡快聯繫執行機關,以最適當時間、地點及方式執行遣返交接(第9條)。如果對被請求對像已經開始進行偵查、起訴或者進行審判,則應暫緩提供協助,並及時向大陸主管部門說明理由(第10條)。[11]如果無法完成

請求事項,「法務部」應向大陸主管部門說明並送還相關資料。交接受遣返人時,應同時移交有關卷宗證據,並簽署交接書[12]。

「要點」是目前臺灣有關兩岸遣返的基本規範。應該說,「要點」較好地體現了《南京協議》的基本精神,也具有較強的操作性。同時,「要點」在一定程度上借鑑吸收了當前不同司法管轄區之間引渡實踐所廣泛採用的原則,如對本地居民、政治犯、軍事犯、宗教犯不引渡原則。[13] 當然,「要點」的規定表現出相當的靈活性,更為充分考慮到兩岸現實情況。從「要點」規定看,對大陸居民的遣返,仍屬於行政權的管理範圍,而且依據行政程序而為。

二、大陸有關兩岸遣返刑事犯、刑事嫌疑犯的規定

《南京協議》簽訂後,大陸有關主管部門為落實該協議做了大量工作。在遣返刑事犯、刑事嫌疑犯方面,在過去4年取得較大成績。不過,在有關制度建設上,並沒有就《南京協議》的內容制定相關法規。

有關兩岸遣返刑事犯、刑事嫌疑犯方面,大陸公安機關依據的法規仍是1991年12月17日《中國公民往來臺灣管理辦法》(以下簡稱《辦法》)。《辦法》第22條第1款規定:「申請來大陸的臺灣居民有下列情形之一的,不予批準:(一)被認為有犯罪行為的;(二)被認為來大陸後可能進行危害國家安全、利益等活動的;(三)有編造情況、提供假證明等欺騙行為的;(四)精神疾病或者嚴重傳染病患者。」《辦法》第40條第1款規定:「來大陸的臺灣居民違反本辦法的規定或者有其他違法犯罪行為的,除依照本辦法和其他有關法律、法規的規定處罰外,公安機關可以縮短其停留期限,限期離境,或者遣送出境。」對於違反《辦法》第22條規定的不予批準情形之一的,應當立即遣送出境。

從上述規定看,在臺灣犯有罪行的人或者涉嫌犯罪的臺灣居民,即不符合《辦法》第22條規定,換言之,在臺灣沒有實施罪行或者未涉嫌犯有罪行(即「被認為有犯罪行為的」)是批準臺灣居民來大陸的一個實體性條件;在不具備該條件的情況下,大陸主管部門即不予批準。在已經批準臺灣居民來大陸的情況下,如果發現有不符合第22條規定的情形,應撤銷相關批準

文件，並立即遣送出境。如果是臺灣居民已經取得合法來大陸批準文件，乃至取得在大陸居留證（《辦法》第19條）的，設若其回臺期間實施罪行後再次進入大陸的，則屬於《辦法》第40條第1款所規定之「有其他違法犯罪行為的」，大陸公安機關即可以縮短其停留期限，限期離境或者遣送出境。

《辦法》對已在臺灣犯有罪行或者涉嫌犯有罪行的臺灣居民予以遣送的規定，與《南京協議》第5條和第6條規定存在一定落差，但在權力設置與程序上與其並無基本衝突，詳言之，大陸遣返（或遣送）這類人員的根據，主要是其違反入境的管理規定，而非直接依據兩岸協議（無論是《金門協議》還是《南京協議》）而設定的義務或者基於互惠原則而採取的協助，且在程序上仍屬於行政程序。[15]

需要提及的是，公安部《關於實施大陸與臺灣雙向遣返工作的通知》對如何進行遣返作出了較為細緻的規定。

三、對《南京協議》有關遣返規定的理解

《南京協議》第6條有關刑事犯、刑事嫌疑犯的遣返問題規定得比較籠統，主要是就基本原則（第1款）、三個限制條件（即第2款遣返程序後置於受請求方已經開始的司法程序；第3款受請求方重大關切利益等特殊情形時，受請求方根據情形決定是否遣返；第4款請求方原則上只能就遣返請求中的行為對遣返對象進行追訴，即特定性原則）。比較《金門協議》，《南京協議》的規定體現了更強烈的合作精神和意願，不過，就刑事犯和刑事嫌疑犯的遣返而言，並沒有性質上的根本改變，就是說，遣返的性質仍是以出入境管理規定為前提和法律基礎的強制性措施。

對《南京協議》第6條的理解，核心問題還是在於對「遣返」性質的釐清，這也成為相應制度、規範設計的一個前提。臺灣「法務部」曾就有關質疑作出澄清，認為兩岸間之情形特殊，為不使政治意識形態延誤兩岸人民打擊犯罪的盼望，乃擱置主權爭議，不直接使用「引渡」一詞，在《協議》中改用概念相同且有《金門協議》前例已具共識之「遣返」一詞。在筆者看來，在《南京協議》中使用「遣返」一詞，固然有沿襲慣例、迴避不必要爭議的一面，另一方面，也看到，無論是《金門協議》還是《南京協議》，在制度設計上，

其並沒有將引渡制度完全照搬過來,而是在遣返中適度加入了引渡的一些成分。[17]

當然,就目前兩岸採取的刑事犯、刑事嫌疑犯遣返模式,與單純以違反出入境管理的遣送(或遣返)以及針對外國人的驅逐出境相比較,還是有較大不同,即這種遣返模式帶有引渡的一些特徵。這主要表現在,其帶有相當的雙方性,換言之,它並不完全是單方行為,而是在一定程度具有雙方合意的性質。在《南京協議》有關遣返的規定體現表現在兩個方面:一是,採取雙重犯罪原則,除非一方認為涉嫌犯罪,另一方認為未涉嫌犯罪但有重大社會危害,可以經雙方同意個案協助;二是,吸收了引渡合作中一般要求的特定性原則,即除非經受請求方同意,請求方不得對遣返對象追訴遣返請求以外的行為,換言之,接受遣返的一方要遵守事先的承諾,不得在遣返一方未同意的情形下,對被遣返人進行超出請求之外的刑事追究。這種遣返模式被理解為「事實引渡」,在一些沒有引渡條約的司法管轄區之間常有使用。[18]不過,即便如此,這種遣返模式與引渡相比,還存在相當大的差異。

有關兩岸刑事犯、刑事嫌疑犯遣返的另一個容易引發爭議的問題,就是如何理解並界定《南京協議》中的「受請求方認為有重大關切利益等特殊情形」。從實踐上,「有重大關切利益等特殊情形之判斷」完全由受請求方來把握。從可能的含義來理解,特殊情形應與受請求方政治利益、軍事利益、社會重大利益甚至經濟利益相聯繫。目前大陸主管方面並沒有給出界定,反觀臺灣方面,「要點」第6條第2項所規定的軍事犯、政治犯、宗教犯以及認為有重大關切利益等特殊情形,第4項規定的「臺灣的公共秩序和善良風俗」,概括地講,都可以歸入其所認為的「重大關切利益」當中。

對於「重大關切利益等特殊情形」的理解和界定,還是應透過解釋加以確立。從某種意義上講,《南京協議》以如此模糊語言進行界定,為雙方事後的「便宜行事」留足了空間,然而正因為如此,也就可能成為雙方產生誤解的一個「黑洞」。因此,為減少分歧,繼續推動兩岸共同打擊犯罪和司法互助領域的合作,對何為「重大關切利益等特殊情形」應給出界定,或者雙方形成默契。在筆者看來,規定「重大關切利益等特殊情形」就是一項保留條款,由合作各方根據自己的利益關切來進行判斷。考慮到目前兩岸尚未統

一的現實,這種「重大關切利益等特殊情形」應限定在政治和軍事領域,至於其他領域問題,不宜涵蓋其中。其理由在於:政治和軍事領域,是雙方目前分歧所在,也是尚未統一之根由;而其他領域,雙方有共同的利益,並無原則性分歧,將之作為個別之重大關切利益似乎不妥。總之,為兩岸刑事犯、刑事嫌疑犯遣返順利開展,對這一問題應做認真分析和對待,儘可能彌補對其認識上的差異。

四、對完善兩岸刑事犯、刑事嫌疑犯遣返的初步建議

如上所述,在過去四年間,兩岸在遣返刑事犯、刑事嫌疑犯方面取得了較大的成績,不過,在制度建設方面,還需要做進一步努力。對大陸方面來講,在制度建設上仍應繼續加大力度。筆者認為,應當在三個方面透過制度加以明確:(1)制定法規或者部門規章,明確一般違反入境管理規定的遣返與刑事犯、刑事嫌疑犯遣返的界分。進言之,就是明確適用《南京協議》遣返的範圍。對此,筆者認為,並非所有刑事犯、刑事嫌疑犯的遣返,都要依照《南京協議》的規定進行遣返。對於違反入境管理規定的,即便臺方未提出請求遣返,大陸主管部門應依職權進行遣送。適用《南京協議》的遣返,應限定在:已經取得在大陸停留乃至居留資格的人,尤其是在大陸具有居所、工作的臺灣居民。(2)完善與遣返相銜接的法律程序。遣返程序的進行,其中一個重要環節就是對被請求遣返人進行羈押,在一些情形下,還有通緝的必要。在被請求遣返人在大陸具有合法停留和居留資格的情況下,對其人身進行限制需要有明確的實體和程序上的法律根據。(3)應當為被請求遣返人設定必要的救濟程序。這是對被請求遣返人基本權利保障應設計的一個程序。比如,是否存在錯抓的情形,臺灣主管部門提供的材料是否充分等問題。[19]對於決定予以遣返的人,如果其在大陸有家庭、財產或者其他合法利益,在進行遣返前,應為其提供必要的時間和條件安排相關事宜。

就兩岸間刑事犯、刑事嫌疑犯的遣返的未來發展,在制度上應做進一步完善。對此,筆者建議,兩岸主管部門有必要進行對話,將目前存在的分歧逐一列出。以當前現實條件能夠解決的,設定相應的規範作為今後工作的根據;如果不能解決的,可先行擱置,以相互理解的姿態進行處理。

註釋

[1] 時延安，中國人民大學法學院教授、刑事法中心特聘研究員。

[2] 前者如，1989年，臺灣通緝犯楊明宗持偽造的新加坡護照進入大陸，大陸警方以楊明宗涉嫌偽造新加坡護照為由將其移交新加坡警方，而後由新加坡警方當場再移交給臺灣警方。後者如，1989年大陸罪犯吳大鵬盜竊中國銀行匯票外逃，而後大陸透過國際刑警組織發出紅色通緝令，國際刑警總秘書處向新加坡、瑞士、美國、香港及臺灣警方通報案情，最後臺灣警方逮捕吳大鵬，並透過海峽紅十字會促成遣返。1990年10月8日吳大鵬由臺北警方送到一個軍用機場，然後飛到金門，在海上直接將其遣返回大陸。參見趙家新：《海峽兩岸司法往來記事》，載《臺聲》1994年第6期。

[3] 在這一階段，仍存在「行政默契（一致行為）」的個案協助方式。例如，2001年5月16日臺灣高雄漁船在彭佳嶼附近盜賣漁業用油給大陸漁船，大陸緝私船以盜賣柴油為由，要將臺灣漁船帶回大陸審訊，後經雙方協商，兩岸人員分別審訊對方船員，互換筆錄，共同製作筆錄，並將人船各自帶回。參見陳文琪：《兩岸刑事司法互助有關人員遣返的法制架構》，載《刑法論叢》第31卷，法律出版社2012年版，第443頁。

[4] 劉暢、張勇：《兩岸啟動司法合作「直通車」》，載《檢察日報》2009年4月27日第1版。

[5] 國臺辦：《兩岸共同打擊犯罪及司法互助協議成效顯著》，載http：www.gwytb.gov.cn/guide_rules/exe/201306/t20130614_4317272.htm，2013年7月1日訪問。

[6] 中評社：《兩岸共同打擊犯罪協議4年遣返271人》，載http：www.zhgpl.com/doc/1025/0/4/8/102504872.html，2013年7月1日訪問。

[7] 參見陳文琪文，第460頁。

[8] 與《南京協議》第6條第3款相對應。

[9] 與《南京協議》第4條第1、3款相對應。

[10] 與《南京協議》第6條第4款相對應。

[11] 與《南京協議》第6條第2款相對應。

[12] 與《南京協議》第6條第1款相對應。

[13] 可比較《聯合國引渡示範條約》第3條、第4條。

[14] 與此相對照，國家間引渡是以條約義務和互惠原則為基礎的。參見黃風等著：《國際刑法學》，中國人民大學出版社2007年版，第177-178頁。

[15] 而引渡的決定屬於司法程序。可參見《中華人民共和國引渡法》、臺灣「引渡法」的相關規定。有關臺灣「引渡法」的規定，見 http：news.9ask.cn/fagui/twflfgk/201002/342075.html，2013年7月1日訪問。

[16] 轉引自陳文琪文，第442頁。

[17] 在筆者看來，在一國內尚未統一的不同法域之間用「引渡」這一法律術語也無不可，畢竟不同法域之間是相對獨立的司法管轄區。當然，為避免不必要的爭議，迴避「引渡」一詞，而用「移交」或者其他用語似更為明智。不過，現行的遣返模式與目前一般理解與實踐著的引渡制度之間，還有相當大的差距。

[18] 參見黃風等著：《國際刑法學》，中國人民大學出版社 2007 年版，第 212 頁。

[19] 筆者認為，對於在大陸合法居留的臺灣居民，在進行刑事方面的遣返時，應考慮設定一定的證明標準，即臺灣主管部門提供的材料應達到一定證明程度，才可進行遣返。

縱論海峽兩岸刑事司法互助之「罪贓移交」

張淑平[1]

上世紀，海峽兩岸跨境犯罪的主要形態是劫機犯罪。新世紀後，跨境詐騙、販毒、走私、偽造貨幣等以經濟利益為目的的犯罪呈高發態勢，且此類案件鮮有例外地透過洗錢或直接隔岸轉移贓款。由於訊息技術與現代金融業的發展，透過銀行或地下錢莊，罪贓均可在瞬間轉移至全國乃至世界各地。贓款在案發或破案時尚未流出境外的可謂萬幸，但概率極低。尤其是電信詐騙犯罪，近年猖獗之勢簡直可與當年之「劫機潮」相「媲美」。兩岸警方雖著力防範並聯手破獲一系列影響甚巨的特大跨境跨國電信詐騙案，但由於被騙資金流轉太快，且往往被化整為零，警方靠傳統的追蹤被騙資金走向來查獲犯罪已顯力不從心。兩岸之間又因尚未開啟「罪贓移交」合作事項，幾無任何渠道可以隔岸追贓，民眾最關心的被騙錢財損失通常無可挽回，兩岸合作打擊犯罪的社會效果不能彰顯。

2009年4月26日，兩會簽署《海峽兩岸共同打擊犯罪及司法互助協議》（下稱《南京協議》），其第9條「罪贓移交」約定：「雙方同意在不違反己方規定範圍內，就犯罪所得移交或變價移交事宜給予協助。」雖僅一條，但已將兩岸司法互助第一次延伸至「罪贓移交」事項。[3]《南京協議》後，

迄今除了罪贓移交，兩岸司法互助已經實現了文本約定的所有事項。《南京協議》既屬原則性框架協議，又無個案實踐探索，故「罪贓移交」目前可謂「雙無」——無章可循、無先例可遵。然因「罪贓移交」與刑事管轄權等不同，是一項並不直接涉及主權問題之互助事項，國際公約、條約及國際刑事司法協助之實踐或許可以給予制度構建之借鑑價值。

一、相關概念辨析

《南京協議》第9條「罪贓移交」：「雙方同意在不違反己方規定範圍內，就犯罪所得移交或變價移交事宜給予協助。」此處有必要先界定「罪贓」、「犯罪所得」與「罪贓移交」之涵義。

（一）「犯罪所得」

據《南京協議》第9條，其「罪贓」即「犯罪所得」。何謂「犯罪所得」？在理論界，同義表達亦有「犯罪收益」、「犯罪資產」等等。根據《聯合國禁止非法販運麻醉品和精神藥品公約》第1條、《聯合國打擊跨國有組織犯罪公約》第2條第5款、《聯合國反腐敗公約》第2條第（五）項、第31條規定，所謂「犯罪所得（proceeds of crime）」，係指透過實施犯罪而直接或者間接產生或獲得的任何財產。[5] 針對實踐中「犯罪所得」容易發生形態改變、與其他財產混合等從而無法準確界定的狀況，上述公約同時規定「犯罪所得」的三種轉換形態：1. 替代收益。即由犯罪所得全部或者部分轉變或轉化的其他財產。2. 混合收益。即犯罪所得已經與從合法來源獲得之其他財產相互混合。3. 利益收益。即由犯罪所得、犯罪所得轉變或者轉化而成的財產，或者已經與犯罪所得相混合的財產所產生的收入或其他利益。——縱觀此類公約規定可知，犯罪所得不僅包括直接從犯罪獲得的財產，也包括透過犯罪行為間接獲得的財產。

（二）「追繳犯罪所得」與「罪贓移交」

1.「追繳犯罪所得」

在國際刑事司法協助中，「追繳犯罪所得」係指對有關犯罪所得採取的追查、扣押（查封、凍結）及沒收等一系列措施。即是一種控制、限制犯罪

所得的一系列措施的統稱。[6]1988年12月19日透過的《聯合國禁止非法販運麻醉品和精神藥品公約》最早提出「追繳犯罪所得」之司法合作事項。此後，一些雙邊、多邊條約對「追繳犯罪所得」進行不斷發展，使其從最初的僅限於毒品犯罪擴展至具有經濟利益的有關犯罪。1990年1月8日《關於洗錢及所有犯罪所得的偵查、扣押、沒收公約》進一步規定了各締約方之間相互協助追查、扣押並沒收犯罪所得的義務。1994年聯合國預防犯罪和刑事司法委員會第三屆會議審議透過了「控制犯罪所得」的決議案。

解讀前述「追繳犯罪所得」之內涵，其首要環節是追查犯罪所得，其次為扣押犯罪所得，最後便是沒收犯罪所得。追查、扣押均非目的，財產所在國在追查、扣押財產基礎上，最終需要實現的是根據本國法律、透過相應的司法程序對犯罪所得予以沒收。在國際刑事司法協助中，沒收仍不是最後環節。在沒收之後，國際社會一般有五種處置方式：（1）（被請求國）收歸國有；（2）返還（請求方）或（與請求國）分享；（3）賠償被害人損失；（4）支付用於沒收和管理的費用；（5）捐贈等。

2.「追繳犯罪所得」與「罪贓移交」

國際刑事司法協助並無「罪贓移交」之概念，蓋《南京協議》使用的「罪贓移交」是根據海峽兩岸司法互助的特殊性創設了一個新詞。觀「罪贓移交」字面涵義，應是目前國際刑事司法協助中「追繳犯罪所得」之子概念，是「沒收」之後五種處置犯罪所得方法之「返還」，即「追繳犯罪所得」一系列司法協助行為的終端環節。

在《中華人民共和國刑法》（以下簡稱《刑法》）的語境裡，因「犯罪所得」被稱「贓款贓物」，相應地，「追繳犯罪所得」則被稱為「追贓」。關於「犯罪所得」和「追贓」的法律依據僅有《刑法》第64條規定：「犯罪分子違法所得的一切財物，應當予以追繳或者責令退賠；對被害人的合法財產，應當及時返還；違禁品和供犯罪所用的本人財物，應當沒收。沒收的財物和罰金，一律上繳國庫，不得挪用和自行處理。」此處「應當予以追繳」之「犯罪分子違法所得的一切財物」即對應於國際刑事司法協助之「追繳犯罪所得」。——由此可知，《刑法》對「追繳犯罪所得」已有立法，至於返還或者「罪贓移交」等沒收之後犯罪所得的處置，立法尚屬空白。[7]

二、國際刑事司法協助之「追繳犯罪所得」

（一）查封、扣押、凍結

查封財產針對不動產而言，其目的在於使不動產在一定期限內不再為犯罪嫌疑人、被告人或者其他人使用或轉移所有權；扣押財產係指將犯罪嫌疑人或被告人的合法或非法動產扣留於特定場所的強制性措施；凍結財產則指將犯罪嫌疑人或被告人的資金帳戶加以限制，使資金無法流動。此三種針對財產的強制性措施實質皆為實現對犯罪嫌疑人或被告人財產的限制、控制，故均屬廣義的扣押，在國際公約裡常被統稱為「凍結和扣押」或「扣押」。為行文方便，以下在涉及查封、扣押、凍結時，筆者亦統一使用「扣押」一詞。

1978年生效之《歐洲刑事訴訟移管公約》第五章第28條規定：「在接到附有第15條第1項提到的信件的追訴請求後，被請求國應當有權適用包括對犯罪嫌疑人進行羈押和扣押物品在內的所有臨時措施。」其中「扣押」的物品，不僅涵蓋作為證據的物品，也涵蓋作為「犯罪所得」的物品。《關於刑事判決國際效力的歐洲公約》將「被請求國可以臨時扣押有爭議的財產」規定為一種強制方法，其扣押則較明顯指向「犯罪所得」。《關於洗錢及所有犯罪所得的偵查、扣押、沒收公約》規定了締約國承諾互相協助搜查和扣押「犯罪所得」之義務。1990年11月11日生效之《聯合國禁止非法販運麻醉品和精神藥品公約》第5條第1款要求各締約國對毒資採取必要措施進行識別、追查、凍結或者扣押，以便最終能夠沒收。同時亦規定，為使識別、追查、凍結或者扣押有效運行，獲取更多資產，各國必須賦予司法機關或者其他機構更多權力以命令銀行查獲金融和商業記錄，任何一國不得以銀行秘密法的規定為由而拒絕合作。聯合國《關於相互提供刑事司法協助的模式協定》之任擇議定書規定了執行有關犯罪所得的查詢、扣押和沒收。1998年11月4日歐洲理事會透過的《透過刑法保護環境公約》第7條第1款規定：「每個締約國應採取合適和必要措施保證能夠沒收那些與第2條和第3條列舉的犯罪相關的設備、收益、或可衍生收益的有價值財產。」此處之「必要措施」無疑亦包括了查封、扣押、凍結財產等強制性措施。2000年11月15日透過之《聯合國打擊跨國有組織犯罪公約》第12條第2款明確規定：「締

約國應採取必要措施,辨認、追查、凍結或者扣押本條第 1 款所述任何物品,以便最終予以沒收。」

(二)沒收

扣押僅實現了對財產的控制,沒收才是將犯罪所得收歸有關部門的關鍵性措施。根據《聯合國打擊跨國有組織犯罪公約》第 2 條規定,沒收為「根據法院或者其他主管當局的命令對財產實行永久剝奪」之法律措施。其中,「財產」的範圍包括「各種資產,不論其為物質的或者非物質的、動產或者不動產、有形的或者無形的,以及證明對這些資產所有權或者權益的法律文件或者文書」。根據上述公約規定,沒收對象包括:第一,「犯罪所得」,即「直接或間接透過犯罪而產生或獲得的任何財產」,或價值與其相當的財產;第二,「用於或者擬用於本公約所涵蓋的犯罪的財產、設備或其他工具」。

扣押作為刑事司法合作之強制性措施,在打擊國際犯罪活動中具有舉足輕重的作用,是國際刑事司法協助之重要環節,是沒收與處置的前提。在各國沒收犯罪所得的相關國內立法中,通常將對有關財產的扣押作為沒收的前置程序,從而禁止、限制或者剝奪財產持有人控制、處分該財產之權利,使財產處於暫時被監控狀態,以等待對其是否沒收之最終決定。但是,扣押是否為沒收必經之前置程序,國際社會的實踐並不一致。以美國為例,民事沒收一般以對財產的限制與扣押為前提,而刑事沒收則一般在定罪之後,不必提前進行限制與扣押。但針對此種做法往往使犯罪嫌疑人獲得轉移與隱匿財產的充裕時間,從而導致刑事沒收無法進行之弊端,美國亦適時修改法律將扣押制度作為刑事沒收前的重要措施。在英國,法律則明確將限制令制度(對財產的扣押、凍結等限制措施)規定為犯罪所得沒收制度的重要組成部分,是沒收前對財產的保全措施。《刑法》對此沒有規定,但在實踐中,針對涉及經濟的犯罪,司法機關一般會採取查封、扣押或者凍結之強制措施。在臺灣,關於扣押與凍結是否為沒收之必經程序存在「積極說」與「消極說」的爭論,目前後者正處於主流地位。[9]

(三)對沒收財產的處置

如前所述,國際社會對被沒收之犯罪所得一般有五種處置方式:(1)(被請求國)收歸國有;(2)返還(請求方)或(與請求國)分享;(3)賠償被害人損失;(4)支付用於沒收和管理的費用;(5)捐贈等。「收歸國有」係指收歸被請求國國有;「返還」,包括返還給財產來源國,亦包括返還給財產所有權人或者善意第三人;「分享」則指國際司法協助之「被沒收犯罪所得分享制度」。其含義為:對犯罪所得追繳具有合作關係之犯罪資產流出國與流入國政府,根據國際公約、雙邊條約或臨時協定,將沒收之犯罪所得扣除必要費用之後按照比例經常性地或者逐案性地進行分割的制度。因犯罪所得流入國之刑事追訴針對的完全是觸犯該國法律的犯罪行為,有關的沒收決定完全是根據犯罪所得流入國的法律作出,所以沒收的犯罪所得被當然地認為應收歸流入國國庫,尤其針對洗錢、走私等無被害人之犯罪。至於是否向犯罪所得流出國——即司法協助之請求國返還或者分享,則更多地取決於流出國與流入國之間是否有合作條約或加入相關公約,甚至兩國關係等因素。但是,無論返還還是分享,在有被害人的犯罪中,優先賠償被害人損失;在所有追繳犯罪所得的國際司法協助優先扣除犯罪所得追繳過程中支出之合理費用——即用於沒收與管理之費用等卻為通行做法。[10]此外,一些公約還規定了捐贈等處置方式。

根據《聯合國反腐敗公約》第57條:被沒收之財產應當由締約國根據本公約與本國法律之規定予以處分,優先考慮返還被沒收的、產生於貪汙犯罪的財產或者請求國能夠合理證明對其擁有所有權的財產。在其他情況下,優先考慮返還締約國、合法所有人或者賠償犯罪被害人。同時在適當的情況下,還可以扣除進行偵查、起訴或者審判程序而發生的合理費用。

根據《聯合國打擊跨國有組織犯罪公約》第14條:「根據本公約第13條之規定應另一締約國請求採取行動之締約國,應在本國法律許可範圍內,根據請求優先考慮將沒收之犯罪所得或財產交還請求締約國,以便其對犯罪被害人進行賠償,或將這類犯罪所得或財產歸還合法所有人」,還可將「款項的一部分捐給根據本公約第30條第2款(C)項所指定的帳戶和專門從事打擊有組織犯罪工作之政府間機構」,亦可「經常地或者逐案地與其他締約國分享該類犯罪所得或財產或變賣該類犯罪所得或財產所獲款項」。

總之，國際司法協助之追繳犯罪所得顯屬非常複雜之過程：在「罪贓移交」前，須對「罪贓」展開追查、進行扣押（或查封、凍結）、透過法院之判決予以沒收等等。在諸多合作環節中，刑事管轄權、雙重犯罪、是否有條約依據等一系列法律問題，因為犯罪嫌疑人洗錢導致追查困難之現實問題，國際刑事司法合作難免存在之兩國關係、外交政策等政治問題均有可能阻礙合作，能否移交罪贓皆賴於前面環節是否順利。是以《南京協議》第 9 條約定之「罪贓移交」作為兩岸追繳犯罪所得之終端環節，能否實現該項合作，同樣取決於前頭每一個環節順暢與否。此或許正是兩岸迄今尚未開展「罪贓移交」個案實踐的重要原因！

三、構建海峽兩岸「罪贓移交」基本制度的初步設想

《禮記》曰：「君子慎始。差若毫釐，謬以千里。」既知「罪贓移交」是一系列司法互助的濃縮和結果，相比兩岸之間追贓活動的複雜性和不確定性，《南京協議》寥寥 33 字僅具合作意向之義，未來在兩岸區際司法互助的法律框架內構築合適的配套制度乃具方向性意義。同時，該種合作還必須符合有關各方的域內法。無論是請求方還是被請求方，在提出或者接受追繳犯罪所得合作時，都必須具有域內法的依據，都應當按照本方法律的規定，履行法定程序並製作必要的法律文書。由於兩岸法律制度的不同，包括法律用語上的差別，為保證合作的順利進行，被請求方應根據法律的基本精神和法律規則在實質上的一致性決定是否接受請求與提供合作，而不應當拘泥於法律條文和文書的字面含義或者表達方式。

（一）考慮引入「罪贓分享制度」

此處「罪贓分享制度」即指國際司法協助之「被沒收犯罪所得分享制度」。

1.「被沒收犯罪所得分享制度」的產生與發展

「分享」之概念最早見於《聯合國禁止非法販運麻醉品和精神藥品公約》第 5 條第 5 款第 2 項。該項要求締約國「按照本國法律規定之行政程序或者專門締結的雙邊或多邊協定，定期地或者逐案地與其他締約國分享這類收益或者財產或由變賣這類收益或財產所得的款項」。前文已提及，在國際司法

協助中,政治因素實為追繳犯罪所得合作難以避免的重要阻礙。某些犯罪所得所在國往往從本國政治利益出發,對犯罪所得來源國的追繳努力施加人為障礙,使追繳行動變得更加困難。同時,客觀上被請求國追繳犯罪所得的行動還常常受制於有限的財政資源。如果給予一定的回報,不僅可以彌補被請求國為複雜的追繳行動耗費之大量財力,更有利於激勵被請求國,從而有益追繳犯罪所得合作的迅速有效開展。此即「被沒收犯罪所得分享制度」之意義所在。

但作為國際刑事司法互助的一個新制度,「被沒收犯罪所得分享制度」誕生伊始即充滿爭議。特別在《聯合國反腐敗公約》談判過程中,各國就是否設立腐敗資金分享機制曾發生嚴重意見分歧,出現了「支持論」、「反對論」和「折中論」三種情況。尤其耐人尋味之處在於,以英美為代表的一些西方國家主張「支持論」,發展中國家多持「反對論」,以墨西哥為代表的一些國家則堅持「折中論」。發達國家與發展中國家迥異的立場實質上反映出各國腐敗的不同情況:發展中國家由於其政治經濟體制不健全,腐敗情況嚴重,主要是腐敗資產之流出國,而發達國家則主要是腐敗犯罪資產之流入國。對於發展中國家而言,數額巨大的資金流入外國,或多或少影響本國經濟的發展,而分享則代表著能夠返還國內的資產大大減少,此必然為其所不願。

2. 大陸在「被沒收犯罪所得分享制度」上的基本立場

然則放眼世界,慮及國際司法協助之長遠利益,「被沒收犯罪所得分享制度」的合理性已經得到越來越多國家的認同。隨著一系列國際公約陸續簽訂,「被沒收犯罪所得分享制度」已然得到國際社會普遍認可。[11] 實際上,在有關犯罪所得已在他國控制的情況下,與其不同意分享而導致分文未得,不如轉變觀念,以「追回一部分比全部追不回強」之新觀念與他國分享。故在參與《聯合國反腐敗公約》談判過程中,中國代表團在分享被沒收犯罪所得問題上所持基本立場是:「如果被追回的非法資產屬於提出請求的締約國或該國其他合法所有人,則應當將該資產全部歸還提出請求的締約國,無論這些資產是採用何種手段追繳的,無論是根據請求國法院的判決沒收的還是根據被請求國的法院判決沒收的。在此前提下,可以討論向被請求國補償費用問題。在特定情況下(如在販毒、洗錢、受賄等無財產受害人的犯罪中),

不排斥考慮分享問題,以便鼓勵有關各國透過國際合作與其他一切行之有效的方式積極追繳被轉移的犯罪所得。」[12]2007年透過的《中華人民共和國禁毒法》第57條規定:「透過禁毒國際合作破獲毒品犯罪案件的,中華人民共和國政府可以與有關國家分享查獲的非法所得、由非法所得獲得的收益以及供毒品犯罪使用的財物或者財物變賣所得款項。」此為中國國內法第一次、亦是目前唯一一次以立法的形式表明「可以與外國分享被沒收犯罪所得」立場。

3.兩岸之間建立「罪贓分享制度」的必要性和可行性

在跨海峽犯罪中,對於犯罪所得的流向未見公開統計與報導。概覽已發生之跨境經濟犯罪個案,大量事實表明大陸主要為犯罪所得的流出方,臺灣則屬流入方——其中以電信詐騙案件為最。據《南京協議》確立的兩岸司法互助費用承擔之「互免」原則,雙方的合作並不對等,也很難達到互惠的結果,其是否兩岸尚未開啟該項合作之現實原因?[13]回顧當年劫機犯罪,兩者似有某種暗合之處:1980年代後期,不斷髮生飛往臺灣的劫機犯罪後,大陸多次表達與臺灣方面就遣返劫機犯進行磋商的意向,卻一直未獲回應;至1997年,臺灣亦發生劉善忠劫機飛往大陸的案件後,兩岸才真正啟動劫機犯遣返的商談。「時移而事易,事易而備變」,經濟犯罪的目的是錢財,只有從財產上予以剝奪與制裁,使其無利可圖,才能以打促防,剷除該類犯罪。既然犯罪所得流向主要是「大陸往臺灣」,而流入方又可透過合作得以分享,故兩岸均有理由積極尋求利用資產分享制度在鼓勵追繳犯罪所得方面之正面作用,適時考慮在《南京協議》「互免」原則之外設立例外原則,在「罪贓移交」事項上實行犯罪所得分享制度,以增強打擊實效,實現打防並舉、標本兼治,遏制電信詐騙等當前跨境經濟犯罪的高發態勢,切實挽回民眾損失、維護兩岸治安秩序。

根據國際刑事司法協助的通行做法,「罪贓分享制度」的適用根據犯罪類型而有所不同。同樣,兩岸之間建立「罪贓分享制度」,亦需深入研究、區分不同犯罪種類而適用。譬如對於犯罪活動本身所產生的或形成的財產,如走私、販毒、拐賣婦女兒童等犯罪所獲得的財產或者用於該類犯罪的財產,以及用於行賄、洗錢的財產等,應透過合作與對方分享;對於貪腐犯罪所得,

經過被害方請求而沒收的,被請求方應當優先考慮將該筆財產返還來源方;對於有被害人的案件,在分享之前,優先返還財產的合法所有人或者善意第三人,優先賠償被害人的損失。而對於所有可分享之犯罪所得,均應當優先扣除被請求方為偵查、起訴、審判而發生之合理費用等等。

(二)透過民事訴訟直接追回財產

《聯合國反腐敗公約》第53條規定了直接追回犯罪所得的措施中包含透過民事訴訟追回的措施:被害國或者有關財產的合法所有人在財產所在地締約國的法院提起民事訴訟,要求維護和確認自己對被沒收財產的所有權主張。透過民事訴訟方式的便利之處在於:1.民事訴訟是直接用來維護財產所有權等民事權利的,被害人較為容易找到法律依據尋求救濟。2.民事訴訟之證明標準低於刑事訴訟,原告只要有優勢證據證明有關財產與被告人的非法侵害之間的關係,則勝訴可能性較大。3.民事訴訟之原告可直接與及時地向法院提出財產保全申請,有利於快速限制被告人轉移或者處置財產。4.民事訴訟適用缺席審判,即使在被告人在逃情況下,只要對被告人或代理人進行了合法傳喚或通知並確保其訴訟之程序權利,法院的判決就是合法的。而據世界上多數國家法律,在刑事訴訟中一般不得實行缺席審判。誠然,採用民事訴訟追回財產也存在一些明顯的問題:譬如在民事訴訟中,法官比較關心當事人現實權利的合法性,而不大關心有關財產之來源問題,尤其是有關財產來源於發生在外國的犯罪時,法官往往有鞭長莫及之感;又比如在外國提起民事訴訟的成本較高等。是故,如果兩岸之間民事訴訟要達致順暢程度,尚需兩岸對民事司法互助領域進一步合作。

(三)建立「不經定罪的沒收制度」

為解決在犯罪嫌疑人或被告人死亡、失蹤、在逃情況下犯罪所得的沒收問題,《聯合國反腐敗公約》第54條第1款第(三)項呼籲各國「考慮採取必要的措施,以便在因為犯罪嫌疑人死亡、潛逃或者缺席而無法對其起訴的情形或其他有關情形下,能夠不經過刑事定罪而沒收該類財產」。此即「不經定罪的沒收制度」。與前述「透過民事訴訟直接追回財產」相同的是二者均可缺席審判,但差異是後者為民事訴訟,「不經定罪的沒收制度」以提起刑事訴訟為前提,只是獨立於對有關人員的刑事追訴程序與追訴結果。只要

證明有關財物之「構成、來源或者來自於直接或者間接透過犯罪取得的收益」，即可對其實行扣押、凍結與沒收，即使有關的犯罪嫌疑人或者被告人死亡、在逃、失蹤或被監禁在其他國家。「不經定罪的沒收制度」在一些國家的法律中是允許的，美國是在「不經定罪的沒收制度」方面國內立法較為完備的國家，也是比較擅長運用該策略的國家。

《刑法》對於犯罪所得之沒收以對被告人的定罪為前提，如果犯罪嫌疑人或者被告人在逃、死亡或失蹤，刑事訴訟就將終止，犯罪所得自然無從沒收。對現行之刑事訴訟法進行相應修改，建立「不經定罪的沒收制度」能相應解決該類問題。或者對現行的刑事附帶民事訴訟進行一些改造，使其能夠在因為犯罪嫌疑人或者被告人死亡、在逃、失蹤而導致刑事訴訟處於停頓或者終止狀態的情況下實現對犯罪所得的追繳。

（四）承認與執行對岸刑事裁判中的沒收

實際上，在追繳犯罪所得的國際司法合作中，較多國家採用承認與執行外國司法裁判的方式，因其更便捷。《聯合國打擊跨國有組織犯罪公約》與《聯合國反腐敗公約》在追繳犯罪所得問題上都要求被請求締約國將請求締約國法院簽發之沒收令提供主管當局，「以便取得沒收令並在取得沒收令時予以執行」或者「按請求的範圍予以執行」。顯然，該種合作的前提是對外國刑事判決或裁定的承認，即被請求國賦予請求國的沒收裁判以在本國境內執行的法律效力，被請求國主管機關完全依照請求國沒收裁判中列舉之財產種類和數量進行沒收。《南京協議》僅對「民事確定裁判與仲裁裁決」的相互認可達成協議，對海峽對岸刑事裁判是否互認的問題予以迴避。個中緣由，蓋因相較於民事裁判與仲裁裁決，刑事裁判更關乎主權，顯得尤為敏感。在雙方對刑事裁判的相互承認達成協議之前，兩岸透過「承認與執行對岸刑事裁判中的沒收」來實現「罪贓移交」合作顯然尚未具備前提條件。兩岸理論界對於互認刑事判決與裁定探討熱烈，對其實用價值多無異議，且透過承認與執行對方刑事裁判開展追贓合作之所以成為司法協助之較佳選擇，正是基於其本身的便捷與高效。故未來在條件具備的情況下，兩岸應當不排除該種形式的追贓合作。

（五）在特定犯罪中實行舉證責任倒置規則

刑事訴訟中之舉證責任倒置，又稱舉證責任轉移，指在一定條件下由被告人承擔舉證責任。在各國的刑事訴訟制度中，法律通常規定由控方承擔提供證據證明犯罪嫌疑人、被告人有罪的責任。如我國《刑事訴訟法》第43條規定：「審判人員、檢察人員、偵查人員必須依照法定程序，收集能夠證實犯罪嫌疑人、被告人有罪或者無罪、犯罪情節輕重的各種證據。」但在當代懲治跨國犯罪實踐中，尤其是針對販毒、洗錢和腐敗等犯罪，越來越多的國家認識到，在特定案件中，實行舉證責任轉移，由犯罪嫌疑人、被告人承擔舉證責任更加適宜。《聯合國禁止非法販運麻醉品和精神藥品公約》第5條第7款規定：「各締約國可考慮確保關於指稱的收益或應予沒收的其他財產之合法來源的舉證可予顛倒。」近年呈上升趨勢的幾類經濟犯罪中，獨占鰲頭的跨境電信詐騙，即往往透過地下錢莊洗錢以逃避懲處，販毒更是國際社會一致予以嚴懲的嚴重刑事犯罪，在此類特定犯罪中實行舉證責任倒置，無疑可強化打擊力度和實效。

四、修改、完善《刑法》的幾個具體建議

（一）將「犯罪所得」擴大至間接犯罪所得

前文已述及，《聯合國禁止非法販運麻醉品和精神藥品公約》、《聯合國打擊跨國有組織犯罪公約》與《聯合國反腐敗公約》等國際公約和有關國家（如芬蘭和日本）都規定「犯罪所得」包括直接和間接從犯罪所獲得的財產。中國大陸法律關於犯罪所得的相關規定主要體現在《刑法》第64條規定的「犯罪分子違法所得的一切財物」，雖然該表述沒有明確「直接」從「違法所得」，抑或「間接」來自「違法所得」，但司法實踐中，一般僅認定直接來自於犯罪的所得部分屬於「犯罪所得」。臺灣「刑法」也僅將犯罪直接獲得的財產涵蓋於「犯罪所得」之內，兩岸刑事法律制度對此比較一致。一旦犯罪所得形態發生了轉變——在跨國、跨海峽經濟犯罪中洗錢幾乎是普遍現象——則認定起來就沒有依據，因此亦不能納入沒收、移交範圍，則對其打擊力度無疑相差甚遠。因此，為加強國際、區際刑事司法協助，最終有必要考慮借鑑國際公約與世界上其他國家的做法將財產的替代收益、混合收益和利益收益規定為犯罪所得，最大限度地追繳、移交犯罪所得。

（二）將「犯罪所得」之處置方式與國際公約接軌

《刑法》第 64 條規定之針對「犯罪分子違法所得的一切財物」的幾種處理方式中，「追繳」與「責令退賠」屬程序性強制措施，而「返還」與「沒收」則為實體性處分措施，在該條中並列使用顯得邏輯混亂。理清四者之間的關係，使之與國際慣例接軌，亦便於今後開展國際、區際司法協助。

（三）在刑法中增設對「犯罪所得」司法協助的分享制度

在中國理論界，制定《中華人民共和國司法協助法》呼聲甚隆，倘能實現，則在其中規定有關追繳犯罪所得的相關制度最為合適。否則，亦可透過在刑法中增設對追繳犯罪所得的分享制度——如「在適當情況下對符合法定分享條件的應予分享」，為犯罪所得分享制度預留法律空間。

（四）建立「不經定罪的沒收制度」

「不經定罪的沒收制度」，或曰「未定罪沒收制度」，包括設定相應條件與程序，透過立法確立不經過刑事定罪而可予沒收犯罪所得的制度，以解決在犯罪嫌疑人或被告人死亡、在逃、失蹤的情況下對犯罪所得進行沒收的問題。但此項立法可謂雙刃劍，為防止司法機關濫用司法權恣意侵犯公民財產權，尚需同時設定限制條件，以維護法治與公民權利。

（五）完善現行民事訴訟制度以配合國際、區際追贓合作

改革現行訴訟制度中「刑事附帶民事訴訟」與「先刑後民」的相關做法，實現刑事與民事訴訟的分離，透過先期進行的涉案犯罪所得的民事之訴，確定相關資產的所有權人，最後達到追回犯罪所得之目的。

（六）保護善意第三人的財產權

由於目前中國大陸法律關於返還善意第三人財產的規定還十分簡單，不利於對其權利的保護。因此，對追繳的犯罪所得進行處置前，應當向善意第三人發出通知或者提前進行公告，對善意第三人的權益予以保護。

註釋

[1] 張淑平，福建警察學院教授，海峽兩岸警務合作研究中心常務副主任。

[2] 上世紀跨海峽之間亦有「私渡」問題，但是「私渡」情況較複雜，其中多數並不涉及犯罪。兩岸紅十字組織 1990 年簽署《有關海上遣返協議》（即《金門協議》）商定將「私渡」行為稱為「違反有關規定進入對方地區」。

[3]《有關海上遣返協議》在刑事司法互助方面只約定「人員遣返」一個合作事項，《南京協議》將刑事司法互助擴展至 7 項內容。雖然在文本上，除了「人員遣返」外，海峽兩岸的刑事司法互助中其他 6 項內容始於 2009 年，但犯罪情資交換、文書送達、協助偵查、人道探視等項在大陸福建、廣東等省與臺灣之間的開展實際早於 2009 年。此外，2010 年福建省向臺灣移管了第一例罪犯——被判刑人移管。至此，除了「罪贓移交」，海峽兩岸司法部門已經將《南京協議》文本約定的人員遣返、犯罪情資交換、文書送達、協助偵查、人道探視、被判刑人移管等 6 個合作事項付諸實踐。

[4]「犯罪收益」，參見張磊：《澳大利亞 2002 年〈犯罪收益追繳法〉中的犯罪收益沒收制度》，載黃風、趙林娜主編：《國際刑事司法合作：研究與文獻》，中國政法大學出版社，2009 年第 1 版，第 158 頁；「犯罪所得」，參見向黨：《論國際偵查措施——追繳犯罪收益》，載《公安研究》1998 年第 3 期；另有「犯罪資產」，參見黃風、凌岩、王秀梅：《國際刑法學》，中國人民大學出版社，2007 年第 1 版，第 318-331 頁。

[5] 1990 年 1 月 8 日《關於洗錢、搜查、扣押、沒收犯罪所得的公約》：犯罪所得，係指源於刑事犯罪的任何收益。包括直接收益和間接收益。

[6] 相似的概念如「追繳犯罪收益」——指有關國際警察機構或者其他司法機構在懲治國際犯罪活動中，對犯罪分子在國際轉移的非法收入聯合采取的追查、凍結或扣留及沒收等一系列措施。參見向黨：《論國際偵查措施——追繳犯罪收益》，載《公安研究》1998 年第 3 期。

[7] 目前僅見《中華人民共和國禁毒法》第 57 條規定：在國際禁毒合作中可以與外國分享被沒收犯罪所得。

[8] 參見趙秉志主編：《新編國際刑法學》，中國人民大學出版社，2004 年第 1 版，第 416 頁。

[9] 參見何帆：《刑事沒收研究——國際法和比較法的視角》，法律出版社 2007 年版，第 177-178 頁。

[10] 在國際司法協助中，賠償被害人損失可以直接作為處置的方式之一，也可以包括在「返還」內，即先返還給財產來源國，再由來源國在返還的財產中對被害人予以賠償。

[11] 如 1999 年《聯合國製止向恐怖主義提供資助的國際公約》第 8 條第 3 款指出：「每一個有關締約國得考慮同其他締約國締結協定，在經常性或逐案的基礎上，分享執行本條所述沒收而取得的資金。」2000 年《聯合國打擊跨國有組織犯罪公約》

也使用這一概念並做了類似規定。在《聯合國反腐敗公約》談判過程中，針對腐敗犯罪所得是否分享，由於各國分歧較大，導致最後的條文作了妥協，沒有明確規定分享制度，但在其第 57 條第 5 款規定：「在適當情況下締約國還可以特別考慮就所沒收財產的最後處分逐案訂立協定或共同接受的安排。」2005 年《聯合國關於分享沒收的犯罪所得或財產的示範協定》更是明確將「分享」一詞置於文件的名稱中，以 13 個條款的篇幅對犯罪所得分享進行了詳細的規定。《美洲國家反腐敗公約》第 15 條第 2 款指出，在一國國內法允許的情況下，一國可以將部分或者全部沒收財產轉移到另一個在調查或訴訟中提供了協助的國家。美洲防止毒品濫用管制委員會《關於與販賣毒品和其他嚴重犯罪有關的洗錢犯罪管理規定》第 7 條 d 款指出：根據第 5 條沒收的，法院或其他權力機構可以根據法律規定，將不必銷毀並對公眾無害的財產或工具，與參與或協助沒收這些財產的調查或法律程序的國家，按照其相應的參與程度進行分享。旨在促進英聯邦國家間在刑事司法領域合作的《關於雙邊刑事司法協助的哈拉雷計劃》第 28 條第 3 款指出：被請求方可以將被沒收的財產返還給請求方，或者按照其認為合理的比例與請求方進行分享。反對洗錢金融行動特別工作組「四十條建議」的第 38 條指出：各國主管部門應迅速采取行動，回應外國提出的識別、凍結、扣押和沒收被清洗財產、洗錢或其上游犯罪的收益、用於或企圖用於實施這些犯罪的工具或同等價值的財產的請求；各國還應協調扣押和沒收程序的法律協議，其中可以包括對沒收資產的分享。美國是世界上犯罪所得流入的主要國家之一，目前美國在國內法上對「被沒收犯罪所得分享制度」規定得較為完善，2005 年《聯合國關於分享沒收的犯罪所得或財產的示範協定》的草案即由美國提交，其也是世界上最善於運用「被沒收犯罪所得分享制度」的國家之一。其他在國內法上已經建立「被沒收犯罪所得分享制度」的國家還有：英國、瑞士、澳大利亞、加拿大、巴哈馬、巴西、格林納達、列支敦士登、墨西哥等。參見張靜、劉炯：《試論被沒收犯罪收益分享機制》，載黃風、趙林娜主編；《國際刑事司法合作：研究與文獻》，中國政法大學出版社，2009 年第 1 版，第 139 頁。

[12] 參見黃風：《來自國際反腐戰線的報告——〈聯合國反腐敗公約〉若干法律問題》，載《法制日報》2003 年 8 月 21 日。

[13]《南京協議》第 10 條「協助費用」規定：「雙方同意相互免除執行請求所生費用，但請求方應負擔下列費用：（一）鑑定費用；（二）筆譯、口譯及謄寫費用；（三）為請求方提供協助之證人、鑑定人，因前往、停留、離開請求方所生之費用；（四）其他雙方約定之費用。」

兩岸民事判決認可與執行的模式、條件和程序——從比較借鑑視角的探討

於飛[1]

兩岸已根據各自立法建立起對對岸民事判決的認可與執行制度,《海峽兩岸共同打擊犯罪及司法互助協議》(以下簡稱《司法互助協議》)成為建構兩岸相互認可與執行機制的基礎,兩岸民事判決的認可與執行在有序的軌道上運行。然而,兩岸關係特殊,兩岸民事判決的認可與執行也具特質且存在問題,有必要在比較借鑑他人經驗的基礎上,進一步健全完善。因篇幅所限,本文探討只圍繞兩岸民事判決認可與執行的模式、條件和程序而展開。

一、兩岸民事判決認可與執行的模式

(一)外國區際判決承認與執行的模式

一些多法域國家,解決區際法院認可與執行的模式不盡相同,有代表性的有:

憲法主導模式,以美國為例。在憲法或憲法性文件中,以專門的條文規範區際法院判決承認與執行的原則。美國聯邦憲法第4條規定了完全信任和尊重條款:「各州對其他州的公共法令、記錄和司法程序應給予完全信任和尊重,並且國會可以一般法令規定這種法令、記錄和程序應予證明的方式及其效果。」美國聯邦最高法院對該條款中的「司法程序」提供了充分發揮作用的保證,因為它要求各法域法院承認與執行其他美國法院以適當方式作出的判決,因而完全信任和尊重條款具有一種「國家統一力」的效力。但美國各州具體承認與執行姊妹州法院的判決時,依據的是本州的法律。因此,完全信任和尊重條款只是為各自獨立的法律提供了一個自動互惠的環境。

統一立法模式,以英國、澳大利亞為例。英國區際判決的承認與執行採用統一的立法模式,即不同法域適用統一的成文法——《1982年民事管轄權和判決法》和基本相同的普通法制度解決彼此間的承認與執行問題。澳大利亞對於州際法院間判決承認與執行有憲法上誠信條款的規定,同時,澳大利

亞的州際法院判決承認與執行還有聯邦統一立法，1901年澳大利亞聯邦《送達與執行程序法》第四編就規定了澳大利亞聯邦內作出的判決的承認與執行。

法域自主立法模式，以加拿大為例。加拿大並沒有針對國內區際判決承認與執行的憲法性條款或統一的法律。1933年加拿大統一法委員會修訂和透過了統一法律的法令，即《外國判決法》。《外國判決法》不區分外國判決和國內各法域的判決，凡本省外之法域法院的判決都視為外國判決。然而，該法不是全國性的法律，沒有全國統一的效力，只是向各省推薦的文本，各法域仍是自主立法。1991年統一法委員會又起草透過了《執行加拿大判決法》向各省推薦。該法案區分了外國判決（狹義）和國內各法域的判決，並在執行的審查範圍和執行程序上有新的規定。可是，這一發展變化並沒有改變加拿大區際法院判決承認與執行的基本法律依據，即各法域各自的立法。[4]

（二）內地與港澳民事判決認可與執行的模式

參照以上模式，香港回歸前，中國學者對中國未來區際法院判決的認可與執行提出了許多主張，如憲法規定基本原則方式；制定統一的全國性法律方式；各法域分別立法方式；各法域簽訂司法協助協議方式；借助國際條約方式等。這是對中國區際認可與執行的積極探索，但是否適應中國實際，需作進一步分析。

《中華人民共和國憲法》（以下簡稱《憲法》）第31條規定：「國家在必要時得設立特別行政區。在特別行政區內實行的制度按照具體情況由全國人民代表大會以法律規定。」此外，並無關於區際認可與執行問題的原則性規定，因而，採用類似美國的憲法主導模式並不可行。英國等統一的全國立法的模式，顯然不適應中國實際。中國各法域有各自的立法體系及司法系統，且互不隸屬，各法域的民商法律是平行平等的。借助國際條約方式指不同法域共同參加同一條約，並在特定事項上適用條約的規定。港澳回歸後，解決內地與港澳的認可與執行並沒有採用這種方式，說明其不適宜，兩岸更不可能採用該模式。因為國際條約適用於國際法主體之間，港澳擁有的一定締約權來自中央政府的授權，臺灣從1971年後不能參加只有主權國家才能加入的國際條約，兩岸沒有共同參加的國際條約作為基礎。[5]

《香港特別行政區基本法》第 95 條、《澳門特別行政區基本法》第 93 條均規定，特別行政區可與全國其他地區的司法機關透過協商依法進行司法方面的聯繫和相互提供協助。據此，2006 年，最高人民法院相繼頒布了《內地與香港特別行政區法院相互認可和執行當事人協議管轄的民商事案件判決的安排》（以下簡稱《內港安排》）、《內地與澳門特別行政區關於相互認可和執行民商事判決的安排》（以下簡稱《內澳安排》），從而開始了三地間特有的「安排模式」。所謂「安排模式」就是內地與香港、澳門分別簽訂相互認可與執行判決的安排，之後內地由最高人民法院透過司法解釋予以公佈，港澳則將安排具體轉化為本地法律予以實施。[6]「安排模式」是中國就區際法院判決的相互認可與執行所作的有益嘗試。從立法的角度來說，港澳模式透過區際協商而建立，接近各法域間簽訂雙邊司法協助協議的方式。

（三）兩岸民事判決認可與執行模式的現階段選擇

受兩岸政治因素等影響，兩岸法院民事判決的認可與執行更加複雜。港澳模式是「一國兩制」下的模式。香港和澳門已經回歸祖國，是一國之內的兩個特別行政區，其國內不同法域的地位已經非常明確。因不存在主權問題，因此，解決內地與港澳的法律衝突相對容易，司法協助也相對單純。兩岸的情況則顯然不同。

兩岸民事判決的認可與執行的現實可稱之為「單向分別立法結合雙向協議」模式。「單向分別立法」在大陸，表現為最高人民法院 1998 年《關於人民法院認可臺灣有關法院民事判決的規定》（以下簡稱《認可規定》）、2009 年最高人民法院《關於人民法院認可臺灣有關法院民事判決的補充規定》（以下簡稱《補充規定》）。在臺灣，指「臺灣與大陸地區人民關係條例」（以下簡稱「兩岸人民關係條例」）第 74 條的規定。但此「單向分別立法」與前述加拿大模式並不相同，因為兩岸並沒有被推薦的統一的可供參考的文本，兩岸的自主立法沒有交集的可能與機會。「雙向協議」指兩岸《司法互助協議》。這種「雙向協議」與《內港安排》和《內澳安排》的性質有所不同。前者是大陸與臺灣透過海協會與海基會的平等協商，在一些具體方案上達成了一定的共識，簽訂雙方協議，以調整相互之間的司法協助關係，從性質上說，本屬民間協議，因有了官方授權或委託，這種協議具有準官方性質，

對雙方都有約束力;而後者是最高人民法院與港澳特別行政區簽訂的,具有官方性質。

「單向分別立法結合雙向協議」模式是目前兩岸認可與執行的唯一選擇,其優點在於務實且可行。在兩岸政治分歧尚未解決或一時難以解決的情況,迴避政治敏感性問題,客觀地對待兩岸存在的不同制度和法律,並因應兩岸交往的需要,各自立法對相關問題進行規範。同時,在不違反各自規範和留有運作空間的前提下,透過民間途徑達成雙方協議,建立兩岸認可與執行相互合作的構架,是兩岸區際司法協助的較佳方式,也為未來進一步在官方層面解決兩岸區際司法協助問題提供思路和指引。不足在於,雙方分別立法帶有很強的單方性、片面性和不確定性,涉及司法協助範圍較小且司法協助中限制性條件較多,根據上述法律規定對對方法院判決予以認可與執行時,存在這樣那樣的問題,從而影響有效的司法協助。雙向協議則只是原則性框架安排,不具實際操作性。

二、兩岸民事判決認可與執行的條件

判決認可與執行的條件,是指在什麼情況下,他法域法院的判決能在本法域得到認可與執行。如果說判決的認可與執行是訴訟的最終歸宿,認可與執行的條件則是判決認可與執行制度中的重中之重,最能體現一法域對外法域判決真正的司法態度。[7]

(一)外國區際判決承認與執行的條件

美國聯邦憲法只規定各州在判決承認與執行方面負有信任和尊重義務,對具體的判決承認與執行條件則未作規定,也未要求各州必須無條件地承認與執行他州法院的判決。因承認與執行他州判決均根據各州自己的法律,所以各州在承認與執行他州法院判決條件方面的規定並不統一,但某些方面的要求是共同的,[8] 例如:原判決符合管轄權要求;原判決具有終局性;原判決符合正當程序等。依照英國普通法規則,英國境內區際判決承認與執行應當具備以下條件:第一,按照英國國際私法規則,該原審法院具有合格管轄權;第二,該原審法院依據國內法規定具有管轄權;第三,原審判決必須是確定的,具有終局性;第四,原審判決是確定的支付一定數額的金錢判決;第五,

原審判絕不是基於欺詐取得；第六，承認或執行該判決不會違反英國的公共政策或自然正義。英國成文法所確定的區際判決承認與執行制度對於英國境內判決的承認與執行的限制少。主要體現在兩個方面：第一，不允許以管轄權為由拒絕承認與執行。由此，消除了因管轄權衝突而導致判決不能得到承認與執行的問題。第二，公共政策。在區際判決的承認與執行中往往排斥公共政策這一限制條件。[9]

由於區際判決的承認與執行屬於一個國家範圍內的承認與執行，各法域均需受制於統一國家主權的現實及體現在其中的憲法性義務、共同利益等，區際判決的承認和執行中對外法域判決的要求較國際判決的承認與執行的條件為低，表現在：對原判法院管轄權的審查較寬鬆、對判決本身的限制較少、對公共秩序條款的適用要求嚴格、一些國際判決承認與執行的條件並不為區際承認與執行所考慮等等，[10]因此，許多用於國際判決承認與執行的抗辯依據並不適用於區際判決的承認與執行。

（二）內地與港澳民事判決認可與執行的條件

內地和港澳之間，根據《內港安排》，內地與香港法院判決的認可與執行的條件包括以下幾方面：（1）只限於法院對協議管轄案件的判決（第1條）。（2）判決須是具有執行力的終審判決（第2條）。（3）判決事項僅限於「特定法律關係」，即當事人之間的民商事合約，排除僱傭合約以及自然人因個人消費、家庭事宜或者其他非商業目的而作為協議一方的合約（第3條）。（4）原審判決不存在拒絕認可和執行的理由。原審判決中的債務人提供證據證明有下列情形之一的，受理申請的法院經審查核實，應當裁定不予認可和執行：①根據當事人協議選擇的原審法院地的法律，管轄協議屬於無效。但選擇法院已經判定該管轄協議為有效的除外；②判決已獲完全履行；③根據執行地的法律，執行地法院對該案享有專屬管轄權；④根據原審法院地的法律，未曾出庭的敗訴一方當事人未經合法傳喚或者雖經合法傳喚但未獲依法律規定的答辯時間。但原審法院根據其法律或者有關規定公告送達的，不屬於上述情形；⑤判決是以欺詐方法取得的；⑥執行地法院就相同訴訟請求作出判決，或者外國、境外地區法院就相同訴訟請求作出判決，或者有關

仲裁機構作出仲裁裁決，已經為執行地法院所認可或者執行的（第9條第1款）。（5）符合社會公共利益或公共政策要求（第9條第2款）。

根據《內澳安排》，被請求方法院經審查核實存在下列情形之一的，裁定不予認可：（1）根據被請求方的法律判決所確認的事項屬被請求方法院專屬管轄；（2）在被請求方法院已存在相同訴訟，該訴訟先於待認可判決的訴訟提起，且被請求方法院具有管轄權；（3）被請求方法院已認可或者執行被請求方法院以外的法院或仲裁機構就相同訴訟作出的判決或仲裁裁決；（4）根據判決作出地的法律規定，敗訴的當事人未得到合法傳喚，或者無訴訟行為能力人未依法得到代理；（5）根據判決作出地的法律規定，申請認可和執行的判決尚未發生法律效力，或者因再審被裁定中止執行；（6）在內地認可或執行判決將違反內地法律的基本原則或者社會公共利益；在澳門認可和執行判決將違反澳門法律的基本原則或者公共秩序（第11條）。所以，內地與澳門之間判決的相互認可與執行的條件主要集中在管轄權、程序合法以及公共秩序等方面。

比較兩個安排，可以看出，《內港安排》與《內澳安排》都肯定公共秩序保留在判決的認可與執行中的「安全閥」作用；都確定「一事不再理」原則；[11]都規定獲認可的判決與執行地法院的判決效力相同等等。這些內容有利於維護各地的社會公共利益、維護各地的司法權威和保護當事人的合法權益。但兩個安排在有關條件規定上存在明顯差異，表現在：其一，《內澳安排》把認可與執行問題區分開來，《內港安排》卻一併規定。其二，無論名稱還是內容，關於認可與執行的判決的範圍，《內澳安排》比《內港安排》寬泛得多。前者不僅包括民商事判決，還包括勞動爭議案件的判決及刑事案件的民事損害賠償，《內港安排》僅限於民商事案件中作出的須支付款項的判決。其三，在管轄權的規定方面，《內澳安排》除規定被請求方具有專屬管轄權的限制，再沒規定其他要求，採取了更為寬鬆的管轄權審查標準。《內港安排》對管轄權的規定相對嚴格。其四，關於判決的效力，《內港安排》要求判決是「具有執行力的終審判決」，且作了列舉性規定，《內澳安排》的規定則較為明確、簡單。其五，《內港安排》規定不予認可與執行的情形包括判決是以欺詐方式取得的，《內澳安排》則沒規定這一條件。而且，《內澳

安排》允許被請求方法院在不能對判決所確認的所有請求予以認可和執行時，可以認可和執行其中的部分請求。可見，對於認可與執行的條件，《內港安排》規定的複雜甚至苛刻，《內澳安排》趨於寬鬆，更有利於雙方判決的自由流動。

（三）兩岸民事判決認可與執行的條件分析

1998 年最高人民法院《認可規定》第 9 條規定：「臺灣有關法院的民事判決具有下列情形之一的，裁定不予認可：（一）申請認可的民事判決的效力未確定的；（二）申請認可的民事判決，是在被告缺席又未經合法傳喚或者在被告無訴訟行為能力又未得到適當代理的情況下作出的；（三）案件系人民法院專屬管轄的；（四）案件的雙方當事人訂有仲裁協議的；（五）案件系人民法院已作出判決，或者外國、境外地區法院作出判決或境外仲裁機構作出仲裁裁決已為人民法院所承認的；（六）申請認可的民事判決具有違反國家法律的基本原則，或者損害社會公共利益情形的。」第 10 條規定：「人民法院審查申請後，對於臺灣有關法院民事判決不具有本規定第九條所列情形的，裁定認可其效力。」《補充規定》明確規定：「申請認可的臺灣有關法院民事判決，包括對商事、知識產權、海事等民事糾紛案件作出的判決。申請認可臺灣有關法院民事裁定、調解書、支付令，以及臺灣仲裁機構裁決的，適用《規定》和本補充規定。」

臺灣「兩岸人民關係條例」第 74 條規定：「在大陸地區作成之民事確定裁判、民事仲裁判斷，不違背臺灣公共秩序或善良風俗者，得聲請法院裁定認可。前項經法院裁定認可之裁判或判斷，以給付為內容者，得為執行名義。前二項規定，以在臺灣作成之民事確定裁判、民事仲裁判斷，得聲請大陸地區法院裁定認可或為執行名義者，始適用之。」

亦即臺灣認可與執行大陸法院判決的條件有二：一是須為大陸民事性質的確定裁判，且不違背臺灣公共秩序或善良風俗；二是互惠。此外，1998 年「臺灣與大陸地區人民關係條例施行細則」第 54 條規定：「依本條例第 74 條規定，聲請法院裁定認可之民事確定裁判，民事仲裁判斷，應經行政院設立或指定之機構委託之民間團體驗證。」

比較兩岸單向立法規定，表面上看，大陸的限制條件較多。包括判決的終局性、程序的公正性、所判決案件的管轄權、一事不再理、公共秩序保留等。當然，一個中國原則是前提條件。除了這個前提之外，《認可規定》另一特別之處是案件的雙方當事人訂有仲裁協議的，裁定不予認可。其他條件與上述《內港安排》、《內澳安排》列舉的不予認可（與執行）的條件大致相同，如都規定了公共秩序保留，這符合「兩岸四地」現狀。儘管條件列舉瑣細，但實際上，大陸的規定更鬆弛寬泛，不僅被認可的判決的範圍規定得寬，而且不予認可的理由具體，同時也沒有超出一般不予認可的界限，執行起來更易操作。臺灣規定的條件，表面看來簡單、容易，有的學者據此認為：「大陸有關針對臺灣民事判決所採取的制度要比臺灣針對大陸的判決嚴格了許多。」[12]但是，「兩岸人民關係條例」第74條存在明顯模糊之處，其未對「民事確定裁判」加以界定，帶來臺灣認可與執行大陸法院判決實踐中的問題，例如：如何理解「裁判」；如何理解「確定裁判」？

對於前者，臺灣僅作狹義理解，對人民法院的民事調解書、支付令不予認可。調解在大陸民事審判中具有重要地位，對於涉臺民商事糾紛，法院採用多種措施，努力促成調解，以「案結事了」。據統計，2011年各級法院共審結一審民事案件488.7萬件，一審民事案件調解與撤訴結案率為67.3%。[13]如此巨大的調解比例，如果調解書不能納入兩岸民事判決認可與執行範圍，勢必影響兩岸民商事關係及法律交流的順利發展。對於後者，臺灣「最高法院」2008年度臺上字第2376號判決作出有執行力但無既判力的結論，表明大陸法院判決即便被認可，也不發生既判力因而難以執行。該判決引發的一系列問題，會影響隨後對大陸判決的認可與執行。如2012年8月14日臺灣「高等法院」2011年度上字第877號民事判決，法院就認為，在大陸地區作成之民事確定判決，「依臺灣與大陸地區人民關係條例第74條規定，裁定許可強制執行者，僅使該民事確定判決成為強制執行法第4條第1項第6款規定之執行名義，而有執行力，但尚無既判力可言。查侯x燕於98年3月19日向上海徐匯區人民法院起訴請求黃x豪、徐x霧清償本件借款債務，經該法院於98年8月26日以（2009）徐民一（民）初字第1594號判決，侯x燕再向上海第一中級人民法院提起上訴，經該法院於99年2月20日以

（2009）滬一中民（商）終字第 862 號判決，而告確定，此有徐 x 霧提出之民事判決書、公證書可稽（原審卷 1 第 107 至 136 頁）。揆之前揭說明，此確定民事判決尚無與本國確定民事判決相同之既判力，則侯 x 燕提起本件訴訟，並無違反一事不再理原則之情形。」

《司法互助協議》第 10 條規定：「雙方同意基於互惠原則，於不違反公共秩序或善良風俗之情況下，相互認可及執行民事確定裁判與仲裁裁決（仲裁判斷）。」即雙方以互惠為基礎，以不違法公共秩序或善良風俗為條件，認可與執行民事確定裁判。

三、兩岸民事判決認可與執行的程序

民事判決認可與執行程序的主要內容是對請求的審查和承認與執行的具體程序。

（一）外國區際判決承認與執行的程序

實踐中，需對承認與執行外法域法院判決的請求進行審查，那麼，依何法律進行審查？對外國法院判決的承認與執行，通行的做法是適用被請求方本國的法律進行審查。區際判決的承認與執行，則因各國立法的不同而有所不同。如澳大利亞區際判決的認可與執行適用的是統一的聯邦法律，只能依據聯邦法律審查外法域的判決；美國聯邦法律只有憲法性條款，具體法律由各州自己制定，各州只依州法對外州法院的判決進行審查。

審查的範圍包括實質審查與形式審查。實質審查指內國法院對外國法院的判決的具體內容進行審查，即審查外國法院判決所認定的事實是否有錯誤，適用法律是否正確等，然後宣告給予承認或不承認的制度。形式審查是被請求國法院僅審查外國法院的判決是否符合本國法律規定的承認與執行的條件，而不對原判決的事實認定和適用法律正確與否進行審查。結合審查範圍，從不同國家的立法和實踐來看，對外國判決的審查制度主要有三種：[14] 第一，法國製度。即對外國判決需進行實質審查。但 1964 年以後，法國已廢除對外國判決的實質審查。[15] 第二，義大利制度。此種制度僅對外國判決進行形式審查，而不作實質審查。第三，德國製度。此制度又稱為自動執行制度，為承認之國家法院不特別進行承認外國法院判決的裁判程序，於該件外國判

決符合為承認國所規定的承認要件時，當然自動地發生承認之效力，不符合承認要件時，當然自動不生承認之效力。

國際上承認與執行判決的程序主要有：執行令程序。被請求法院在受理了承認與執行某一法域的判決請求後，經對該判決審查，如果認為其符合本法域法律規定的承認與執行的條件，則由本法域法院作出裁定，發給執行令，賦予該判決與本法域法院判決同等的效力，並按照執行本法域法院判決同樣的程序予以執行。執行令程序多為大陸法系國家所採用。登記程序。被請求法院收到有關承認與執行的請求後，一般只要查明外法域判決符合法院地法規定的條件，如果符合，則予以登記，並交付執行。重新審理程序。被請求法院並不直接執行外法域法院的判決，而是把該判決作為向被請求法院重新起訴的根據，法院經重新審理，確定外法域法院判決與法院地有關立法不相牴觸，即作出一個與該外法院法院判決內容相同的判決，然後由法院按照法院地法所規定的執行程序予以執行。英美法系國家採用後兩種程序。傳統上，英國對本土法域間判決的執行：一是依照普通法的規定，基於原判決或原訴因重新起訴，取得新判決後執行；二是依照成文法的規定，以登記制度執行原判決。第一種方式就是又一次的起訴，費時費力，第二種方式則較為簡便。總體說來，多法域國家的區際認可與執行程序雖有不一致之處，但其共同特點是都追求程序上的簡便，以便於國內判決的自由流動。如英美都採用登記程序，同時，美、澳憲法充分信任和尊重條款也促進了這種程序的便捷。

（二）內地與港澳民事判決的認可與執行程序

關於審查，《內港安排》第9條和《內澳安排》第11條具體規定了不予認可的情形，主要是形式審查。然而，《內港安排》第9條把「判決是以欺詐方法取得的」作為不予認可的條件之一。欺詐是普通法系國家拒絕承認與執行外國判決的一項獨立理由，法院在當事人提出欺詐抗辯時可以對外國法院判決進行實質審查。香港法沿襲英國法傳統，其普通法程序也包括了實質審查，安排規定的對欺詐的審查就含有了實質審查要素。

按照《內港安排》第8條、《內澳安排》在第20條的規定，認可與執行的程序依執行地或被請求方的法律規定，如果向內地法院提出請求的，根據《民事訴訟法》第281條的規定，裁定認可後，需要執行的發給執行令予

以執行。澳門地區是傳統的大陸法系地區，也採用執行令程序。香港作為普通法系地區，對內地法院判決的認可與執行，採用登記程序，適用 2008 年 8 月 1 日開始實施的《內地判決（交互強制執行）條例》（香港法例第 597 章）。

兩個安排還規定了復議或上訴。《內港安排》規定當事人對認可和執行與否的裁定不服的，在內地可以向上一級人民法院申請復議，在香港可以根據其法律規定提出上訴（第 12 條）。《內澳安排》規定當事人對認可與否的裁定不服的，在內地可以向上一級人民法院提請復議，在澳門可以根據其法律規定提起上訴；對執行中作出的裁定不服的，可以根據被請求方法律的規定，向上級法院尋求救濟（第 12 條）。此外，《內澳安排》還規定了答辯權，法院收到申請人請求認可和執行判決的申請後，應當將申請書送達被申請人。被申請人有權提出答辯（第 9 條）。

從認可與執行的程序看，根據《內港安排》香港地區適用登記的簡易程序從而簡化了程序是其顯著優點，不足是適用範圍太窄。《內澳安排》的特點：一是前已提及的該安排將承認問題和執行問題區別開來。理論上一般認為，承認外法域判決是指承認外法域法院對當事人權利義務的確定具有同本法域法院判決同等的法律效力，其法律後果是在本法域境內，他人就與判決案件相同的事項提出與該判決不同的請求時，法院可以用該判決作為對抗的理由；執行外法域判決是指在承認外法域法院判決的基礎上，法院運用其強制權力，強制當事人履行外法域法院的判決，其後果是判決財產權利得以實現。二是該安排更明確規定了當事人答辯、上訴（或申請復議）、尋求救濟的制度，更有利於維護當事人的合法權益，使當事人有更多的機會尋求救濟。[17] 三是被請求方法院對當事人提供的判決書的真實性有疑問時，可以請求作出生效判決的法院予以確認，體現更為具體有效的雙邊合作機制。

（三）兩岸民事判決認可與執行的程序分析

大陸對於臺灣法院民事判決認可與執行的程序規定在最高人民法院《認可規定》及其《補充規定》中。臺灣主要根據「兩岸人民關係條例」及其實施細則。但臺灣的規定較為原則，未就當事人的申請條件、申請時效以及申請程序等作出具體規定，缺乏可操作性。[18]

大陸法院審查認可臺灣有關法院民事判決的申請及對案件的審理，應由審判員組成合議庭進行（《認可規定》第7條、《補充規定》第7條）。大陸法院按照《認可規定》第9條關於不予認可臺灣法院判決的六種情形對申請進行審查。大陸認可臺灣有關法院的判決只作形式審查，不作實質審查。大陸法院經審查能夠確認該判決真實並且效力已確定，且不具有《認可規定》第9條所列情形的，裁定認可其效力；不能確認的，裁定駁回申請人的申請（《補充規定》第8條）。

《認可規定》第4條規定：「申請人應提交申請書，並須附有不違反一個中國原則的臺灣有關法院民事判決正本或經證明無誤的副本、證明文件。」第8條規定：「人民法院受理申請後，對於臺灣有關法院民事判決是否生效不能確定的，應告知申請人提交作出判決的法院出具的證明文件。」如果申請人只提供臺灣有關法院的民事判決書、裁定書等，而沒有相關的證明文件證明該文書效力已經確定，應當認定為其效力沒有確定。因此，大陸法院在進行形式審查時，申請人提交的民事判決書、裁定書是否由相關的法院作出，其效力是否已經確定，是一個必須首先解決的問題。目前實踐中可行的解決途徑均較為繁瑣，包括：透過兩岸公證文書的相互查詢來解決；透過文書驗證方式確認其效力；由當事人直接申請驗證和認證。[19]

與大陸有所不同，臺灣審理認可大陸法院判決的案件實行獨任審判。審查的根據是公序良俗及互惠對等，理論上，對大陸法院判決同樣只作形式審查，不作實質審查。但在實踐中，文中所舉案例已涉及實質審查（及「一事再理」）。前述「兩岸人民關係條例」施行細則第54條還規定，大陸法院作成的民事判決尚需經過臺灣有關民間團體的驗證，才能申請臺灣法院認可和執行。

根據《認可規定》及《補充規定》，大陸法院對臺灣法院判決的認可採用裁定方式作出，申請人依裁定向人民法院申請執行的，人民法院應予受理，並按《民事訴訟法》的規定，發給執行令，由執行機關予以執行。

臺灣法院對外國民事判決的承認，系采自動承認原則。外國法院的確定判決只要不具其「民事訴訟法」第402規定情形之一，即當然自動承認其效力。對外國判決的執行，則採「判決許可執行制」。根據其「強制執行法」

第 4 條第 1 款規定，依外國法院確定判決申請強制執行者，以該判決無「民事訴訟法」第 402 條各款情形之一，並經法院判決宣示許可其執行者為限，得為強制執行。臺灣承認與執行制度的特殊性在於其對承認程序並無特殊程序要求，但對於執行程序則另行設置法院程序處理。

　　臺灣對於港澳地區民事裁判等的承認與執行，也采自動承認原則。臺灣「香港澳門關係條例」第 42 條規定：「在香港或澳門作成之民事確定裁判，其效力、管轄及得為強制執行之要件，準用民事訴訟法第 402 條及強制執行法第 4 條之一之規定。在香港或澳門作成之民事仲裁判斷，其效力、聲請法院承認及停止執行準用商務仲裁條例第 30 條至第 34 條之規定。」

　　與自動承認外國、港澳判決的程序不同，臺灣法院認可大陸法院判決卻須經過一定的認可程序。臺灣「行政院」在有關「臺灣與大陸地區人民關係條例」草案總說明中曾指出：對於民事案件，除基於兩個地區之理念適度納入區際法律衝突之理論，以解決實際問題外，對於在大陸地區所產生之民事上權利、義務，亦基於事實需要，予以有條件之承認。針對「兩岸人民關係條例」第 74 條第 1、2 款的立法說明也指出：「兩岸地區之民事訴訟制度及商務仲裁體制有異，為維護我法律制度，並兼顧當事人權益，爰規定因爭議而在大陸地區作成之民事確定裁判或仲裁判斷，須不違背臺灣公共秩序或善良風俗，使得聲請臺灣法院裁定認可。又經聲請法院裁定認可之裁判或判斷，若系以給付為內容者，為實現其給付，並明定得為執行名義。」此反映臺灣對大陸法院判決的不同等對待，大陸作成之裁判，另需法院裁定認可，並非當然承認其效力。惟其若系給付性的民事裁判，則可據認可裁定而取得執行名義。

四、兩岸民事判決認可與執行模式、條件、程序的結論

　　如前所述，憲法主導模式不符合我國實際，《憲法》沒有規定類似美國聯邦憲法的「完全信任和尊重條款」。有的學者提出，借鑒英國區際判決的承認和執行制度，在立法模式上採取單獨立法形式，將香港、澳門、臺灣及內地判決的相互承認與執行制度與中國內地的外國判決承認和執行制度區別開來。建議採取「中國區際法院判決相互承認與執行制度」的單獨立法，以

促進各地判決的自由流通,達到經濟上的共贏。這涉及中央立法權問題,因而有必要修改憲法,針對四地的司法協助問題作出統一的立法條款,其中包括內地、香港、澳門、臺灣四地判決的相互承認與執行制度。[20]該設想有其合理性,理想但不甚現實,也許對解決內地與港澳民事判決的認可與執行有一定針對性,因為內地與港澳不存在主權問題。最高人民法院代表內地法域與港澳簽訂前述安排無疑是靈活務實的創舉,為避免協議定位國際化,協議都冠以「安排」之名稱,同時,這也是憲法規範缺位的無奈之舉。[21]不可否認,在《憲法》中加入「充分誠信原則」、「正當程序原則」及「司法合作原則」等對中國區際司法協助的解決大有裨益。但是,兩岸問題需區別對待。臺灣有所謂「中華民國憲法」,在國家終極統一之前,即使《憲法》規定區際司法協助問題,對兩岸民事判決的認可與執行來說,也難以發揮作用。所以,現行模式是務實選擇,也是無奈選擇。從當下到可預見的時期,較理想及可行的模式是兩岸就民事判決的認可與執行簽署專門具體協議。《司法互助協議》搭起兩岸司法合作的橋樑,兩岸應授權海協會和海基會磋商、簽署有關認可與執行問題的協議。

因為是一個國家內的問題,各國區際判決的承認與執行的條件寬鬆。我國的區際法律衝突複雜,各地情況不一,《內澳安排》又比《內港安排》寬鬆。兩岸民事判決認可與執行也應因應「放寬」的趨勢。但對一些具體問題,結合兩岸關係實際需作特別考慮。其一,公共秩序保留。兩岸民事判決的認可與執行,不可濫用公共秩序保留制度。不能動輒以公共秩序保留為藉口,拒絕認可與執行對方法院判決。因為兩岸民事判決畢竟不是國際民事判決,如果濫用公共秩序保留制度,將會導致兩岸民商事糾紛的不公正、不合理解決,從而影響兩岸經貿和民間交往的順利進行。但是,也不能不適用公共秩序保留,而應適度適用。適用時需堅持「結果說」,兼顧「主觀說」,不必著意突出「明顯違背」的限制等。[22]其二,判決的終局性。明確經認可的對方法院判決的效力,並按原判決作成地的法律審查對方法院判決的效力。其三,原審法院的管轄權。依判決作出地法律審查該判決的管轄權是否適格。其四,認可與執行的判決的範圍,作廣義理解,至少包括民事判決裁定、調解書、支付令等。

兩岸認可與執行的程序應當便捷。簡化文書認證程序及手續，對對方法院判決應只作形式審查，不做實質審查。臺灣應改變認可與執行程序上將大陸與港澳區別對待的做法，均采自動承認原則。

　　此外，《司法互助協議》第 14 條規定：「雙方同意依本協議及己方規定，協助執行對方請求，並及時通報執行情況。」筆者贊同以下建議：建立兩地認可與執行情況的報告機制。《內澳安排》第 23 條就規定，為執行安排，最高人民法院和澳門終審法院應當相互提供相關法律資料，兩法院需每年相互通報執行本安排的情況。因這種認可與執行是跨境行為，建立報告機制有利於兩地法院及時掌握認可與執行情況，避免重複執行或超額執行，[23] 達到判決真正的兩岸自由流通，保護兩岸人民的合法權益。

註釋

[1] 於飛，廈門大學法學院教授，博士生導師。

[2] 韓德培、韓健：《美國國際私法（衝突法）導論》，法律出版社 1994 年版，第 269 頁。

[3] 朱志晟：《論英國的區際判決承認與執行制度》，《河北法學》2011 年第 2 期，第 180-183 頁。

[4] 黃進主編：《中國的區際法律問題研究》，法律出版社 2001 年版，第 249 頁。

[5] 於飛：《論海峽兩岸民商事法律衝突的特殊性》，《法律科學》2005 年第 4 期，第 113 頁。

[6] 為落實安排，香港立法會於 2008 年 4 月 23 日正式透過《內地判決（交互強制執行）條例》（香港法例第 597 章），並於 2008 年 8 月 1 日起開始實施。澳門的《安排》不僅已於 2006 年 4 月 1 日起生效，並已出現依據《安排》承認內地人民法院判決的實例。參見張憲初：《步入新階段的香港內地民商事司法合作—香港〈內地判決（交互強制執行）條例〉立法回顧》，《廣東外語外貿大學學報》2008 年第 5 期。

[7] 楊娟、宋連斌：《尚待突破的突破——〈內地與澳門特別行政區關於相互認可和執行民商事判決的安排〉評介》，載黃進主編：《我國區際法律問題探討》，中國政法大學出版社 2012 年版，第 346 頁。

[8] 黃進主編：《中國的區際法律問題研究》，法律出版社 2001 年版，第 260 頁。

[9] 朱志晟：《論英國的區際判決承認與執行制度》，《河北法學》2011 年第 2 期，第 182 頁。

[10] 參見黃進主編：《中國的區際法律問題研究》，法律出版社 2001 年版，第 263-266 頁。

[11] 除《內港安排》第 9 條第 1 款第 2 項外，第 13 條規定：「在法院受理當事人申請認可和執行判決期間，當事人依相同事實再行提起訴訟的，法院不予受理。已獲認可和執行的判決，當事人依相同事實再行提起訴訟的，法院不予受理。」

[12] 宣增益：《國家間判決承認與執行問題研究》，中國政法大學出版社 2009 年版，第 254 頁。

[13] 最高人民法院工作報告（2012 年）。

[14] 陳榮宗、林慶苗：《民事訴訟法》（上），三民書局 2006 年版，第 103 頁。

[15] 李旺：《國際民事訴訟法》（第三版），清華大學出版社 2011 年版，第 141 頁。

[16] 賀曉翊：《英國的外國法院判決承認與執行制度研究》，法律出版社 2008 年版，第 236 頁。

[17] 於志宏：《內地與澳門、香港相互認可和執行民商事判決安排的比較及評析》，《太平洋學報》2009 年第 5 期，第 6-12 頁。

[18] 錢鋒：《外國法院民商事判決承認與執行研究》，中國民主法製出版社 2008 年版，第 284 頁。

[19] 劉仁山：《我國大陸與臺灣民商事判決相互承認與執行之現狀、問題及思考》，《武漢大學學報（哲學社會科學版）》2009 年第 6 期，第 76 頁。

[20] 賀曉翊：《英國承認與執行區及判決制度對我國的啟示與借鑑》，載黃進主編：《我國區際法律問題探討》，中國政法大學出版社 2012 年版，第 337 頁。

[21] 袁發強：《憲法與我國區際法律衝突的協調》，法律出版社 2009 年版，第 242 頁。

[22] 於飛：《公共秩序保留的適度適用——以兩岸相互認可與法院判決和仲裁裁決為視角》，《臺灣研究集刊》2010 年第 3 期，第 14-16 頁。

[23] 賀曉翊：《關於涉臺商事審判中司法協助問題的法律思考》，載鄭鄂主編：《中國涉外商事審判研究》，法律出版社 2011 年版，第 372 頁。

非對等狀況下的兩岸婚姻效力及其對大陸的消極影響

陳漢[1]

一、前言

本文以「臺灣與大陸地區人民關係條例」（以下簡稱「條例」）第53條與第74條為主要分析對象，解析兩岸立法與司法對兩岸婚姻（結婚效力的認可與離婚）有關事項處理不一致可能帶來的消極影響，特別是對大陸配偶、子女帶來的潛在不利。此外，本文以中國法院網上所能檢索到的公開判決為基礎，試圖從有限的判決書中尋找並歸納中國法院對涉臺離婚案的理解。

二、「條例」與對等原則

據《中國法院報》載，臺灣「司法院」秘書長林錦芳曾經表示，經臺灣法院認可的大陸離婚生效裁判由法院通知戶政機關辦理相關手續有不合理之處。根據「條例」第74條的規定，經認可的大陸民事生效裁判只具有執行力，而不具有既判力。臺灣法院仍可以對裁判進行審查及調查，做出不同的判斷，不受大陸裁判的約束。經法院認可的大陸生效離婚判決只具有執行力，而是否執行則屬於當事人的處分權範圍。但各法院在辦理監護宣告、收養、終止收養、認領、離婚事件等相關業務時應提醒民眾在裁判確定後於期限內辦理戶籍登記，以免影響自身權益。

林錦芳女士的此項表態，是對「條例」第74條的解讀。「條例」第74條第1款規定「在大陸地區作成之民事確定裁判、民事仲裁判斷，不違背臺灣公共秩序或善良風俗者，得聲請法院裁定認可」。此款的規定，並無特殊之處，例如最高人民法院《關於人民法院認可臺灣有關法院民事判決的規定》也有類似表述：「人民法院審查申請後，對於臺灣有關法院民事判決不具有本規定第九條所列情形的，裁定認可其效力。」但問題出現在第74條的第2款：「前項經法院裁定認可之裁判或判斷，以給付為內容者，得為執行名義。」林女士以第2款所確定的執行力來限制性地解釋第1款，即只認定大陸判決在臺灣認可之後的執行力，並不承認其既判力。這一解釋，對於無需現實執

行的「宣告解除婚姻關係的離婚判決」而言，嚴格來說意味著是否進行認可，沒有任何現實的意義。應該說，林錦芳女士的解釋，即使不合法理而遭到諸多批評，但還是有其現實依據的，即「條例」第53條的規定：「夫妻之一方為臺灣人民，一方為大陸地區人民者，其結婚或離婚之效力，依臺灣之法律。」

「條例」第53條的規定，是將結婚、離婚的效力判斷確定為屬人原則。也就是說，未經適用臺灣的實體法締結婚姻或者判決離婚，至少在臺灣不具有法律效力。這一規定，至少與大陸的現行規定是相左的。

根據《民法通則》第147條的規定，「中華人民共和國公民和外國人結婚適用婚姻締結地法律，離婚適用受理案件的法院所在地法律」。後來的《中華人民共和國涉外民事關係法律適用法》第22、23條的規定，也基本延續了《民法通則》的上規定。因此，大陸居民與臺灣居民結婚，就大陸角度而言，可以適用屬地法的，即承認在臺灣締結的婚姻在大陸發生法律效力，而無需在大陸的民政部門重新辦理結婚登記；而從臺灣的角度看，大陸居民與臺灣居民結婚，只能在臺灣締結或者報備一定手續，否則不在臺灣發生效力；離婚亦然。

從實踐的角度，臺灣也有依據「條例」第52條的規定而承認在大陸締結的婚姻效力的方式，[2] 但至少需要辦理下列兩種手續之一：第一種是申請人境臺灣，然後依照臺灣的規定再次申請登記，事實上這也意味著在大陸的結婚沒有法律上的意義，除了方便辦理入境手續；第二種方式是在將大陸取得的結婚證在公證處進行公證，然後再於海基會辦理文書驗證。但無論如何，僅僅在大陸進行結婚登記，並不直接產生臺灣法律上的婚姻的效力。遺憾的是，在大陸生活的大陸籍配偶，以及筆者在實務中所遇到的臺胞，對這一點都是不瞭解的，因此鮮有去辦理公證然後去海基會做文書驗證的。同時考慮到這樣一個現實，即在大陸工作、經商的臺籍人士，在大陸與大陸籍配偶締結婚約之後，大部分可能繼續生活在大陸；也因為繁雜的入境手續，大陸籍配偶可能並不會到臺灣去辦理「結婚手續」（依據「臺灣民法典」第982條規定，「結婚應以書面為之，有兩人以上的證人簽名，並應由雙方當事人向戶政機關辦妥結婚登記，婚姻才生效」）。因此，現實中不乏只在大陸締結

婚約而未在臺灣重新辦理任何手續的夫妻。在這種情況下，對大陸籍配偶、因該婚姻而出生的子女而言，存在著「不受臺灣親屬法保護」的真空狀態。

事實上，臺灣對大陸配偶（下文簡稱「陸配」）的「入境」手續上已經完全說明了這一點。大陸配偶（通常是已經在大陸民政部門登記結婚後）可以申請團聚許可入境；入境後透過面談並辦妥結婚登記後，方可申請依親居留證。也就是說，真正以親屬身份申請居留，是以在臺灣依據當地法律辦妥結婚登記為條件；換句話說，至少在公法上，陸配第一次入境的時候，推定不具有臺灣法律上的配偶身份。

兩岸在婚姻效力（結婚、離婚）的準據法認定上的差異，或者說不對等原則，事實上有可能對大陸配偶和子女帶來消極影響。特別是對只是在大陸進行結婚登記而未在臺灣辦理結婚登記手續的或者未經海基會文書認證的，可能的消極影響包括：

1.臺灣籍配偶在臺灣還處於未婚法律狀態，獨自回臺灣還保留單身身份，不排除在臺灣繼續締結有效婚姻，而大陸配偶則是已婚狀態；

2.萬一臺灣籍配偶去世，至少在臺灣的遺產，大陸配偶無法透過法定繼承而取得；

3.因該婚姻所出生子女，在臺灣民法上，屬於非婚生子，未經認領，與其生理上的父親不產生法律上的權利與義務，包括撫養權請求權與繼承權。[3]

透過以上的初步分析，本文的一個基本結論是：「條例」在兩岸婚姻中態度明確地保護了臺籍人士，如果兩岸跨境婚姻發生爭議，特別是財產方面的訴求由臺灣法院管轄的話，無論是夫妻財產方面的訴求，還是父母子女關係上的訴求，對大陸人士都非常不利。原因恰恰是臺灣對在大陸締結的婚姻效力的承認，是需要額外手續的，而當事人─特別是婚後共同生活中大陸的當事人─對此是相當陌生的。臺灣複雜的入境手續（特別是面談手續）更有可能對大陸配偶造成進一步的困難。

三、大陸司法審判中的臺灣離婚判決

現實中,至少從中國法院網上所檢索到的判決中看,兩岸同胞締結婚姻之後,大陸配偶繼續居住在大陸而臺籍配偶返回臺灣居住的情況並不罕見。在提出離婚之時,考慮到起訴的便利性而分別起訴的也不罕見。本文只篩選了部分先由臺灣配偶在臺灣起訴離婚後,大陸法院對此判決的「認可」或「承認」與否的案例。

大陸法院對臺灣民事判決的效力認可的基礎在於兩個司法解釋,即《最高人民法院關於人民法院認可臺灣有關法院民事判決的規定》與《最高人民法院關於人民法院認可臺灣有關法院民事判決的補充規定》。

在現實案例中,大陸法院有直接認可臺灣的法院判決的。比如陝西漢中市中級人民法院(〔2010〕漢中民特字第7號)所判的「陳世偉與余繼麗離婚一案」,法院認為:「本院經審查認為,申請人余繼麗提交的臺灣臺北縣板橋地方法院作出的(2007)年度婚字第1137號準予原告陳世偉與被告余繼麗離婚判決原件真實,臺灣臺北縣板橋地方法院委託財團法人海峽交流基金會將判決送達被告余繼麗後,余繼麗在法定20天上訴期限內未提出上訴,該判決已確定生效。申請人余繼麗在相關規定時間內,向住所地中級人民法院提起申請認可,符合我國法律規定的承認臺灣法院判決的條件。」值得一提的是,本案中臺灣臺北縣板橋地方法院判決生效日為2007年12月31日,而申請人則是在2010年7月15日才申請判決認可的,已經超過了《最高人民法院關於人民法院認可臺灣有關法院民事判決的補充規定》第9條規定的2年期限了。[4]

也有法院認為超過申請期限而不認可臺灣法院判決的。例如在「原告張雯訴蔡永隆離婚糾紛」一案中,法院認為:「2002年5月6日,被告向臺灣板橋地方法院提起民事訴訟要求離婚,該法院認為夫妻雙方感情確已破裂,於2003年2月27日做出準許原、被告雙方離婚的判決。2003年3月13日,板橋地方法院透過海峽交流基金會向原告送達了該判決,現該判決在臺灣已發生法律效力。因原告張雯未在該判決發生效力後一年內向本院申請認可臺灣民事判決書,故原告遂於2009年1月起訴離婚來院。」

對於超過認可申請期限的臺灣的判決，該法院又是如何處理的呢？依據《最高人民法院關於人民法院認可臺灣有關法院民事判決的規定》第13條的規定，「案件雖經臺灣有關法院判決，但當事人未申請認可，而是就同一案件事實向人民法院提起訴訟的，應予受理」。因此，該法院由於臺灣判決未經大陸人民法院的認可程序，因此視其為不存在，重新從實體上審理了該離婚案。換句話說，就大陸法院而言，在得到大陸的判決前，原告尚處於「已婚」狀況。

例如在「原告林月燕訴被告林文成離婚糾紛一案」中，原告起訴離婚，並且提供了「財團法人海峽交流基金會書函、臺灣高雄地方法院民事判決98年度婚字第211號、財團法人海峽交流基金會簽收回證各一份」作為證據，以此說明被告已在臺灣起訴與原告離婚，臺灣法院已判決準許原、被告離婚。臺灣判決於2009年，而本案起訴於2011年，因此很可能尚未過《最高人民法院關於人民法院認可臺灣有關法院民事判決的補充規定》第9條所規定的「2年」期限。從本案看，福建省寧德市蕉城區人民法院似乎認可了臺灣的判決，將其作為「夫妻感情確已破裂」的證據，判決原被告離婚。獨任審判員王石華在2012年的另外一個案件即「原告陳貴娟訴被告林來得離婚糾紛一案」中，同樣將臺灣的離婚判決作為大陸法院認定「夫妻感情確已破裂」的證據之一，並且再次判決雙方離婚。

在上述兩個案件中，大陸法院都將臺灣的判決認可為證據，至少從民事訴訟法的角度看，並不存在問題。對於當事人特別是陸配而言，似乎是多了一項選擇，即：或者認可臺灣所做出的關於離婚的判決；或者選擇在大陸重新起訴，將臺灣的判決作為證據之一。

兩項選擇的具體差異何在？

法（民）〔1991〕21號《關於中國公民申請承認外國法院離婚判決程序問題的規定》之第二條規定：「外國法院離婚判決中的夫妻財產分割、生活費負擔、子女撫養方面判決的承認執行，不適用本規定。」也即認可外國法院的離婚判決中「解除婚姻效力」這一部分，對於其他方面則「不適用」。雖然「不適用」的字面解釋並不是不能申請認可，但卻是在現行的立法與司法解釋體系中找不到任何可以作為申請執行離婚判決中關於夫妻財產分割、

生活費負擔、子女撫養方面判決內容的法律依據。因此，可以比較謹慎地得出一個結論：認可程序只「解除婚姻效力」，配偶間的其他爭議，在目前只能透過其他方式即重新在中國大陸有管轄權的法院提起民事訴訟來解決。

但這並不意味著認可程序一無是處。

相對於重新起訴，申請走認可程序具有時間上的優勢。由於涉外離婚（包括涉臺離婚）的送達程序往往需要耗費很長的時間，[5]而如果臺灣配偶已經起訴了或者自己已經在臺灣起訴過了，那麼在滿足「解除婚姻效力」這一點上，認可程序是優於重新起訴的。

對於為何最高法院將離婚判決的認可限於解除婚姻效力這一點上，雖然尚無確切的證據，但是可以推斷的一個可能是：執行的困難。如前文所述，解除婚姻效力無需實際執行，最多是憑認可後的法院裁定去確認當事人離異的法律狀態。但是如果涉及夫妻共同財產分割、子女撫養權的判定等，如果涉及的未成年子女或者夫妻共同財產不在大陸的話，執行起來確實非常困難。如果當事人在大陸直接起訴，則至少可以對這部分內容（共同財產的分割、未成年子女的直接撫養權）判決並申請執行。

四、結論

現在臺灣與大陸的跨岸婚姻並不罕見。雖然並無確切的數據支持，但是大陸女性與臺灣男性結婚的較多可能是跨岸婚姻的一個特色。從「中國法院網」上所能查詢到的案例看，都是這個類型的婚姻。

由於兩岸對婚姻效力的承認與審查，採用了不同的模式。就大陸方面而言，在臺灣締結的婚姻，只要不違反大陸的公序良俗，就直接承認其效力，無需額外的程序。1997年《民政部辦公廳關於對中國公民的境外結婚證件認證問題的覆函》（廳辦函[1997]63號）中規定：「根據《中華人民共和國民法通則》第147條『中華人民共和國公民和外國人結婚適用締結地法律』的規定，中國公民和外國人在外國依照婚姻締結地法律結婚，只要不違背《中華人民共和國婚姻法》的基本原則和中華人民共和國社會公共利益，其婚姻關係在中國境內有效。」因此，對於中國公民和外國人、內地居民和港澳臺居民在境外結婚的，其婚姻關係在境內有效，無需再補辦結婚證。而臺灣則

是需要經過特定的程序才能認可在大陸締結的婚姻的效力。這樣的不對等狀態，對大陸配偶和在大陸出生的未成年子女可能會帶來潛在的風險。

對於離婚判決的認可，兩岸也存在一定的差異。大陸的配偶，理論上可以選擇在臺灣起訴離婚，也可以選擇在大陸起訴離婚。持有臺灣離婚判決的大陸配偶，可以選擇認可程序以確定獲得大陸的「離異可再婚」的法律效力，也可以以臺灣的判決作為證據之一在大陸重新起訴離婚。認可與重新起訴的區別在於：前者免去了冗長的公告程序，很快能得到一個確認離婚效力的裁定；而起訴雖然時間長，但是可以一併解決夫妻財產、子女撫養費等問題。而臺灣，則是區分了大陸判決的「既判力」與「執行力」，而不是區分判決的內容來確定是否可以申請認可與執行。臺灣承認大陸判決的執行力，而保留了對「既判力」的承認，嚴格來說，是對臺灣人民的保護。

綜上所述，兩岸在結婚、離婚及其效力方面，存在著非對等的現狀，這種現狀，至少從理論上看，對大陸配偶及其在大陸生活的未成年子女是不利的。

註釋

[1] 陳漢，中國政法大學民商經濟法學院副教授，義大利羅馬第二大學法學博士。主要從事涉外婚姻、親屬法比較研究。本文是中國法學會海峽兩岸關係法學研究會「涉臺婚姻中離婚後子女撫養權、探視權保障研究」課題的前期成果。

[2]「條例」第 52 條（結婚或兩願離婚方式及其要件之準據法等）規定如下：結婚或兩願離婚之方式及其他要件，依行為地之規定。判決離婚之事由，依臺灣之法律。嚴格而言，是依據「條例」第 52 條承認在大陸締結婚姻的成立，是否發生臺灣法上的效力，則取決於是否辦理了後續兩種手續之一種。

[3] 當然，認領的規定較為複雜。除了生父認領之外，還有強制性認領，或者透過證明生父一直支付撫養費而推定其認領。但是從程序上看，必須在臺灣管轄法院進行起訴確認認領後，才能主張撫養費請求權與繼承權。

[4] 此前根據當時的《民事訴訟法》第 219 條的規定，申請認可離婚判決的期限為 1 年。2009 年最高院頒布了《最高人民法院關於人民法院認可臺灣有關法院民事判決的補充規定》後，申請期限延長為 2 年。這可能也是對兩岸關係的一個特殊考慮。

[5] 根據《法制日報》采訪王婷法官的報導：如果提供了臺灣配偶的具體地址，法院會按照地址透過對臺專郵渠道把訴訟材料、開庭傳票、起訴書等郵寄過去。但實際

上，內地配偶提供的地址有許多時候不正確，法院找不到人，在這種情況下就得公告送達起訴書和開庭傳票。一般情況下，法院會指定《人民日報》海外版來刊登公告。涉臺離婚案件的公告期為 3 個月。如果法院缺席判決，還要再公告 3 個月判決書。這樣算來，審理一個涉臺離婚案件少說也得一年時間。

[6] 參見：民基函 [1999]4 號的內容：「各省、自治區、直轄市民政廳（局）：1998 年 5 月 22 日，最高人民法院公佈了《關於人民法院認可臺灣有關法院民事判決的規定》（以下簡稱《規定》），並於 1998 年 5 月 26 日起施行。鑒於《規定》涉及到婚姻登記管理機關認定臺灣有關法院離婚判決書或調解書是否具有法律效力的問題，為此，請各地在辦理婚姻登記時，按照《規定》要求審查，凡持臺灣有關法院離婚判決書或離婚調解書的當事人申請再婚，當事人或其原配偶是大陸居民的，該離婚判決書或離婚調解書須經人民法院裁定認可。離婚判決書或離婚調解書未經認可，或被裁定不予認可的，視該離婚判決書或離婚調解書不具有法律效力，婚姻登記管理機關不能為當事人辦理再婚登記。」

一個似是而非的解釋─評臺「司法院秘臺廳少家二字第 1020023482 號函」

張自合 [1]

2013 年 10 月 11 日，臺灣「司法院」給「內政部」覆函稱：「法院裁定認可之大陸地區離婚確定裁判僅具執行力，而無與我法院確定判決同一效力之既判力，故不宜由法院依職權通知戶政機關。惟法院辦理離婚事件時，可提醒民眾應於裁判確定一定期限內辦理戶籍登記。」（以下簡稱「函釋」）[2] 這一函釋有諸多不合理之處，本文對此予以分析。

一、離婚判決與域外承認

（一）離婚判決的形成力

裁判離婚，是指在有法定的離婚原因時，夫妻一方對他方提起離婚之訴，法院認為有理由時，以判決消滅婚姻關係的離婚方式。離婚之訴為形成之訴，形成之訴中，原告在訴訟上請求被容認時，其容認判決為形成判決。離婚判決為形成判決，離婚判決確定，婚姻因而消滅。

形成判決具有形成力,即因判決的確定,使當事人間的法律關係發生變更或消滅效果的效力。關於形成力的本質,有意思表示說、既判力說、法律要件的效力說和一般的承認義務說等不同的觀點。其中既判力說認為,形成要件的存在,依既判力使其確定不得爭執,並於此限度內,其形成效果的發生也因而不能爭執。這種觀點同時認為形成判決具有既判力,從而具有形成力。

形成判決確定後會使以前未存在的法律關係發生,或已存在的法律關係變更或消滅,這種效果任何人皆不得否認,此即形成判決的對世效,為形成判決的特質。(5)與確定判決有同一效力的訴訟上和解或法院調解,其內容若為形成性,也發生形成力。

(二)大陸法院離婚判決的特點

離婚判決的內容依據當事人在離婚訴狀中的訴訟請求(訴之聲明),可以分為兩種類型:一是單獨請求解除婚姻關係的判決;另一種則是就解除婚姻關係、子女撫養權分配以及夫妻財產分配進行統一解決的判決。由於共同財產制是大陸夫妻財產制的最普遍形式,夫妻離婚的同時會涉及共同財產的分割,因此大陸法院在離婚案件中,較多的精力會放在共同財產分割上面。另外,子女撫養問題也是大陸離婚訴訟通常要處理的重要爭點。《婚姻法》第39條規定,離婚時,夫妻的共同財產由雙方協議處理;協議不成時,由人民法院根據財產的具體情況,依照顧子女和女方權益的原則判決。因此,大陸離婚判決通常既包括對當事人身份上的效果,又包含離婚對當事人財產上的效果,除了判決雙方離婚外,還可能涉及子女撫養和共同財產分割的判決內容。此與臺灣在離婚之訴通常不處理財產問題而將財產問題另訴解決,有較明顯的差別。

(三)離婚判決的域外承認

在國際司法協助中的裁判承認與執行領域,大多數國家都將外國離婚判決的承認與執行分別對待,通常意義上的外國離婚判決承認的內容限定在夫妻關係變更之內,而不包含離婚判決書中子女撫養和夫妻債務承擔的等需要執行的內容。根據我國《關於中國公民申請承認外國法院離婚判決程序問題

的規定》第 2 條的規定，我國在承認外國離婚判決方面，也只包括夫妻關係變更的內容，不含其他需要執行的附屬判決。這種分開立法的模式在現行國際條約中也有所體現，如海牙《承認離婚與司法別居公約》第 1 條關於公約的調整範圍中第 2 項的規定：「本公約不適用於作出離婚或別居判決中所宣告的關於過錯的認定或附屬命令，尤其是有關金錢責任或兒童的監護的命令。」可以看出，公約主要涉及婚姻關係的內容。

兩岸法院的離婚判決必須要經過對方法院的承認，才能在對方法域產生離婚的法律效果，才能使判決的雙方當事人真正地獲得法律的保護，從而避免出現所謂的「跛足婚姻」。從目前在臺灣申請認可的離婚判決來看，基本都是請求對於婚姻關係消滅的效果予以認可，而不涉及子女撫養、財產分割的內容。

二、離婚判決與戶政登記

臺灣「戶籍法」第 9 條第 2 項規定：「離婚，應為離婚登記。」此處規定的登記，是基於行政管理上的要求，並非離婚的形成要件。臺灣的離婚有兩願離婚和裁判離婚兩種形式，「民法」第 1050 條規定：「兩願離婚，應以書面為之，有二人以上證人之簽名並應向戶政機關為離婚之登記。」此處的登記，為兩願離婚的成立要件。在離婚登記方面，兩願離婚和裁判離婚的差別首先是申請主體的不同。根據臺灣「戶籍法」的規定，離婚登記，以雙方當事人為申請人；但經裁判離婚確定或其離婚已生效者，得以當事人之一方為申請人。這意味著判決離婚的，一方當事人不需要另一方的配合即可完成離婚登記。其次是確定婚姻終止的時間點不同。兩願離婚的，以在戶政機關登記時間為婚姻終止時間，而判決離婚的，以法院的裁判確定時間為離婚終止時間，即兩願離婚須辦理離婚登記為生效要件，判決離婚後的登記為備案性質的登記，不影響效力。也就是說，兩願離婚辦理的離婚登記為創設的登記，裁判離婚的離婚登記為報告的登記。

在臺灣社會生活中，雙方經法院和解或調解而離婚，或者經鄉鎮市調解委員會調解而離婚，較為常見。由於臺灣實務上曾有判例指出，形成判決所生之形成力，不得由當事人以調解或和解之方式代之，[4]直到 2009 年，臺

灣司法實務上還堅持認為,離婚經法院調解或法院和解成立者,以及依鄉鎮市區調解委員會調解而離婚者,僅構成兩願離婚的合意,仍應持調解(和解)筆錄等資料向戶政機關為離婚登記,否則不生離婚的效力。[5]2009年4月M日,臺灣「民法親屬編」增訂第1052條之1,明定離婚經法院調解或法院和解成立者,婚姻關係消滅,此種情況下的離婚登記僅為報告的登記,並不影響離婚的確定效力。[6]由此,真正賦予了當事人在法院調解(和解)離婚與判決離婚同等的效力。

在臺灣「民法」第1052條之1的法案審議過程中,就和解(調解)離婚是否增設法院通知義務,曾有激烈爭議。臺「司法院」堅持主張:離婚經法院調解或法院和解成立者,當事人一方即可持調解筆錄等資料至戶政機關辦理離婚登記;如需由法院再行通知戶政機關辦理,不僅影響時效,並可能造成相關人員的困擾。「司法院」的理由還包括:「當事人若經調解離婚後,應該可以很快到戶政機關登記,而且只要有調解筆錄就可以去登記了,並不需要兩造都去,因此應該不會發生不去登記的情況,同時判決離婚或者調解離婚當時就發生效力了,縱使沒有馬上去登記,也並不發生第三人權益受損情形,法院的資源應用在最有效之處,實在不宜科法院通知的義務。而且在判決離婚情況下,一方去登記即可,希望調解離婚比照處理,也以一方當事人去登記即可」;「實務上的困難是當事人去辦理登記時,戶政機關會說要等法院的通知才會辦理的情況,反而對當事人產生困擾」;「調解的通知而判決的不要求通知,法律規定出現不一致的情況」;等等。臺灣戶政機關認為,「司法院」曾要求所屬法院將確定裁判書送達該管戶政管理所,實務上法院也是有通報的。也就是說,在判決離婚情況下,司法和行政機關私下有共識可以通報,「司法院」只是不願將通知變成法定義務。

臺灣立法機關的意見是有必要明文規定法院的通知義務。因為實務上遇到的困難是即使法院調解成功,可是如果當事人有一方還是心不甘、情不願的話,登記的過程就會變得非常艱苦,例如一方可能面臨拿不到戶口名簿的困難。更重要的是,不及時登記婚姻關係消滅的情況可能影響第三人的利益。從效果上看,法院通知戶政機關操作簡單,並不困難,既然實務上已經在做,說明現實有需要,那麼立法就應跟上。[7]

最終立法機關的意見占了上風，2009年增訂的「民法」第1052條之1最終確立了法院的通知義務，以避免當事人未至戶政機關作離婚登記而影響其本人及相關者的權益。[8] 這一立法意旨也進一步體現在程序法中，臺「家事事件法」規定，因調解（和解）成立有關身份之事項，依法應辦理登記者，法院應依職權通知該管戶政機關。[9] 配合「民法」第1052條之1關於調解與和解離婚成立具有形成力的規定，2011年臺「戶籍法」修改第34條，增列規定經法院調解或和解離婚成立的，可以以當事人一方為離婚登記申請人，也即單方即可以持法院相關法律文書直接辦理離婚登記，不再要求雙方共同申請。[10]

透過以上立法過程中的爭議可以看出，法院的通知義務僅僅是一種法政策選擇，與裁判效力無關。在裁判離婚情況下，通知戶政機關至今仍非法院的法定義務。函釋說明似認為在裁判、調解或和解離婚事件中，法院需通知戶政機關的原因在於既判力，看不出這種推理的依據何在。

三、經認可的大陸離婚判決的效力

（一）經認可的大陸離婚判決有無既判力？

既判力作為法院確定判決實質上的確定力，是確定判決最重要的效力。關於既判力的內涵，臺灣「民事訴訟法」第400條的立法理由指出，為訴訟標的之法律關係於確定之終局判決中經裁判後，確定終局判決中有關訴訟標的之判斷，即成為規範當事人間法律關係之基礎，嗣後同一事項於訴訟中再起爭執時，當事人不得為與該確定判決意旨相反之主張，法院亦不得為與該確定判決意旨相反之判斷，此即民事訴訟制度為達終局地強制解決民事紛爭之目的所賦予確定終局判決之效力，通稱為判決之實質上確定力或既判力。姚瑞光教授曾經批評，臺灣2003年修改「民事訴訟法」在第400條使用「既判力」的概念而不使用「確定力」的表述，是「在盲目崇日的心態下所為棄優從劣之擇選」。[11] 在大陸，《民事訴訟法》並沒有使用既判力這一概念，但不表明大陸法院的確定判決沒有實質確定力。既判力的積極作用在於避免先後矛盾之判斷，消極作用在於禁止重行起訴。

一個似是而非的解釋—評臺「司法院秘臺廳少家二字第1020023482號函」

1992年臺灣頒行「臺灣與大陸地區人民關係條例」（以下簡稱「兩岸人民關係條例」）以後，臺灣實務上將大陸人民法院作出的判決、裁定納入認可的範圍。一直以來，臺灣法院裁定認可了大量大陸法院作出的離婚判決，均未進行實質審查，實際上是認可了大陸人民法院判決的效力，其推理方法是：「外國判決除非構成民事訴訟法第402條各款事由，否則當然具有與臺灣法院確定判決同一之效力，依舉輕以明重之法理，大陸地區判決經臺灣法院依兩岸人民關係條例第74條裁定予以認可後，自應同樣與臺灣確定判決有同一之效力。」但2007年以來，臺灣「最高法院」透過2007年度臺上第2531號民事判決、2008年度臺上第2258號民事判決、臺灣高等法院2009年度重上字第720號民事判決和2008年度臺上第2376號民事判決等一系列判決，明確提出了「經臺灣法院裁定認可之大陸民事確定裁判，應只具有執行力而無與臺灣法院確定判決同一效力之既判力」的見解。其主要依據在於：「兩岸關係條例」第74條並未明定在大陸作成之民事確定裁判，與確定判決有同一之效力，大陸民事確定裁判非臺灣確定終局判決可比。另一種為此見解背書的觀點推理方法大致是：「大陸判決本身沒有既判力，因此認可後也無既判力。」應該來說，臺灣「最高法院」的這一見解既不符合大陸判決有既判力的事實，也不符合「兩岸人民關係條例」第74條的規定內涵，架空了該條第一款關於裁定認可的內容，受到了兩岸理論界和實務界的廣泛批評。[12] 多數臺灣學者認為，臺「最高法院」這一見解既不符合兩岸司法互助協議第10條就此確定的互惠原則，從對等原則考慮也明顯失衡，事實上必然造成兩岸司法互助協議有關裁判認可司法互助目的的落空，建議應修改「兩岸人民關係條例」第74條。

應該說，臺灣法院形成上述見解，既有臺灣現有立法規定方面的原因，也有臺灣司法實務界的法解釋原因，在一定程度上也可能受到了兩岸政治關係的影響。學者提出的修法建議是正確的，但問題的解決應不限於修法這一種途徑，問題本系由臺灣法院方面對法規條文的不合理解釋而產生，不能以修法未成作為堅持錯誤見解的藉口。臺灣法院消除誤解，增進對大陸司法裁判的信任，是深化兩岸民事司法互助的基礎。

作為形成判決的離婚判決有無既判力,本身即在理論上存有爭議。一般認為,形成判決也應該發生既判力,因形成判決是以既判力確定形成權或形成要件存在與否,在判決確定以後,即不允許再爭執已經判斷過的形成權或形成要件。[13] 也有學者認為,形成判決係依判決之效力,形成原告所請求之法效果,並以之為判決之內容;一旦新法律關係形成後,訴訟前之原法律關係已不存在,似無就同一事件再行起訴之餘地。在此意義上,形成判決應無既判力可言。[14] 函釋如果認為,臺灣法院的離婚判決有既判力而經認可的大陸法院判決無既判力,如前所述,其法理依據並不充分。若以離婚判決本無既判力的觀點看,函釋的理由闡述更顯荒誕。

(二)經認可的大陸離婚判決有無執行力?

執行力有廣義和狹義的不同含義。狹義的執行力,是判決有作為執行名義,得據以強制執行的效力。[15] 判決的執行力,只有給付判決才有,確認判決和形成判決均無執行力。給付判決是基於給付之訴,命被告為一定給付或不作為之判決。[16] 廣義的執行力,指依強制執行以外的方法,有實現合於判決所命狀態的效力,例如基於判決為戶籍記載的塗銷、更正等。戶政機關依離婚判決辦理戶籍登記,體現的即是裁判廣義上的執行。廣義的執行是法定機關依強制執行法以外的法律所為之行為使判決的內容實現,或私權因確定判決之效力所生之法律效果而實現。[17] 不過廣義的執行並非源於判決本身的效力,故一般所稱判決的執行力,係指狹義的執行力。[18] 函釋所稱「執行力」顯為狹義層面的含義。

在國際司法協助領域,采許可執行制的德國、日本等普遍認為,承認與執行不同,執行系超出承認之外之事,須由執行國另行賦予執行力,方可據以執行。[19] 根據德國民事訴訟法的規定,對外國確定判決的承認涉及既判力效力以及排除效力、形成效力和參加效力,執行力在外國不被承認,在國內的執行必須重新賦予。[20] 臺灣承認與執行外國判決的模式與德日相似,但對大陸判決的認可卻是採取了另一種模式。「兩岸人民關係條例」第74條第2項規定:「前項經法院裁定認可之裁判或判斷,以給付為內容者,得為執行名義。」大陸法院裁判及仲裁判斷經臺灣法院裁定認可後得為執行名義,不過此執行名義究為大陸之裁判、仲裁判斷,還是認可裁定,抑或二者之結

合,有不同的觀點。[21]2007 臺上第 2531 號判決和 2008 臺上第 2376 號判決所涉案件中長榮公司即持以認可裁定為執行名義的觀點。從判決的結果來看,該兩份判決似乎也以此觀點為出發點。不過,從「兩岸人民關係條例」第 74 條第 2 項的用語來看,這句話的主語是「裁判或判斷」,賓語是「執行名義」,其語義應為「大陸裁判得為執行名義,只不過需要一個先行認可的條件」,這一點也可以從立法理由上明白看出:「兩岸地區之民事訴訟制度和商務仲裁體制有異,為維護我法律制度,並兼顧當事人權益,爰規定因爭議而在大陸所作成之民事確定判決或仲裁判斷,須不違背臺灣公共秩序或善良風俗,始得聲請法院裁定認可。又經法院裁定認可之裁判或判斷,以系給付為內容者,並明定得為執行名義。」另外,根據臺灣「民事訴訟法」和「非訟事件法」的規定,對大陸法院裁判及仲裁判斷、鄉鎮市調解委員會調解書等的審查認可程序為非訟程序,相應裁判文書為非訟裁定,但此類承認、認可、核定裁定並非執行名義,執行名義仍然為前者,而不是此承認、認可或核定的非訟裁定,非訟裁定僅賦予該執行名義對於臺灣法院的執行力,是執行名義在臺灣法院執行的條件。因此,經認可的大陸法院判決本身即由法律明定為執行名義。臺灣法院對大陸裁判實行裁定認可制,認可的程序屬於非訟程序,在三份判決中,臺灣「最高法院」如果是認為認可裁定才是執行名義並進而認為該非訟裁定屬於無確定判決同一效力的執行名義,那麼這種推理的基礎也是錯誤的。從執行名義的要素上來看,認可裁定的主文表述為某判決「應予認可」,本身並不符合相關的要素,特別是不符合「命債務人為給付」這一本質要素,認可裁定至多是大陸法院確定判決這一執行名義的條件,其本身不能成為執行名義。這是臺灣過去實務上的一貫觀點。[22]

如前所述,申請認可離婚判決一般僅是對婚姻關係消滅的效果在臺灣的確認,離婚判決並不涉及財產給付的內容,也不包含要求另一方配合戶政登記的作為義務,並無可供執行的內容,函釋說明指出「經法院認可之大陸地區確定離婚判決既僅具執行力」,顯然荒謬。

(三)經認可的大陸離婚判決有無形成力?

在國際司法協助領域,關於承認外國裁判的效力,主要有效力擴張說,同等對待說和折中說(重疊考量說)三種理論。[23]效力擴張說認為外國判決

所認定之外國法之效力，因承認國之承認該外國判決而擴張及於承認國。即當 A 國承認 B 國之判決時，原則上應以 B 國而非 A 國法，決定 B 國判決在經 A 國承認後所應具有之效力。[24] 同等對待說認為經內國承認之外國判決，僅有與承認國判決同一之效力。重疊考量說以效力擴張說為出發點，但以內國法院裁判效力範圍作為上限的一種折中觀點。[25] 大陸和臺灣雖同屬一國，但兩岸的區際司法互助可以參照適用國際民事司法協助的有關理論。依臺灣實務上同等效力說的多數觀點，大陸離婚判決經臺灣法院認可後與臺灣法院確定離婚判決一樣產生離婚的效力。[26] 目前臺灣法院實務上承認經裁定認可的大陸判決得發生消滅婚姻關係的形成力。[27] 函釋說明中也要求，法院在辦理離婚事件時應提醒民眾認可裁定確定後於期限內辦理戶籍登記，顯然也是承認大陸離婚判決的形成力的。

關於人民法院離婚判決經臺灣法院認可後的形成力發生時間，1994 年 4 月 18 日臺灣有關部門曾認為，經法院裁定認可後，則屬臺灣「民法」上的判決離婚，其離婚日期依臺灣法院裁定確定日期為準。[28] 這一觀點顯然會造成一定時期的「跛足婚姻」。此後臺灣方面修正了時間點的界定，離婚判決經認可後回溯至大陸人民法院離婚裁判確定時，即產生離婚的效力。[29]

四、結論

《司法互助協議》第 10 條明確規定：「雙方同意基於互惠原則，於不違反公共秩序或善良風俗之情況下，相互認可及執行民事確定裁判與仲裁裁決。」大陸對臺灣民商事判決和仲裁裁決的認可與執行，不論是在認可範圍和認可標準上，還是在效力層級上，也不論是在協議簽署之前還是之後，都始終秉持全面開放、務實合作、積極進取的態度，不遺餘力地加以推進。相比較而言，臺灣方面卻顯得相對較為保守與偏窄。[30] 本文所論及的函釋是臺灣立法、行政、司法機關在對於法院有無通知義務問題上的爭議的延續，體現了臺「司法院」在法院通知義務上的消極立場。臺「司法院」這種立場或許可以理解，但將實務上對大陸給付判決的不當見解再次不當地引用到離婚判決的認可上，似乎找錯了理由，造成理論上的困擾。姑且不論大陸法院離婚判決經認可後是否具有既判力，單就具有形成判決性質的離婚判決而言，其效力主要是形成力而非執行力。離婚判決的形成力說明婚姻關係已經終止，

婚姻關係終止的效果不受是否辦理戶政登記的影響。是否具有既判力，與法院應否通知戶政機關無關。

臺灣「最高法院」2007 年度臺上字第 2531 號判決作出之後即有臺灣學者質疑：若依該判決的論理，是否意味著經裁定認可之大陸離婚判決，在臺灣無形成力？若非無形成力，則依最高法院的論理結構，此解釋之法律依據為何？若不具有形成力，則何以臺灣戶政機關得以經裁定認可之大陸離婚判決為證明文件，辦理離婚登記？此是否即意味著兩造婚姻關係在臺灣法律上尚未消滅？如此則所謂裁定認可大陸離婚判決又具有何實質意義？[31] 函釋一方面承認經認可的大陸法院離婚判決的形成力，另一方面又認為其無既判力，這種似是而非進一步說明臺灣實務上所持的「經認可的大陸法院判決只有執行力而無既判力」這一見解的不合理。

註釋

[1] 張自合，海峽兩岸關係法學研究會副研究員。

[2] 參見臺灣「司法院」「秘臺廳少家二字第 1020023482 號」函（摘要）：

「要旨：法院裁定認可之大陸地區離婚確定裁判僅具執行力，而無與我法院確定判決同一效力之既判力，故不宜由法院依職權通知戶政機關。惟法院辦理離婚事件時，可提醒民眾應於裁判確定一定期限內辦理戶籍登記。

說明：二、查臺灣與大陸地區人民關係條例第 74 條並未明定經認可之大陸地區民事確定判決與我確定判決有同一之效力。實務見解亦認為，經裁定認可之大陸地區民事確定判決，僅具執行力而無與我法院確定判決同一效力之既判力，我法院仍得斟酌全辯論意旨及調查證據之結果，為不同之判斷，不受大陸地區法院裁判之拘束（最高法院 97 年臺上字第 2376 號、臺灣高等法院 98 年重上字第 720 號判決要旨參照）。三、綜上，經法院認可之大陸地區確定離婚判決既僅具執行力，而執行與否屬當事人處分權之範疇，此與經我法院裁判離婚確定、調解或和解離婚成立時，不論登記與否，均已發生離婚既判力之情形不同。從而建請比照裁判、調解或和解離婚事件，由法院依職權通知該管戶政機關一節，性質上尚有不宜，於法亦屬無據。」

[3] 陳計男：《民事訴訟法論（下）》，臺灣三民書局 2009 年版，第 87 頁。

[4] 參見臺灣「最高法院」1969 年臺上字第 1502 號判例。

[5] 1986 年 12 月 11 日臺灣「司法院第一廳」研究意見謂：「夫妻在法院成立兩願離婚者，已有法院推事、書記官在場與聞其事，作成和解或調解筆錄並簽名，已符合二人簽名之要件，惟仍須向戶政機關為離婚之登記，否則兩願離婚行為尚未成立。」

又臺灣「司法院」覆函臺灣「法務部」謂：「依鄉鎮市區調解委員會調解成立而經法院核定之調解離婚，仍須向戶政機關為離婚之登記，始生效力。」另參見臺灣「最高法院」1986 年 5 月 20 日第 9 次民事庭會議決議。

[6] 參見陳棋炎、黃宗樂、郭振恭：《民法親屬新論》，臺灣三民書局 2009 年版，第 242 頁以下。

[7] 參見臺灣「立法院公報」第 98 卷第 2 期，委員會記錄第 70 頁以下。第 1052 條之 1 立法理由稱：「賦予法院調解離婚或法院和解離婚成立者一定之法律效果；並避免因當事人未至戶政機關作離婚登記而影響其本人及相關者之權益。」

[8] 陳棋炎、黃宗樂、郭振恭：《民法親屬新論》，臺灣三民書局 2009 年版，第 244 頁。

[9] 參見臺灣「家事事件法」第 30 條和第 45 條的規定。

[10] 臺灣現行「戶籍法」第 34 條：「離婚登記，以雙方當事人為申請人。但經判決離婚確定、法院調解或法院和解成立或其他離婚已生效者，得以當事人之一方為申請人。」

[11] 參見姚瑞光：《民事訴訟法論》，中國政法大學 2011 年版，第 372 頁。

[12] 例如陳長文：《閉門造車的最高法院兄弟們》，載臺灣《聯合報》，2009 年 4 月 27 日，All 版；李永然、曹馨方：《經臺灣法院認可之大陸民事確定判決是否有既判力？——評最高法院 96 年度臺上字第 2531 號判決》，載《軍法叢刊》（臺灣）第 55 卷第 3 期；姜世明：《大陸地區民事判決之承認與執行——評最高法院 96 年度臺上字第 2531 號判決》，載《臺灣法學雜誌》2009 年 3 月第 123 期；黃國昌：《一個美麗的錯誤：裁定許可之中國大陸判決有無既判力？——評最高法院 % 年度臺上字第 2531 號判決》，載《月旦法學雜誌》（臺灣）2009 年 4 月第 167 期；張文郁：《論大陸判決之承認——兼評最高法院九十六年度臺上字第二五三一號判決和九十七年度臺上字第二三七六號民事判決》，載《月旦法學雜誌》（臺灣）2010 年 3 月第 178 期；伍偉華：《經臺灣法院裁定認可確定之大陸民事確定裁判及仲裁判斷是否有既判力？一最高法院 96 年度臺上字第 2531 號判決、97 年度臺上字第 2376 號民事判決》，載《臺灣大學法學論叢》第 38 卷第 4 期（2009.12）等文。大陸方面有喬慧娟：《論臺灣承認和執行大陸民商事判決中的既判力問題》，載《暨南學報（哲學社會科學版）》2010 年第 4 期；王冠璽、周翠：《兩岸民事判決的認可與執行問題研究》，載《法學研究》2010 年第 3 期；張自合：《兩岸民事裁判認可與執行研究》，中國政法大學出版社 2011 年版；等等。關於臺灣司法實務見解的轉變，參見黃國昌：《國際民事管轄權之理論與實務》，元照出版有限公司 2009 年版，第 260 頁以下。

[13] 邱聯恭：《口述民事訴訟法講義（三）》，2012 年筆記版，第 275 頁。

[14] 陳計男:《民事訴訟法論(上)》,臺灣三民書局 2009 年版,第 229 頁。相關理論爭論參見新堂幸司:《新民事訴訟法》,林劍鋒譯,法律出版社 2008 年版,第 155 頁。

[15] 王甲乙、楊建華、鄭健才:《民事訴訟法新論》,2009 年自版,第 572 頁。

[16] 參見姚瑞光:《民事訴訟法論》,中國政法大學出版社 2011 年版,第 214 頁。

[17] 楊與齡:《強制執行法論》,中國政法大學出版社 2001 年版,第 4 頁。

[18] 陳計男:《民事訴訟法論(下)》,臺灣三民書局 2009 年版,第 88 頁。

[19] 江偉主編:《民事訴訟法專論》,中國人民大學出版社 2005 年版,第 479 頁。

[20] [德]羅森貝克、施瓦布、戈特瓦爾德:《德國民事訴訟法》,李大雪譯,中國法製出版社 2007 年版,第 1182 頁。

[21] 吳光陸:《強制執行法》,臺灣三民書局,2007 年版,第 83 頁。

[22] 參見黃國昌:《國際民事管轄權之理論與實務》,元照出版有限公司 2009 年版,第 260 頁以下。

[23] 參見王欽彥等:《中國大陸人民法院民事判決效力之承認與憲法之訴訟權保障——民事訴訟法研究會第 113 次研討會紀錄》,《法學叢刊》(臺灣)第 227 期(2012 年 7 月),第 175-177 頁。

[24] 黃國昌:《一個美麗的錯誤:裁定許可之中國大陸判決有無既判力?——評最高法院 96 年度臺上字第 2531 號判決》,《月旦法學雜誌》(臺灣)第 167 期(2009 年 4 月),第 193 頁。

[25] 參見陳啟垂:《外國判決的承認與執行》,《月旦法學雜誌》(臺灣)第 75 期(2001 年 8 月),第 148 頁。

[26] 參見王欽彥等:《中國大陸人民法院民事判決效力之承認與憲法之訴訟權保障——民事訴訟法研究會第 113 次研討會紀錄》,《法學叢刊》(臺灣)第 227 期(2012 年 7 月),第 1 乃頁。另有「駐越南臺北經濟文化辦事處與駐臺北越南經濟文化辦事處關於民事司法互助協議」第 23 條規定「締約一方法院之裁判一經他方法院承認或決定執行,即與該方法院之裁判具有同等效力」可資參照。

[27] 黃國昌:《一個美麗的錯誤:裁定許可之中國大陸判決有無既判力?——評最高法院 96 年度臺上字第 2531 號判決》,載《月旦法學雜誌》(臺灣)第 167 期(2009 年 4 月),第 194 頁。

[28] 臺灣「內政部」(83)內戶字第 8302173 號函。

[29] 參見 1999 年 3 月 18 日「行政院大陸委員會」（88）陸法字第 880384912 號函和 1999 年 5 月 15 日臺灣「內政部」（88）內戶字第 880229 號函。

[30] 邰中林：《兩岸法院司法互助回顧與展望》，2013 年第二屆兩岸和平發展法學論壇會議論文。

[31] 黃國昌：《一個美麗的錯誤：裁定許可之中國大陸判決有無既判力？——評最高法院96年度臺上字第2531號判決》，載《月旦法學雜誌》（臺灣）第 167 期（2009 年 4 月），第 195 頁。

兩岸協議在訴訟上衍生的問題

陳榮傳[1]

壹、前言

司法體系是公平正義的重要防線，海峽兩岸的臺灣及中國大陸卻因為長期隔絕，各方的司法機關一直都面臨如何和他方「共同打擊犯罪」、對於在他方的人員「送達司法文書」、到他方「調查證據」、執行他方「法院判決或仲裁判斷」，如何接返（移管）受刑事裁判確定人（被判刑人）等難題，經過各方及相關人士長期的努力及呼籲[2]，兩岸終於在 2009 年 4 月 26 日簽署「海峽兩岸共同打擊犯罪及司法互助協議」（以下簡稱「本協議」），針對共同打擊犯罪及司法互助相關程序問題，建立起兩岸應共同遵守的規範基礎，兩岸的司法機關也依法建立正式的合作關係，為兩岸司法互助開啟了新紀元[4]。

兩岸的司法機關透過本協議的合作模式，不只可以共同打擊犯罪，共同伸張刑事正義（criminal justice），捍衛憲政法治；並得就民事程序廣泛合作，使民訴訴訟程序符合經濟及效率原則，實現有效解決私法紛爭的民事正義（civil justice）。值得注意的是，本協議不只是兩岸關係變遷的一項見證，更是在兩岸的法律體繫上具有地位的規範文件；在本協議對兩岸都生效之後，兩岸之間的司法互助已跨過不可折返的時空點，並將步入「依約履行」（pactasuntsev-enda）的新進程[5]。

本協議生效之後，兩岸司法機關共同解決司法互助相關問題的作為，已經不是出自相關人員的私誼或道義，而是在法律上必須予以履行的「協議上」

義務。因此，在臺灣的司法實務上已逐漸浮現出一些相關的問題[6]，例如本協議在法律上的效力如何？本協議的內容與既有的囑託送達的規定，應如何協調適用？依本協議由大陸公安機關的偵查人員協助調查取證者，如何適用臺灣有關調查取證中傳聞證據（hearsay evidence）的規定？本文擬從臺灣司法實務的角度出發，探討本協議所衍生的此等實務課題。

貳、兩岸協議的法律效力

兩岸司法機關之間的互助（mutual assistance），其實就是兩岸之間的司法合作（judicial cooperation），其具體內容會隨著合作項目的多寡及參與合作的機關階層範圍的不同，而有差異[7]。最狹義的司法互助，僅限於法院之間（court-to-court）的互助，廣義者則包含所有司法機關對司法機關之間（Justice-to-Justice）的互助，即在法院的合作之外，還包括檢察官、調查員、警察、監所人員之間的合作。就司法互助的類型而言，通常分為民事案件（含商事案件）的司法互助（mutual assistance in civil matters）和刑事案件的司法互助（mutual assistance in criminal matters），前者涉及的是司法文書的送達、域外證據的調查、裁判的承認與執行等，後者除了上述項目之外，也應該包含法院外的合作，即應包含案件進入法院審判階段以前的調查及偵查、犯罪嫌疑人的遣送移管、受刑人的易地服刑及相關資訊的交換等。

本協議雖然在名稱上將兩岸共同打擊犯罪和司法互助並列，但其內容的本質屬於全面（all-sided）司法互助，包含民事案件和刑事案件的司法互助，且在刑事司法互助的範圍，也不限於法院對法院的關係，性質上屬於廣義的司法互助。本協議將分屬二個不同性質的司法互助，集中在單一協議之中全面予以約定，雖然在體繫上仍然有整合上的困難，但由於民事案件的司法互助的政治性較低，二者同時處理的結果，實際上也使刑事司法互助的兩岸協議，巧妙而適當地避開了「主權」的地雷區，回歸「擱置爭議、務實雙贏」的主軸[8]。

本協議從其形式來看，協議中每一條實質約定的內容，都載明「雙方同意」的用詞，其內容像是一份正式的會議紀錄，按理只能由具體承諾的各方依法為主張，任何個人或第三方依法都不得主張本協議所載的權利本協議第

五章「附則」的下列三條約定，甚至透露出本協議的締結雙方，即使針對本協議的內容有爭議，也只能彼此協商解決，不得訴諸各方的法院或第三方予以裁決，而應由兩岸再回到談判桌「協商解決」：「二十一、協議履行與變更：雙方應遵守協議。協議變更，應經雙方協商同意，並以書面形式確認。」「二十二、爭議解決：因適用本協議所生爭議，雙方應儘速協商解決。」「二十三、未盡事宜：本協議如有未盡事宜，雙方得以適當方式另行商定。」

本協議乃是兩岸就涉及行使公權力或政治議題事項所簽署之文書，乃是臺灣與大陸地區人民關係條例（以下簡稱兩岸條例）所稱之「協議」（第4條之2第3項）[10]，應依兩岸條例第5條下列規定處理：「依第四條第三項或第四條之二第二項，受委託簽署協議之機構、民間團體或其他具公益性質之法人，應將協議草案報經委託機關陳報行政院同意，始得簽署。」「協議之內容涉及法律之修正或應以法律定之者，協議辦理機關應於協議簽署後三十日內報請行政院核轉立法院審議；其內容未涉及法律之修正或無須另以法律定之者，協議辦理機關應於協議簽署後三十日內報請行政院核定，並送立法院備查，其程序，必要時以機密方式處理。」本協議未送立法院審議，應是認定其未涉及應以法律修正或應以法律規定的事項，因此，即使本協議已經生效，但其在法律體繫上的位階，仍在立法院所透過的法律之下，其效力亦非優先於法律[11]。

兩岸司法機關在本協議生效之後，固然可以依本協議請求他方的司法機關協助，但當事人得否主張依本協議的內容，請求己方或他方的司法機關採行司法互助的措施？如己方或他方的司法機關未依本協議採取司法互助的措施時，當事人得否主張其程序利益受損害？得否主張何種權利？此等問題涉及本協議的法律性質，牽涉的層面頗廣，值得重視。

參、文書送達的互助

司法文書的跨域送達，以往一直是兩岸司法上的難題。臺灣為解決此一問題，依兩岸條例第8條下列規定，委託海基會為之：「應於大陸地區送達司法文書或為必要之調查者，司法機關得囑託或委託第四條之機構或民間團體為之。」本協議生效後，根據其中第7條約定[12]，協助送達司法文書不再

是給對方的請求機關或人員的恩惠,而是一種義務,雙方都應盡最大努力為之,兩岸也都應制定相關法規,明定對方請求己方送達司法文書時,該事件的處理方法。

本協議關於送達互助的若干內容,例如前述第 7 條「受請求方應於收到請求書之日起三個月內及時協助送達」、「受請求方應將執行請求之結果通知請求方,並及時寄回證明送達與否的證明資料;無法完成請求事項者,應說明理由並送還相關資料」等,其約定已相當具體,兩岸似乎均可以直接據以請求他方履行。不過,由於欠缺強制執行及紛爭解決的機制,本協議的完全落實,仍有賴兩岸將其內容轉換為己方的法律規定。

大陸為落實本協議中關於送達文書及調查取證的約定,最高人民法院審判委員會於 2010 年 12 月 16 日第 1506 次會議透過《最高人民法院關於人民法院辦理海峽兩岸送達文書和調查取證司法互助案件的規定》,自 2011 年 6 月 25 日起施行,以作為本協議在大陸的執行依據。其中,第三章「送達文書司法互助」設有第 7 條至第 14 條的完整規定。相對於此,臺灣並未制定類似的規定,實務上仍須以既有的法律規定為依據,在本協議生效之後,臺灣的法院向大陸為送達時,既可依兩岸條例第 8 條囑託或委託海基會為之,亦可依本協議第 7 條約定請求大陸的人民法院協助送達,此二者究竟應優先採用何者的問題,並無明文規定,解釋上可能發生疑義,本文以為臺灣的法院應得自由採擇[13]。

本協議生效之後,司法文書送達的送達問題幾乎已全面解決。依法務部公佈的「海峽兩岸共同打擊犯罪及司法互助協議」案件統計總表,從 2009 年 6 月 25 日起至 2014 年 1 月 31 日止,臺灣請求大陸送達者有 30,508 件,大陸已完成 27,529 件之送達,大陸請求臺灣送達者有 5,936 件,臺灣已完成 5,482 件之送達[14]。

在臺灣的司法實務上,本協議是否具有法律的性質及效力的問題,也有發生爭議的可能。例如刑事訴訟法第 159 條第 1 項規定:「被告以外之人於審判外之言詞或書面陳述,除法律有規定者外,不得作為證據。」本協議的約定內容得否解為其中「法律有規定」,從而肯定大陸公安機關依本協議提供的相關調查資料的證據能力,即有問題。對此,臺灣高等法院 100 年度金

上重訴字第 46 號刑事判決指出:「關於依『海峽兩岸司法互助協議』取得被告以外之人之訊問筆錄之證據能力問題,『海峽兩岸司法互助協議』並未有所明定,且該協議未經立法院審議透過,無法認定該協議位階等同法律,無從依刑事訴訟法第 159 條第 1 項『法律另有規定』之傳聞法則例外,而認為具有證據能力,即應參照前述說明所示,認為:經由刑事司法互助取證後,如何判斷該證據資料之證據能力問題,應依各種證據資料之不同,參照我國刑事訴訟法之相關規定處理。」

肆、此岸向彼岸為公示送達的問題

一、臺灣法院得否對大陸地區為公示送達?

公示送達是由法院依法律規定的要件及方法,以公告或其他方法對公眾為送達內容的宣示,而擬製為已送達的方法。在兩岸敵對的時期,如對大陸地區人民為公示送達,實不合理。故最高法院 70 年臺上字第 20 號民事判例乃謂:「以應為送達之處所不明為原因而公示送達,須受送達人可能由法院公告知悉公示送達之情形者,始得為之,此觀民事訴訟法第一百五十一條之規定自明。大陸淪陷,陷身大陸之當事人,無法由法院公告知悉公示送達,自不得對之為公示送達。」本則判例於 2003 年 4 月 1 日經最高法院 92 年度第 6 次民事庭會議決議不再援用,其理由乃是:「現兩岸民間已開放交流,且依民事訴訟法第 151 條第 2 項規定公示送達方法不限於登載新聞紙一端,尚可用其他方法通知或公告應送達之文書,居住大陸之應受送達人不難由此公示送達方法知悉法院之公告,本則判例已不合時宜。」

由上述可知,臺灣的司法實務認為法院得對在大陸地區之人為公示送達,在本協議生效之後,臺灣的法院已可請求大陸法院為送達的協助,但在大陸地區為公示送達時,是否請求大陸地區的法院為之,因乏明文規定,仍有疑義。就理論而言,臺灣的法院如盡一切可能,均無法對當事人送達,或僅知當事人在大陸,但其住所不明時,應得為公示送達,惟此時的公示送達本質上是要在大陸發生送達的效果,允宜由大陸的人民法院依大陸的規定為之較妥。

不過,在司法實務上,受請求方似不為公示送達,而仍由臺灣的法院逕自依臺灣的法律向大陸為公示送達。大陸《最高人民法院關於人民法院辦理海峽兩岸送達文書和調查取證司法互助案件的規定》第八條甚至明文規定不為公示送達的協助:「人民法院協助臺灣法院送達司法文書,應當採用民事訴訟法、刑事訴訟法、行政訴訟法等法律和相關司法解釋規定的送達方式,並應當儘可能採用直接送達方式,但不採用公告送達方式。」影響所及,臺灣的司法實務針對大陸人民法院函請協助張貼公告應如何處理之問題,司法院也明確指出:「我國民事訴訟法有關囑託送達之規定,並未包括代他法院張貼公告之行為;又『張貼公告』非屬文書之送達,不在兩岸簽訂之『海峽兩岸共同打擊犯罪及司法互助協議』之範圍」[15]。此項見解,顯然是由司法院片面解釋本協議第 7 條第 1 項的下列規定:「雙方同意依己方規定,盡最大努力,相互協助送達司法文書」,認為『張貼公告』不在司法互助的範圍,不適用本協議的約定內容,並宣示對於他方之司法協助,以己方有規定者為限。

二、大陸法院得否對臺灣為公告送達?

在臺灣的司法實務上,除臺灣司法機關向大陸為送達的問題外,大陸的人民法院如何對在臺灣的當事人為送達的問題,在認可其裁判時也常發生爭議。例如在臺灣臺北地方法院 99 年度抗字第 125 號民事裁定中,對於江蘇省無錫市中級人民法院(2009)錫民三初字第 8 號判決的認可問題,法院認為係爭大陸判決相關之訴訟文書,均僅以對抗告人在大陸地區為公示送達(公告送達)之方式為通知後,即為判決並告確定,且係爭大陸判決係以抗告人經合法通知(合法傳喚),無正當理由拒絕到庭參加訴訟,而以一造辯論(缺席審理)之方式,判決抗告人敗訴,但抗告人於係爭大陸判決訴訟程序進行時,其人身在臺灣,相關訴訟文書未曾對其為實際送達,或曾依中華民國法律為協助送達。

臺北地方法院本件判決認為,係爭大陸判決僅採用公示送達方式在大陸地區對抗告人為訴訟文書之送達,確有令抗告人無從得知被訴而實際出庭應訴,無法保障抗告人充分行使實質攻擊防禦權之情事,不符我國民事訴訟法程序上程序保障原則之要求,及民事訴訟法第四百零二條第一項第二款規定

確保我國國民於外國訴訟程序中,其訴訟權益獲得保障之立法本旨,揆諸前揭規定及說明,自堪認係爭大陸判決有違背我國公共秩序或善良風俗之情形,不應準予認可。

實務上已有不少裁判採取類似見解,例如臺灣臺北地方法院 101 年度陸許字第 1 號民事裁定謂:「該大陸地區之受訴法院明知相對人非居住於大陸地區,仍僅以刊登大陸地區人民法院報公告傳喚方式通知相對人,復據此認定相對人經合法傳喚未到庭為,即為一造辯論而為被告敗訴之判決,與我國民事訴訟法之公示送達要件不合,是係爭大陸判決未依中華民國法律上之協助送達,且顯不可能由法院公告知悉公示送達之情形,該公示送達並不合法,有令相對人無從得知被訴,而剝奪其及時行使實質攻擊防禦權利之程序上不利益,顯與我國民事訴訟法前揭對於訴訟當事人程序權之保障之規定有所違背。從而,依首揭規定意旨及說明,堪認該民事確定判決與民事訴訟法第 402 條第 1 項第 2 款之要件不符,不應準予認可。」

此外,在臺灣臺北地方法院 100 年度抗字第 47 號民事裁定中,法院更指出:兩岸已於 98 年 4 月 26 日簽訂「海峽兩案共同打擊犯罪及司法互助協議」,於該協議第 7 條約定相互協助送達司法文書,財團法人海峽交流基金會亦制訂「辦理兩岸司法及行政文書送達作業規定」,大陸地區法院得直接請求臺灣法院協助送達司法文書與相對人,然大陸地區福建省廈門市思明區人民法院未合法送達開庭通知與相對人,致相對人未曾實際到庭應訴,是係爭大陸判決未依中華民國法律上之協助送達,該公示送達並不合法,顯有民事訴訟法第 402 條第 1 項第 2 款規定之事由,有違兩岸人民關係條例第 74 條規定「臺灣公共秩序或善良風俗」之情事,自不應認可係爭大陸判決。準此,由於係爭大陸判決僅採用公示送達方式在大陸地區對相對人為訴訟文書之送達,確有令相對人無從得知被訴而實際出庭應訴,無法保障相對人充分行使實質攻擊防禦權之情事,不符我國民事訴訟法程序上程序保障原則之要求,及民事訴訟法第 402 條第 1 項第 2 款規定確保我國國民於外國訴訟程序中,其訴訟權益獲得保障之立法本旨,揆諸前揭規定及說明,自堪認係爭大陸判決有違背我國公共秩序或善良風俗之情形,不應準予認可。

由以上裁判可知,臺灣的司法實務普遍認為,大陸的人民法院向臺灣為送達時,未適用本協議的司法互助方法,而對在臺灣的當事人為公示送達者,其公示送達不生法律之效力。解決之道,除適用本協議之外,似宜認為公示送達的效力乃出於法律的擬制,故宜由各法域的法院依己方的法律為之,始能發生在己方公示送達的效力,即大陸的人民法院宜依本協議由臺灣的法院協助送達,如臺灣的法院確實無法實際送達,再由臺灣的法院依臺灣的法律為公示送達。

三、臺灣法院得否對大陸地區為傳票的公示送達?

關於法院得否將傳票公示送達,作為對被告傳喚的方法的問題,實務上也曾引起爭議。例如在最高法院九十九年度臺上字第三五五八號刑事判決中,上訴人於 2006 年五月二十日經由金門出境到大陸地區,同年六月四日因犯毒品罪嫌經大陸地區廈門市人民檢察院批准,由廈門市公安局執行逮捕,羈押於廈門市第一看守所。原審知上訴人另案羈押於大陸地區看守所,無法傳喚簽提到案,並曾多次囑託財團法人海峽交流基金會函查上訴人已否釋放或其最新發展情形尚未見復,仍依刑事訴訟法第五十九條第一款規定裁定公示送達,並以經合法傳喚,無正當理由不到庭,而不待其陳述逕行判決。最高法院九十九年度臺上字第三五五八號刑事判決指出,原審所踐行之訴訟程序,自難謂無刑事訴訟法第三百七十九條第六款之違背法令,並有下列二點說明:

(一)「訴訟程序之遵守,旨在維護被告之利益,第二審法院得不待被告之陳述逕行判決者,以被告經合法傳喚,無正當理由不到庭之情形為限,此觀刑事訴訟法第三百七十一條之規定自明。所謂合法傳喚,即指依同法第八章關於傳喚被告之規定且係合法送達而言,而將傳票依本法第五十九條第一款為公示送達,必須被告之住、居所、事務所及所在地不明者,始生擬制送達之效力,苟未經合法傳喚,縱屬無正當理由而不到庭,亦無逕行判決之餘地;是否無正當理由不到庭,應從社會通常觀念,審認被告之不到庭是否足認為有正當之理由為準,因之被告合法傳喚,倘已陳明不到庭之理由者,則應經調查,為必要之說明,方足資判斷得否適用本條逕行判決。」

(二)「被告犯罪後出境至大陸地區,其住、居所及所在地不明,未能依『海峽兩岸共同打擊犯罪及司法互助協議』之規定予以遣返者,固得為公

示送達,惟若該被告在大陸地區因另案犯罪而被當地公安機關逮捕拘禁,致事實上不能於原審審判期日到庭,不惟已難謂為無正當理由,且被告既已被拘禁於一定處所,當非屬所在地不明,即使對該被告經依法公示送達,仍不生送達之效力,自難認係屬合法傳喚。臺灣與大陸地區人民關係條例第七十五條之一前段,明定『大陸地區人民於犯罪後出境,致不能到庭者,法院得於其能到庭前停止審判』,本乎相同法理,對於被告之臺灣人民於犯罪後出境至大陸地區,而有前述不符逕行判決之情形者,應認法院得於其客觀上能到庭以前停止審判,以資因應。」

由上述二點可知,本協議生效後,如被告於犯罪後出境至大陸地區,法院必須先依本協議之規定,請求大陸當局予以遣返者,如暫時無法遣返,法院得於其客觀上能到庭以前停止審判,不宜冒然予以傳喚或為公示送達。

伍、調查取證的互助

跨域的調查取證,直接影響相關事實的認定,在兩岸的司法活動中,是一個無法迴避,也很難解決的問題。為使兩岸得以彼此請求協助在對方調查取證,本協議第8條「調查取證」第1項約定:「雙方同意依己方規定相互協助調查取證,包括取得證言及陳述;提供書證、物證及視聽資料;確定關係人所在或確認其身份;勘驗、鑑定、檢查、訪視、調查;搜索及扣押等。」依本項約定,兩岸都應該制定相關法律,規定協助對方調查取證的相關程序及要件。第2項約定:「受請求方在不違反己方規定前提下,應儘量依請求方要求之形式提供協助。」

由於請求方是為特定的目的而請求調查取證,宜儘量依其要求的形式協助其調查取證,以滿足其需要,但如對方的請求礙難予以協助時,例如請求方要求的形式與己方的規定牴觸時,自應適用己方的規定予以處理。關於調查取證的實質結果,除是己方已進行的司法程序所必需,而無法交付給請求方的情形之外,仍應依請求的意旨,及時予以移交,以貫徹司法互助的精神。故第3項乃約定:「受請求方協助取得相關證據資料,應及時移交請求方。但受請求方已進行偵查、起訴或審判程序者,不在此限。」依據此等約定所進行的調查取證的請求,從2009年6月25日起至2014年1月31日止,

臺灣請求大陸者有 623 件，大陸已完成 374 件，大陸請求臺灣者有 235 件，臺灣已完成 214 件[16]。

調查程序及證據能力的準據法

關於訴訟上的事實證明，民事訴訟因由當事人負舉證責任，證據方法較多元。[17]刑事訴訟法採取嚴格的證據法則，故如須跨越法域調查取證時，必然涉及訴訟地與調查地的法律，如何適用二地的法律，在理論上頗有發生爭議的可能。

（一）臺灣高等法院 100 年度金上重訴字第 46 號刑事判決

對於刑事訴訟程序的準據法，臺灣法院的裁判予以探討者不多，本判決相當難得地有下列說明：「經由刑事司法互助取證之方式，得分為：I、由外國或其他司法主權所在地之司法機關提供既存證據或接受囑託調查證據後提供；II、我國偵查人員赴外國或其他司法主權所在地取證。其中由外國或其他司法主權所在地之司法機關提供既存證據或接受囑託調查證據後提供，可能涉及之問題即包括：（1）證據取得與證據能力之準據法，究應從我國抑或提供國法律？就此，考量要求外國取證之困難性及我國刑事訴訟法並無依外國法判斷證據能力之規定，因此證據取得方式應依提供國法，證據評價則依我國法。（2）經由刑事司法互助取證後，應如何判斷該證據之證據能力？就此，應依各種證據資料之不同，參照我國刑事訴訟法之相關規定處理。（3）外國違法取證時，如何判斷該證據資料之證據能力？就此，如日本刑事訴訟法並未規定辯護人於偵查階段訊問時有在場之權利，與我國法規定不同，因此取得之被告自白即違反我國刑事訴訟法之規定，但因外國偵查人員並非我國刑事訴訟法所稱之偵查人員，因此該證據視同私人違法取得，原則上有證據能力。」

對於境外取得的證據，請求方得否依法認定其證據能力的問題，本判決亦指出：「以我國於 91 年 3 月 26 日公佈之『駐美國臺北經濟文化代表處與美國在臺協會間之刑事司法互助協定』（下稱『臺美司法互助協定』）為例，其中第 9 條固規定：『受請求方所屬領土內之證言或證據：……5.依本條規定在受請求方所屬領土內所取得之證據或依本條規定取得之證詞，得以聲明

方式，包括業務上紀錄之情形，依本協定附表 A 所示之證明方式確認證實。依附表 A 所證明之文件，應準許在請求方所屬領土內之法院作為證據使用』。唯一般認為該條規定係指雙方藉由刑事司法互助取得之證言，得供請求國作為刑事審判之證據而已，並未言及該證言具有絕對之證據能力，故不能逕認依刑事司法互助協定取得之證據具有絕對之證據能力，而屬傳聞法則之例外；縱認條約、協定明定有證據能力，亦不能逕認被告以外之人之書面陳述具有絕對證據能力，以符合我國刑事訴訟法所規定『必要性』、『特別信用性狀況之保障』及『供述不能』等要件」。

（二）兩岸司法互助協議的適用

兩岸司法互助亦應採取上述見解，因為本協議第 8 條第 1 項約定：「雙方同意依己方規定相互協助調查取證」，其中「依己方規定」之用語，應該是指協助調查之一方應遵守己方的法律規定，至於證據在請求方的法律上應如何予以評價，則應由請求方具體依自己的法律予以認定。此一立場除可作為兩岸司法機關之間的司法互助的依據之外，也可以作為當事人的程序保障的基礎。故受訴法院請求對方提供調查取證的司法協助時，受請求方提供協助的方法，固應依己方的規定為之，其依本協議移交給請求方的證據，請求方仍得依己方的規定，對其證據能力或證據容許性（admissibility）的問題，予以查驗，以求證據法則之貫徹[18]。在這種情形下，已經依被請求方的法律進行的程序，必須再依請求方的規定予以評價，如雙方的制度及相關規定不一致，即發生法制之間應如何銜接的問題。以下謹就實務上的案例，說明司法機關處理各該問題的實際情況。

陸、刑事訴訟傳聞法則的適用問題

一、滯留大陸地區者是否為滯留國外？

臺灣的刑事訴訟法第 159 條之 3 規定：「被告以外之人於審判中有下列情形之一，其於檢察事務官、司法警察官或司法警察調查中所為之陳述，經證明具有可信之特別情況，且為證明犯罪事實之存否所必要者，得為證據：一、死亡者。二、身心障礙致記憶喪失或無法陳述者。三、滯留國外或所在

不明而無法傳喚或傳喚不到者。四、到庭後無正當理由拒絕陳述者。」在本協議施行後，本條第 3 款的上述規定究應如何適用，也發生疑義。

實務上對於大陸地區人民從臺灣返回大陸之後，未於相當期間再赴臺灣，是否即為本條第 3 款的「滯留國外」，曾發生爭議。例如在最高法院 102 年臺上字 1171 號刑事判決中，被告被控犯強制猥褻、性騷擾及傷害等罪，被害人 A 女訴由桃園縣政府警察局桃園分局報請臺灣桃園地方法院檢察署檢察官偵查起訴，原判決以 A 女經第一審合法傳喚未到，堪認有滯留國外之情形。原審認為依內政部入出國及移民署函附之 A 女入出國日期紀錄等資料，A 女於案發後已離境，且經第一審合法傳喚未到，堪認 A 女有於審判中滯留國外之情形。又 A 女之警詢陳述，其詢問之原因、過程等外在環境，俱無違法情事，已足確保具有外部信用性之特別情況，且為證明犯罪事實存否所必要，應有證據能力。另 A 女於偵查中已依法為具結，其所為之證述，依當時之環境、條件等未有何顯不可信之情況，自得採為本件證據。

本案被告於上訴時主張：第一審傳票既非 A 女親自簽收，則送達地址是否為 A 女之住居所？代收之人與 A 女之關係為何？均足影響送達是否合法。又大陸地區既非國外，A 女自無滯留國外可言。再原判決就 A 女之警詢錄音光碟未實質調查，僅泛以查無何違法取供情事，堪信所述為 A 女之真意，已足確保具有外部信用性之特別情況雲雲，即認 A 女之警詢陳述有證據能力，於法尚有未合。

最高法院對上述問題，於本件判決指出：被告以外之人於審判中，有死亡、身心障礙致記憶喪失或無法陳述、滯留國外或所在不明而無法傳喚或傳喚不到、到庭後無正當理由拒絕陳述之情形者，其於檢察事務官、司法警察官或司法警察調查中所為之陳述，經證明具有可信之特別情況，且為證明犯罪事實之存否所必要者，得為證據，刑事訴訟法第一百五十九條之三定有明文。A 女於案發後已返回大陸地區，而經第一審函囑財團法人海峽交流基金會（下稱海基會）送達該院民國一〇一年二月十四日審理期日傳票，海基會經洽請大陸地區最高人民法院授權之福建省高級人民法院，依「海峽兩岸共同打擊犯罪及司法互助協議」第七條規定辦理後，送達開庭通知至 A 女住所，並由其同居家屬即弟弟 C 男（姓名詳卷）代為收受，有海基會函文暨海峽兩

岸共同打擊犯罪及司法互助協議送達回證及回覆書可稽（見第一審一 00 年度侵訴字第一二 0 號卷（二）第八、九、二十三至二十八頁），但 A 女未於上開審理期日到庭。原判決因認 A 女有滯留國外而傳喚未到，並說明 A 女之警詢陳述，如何合於刑事訴訟法第一百五十九條之三規定，而有證據能力，因而未再傳喚 A 女（上訴人於原審亦未聲請傳喚），於法並無不合。

由上述見解可知，本條有意將傳喚的對象區分為「居住於國內」者及「滯留國外」者二類，對前者依法傳喚較無問題，但對後者即有制度及技術上的困難，因此，「國內」應僅指中華民國統治權所及的範圍，即臺灣而已。準此而言，大陸地區對中華民國而言，雖然不是憲法意義的「外國」或「國外」，但對於滯留在大陸地區者之適用本條，仍宜依本條的立法本旨認定其屬於「滯留國外」，故最高法院上述見解應屬正確。

二、被傳喚者滯留大陸地區，是否即為「無從傳喚」或「傳喚不到」？

滯留在大陸地區者雖可認為「滯留國外」，但對其是否「無從傳喚」或「傳喚不到」，仍影響本條第 3 款的適用，並在實務上發生爭議。

（一）最高法院 100 年臺上字 3566 號刑事判決

在最高法院 100 年臺上字 3566 號刑事判決中，最高法院先就本條的立法意旨指出：刑事訴訟法第一百五十九條之三規定：「被告以外之人於審判中有下列情形之一，其於檢察事務官、司法警察官或司法警察調查中所為之陳述，經證明具有可信之特別情況，且為證明犯罪事實之存否所必要者，得為證據：一死亡者。二身心障礙致記憶喪失或無法陳述者。三滯留國外或所在不明而無法傳喚或傳喚不到者。四到庭後無正當理由拒絕陳述者。」其立法理由在於考量審判程序中，一旦發生事實上無從為直接審理之原因，如一概否定該審判外陳述之證據適格，不免違背實體真實發現之訴訟目的，為補救採納傳聞法則，實務上所可能發生蒐證困難之問題，始例外地承認該審判外之陳述，得採為證據。是該法條第三款規定「滯留國外或所在不明『而』無法傳喚或傳喚不到者」，稽其前後文義及立法意旨，所謂「無法傳喚或傳喚不到」，顯係指該被告以外之人「滯留國外或所在不明」而言，亦即以「滯

留國外或所在不明」為其前提，倘無滯留國外或所在不明之情形，無該條款之適用。

本件的原判決認定上訴人等有原判決所記載之犯罪事實，依理由之說明，係以證人唐祖飛於警詢時之陳述，為其部分之論據。最高法院則認為：上訴人等於原審均陳稱唐祖飛於警詢時之陳述並無證據能力（原審卷（三）第六十四頁），林駿昇復具狀指稱第一審未查明唐祖飛是否已返回大陸住所並按址傳喚，遽認唐祖飛在警詢時之陳述符合刑事訴訟法第一百五十九條之三第三款之規定而有證據能力，難謂適法云云（原審卷（二）第二一七頁）。而唐祖飛之配偶陳騏文雖於偵查中證稱唐祖飛於事發後數日已回大陸療養，然同時併稱隨時可以返回臺灣等語（偵字第一四二二四號卷第一六七頁）。且唐祖飛本於臺灣人民配偶之身份，甚或基於內政部依臺灣與大陸地區人民關係條例第十條第三項授權所訂定之大陸地區人民進入臺灣許可辦法第十一條所訂定大陸地區人民因刑事案件經司法機關傳喚者，得申請進入臺灣進行訴訟之規定，縱於事發後返回大陸，法院仍得予以傳喚訊問，並無事實上無法傳喚之情形。而稽之卷內資料，原審似未傳喚唐祖飛，亦未向內政部入出國及移民署查明唐祖飛申請入境時所提出大陸地區配偶申請來臺依親居留資料表內所記載大陸居住地址，俾經由司法互助程序送達其傳票，使之出庭，遽以唐祖飛業已返回大陸，致客觀上發生不能到庭陳述並接受詰問之原因，而其於警詢時所為陳述，如何具有可信之特別情況，且為證明犯罪事實存否所必要，依刑事訴訟法第一百五十九條之三第三款之規定，認具有證據能力（原判決理由壹、六），自有適用證據法則不當之違法。

（二）最高法院 101 年度臺上字第 6232 號刑事判決

在最高法院 101 年度臺上字第 6232 號刑事判決中，被害人陳殊聖在大陸地區就學，對於法院應如何對其傳喚，在訴訟上發生爭議。本件原判決理由以陳殊聖因長年居住於大陸地區，在天津市第二開南中學就學無法返臺，除據陳母李素琳陳明在卷，有臺灣桃園地方法院檢察署於九十八年一月十日查詢之公務電話紀錄單在卷可憑外，並經陳殊聖於九十八年十月二十六日、九十九年十一月三十日向第一審及原審法院具狀陳明，與原審函請其戶籍地所在轄區警員至其住處查訪之結果相符，有臺北市政府警察局文山第二

分局函附之查訪紀錄表存卷可參，復經原審調取陳某入出境紀錄，確係於九十七年十二月二十六日出境後即未再入境，有其入出境資訊連結作業附卷可憑，而陳殊聖於第一審及原審法院上訴審理中經傳喚均未到庭，亦有送達證書、刑事報到單附卷足憑，因認陳殊聖係滯留國外而傳喚不到，渠警詢所為審判外陳述，且具備「特別可信性」及「必要性」要件，依刑事訴訟法第一百五十九條之三第三款規定，應有證據能力（見原判決第三、四頁）。

本件最高法院判決未維持原判決，係認為陳殊聖雖滯留大陸地區，然其於原審更審前所具請假狀已陳明在大陸地區之住處為「天津市和平區慶善大街榮慶園一門2305」（見原審上訴卷（二）第五十五頁），顯非所在不明，而依「海峽兩岸共同打擊犯罪及司法互助協議」，法院非不得囑託財團法人海峽交流基金會（下稱海基會），依該規定將審判期日之傳喚通知書依址送達陳殊聖，原審於更審前固曾一度據此辦理，然其送達處所誤載為「天津市和平區慶善大街慶園裡一門2305」，致因查無該址遭退件（見原審上訴卷（一）第一二一、一二二頁）。而原審嗣於上訴及此次更審程序則僅將審判期日傳喚通知以郵務方式送達陳殊聖在臺北市文山區萬慶街三十二巷一號四樓之設籍住址，未再囑託海基會依上開兩岸司法互助協議，請依陳某該大陸地區之正確處所為送達。則陳殊聖縱因就學關係滯留大陸，然尚難認係「無從傳喚」或「傳喚不到」情形，原判決理由以上情認其警詢審判外陳述，依刑事訴訟法第一百五十九條之三第三款規定，例外應有證據能力，而採為上訴人犯罪論據之一，其採證難認為適法。

（三）最高法院99年度臺上字第4769號刑事判決

在最高法院99年度臺上字第4769號刑事判決中，原判決理由係以徐○○、項○、黃○、孫○○與王○均為大陸地區人民，渠等於案發後已先後經依法遣返大陸，而大陸地區為我國目前司法權所不及之處，無法依照一般傳喚證人程序予以傳喚、拘提、科以罰鍰，則上開證人等已與滯留境外而有無法傳喚之情形無異，因認渠等警詢之審判外陳述，已具備「特信性」及「必要性」要件，依上開規定，應有證據能力（見原判決第十九頁）。最高法院指出：「其中項○係住於大陸江西省○○市○○墩二三號三單元六０一室，有其警詢筆錄之記載可按（見一審法院少護字第五四號影印卷第四頁），自

非所在不明，而大陸地區目前雖為我法權所不及，然依臺灣與大陸地區人民關係條例第八條規定，法院對項○之審判期日傳票，尚非不能藉由兩岸司法互助協議而為送達，即非有無法傳喚情形。乃原判決理由徒以上情，遽認其符合上開傳聞證據例外規定情形，應有證據能力，自難認為適法。」

（四）最高法院 101 年度臺上字第 6494 號刑事判決

在最高法院 101 年度臺上字第 6494 號刑事判決中，唐○○於警詢之後即返回大陸，後來因對其傳喚問題發生爭議。最高法院維持原法院認其警詢陳述具有證據能力之見解，並指出：唐○○於警詢中之陳述，係基於自由意識而為之，具有可信之特別情況。而唐○○經檢察官傳喚、第一審法院傳訊、拘提均未出庭應訊，原法院更（一）審依唐○○聲請人境資料所載大陸地區地址，函囑財團法人海峽交流基金會（下稱海基會），代為向大陸地區送達該院一○一年六月十九日審理期日傳票，海基會經洽請大陸最高人民法院授權之四川高級人民法院，依「海峽兩岸共同打擊犯罪及司法互助協議」第七條規定辦理後，於同年二月十三日送達開庭通知至唐 OO 住所並由其同居家屬即姊姊唐 O 歡代為收受，有海基會函文暨海峽兩岸共同打擊犯罪及司法互助協議送達回證及回覆書、唐○○戶籍證明可稽（見原法院更一審卷（二）第六十四頁至第七十頁），但唐○○未於原法院更（一）審上開審理期日到庭陳述，足見其已傳喚不到。參酌相關卷證資料，為發現實質真實目的，除其警詢之陳述外，已無從再取得唐○○其他供述內容，足見唐○○之警詢陳述為證明犯罪事實之存否所必要，依刑事訴訟法第一百五十九條之三第三款之規定，自具有證據能力。上訴人等雖辯稱海基會函文所附唐○○戶籍證明上之照片，與偵查卷所附之唐○○人境申請書上之照片，並非同一人云云。惟人之外貌常隨年齡或胖瘦、裝扮與化妝而有所變化。因唐○○於九十六年四月間申請人境來臺，至其姐唐○歡於一○一年二月十三日，代為簽收由原法院更（一）審囑託海基會送達之開庭通知時，相距將近五年，唐○○因歲月經過而變異容顏，本不足為奇。況偵查卷附人境申請書所黏貼者為唐○○經化妝後所拍攝之證件照片，而海基會函文檢附唐○○戶籍證明係黏貼唐○○相隔將近五年之素顏照片，二者之容貌外觀因此有所差異，且若唐○歡並非本件涉案之唐○○姊姊，渠當不會代為簽收開庭通知。原判決已敘明甚

詳（見原判決第八頁倒數第二行至第十頁倒數第四行）。上訴人等上訴意旨爭執唐○○警詢陳述之證據能力部分，係對於原判決已明白說明之事項，以自己之說詞，任意指摘，自非適法之第三審上訴理由。

由以上件判決可知，本協議生效之後，透過司法互助的管道，臺灣的法院對大陸地區人民已可依本協議請大陸當局協助傳喚，故不得動輒適用關於「無法傳喚」的規定。[19]

三、大陸地區公安機關偵查人員的性質問題

（一）可否適用司法警察或司法警察官的規定？

在臺灣的刑事訴訟法上，有些規定是針對司法警察或司法警察官的調查所規定的程序，例如第159-2條規定：「被告以外之人於檢察事務官、司法警察官或司法警察調查中所為之陳述，與審判中不符時，其先前之陳述具有較可信之特別情況，且為證明犯罪事實存否所必要者，得為證據。」第159-條規定：「被告以外之人於審判中有下列情形之一，其於檢察事務官、司法警察官或司法警察調查中所為之陳述，經證明具有可信之特別情況，且為證明犯罪事實之存否所必要者，得為證據：一、死亡者。二、身心障礙致記憶喪失或無法陳述者。三、滯留國外或所在不明而無法傳喚或傳喚不到者。四、到庭後無正當理由拒絕陳述者。」依本協議由大陸方面協助證據調查時，通常是由大陸地區公安機關的偵查人員所為，其程序是否應適用或類推適用上述規定，在臺灣的司法實務上也發生問題。

對於上述問題，最高法院101年度臺上字第900號刑事判決採肯定說，其理由主要可分為二點，即：

1. 事實上有其必要：「海峽兩岸關係協會與海基會於九十八年四月二十六日共同簽訂公佈之『海峽兩岸共同打擊犯罪及司法互助協議』第三章『司法互助』第八點第一項關於『調查取證』規定：『雙方同意依己方規定相互協助調查取證，包括取得證言及陳述；提供書證、物證及視聽資料；確定關係人所在或確認其身份；勘驗、鑑定、檢查、訪視、調查；搜索及扣押等』。依此互助協議之精神，我方既可請求大陸地區公安機關協助調查取證，

以作為司法上之用途,即有承認大陸公安機關調查所取得之證據,可依我國法律承認其證據能力之意思。」

2. 法律上宜類推適用:最高法院指出:「雖大陸地區公安機關偵查人員非屬我國司法警察或司法警察官,然其係大陸地區政府依法任命而具有偵查犯罪權限之公務員,依上述互助協議規定,復有協助我方調查取證之義務,則大陸地區公安機關之偵查人員依其職權或基於上述互助協議而為刑事上之調查取證,在地位與功能上實與我國司法警察或司法警察官依職權調查證據無異。且目前兩岸文化、經濟交流日漸頻繁,跨越兩岸之犯罪事件亦層出不窮(例如犯罪行為地、結果發生地或犯人所在地分別在兩岸),亟須兩岸合作共同打擊犯罪,以維護兩岸交流與人民安全。若大陸地區公安機關偵查人員依職權或依前述互助協議所調查之傳聞證據,或製作之證明文書及紀錄文書,僅因其不具我國司法警察或司法警察官之身份,而認不得適用刑事訴訟法第一百五十九條之二、之三或之四關於傳聞證據例外具有證據能力之規定,致妨礙事實之發現,而無法為公正之裁判,無異鼓勵犯罪,而危害兩岸交流與人民安全。故刑事訴訟法第一百五十九條之二、之三關於『司法警察官或司法警察』之規定,自有依時代演進及實際需求而為適當解釋之必要。從而,原判決理由謂被告以外之人於大陸地區公安機關偵查員調查時所為之陳述,經載明於筆錄或書面紀錄(屬傳聞證據),而為證明犯罪事實存否所必要者,認可類推適用刑事訴訟法第一百五十九條之二或同條之三之規定,以決定其證據能力,依上述說明,尚非全無見地。」

(二)可否適用公務員的規定?

臺灣的刑事訴訟法第 159-4 條規定:「除前三條之情形外,下列文書亦得為證據:一、除顯有不可信之情況外,公務員職務上製作之紀錄文書、證明文書。二、除顯有不可信之情況外,從事業務之人於業務上或通常業務過程所須製作之紀錄文書、證明文書。三、除前二款之情形外,其他於可信之特別情況下所製作之文書。」大陸地區公安機關所製作的筆錄,在臺灣的司法實務上也發生應如何適用本條規定的爭議,其問題包含:(一)此種筆錄是否為本條第 1 款的「公務員職務上製作之紀錄文書、證明文書」?(二)如不適用第 1 款,是否應適用第 2 款或第 3 款?

上述問題涉及該條的立法意旨,最高法院在 100 年臺上字 4813 號刑事判決中,曾提出下列重要原則:

1. 被告以外之人於審判外之言詞或書面陳述,為傳聞證據,因與直接、言詞及公開審理之原則相悖,除法律有規定者外,原則上不得作為證據。其中刑事訴訟法第一百五十九條之四所規定之特信性文書即屬之。而合於本條特信性文書之種類,除列舉於第一款、第二款之公文書及業務文書外,於第三款作概括性之規定,以補列舉之不足。

2. 所謂「除前二款之情形外,其他於可信之特別情況下所製作之文書」,係指與公務員職務上製作之紀錄文書、證明文書,或從事業務之人業務上製作之紀錄文書、證明文書具有相同可信程度之文書而言。由於第一款之公務員職務上製作之文書,係公務員依其職權所為,與其責任、信譽攸關,若有錯誤、虛偽,公務員可能因此負擔刑事及行政責任,其正確性高,此乃基於對公務機關客觀義務之信賴所致,且該等文書經常處於可受公開檢查之狀態(具有公示性,非以例行性為必要),設有錯誤,甚易發現而予及時糾正,其真實之保障極高。

3. 第二款之業務文書,係從事業務之人於通常業務過程不間斷、有規律而準確之記載,通常有專業人員校對其正確性,大部分紀錄係完成於業務終了前後,無預見日後可能會被提供作為證據之偽造動機,其虛偽之可能性小,足以保障其可信性。因此原則上承認該二款有證據能力,僅在有顯不可信之情況時,始加以排除,與第三款具有補充性質之文書,必須於「可信之特別情況下所製作」而具有積極條件之情形下,始承認其有證據能力之立法例並不相同。

4. 換言之,第一、二款之文書,以其文書本身之特性而足以擔保其可信性,故立法上原則承認其有證據能力,僅在該文書存有顯不可信之消極條件時,始例外加以排除;而第三款之概括性文書,以其種類繁多而無從預定,必以具有積極條件於「可信之特別情況下所製作」才承認其證據能力,而不以上揭二款文書分別具有「公示性」、「例行性」之特性為必要,彼此間具有本質上之差異。

在最高法院 100 年臺上字 4813 號刑事判決中，被告等因常業詐欺案件涉訟，發生中國大陸地區公安機關所製作之證人筆錄有無證據能力的爭議。最高法院指出，中國大陸地區公安機關所製作之證人筆錄，為被告以外之人於審判外所為之書面陳述，屬傳聞證據，除非符合傳聞法則之例外，不得作為證據，而該公安機關非屬我國偵查輔助機關，其所製作之證人筆錄，不能直接適用刑事訴訟法第一百五十九條之二或同條之三之規定，而同法第一百五十九條之四第一款之公務員，僅限於本國之公務員，且證人筆錄係針對特定案件製作，亦非屬同條第二款之業務文書，但如於可信之特別情況下所製作，自得逕依本條第三款之規定，判斷其證據能力之有無。至於該款所稱之「可信之特別情況下所製作」，自可綜合考量當地政經發展情況是否已上軌道、從事筆錄製作時之過程及外部情況觀察，是否顯然具有足以相信其內容為真實之特殊情況等因素加以判斷。[21]

（三）可否適用檢察官的規定？

臺灣的刑法第 168 條規定偽證罪，其內容為：「於執行審判職務之公署審判時或於檢察官偵查時，證人、鑑定人、通譯於案情有重要關係之事項，供前或供後具結，而為虛偽陳述者，處七年以下有期徒刑。」於大陸地區公安機關的偵查人員偵查時，如有上述規定的行為時，是否得論以偽證罪之問題，涉及其職權是否與臺灣的檢察官相當的問題，雖然實務上尚無案例可稽，但如採取和前述相同的邏輯，預料法院將會持否定之見解。惟為貫徹司法互助的作用並維持相關人員陳述的真實性，似宜採肯定說，較屬妥適。

根據本協議上述條文，兩岸就受對方關於調查取證之請求時，都應有其各自的規定，以作為依據。故有關證人具結或其他調查證據的程序，除有特別規定外，仍應符合其各自在境內調查證據的規定。請求方因受請求方的協助，所取得的相關證據資料如涉嫌偽證，究竟應論以何方（請求方或受請求方）的法律所規定的偽證罪？

本文以為，如證人於供前或供後具結而就案情有重要關係事項，故為虛偽陳述，其是否成立犯罪，應依該行為所應適用的刑法而定。各國刑法關於偽證罪的規定，有規定為形式犯，不以結果之發生為要件者，也有規定為結果犯，而以結果之發生為要件者，即證人之虛偽陳述，法院已否採為裁判或

檢察官據為處分之基礎,或有無採為基礎之可能,對於偽證罪之成立有無影響,各方之規定可能不同。[21] 此等涉嫌偽證之行為,其行為地顯然是在受請求方,結果之發生地則是在請求方,在並無協議規定究竟應由何方行使刑事審判權的情形下,仍應由各方依據己方的規定自行認定,但為避免對同一行為重覆處罰,似宜由行為地的受請求方優先偵辦,較為合理。[22]

四、大陸公安機關的詢問筆錄是否有證據能力?

對於大陸公安機關的詢問筆錄,其證據能力在臺灣司法實務上曾發生不少爭議,最高法院也有相關判決可供參考。

(一)最高法院101年度臺上字第900號刑事判決

本判決涉及大陸地區公安機關的詢問筆錄(包括繼續盤問記錄),最高法院基於下列理由,認定係爭大陸詢問筆錄具有證據能力:[23]

1. 大陸地區的法治環境及刑事訴訟制度已可資信賴

本判決指出:「雅瑤派出所偵查員及大瀝分局刑警隊詢問大陸地區人民付光選所製作之詢問筆錄(包括繼續盤問記錄),為被告以外之人在我國法院審判外之陳述,具有傳聞證據之性質;但經原法院更三審先後多次囑託海基會送達傳票予付光選,但均無法送達,業如前述,可見付光選現已所在不明而無從傳喚。惟大陸地區已於西元一九七九年七月間,公佈施行『中華人民共和國刑事訴訟法』,嗣於西元一九九六年又對上述刑事訴訟法作大幅度修正,其修正內涵兼顧打擊犯罪與保護人權,並重視實體法之貫徹與程序法之遵守,雖非完美無瑕,但對訴訟之公正性與人權保障方面已有明顯進步,故該地區之法治環境及刑事訴訟制度,已有可資信賴之水準。」

2. 係爭筆錄係於可信之特別情況下所製作

本判決指出:「原判決以雅瑤派出所偵查員及大瀝分局刑警隊人員係大陸地區具有刑事偵查權限之公務員,而其詢問大陸地區人民付光選所製作之筆錄,又符合大陸地區刑事訴訟法相關規定,該筆錄復經受詢問人付光選閱覽後親自簽名及捺指印確認無訛,堪認前述文書之取得程序具有合法性。且曾受上述大陸地區公安機關偵查員詢問之臺商伍建成、張文華、葉泰良、邱

慶隆、馬大川等人均未供稱大陸地區公安機關有以威脅、利誘、詐欺或其他非法方法對其等詢問之情形,因認付光選在雅瑤派出所偵查員及大瀝分局刑警隊詢問時所製作之筆錄,係於可信之特別情況下所製作,且為證明犯罪事實存否所必要,乃類推適用刑事訴訟法第一百五十九條之三第三款規定,而承認其證據能力,尚難遽指為違法。」

3. 大陸地區公安機關偵查員詢問筆錄具有特信性

本判決指出:「有部分學者認外國公務員所製作之文書(例如警詢筆錄),可審酌該項文書之性格(即種類與特性),暨彼邦政經文化是否已上軌道等情狀,以判斷其是否在可信之特別情況下所製作(亦即是否具備『特信性』),而適用刑事訴訟法第一百五十九條之四第三款規定,以決定其證據能力(參閱林永謀著『刑事訴訟法釋論』中冊,冠順印刷公司二〇一〇年十二月改訂版第一一二頁)。而依原判決上開論述,既認定上述大陸地區公安機關偵查員對付光選所製作之詢問筆錄,係在可信之特別情況下所製作;而上述公安機關偵查員又係大陸地區政府所依法任命具有偵查權限之公務人員,則其對付光選所製作之詢問筆錄(即文書),基於時代演進及事實需要,在解釋上亦應可類推適用同法第一百五十九條之四第三款規定,而承認其證據能力。」

(二)最高法院 100 年臺上字 4813 號刑事判決

最高法院在前述 100 年臺上字 4813 號刑事判決指出:憲法第十六條保障人民之訴訟權,就刑事被告而言,包含其在訴訟上應享有充分之防禦權。刑事被告詰問證人之權利,即屬該等權利之一,且屬憲法第八條第一項規定「非由法院依法定程序不得審問處罰」之正當法律程序所保障之權利。為確保被告對證人之詰問權,證人於審判中,應依法定程序,到場具結陳述,並接受被告之詰問,其陳述始得作為認定被告犯罪事實之判斷依據。而所謂被告以外之人,不以證人為限,共同被告、正犯、共犯及被害人於審判外之陳述,均屬之,為確保被告對為證人適格者之詰問權,於審判中均應到場具結陳述,並接受被告之詰問,其陳述始得作為認定被告犯罪事實之判斷依據。

根據上述原則,最高法院認為:本件原判決認定上訴人黃玉蘭等人有所載之常業詐欺犯行,依理由之說明,係以渠等接受中國公安詢問之供述互為

論罪之主要論據。然前揭證據分屬上訴人等以外之人於審判外之言詞陳述，為傳聞證據，上訴人及其原審之辯護人並爭執其證據能力。稽之卷證，上訴人等並未於審判程序居於證人之地位具結為陳述，並接受各其他上訴人之反對詰問，原判決復未敘明上訴人等之審判外之供述，有如何符合上開傳聞證據例外情況之心證理由外，僅謂上訴人等於中國大陸地區公安詢問時，其自白確係出於自由意志，且與事實相符，自有證據能力等旨，採證自非適法。

（三）最高法院 102 年臺上字 675 號刑事判決

本判決是前述 100 年臺上字 4813 號刑事判決發回更審，針對更審判決提起上訴之後的判決。原判決認定係爭筆錄有證據能力的下列理由，獲得最高法院本判決的支持：「依海峽兩岸關係協會與財團法人海峽交流基金會（下稱海基會）於九十八年四月二十六日共同簽訂公佈『海峽兩岸共同打擊犯罪及司法互助協議』之內容，我方可以請求大陸地區公安機關協助調查；雖本件大陸地區北京市公安局東城分局傳喚上訴人等三人所製作之筆錄、偵訊錄影帶等證據，並未全程同步錄音錄影，亦有夜間訊問之情形，然該筆錄業經受詢問人審視並親自簽名或捺指印，且符合大陸地區刑事訴訟法規定，堪認前述文書之取得程序具有合法性，無不得為證據之情。再上開筆錄等證據，雖非我國有犯罪偵查權限之公務員依刑事訴訟法規定直接取得之資料，而係經協助取證取得，但上訴人等三人彼此相互間之供述，為被告以外之人在我國法院審判外之陳述，具有傳聞證據之性質，且經綜合筆錄製作時之過程及外部情況觀察，類推適用我刑事訴訟法第一百五十九條之二之規定，認定上開證據具有證據能力。」

本案的爭議，也及於大陸公安局的筆跡鑑定書、指紋鑑驗書，最高法院對此也以下列理由，肯定其有證據能力：

1. 我刑事訴訟法第一百五十八條之四規定：「除法律另有規定外，實施刑事訴訟程序之公務員因違背法定程序取得之證據，其有無證據能力之認定，應審酌人權保障及公共利益之均衡維護。」為法益權衡原則，採相對排除理論，以兼顧被告合法權益保障與發現真實之刑事訴訟目的。

2.是除法律另有特別規定不得為證據,例如同法第一百條之一第二項、第一百五十八條之二、第一百五十八條之三等類者外,先前違法取得之證據,應逐依該規定認定其證據能力。其嗣後衍生再行取得之證據,倘仍屬違背程序規定者,亦應依上揭規定處理;若為合乎法定程序者,因與先前之違法情形,具有前因後果之直接關聯性,則本於實質保護之法理,當同有該相對排除規定之適用。惟如後來取得之證據,係由於個別獨立之合法偵查作為,既與先前之違法程序不生前因後果關係,非惟與毒樹果實理論無關,亦不生應依法益權衡原則定其證據能力之問題。

3.原判決已說明扣案如原判決附表二所示之物,係大陸地區北京市公安局東城分局查獲上訴人等人時所扣得,嗣移交刑事警察局,與本案具有關連性,查扣過程亦無違反大陸地區相關法律規定,且該局之筆跡鑑定書、指紋鑑驗書,係檢察官指揮囑託機關鑑定後所出具之書面報告,符合一般筆跡及指紋鑑定之法定記載要件,均有證據能力。

值得注意的,是上述見解所「類推適用」者,是刑事訴訟法第159條之2的下列規定:「被告以外之人於檢察事務官、司法警察官或司法警察調查中所為之陳述,與審判中不符時,其先前之陳述具有較可信之特別情況,且為證明犯罪事實存否所必要者,得為證據。」類推適用的結果,使大陸的公安偵查員一方面被否認為檢察事務官、司法警察官或司法警察,另一方面又被賦與「類似」的地位。此種見解,頗能呼應兩岸司法互助協議施行後法制情況,值得肯定。

五、臺灣法院得否以兩岸遠距視訊為的訊(詰)問?

臺灣的法院有必要對於在大陸地區之人進行訊(詰)問,是否可採用視訊方式為遠距訊(詰)問,以節省時間及勞費,在實務上亦發生疑義。此一問題涉及遠距訊(詰)問的法律性質及其是否屬於兩岸司法互助範圍的問題,均值得探究。

關於遠距訊(詰)問的法律性質,最高法院九十七年度臺上字第二五三七號刑事判決指出:「遠距視訊係利用法庭與其所在處所之聲音及影像相互同步傳送之科技設備,進行直接訊問。現行遠距視訊係在監獄或看守

所設置一個視訊終端,作為『視訊法庭』,而『審判法庭』則為另一個視訊終端,連線之結果,『視訊法庭』即屬於『審判法庭』之延伸,如利用遠距視訊踐行交互詰問,不能謂非當庭詰問。又利用遠距視訊踐行交互詰問時,行詰問人與受詰問人之語音、表情或態度均能透過電子設備完全呈現,與法庭審判現場無異,自難認足以影響反詰問權之正當行使。至於遠距視訊,旨在增益訴訟效率並避免人犯提解之危險等理由而設置,採行與否,視個案之具體情形而定,刑事訴訟法第一百七十七條第二項規定:『證人所在與法院間有聲音及影像相互傳送之科技設備而得直接訊問,經法院認為適當者,得以該設備訊問之。』是遠距視訊之採行,純屬審判長調查證據之執行方法或細節之指揮事項,為審判長訴訟指揮權行使範圍。」

關於遠距訊(詰)問是否屬於兩岸司法互助範圍,司法院認為,遠距視訊乃司法權具體行使,擬於境外為之,應以法有明文或雙方訂有協議為前提,現行法及陸我雙方尚乏此項規定,故關於遠距訊問大陸地區證人,宜參照海峽兩岸共同打擊犯罪及司法互助協議第3章第8條關於調查取證之規定,斟酌囑託受請求方之法官意見為之。[24] 至於依本協議已確實無法傳喚的大陸地區人民,對其無法以視訊方式為遠距訊(詰)問,乃是當然。[25]

柒、結論

本協議生效之後,重點將在於兩岸如何有效予以履行,目前兩岸宜在現有基礎之上,依據信守協議的原則,各自充實內部法規,鋪設履行協議的軌道,並針對協議中的不確定概念,秉持互信原則,預先就可能發生岐見的問題,協商解決之。本協議生效之後,司法實務上會出現一波司法互助所衍生的問題,如何銜接本協議的內容及兩岸各自的法律規定,將不斷考驗兩岸司法機關的知慧。就像法律的條文一樣,本協議的內容需要透過具體個案的實踐,逐漸充實其實質內涵,兩岸履行本協議所衍生的各種問題的探討,將成為值得學術耕耘的「兩岸法學」新天地,對於本協議的解釋及實質內容的確定,以及兩岸各自應如何履行本協議的問題,期望能獲得更多學術界的重視。

註釋

[1] 臺北大學終身特聘教授,臺灣法曹協會秘書長。

[2] 本文作者對簽署本協議的呼籲，請參閱陳榮傳，「兩岸司法互助的現況及展望」，張立勇主編，海峽兩岸民生與經資往來中的法律問題（北京：法律出版社，2009年10月），第9頁至第34頁；「兩岸民事司法互助實務之研究」，刊：法學叢刊，第209期（2008年1月），第1頁至第24頁；「涉陸經資案件的合意管轄」，臺灣法學雜誌第146期（2010年2月），第27頁至第46頁，並收錄於陳純一主編，丘宏達教授贈書儀式暨第一屆兩岸國際法學論壇學術研討會實錄（臺北：國立政治大學國際事務學院國際法學研究中心，2010年10月初版），第292頁至第318頁。

[3] 關於本協議的沿革及內容的基本討論，請參聞陳文琪，「兩岸司法互助協議之沿革與實踐」，月旦法學雜誌，第195期（2011年8月），第152頁至第175頁；陳動，「從司法互助協議看兩岸關係的變化」，收入於：續與變：2008～2010兩岸關係學術研討會論文集（臺北：法務部調查局，2010年12月），第306頁至第313頁。

[4] 臺灣的法務部於2012年1月1日成立「國際及兩岸法律司」，主辦兩岸司法互助及跨境打擊犯罪的合作事宜。

[5] 依本協議第21條約定：「雙方應遵守協議。」「協議變更，應經雙方協商同意，並以書面形式確認。」

[6] 相關問題的初步討論，請參聞拙著，「兩岸司法互助的協議與實施」，刊於：人民司法-應用第2011.13期（總號624期）（2011年7月5日），第14頁至第19頁。

[7] 「司法互助」及「司法合作」在歐洲法制的發展史上，均曾被採用。例如歐洲各國在1959年4月20日即於Mutual Assistance in Criminal Matters），歐盟理事會在2002年曾發佈民事事件的司法合作條例，即Council Regulation（EC）No 743/2002 of 25 April 2002 establishing a general Community framework of activities to facilitate the implementation of judicial cooperation in civil matters（OJ L 115，1.5.2002，pp.1-5）。

[8] 關於刑事案件的兩岸司法協助的請求，本協議第十五條關於「不予協助」，約定：「雙方同意因請求內容不符合己方規定或執行請求將損害己方公共秩序或善良風俗等情形，得不予協助，並向對方說明。」可見不予協助的理由，主要為「不符合己方規定」或「將損害己方公共秩序或善良風俗」，相較於一般國際司法互助條約的強調主權等問題，本協議以「公共秩序或善良風俗」予以概括，可謂符合現階段兩岸關係的需要。關於國際司法互助條約的約定，可參考1959年歐第二條：

「Assistance may be refused：if the request concerns an offence which the requested Party considers a political offence，an offence connected with a political offence，or a fiscal offence；if the requested Party considers that execution of the request is likely to prejudice the sovereignty，security ordre public or other essential interests of its country.」聯合國1990年「關於刑事互助之示範條約」（Model Treaty on Mutual Assistance in Criminal Matters）第四條第一項：「1.Assistance may be refused if：（a）The requested State is of the opinion that the request，if granted，wouldprejudice its sovereignty，security，

public order (ordre public) or other essentialpublic interest；(b) The offence is regarded by the requested State as being of a political nature；(c) There are substantial grounds for believing that the request for assistancehas been made for the purpose of prosecuting a pe son on account of that person'srace, sex, religion, nationality, ethnic origin or political opinions or that thatperson's position may be prejudiced for any of those reasons；
(d) The request relates to an offence the prosecution of which in the requestingState would be incompatible with the requested State's law on double jeopardy (ne bis in idem)；
(e) The assistance requested requires the requested State to carry outcompulsory measures that would be inconsistent with its law and practice had theoffence been the subject of investigation or prosecution under its ownjurisdiction；(f) The act is an offence under military law, which is not also an offence underordinary criminal law.」

[9]本協議之中關於兩岸當局之間互免責任的利益，例如本協議第20條約定：「雙方同意相互免除執行請求所生費用。但請求方應負擔下列費用：（一）鑑定費用；（二）筆譯、口譯及謄寫費用；（三）為請求方提供協助之證人、鑑定人，因前往、停留、離開請求方所生之費用；（四）其他雙方約定之費用。」此等互免「協助費用」的約定，不宜由當事人直接主張。否則純粹在已方進行的訴訟，因需求當事人負擔文書送達及調查取證之費用，訴訟成本較高，需要跨區進行文書送達及調查取證的訴訟，因請求他方為司法協助免除相關費用的負擔，訴訟成本反而較低，即不合理。

[10]兩岸條例第4-2條規定：「行政院大陸委員會統籌辦理臺灣與大陸地區訂定協議事項；協議內容具有專門性、技術性，以各該主管機關訂定為宜者，得經行政院同意，由其會同行政院大陸委員會辦理。」「行政院大陸委員會或前項經行政院同意之各該主管機關，得委託第四條所定機構或民間團體，以受託人自己之名義，與大陸地區相關機關或經其授權之法人、團體或其他機構協商簽署協議。」「本條例所稱協議，係指臺灣與大陸地區間就涉及行使公權力或政治議題事項所簽署之文書；協議之附加議定書、附加條款、簽字議定書、同意紀錄、附錄及其他附加文件，均屬構成協議之一部分。」

[11]針對兩岸服務貿易協議在立法院應如何審議的爭議，2014年3月間引發臺灣學生占領立法院議場及相關集會之抗爭，陸委會並於同年4月提出「臺灣與大陸地區訂定協議處理及監督條例草案」，惟朝野對於其內容仍有歧見，未來如何發展，值得關注。

[12]第7條約定：「送達文書：雙方同意依已方規定，盡最大努力，相互協助送達司法文書。受請求方應於收到請求書之日起三個月內及時協助送達。受請求方應將執行請求之結果通知請求方，並及時寄回證明送達與否的證明資料；無法完成請求事項者，應說明理由並送還相關資料。」

[13] 大陸《最高人民法院關於人民法院辦理海峽兩岸送達文書和調查取證司法互助案件的規定》第七條亦採相同的原則，其規定為：人民法院向住所地在臺灣的當事人送達民事和行政訴訟司法文書，可以採用下列方式：（一）受送達人居住在大陸的，直接送達。受送達人是自然人，本人不在的，可以交其同住成年家屬簽收；受送達人是法人或者其他組織的，應當由法人的法定代表人、其他組織的主要負責人或者該法人、其他組織負責收件的人簽收。受送達人不在大陸居住，但送達時在大陸的，可以直接送達。（二）受送達人在大陸有訴訟代理人的，向訴訟代理人送達。但受送達人在授權委託書中明確表明其訴訟代理人無權代為接收的除外。（三）受送達人有指定代收人的，向代收人送達。（四）受送達人在大陸有代表機構、分支機構、業務代辦人的，向其代表機構或者經受送達人明確授權接受送達的分支機構、業務代辦人送達。（五）透過協議確定的海峽兩岸司法互助方式，請求臺灣送達。（六）受送達人在臺灣的位址明確的，可以郵寄送達。（七）有明確的傳真號碼、電子信箱位址的，可以透過傳真、電子郵件方式向受送達人送達。採用上述方式均不能送達或者臺灣當事人下落不明的，可以公告送達。人民法院需要向住所地在臺灣的當事人送達刑事司法文書，可以透過協議確定的海峽兩岸司法互助方式，請求臺灣送達。

[14] 請參聞 http：www.moj.gov.tw/ct.asp?xlItem=282788&ctNode=32135&mp=001，最後瀏覽日：2014/04/03。

[15] 司法院秘書長民國 98 年 10 月 30 日秘臺廳少家二字第 0980023052 號函。

[16] 請參聞 http：www.moj.gov.tw/ct.asp?xlItem=282788&ctNode=32135&mp=001，最後瀏覽日：2014/04/03。

[17] 依訴訟地的法律就外地的私文書予以認證，亦為方式之一。請參聞最高法院 97 年臺上字第 2315 號民事判決：「按當事人提出之私文書，必先證其真正而無瑕疵者，始有訴訟法上之形式證據力，更須其內容與待證事實有關，且屬可信者，始有實質證據力之可言。即私文書之形式及實質，均須由舉證人證明為真正，方得採為認定事實之基礎。查上訴人於原審一再否認被上訴人所提中信銀證券公司之在職證明書及證明單為真正，並辯稱：原審調取被上訴人九十二年度之財產所得資料，被上訴人係任職於花○保險代理人股份有限公司，該年薪資收入為五十二萬一千三百七十四元，而其提出之中信銀證券公司在職證明為中國大陸所開立，並無該公司及其法定代理人之簽章，且未經海峽兩岸文書認證程序取得其證明力，是否能證明其確實任職該公司，即有疑問等語，原審徒以上開證明文件係由中信銀證券公司函覆第一審法院之私文書，即屬真正，並據此認定被上訴人每月薪資為美金二千一百元，換算新臺幣超過七萬元，疏未命被上訴人舉證證明該私文書之形式及實質證據力，於法自有未合。」

[18] 刑事案件的被告,仍得依訴訟地法的規定,請求依法檢驗或排除透過司法互助的管道所獲得的證據。在臺灣,宜特別注意刑事訴訟法第 155 條規定:「證據之證明力,由法院本於確信自由判斷。但不得違背經驗法則及論理法則。」「無證據能力、未經合法調查之證據,不得作為判斷之依據。」第 156 條規定:「被告之自白,非出於強暴、脅迫、利誘、詐欺、疲勞訊問、違法羈押或其他不正之方法,且與事實相符者,得為證據。」「被告或共犯之自白,不得作為有罪判決之唯一證據,仍應調查其他必要之證據,以察其是否與事實相符。」「被告陳述其自白係出於不正之方法者,應先於其他事證而為調查。該自白如係經檢察官提出者,法院應命檢察官就自白之出於自由意志,指出證明之方法。」「被告未經自白,又無證據,不得僅因其拒絕陳述或保持緘默,而推斷其罪行。」

[19] 本協議生效之前,已依法遣返之大陸地區人民,對其傳喚及詰問均有困難。故最高法院 98 年臺上字第 7441 號刑事判決謂:「數名證人以『假觀光真入境』之非法方式進入臺灣,並經相關機關依法遣返大陸,客觀上顯有不能於審判中到庭接受詰問之情形,若原審以其等於警詢陳述,且無遭刑求、逼供等情形,且數人所證之基本事實亦互有相符,而認均具有證據能力,其調查不能之情形,自與應於審判期日調查之證據而未調查之違法有別,自不得容行為人以此為上訴第三審之適法理由。」

[20] 實務上認定其可適用第 159 條之 4 第 2 款規定者,例如臺灣高等法院 100 年度金上重訴字第 46 號刑事判決謂:「我國刑事訴訟法第 159 條之 4 第 1 款之『公務員』,應限於我國公務員,且該款所稱之公務上文書,應以『經常處於可受公開檢查之狀態』為限。」「至於大陸地區青島市公安局撿附之相關書證,被告二人並不否認其證據能力,且符合刑事訴訟法第 159 條之 4 之規定,認屬於從事業務之人於業務上或通常業務過程所須製作之紀錄文書、證明文書(包括大陸地區公安局人員所製作部分,因其非屬於我國法上之『公務員』),應認有證據能力。」

[21] 臺灣之刑法關於偽證罪於第 168 條規定:「於執行審判職務之公署審判時或於檢察官偵查時,證人、鑑定人、通譯於案情有重要關係之事項,供前或供後具結,而為虛偽陳述者,處七年以下有期徒刑。」最高法院 71 年臺上字第 8127 號判例認為偽證罪乃形式犯:「按刑法上之偽證罪,不以結果之發生為要件,一有偽證行為,無論當事人是否因而受有利或不利之判決,均不影響其犯罪之成立。而該罪所謂於案情有重要關係之事項,則指該事項之有無,足以影響於裁判之結果者而言。」故行為人於案件審理時之證詞如非屬實,最終亦未經法院所探,但對於偽證罪責之成立不生影響。(參考臺灣高等法院花蓮分院刑事判決 97 年度上訴字第 185 號)最高法院 69 年臺上字第 2427 號判例亦指出:「所謂虛偽之陳述,係指與案件之真正事實相悖,而足以陷偵查或審判於錯誤之危險者而言,若在此案之供證為屬真實,縱

其後於其他案件所供與前此之供述不符，除在後案件所供述合於偽證罪之要件得另行依法辦理外，究不得遽指在前與實情相符之供證為偽證。」

[22] 在以遠距會議的設備進行證據調查的情形，類似的見解請參聞：Martin Davies，「Taking evidence by video-link in international litigation，」Talia Einhorn&Kurt Siehr，eds.，Intercontinental Cooperation Through Private International Law-Essays in Memory of Peter E.Nygh，pp.76-79（The Hague，The Netherlands：T.M.C.Asser Press，2004）.

[23] 關於本判決的介紹及簡評，請參聞範振中，兩岸司法互助—以98年「兩岸協議」為探討」，司法新聲（法務部司法官訓練所），第一三期（2012年7月），請參聞 http：ja.lawbank.com.tw/pdf/ 司法新聲103期-06篇.pdf。

[24] 司法院民國101年02月17日院臺廳刑一字第1010001255號函。

[25] 關於此點，最高法院101年度臺上字第900號刑事判決謂：「原法院更三審已多次囑託海基會送達傳票予證人付光選，期能傳其到庭具結作證，並接受檢察官、上訴人等及其選任辯護人之詰問，惟均未能送達傳票，顯見付光選已所在不明而無從傳喚或拘提其到庭進行詰問程序，亦無法以視訊方式為遠距訊（詰）問，此係基於兩岸分治及現實上之困難所致，尚難謂原審有剝奪上訴人等及其選任辯護人對該證人之詰問權，而妨礙其等行使訴訟防禦權之情形。」

外國仲裁判斷在臺灣之若干爭議探討

李復甸[1]　冷函藝[2]

壹、前言

　　替代性爭端解決機制中，涉及商業性、專業性之糾紛，多選擇以仲裁作為解決途徑，尤以現今全球化社會，商務往來頻繁，國際民事糾紛尋求仲裁解決，更是十分尋常。然而，如在臺灣以外地區所為之外國仲裁判斷，臺灣仲裁法中有對其定義及後續經臺灣司法程序承認與執行等事項均有相關詳盡之規定。

　　此外，有鑑於臺灣與中國大陸、香港以及澳門間主權特殊關係，兩岸四地商務往來頻繁，兩岸四地間多數商務糾紛亦會採行仲裁為解決之道，尤以2012年8月9日簽署《海峽兩岸投資保障和促進協議》，協議中爭端解決方案，加入了爭議之雙方（P to P）在當事人自主原則下開放第三地仲裁解決；惟因兩岸四地間之特殊性存在，對於在中國大陸、香港或澳門地區所為之仲

裁判斷，欲經由臺灣司法程序之承認及執行，亦有其特殊之規範作準則，其仲裁判斷之既判力與執行力亦有其特色。

本文以臺灣現行仲裁法及相關法規，輔以臺灣司法實務見解，對於相關法規之外國仲裁判斷之爭議點、特殊性為一簡要概括介紹。

貳、「外國仲裁判斷」臺灣相關規範

一、外國仲裁判斷之定義

臺灣對於有關商務上現在或將來之爭議，當事人間訂立仲裁契約之第一部法源依據，為1961年1月20日製定公佈《商務仲裁條例》（Commercial Arbitration Act），共50條，內容僅對於仲裁人之選定、仲裁程序、撤銷仲裁判斷等程序規定為相關規範。直至1982年6月11日修正公佈後，除了基本程序規定之外，始對於「外國仲裁判斷」之定義作一明確規範。1982年《商務仲裁條例》第30條第1項規定：「凡在中華民國領域外作成之仲裁判斷，為外國仲裁判斷。」同條第2項：「外國仲裁判斷，經聲請法院裁定承認後，得為執行名義。」將「外國仲裁判斷」之範圍定義在中華民國領域外作成之仲裁判斷均包含在內，亦規範了經中華民國法院裁定承認後之執行名義。

而1998年6月24日將《商務仲裁條例》修正改名稱為《仲裁法》（The Arbitration Law of ROC），此次修正中，主要係以國際化與自由化為原則，加強仲裁當事人權益之保障、尊重當事人自治以及仲裁程序公正性等，另外將「外國仲裁判斷」部分制定專章規範，在《仲裁法》第七章中，將「外國仲裁判斷」之定義、聲請與承認、駁回聲請外國仲裁判斷聲請、請求撤銷外國仲裁判斷，以第47條至第51條作5個條文之詳盡規定。

其中對於「外國仲裁判斷」之定義修正更臻明確，現行《仲裁法》第47條第1項中規定：「在中華民國領域外作成之仲裁判斷或在中華民國領域內依外國法律作成之仲裁判斷，為外國仲裁判斷。」同條第2項則仍保留舊法之「外國仲裁判斷，經聲請法院裁定承認後，得為執行名義。」上開條文之立法理由中亦說明，所稱「外國法律」包含外國仲裁法規、外國仲裁機構仲裁規則及國際組織仲裁規則。

從而,臺灣現行仲裁法中舉凡稱之「外國仲裁判斷」,依現行《仲裁法》之規定,即指二類情形「領域說」與「準據法說」,其一即在中華民國領域外所作成之外國仲裁判斷,均屬之;其次,即為在中華民國領域內,但其準據之程序是依據外國仲裁法規所作成之,亦稱之為外國仲裁判斷,將「外國仲裁判斷」之定義制定的更為明確,合於上開二大類情形,自得以該外國仲裁判斷為執行名義,聲請中華民國法院裁定承認該仲裁判斷。

二、大陸地區所作成之仲裁判斷

臺灣與中國大陸間之政經關係,實為密不可分,商務往來十分頻繁,中國大陸亦是臺灣最大的貿易夥伴,而香港、澳門地區及中國大陸,與臺灣所形成之兩岸四地關係十分緊密。

在臺灣與中國大陸間兩岸關係部分,按中華民國憲法增修條文第 11 條明定:「自由地區與大陸地區間人民權利義務關係及其他事務之處理,得以法律為特別之規定。」其主要立法目的係為是為臺灣與中國大陸統一前,為確保臺灣安全與民眾福祉,1992 年 7 月 31 日特就規範臺灣與大陸地區人民之往來,並處理衍生之法律事件,而特別制定《臺灣與大陸地區人民關係條例》作為兩岸間行政、民事、刑事關係之特別規定。

關於在大陸地區因民事商務間紛爭尋求仲裁程序以茲解決時,在大陸地區所作成之民事仲裁判斷,相關效力與聲請法院承認等規範,《臺灣與大陸地區人民關係條例》第 74 條即有明確規範,採「裁定認可執行制」,主要規定為:「在大陸地區作成之民事確定裁判、民事仲裁判斷,不違背臺灣公共秩序或善良風俗者,得聲請法院裁定認可。前項經法院裁定認可之裁判或判斷,以給付為內容者,得為執行名義。前二項規定,以在臺灣作成之民事確定裁判、民事仲裁判斷,得聲請大陸地區法院裁定認可或為執行名義者,始適用之。」

三、香港澳門地區所作成之仲裁判斷

香港及澳門地區部分,在 1997 年 4 月 2 日為規範及促進與香港及澳門之經貿、文化及其他關係,特別制定之《香港澳門關係條例》而關於在香港或澳門地區所作成之民事仲裁判斷,相關之效力與聲請法院承認等,透過《香

港澳門關係條例》準用仲裁法對於外國仲裁判斷章節之規定。《香港澳門關係條例》第42條第2項規定：「在香港或澳門作成之民事仲裁判斷，其效力、聲請法院承認及停止執行，準用商務仲裁條例第三十條至第三十四條之規定。」

參、外國仲裁判斷之承認與執行

一、外國仲裁判斷之聲請承認要件

依臺灣《仲裁法》第47條第2項規定：「外國仲裁判斷，經聲請法院裁定承認後，得為執行名義。」臺灣法院受理外國仲裁判斷之聲請承認時，應依仲裁法有關規定予以審認，且不因臺灣非屬1958年〈承認和執行外國仲裁裁決公約，紐約公約〉（The ConventKmion on the Recognition and Enforcement of Foreign Arbitral Awards, The New York Convention）簽署國而有不同[3]。

現行臺灣對於外國仲裁判斷聲請法院裁定承認相關之規定，主要係依《仲裁法》第48條規定為之：「外國仲裁判斷之聲請承認，應向法院提出聲請狀，並附具下列文件：一、仲裁判斷書之正本或經認證之繕本。二、仲裁協議之原本或經認證之繕本。三、仲裁判斷適用外國仲裁法規、外國仲裁機構仲裁規則或國際組織仲裁規則者，其全文。前項文件以外文作成者，應提出中文譯本。第一項第一款、第二款所稱之認證，指中華民國駐外使領館、代表處、辦事處或其他經政府授權之機構所為之認證。第一項之聲請狀，應按應受送達之他方人數，提出繕本，由法院送達之。」

主要提出聲請承認之要件，應具文件除向法院提出聲請狀外，尚須附具外國仲裁判斷書正本、仲裁協議原本或經認證之繕本，以及仲裁協議所適用之外國仲裁法規、仲裁規則全文，如以外文作成，應提出中文譯本，始得聲請承認。

聲請法院承認外國仲裁判斷時應附具之文件，其目的在供法院形式審查該外國仲裁判斷是否依據其準據法合法有效作成；外國仲裁判斷所依據之仲裁協議是否有效；並供法院明瞭外國仲裁判斷的法律程序。外國仲裁判斷之

聲請法院承認,性質上屬於非訟事件,有關關實體當否問題,非裁定程序得以審究。

二、駁回外國仲裁判斷承認之聲請及撤銷外國仲裁判斷執行

而現行關關於外國仲裁判斷聲請法院裁定承認時,如具備法定情形時,法院應裁定駁回當事人之聲請,主要係依《仲裁法》第 49 條、第 50 條規定為之。

而現行關關於外國仲裁判斷聲請法院裁定承認時,如具備法定情形時,法院應裁定駁回當事人之聲請,主要係依《仲裁法》第 49 條、第 50 條規定為之。

當事人聲請法院駁回承認之外國仲裁判斷時,依《仲裁法》第 49 條規定:「有下列各款情形之一者,法院應以裁定駁回其聲請:一、仲裁判斷之承認或執行,有背於中華民國公共秩序或善良風俗者。二、仲裁判斷依中華民國法律,其爭議事項不能以仲裁解決者。外國仲裁判斷,其判斷地國或判斷所適用之仲裁法規所屬國對於中華民國之仲裁判斷不予承認者,法院得以裁定駁回其聲請。」

上開條文第 2 項所指之互惠原則,依實務見解認定(4),須其判斷地國對於臺灣之仲裁判斷先予承認,中華民國法院始得承認該外國仲裁判斷,否則,非但有失禮讓之精神,且對於促進國際間之司法合作關係亦屬有礙,其判斷地國對於中華民國之仲裁判斷不予承認者,臺灣法院並非「應」駁回其承認該外國仲裁判斷之聲請,而係僅「得」駁回,是該條規定係採彈性互惠原則,亦即外國仲裁判斷之承認,非以其判斷地國對臺灣仲裁判斷予以承認為必要條件。

此部分所指之相互承認,係司法上之相互承認,只要客觀上可期待其將來承認臺灣之仲裁判斷,亦可認有相互之承認,如該外國未明示拒絕承認臺灣仲裁判斷之效力,即應儘量從寬及主動立於互惠觀點,承認該國仲裁判斷之效力[5]。

另外,仲裁事件當事人之一方,符合《仲裁法》第 50 條規定時,亦得聲請法院駁回外國仲裁判斷承認,主要規定為:「當事人聲請法院承認之外

國仲裁判斷，有下列各款情形之一者，他方當事人得於收受通知後二十日內聲請法院駁回其聲請：一、仲裁協議，因當事人依所應適用之法律係欠缺行為能力而不生效力者。二、仲裁協議，依當事人所約定之法律為無效；未約定時，依判斷地法為無效者。三、當事人之一方，就仲裁人之選定或仲裁程序應通知之事項未受適當通知，或有其他情事足認仲裁欠缺正當程序者。四、仲裁判斷與仲裁協議標的之爭議無關，或踰越仲裁協議之範圍者。但除去該部分亦可成立者，其餘部分，不在此限。五、仲裁庭之組織或仲裁程序違反當事人之約定；當事人無約定時，違反仲裁地法者。六、仲裁判斷，對於當事人尚無拘束力或經管轄機關撤銷或停止其效力者。」

其中仲裁法第 50 條第 3 款規定：「當事人之一方，就仲裁人之選定或仲裁程序應通知之事項未受適當通知，或有其他情事足認仲裁欠缺正當程序者。」固可聲請法院駁回承認外國仲裁判斷之聲請，然仲裁程序之通知是否適當，應依當事人約定或其他應適用之仲裁規則決定之，倘受不利判斷之臺灣當事人已依相關規則、收到開始仲裁程序及選任仲裁人之通知，而拒絕參與該仲裁程序，自不能認係仲裁法第 50 條第 3 款所定欠缺適當通知或欠缺正當程序之情形[6]。

而請求撤銷外國仲裁判斷執行程序部分，主要係依《仲裁法》第 51 條規定為之，該條規定：「外國仲裁判斷，於法院裁定承認或強制執行終結前，當事人已請求撤銷仲裁判斷或停止其效力者，法院得依聲請，命供相當並確實之擔保，裁定停止其承認或執行之程序。前項外國仲裁判斷經依法撤銷確定者，法院應駁回其承認之聲請或依聲請撤銷其承認。」

肆、外國仲裁判斷撤銷之可行性

臺灣領域外所作成之外國仲裁判斷，或於臺灣所作其準據法適用外國仲裁法規之外國仲裁判斷，臺灣仲裁法第 48 條、第 49 條均有法院對於外國仲裁判斷承認之相關規定，依前開規定，法院僅對於外國仲裁判斷為形式審查，如外國仲裁判斷承認或執行有背於公序良俗、爭議事項不能以仲裁解決等情形時，僅能以裁定駁回外國仲裁判斷承認之聲請，而針對外國仲裁判斷協議不成立、無效或仲裁庭組成等實質瑕疵事由，法院則不做實體審查。

惟倘外國仲裁判斷本身具備明顯之瑕疵事由，法院究竟得否直接撤銷該外國仲裁判斷，自相關國際公約及立法例觀察，略分述如下。

1958年〈承認和執行外國仲裁裁決公約，紐約公約〉，第5條第1項第5款中僅規範：「外國仲裁判斷對兩造當事人均無拘束力或業經仲裁判斷地國或準據法所屬國法院撤銷或停止執行者，始得拒予承認及執行。」依其文義，係指外國仲裁判斷倘有得撤銷事由時，僅外國仲裁判斷地國法院或準據法所屬國法院能為之，該公約認定受聲請承認或執行之法院不能夠直接撤銷該外國仲裁判斷，僅能對於外國仲裁判斷為承認或執行。

而國際商業關係糾紛所建立統一法律基礎之〈聯合國國際貿易委員會國際商業仲裁模範法[7]〉（UNCITRAL Model Law on International Commercial Arbitration），在第七章中雖說明不服仲裁判斷之途徑即為向法院聲請撤銷，第34條第2項亦詳盡列舉撤銷仲裁判斷之事由，諸如不具仲裁容許性、仲裁庭組成與仲裁協議不一致等法定撤銷事由。惟針對該條，聯合國貿易法委員會秘書處〈聯合國國際貿易委員會國際商業仲裁模範法解釋說明〉第48點提出區辯，說明〈聯合國國際貿易委員會國際商業仲裁模範法〉第34條第2項所規定之撤銷只能夠向作出仲裁判斷所在國的法院提出聲請，而依據第八章仲裁判斷之承認與執行則能在任何國家法院提出，因此二者有所差別。從而亦是採取受聲請承認或執行之法院不能夠直接撤銷外國仲裁判斷之立場。

而其他外國立法例部分，德國學說則認為：「仲裁判斷與判決不同，雖非法院作成，但就其產生訴訟法上之效力而言，乃與國家之裁判權密切相關，故國際法上不許甲國撤銷乙國之仲裁判斷，對於撤銷外國仲裁判斷之訴，應以無審判權駁回之，並僅止於確認外國仲裁判斷在德國無拘束力而已。」實務方面，1976年2月12日聯邦最高法院判例亦曾闡明：「如外國仲裁判斷之聲請，依紐約公約第5條應拒絕者，且具備撤銷內國仲裁判斷之原因，亦得同時撤銷該外國仲裁判斷。」係採為限制性撤銷外國仲裁判斷[8]。

而法國學說與實務認定則均認定：「仲裁程序所準據之外國法如不承認撤銷仲裁判斷者，固得依法院地法撤銷之；如承認撤銷仲裁判斷者，僅於不違反法院地公序之範圍，亦得基於外國法所定之事由，於法院地提起撤銷之

訴。縱然外國法所定之撤銷權之除斥期間業已屆滿，但法院地法無此限制者，亦得提起之。應注意者，上述任何情形，所得撤銷判決之效力，係相對性僅於法院地撤銷該仲裁判斷而已[9]。」前開見解，則與上開國際公約不同，所採認如不違反法院地之公序良俗之範圍下，亦得依於外國法所定之撤銷事由於法院地提撤銷外國仲裁判斷之訴。

另一方面，臺灣實務上所採之立場，係與國際公約相同，倘依中華民國仲裁法提撤銷外國仲裁判斷之訴，應駁回原告之訴，換言之《仲裁法》第40條提撤銷仲裁判斷之訴，對象不包含「外國仲裁判斷」。司法實務上，曾有一仲裁事件就仲裁所應適用之準據法、仲裁判斷究屬本國仲裁判斷或外國仲裁判斷等問題產生爭議。

其案例事實，主要係泰興工程顧問股份有限公司（Padfic Engineers&Constructors, Ltd）與荷蘭商奇晶顧問工程師有限公司，雙方就訴外人旺宏電子股份有限公司（Macronix Interna-tional Co.，Ltd）八吋晶圓電子二廠新建工程部分工作簽訂技術服務合約，合約中第15條爭議提付約定為：「如契約當事人間就任何關於本契約之爭議或由本契約所生之爭議無法解決時，該等爭議應以仲裁為其終局解決。就本契約之爭議之仲裁規則及程序應為國際仲裁協會。」

兩造雙方事後因生履行契約之爭議，惟因上開技術服務合約第15條爭議提付約款中，以「國際仲裁協會」（International Arbitration Association）進行仲裁，但國際間並無「國際仲裁協會」之仲裁機構存在，亦無國際仲裁規則，遂經臺灣高等法院86年度抗字第1183號裁定認定，兩造既有以仲裁方式解決係爭契約糾紛之合意，該約定又無違背強制或禁止規定，自不因仲裁規則程序之準據法不存在而無效，兩造應受該約定之拘束，而有關準據法之適用，乃提付仲裁後，由仲裁人參酌兩造原約定之真意，以具有國際性性質之仲裁規則作為本件仲裁規則及程序之準據法，尚不能以因無約定準據法或所約定之準據法不生效力而否認仲裁條款合意之效力。

復由聲請人泰興工程顧問股份有限公司向中華民國仲裁協會聲請仲裁，中華民國仲裁協會組成仲裁庭後，遂認定兩造就雙方發生糾紛事項有提付仲裁之合意，雖約定之仲裁機構不存在，聲請人依法組成仲裁庭，仲裁庭斟酌

本件承攬契約履行地在臺灣，相對人於臺灣亦設有辦事處，基於程序經濟考量、舉證便利等因素，決定以臺北作為仲裁地，仲裁程序之進行則依聯合國國際貿易委員會所擬定之「聯合國模範法」為準據法，於 1999 年 6 月 21 日作成 % 年商仲麟聲忠字第 83 號仲裁判斷，命相對人荷蘭商奇晶顧問工程師有限公司給付新臺幣 36,435,000 元其利息予聲請人泰興工程顧問股份有限公司。

相對人荷蘭商奇晶顧問工程師有限公司嗣後則以雙方未約定於中華民國仲裁協會提付仲裁、仲裁庭實體審理未通知其陳述等由，依中華民國仲裁法第 40 條規定起訴主張聲請撤銷上開仲裁判斷。

本件撤銷仲裁判斷之訴，業於 2000 年 5 月 9 日經臺灣臺北地方法院 88 年度仲訴字第 8 號民事判決，判決原告荷蘭商奇晶顧問工程師有限公司所提撤銷仲裁判斷之訴，為無理由，原告之訴駁回。

上開民事判決主要理由有二：

1. 本件為外國仲裁判斷

該仲裁判斷雖在中華民國領域臺北作成，但仲裁程序之進行則依「聯合國模範法」，按在中華民國領域內依外國法律作成之仲裁判斷，為外國仲裁判斷，仲裁法第 47 條定有明文，本件仲裁庭就仲裁程序事項既依「聯合國模範法」，是為依外國法律所為之仲裁判斷，應屬外國仲裁判斷。

2. 臺灣仲裁法第 40 條撤銷仲裁判斷之訴以「臺灣仲裁判斷」為對象

臺灣仲裁法第七章章名為「外國仲裁判斷」，另設有拒絕承認及執行外國仲裁判斷之事由等，而臺灣仲裁法第五章「撤銷仲裁判斷之訴」係承前第四章之「仲裁協議」、「仲裁庭之組織」、「仲裁程序」、「仲裁判斷之執行」等而規定，是故臺灣仲裁法第 40 條撤銷仲裁判斷之訴所規定者，是以「臺灣仲裁判斷」為對象，至於外國之仲裁判斷之撤銷，非臺灣仲裁法第 40 條所規範，應依該外國仲裁判斷所牽連之準據法規定定之。

上開所舉之實務案例，除了表徵臺灣仲裁法撤銷仲裁之訴對象不包含「外國仲裁判斷」外，尚重申臺灣仲裁法中對於外國仲裁判斷之定義認定。

從而，仲裁判斷之作成既具有訴訟法上之效力，係經由雙方當事人事先協議尊重仲裁庭所為之判斷，仲裁判斷撤銷之訴之性質屬形成權，其實質意義與完善監督制度等可知是對一裁終局之監督與審查權，應屬判斷地國為當[10]。

伍、大陸地區仲裁判斷承認之效力

一、大陸地區仲裁判斷之承認與執行

一般私人間商事爭端解決機制之發展，為保障兩岸當事人權益，以其在兩岸關係特殊情形下，能有公平、公正訴訟地位。在訴訟部分，臺灣設有區際衝突法規，凡涉及臺灣與大陸地區之民事事件之需要，即依《臺灣與大陸地區人民關係條例》處理兩岸人民往來所衍生之民事法律關係。訴訟外之替代爭端解決機制部分，亦有中華民國仲裁協會、中國國際經濟貿易仲裁委員會等平臺提供仲裁或調解之服務，均為使紛爭能夠解決。

按《臺灣與大陸地區人民關係條例》第74條規定，在大陸地區作成之民事仲裁判斷，不違背臺灣公共秩序或善良風俗者，得聲請法院裁定認可。經法院裁定認可之判斷，以給付為內容者，得為執行名義。但須以在臺灣作成之民事仲裁判斷，得聲請大陸地區法院裁定認可或為執行名義者，始適用之。

因此在大陸地區所作成之民事仲裁判斷，要在臺灣發生效力，首先須聲請臺灣法院裁定認可，法院在審理大陸仲裁判斷之聲請認可案件時，僅能就形式上審查其聲請是否合法，及仲裁判斷是否合法有效作成，至於仲裁判斷之實體問題，則非裁定認可程序形式審查上所得予以慎審究[11]。

此外，大陸地區作成之民事仲裁判斷，得聲請法院裁定認可的唯一條件，為「不得違背臺灣之公共秩序、善良風俗」。所謂「公共秩序」或「善良風俗」應係指一國國家或社會重大或根本利益、或者法律和道德的基本原則而言，所謂「臺灣之公共秩序」係指中華民國之立國精神及基本國策而言，所謂「臺灣之善良風俗」係指中華民國一般人民之倫理道德觀念而言。大陸地區作成之裁決，法院裁定準予認可之結果，如違背臺灣之公共秩序、善良風俗者，自不宜裁定準予認可。而在執行名義上，則僅限於以給付為內容者，始得為

執行名義。因仲裁裁決如係命相對人給付,而相對人不履行時,始有強制執行之必要。至於其他情形,則無須強制執行,故均不得為執行名義[12]。

二、大陸地區仲裁判斷於臺灣法院認可之效力

因《臺灣與大陸地區人民關係條例》第74條,關於大陸地區之民事仲裁判斷,現採行「裁定認可制」,從而依臺灣最高法院見解認定[13],經法院裁定認可之大陸地區民事確定裁判,以給付為內容者,得為執行名義,並未明定在大陸地區作成之民事確定裁判,與確定判決有同一之效力,該執行名義核屬強制執行法第4條第1項第6款規定其他依法律之規定得為強制執行名義,而非同條項第一款所稱臺灣確定之終局判決可比,因與符合承認要件而自動發生承認之「自動承認制」效力未盡相同,是經臺灣法院裁定認可之大陸地區民事確定裁判,應祇具有執行力而無與法院確定判決同一效力之既判力。

從而,經臺灣法院裁定認可之大陸地區民事仲裁判斷,應祇具有執行力而無與臺灣法院確定判決同一效力之既判力。該大陸地區民事仲裁判斷,對於訴訟標的或訴訟標的以外當事人主張之重大爭點,不論有無為「實體」之認定臺灣無爭點效原則之適用。法院自得斟酌全辯論意旨及調查證據之結果,為不同之判斷,不受大陸地區法院裁判之拘束。

故現行臺灣實務上認為,對於大陸地區所作成之民事仲裁判斷,僅賦予形式上之執行力,實質上否定既判力,使法院仍得就原本事件中之訴訟標的進行實質審查,實與拒絕外國仲裁判斷無異,實質上否定了當事人當初行使其程序處分權之仲裁協議[14]。臺灣亦有學者提出批判:「一事不再理」(res judicata)是民事訴訟的重要原則,各國均遵行不悖,此原則不僅適用於內國案件,同樣適用於對外國判決既判力的承認,承認外國判決既判力除基於對他國司法主權的尊重外,尚有讓法律紛爭及早定於一、使當事人權利及時實現之重要功能。臺灣與大陸地區雖非適用國與國關係,但在肯認彼此司法主權獨立之下,一事不再理原則也應準用於民事終審的判決與仲裁判斷上。[15]

陸、結論

臺灣仲裁法對於外國仲裁判斷不論在定義以及嗣後之聲請承認、法院駁回等情形均有具體規範，外國仲裁判斷須經由法院之審查，且符合法定要件始具執行力。另外因兩岸關係，尤以在大陸地區所作成之仲裁判斷在臺灣法院承認之效力，現行僅具有形式執行力，而不具既判力，有其特殊性存在，仍須仰賴後續實務解釋或修法加以彌補不足缺漏處，總體而論，希冀透過該篇介紹，能對臺灣仲裁法關於外國仲裁判斷相關之爭議問題，為一概括認識。

註釋

[1] 中國文化大學法律學系教授。

[2] 中國文化大學法律學系研究所博士生。

[3] 司法院79年廳民三字第0821號函。

[4] 最高法院75年度臺抗字第335號民事裁定。

[5] 最高法院93年度臺上字第1943號民事判決。

[6] 最高法院89年度臺抗字第82號民事裁定。

[7] 1985年6月21日聯合國國際資易委員會透過。2006年7月7日聯合國國際貿易委員會修訂。（As adopted by the United Nations Commission on International Trade Law on 21 June 1985，and as amended by the United Nations Commission on International Trade Law on 7 July 2006）

[8] 林俊益，「外國仲裁判斷之承認與執行」，收於「國際商務仲裁（一）論文集」（International Commercial Arbitration），第213、214頁，臺北，長弘出版，1990年7月。

[9] 林俊益，前揭註6，第214頁。

[10] 賴來焜，「仲裁判斷之救濟程序（上）」，仲裁，第78期，第52頁，2006年7月。

[11] 李復甸，「臺灣關於外國及大陸仲裁判斷之承認與執行」，收於，海峽兩岸經資仲裁論文集2001-2002，第117-118頁，中華民國仲裁協會，2003年2月。

[12] 李復甸，前揭註9，第177-118頁。

[13] 最高法院97年度臺上字第2376號民事判決、96年度臺上字第2531號民事判決。

[14] 李念祖，陳緯人，「承認外國仲裁判斷係賦予形式執行力或實質既判力？從仲裁法第47條第2項談最高法院關於兩岸條例第74條第2項之解釋」，法令月刊，第60卷，第11期，第21頁，2009年11月。

[15]陳長文,「大陸民事確定判決及仲裁判斷應具有既判力」,中國時報,A14版,2012年12月3日。

大陸法院判決於臺灣承認與執行之爭議

羅俊瑋[1]

壹、前言

外國法院判決之承認與執行為就當事人權益保障之重點,如於外國法院取得之判決無法獲內國法院承認並得以執行,則當事人之爭執將無法解決,權益亦無從獲得保障。故承認當事人於外國取得之權利,原則應不否定其於他國所獲得之判決。隨國際貿易發展,承認與執行外國民事判決之需求日益增加。故於特定條件下,承認外國民事判決之效力且得於本國執行,為大多數現代文明國家所允準,國際社會亦將因此為和諧發展[2]。

就臺灣而言,除外國判決之承認暨執行外,尚有就大陸法院民事判決承認與執行之問題。尤以兩岸開放後,兩岸民眾於大陸法院因紛爭進行民事訴訟者日趨增加。故於大陸法院進行訴訟獲勝訴判決,欲對敗訴方於臺灣之財產執行,應依據臺灣與大陸地區人民關係條例之規定為之。該條例第74條規定:「在大陸地區作成之民事確定裁判、民事仲裁判斷,不違背臺灣公共秩序或善良風俗者,得聲請法院裁定認可。前項經法院裁定認可之裁判或判斷,以給付為內容者,得為執行名義。前二項規定,以在臺灣作成之民事確定裁判、民事仲裁判斷,得聲請大陸地區法院裁定認可或為執行名義者,始適用之。」

於臺灣最高法院97年度臺上字第2376號民事判決認為:「大陸地區法院之判決經臺灣法院認可後僅具執行力,而不具既判力。臺灣法院自得斟酌全辯論意旨及調查證據之結果,為不同之判斷,不受大陸地區法院裁判之拘束。」此項判決一出,臺灣內部學界意見紛呈,故本文即就相關議題為論述。

貳、臺灣最高法院97年度臺上字第2376號民事判決要旨

按係爭大陸地區判決經我國法院依兩岸關係條例第74條規定裁定許可強制執行，固使該判決成為強制執行法第4條第1項6款規定之執行名義而有執行力，然並無與我國確定判決同一效力之既判力。債務人如認於執行名義成立前，有債權不成立或消滅或妨礙債權人請求之事由發生者，在強制執行事件程序終結前，即得依同法第十四條第二項規定，提起債務人異議之訴。至於確定判決之既判力，應以訴訟標的經表現於主文判斷之事項為限，判決理由原不生既判力問題，法院於確定判決理由中，就訴訟標的以外當事人主張之重要爭點，本於當事人辯論之結果，已為判斷時，除有顯然違背法令，或當事人已提出新訴訟資料，足以推翻原判斷之情形外，雖應解為在同一當事人就與該重要爭點有關所提起之他訴訟，法院及當事人對該重要爭點之法律關係，皆不得任作相反之判斷或主張，以符民事訴訟上之誠信原則，此即所謂「爭點效原則」。惟依前所述，經我國法院裁定認可之大陸地區民事確定裁判，應祇具執行力而無與我國法院確定判決同一效力之既判力。該大陸地區裁判，對於訴訟標的或訴訟標的以外當事人主張之重大爭點，不論有無為「實體」之認定，於我國當然無爭點效原則之適用。我國法院自得斟酌全辯論意旨及調查證據之結果，為不同之判斷，不受大陸地區法院裁判之拘束。縱該地區法院認定兩造間「事實」上建立了海上貨物運輸合約關係，上訴人為託運人等情，原審依其職權逕為：與上訴人直接簽訂運送契約之人為設於香港之華海公司，並非被上訴人。上訴人又未委託華海公司以上訴人之名義與被上訴人簽約，而後華海公司、鴻海公司、外聯發公司、三星公司均係各以自己名義，非以上訴人之代理人身份，或表示為上訴人簽訂契約之意思，其相互間所接續成立各自獨立之運送契約，基於債權契約之相對性，就兩造間對係爭貨物之運送而言，並無法律上運送契約關係存在。（參見大陸地區海商法第42條第3項第1目規定）。上訴人本於其與華海公司間之契約關係，輾轉交付貨物、取得提單，亦不得認兩造間因此成立以上訴人為託運人之「法律」上運送契約關係等論斷，而為上訴人敗訴之判決，應無違誤可言。上訴意旨，指摘原審採證、認事、解釋契約之職權行使及原判決贅

述關於係爭貨物為聯合國「以油換糧」計畫項下之交易等理由為不當,求予廢棄,非有理由。

參、外國之民事判決

　　按傳統國際法認為,土地、人民、主權等為成國家之要素,亦有認為應經承認才能成為國際法上之國家。亦有學者將國家成立前之民族獨立暨人民自決權,認為係國家之要件[3]。於國際私法所稱之國家與前揭國際法之定義不同,其係指獨立之法律體系領域。於美國法學會（American Law Institute）所擬之外國判決承認與執行法（4）第 1 條第 3 項所指稱之外國係指美國外之政府,包含美國海外領地,包含聯邦政府之分支機構或獨立之行政單位。即外國法院判決指本地法院以外之其他國家,或州法院之判決等。

　　又法院指具民事管轄權之國家機關,於歐盟關於民商事案件管轄權及判決承認與執行法（Jurisdiction and the Recognition and Enforcement of Judgments in Civil and Commercial Matters）第 1 條關於外國判決之承認與執行之條件及程序類推適用於非訟事件之管轄機關所作出之決定或文書之承認及執行。歐盟理事會就民事案件管轄權及判決承認與執行法規定之民事案件,按該法第 1 條第 2 項規定包含:自然人地位與法律能力,由婚姻關係引起之財產權利,遺囑與繼承關係;破產,與無力償債之公司或其他法人之清算、解散有關之程序,司法調解,和解協定及類似之程序;社會安全事項暨仲裁等。

　　從法院判決承認與執行之角度觀察,判決係指法院就訴訟當事人之權利義務,或其所提出之訴訟請求做出最後決定者。只要其係具審判權之司法機關依據民事訴訟程序,賦予當事人訴訟權利及實體權利之裁判,其內容並無實質之區別。1968 年歐洲共同體民商事管轄權及判決承認與執行公約（下稱布魯塞爾公約）第 25 條規定[6],判決指締約國法院或裁判庭作出之裁判,如命令、裁定、決定、執行令等,且法院書記官所作之訴訟費用決定為可承認之判決。1971 年海牙民事案件外國判決之承認及執行公約亦有規定,其規定本公約適用於締約國法院作出之全部裁判,不論該國在作出裁判之訴訟或對該裁判本身如何表達,如判決、命令或執行令等。美國國際私法判決之含

義，不僅包含法律意義由各類法院或特別法庭作出之判決、裁定、命令、禁令及決定，尚包含憲法未予限制之特定立法、司法或行政機關作出之裁判。

肆、承認與執行外國民事判決之理論

就外國法院判決承認與執行之理論有國際禮讓、司法契約、視同法律、既得權、債務、一事不再理、既判力及互惠等不同見解。

國際禮讓說由荷蘭學者 Huber 提出[8]，認為主權者之法律僅得在其境內行使。外國法律在其本國之領域實施，根據禮讓行使主權權力者，應使其在領域內維持效力，只要不致損害主權及國民利益即可。美國學者 Joseph Story 將國際禮讓認為係國內法規定，否認國際禮讓為習慣國際法之義務[9]。1895 年 ffilton v.Guyot[10]案，美國最高法院認為承認外國法院判決基礎是國際禮讓，即一國考量之國際責任與便利，並在適當考量本國公民或其他受本國法保護人之權利，在領域內承認他國之立法、行政或司法行為之活動。又 1990 年加拿大 Morguard Investments Ltd.v.de Savoye[11]案，加拿大最高法院認為國際禮讓應適用於外國法院判決之承認與執行。然有認為國際禮讓具主觀性，且概念模糊，內容虛無，令人無所適從[12]。

既得權說認為為維持法律關係穩定，對依據外國法有效設定之權利應加以保護，依一國法律正當取得之權利，應被任何國家承認及保護。英國法院於 Russell v.Smyth[13]、Godard v.Gray[14]及 Schibsby v.Westenholz[15]案，認為有合法管轄權之外國法院判決一方當事人應向他方當事人支付金錢債務，可以在內國執行。其認為合法取得之權利，均應受尊重。合法判決之債務，即應履行。

既判力說（theory of Res judicata）指有管轄權法院之所作終局判決，具確定當事人及利害關係人權利義務關係之效力，並具禁止雙重起訴之效力，針對同一案件之外國法院判決應獲得其他有關國家承認及執行[16]。案件經有管轄權之外國法院審理並為確定判決，內國法院基於當事人之請求，不再另行審理而承認與執行該外國法院之判決。此為美國法院對外州法院判決之規則，即各州對於他州法令、記錄與司法程序應完全信任。國會得以法律規定該項法令、記錄與司法程序之證明方法及其效果。

互惠說（theory of reciprocity）則從保護本國當事人利益之觀點，認為若外國法院承認及執行內國法院判決，則內國法院亦承認與執行該外國法院之判決。即一國法律規定內國法院承認與執行外國法院判決之前提，為該外國法院亦承認及執行內國法院之判決。如該外國法院不承認及執行該內國法院之判決，則內國法院亦不承認及執行該外國法院之判決。但有認為，此原則將使本國人權利於外國不公平或貪黷之司法受到傷害，並進而使國際司法合作受到挫折，增加訴訟以及法律不安定性，甚至對判決之再審理而致使司法之威嚴受損。互惠原則是國與國間之司法障礙[17]。現實主義說（theory of reaHsm）則認為現代社會複雜且相互依存，如強調各法域之特性及利益而不承認外國判決，將會產生不公正。正常之生活程序必將受干擾，此為承認外國判決之理由。

前揭各種學說均各有贊成或反對之意見，然應均係可參酌者。但吾人認為就外國法院判決承認暨執行，應係現代國家之慣例。承認外國判決可對於外國已進行訴訟之案件，避免重複審查及資源浪費。又其可對訴訟當事人予以保護，使其免受前案敗訴對手之干擾或逃避策略影響。復可穩定及統一國際秩序，使人們生活不侷限於任何單獨之管轄區域。因此於臺灣民事訴訟法於402條即有就外國判決承認其效力之規定。

伍、外國民事判決承認與執行之法律淵源

外國民事判決承認與執行之法律淵源有國際性公約、區域性國際公約暨內國法之規定。國際性公約有如，1956年國際公路貨物運送契約公約、1969年國際油汙損害民事責任公約[18]第10條、1971年關於設立油汙損害賠償國際基金國際公約[19]第8條、1971年海牙國際私法會議簽訂民事案件外國判決之承認及執行公約及其附加議定書、海牙國際私法會議於1999年制定民事管轄權及外國判決公約草案、2003年起草排他性選擇法院協議公約、2005年制定選擇法院協議公約[20]等亦就外國民事判決承認與執行為規定。

區域國際公約則有1928年拉丁美洲國家簽定之布斯達曼特法典、1932年北歐國家所簽訂之哥本哈根公約，1940年南美洲國家所簽訂之國際程序法

公約、1952 年阿拉伯國家所簽訂之阿拉伯聯盟關於執行判決公約，1968 年布魯塞爾公約、1988 年關於民事管轄權及判決承認與執行公約（下稱洛迦諾公約）[21]、2000 年歐盟民事管轄權及判決承認與執行法規、2003 年歐盟婚姻案件及親子責任案件管轄權及判決承認與執行之規則等就外國民事判決承認與執行為規定。於布魯塞爾公約及洛迦諾公約對管轄權及外國判決承認與執行已為詳盡規定，使歐洲國家在外國法院承認與判決方面有統一之規則。

再則於各國主要有兩種方式就此為規定，一為於民事訴訟法或國際私法以專章規定，次為以單行法規方式對承認與執行外國法院判決規範。臺灣即如前揭係於民事訴訟法為規定。

陸、外國法院民事判決承認與執行之要件

各國立法與國際公約規定承認與執行外國法院判決應具備之要件包含：

一、具管轄權

於外國法院判決承認與執行之議題，管轄權為首先應加以確定者。即原判決國法院須有管轄權，其判決才能獲得內國承認與執行，無管轄權就無判決之承認與執行。但各國確定管轄權之立法原則及宗旨不同，導致在管轄權之標準、規則、爭執之解決等有所不同。

二、具終局性

外國法院之判決在內國獲得承認及執行，其所確定之權利須是確定、具體及可執行，非經法定程序不得變更，即將外國法院判決之確定性及終局性作為該判決在內國獲得承認及執行之必要條件。判決不得再被提起司法救濟時，方為終局判決。終局判決，不問是出席裁判，還是缺席裁判均可，但中間判決不屬於此。

1971 年海牙民商事案件外國判決之承認及執行公約第 4 條 [22] 第 1 項規定，承認與執行外國判決之條件，為判決在原判決國不能再作為普通程序之上訴標的。第 2 項規定：為使在被請求國可執行，判決應該在原判決國是可執行之。布魯塞爾公約第 29 條 [23] 規定：在任何情況下，外國判決不能成為實質性再審之對象。一般而言，確定終局性應按判決原審國法律決定，而且

終局性之判決亦並非指絕對不可變更之判決。判決在被申請國之效力,主要為判決在原審國之效力。

三、無違公序良俗

公序良俗(public policy)是現代各國判決承認與執行之重要前提,其係為維護內國之基本政策及道德與法律觀念及基本原則,使其不至於因外國法院判決在內國之承認及執行而受到威脅,因此將公序良俗似為國際私法上之安全閥。但如何就公序良俗定義仍是難題,其為不確定之法律概念,如同法律之未知數[24]。於布魯塞爾公約第27條第1項及第34條第2項規定,如判決之承認違反承認地國之公序良俗,可拒絕承認或執行1971年海牙民事外國判決之承認及執行公約第5條規定,有下列情形之一者可拒絕承認或執行判決:(a)承認或執行判決與被請求國之公序良俗顯不相容;……。1999年海牙民事管轄權及外國判決公約(草案)亦規定公序良俗作為拒絕承認及執行外國法院判決之理由之一。第28條第1項規定,以下情況可拒絕承認及執行外國判決:……承認及執行明顯違反被申請承認及執行國之公序良俗。2005年法院選擇協議公約第6條規定,被選擇法院以外之締約國法院應中止或駁回排他性選擇法院協議所涉訴訟,但下列情形被選擇法院外之締約國法院可行使管轄權:……(c)給予協議效力將導致明顯不公,或將明顯違反受案法院所在國之公序良俗……。

各國在運用公序良俗時均採謹慎態度,而有相當限度,實踐中有時懸而不用。公序良俗為保護本國利益之最後方式,在其他措施不能保護本國利益時,可做為安全閥之用,並可消除各國對國際私法合作之恐懼。但公共政策具不確定性,其因法律未具體規定在如何之情況可適用,各國法院有相當裁量權,容易導致濫用,因此對公序良俗制度應加以適當限製為必然。

四、程序公正

承認與執行外國法院之判決時,無須對訴訟程序之公正性進行審查。但各國立法及相關國際公約對程序之公正性加以重視,即被請求之法院會對作出該判決之程序正當性進行判斷。從外國法院判決承認與執行觀察,程序公正為訴訟當事人可獲得參與訴訟之通知,且訴訟當事人獲得平等參與訴訟之

機會[27]。美國聯邦最高法院在 1895 年 Hilton v.Guyot 案認為，在國外具管轄權之法院可確保在本國公民及他國公民間實現公正之法律規則，被告經合法傳訊後，按正常訴訟程序進行公正審理。且該法院及其所屬法律體系不存在歧視，即自然公正為當事人參與訴訟之正當權利。

柒、外國法院民事判決承認與執行之程序

內國決定是否承認與執行外國法院判決時，應審查該判決是否合承認與執行之基本要件。對請求承認與執行之外國法院判決之審查，內國法院主要係根據本國法律為形式及實質審查。但一般僅進行形式審查，不作實質審查。只要外國法院判決在形式上符合承認與執行之條件，便予以承認，並按被請求國法所規定之執行程序執行。布魯塞爾公約第 29 條規定，在任何情況均不能對外國判決之實質性問題加以審查。第 34 條規定，申請書只能以該公約規定之拒絕承認理由被拒絕執行，不得以代為執行為理由而要求對判決進行實質審查。1971 年海牙民事案件外國判決之承認及執行公約第 8 條規定，除被請求國法院可根據公約有關承認及執行外國法院判決之條件進行審查外，對請求國送交之判決不作實質性之任何審查。

一般對申請承認及執行之外國法院判決之形式審查，包含如下事項：1.互惠關係：即一外國法院拒絕給予互惠，即拒絕承認及執行內國法院之判決，內國法院可拒絕承認與執行該外國法院判決。2.管轄權：承認與執行外國法院判決之制度，審查外國原審法院是否具管轄權為基本條件。其主要按該外國法院行使管轄權是否有：在該管轄區域對被告本人送達傳票、訴訟開始時被告在該管轄區擁有住所與否；被告自願出庭、被告同意受該法庭管轄之約定、訴訟發生時被告身在該管轄區域且因於當地之不動產之權利而涉訟加以決定。3.終局性：管轄權審查後，應審查外國法院判決是否具終局性及確定性。外國法院判決僅具特定法律效力時，才能被內國法院承認及執行。4.公正性：承認與執行外國法院判決，審查之另一內容為訴訟程序之公正與否。但審查範圍並非對判決之全部訴訟程序進行審查，而僅就敗訴當事人是否適當行使辯護權進行審查，即審查被告是否獲得適當通知及合理辯護機會，有時另審查判決是否因欺詐所致。布魯塞爾公約第 27 條第 2 項規定，如未及時將訴訟文書送達被告使其不能充分答辯，致使被告未能在外國法院出庭應

訴，可不承認該判決。該公約議定書第 4 條規定在一締約國作成、需要送達到另一締約國當事人之訴訟文書，應按照締約國締結之條約及協定規定程序送達。1971 年海牙民事案件外國判決之承認及執行公約第 5 條規定，裁判在違背法律正當程序要求之訴訟作出，或當事人未能平等獲得充分之陳述機會，則被請求之締約國法院可拒絕承認及執行該裁判。在以自然公正作抗辯時應注意對外國程序不公正之認定須慎重。如對外國人及本國公民訴訟權利之差別待遇可認為不公正，但就外國人進行訴訟之額外要求，如要求非居民提供擔，或要求外國公司須符合在本地從事經營才可在當地提出訴訟，不能視為不公正。5.

公序良俗：一個外國法院判決符合管轄權，具終局性之效力，程序上又無不公平，但違反被請求國之公共政策，亦不可能獲得承認及執行。公共政策之抗辯為最後防線。然公共政策廣遭批判，重要者為其他拒絕承認及執行之理由隨處可找，實質導致公共政策少有適用。

捌、臺灣最高法院 97 年度臺上字第 2376 號民事判決之檢討

一、臺灣民事訴訟法之規定

按臺灣民事訴訟法第 402 條規定外國法院確定判決之效力，其規定：「外國法院之確定判決，有下列各款情形之一者，不認其效力：1. 依中華民國之法律，外國法院無管轄權者。2. 敗訴之被告未應訴者。但開始訴訟之通知或命令已於相當時期在該國合法送達，或依中華民國法律上之協助送達者，不在此限。3. 判決之內容或訴訟程序，有背中華民國之公共秩序或善良風俗者。4. 無相互之承認者。前項規定，於外國法院之確定裁定準用之。」就前揭討論，臺灣民事訴訟法之規定大致相同，以外國法院就案件之審判是否具有管轄權，被告是否受有合法之送達是否外國法院之判決為被我國公共秩序或善良風俗，及有無相互承認等條件加以審查。如符合前揭規定，即承認外國法院判決之效力。

二、臺灣與大陸地區人民關係條例之規定

兩岸間情形特殊，為規範兩岸間人民往來之法律關係，臺灣於 1992 年訂有臺灣與大陸地區人民關係條例。該條例現行條文第 74 條規定：「在大

陸地區作成之民事確定裁判、民事仲裁判斷,不違背臺灣公共秩序或善良風俗者,得聲請法院裁定認可。前項經法院裁定認可之裁判或判斷,以給付為內容者,得為執行名義。前二項規定,以在臺灣作成之民事確定裁判、民事仲裁判斷,得聲請大陸地區法院裁定認可或為執行名義者,始適用之。」就本條條文觀察,大陸法院所為之判決非如外國法院之判決,臺灣法院並不承認其效力,而須聲請我國法院以裁定認可,始得為執行名義。

故就本文所論之案件,臺灣最高法院即認為,「係爭大陸地區判決經我國法院依兩岸關係條例第 74 條規定裁定許可強制執行,固使該判決成為強制執行法第 4 條第 1 項第 6 款規定之執行名義而有執行力,然並無與我國確定判決同一效力之既判力。債務人如認於執行名義成立前,有債權不成立或消滅或妨礙債權人請求之事由發生者,在強制執行事件程序終結前,即得依同法第 14 條第 2 項規定,提起債務人異議之訴。」其復認為:「經我國法院裁定認可之大陸地區民事確定裁判,應祇具執行力而無與我國法院確定判決同一效力之既判力。該大陸地區裁判,對於訴訟標的或訴訟標的以外當事人主張之重大爭點,不論有無為『實體』之認定,於我國當然無爭點效原則之適用。我國法院自得斟酌全辯論意旨及調查證據之結果,為不同之判斷,不受大陸地區法院裁判之拘束。」

三、臺灣學界之檢討

於本案判決做出後,臺灣學界對此意見紛歧,其或從大陸法律、司法制度、法官養成暨現法訴訟權保障等各角度論述是否承認大陸法院之判決效力。有以大陸判決之實質確定力與臺灣不同,且其再審規定寬鬆暨法院裁判品質尚有疑慮等,認為就大陸法院之判決效力應仔細斟酌[28]。亦有以大陸法院之判決無確定判決之制度,因此不應就大陸法院之判決效力予以承認[29]。進而亦有由臺灣憲法就訴訟權之保障觀點加以討論者,其認為大陸法官並未能達成獨立審判與維持中立之要求;且法院未達最低法律程序之要求,即大陸之司法並未能獨立運作,其受到各種力量之介入與控制;現階段大陸法院之裁判不符合中立、獨立法官要訴之公序良俗條款之要求、司法運作機制不透明等認為不應承認大陸法院判決之效力[30]。當然,從大陸內部學者相關討論意見觀察,前揭臺灣學者所論及之大陸司法權未能獨立[31]、法官尚未能完全獨

立審判[32]亦無身份保障[33]、判決之終局性疑慮[34]等不當情形均有加以為文探討者。故前揭臺灣學者之意見似非完全係其個人主觀之偏見。

然亦有學者認為前揭臺灣最高法院之見解為不可採,其違反互惠原則而有背於法律衝突理論[35]。亦有認為前揭法院之見解侵犯訴訟權及平等權之保障而有違憲之虞者。進而有學者認為最高法院之見解將造成兩岸人民就相同爭議奔波於兩案法院,損害當事人之權益,其批評臺灣最高法院為落後文明國家之司法不只百年[37]。而有學者則論及最高法院之見解,將造成兩岸人民經貿往來之重大障礙,因而建議臺灣應修正相關法律[38]。

四、本文意見

臺灣最高法院依據兩岸關係條例第74條規定所為之解釋,於法條規定觀察其與臺灣民事訴訟法規定尚存有差益,故就其內容學術界或有不同之觀點,但此現似已成為臺灣司法實務之確定見解,當然其將有礙兩岸民間商務之發展,則無庸待言。

按本文認為無論於政治或國際法,就兩岸間之定位如何,於國際私法之觀點,臺灣與大陸均互屬於不同法域。因此就大陸法院之判決,似應如臺灣民事訴訟法第402條規定為處理,或較為恰當。因此本文建議臺灣之兩岸關係條例第74條規定應加以修正,方可避免相關爭議。

註釋

[1] 中正大學法學院法律學系副教授。

[2] Adams v. Cape Indus., 1 All E.R.929 (Ch.1991).

[3] 許慶雄,現代國際法入門,月旦,頁58-60,1998年。

[4] The Foreign Judgments Recognition and Enforcement Act.

[5] Brussels Convention on Jurisdiction and the Enforcement of Judgments in Civil and Commercial Matters 1968.

[6] For the purposes of this Convention, judgment'means any judgment given by a court or tribunal of a Contracting State, whatever the judgment may be called, including a decree, order, decision or writ of execution, as well as the determination of costs or expenses by an officer of the court.

[7]Convention on the Recognition and Enforcement of Foreign Judgements in Civil and Commercial Matters.

[8]Ernest G. Lorenzen，Huber's De Conflictu Legum，13 ILL L.REV.375，376（1919）.

[9]Alan Watson，Joseph Story and the Comity of Errors，A Case Study in Conflict of Laws，The University of Georgia Press，pp. 18-20（1992）.

[10]Hilton V. Guyot，159 U.S.113（1895）.

[11]Morguard Investments Ltd. V.de Savoye.（1990）3 S.C.R.1077.

[12]Harold G. Maier，Extraterritorial Jurisdiction at A Crossroads：An Intersection Between Public and Private International Law，76 AM.j.Int'L.280，281（1982）.

[13]（1842）60 R. R.904

[14]（1870）LR6 QB 139

[15]（1870）LR6 QB 155

[16]高風仙，美國國際私法之發展趨勢，商務印書館，1990年，頁177。

[17]藍瀛芳，外國判決之承認，法學叢刊，第103期，1981年9月，頁51。

[18]International Convention on Civil Liability for Oil Pollution Damage（CLC），1969.

[19]International Convention on the Establishment of an International Fund for Compensation fo tion Damage，1971.

[20]Convention on Choice of Court Agreements.

[21]Lugano Convention of 16 September 1988 on jurisdiction and the enforcement of judgments in c commercial matters.

[22]A decision rendered in one of the Contracting States shall be entitled to recognition and en another Contracting State under the terms of this Convention-

（1）if the decision was given by a court considered to have jurisdiction within the meaning of this Convention.

（2）if it is no longer subject to ordinary forms of review in the State of origin.

In addition，to be enforceable in the State addressed，a decision must be enforceable in the State of origin.

[23]Under no circumstances may a foreign judgment be reviewed as to its substance.

[24]Ehrenzweig, Treatise on the Conflict of Laws, West Publishing Co. Inc, New York, p.344（1962）.

[25]Ajudgment shall not be recognized……if such recognition is contrary to public policy in the recognition is sought.

[26]giving effect to the agreement would lead to a manifest injustice or would be manifestly co public policy of the State of the court seised.

[27]Jacobson v. Frachon，138 L.T.R.386，329（1927）.

[28]黃國昌，一個美麗的錯誤：裁定認可之中國大陸判決有無既判力？——評最高法院九十六年度臺上字第二五三一號判決月旦法學雜誌，第167期，2009年4月，頁198。

[29]吳光陸，從案例研究大陸地區判決在臺灣強制執行之救濟，法令月刊，第61卷第7期，2010年7月，頁106—109。

[30]王欽彥，中國大陸人民法院判決效力之承認與憲法之訴訟權保障，成大法學，第23期，2012年6月，頁123—129。

[31]有論及各級地方黨委對作為黨員之法官實際上享有管理權、黨委可直接干預法院內部審判，王申，司法行政化管理與法官獨立審判，法學，第6期，2010年，頁37-39。又有論及地方法院保護主益嚴重，各省地方法院有對抗、衝突之情形，王果純、伍玉功，我國司法體制存在的問題與對策，常德師範學院學報（社會科學版），第25卷第5期，2000年9月，頁18。

[32]有認為法官獨立審判並不包含對於立法機關、黨以及檢察機關的獨立，孔一君，論民事檢察監督認知的三大失誤，金卡工程（經濟與法），第8期，2010年，頁31。

[33]有認為法官升遷由院長決定，故法官對院長的領導絕對服從，楊錦、張盈、張蕾，維護司法公正加強司法獨立，法制與社會，2009年10月（中），頁179。

[34]如有論及就再審有四無限性，即再審理由無限、法院級別無限、時間無限暨次數無限。程雪瑤，我國法院依職權啟動再審程序的合理性探討，金卡工程（經濟與法），第10期，2010年，頁109。

[35]李永然、黃介男，經臺灣法院裁定認可執行之大陸判決是否有既判力？一兼論最高法院九十七年臺上字第二三七六號民事判決，全國律師，第14卷第3期，2010年3月，頁70-74。

[36]李念祖、陳緯人，承認外國仲裁判斷係賦予形式執行力或實質既判力——從仲裁法第47條第2項談最高法院關於兩岸條例第74條第2項之解釋，法令月刊，第60卷第11期，2009年11月，頁18-22。

[37] 陳長文，兩案司法互助閉門造車的最高法院兄弟們，聯合報，All 版，2009 年 4 月 27 日。

[38] 羅俊瑋，論中國大陸法院判決之承認與執行——兼論最高法院九十七年度臺上字第二三七六號民事判決，寓國法律，第 167 期，2009 年 10 月，頁 102。

海峽兩岸仲裁判斷之認可與執行——以臺灣法為中心

易先智[1]

壹、前言

　　海峽兩岸自 1949 年以來，長期處於分治狀態，自兩岸相繼開放觀光以來，相互間在政治、經貿等活動交流上更趨密切、頻繁，而近年來中國大陸經濟發展快速，目前已超越日本，成為世界上第二大經濟體，中國大陸經濟上之崛起絕對不容忽視，而隨者兩岸經貿投資之往來日益增加，中國大陸早已是臺灣最大之貿易對象之一，隨之而來的是經貿糾紛日益增多，除了曠日廢時的訴訟外，以快速又秘密之仲裁方式亦為另一解決糾紛之選擇。臺灣司法院大法官在釋字 591 號解釋中亦肯認仲裁係本於「契約自由原則」，以當事人合意選擇依訴訟外之途徑處理爭議之制度，兼有程序法與實體法之雙重效力，具「私法紛爭自主解決」之特性。惟兩岸之仲裁判斷作成後，尚有將仲裁判斷之內容實現問題，本文以下將就「中國大陸仲裁判斷」於臺灣認可及執行之相關規範及實務見解加以論述及檢討，供未來兩岸立法參考，以確保兩岸人民私法上之權益。

貳、臺灣就域外仲裁判斷相關法制之沿革

一、外國仲裁判斷

　　國際上對於仲裁判斷之承認與執行，早在 1958 年即由聯合國國際商務仲裁協會於美國紐約制定了「外國仲裁判斷之承認及執行公約」（Convention of the Recognition and Enforcement of Foreign Arbitration Awards），簡稱「紐約公約」（The New York Convention），截至 2013 年為止，全球已有 149 個國家加入此公約其中第 1 條即規定了：「由於自然人或法人間的爭執而引起的

仲裁判斷，在一個國家的領土內作成，而在另一個國家請求承認和執行時，適用本公約。在一個國家請求承認和執行這個國家不認為是本國之仲裁判斷時，也適用本公約（1）。」其第 5 條並規定了不予承認及執行之情形，包括：「對造當事人未接獲關於選任仲裁人或仲裁程序之適當通知，或因他故致未能陳述意見者」、「承認與執行仲裁判斷有違該國公共政策」……等[4]。

而後於 1985 年聯合國國際貿易法委員會亦制定了「國際商事仲裁示範法」（UNCITRAL Model Law on International Commercial Arbitration），其中第 35 條亦規定：「仲裁判斷不論在何國境內作出，均應承認具有約束力，而且經向管轄法院提出書面申請，即應依照本條和第 36 條之規定予以執行[5]。」而第 36 條並規定了拒絕承認或執行之情形，包括：「受裁決援用之當事一方未接獲有關委任仲裁員或仲裁程序之適當通知，或因他故致其不能陳述案件」、「承認或執行該仲裁判斷有違本國公共政策」……等[6]，與上述「紐約公約」不予承認及執行之情形相同。

臺灣雖無加入「紐約公約」，但亦參考其內容於 1961 年制定了《商務仲裁條例》，並於 1982 年於該條例加入「外國仲裁之承認與執行」內容，其中第 30 條規定：「凡在中華民國領域外作成之仲裁判斷，為外國仲裁判斷。外國仲裁判斷，經聲請法院裁定承認後。得為執行名義。」而後並參考「國際商事仲裁示範法」進行修正，並於 1998 年修正並改名為《仲裁法》，其中第 47 條第 1 項：「在中華民國領域外作成之仲裁判斷或在中華民國領域內依外國法律作成之仲裁判斷，為外國仲裁判斷。」將外國仲裁判斷之範圍擴大至「域內依外國法律作成之仲裁判斷」。

而就外國仲裁判斷承認要件部分，現行臺灣《仲裁法》第 49 條規定：「當事人聲請法院承認之外國仲裁判斷，有下列各款情形之一者，法院應以裁定駁回其聲請：

一、仲裁判斷之承認或執行，有背於中華民國公共秩序或善良風俗者。

二、仲裁判斷依中華民國法律，其爭議事項不能以仲裁解決者。

外國仲裁判斷，其判斷地國或判斷所適用之仲裁法規所屬國對於中華民國之仲裁判斷不予承認者，法院得以裁定駁回其聲請。」

同法第 50 條亦規定：「當事人聲請法院承認之外國仲裁判斷，有下列各款情形之一者，他方當事人得於收受通知後二十日內聲請法院駁回其聲請：

一、仲裁協議，因當事人依所應適用之法律係欠缺行為能力而不生效力者。

二、仲裁協議，依當事人所約定之法律為無效；未約定時，依判斷地法為無效者。

三、當事人之一方，就仲裁人之選定或仲裁程序應通知之事項未受適當通知，或有其他情事足認仲裁欠缺正當程序者。

四、仲裁判斷與仲裁協議標的之爭議無關，或踰越仲裁協議之範圍者。但除去該部分亦可成立者，其餘部分，不在此限。

五、仲裁庭之組織或仲裁程序違反當事人之約定；當事人無約定時，違反仲裁地法者。

六、仲裁判斷，對於當事人尚無拘束力或經管轄機關撤銷或停止其效力者。」

由上可知，現行臺灣《仲裁法》有關「外國仲裁判斷」之承認要件規定，內容上與「紐約公約」、「國際商事仲裁示範法」相同，符合國際上之立法潮流。

二、中國大陸仲裁判斷

雖臺灣於 1961 年即有《商務仲裁條例》，但該條例對於在中國大陸做成之仲裁判斷並未有任何相關規定[7]，直至 1992 年臺灣制訂了《臺灣與大陸地區人民關係條例》（以下稱《兩岸人民關係條例》）始有對中國大陸仲裁判斷認可與執行之法源依據，而中國大陸於 1987 年加入「紐約公約」，其後於 1994 年制定了中國大陸《仲裁法》，惟就臺灣仲裁判斷亦未有任何相關規定，直至 1998 年才有《最高人民法院關於人民法院認可臺灣有關法院民事判決的規定》，歸納兩岸分治後，相互認可與執行之法規沿革，可以區分為以下三個時期：

（一）相互不認可與執行之時期

基於兩岸於1949年開始分治之政治現實以及意識形態之緣故，在相關相互認可與執行法律與規定尚未制定之前，於相互地區作成之仲裁判斷均無法在對岸獲得認可與執行，造成兩岸間以仲裁判斷解決之民事糾紛無法在對岸獲得認可及執行，兩岸人民之權益未受到保障。

（二）臺灣單方認可與執行時期

為解決兩岸人民之民事糾紛並給予相關認可與執行之法律依據，臺灣方面於1992年制定了《臺灣與大陸地區人民關係條例》（以下稱《兩岸人民關係條例》）即於第74條規定：「在大陸地區作成之民事確定裁判、民事仲裁判斷，不違背臺灣公共秩序或善良風俗者，得聲請法院裁定認可。前項經法院裁定認可之裁判或判斷以給付為內容者，得為執行名義。」

臺灣方面開始有了認可與執行之法律依據，自不適用臺灣《仲裁法》中外國仲裁判斷之規定[8]。

而中國大陸方面在「第七屆全國人民代表會」第四次會議工作報告上，就臺灣有關法院民事判決，曾表示如「不違反中華人民共和國法律的基本原則，不損害社會公共利益，可以承認其效力然而由於大陸事實上並不承認有「中華民國」之國號，是以臺灣法院之裁判日期與商務仲裁協會之仲裁判斷均有「中華民國」之國號，是以臺灣法院之民事裁判或仲裁判斷根本無從在大陸地區法院提出認可之申請[10]。且當時中國大陸並未回應我方而制定任何相關法規，造成僅有我方片面承認中國大陸之仲裁判斷，未能對等互惠，因此，臺灣在1997年修正該條規定，增列「互惠原則」規定，其第三項規定：「前兩項規定，以在臺灣作成之民事確定判決、民事仲裁判斷，得聲請大陸地區法院裁定認可或為執行名義者，始適用之。」

（三）雙方相互認可時期

中國大陸方面於1998年1月15日由其最高人民法院審判委員會第957次會議透過《最高人民法院關於人民法院認可臺灣有關法院民事判決的規定》，並於同年5月26日起施行，其中第18、19條規定臺灣之法院民事裁定及「仲裁機構裁決」亦得向人民法院申請認可與執行，自此，臺灣仲裁機

構作成之判斷開始可以依該規定申請認可,兩岸開始進入可相互認可與執行民事仲裁判斷之時期[11]。

三、香港澳門仲裁判斷

香港與澳門分別於1997及1999年回歸中國大陸,臺灣方面為了因應相關法制之不足,特別於1997年制定了《香港澳門關係條例》,其中第42條第2項規定:「在香港或澳門作成之民事仲裁判斷,其效力、聲請法院承認及停止執行,準用商務仲裁條例第30條至第34條之規定。」由此可知,「香港澳門仲裁判斷」其效力及聲請承認等均「準用」《商務仲裁條例》有關「外國仲裁判斷」規定,為「準外國仲裁判斷」。

惟《商務仲裁條例》於1998年即已修法及改名為《仲裁法》,但《香港澳門關係條例》第42條第2項規定「準用商務仲裁條例第30條至第34條之規定」其用語並未隨之修訂,因此,目前實係指《仲裁法》第47條至第51條有關「外國仲裁判斷」規定。

參、中國大陸仲裁判斷認可之依據與程序

臺灣對於「中國大陸仲裁判斷」聲請認可之依據為臺灣《兩岸人民關係條例》第74條,而程序上,因認可屬「非訟程序」性質,故原則上應適用臺灣《非訟事件法》相關規定,茲分述如下:

一、聲請認可之依據

不論臺灣《商務仲裁條例》或《仲裁法》中,均有「外國仲裁判斷」規定,但「中國大陸仲裁判斷」雖為「域外仲裁判斷」,但一般認為並非「外國仲裁判斷」,故不能適用,而臺灣《兩岸人民關係條例》第74條第1項:「在大陸地區作成之民事確定裁判、民事仲裁判斷,不違背臺灣公共秩序或善良風俗者,得聲請法院裁定認可。」明文規定中國大陸仲裁判斷得於臺灣聲請認可,為認可之法源依據。

二、聲請認可之程序

臺灣《兩岸人民關係條例》第74條第1項僅規定:「……得聲請法院裁定認可。」就聲請認可之程序則未有規定,臺灣最高法院認為認可程序,

性質上即為非訟程序,屬「非訟事件」,應適用臺灣《非訟事件法》規定[12],其規定內容分述如下:

(一)聲請之當事人

關於聲請之當事人,臺灣《兩岸人民關係條例》及《非訟事件法》就可向臺灣法院聲請裁定認可之人,均未有明文規定,解釋上應以中國大陸作成之仲裁裁決書上所列之當事人為聲請人[13],且依臺灣《非訟事件法》第11條規定尚須準用民事訴訟有關「當事人能力」及「訴訟能力」規定[14]。

(二)管轄法院

臺灣《兩岸人民關係條例》及《非訟事件法》就「中國大陸仲裁判斷」認可之程序亦未有管轄之明文規定,臺灣最高法院88年臺聲字第14號裁定認為:「聲請法院裁定認可在大陸地區作成之民事確定裁判,係屬非訟事件,其裁定程序固應適用非訟事件法總則之規定,惟該條例及非訟事件法對於此等事件之管轄均未設規定,自應類推適用民事訴訟法相關規定,以定其管轄法院。」因此,依臺灣《民事訴訟法》規定,原則上「以原就被」,由被告之住所地或主營業地法院管轄(同法第1條第1項、第2條第2項),如因契約或侵權行為而提起仲裁,則亦得由債務履行地或侵權行為地法院管轄(同法第12條、第15條第1項)[15]。

(三)聲請認可之客體

聲請認可之「中國大陸仲裁判斷」除了仲裁庭依其判斷作出之裁決書外,依中國大陸《仲裁法》第51條規定,亦可能包含仲裁庭先行調解成功,而根據其「協定的結果」製作之「裁決書」[16]。

惟其是否亦得為聲請認可之客體,則有疑問,臺灣法務部曾於1994年12月22日為律決字第27860號函對中國大陸法院作成之「民事調解書」表示否定見解,其理由為:「……得為執行名義之訴訟上調解,強制執行法第4條第1項第3款系以專款明定,與民事裁判分屬不同款別[17]。就上述兩種法律參互以觀,該條例第74條所指民事確定裁判,宜解為不包括『民事調解書』在內……[18]。」因此,目前臺灣司法實務上就中國大陸法院所作出之

調解書認為其並非臺灣《兩岸人民關係條例》第74條1項之「民事確定判決」，故非得聲請認可之客體。

而中國大陸仲裁庭先行調解並達成協定而製作之「裁決書」，則未見實務上表示見解，如依上述法務部之見解，則不論仲裁判斷係依仲裁庭之判斷或依先行調解協定作出之仲裁裁決書，均同為臺灣《強制執行法》第4條第1項第6款之執行名義，而經調解成功所作成之仲裁判斷形式上即為裁決書，且仲裁判斷本係依當事人自主意願所選擇之紛爭解決機制，與法院判決係基於審判權之行使不同，從而應認中國大陸依仲裁庭調解結果而作出之裁決書，亦為本條得聲請認可之客體為當。

（四）檢附之文件

依臺灣《非訟事件法》第30條第1項第4、5款規定，聲請書狀應附上供證明或釋明用之證據及附屬文件，惟其中有關供證明或釋明用之證據以及附屬之文件，該法並未對於「中國大陸仲裁判斷」之認可有作特別規定，因此應類推適用臺灣《仲裁法》第48條第1項有關「外國仲裁判斷」承認之相關規定[19]，須提出：一、仲裁判斷書之正本或經認證之繕本。二、仲裁協議之原本或經認證之繕本。三、仲裁判斷適用之中國大陸仲裁法規、仲裁機構仲裁規則全文。又依臺灣《兩岸人民關係條例施行細則》第68條規定，中國大陸作成之民事仲裁判斷應經臺灣行政院指定之「海基會[20]」進行驗證。

（五）法院之調查

聲請認可性質上既為「非訟程序」，依臺灣《非訟事件法》第32條規定，臺灣法院就是否違背臺灣「公共秩序」或「善良風俗」之認可要件得為「職權調查」，惟在審理大陸仲裁判斷之聲請認可案時，僅能形式上審查其聲請是否合法，及仲裁判斷是否有效作成，至於仲裁判斷之實體問題，則非裁定認可程序所得審究之內容[21]。

（六）救濟程序

聲請認可既然為非訟程序，其救濟則依臺灣《非訟事件法》第42條、第45條規定，於收受送達裁定書後10日內向原裁定法院提出「抗告」，並得以「適用法規顯有錯誤」為由，對抗告法院之裁定再為抗告。

惟裁定確定後,如有得為「準再審」之原因者[22],如係「外國仲裁判斷」,因其適用臺灣《仲裁法》第 52 條規定可準用臺灣《民事訴訟法》「準再審」規定,故得提起之,惟「中國大陸之仲裁判斷」部分,司法實務則認為《兩岸關係條例》並無準用《仲裁法》規定之明文,故不得依其第 52 條規定準用《民事訴訟法》「準再審」之規定,又《非訟事件法》復無「準再審」之明文,因而無從聲請「準再審」[23]。惟兩者均非臺灣之仲裁判斷,性質上相近,何以就「準再審」部分有此差別待遇,不得而知,所幸,今年(2013 年)5 月臺灣《非訟事件法》增訂第 46-1 條規定:「民事訴訟法第五編再審程序之規定,於非訟事件之確定裁定準用之。」未來不論「中國大陸」或「外國」仲裁判斷認可或承認與否之確定裁定,均可據此新規定聲請「準再審」。

(七)聲請認可期限

臺灣《兩岸人民關係條例》及《非訟事件法》就聲請認可均未有期限之規定,惟依中國大陸民事仲裁判斷書之請求,為請求權之行使,基於法秩序之安定,應有提出聲請時間上之限制[24],始為恰當,有論者認如他造為時效抗辯,應認欠缺權利保護要件,予以駁回[25]。

肆、中國大陸仲裁判斷認可之要件與互惠原則

一、聲請認可要件

臺灣《兩岸人民關係條例》第 74 條第 1 項僅規定了「公共秩序或善良風俗」為認可要件,又適用上是否亦僅以此要件為限,茲分述如下:

(一)不違背臺灣公共秩序或善良風俗

臺灣《兩岸人民關係條例》第 74 條第 1 項規定:「在大陸地區作成之民事裁判、民事仲裁判斷,不違背臺灣公共秩序或善良風俗者,得聲請法院裁定認可。」而所謂公共秩序或善良風俗,即「公序良俗」,屬不確定法律概念,係指國家或社會重大或根本利益或一般人民之倫理道德觀念而言[26]。

臺灣最高法院 69 年度上字 2603 號判例亦認為其係指「國家社會一般利益及道德觀念」,如僅涉及私人利益,無關國家社會一般利益,亦與道德觀念無涉者,則與公序良俗無關[27],此尚須法院依具體情況個案認定之。

臺灣司法實務上曾認為中國大陸仲裁判斷如有「仲裁判斷與仲裁協議標的之爭議無關，或踰越仲裁協議標的之範圍」（臺灣《仲裁法》第38條第1款，「應駁回執行裁定聲請」之情形），或「仲裁庭之組成或仲裁程序，違反仲裁協議或法律規定」（同法第40條第1項第1款、第4款，「得提撤銷仲裁判斷之訴」之情形），為違反臺灣「公序良俗」之例，臺灣桃園地方法院98年度抗字225號裁定謂：「係爭仲裁判斷既非屬『衡平仲裁』，自無違我國仲裁法第31條須經當事人明示合意者，始得適用衡平原則為判斷之規定；又係爭委託代理合約第3條第3項風險代理之報酬金額雖逾中華人民共和國『律師服務收費管理辦法』第13條第2項規定之最高額，然此約定難認為依中國之法律可致係爭委託代理合約之全部約定均為無效，且此項約定復非本件相對人請求仲裁之請求權依據，更非在係爭仲裁判斷之判斷標的範圍內，實難據以認為係爭仲裁判斷有何與仲裁協議標的之爭議無關，或踰越仲裁協議之範圍或其仲裁程序違反仲裁協議或法律規定之情事，自均難認於我國仲裁法第38條第1款、第40條第1項第1款、第4款之規定有背而違反我國之公序良俗。」值得注意。

（二）類推「外國判決或仲裁判斷」之承認要件？

臺灣《兩岸人民關係條例》第74條第1項規定僅簡單規定了「公共秩序」及「善良風俗」要件，惟如有上述之臺灣《仲裁法》第49條、第50條，例如：「當事人之一方，就仲裁人之選定或仲裁程序應通知之事項未受適當通知，或有其他情事足認仲裁欠缺正當程序者。」或臺灣《民事訴訟法》第402條第1項第2款：「敗訴之被告未應訴者。但開始訴訟之通知或命令已於相當時期在該國合法送達，或依中華民國法律上之協助送達者，不在此限。」之情形時，如何處理，則有疑問。

臺灣司法實務上首先於2000年針對「中國大陸民事判決」提出法律見解，臺灣高等法院暨所屬法院89年法律座談會民事類提案第38號法律問題審查意見結論認為：「大陸地區判決與外國判決均非屬我國法院之判決，既均須經認可，其性質應無二致。民事訴訟法第402條之規定或係基於公益理由，或係為保護本國人民，可解釋為臺灣與大陸地區人民關係條例第74條規定之『臺灣公共秩序及善良風俗』，自應於認可大陸地區判決時類推適用

之，故於大陸地區判決中，敗訴之一造為中華民國人民而未應訴者時，自亦應於符合民事訴訟法第 402 條第 2 款但書規定之情形下，始準予認可[28]。」結論上，可認其採「類推適用說」，而雖上述實務見解係針對「中國大陸民事判決」，惟其均規定於臺灣《兩岸人民關係條例》第 74 條同項中，解釋上應為相同之處理。

嗣後，於 2003 年臺灣高等法院花蓮分院 92 年家抗字第 10 號裁定則針對「中國大陸仲裁判斷」提出見解，其認為：「兩岸人民關係條例第 74 條乃是參考民事訴訟法第 402 條之立法精神所訂定。然而，其賦予判決更大之自由裁量空間，故對於民事訴訟法第 402 條第 1 項第 3 款以外之各款所為之省略乃是立法上刻意省略。因此，依照本判決見解，大陸地區作成之仲裁判斷中，敗訴之被告未應訴者，非一定不認其效力，並不適用民事訴訟法第 402 條 1 項第 2 款……。」由此可知，其並不採上述之「類推適用說」，而認應由法院「自由裁量適用」公序良俗要件。

而 2006 年臺灣臺北地方法院 95 年度抗字 71 號裁定亦針對「中國大陸仲裁判斷」提出見解，其謂：「外國仲裁判斷之承認，須依仲裁法第 49、50 條之規定加以審查，而關於在我國所作成之仲裁判斷，就執行裁定之聲請，法院尚須審查有無仲裁法第 38 條規定之情形，如有亦應駁回執行之聲請。而在大陸地區所作成之仲裁判斷依現在我國與大陸地區之關係，固難謂係外國仲裁判斷，亦難認係我國仲裁判斷，其許可與否之審查，縱不與外國仲裁判斷等同視之，亦不應較我國仲裁判斷為寬鬆。然如僅形式須審查大陸地區仲裁判斷有無違反公序良俗即可，於認可後即可為執行名義，反較我國國內所作成仲裁判斷審查為寬鬆，此當非立法本意。本院參照上情認大陸地區仲裁判斷與外國仲裁判斷均非依我國仲裁相關法律之仲裁判斷，且均須經認可後始得為執行名義，則仲裁法有關承認外國仲裁判斷之審查事由規定，或係基於公益理由，或係為保護本國人民，應可解釋為兩岸條例第 74 條規定之『臺灣公共秩序及善良風俗』，於認可大陸地區仲裁判斷時予以類推適用，故於大陸地區仲裁判斷如有仲裁人之選定或仲裁程序應通知之事項未受適當通知，或有其他情事足認仲裁欠缺正當程序者，自得不予認可。」由此可知其亦肯認「類推適用」臺灣《仲裁法》第 50 條第 3 款規定。此外，學說上

亦有同採此說者，其認為基於法理，此時為法律有所欠缺，當然應予「類推適用」[29]。

上述爭議臺灣法院至今未作出判例，期待未來能透過修法之方式將臺灣《仲裁法》第49、50條或《民事訴訟法》第402條之規定，明文納入《兩岸人民關係條例》第74條規定之中，或同《香港澳門關係條例》以準用《仲裁法》中「外國仲裁判斷」規定之方式，以杜絕爭議。

臺灣於1992年制定了《兩岸人民關係條例》開始有了認可與執行之法律依據，惟當時中國大陸並未回應我方而制定任何相關法規，造成僅有我方片面承認中國大陸之仲裁判斷，未能對等互惠，因此，臺灣在1997年修正該條規定，增列第3項：「前2項規定，以在臺灣作成之民事確定判決、民事仲裁判斷，得聲請大陸地區法院裁定認可或為執行名義者，始適用之。」於兩岸間在有對等互惠之認可與執行前，臺灣法院得不予認可及執行中國大陸仲裁判斷。

惟如上所述，中國大陸已於1998年透過並施行《最高人民法院關於人民法院認可臺灣有關法院民事判決的規定》，「臺灣之仲裁機構裁決」已得向人民法院申請認可與執行，且2004年7月中國大陸廈門市中級人民法院作成了廈執行字第95號裁定，準許認可臺灣「中華仲裁協會」作成之91年仲聲仁字第135號仲裁判斷，已有首例臺灣仲裁判斷之認可案此項「互惠原則」規定之存在，似已無實質存在意義[31]。

伍、中國大陸仲裁判斷認可後之效力

中國大陸仲裁判斷於法院裁定認可後，依據臺灣《兩岸人民關係條例》第74條第2項規定，取得「執行力」，得依臺灣《強制執行法》之相關規定，據以向法院聲請強制執行，惟是否亦取得「既判力」，則有疑問，茲分述如下：

一、執行力

依據臺灣《兩岸人民關係條例》第74條第2項規定：「前項經法院裁定認可之裁判或判斷，以給付為內容者，得為執行名義」，因此，取得認可裁定後，該裁定即有「執行力」，為臺灣《強制執行法》第4條第1項第6

款所稱之「其他依法律之規定，得為強制執行名義者。」當事人得據此「執行名義」及提出得為強制執行名義之證明文件，依同法第 6 條第 1 項第 6 款規定，向法院聲請強制執行。

惟認可後，如有消滅或妨礙債權人請求之事由發生（如清償），債務人得於強制執行程序終結前，依同法第 14 條第 1 項：「執行名義成立後，如有消滅或妨礙債權人請求之事由發生，債務人得於強制執行程序終結前，向執行法院對債權人提起異議之訴。如以裁判為執行名義時，其為異議原因之事實發生在前訴訟言詞辯論終結後者，亦得主張之。」規定向執行法院提起「債務人異議之訴」，以資救濟。

二、實質確定力（既判力）？

首先，「臺灣仲裁判斷」依臺灣《仲裁法》第 37 條第 1 項規定：「仲裁人之判斷，於當事人間，與法院之確定判決，有同一效力。」可知，有實質確定力；又「外國仲裁判斷」，依據同法第 47 條第 2 項規定：「……經聲請法院裁定承認後，得為執行名義。」用語上雖僅「得為執行名義」，但臺灣司法實務上如臺灣臺北地方法院 96 年度訴字第 1302 號判決謂：「本件被告對原告之執行名義係依經承認之日本商事仲裁協會之判斷，經本院以 93 年度仲聲字第 16 號裁定準予承認。……是被告對原告之執行名義，係屬與確定判決有同一效力。」肯認外國仲裁判斷之實質確定力[32]；另外，香港澳門之仲裁判斷，依據臺灣《香港澳門關係條例》第 42 條第 2 項準用臺灣《商務仲裁條例》（即《仲裁法》）有關外國仲裁判斷之規定，亦被認為有實質確定力[33]」因而，不論係臺灣、外國抑或香港澳門所作之仲裁判斷均有其實質確定力。

而「中國大陸民事確定裁判」部分，2000 年臺灣臺中高等行政法院 89 年度訴字第紹 6 號判決表示：「我國法院依臺灣與大陸地區人民關係條例第七十四條規定，裁定認可在大陸地區作成之民事確定裁判時，雖須審查大陸地區判決有無違背臺灣公共秩序或善良風俗而認可其效力，惟仍非就大陸地區判決重新實質審查其內容，是以事涉兩岸婚姻之大陸地區離婚判決經我國法院裁定認可，俟該裁定確定後，始在臺灣產生法律上效力，惟認可後仍須以大陸地區判決為基礎，承認該判決所生消滅婚姻關係之形成力，亦即應溯

及大陸地區離婚判決確定時,產生離婚之效力;另為確保法律之安定性,避免當事人聲請我國法院裁定認可,於該裁定確定前,在大陸地區之婚姻關係業因大陸地區離婚判決而解消,惟在臺灣該婚姻關係仍存在所可能之爭議,例如在這段期間再婚有無涉及重婚及所生育之子女是否為非婚生子女等問題,以及避免造成兩岸司法資源及當事人付出之勞力、時間、費用等之浪費,故大陸地區判決經我國法院裁定認可確定後,溯及自大陸地區離婚判決確定時,產生消滅婚姻關係之形成力,較符合程序及實體之法理。」而後於2005年臺灣高等法院94年度家上字188號裁定亦謂:「按在大陸地區作成之民事確定裁判,不違背臺灣公共秩序或善良風俗者,得聲請法院裁定認可,臺灣與大陸地區人民關係條例第74條第1項定有明文。又法院以判決宣告離婚,足生消滅婚姻關係之效力,故離婚之訴為形成之訴,法院為離婚之判決,為形成判決,於判決確定前,形成力尚未發生,至判決確定時即生形成力,對第三人亦有效力。故大陸地區作成之確定離婚判決,除該確定裁判之當事人得聲請法院裁定認可,為該確定裁判形成力所及之利害關係人,應認亦得聲請。」由上述二則實務見解可知,中國大陸之離婚判決經認可後,溯及發生形成力,而形成力僅於確定之形成判決始發生,據此推論,可認其肯認中國大陸民事確定裁判經認可後有實質確定力[34]。

而2007年臺灣高等法院96年度重上字第175號判決更進一步指出:「係爭大陸地區判決已給予當事人完整之程序保障,已如前述,則係爭大陸地區判決即已具有確定個案規範之正當性,不待法律明文規定,亦不因大陸地區非我國法權所及而有異。因此,不論是認大陸地區判決本身即為執行名義,或如學者主張將大陸地區判決與認可裁定合一成為執行名義,均應認已取得實質上之確定力即既判力。……查兩岸對於彼此法院判決之認可及承認,依據兩岸關係條例第74條規定,由我國法院形式審查該大陸地區法院判決有無違背臺灣之公共秩序或善良風俗,資為是否認可之依據,並非就同一事件重為審判;而大陸地區對於臺灣之判決,則係依據『有關中共最高人民法院關於認可臺灣有關法院民事判決的規定』辦理,其中,大陸地區前揭規定第12條載明:『人民法院受理認可臺灣有關法院民事判決的申請後,對當事人就同一案件事實起訴的,不予受理。』即明文規定承認臺灣法院判決經認可

後，不得更行起訴。我國雖未有相同之明文規定，惟基於兩岸關係條例第74條第3項所採取之平等互惠政策原則，亦應認大陸地區判決經我國法院認可裁定後有與確定判決同一之效力，方符禮讓原則、平等互惠原則及對他國司法之尊重。自法理層面而言，臺灣與大陸地區目前並非本國與外國之關係，惟仍應適用我國與外國間國際法律衝突之相同法理，已如前述。比較兩岸關係條例第74條與民事訴訟法第402條之規定，就採取形式審查方面，兩者相同，然就審查之項目及審查程序，顯見前者採取較後者更為寬鬆之方式，例如對大陸地區判決之承認與否僅以裁定程序進行審查，而未如對待外國判決一般要求以較為嚴格之訴訟程序為之。外國判決除非構成我國民事訴訟法第402條各款事由，否則當然具有與我國法院確定判決同一之效力，依舉輕以明重之法理，大陸地區判決經臺灣法院依兩岸關係條例第74條裁定予以認可後，自應同樣與臺灣確定判決有同一之效力。」

惟之後臺灣最高法院於2007年以96年度臺上字第2531號，2008年以97年度臺上字第2258號、97年度臺上2376號，一連三則判決中均表示：「經法院裁定認可之大陸地區民事確定裁判，以給付為內容者，得為執行名義，並未明定在大陸地區作成之民事確定裁判，與確定判決有同一之效力，該執行名義核屬強制執行法第4條第1項第6款規定其他依法律之規定得為強制執行名義，而非同條項第一款所稱我國確定之終局判決可比，因與符合承認要件而自動發生承認之『自動承認制』效力未盡相同，是經臺灣法院裁定認可之大陸地區民事確定裁判，應祇具有執行力而無與法院確定判決同一效力之既判力。」其後，2009年開始臺灣高等法院98年度重上字第720號、100年度重上字第459號判決即與最高法院之見解相同，亦否認中國大陸民事確定裁判之實質確定力。

惟上述否認中國大陸民事確定裁判實質確定力之實務見解與目前臺灣學說多數看法不同而遭受不少質疑[35]，而判決中以「未明定」既判力作為否認既判力之理由，更被認為缺乏立論[36]。從而，其是否可擴張適用至「中國大陸仲裁判斷」部分，而認其亦無實質確定力，有論者認為如否定其實質確定力，使法院仍得就原本事件中之訴訟標的進行實質審查，實與拒絕其仲裁判

斷無異，亦即否定了當事人當初行使其程序處分權之仲裁協議，導致重啟爭端，更有悖於國際仲裁肯認仲裁終局性之趨勢[37]。

的確，如臺灣不承認「中國大陸仲裁判斷」之實質確定力，則合意以仲裁解決糾紛之當事人，於得到不利之仲裁判斷後，即便他方已於臺灣聲請認可獲准，仍可就同一法律關係，重行起訴，抑或於執行程序中提出「債務人異議之訴[38]」推翻原仲裁判斷，如此結果，實有違反仲裁終局紛爭解決性質，且造成「中國大陸仲裁判斷」效力不如臺灣、外國及香港澳門仲裁判斷之情形，可謂係兩岸司法相互認可法制之後退[39]。

綜上所述，臺灣司法實務否定「中國大陸民事裁判」實質確定力之見解，已有爭議，實不宜再適用至「中國大陸仲裁判斷」，蓋仲裁判斷乃本於當事人自主意願選擇之紛爭解決機制，並非國家審判權之行使，否定其實質確定力實欠缺立論基礎，亦不符目前高度尊重當事人自主意願之國際仲裁趨勢。目前臺灣最高法院尚未對「中國大陸仲裁判斷」之實質確定力存否問題表示意見[40]，釜底抽薪之辦法即透過立法賦予「中國大陸仲裁判斷」實質確定力之明文[41]，以杜絕爭議。

陸、結論

臺灣自1992年施行《兩岸人民關係條例》第74條，明文認可「中國大陸仲裁判斷」後，至今已逾20個年頭，該條第3項規定之「互惠原則」，於1998年中國大陸《最高人民法院關於人民法院認可臺灣有關法院民事判決的規定》開始施行並據以實際認可後，該項之存在已無實質意義，而同條第1項以「公序良俗」為認可要件，因過於抽象，造成實務在適用認可要件時，或為「類推適用」，又或為「自由裁量適用」，見解歧異，期待未來臺灣立法機關能透過修法，將「外國仲裁判斷」相關承認要件新增或準用至「中國大陸仲裁判斷」，又認可後之中國大陸仲裁判斷是否具有實質確定力，最高法院雖尚未表態，但仍以明文賦予其實質確定力為當，以符合仲裁終局紛爭解決性質，避免再起爭端，確保兩岸人民私法上之權益。

註釋

[1] 中國文化大學法律學系、東吳大學法律學系講師，臺灣執業律師。

[2] 聯合國國際貿易法委員會網站，http：www.uncitral.org/uncitral/en/uncitral—texts/arbitration/NYConventi on_status.html，2013 年 8 月 1 日。

[3]Article I：1. This Convention shall apply to the recognition and enforcement of arbitral awards made in the territory of a State other than the State where the recognition and enforcement of such awards are sought， and arising out of differences between persons， whether physical or legal.It shall also apply to arbitral awards not considered as domestic awards in the State where their recognition and enforcement are sought.

[4]Article V：1. Recognition and enforcement of the award may be refused， at the request of the party a-gainst whom it is invoked， only if that party furnishes to the competent authority where the recogni and enforcement is sought， proof that：（a）The parties to the agreement referred to in article II were， under the law applicable to them， un der some incapacity， or the said agreement is not valid under the law to which the parties have sub ted it or， failing any indication thereon， under the law of the country where the award was made；（b）The party against whom the award is invoked was not given proper notice of the appointment of the arbitrator or of the arbitration proceedings or was otherwise unable to present his case；or（c）The award deals with a difference not contemplated by or not falling within the terms of the su sion to arbitration， or it contains decisions on matters beyond the scope of the submission to arbitr provided that， if the decisions on matters submitted to arbitration can be separated from those not submitted， that part of the award which contains decisions on matters submitted to arbitration may recognized and enforced；or（d）The composition of the arbitral authority or the arbitral procedure was not in accordance with greement of the parties， or， failing such agreement， was not in accordance with the law of the co where the arbitration took place；or（e）The award has not yet become binding on the parties， or has been set aside or suspended by a competent authority of the country in which， or under the law of which， that award was made.2.Recognition and enforcement of an arbitral award may also be refused if the competent authority in the country where recognition and enforcement is sought finds that：（a）The subject matter of the difference is not capable of settlement by arbitration under the law o country；or（b）The recognition or enforcement of the award would be contrary to the public policy of that cou.

[5]Article 35：1. An arbitral award， irrespective of the country in which it was made， shall be recognized as binding and， upon application in writing to the competent court， shall be enforced subject to the provisions of this article and of article 36.

[6]Article 36：1. Recognition or enforcement of an arbitral award， irrespective of the country in which it was made， may be refused only：（a）at the request of the party

against whom it is invoked, if that party furnishes to the competent where recognition or enforcement is sought proof that:(i)a party to the arbitration agreement referred to in article 7 was under some incapacity; or the greement is not valid under the law to which the parties have subjected it or, failing any indication thereon, under the law of the country where the award was made; or (ii) the party against whom the award is invoked was not given proper notice of the appointment of an arbitrator or of the arbitrator proceedings or was otherwise unable to present his case; or (iii) the award deals with a dispute not contemplated by or not falling within the terms of the subm to arbitration, or it contains decisions on matters beyond the scope of the submission to arbitration provided that, if the decisions on matters submitted to arbitration can be separated from those not submitted, that part of the award which contains decisions on matters submitted to arbitration may recognized and enforced; or (iv) the composition of the arbitral tribunal or the arbitral procedure was not in accordance with th greement of the parties or, failing such agreement, was not in accordance with the law of the country where the arbitration took place; or (v) the award has not yet become binding on the parties or has been set aside or suspended by a cour of the country in which, or under the law of which, that award was made; or (b) if the court finds that:(i) the subject-matter of the dispute is not capable of settlement by arbitration under the law of this State; or (ii) the recognition or enforcement of the award would be contrary to the public policy of this State.

[7]原臺灣《商務仲裁條例》僅有「臺灣仲裁判斷」之規定，而其後之《仲裁法》中雖增加了「外國仲裁判斷」，但因兩岸政治上相互定位問題，「中國大陸仲裁判斷」既非臺灣，亦非外國仲裁判斷，因此就其認可與執行，尚欠缺法源依據。

[8]吳光明，仲裁法理論與判決研究，臺灣財產法暨經濟法研究叢書（一），第435頁，翰蘆圖書出版有限公司，2004年11月。

[9]王泰銓、王冠璽，「兩岸經貿爭議之司法解決途徑」，全國律師，第2卷，第8期，第86頁，1998年8月。

[10]林俊益，「大陸及香港仲裁判斷在臺灣之認可與執行」，收於，海峽兩岸經貿仲裁論文集 2001-2002，第125頁，中華仲裁協會，2003年3月。

[11]臺灣認可中國大陸之仲裁判斷的首宗案例，係臺中地方法院於2003年對中國國際經濟貿易仲裁委員會就「承攬契約」關係糾紛之仲裁判斷書為所為之92年仲聲字1號準予認可裁定。

[12]臺灣最高法院87年度臺聲字第347號裁定謂：「當事人依臺灣與大陸地區人民關係條例第74條第1項規定，聲請法院裁定認可在大陸地區作成之民事確定裁判，其性質為非訟事件，其裁定程序固應適用非訟事件法總則之規定……。」

[13] 溫俊富,「兩岸民事裁判與仲裁判斷之認可與執行」,全國律師,第 10 卷,第 12 期,第 65 頁,2006 年 12 月。

[14] 中國大陸 1998 年所透過之《最高人民法院關於法院認可臺灣有關法院民事判決的規定》第 2 條:「臺灣有關法院的民事判決,當事人住所地、經常居住地或者被執行財產所在地在其他省、自治區、直轄市的,當事人可以根據本規定向人民法院申請認可」,同規定第 19 條規定:「申請認可臺灣有關法院民事裁定和臺灣仲裁機構仲裁裁決的,適用本規定」,由此可知,除被申請人在中國大陸有被執行財產之情形外,申請人如在中國大陸未有住所地或是經常居住地即不得提出申請認可,似比臺灣之規定嚴格許多。

[15] 而中國大陸則依《最高人民法院關於人民法院認可臺灣有關法院民事判決的規定》第 3 條:「申請人由申請人住所地、經常居住地或者被執行財產所在地中級人民法院受理」,可知其僅以申請人之「住所地」、「經常居住地」或「被執行財產所在地」為管轄地。

[16] 中國大陸《仲裁法》第 51 條規定:「仲裁庭在作出裁決前,可以先行調解。當事人自願調解的,仲裁庭應當調解。調解不成的,應當及時作出裁決。調解達成協議的,仲裁庭應當製作調解書或者根據協定的結果製作裁決書。調解書與裁決書具有同等法律效力。」

[17] 臺灣強制執行法第 4 條第 1 項規定:「強制執行,依左列執行名義為之:一、確定之終局判決。二、假扣押、假處分、假執行之裁判及其他依民事訴訟法得為強制執行之裁判。三、依民事訴訟法成立之和解或調解。四、依公證法規定得為強制執行之公證書。五、抵押權人或質權人,為拍賣抵押物或質物之聲請,經法院為許可強制執行之裁定者。六、其他依法律之規定,得為強制執行名義者。」

[18] 臺灣法務部 1996 年 4 月 23 日之法(八五)律決字第 09503 號函、臺灣司法院 1994 年 11 月 4 日第 2005024 號函釋、臺灣高等法院 90 年家抗字第 3705 號裁定見解亦同。

[19] 李家慶,「兩岸仲裁判斷認可制度之研究」,收於,兩岸仲裁論文集,第 2 卷,第 1 期,第 59 頁,2011 年 10 月。

[20] 其全名為「財團法人海峽交流基金會」,成立於 1991 年 3 月,為臺灣之民間組織,處理海峽兩岸相關事務,對口機構為中國大陸「海峽兩岸關係協會」。

[21] 李復甸,「臺灣關於外國及大陸仲裁判斷之承認與執行」,收於,海峽兩岸經資仲裁論文集 2001-2002,第 117-118 頁,中華仲裁協會,2003 年 3 月。

[22] 依臺灣《民事訴訟法》第 496 條規定,如有:法院適用法規顯有錯誤、法院之組織不合法者、依法律或裁判應迴避之法官參與裁判者、當事人於訴訟未經合法代理者……等情形,為法定再審原因。

[23] 參最高法院 93 年臺抗字第 633 號裁定。

[24] 中國大陸對於臺灣仲裁裁決依 1998 年 5 月 26 日起施行之《最高人民法院關於人民法院認可臺灣有關法院民事判決的規定》第 17 條規定有 1 年內提出之時間限制，後於 2009 年 5 月 14 日起施行之《最高人民法院關於人民法院認可臺灣有關法院民事判決的補充規定》第 9 條 1 項規定此項時間限制已放寬為 2 年。

[25] 謝慶輝，「海峽兩岸有關認可對岸民事裁判及仲裁判斷之比較」，高雄律師會訊，第 3 卷，第 10 期，第 25 頁，1998 年 10 月 20 日；邱錦添，「兩岸法院為民事裁判、仲裁判斷之認可與執行」，法令月刊，第 56 卷，第 11 期，第 71 頁，2005 年 11 月；溫俊富，前揭註 12，第 66 頁。

[26] 李復甸，前揭註 20，第 117-118 頁。

[27] 參臺灣高等法院臺中分院 92 年度抗字第 1209 號裁定。

[28] 臺灣高等法院暨所屬法院 89 年法律座談會民事類提案第 38 號，八十九年法律座談彙編，第 169-170 頁，2000 年 11 月。

[29] 陳啟垂，「外國判決的承認與執行」，月旦法學雜誌，第 75 期，第 164 頁，2001 年 8 月。

[30] 陳力，「海峽兩岸商事仲裁裁決的相互認可與執行—現狀與前瞻」，臺北大學法學論叢，第 82 期，第 15 頁，2012 年 6 月。

[31] 李家慶，前揭註 18，第 54 頁。

[32] 臺灣臺北地方法院 96 年聲字第 4261 號裁定、司法院 84 秘臺廳民參字第 2031 號亦同此見解。

[33] 範曉玲，「中國大陸仲裁判斷在臺之認可與執行」，寓國法律，第 182 期，第 69 頁，2012 年 4 月。

[34] 張文郁，「論大陸判決論大陸判決之承認—兼評最高法院 96 年度臺上字第 2531 號判決和 97 年度臺上字第 2376 號民事判決」，月旦法學雜誌，第 178 期，第 246 頁，2010 年 2 月。

[35] 對此，學說上幾乎一面倒肯認其既判力，參張特生，「中共法院民事判決之承認與執行問題」，法學叢刊，第 150 頁以下，第 34 卷，第 2 期，1989 年 4 月；劉鐵錚、陳榮傳著，國際私法論，第 684 頁，三民，2008 年四版；姜世明，「大陸地區民事確定判決之承認與執行：評最高法院 96 年臺上字第 2531 號民事判決」，臺灣法學雜誌，第 123 期，第 45 頁，2009 年 3 月；黃國昌，「一個美麗的錯誤：裁定認可之中國大陸判決有無既判力？評最高法院 96 年度臺上字第 2531 號判決」，月旦法學雜誌，第 167 期，第 202、203 頁，2009 年 4 月；張文郁，前揭註 33，第 256 頁。

[36] 蓋「外國仲裁判斷」、「香港澳門仲裁判斷」並無實質確定力之明文，但實務亦肯認其實質確定力，參伍偉華，「經臺灣法院裁定認可確定之大陸民事確定裁判是否有既判力？──最高法院 96 年度臺上字第 2531 號判決、97 年度臺上字第 2376 號判決之分析」，臺大法學論叢，第 38 卷，第 4 期，第 400 頁，2008 年 12 月。

[37] 李念祖，陳緯人，「承認外國仲裁判斷係賦予形式執行力或實質既判力？從仲裁法第 47 條第 2 項談最高法院關於兩岸條例第 74 條第 2 項之解釋」，法令月刊，第 60 卷，第 11 期，第 21 頁，2009 年 11 月。

[38] 臺灣《強制執行法》第 14 條第 2 規定：「執行名義無確定判決同一之效力者，於執行名義成立前，如有債權不成立或消滅或妨礙債權人請求之事由發生，債務人亦得於強制執行程序終結前提起異議之訴。」

[39] 黃國昌，前揭註 34，第 203 頁。

[40] 中國大陸目前依據其《最高人民法院關於人民法院認可臺灣有關法院民事判決的補充規定》第 1 條第 2 項、第 2 條第 2 項規定，經人民法院裁定認可的臺灣仲裁機構裁決，與人民法院作出的生效判決具有同等效力，似已承認「臺灣仲裁判斷」於認可後，與「中國大陸民事判決」同樣具有實質確定力，而不得另為起訴。

[41] 2009 年臺灣立法院曾有《兩岸人民關係條例》第 74 條修正案，其第 1 項修正為：「在大陸地區作成之民事確定裁判、民事仲裁判斷，經聲請法院以裁定認可者，與法院之確定裁判有同一效力。」惟並未透過。

參考文獻：

1. 王泰銓、王冠靈，「兩岸經貿爭議之司法解決途徑」，全國律師，第 2 卷，第 8 期，1998 年 8 月。

2. 伍偉華，「經臺灣法院裁定認可確定之大陸民事確定裁判是否有既判力？──最高法院 96 年度臺上字第 2531 號判決、97 年度臺上字第 2376 號判決之分析」，臺大法學論叢，第 38 卷，第 4 期，2008 年 12 月。

3. 吳光明，仲裁法理論與判決研究，臺灣財產法暨經濟法研究叢書（一），翰蘆圖書出版有限公司，2004 年 11 月。

4. 李念祖，陳緯人，「承認外國仲裁判斷係賦予形式執行力或實質既判力？──從仲裁法第 47 條第 2 項談最高法院關於兩岸條例第 74 條第 2 項之解釋」，法令月刊，第 60 卷，第 11 期，2009 年 11 月。

5. 李家慶，「兩岸仲裁判斷認可制度之研究」，收於，兩岸仲裁論文集，第 2 卷，第 1 期，2011 年 10 月。

6. 李復甸，「臺灣關於外國及大陸仲裁判斷之承認與執行」，收於，海峽兩岸經貿仲裁論文集 2001-2002，中華仲裁協會，2003 年 3 月。

7. 林俊益,「大陸及香港仲裁判斷在臺灣之認可與執行」,收於,海峽兩岸經貿仲裁論文集 2001-2002,中華仲裁協會,2003 年 3 月。

8. 邱錦添,「兩岸法院為民事裁判、仲裁判斷之認可與執行」,法令月刊,第 56 卷,第 11 期,2005 年 11 月。

9. 姜世明,「大陸地區民事確定判決之承認與執行:評最高法院 96 年臺上字第 2531 號民事判決」,臺灣法學雜誌,第 123 期,2009 年 3 月。

10. 範曉玲,「中國大陸仲裁判斷在臺之認可與執行」,萬國法律,第 182 期,2012 年 4 月。

11. 張文郁,「論大陸判決論大陸判決之承認一兼評最高法院 96 年度臺上字第 2531 號判決和 97 年度臺上字第 2376 號民事判決」,月旦法學雜誌,第 178 期,2010 年 3 月。

12. 張特生,「中共法院民事判決之承認與執行問題」,法學叢刊,第 34 卷,第 2 期,1989 年 4 月。

13. 陳力,「海峽兩岸商事仲裁裁決的相互認可與執行一現狀與前瞻」,臺北大學法學論叢,第 82 期,2012 年 6 月。

14. 陳啟垂,「外國判決的承認與執行」,月旦法學雜誌,第 75 期,2001 年 8 月。

15. 黃國昌,「一個美麗的錯誤:裁定認可之中國大陸判決有無既判力?評最高法院 96 年度臺上字第 2531 號判決」,月旦法學雜誌,第 167 期,2009 年 4 月。

16. 溫俊富,「兩岸民事裁判與仲裁判斷之認可與執行」,全國律師,第 10 卷,第 12 期,2006 年 12 月。

17. 臺灣高等法院暨所屬法院 89 年法律座談會民事類提案第 38 號,89 年法律座談彙編,2000 年 11 月。

18. 劉鐵錚、陳榮傳著,國際私法論,三民,2008 年修訂四版。

19. 謝慶輝,「海峽兩岸有關認可對岸民事裁判及仲裁判斷之比較」,高雄律師會訊,第 3 卷,第 10 期,1998 年 10 月 20 日。

第三部分　兩岸關係中的法律問題

▎兩岸政治分歧之解在於兩岸合作

尹寶虎[1]

　　兩岸政治分歧共有三項，一是兩岸關係的政治定位，二是臺灣的「國際空間」，三是兩岸的安全關係。由於各種因素制約，兩岸近期透過和平談判解決政治分歧難以取得突破。從長遠看則有理由保持審慎樂觀。從中期看，兩岸也未嘗不可能以合作求共贏，取得階段性成果。為此，兩岸有必要採取兼顧名實、統籌考慮、分別輕重、討價還價的辦法逐步探索政治對話和談判。

一、現階段兩岸政治對話受到若干不利因素制約

　　一是美國因素。美國對外政策歷來有兩面性，公開政策和實際做法並不一致。美國公開的臺海政策是支持兩岸透過政治對話和平解決分歧。但美國實際上則是把臺灣視為美國東亞再平衡策略和全球霸權策略的組成部分，作為遏制中國崛起和維護美國霸權的一顆棋子。特別是2001年至2003年期間，美國小布希政府大幅提升對臺軍事合作，實質形成與臺灣的準結盟關係，對兩岸合作造成了極大障礙。

　　出於臺美同盟的共同利益需要，如果沒有美國點頭，臺灣大概不會啟動與大陸政治對話；即便啟動對話，也不會與大陸達成美國不能接受的政治協議。在安全議題上，美國不會樂見兩岸安全合作，臺灣大概不會以損害美臺同盟為代價來接受大陸的合作要求，即便這種合作符合臺灣利益。這也是馬英九拒絕兩岸聯手維護東海、南海權益的主要原因。

　　在臺灣政治定位和「國際空間」議題上，美國實際上更加傾向於某種「獨臺」政策。美國除了反對臺灣搞「法理獨立」，以避免被迫陷入兩岸武裝衝突，對所有其他「獨臺」主張則給予支持。美國或許在阻止「臺獨」上發揮某種正面作用，但對兩岸的和平統一過程的負面作用則是顯而易見的。當然，中美關係存在諸多維度，在經貿、反恐、防止核擴散、地區安全等眾多領域都存在共同利益與合作。

二是島內「臺獨」勢力的掣肘和「獨臺」意識的牽制。經過李登輝和陳水扁執政時期的惡意操弄，島內「臺獨」勢力坐大，「獨臺」情緒成為島內民意主流。「臺獨」敵視大陸，阻礙兩岸各個領域的進一步合作。「獨臺」則要求凡事與大陸平起平坐，獨立自主。「臺獨」直接阻礙兩岸政治對話，「獨臺」則深刻影響兩岸政治對話的趨向、內容和節奏。「臺獨」和「獨臺」勢必長期影響兩岸關係發展。

三是兩岸政治主張的結構性分歧。臺灣將「一中」主張與中華民國掛鉤，要求大陸承認中華民國的存在；尋求與大陸對等的政治定位；尋求完全獨立的「國際空間」；要求大陸放棄武力統一選項等。這些要求都是大陸不好貿然答應的。大陸方面則期待透過政治對話促使臺灣更加明確地肯定「一中」框架；期待兩岸透過協商合作處理國際事務；同時大陸出於防止國家分裂的考慮在國家外交和防務領域客觀上有必要維持一定主導地位，和保留武力維護領土主權的權利等。這些又是臺灣所不能接受的。由於兩岸政治主張分歧嚴重，很難期待兩岸政治對話在近期取得突破性成果。

二、從長期看，對兩岸政治對話前景可以保持審慎樂觀

即使存在上述分歧，也不必對兩岸政治對話過於悲觀。兩岸政治對話的前景主要取決於一些長遠因素。對此，應該抱有充分的信心和耐心。

一是兩岸同屬「一個中國」對臺灣釋放的利益會越來越大。這不僅表現在經濟領域，還表現在安全領域。近年來發生在東海和南海的一系列事件已經表明，由於兩岸同屬「一中」，兩岸即使沒有刻意聯手合作，只要各自堅定維護海洋權益，就可以部分達到合作維權的目的。「臺日漁業協定」關鍵要歸功於大陸在釣魚島海域強力展開維權行動。海洋權益（特別是海底礦藏和能源）和海洋安全對於臺灣也越發重要。由於兩岸關係的和平發展，臺灣當前主要的安全威脅來自東海和南海海域。臺灣在爭議海域的海洋權益和海洋安全，大陸是臺灣主要可以借重的力量。多年來，臺灣之所以能駐守太平島等島礁而安全無虞，除了臺灣自身的防務，大陸背景始終是一個重要因素。外部勢力要侵犯臺灣安全首先就要考慮大陸的反應。臺灣只要保持法理「一中」，在面臨國際威脅時就可當然享有大陸的安全保護。臺灣如果放棄「一

中」尋求「獨立」，在南海廣闊海域的權益主張既會缺乏法理和歷史的正當性，也會缺乏必要的實力支持。

臺美同盟無法保護臺灣的海洋利益，因為這與美國利用中國的海島主權糾紛遏制中國的策略相衝突。對於美國來說，遏制中國可能比保護臺灣利益更加重要。日本則是臺灣海洋利益的對立方。因此，兩岸在海洋利益上的重疊，構成了兩岸維護「一中」的重要利益基礎。但是需要高度注意的是，美日必定在海洋問題上將大陸和臺灣區隔對待，以便把矛頭對準大陸，儘可能避免臺灣依賴兩岸「一中」取得利益，化解兩岸聯手合作。臺日、臺菲漁事衝突問題上，美日就是採取這種策略。未來在涉及其他海洋權益上必定如法炮製。對此，大陸始終要保持高度警惕，及早研究因應對策。

二是大陸的經濟發展對兩岸政治對話的積極作用。兩岸政治關係的根本解決，說到底還是取決於臺灣在實力政治上是選擇與美國結盟還是選擇與大陸合作。這一選擇的決定因素是中美兩國的實力對比。目前，臺灣採取的是「親美、友日、和中」的政策，明確選擇與美國結盟，只是不視大陸為敵而已。未來當大陸的 GDP 總量接近甚至超過美國時，有可能對臺美關係和兩岸關係產生較大影響。

三是制度建設和理論建設的作用。應當看到的是，實力政治的影響不僅取決於經濟實力和軍事實力，還包括軟實力的作用，特別是理論建設。大陸改革開放三十多年來取得巨大成就。但是學理論述相對滯後，缺乏與其實力相稱的國際話語權。臺灣在經濟上依賴大陸，但在社會制度上卻對大陸不以為然。這固然有大陸社會制度自身需要進一步發展完善的問題，但也與大陸理論論述受制於「左」右兩類教條，缺乏創造力和說服力有關。臺灣社會不加思辨地接受西方（主要是美國）主導下的國際話語體系，對大陸政經制度存有一定的偏見和誤解，也是重要原因。作為一個有別於美國的東方大國，中國有必要立足於自身實踐，吸納東西方理論文明的最新成果，超越「左」右東西，創造性地構建具有中國特色的社會主義政治民主理論、經濟發展理論和國際安全理論，提升國際話語權和說服力。近年來，海內外中國問題研究界對中國改革開放三十年來的政治經濟發展實踐提出了一些值得注意的理論解釋。相信隨著大陸改革開放的深入，必定會在政治、經濟、文化、社會、

國際關係等各個領域,包括「一國兩制」的法治領域,發展出更多的創造性理論和實踐。

三、如果兩岸以互利合作為目標,也有可能透過政治談判取得中期階段性成果

解決兩岸政治分歧有兩種方式:一種是兩岸對立方式或謂兩岸分離方式,即兩岸各本自身立場和主觀意志毫不妥協,充分利用內外資源尋求實現自身意志;第二種是走兩岸合作之路,從兩岸共同利益處著眼,適當照顧對方關切,尋求互利共贏的解決辦法。

如果按照兩岸對立方式,則大陸堅守臺灣為中華人民共和國的一個省,在國際上努力壓縮臺灣「國際空間」,並在確信無法和平統一時尋求武力解決。在臺灣方面,則堅守中華民國在臺灣,或兩岸「一邊一國」,尋求完全獨立於大陸的「國際空間」,並深化臺美同盟,長期與大陸對峙,尋求最終實現「獨臺」甚至「臺獨」。

顯然,兩岸對立方式必然導致兩岸長期敵對甚至兩岸戰爭,不僅不符合兩岸人民根本利益,還可能引發超越統「獨」的更長遠問題,顯然不是解決兩岸問題的上策。兩岸越是分離對立,被外部力量直接間接敲詐的可能性就越大,兩岸為此支付的成本也越高。

兩岸合作是解決兩岸分歧的唯一理性道路。兩岸合作越密切,就越有可能在經濟、安全、國際政治等領域促進彼此利益。兩岸對此也有清醒認識。大陸當前努力貫徹兩岸關係和平發展的各項方針,尋求國家和平統一,對兩岸關係和臺灣「國際空間」也有務實的新表述、新政策。臺灣則奉行「和中」政策,保留「憲法一中」架構,沒有在「法理臺獨」上出現新的大動作,並維持與大陸的經濟合作和社會交往政策。兩岸已經簽署十九項協議,兩岸關係和平發展制度化建設取得豐碩成果。如果兩岸能夠擺脫意識形態羈絆和教條主義思維,尋求互利合作,則兩岸透過政治談判取得階段性成果也不無可能。最近,臺灣個別綠營人士提出終止「臺獨」黨綱的說法,如果這一務實理性的觀點得到更多綠營人士贊同,則兩岸政治談判取得階段性成果的可能性就更高。

有鑒於此，筆者建議兩岸本著以合作求共贏的態度，同時採取兼顧名實、統籌考慮、分別輕重、討價還價的辦法，以最大耐心和合作精神尋求政治關係進展。

首先是兼顧名實。在當前的兩岸關係政治話語中，所謂「國」、「府」、「區」、「聯邦」、「統一」等各種政治定位均為「名」，而臺灣實際擁有的「國際空間」和對外安全合作關係，則是攸關國家主權的「實」。假如臺灣可以獨立擁有完全的「國際空間」和自由進行涉外安全合作，則即便臺灣同意取消中華民國，同意兩岸法理「統一」，並奉大陸為「中央」，自己為「特區」，也會因為這樣的統一有「名」無「實」而導致國家分裂和臺灣「獨立」。反之，假如臺灣與大陸共享國際空間並開展安全合作，甚至同意兩岸共組國防武裝，則即便大陸在名分上作出一些讓步對國家主權統一也妨礙不大。現實世界裡的「國」、「府」、「區」等概念的涵義在法律和政治上均具有一定的豐富性和靈活性，其涵義更多地取決於其「實」而不是「名」。臺灣目前在兩岸分離的「實」際的部分占據極大優勢，即便未來兩岸和平統一，依大陸已有承諾，兩岸分治之「實」也未必發生根本性改變。因此，在臺灣準備好在「實」的部分開展兩岸合作之前，大陸在「名」的方面大概也難以妥協。

為此，考慮兩岸政治關係有必要統籌兼顧兩岸關係中的「名」與「實」。對大陸來說，臺灣當局的政治定位，有必要放進臺灣「國際空間」和涉外安全關係這兩項議題統籌考慮。由於大陸對臺灣內政沒有行使實際管轄，大陸當前僅僅透過限制外國與臺灣的政治交往和安全合作（美國由於霸權形成部分例外）來維護一個中國的主權統一和領土完整。未來兩岸和平統一的實際內容大約也只剩下兩岸在國家外交和防務上的合作，對臺灣內政並無涉及。因此，能夠抓在大陸手裡的只有這兩項「實」際領域，讓步空間很小，不能像經濟合作領域那樣隨意「讓利」。為此，必須採取討價還價的辦法，在「名」的損失透過「實」的合作加以補償，或者相反。由於談判籌碼較少，是否可以憑藉經濟「讓利」來促進兩岸政治關係進展也值得大陸思考。

而對臺灣而言，不受大陸約束和兩岸對等地位始終是首要考慮。臺灣與大陸交往並無「統一」責任，反而有「分離」的偏好，因此堅持在兩岸交往中獲得切實利益始終是臺灣一貫原則。在兩岸關係中任何實質或名義上的妥

協，必定尋求政經利益上的回報，在兩岸談判中也必然採取討價還價的辦法。兩岸之所以有討價還價的餘地，不僅因為兩岸在政治、經濟、安全上擁有越來越大的共同利益，也因為兩岸政治關係中的實際內容有輕有重，可以有相互妥協的可能。

臺灣的政治定位（體現為政治稱謂）、「國際空間」和涉外安全關係對國家主權統一的重要性─或者對臺灣來說這種政治定位、「國際空間」和安全關係對於臺灣維持相對於大陸的自主地位的重要性──有輕有重。按照從輕到重的順序可以把臺灣政治稱謂區別為：民間稱謂──村（鎮、鄉）、縣、市首長官方稱謂──部會首長官方稱謂（外事、防務部門首長因職能涉外可能要有特別對待）──「五院」首長官方稱謂──政治元首官方稱謂──中華民國稱謂。國際空間的輕重順序可以區別為：民間類國際組織──經濟文化類國際組織和雙邊關係──功能性國際組織──政治性國和雙邊體制。臺灣涉外安全關係也可以按照從輕到重的順序區別為：與美國結盟而不與大陸合作──與美國結盟而與大陸僅在非傳統安全領域合作（共同組織海上救助、共同打擊海上犯罪、低端軍事交流等）──與大陸和美國對等開展合作（與此同樣重要的是，同時拒絕與美國和大陸合作）──與大陸合作而不與美國合作──與大陸合作並共組國防武裝。

兩岸對三項政治議題的控制地位是：臺灣的政治定位和國際政治空間基本上由大陸主導（臺灣在經濟、文化、社會領域的涉外交往基本實現自主）。而臺灣的涉外安全合作，主要是指與美國合作，大陸則處境被動。如果統籌考慮政治定位、國際空間和安全關係三項內容，則按照「名」、「實」、「輕」、「重」的區分可以對兩岸政治妥協方案做出不同排列組合。當前，兩岸都不大容易在「名」「實」之「重」的部分做出讓步，但兩岸不妨在各自主導內容的「輕」的部分作適當讓步，相互妥協。

在大陸方面，目前還做不到承認中華民國，但可以對臺灣的政府機構和官職的承認做上下內外的區別對待。如果在經濟、法律意義上承認「一國兩區」，也可能增加臺灣的對等感。在國際空間方面，大陸在民間性、經濟類國際組織上有讓步空間，在一些功能性國際組織上也應有一定妥協餘地。常有外媒報導大陸軍事戰略部署上的調整可以與臺美武器買賣關係掛鉤，如果

報導屬實應該是各方雙贏的一件好事。面對大陸，臺灣方面手裡的牌很多：比如不再單方面要求「國際空間」，在非傳統安全領域的兩岸合作，合作處理部分涉外事務等等。甚至在東海、南海聯合執法、安全護漁等符合臺灣利益的舉措都可能作為與大陸討價還價的籌碼。

在安全領域，兩岸以「九二共識」為基礎簽署和平協議也具備現實的可能性，關鍵在於臺灣的政治意志。臺灣不與大陸合作並沒有讓臺灣贏得真正的自主，不過是以更大程度地依賴美國和喪失自主為代價。臺灣常常以美國為藉口拒絕兩岸安全合作，臺灣在涉外安全合作上客觀上可以有多大自主性，主觀上又期望有多大自主性，兩岸對抗多大程度上是美國需要的，又有多大程度上出自臺灣的自願，值得深思。在邏輯上，臺灣即便要考慮美國的顧慮，也沒有理由讓兩岸軍事交流和軍事互信低於中美水平。既然美國可以與大陸開展聯合軍演，臺灣沒有理由不可以。實際上，即便未來兩岸和平統一，只要大陸不在臺灣駐軍，也不會實質性損害美國在亞太的地緣利益。降低兩岸的對峙與緊張不僅可以化解臺灣方面一直顧忌的大陸威脅，而且會增加臺灣的對外籌碼。兩岸合作會提高而不是降低臺灣的自主性。在大陸政經實力不敵美國之前，兩岸問題的和平解決，臺灣實際掌握很大的主導權。

當前很難讓臺灣放棄與美國的準軍事關係。但是臺美安全利益並不完全一致。一直以來，臺灣不分藍綠總有人提出向美國爭取臺灣為「中立國」的言論，實際上是一種同時拒絕同美國和大陸進行安全合作的思路。對大陸來說，只要臺灣不與美國合作總要好於當前只與美國合作而拒絕與大陸合作的現狀。只是兩岸安全關係決不能完全套用國際法意義上的「中立國」概念及其實踐，更不能威脅法理「一中」，也就是說不能威脅大陸保護臺灣的權利。因此臺方「中立國」的用語有必要轉換成諸如「不損害相互安全」，或「不謀求損害對方安全的涉外合作」等說法（這又是另一項「名」「實」問題），並可借用兩岸軍事互信機制或和平協議的名義。

對兩岸來說，取得中期階段性政治成果似乎並不盡如人意，不如根本的政治解決來得乾脆和爽快。然而，如果兩岸真正期望透過和平談判方式解決一些根本的政治分歧，則由易到難，循序漸進可能是一個不得不然的過程，除非兩岸在根本解決政治分歧之前選擇完全接受現狀和安於現狀。

四、兩岸政治談判的成功依賴兩岸合作，特別是臺灣的合作

在三項政治議題中，「一中」框架下的政治定位實際上只涉虛名，最不重要；但因為涉及兩岸政治實體對外交往權利的法理根據，所以最難讓步。臺灣對大陸政治稱謂體現出更大的靈活性，主要是因為比大陸更少承擔維護「一中」的責任和顧慮。如果大陸依照所謂「大屋頂」理論從法理上承認中華民國，則大陸是否還有限制外國與臺灣開展政治交往和安全合作的權利？如果臺灣可以完全獨立開展涉外政軍交往合作，則「一個中國」的法理存在（假如兩岸都在有關文件上繼續保存「一中」不變）是否還有意義？因此，三項議題中，政治定位這項最次要的問題反而要等到「國際空間」和安全關係等兩個問題有了眉目之後才好得到根本解決。

目前，「九二共識」是兩岸都可以接受的最大公約數。在最終定位和最終稱謂問題解決之前，比「九二共識」更進一步的、部分性質的階段性方案也不是不能探討。「一中架構」顯然是一個兩岸都可以考慮的方案。另外，臺灣方面曾提出「一國兩區」的說法。「一國兩區」實際上是兩岸解決經濟合作和司法合作時採取的路徑，還不能說是兩岸的政治定位，但有利於明確兩岸同屬一中，也有利於臺灣與大陸交往和談判時的對等感。筆者建議不妨在這一說法基礎上做更加準確的補充，為：「兩岸是尚未解決政治對立的一國兩區」。由此既可避免把「一國兩區」視為政治定位（因為兩岸尚未解決政治對立，而且按照兩岸有關文件，兩岸都不自視為「區政府」），也增加臺灣方面的對等感，表明大陸與臺灣平等合作的意願。這樣的說法，尚不至造成視臺灣為大陸的一個特區（這是臺灣顧慮的），或聯合國視大陸僅為地區性政治代表的問題（這是大陸顧慮的）。

以合作方式解決臺灣「國際空間」問題和兩岸安全關係，是兩岸問題最終解決的根本出路。只有在兩岸合作的基礎上，大陸才有較大「讓利」空間。比如在國際政治代表上，兩岸可以合作組團，但給予臺灣超越其規模和實力的特別安排；在國家駐外代表的安排上也可以採取適當傾斜臺灣的非對稱措施。在安全關係上，兩岸可以在合作基礎上由大陸承擔兩岸防務的主要責任。大陸還可以透過向臺灣開放內政管理來爭取臺灣在涉外關係上的合作。在這方面，一如經濟領域的情形，大陸比臺灣的伸縮餘地要大，讓利空間要多。

但是如果臺灣方面沒有兩岸合作思維，一味尋求分離路線，追求獨立的「國際空間」和獨立的涉外安全關係，兩岸政治對話要想取得突破勢必相當困難。是否兩岸合作就不符合臺灣利益，或者如何證明兩岸合作更加符合臺灣利益，這是臺灣最需要解決的問題，也是大陸最需要幫助臺灣解決的問題。解決這一問題既要依賴大陸政經實力的持續發展，也要依賴臺灣在精神和思想上破除意識形態教條，真正做到獨立自主。

註釋

[1] 尹寶虎，海峽兩岸關係法學研究會秘書長，中國法學學術交流中心主任；本文系向 2013 年 10 月首屆兩岸和平論壇提交的論文，這裡略有刪改。

兩岸共同維護中國海洋權益之政治與法理考察

嚴峻[1]

隨著「黃岩島事件」、日本「國有化」釣魚島列嶼、「廣大興事件」、菲律賓向中國提起國際強制仲裁，東海、南海爭端日漸白熱化。面對「美日安保同盟」以及可能出現的所謂「南沙集團」甚至「卡拉特集團」爭端各方中的中國大陸及臺灣似乎略顯勢單。於是，有關兩岸合作維護中國海洋權利的呼聲近年來不斷高漲。然而，儘管中國大陸官方在海洋爭端問題上主張「主權在我、擱置爭議、共同開發」，臺灣當局也提出高度相似的「主權在我、擱置爭議、和平互惠、共同開發」政策，但兩岸官方在合作維護中國海洋權利上仍然面臨相關法理問題。

一、兩岸官方在海洋問題上有關合作（不合作）維護中國主權的立場分析

長期以來，兩岸官方在兩岸是否合作共同維護中國海洋主權上有著不同的表述。外界一般認為，臺灣當局反對在維護海洋權利上進行兩岸合作，而大陸方面的立場則反之。

（一）臺灣當局立場分析

從歷史上看，兩蔣時期臺灣當局對是否與中國大陸合作維護中國的東海、南海主權沒有進行過明確、正式的官方表述，但由於當時臺灣當局的政策是對大陸「不接觸、不談判、不妥協」，所以從邏輯上講，既然連接觸、談判都不做，就更談不上主張兩岸合作了。據有關媒體報導，1992年「辜汪會談」時，臺方代表曾表示可與中國大陸在南海議題上合作，但具體合作對象及合作內容並不清楚。[3]1993年外電也曾報導，臺「國防部長」孫震表示「不會阻止也不會排除與中共交換意見，探討和平發展與管理南沙群島的可能性」。1994年臺灣當局「行政院大陸事務委員會」還委託撰寫了《兩岸就南海諸島事務進行對等合作可行性之研究》，當年臺「行政院」核準的「南海問題討論會議結論」中有6項涉及兩岸合作。但臺灣當局1996年9月成立跨「部」、「會」的「釣魚臺案工作小組」後，確立4條工作原則，第一次明確提出「不與中共合作解決」的政策；民進黨上臺主政後沿襲了該政策，曾全文重申上述工作原則。[6]2008年臺灣政權再次輪替後，曾經的保釣積極人士馬英九也表示在維護海洋主權上不會與中國大陸合作，這曾令外界較難理解。

那麼，臺灣當局聲稱不與大陸合作，是不與大陸的什麼對象合作呢？從以前臺灣當局的「中共」這一用語看，顯然是指不與大陸官方合作。2008年後在兩岸關係大幅改善的背景下，馬英九當局官員較少在公開正式場合使用可能被誤解為帶有貶義及敵意的「中共」一詞。如2012年4月26日，前「陸委會主委」賴幸媛在臺「立法院」針對釣魚島爭端表示，「釣魚臺是中華民國固有領土」，對釣魚島的主權「我們不會與對岸共同或一起維護」——這裡的「對岸」是僅指官方或者還包括民間？賴語焉不詳。但從臺「外交部」官網「釣魚臺列嶼之主權聲明」中有關「我不與中國大陸合作或聯手之原因」正式文告的內容上下文看，裡面的「中國大陸」指官方。[7]臺當局「新聞局長」楊永明2011年7月15日在美國「全國新聞俱樂部」發表演說時，則明確使用「北京政府」一詞，稱「有關南海問題，臺灣政府不會與北京政府諮商或合作」。[8]由此可見，臺灣當局稱不與大陸合作維護海洋主權，主要是指不與官方合作。據媒體披露，2013年2月18日馬英九在國民黨「國家發展研究院」舉辦的會議中再次表示兩岸不能聯手保釣時，仍用「中共」一詞，這

也可作為臺灣當局將合作對象指向「政府」的一個輔證。[9] 但對於兩岸民間聯手維護海洋權利，臺灣官方似未曾表示過反對意見。

（二）大陸官方立場分析

近年來大陸官方在正式場合多次表示兩岸應共同維護國家海洋主權。如2012年7月5日，外交部發言人劉為民在例行記者會上表示：「中方將繼續採取必要措施堅決維護釣魚島主權，維護祖國的領土完整與主權是兩岸同胞的共同意願，也是雙方的共同責任。」同年9月24日外交部發言人洪磊在記者會上表示：「釣魚島及其附屬島嶼是中國的固有領土。在民族大義面前，兩岸同胞應齊心合力，以各自的方式，共同維護國家的主權和領土完整，共同維護民族的整體和根本利益。」2013年1月30日國臺辦發言人楊毅在記者會上表示：「維護釣魚島及其附屬島嶼的領土主權是兩岸同胞的共同責任。」3月27日楊毅面對記者表示：「不管是釣魚島也好，還是你講的南海諸島也好，兩岸同胞都應當共同維護中華民族的整體的、根本的利益，在民族大義面前應該超越分歧、同心協力。」[10] 從這些資料可見，在兩岸維護海洋主權的合作者的身份上，外交部和國臺辦正式口徑都是「兩岸同胞」。那麼，「兩岸同胞」僅指兩岸人民，不包括兩岸官方呢，還是包括兩岸官方在內？兩部（辦）發言人都沒有具體說明。當然，大陸官方有時也不用「兩岸同胞」而僅用「兩岸」或「海峽兩岸」，如2012年4月25日國臺辦發言人範麗青在記者會上表示：「中國對南海諸島及其附近海域擁有無可爭辯的主權，釣魚島及其附屬島嶼是中國的固有領土，海峽兩岸都有責任加以維護。」[11] 這裡的「海峽兩岸」具體指什麼對象仍然未清楚表明。此外，從目前筆者蒐集的資料看，大陸官方在正式發言中，強調兩岸應「共同維護」主權，或強調維護主權是兩岸「共同責任」，或者表示兩岸「都有責任」，但從未出現兩岸「合作」或者「聯手」的用語。

透過上述資料，可以大體得出如下結論：從合作（不合作）對象上看，臺灣當局「不與大陸合作」主要指不與中國大陸官方合作，至於兩岸民間是否應該或可以合作維權則未說明，但似乎並不反對；大陸官方主張兩岸共同維權，在對象上指稱「兩岸同胞」，至於「同胞」是否包括兩岸官方則未明示，不過依中文語義之一般理解似乎重點在民間而非官方。

二、兩岸官方合作維護中國主權的政治與法理基礎解析

然而,從國際法的角度看,維護主權主要應由政府(官方)來實行,單純的民間活動較難在法律上用來主張領土主權。[12]因此,如果兩岸僅僅是在民間層次進行合作,共同維護中國海洋權利,其法律效果將大打折扣。那麼,大陸官方是否可以明確表示「希望臺灣當局與大陸方面共同維護海洋主權」呢?甚至是否可以進一步表示「兩岸官方合作維護海洋主權」?從兩岸關係上看,目前是困難的。這裡主要涉及兩岸合作的法理基礎問題。有學者認為,兩岸關係自2008年以後在「九二共識」的基礎上取得巨大進展,那麼,「九二共識」也同樣「使兩岸南海合作具備了政治前提」。[13]臺灣有媒體也認為兩岸應將「九二共識」的「效益極大化」,以共同維護海洋主權。[14]不過筆者認為,「九二共識」在處理東海、南海爭端上面臨兩個困難:第一,「九二共識」僅是處理兩岸之間而非涉外事務的共識;第二,「九二共識」僅是處理非政治的事務性業務的基礎,而東海、南海爭端則具高度的政治、軍事性質。所以,以「九二共識」作為兩岸處理涉外海洋爭端的基礎有困難。

那麼,能否以「九二共識」的核心內容,即「一個中國」作為兩岸合作維護海洋權利的共同基礎?依目前國民黨當局將「九二共識」作「一中各表」的態度分析,其在島內對於「九二共識」的解釋難以只提「一中」不提「各表」——而「一中各表」又是大陸方面不能認同的。就大陸方面立場而言,「九二共識」在兩岸事務性商談中可以不涉及「一個中國」的內涵,然而一旦涉及國際事務,大陸方面則不能不提及「一個中國」的內涵,具體表述是「世界上只有一個中國,中華人民共和國政府是代表中國的唯一合法政府」。若加上「大陸和臺灣同屬一個中國」這一事實,那麼從邏輯上一般可以理解為:臺灣當局是中國的地方政府。對此臺灣方面不少人表示不滿意,認為大陸方面這是在「欺騙」臺灣,因為鄧小平等中國大陸領導人說過「兩岸平等協商……不提中央與地方談判」,[15]而且大陸方面在兩岸關係上已經用「新三段論」(即,「世界上只有一個中國,大陸和臺灣同屬於一個中國,中國的領土主權不可分割」)取代「舊三段論」(即「世界上只有一個中國,中國的領土主權不可分割,中華人民共和國政府是代表中國的唯一合法政府」)了,而「新三段論」重點就是凸顯兩岸平等。然而,依現行國際法原則,一

個主權國家只能有一個中央政府,為了避免國際上形成「兩個中國」的印象,大陸方面也只能「內外有別」,在國際上強調「中華人民共和國政府是代表中國的唯一合法政府」。大陸學者黃嘉樹甚至認為這是大陸方面「在未統一狀態下對臺灣行使主權的唯一體現」,「如果大陸不再這麼做,無異於在國際領域『自廢武功』……等於全面顛覆當前國際上已經形成的『一個中國』框架」。[16]

所以,儘管現在兩岸官方在兩岸之間都不提雙方是「中央」與「地方」的關係,但根據兩岸有關規定和政策,從法律邏輯上仍然是:從大陸的觀點看,就國際場合而言,北京是中國的中央政府,臺北是中國的一個地方政權;反過來,從臺灣的觀點看,臺北是中央政府,北京是地方政權那麼,一個國家的地方政權可以宣示維護其所屬「國家」的「主權」嗎?現行國際法規約對此似未明確規定,主流國際法理論,如《奧本海國際法》則略有提及,但主要也是針對聯邦制及加盟共和國形式進行討論,對單一制國家形態則未涉及。[18]就國內法而言,《中華人民共和國憲法》規定涉及國家主權的外交及國防權利僅屬於全國人民代表大會及其常務委員會、國家主席、國務院。地方政府僅有主要運用於接待、交流的外事權而非外交權。然而,一般理解,一國境內的組織和個人表示要維護國家的主權應該是允許的,地方政府應該也可以宣示國家主權,只要它不以「中央政府」的名義來宣示。

從法理上講,兩岸不能承認對方擁有主權,否則對方就不是地方地府而是又一個中央政府,兩岸就成「兩國」。這就似乎好理解,為什麼大陸方面在呼籲兩岸共同維護中國海洋主權時,只提「同胞」而不提「當局」;反過來,馬英九當局「不與大陸(政府)合作」的提法多少也反映了其「兩岸互不承認主權」主張。[19]總的看,兩岸結構性政治難題(主要是兩岸既同屬一個國家,又都自認為是中央政府,這在現行國際法中難以找到雙方都滿意的解釋)是兩岸官方難以合作維護海洋主權的主要法理癥結所在。例如,南海在地緣政治中戰略地位十分重要,「誰控制了這裡,誰就控制了海上運輸的生命線,掌握了制海權,從而在爭奪東南亞和亞太地區乃至世界事務主導權的鬥爭中取得主動地位」。[20]不過,在談及南海問題時,有大陸學者認為:「兩岸共同維護南海主權,這實際上是『中華民國』是否具有國際地位的問題」,「兩

岸合作維護南海主權，不僅對於處理問題沒有幫助，還會引起兩岸之間不必要的主權爭議衝突。」[21]臺灣有學者也認為：「南海問題與兩岸關係問題是兩個在某種程度上存在一定對抗性因素的問題，將二者聯繫起來，需要謹慎評估、處理其中隱含和可能衍生的各種風險。」[22]然而，風險與效益往往掛鉤，兩岸官方在海洋領域的合作可能正是兩岸開啟政治對話乃至進行政治合作的一個著力點，也許可以「不要把東海與南海的合作視為是兩岸政治關係必須先改善後的下一步，而將其視為兩岸政治合作的先行者」。[23]也就是說，一般理解上，海峽兩岸官方要先就彼此的政治關係達成「合情合理的安排」後，[24]才有可能共同維護中國領土主權，但由於兩岸政治關係要達到兩岸雙方都認為「合情合理的安排」具有高度困難性，所以，從某個角度看，也許兩岸在官方合作共同維護中國海洋主權上能夠摸索出一條新的路徑，從而為何謂「合情合理的安排」提供某種參考。

三、對兩岸官方合作維護中國海權的相關法律思考

值得注意的是，馬英九2012年9月提出要在釣魚島問題上「三組雙邊」對話，首度表示可與大陸方面（從其上下文內容看，主要指大陸官方）進行協商。[25]馬當局此舉有凸顯臺灣「國際法主體地位」的用意，但某種程度上也是對「兩岸（官方）不合作」的首次突破，海內外一些媒體對此給予肯定。如香港《中國評論》在社論中表示：馬英九關於兩岸可以就釣魚島問題展開對話的言論，是值得肯定和密切關注的重大政治訊息。那麼，兩岸官方如何合作？近年來學者們就此發表不少論文，在建議方面卻大多還是主張「民間先行」，也有部分學者提出要「由民人官」，便如何「由民人官」卻較少具體論述。事實上，兩岸民間海洋合作一直在開展，具有一定官方背景的「學術二軌對話」已經連續召開十餘年，兩岸公營企業海上合作也已多年。為在國際法意義上進一步增強兩岸維權的法理效力，今後可以著重研究如下涉及兩岸官方合作的問題。

（一）「主權宣示」的困境與可能出路

主權宣示是維護主權的重要方式，兩岸都宣示南海諸島、釣魚島屬於中國，客觀上對其他聲索國造成一種聚合壓力。但理論上，為避免「兩國論」，

兩岸官方又似應對對方的領土主權宣示進行否定。不過在實踐上，這樣做恐怕容易傷害兩岸關係。所以有學者曾就釣魚島問題提出兩岸應「互不否認對方的『主權』主張」，因為這有助於兩岸對日本的立場造成衝擊、客觀上形成兩岸共同維護「祖權」的良好局面、在國際上昭示「一中」，以及有助於增進兩岸政治互信等。[27]事實上，這些年當臺灣當局宣稱「中華民國對南海諸島（或釣魚臺列嶼）擁有無可爭議的主權」時，大陸官方的確並未直接予以駁斥與否認，而是重申「維護中國領土完整與主權是兩岸同胞的共同責任」，展示了較大的靈活性。不過，從主權角度觀察，兩岸關係存在「相互否認主權—互不承認主權—互不否認主權—相互承認主權」的由「一國」漸進到「兩國」的光譜。可以說，「互不否認主權」比馬英九提出的「互不承認主權」給對方提供了更大的主權空間。為防止兩岸法理關係朝國家分裂方向（即「相互承認主權」）滑動，大陸方面是否有必要在內部單方面採取相應立法措施？例如可否專門出臺相關規定，許可地方政府在一定條件下代表中央政府宣示主權？如果可行，今後臺灣當局再單方面宣布維護「中國主權」時，大陸方面不進行批駁，從法理上就可以解釋得通。另外據悉，馬英九當局曾發佈新聞稿稱，由於大陸仍是「中華民國憲法上的領土，故對大陸當局宣稱的釣魚臺列嶼為中國固有領土的主張，自然不能表示異議」[28]但目前臺灣法學界似乎尚未論證「地方政府」可以代表「中央政府」宣示「主權」，臺灣當局也未從法律上做過相關許可。當然，這種內部出臺相關法律許可的措施出臺後，兩岸如何既能合作宣示主權以對其他聲索國形成合力優勢，又不致產生「兩個中國」的法理危機，需要兩岸法學家認真研究。此外，臺灣當局一直希望參與南海多邊磋商機制，這也是其凸顯「主權」的一個重要機會。對此大陸方面一直是「封殺」的，但也有大陸學者提出這又涉及臺灣參與國際空間問題，需要大陸全盤考慮，不妨以更開放的姿態，在一個中國框架下讓臺灣合理參與南海爭端的處理，共同維護兩岸的利益或中華民族的利益但兩岸如何在涉及主權問題的國際多邊機制中體現「一中框架」，需要兩岸學者，特別是研究國際組織的學者仔細推敲。

（二）為今後可能的國際司法與仲裁程序做準備

實踐上，大國在處理領土爭端上一般不走國際司法途徑，這不僅有「勝之不武，敗則為笑」的心理矛盾，也有實力優勢比司法裁決更易獲取戰略利益的考慮，[30] 中國大陸長期以來在處理東海、南海爭端時也不主張走司法途徑。然而面對日本長期實際占有釣魚島，這一問題久拖不決可能不利於中國，近年來有一些大陸學者主張中國應以國際司法途徑解決東海爭端。[31] 也有學者從國際法爭端解決機制上考察，提出中國大陸可以考慮像韓國那樣就《聯合國海洋法公約》第 298 條發表聲明，排除三類爭端的管轄，以排除導致有拘束力裁判的強製程序的適用。[32] 筆者贊同這種提法，因為依目前國際爭端解決機制的運作規則，中國在該機制中獲勝可能性有，但風險也大。現在日本政府也宣稱「尖閣群島問題上不存在領土爭議」，因此也不會主動挑起司法裁判。然而，不排除今後日本為避免事態嚴重惡化而主動選擇國際司法途徑，屆時中國可能將無法迴避司法解決，對此有學者預言釣魚島爭端排除法律手段解決的時間是有限的。[33] 所以兩岸現在要切實加強合作，為今後可能的國際司法程序預做準備。

兩岸官方可否考慮組成「共同專家組」，對這些指定研究人員開放所有有關檔案，由專家組成員完成史料整理，並甄別真偽。特別是臺灣「國史館」擁有自 1930 年代以來豐富的對外交涉資料，這些資料在今後可能的國際司法裁決上將發揮重要作用，兩岸可加強對這些資料的研究工作，然後在史學工作的基礎上對這些資料進行國際法意義上的「證據處理」，依「無主地」、「有效占領」、「條約效力」等法律原則進行有利於中國的國際法論證。需要注意的是，對中國不利的證據，兩岸學者也要正視，然後共同思考如何進行相對有利的論述。例如，日本有些學者和政府官員曾拿出一些所謂「史料」，聲稱中華人民共和國建立後，中國大陸有關報紙文章、出版的世界地圖以及政府官方講話都曾表示過「尖閣列島」屬於日本。日本方面拿這些似是而非的「論據」來指責中國違反國際法的「禁止反言」原則。對此，中國大陸可以依據相關國際法進行反駁。此外，可否考慮兩岸在這些問題上合作，共同弱化爭端對象國所謂「證據」的證明力。例如，兩岸是否可在「外交承認對象」（有些「證據」是爭端對象國與中華人民共和國未建交而與中華民國保持「外交」關係時出現的）上依據國際法相關法理進行反證？當然，這

勢必涉及中國的政府繼承、中華民國的歷史地位等敏感問題,為防止造成「兩個中國」,防止出現的顧此失彼、顧外失內的窘境,兩岸國際法學者需要進行慎重仔細的學理推論。

　　此外,日本宣稱釣魚島主權歸屬與「琉球法律地位」密切相關,因為日本認為釣魚島屬於琉球,而琉球屬於日本。對此,中國大陸不予認可。但退一步講,即便釣魚島主權歸屬與琉球有關,日本也未必能在法理上完全站得住腳。在此問題上,臺灣當局可能比中國大陸具有更有利的論述條件,例如,1953 年 8 月美國決定將琉球北部之奄大島交給日本時,臺灣當局外交部於當年 11 月 24 日遞文給美國駐臺「大使館」,表示「中國政府對於美國所作舊金山和約並未使琉球脫離日本主權之解釋,不能同意。……自 1372 年至 1879 年間,中國在琉球享有宗主權,此項權利僅因日本將琉球侵併始告中斷。……中國政府對琉球並無領土要求,亦無重建宗主權之任何意圖,惟願見琉球居民獲得選擇其自身前途之機會。……中國政府對琉球問題的基本立場,堅持對於琉球的最後處置,有發言之權利與責任」。[34] 臺灣中研院有學者也認為:「中華民國根據開羅會議期間的討論、對會議宣言與《波茨坦公告》的理解,至今仍主張『琉球群島之未來地位,應由主要同盟國予以決定』。」[35]「琉球地位」問題對日本擁有釣魚島的主張具有較大威攝力,但處理不好也可能會影響到中國新疆、西藏問題,兩岸今後在這些問題上如何揚長避短進行合作有待進一步研究。再者,面對南海諸島聲索國可能越來越多地向國際法院提告,兩岸在 9 段或 11 段的「斷續線」、「歷史性水域」與「歷史性權利」上如何進一步進行法理整合,也是兩岸維護中國海洋權利必須認真思考的問題。

　　對於一些重要的爭端焦點,兩岸也可以事先形成共識。例如,有學者指出,兩岸「長期堅持與自然延伸概念有關的劃界主張將會付出高昂的政治和經濟代價」,[36] 那麼,主張什麼樣的劃界方法對中國最有利?對於這些問題,兩岸學界不妨先進行溝通。另外,由於中國在東海、南海區域諸多爭端中大多是其中當事一方,即便某一案件的國際司法裁判對中國有利,但其判決標準卻可能對中國在另一爭端中的權利爭取不利,因此要特別注意其聯動效應,

以免影響中國的整體利益與長遠發展,[37] 兩岸對此也需要共策共力,相互配合,以最大限度維護中國海洋權利。

(三)兩岸應加強地方行政執法上合作

兩岸還應加強地方行政執法上的合作。事實上,這個問題還涉及一個兩岸軍力合作的問題。中國大陸領導人曾說過,兩岸統一後允許臺灣保留自己的軍隊。但在統一前臺灣當局是否具有「國防權」(哪怕這裡的「國」是指整個中國)在法理上仍有可議之處,而維護海權最堅實的後盾與手段就是軍事力量與行動。兩岸若能在軍事上進行合作,對爭端對象國將是巨大的威攝。不過,據臺灣有關政治人物透露,馬英九當局在維護海洋主權上所謂「不與大陸合作」主要恰是指「不與大陸在軍事上聯手」。[38] 臺灣當局採取這種政策,有其仍然視大陸為主要敵人,並在安全上嚴重依賴美國軍事力量及美日安保體系的考慮。但歷史上,臺灣當局曾經在中國人民解放軍的南沙、西沙保衛戰中給予過默契式幫助。「戰略思想在每個世紀,或在歷史的每一時刻中,從經驗本身之中吸取其靈感」,[39] 今後兩岸可以進一步總結歷史經驗,繼續軍事戰略上的默契,這事實上也有利於臺灣自身的安全利益,因為倘若兩岸能在東海、南海上達成某種「軍事安全互信機制」,將使兩岸關係進一步融洽,也將使一些海洋問題爭端國更加顧忌對臺灣採取挑釁動作。可以說,如何以行政執法的方式進行實質的戰力合作,是需要兩岸進一步探討的一個問題。

值得欣慰的是,近年來兩岸都各自在海洋維權上加重行政執法份量。就行政區劃而言,東海、南海海域在兩岸分別隸屬福建、海南、高雄、宜蘭等地方政府。由兩岸行政部門尤其是地方行政部門進行海事行政合作,在法理上更易避開敏感的主權問題。當然,從法律角度看,兩岸在海域管轄權衝突、領海基線劃定等方面尚存在大量需要協調的地方,[40] 這需要兩岸海洋主管部門乃至更高層進行商談。在東海爭端問題上,兩岸也應該考慮如何進行行政執法合作,尤其是與兩岸民生問題密切相關的護漁問題。總之,今後兩岸可以考慮簽訂類似 ECFA(「兩岸經濟合作框架協議」)的 MCFA(「海洋合作框架協議」,Maritime Cooperation Framework Agreement),以更有力地維護中國海洋權益。

應該說，目前兩岸在合作維護海洋權利上存在一些法理難點，這些難點的存在，影響、削弱了兩岸共同捍衛中國領土主權的力道，這需要兩岸從維護中華民族整體利益的高度出發，進行相關政治對話，共同商議解決之策。當然，法理世界本質上是理想主義世界，在海洋維權上也不應過於誇大其作用，不過隨著人類社會發展，「文明的進步可以被看作是從武力到外交、從外交到法律的運動」。[41]善於利用法理工具，往往可以在爭取道義支持以及獲得實際利益上取得事半功倍的效果，這值得兩岸中國人重視。

註釋

[1] 嚴峻，全國臺灣研究會研究部主任、研究員。

[2]「南沙集團」源自2009年7月2日馬來西亞《吉隆坡安全評論》文章，鼓吹東南亞國家聯合起來在南沙問題對抗中國，參見方輝：《「南沙集團」不可能成型》，香港《文匯報》，2009年7月14日，A22版。「卡拉特」是美國每年與東南亞6國（菲律賓、泰國、新加坡、馬來西亞、印尼）舉行聯合軍事演習的名稱。

[3]《思想者論壇：兩岸海洋事務合作前景》，香港《中國評論》2012年10月號，第67頁。

[4]Jane's Defence Weekly, July 17, 1993：32.

[5] 馮梁、王維、周亦民：《兩岸南海政策：歷史分析與合作基礎》，《世界經濟與政治論壇》，2010年第4期。

[6] 李明杰：《臺灣海洋問題研究》，中國社會科學出版社2011年版，第216-217頁。

[7]《在釣魚臺列嶼爭端中我不與中國大陸合作或聯手之原因》，見臺外交部官網。

[8]《南海問題楊永明稱兩岸不諮商合作》，香港中國評論新聞社2011年7月17日臺北電。

[9]《馬：釣島主權不會讓步，兩岸不能聯手保釣》，香港中國評論新聞社2013年2月19日臺北電。

[10] 資料來自中華人民共和國外交部、國務院臺灣事務辦公室官網。

[11] 國務院臺灣事務辦公室官網，2012年4月25日。

[12] 魏靜芬：《海洋法》，臺北，五南圖書出版股份有限公司2008年版，第353頁。

[13] 馮梁、王維、周亦民：《兩岸南海政策：歷史分析與合作基礎》，《世界經濟與政治論壇》2010年第4期。

[14]《將「九二共識」的效益極大化》，臺灣《新生報》2012年10月31日社論。

[15] 鄧小平：《中國大陸和臺灣和平統一的設想》，《鄧小平文選》，人民出版社1993年版，第30頁。

[16] 黃嘉樹：《和平發展階段兩岸處理政治關係的矛盾與難點》，載於《兩岸關係的發展與創新會議論文集》，香港，2013年6月。

[17]《憲法》規定：「臺灣是中華人民共和國的神聖領土的一部分。」2005年《反分裂國家法》的提法為「臺灣是中國的一部分」；臺灣方面的「憲法」、「兩岸人民關係條例」以及整套「中央政府機構」在臺北，易使臺灣當局「一個中華民國，兩個地區」的政策從邏輯被理解為臺北是中國的中央政府。

[18] 參見[英]詹寧斯·瓦茨修訂《奧本海國際法》，中國大百科全書出版社1995年版，第163-164頁。

[19] 當前馬英九當局對兩岸法律關係的定位是兩岸「互不承認主權，互不否認治權」。

[20] Gplin Mac Andrew and Chia Lin Sien，Southeast Asian Seas：Frontiers for Development，McGraw-Hill International Book Company，1981，P. 234.

[21] 李秘：《兩岸南海合作：性質、路徑和空間》，載於上海市臺灣研究會、上海市日本學會、上海國際戰略問題研究會編：《兩岸海洋合作前景研究會論文集》，上海，2013年6月，第102、103頁。

[22] 臺灣學者孫國祥觀點。《思想者論壇：兩岸海洋事務合作前景》，香港《中國評論》2012年10月號，第73頁。

[23] 臺灣學者張亞中觀點。他認為兩岸可以「政治默契、民事互助、經濟合作」方式開展海洋合作。《思想者論壇：兩岸海洋事務合作前景》，香港《中國評論》2012年10月號，第76頁。

[24] 中共十八大政治報告提出「希望雙方共同努力，探討國家尚未統一特殊情況下的兩岸政治關係，作出合情合理安排」，胡錦濤：《堅定不移沿著中國特色社會主義道路前進為全面建成小康社會而奮鬥》，《人民日報》2012年11月9日。

[25]《釣魚臺問題，臺灣展現理性務實》，香港中國評論新聞社2012年9月18日臺北電。

[26] 香港《中國評論》月刊2012年10月號社論：《堅持「一中論述」，共衛中華海疆》。

[27] 王偉男：《論兩岸在釣魚島問題上的合作》，《臺灣研究》2013年第1期。

[28] 轉引自倪永杰：《馬英九東海、南海政策及兩岸合作前景》，載於《兩岸海洋合作前景研究會論文集》，上海，2013年6月，第71頁。

[29]王建民：《海峽兩岸南海政策主張與合作問題探討》，香港《中國評論》2012年8月號。

[30]參見蘇曉宏：《大國為什麼不喜歡國際司法》，《法學》2003年第11期。

[31]參見姚瑩：《解決中日東海爭端的司法路徑探析》，《當代法學》2011年第3期；王玫黎、宋秋嬋：《論新形勢下釣魚島爭端的解決策略——以法律手段為視角》，《西南政法大學學報》2011年8月號；管建強：《論中日東海劃界、領土爭端解決的法律方法》，《學術界》2010年第5期。

[32]吳慧：《國際海洋法爭端解決機制對釣魚島爭端的影響》，《國際關係學院學報》2007年第4期。

[33]管建強：《和平解決東海劃界爭端方法之研究》，《法學》2008年第11期。

[34]丘宏達：《關於中國領土的國際法問題論集》，臺北，商務印書館，2004年，第83頁。

[35]林泉忠：《〈開羅宣言〉的現在進行式》，臺灣《中國時報》，2013年11月18日。

[36]李令華：《關於最終解決東海劃界的理論基礎問題》，《中國海洋大學學報》（社會科學版），2008年第2期。

[37]梁詠：《從國際法視角看中日東海大陸架劃界爭端》，《法學》2006年第8期。

[38]《思想者論壇：兩岸能否在南海東海攜手合作》，香港《中國評論》2012年11月號，第77頁。

[39]Raymond Aron，The Evolution of Modern Strategic Thought in Problems of Modern Strategy，Studies in International Security，14，New York：Published for the Institute for Strategic Studies by Praeger，1970，P. 25.

[40]有關兩岸海域管轄衝突協調問題，可參見吳慧、商韜：《兩岸合作維護海洋權益研究》，載於周志懷主編《海峽兩岸持續合作的動力與機制》，九州出版社2012年版，第462-465頁。

[41]Louis Henkin，How Nations Behave：Law and Foreign Police（2nded），New York：Columbia University Press，1979，P. 1.

中國特色的「融合性統一模式」——以臺灣居民參與國家管理經驗借鑑為基礎

魏治勳[1]

臺灣是中國的固有領土，從法理上講，臺灣人民是中國國民和國家的主人翁，自然擁有參與國家管理的資格。緊緊抓住歷史的機遇積極推動和吸納臺灣居民參與國家管理，既有利於臺灣人民的福祉，也大益於祖國統一和民族復興大業的實現。因而，提出「臺灣居民參與國家管理」設想與舉措本身就是國家內部層面關涉兩岸的權力籌劃與運作的政治戰略行為。臺灣居民參與國家管理是中國走向最終統一這一歷史性過程之中的重要步驟和促進統一的重要手段，其意義極其重大。基於此，應當對臺灣居民參與國家管理的前提性條件以及其他國家完成統一過程中的有關經驗予以闡明，在此基礎上通盤考慮影響國家統一的主要因素，進而對國家統一的基本形式和主要路徑作出現實性思考。

一、臺灣居民參與國家管理的前提性條件

臺灣居民參與國家管理是其作為中國公民應當享有的權利。但是，在兩岸尚未實現完全統一的條件下談論臺灣居民參與國家管理問題，就因此具有了相當不同的蘊涵。它意味著，在兩岸分治狀態下，一方對另一方治下的人民落實法定權利和義務的關係，就此而言，這種做法必然要突破現有的兩岸分治的狀態。據此可以認為，這一做法本身事實上是一個促進兩岸融合、推進國家統一的重大的政治步驟。因此，在臺灣居民參與國家統一這一問題背後，必然潛藏著諸多重大的與國家統一有關的政治要素，揭示並闡明這些要素，就可能為臺灣居民參與國家統一問題明晰重要的前提性或基礎性條件。

對於中國統一問題而言，首先必須明確的一點是：中國自近代以來從來不是一個分裂的國家，這是中國與德國、越南、朝鮮等曾經分裂的國家的統一問題非常不同的一個關鍵性特徵。胡錦濤總書記在談及兩岸當今關係時指出：「世界上只有一個中國，中國主權和領土完整不容分割。1949年以來，大陸和臺灣儘管尚未統一，但不是中國領土和主權的分裂，而是上個世紀40年代中後期中國內戰遺留並延續的政治對立，這沒有改變大陸和臺灣同屬一

個中國的事實。兩岸復歸統一，不是主權和領土再造，而是結束政治對立。兩岸在事關維護一個中國框架這一原則問題上形成共同認知和一致立場，就有了構築政治互信的基石，什麼事情都好商量。」[2] 臺灣當局領導人馬英九強調，不論在島內或島外，臺灣當局都不會推動「兩個中國」、「一中一臺」與「臺灣獨立」。在海基會舉辦的「辜汪會談」20 週年紀念茶會上，馬英九在茶會致辭時作上述表示。他說：「我們兩岸人民都屬於中華民族，都是炎黃子孫，我們共享血緣、歷史和文化，我們透過和平互利的交流、彼此的切磋鼓勵，開創了中華民族前所未有的格局，也為東亞、世界樹立了一個以和平方式解決爭端的正面範例。」兩岸在法律上都確認兩岸同屬一國，只不過兩岸在「一個中國」內涵的表述上有所不同，即所謂「一中各表」，但中國是一個統一的國家。因此，兩岸的統一本質上是一個國家之內政治對立的雙方的融合問題，而不是一個被分裂的國家的統一問題。上述不同也決定了在思考中國的國家統一問題時，必須首先考慮中國國家統一問題的獨特性。這種獨特性的一個重要表現就是，臺灣居民與大陸居民一樣都是中國的合法的具有平等地位的公民。那麼，對代表中國的唯一合法政府並且得到國際公認的中華人民共和國政府而言，將臺灣居民視為完全意義上的本國公民並吸納其參與國家管理，是沒有任何理論上與合法性的疑義的。只是受到現實條件的限制，本應當實現的法律狀態目前基本處於未廣泛啟動的狀態。

其次，在法理上得到論證的臺灣居民參與國家管理問題，在現實政治操作中尚處於受阻而未完全啟動的狀態，它的完全實現必須克服現實的政治法律障礙。阻礙臺灣居民參與國家管理的現實政治障礙是，兩岸分治的政治狀態所表現出來的雙方互不承認，為臺灣居民參與國家管理設置了巨大政治難題。在兩岸展開廣泛的民間交流的情勢下，相當數量的臺灣居民到大陸經商、訪問甚至定居，為克服這一客觀的政治障礙提供了便利條件，當前一定數量的臺灣居民在大陸擔任公職這樣一個積極的現實正是兩岸廣泛的民間交流的政治碩果，這是對兩岸分治狀態的一個重大突破，但還不是一個完全的突破。因此，兩岸分治狀態的完全突破，根本上依賴於兩岸交流的深入發展和兩岸關係的重大緩和。阻礙臺灣人民參與國家管理的政治障礙必然是以體制性的法律障礙為基礎的，其法律障礙的主要體現是作為臺灣「憲法性法律」的「兩

岸人民關係條例」，它是臺灣用以規範兩岸人民交往關係的重要規定，它以刑事制裁加民事懲罰的手段為兩岸人民的交流交往設置了重大的法律障礙。因此，兩岸人民交往的深入開展，兩岸經濟、文化、政治融合的深度與廣度，都要求必須根本上破除「兩岸人民關係條例」這一障礙。從大陸方面來看，《中華人民共和國憲法》和一系列重要的法律以及關涉臺灣人民權益的專項法律和政策都從未將臺灣居民排除在國家權利享有主體之外，《反分裂國家法》則為臺灣居民參與國家管理、享有法定權利設置了法律上的底線性的保障。這樣看來，臺灣居民參與國家管理的政治法律條件，在很大程度上要看臺灣當局對兩岸統一所表現的政治誠意和現實推進程度，對於大陸方面而言，臺灣居民參與國家管理的政治機會始終是開放的，法律保障始終是不斷處於完善之中的。

此外，從系統論的觀點來看，臺灣居民參與國家管理絕非是國家統一過程中與其他問題和其他要素毫無罣礙的獨立的問題，相反，它是一個處於事關國家統一模式的複雜的「復合權力結構」之中的關鍵問題。按照學者的分析，所謂「復合權力結構」乃是一種包含國際國內因素在內的多維力量的綜合體系，它包括橫向和縱向兩個層面的內容。其中橫向包含硬權力和軟權力兩項內容；縱向層面則可以區分為全球、地區和國家三個層次。就其具體內涵而言，硬權力結構是指透過有形的剛性力量以影響其他行為體行動能力的體系，主要包括地理、人口、軍事力量等要素。而軟權力結構則是指透過無形的柔性力量以影響其他行為體行動能力的體系，主要涉及經濟交往、社會文化、制度規範等內容。從層次上看，第一個層次是指全球權力結構，主要指向世界上各主要國家之間形成的相互影響相互依存的政治狀態；第二個層次是指地區權力結構，是指區域內重要國家與地區之間的政治、經濟、軍事等相互影響與相互依存的狀態；而國家權力結構則包括處於分裂或對立的雙方之間的內部結構及其互動狀態。[4]正是上述諸多層次的要素之間構成的複雜的網狀結構的現實狀態，深刻地影響著處於分裂狀態的國家走向統一的具體模式選擇和路徑考量。

中國的國家統一問題與二戰後陷入分裂並在冷戰後復歸統一的各個國家都有所不同，中國統一問題本質上是在主權統一或曰主權沒有分裂的前提下

國家治權的統一問題。但中國的國家統一同樣會受到「復合權力結構」的制約和影響，因為中國的分治狀態產生本身就是多種力量綜合作用的結果，中國治權的統一也深深地受到國際國內各種力量的牽制和制約，在某種程度上，中國國家統一的有利的窗口期甚至根本上取決於國際形勢變化產生的歷史機會。因而，中國的國家統一也必須像那些實現統一的國家一樣，注重各個層次的各種權力要素對統一模式和統一路徑的影響和制約。因而，雖然中國國家統一問題與其他國家有所不同，但完成有效統一國家的歷史經驗仍然是值得中國汲取或借鑑的，對其他國家完成統一的條件、過程和形式等經驗性要素的合理借鑑，將有助於促進對中國統一模式的思考並降低統一的難度和成本。可見，處理好臺灣居民參與國家管理問題，絕非一般國內居民政治參與問題那麼簡單單一，而是一個重大複雜的政治戰略的選擇問題，對這一問題的處理必將對國家統一的進程和基本路徑的選擇產生重大影響。

二、臺灣居民參與國家管理問題相關經驗借鑑

從二戰後完成有效統一的民族國家的統一歷程來看，這些國家的統一都是在其所處的復合權力結構體系之內展開積極的博弈並及時抓住有利於國家統一的歷史窗口期而達致國家主權和治權的一體化的。因此，深入分析二戰之後完成統一的僅有的幾個國家的歷史經驗，並解析其中蘊含的復合權力結構及其博弈過程，對於中國的國家統一而言，其價值不言而喻。具體而言，二戰後迄今完成有效統一的國家一共有四個，按完成統一的時間排列分別是：坦桑尼亞、越南、德國、也門。其中，越南是在冷戰狀態下借助於外部勢力的支援以武力吞併的形式完成國家統一的，在和平發展成為國際基本大勢的當代情形下，越南統一模式顯然不能作為中國國家統一借鑑的對象；而坦桑尼亞的統一本質上是主權獨立國家的平等聯合，並非分裂國家的統一，但其聯合過程中所採取的形式和方式對於中國的統一而言仍然具有巨大的借鑑價值，因而可以成為重點分析的對象；其他兩個國家德國和也門，則是以不同模式完成和平統一的典型，其統一的經驗對中國而言自然意義非凡。需要指出的是，居民參與國家管理既是國家完成統一所處其中的復合權力結構的關鍵要素及作用形式，同時這一要素又深受其他不同層次要素的影響和制約，因而對完成統一國家的復合權力結構及其歷史經驗的分析，同時也就是對居

民參與國家管理這一權力結構要素形式發生作用的條件的分析。下文對德國、也門和坦桑尼亞國家統一的經驗分別予以探討。

(一) 德國統一經驗的「復合權力結構」分析

德國分裂是第二次世界大戰的遺留後果。二戰結束後，美、英、法、蘇四國對德國實行分區占領，在冷戰鐵幕開啟之後，處於意識形態對立雙方的美、英、法三國和蘇聯分別控制的德國領土就自然被分割為兩大部分，在這兩部分基礎上分別成立了德意志聯邦共和國和德意志民主共和國，德國分裂的事實由此形成。由此看來，德國的分裂事實上乃是國際層面的軟的和硬的權力鬥爭的必然結果，因而其走向統一的歷程也必然根本上取決於國際權力結構的深刻變化，只有這種變化才能夠對德國的統一提供有利的歷史窗口期。當然，德國的統一也必然受到地區層面的權力結構和國內權力結構的深刻影響，但相比於國際權力結構，前者的影響是次要的和有限的。但這並不表明，德國國內權力結構即兩德政治實體的權力運作對德國的統一是無能為力的，相反，在有利的國際形勢之下，內部權力結構的運作恰恰是能動的因而是關鍵性的要素。

德國統一的歷史經驗有力佐證了上述分析。學者認為，德國透過吸收模式完成國家統一是其特定國內國際環境條件下的產物，其中最重要的關鍵性條件是聯邦德國的強大經濟實力及其圓熟的政治操作經驗以及成功減少蘇聯的干擾並獲得美國和西歐國家的支持這兩個方面的權力結構要素。從國際權力結構來看，德國分裂可以說是美蘇主導的東西方冷戰的產物，因而德國的統一如果沒有美蘇兩大國的同意，則完全是不可想像的。二戰中的德國曾經讓美蘇兩國付出了巨大的代價，對美國而言，德國的重新統一與強大必須取得美國的信任並讓美國放心。二戰後聯邦德國加入以美國為首的西方陣營，並在深刻反思納粹主義的基礎上堅決走和平發展道路，有效地消除了美國的擔憂。但即使如此，在1989年底舉行的美蘇首腦會談中，美國總統布希以為，「一個統一的強大的德國不符合蘇美兩國的利益」當科爾推進德國統一的十點計劃甫一提出，美國深感問題的突然和複雜，並以「為時尚早」、「不應操之過急」予以推延。當時美國國防部長切尼甚至表示，「我們今天無法預測這一天什麼時候到來，也無法猜測它怎樣到來」。直到現實的發展使得德

國統一迫在眉睫之時，美國政府才表示，德國統一不僅是現實的，而且是可行的。[8] 在對蘇關係上，聯邦德國利用東歐劇變和蘇聯經濟困境之機，以支持德國統一作為條件向蘇聯緊急提供了 15 至 20 億盧布的援助，並承諾在以後七至八年內給予蘇聯 150 億至 200 億盧布的貸款，從而獲得了蘇聯對德國統一的支持。[9] 從地區權力結構的視角看，德國要實現統一和強大，就必須消除法英等大國的恐懼感，獲得地區大國的支持。在德國統一問題上，當時的英國首相撒切爾夫人堅決反對德國統一，而法國則以德國放棄馬克接受歐元並融入統一的歐洲為前提有條件地支持德國統一，以此來限制德國的強大和可能產生的危害。[10] 面對地區大國的反對和要挾，德國放棄了德意志民族主義旗幟，把德國統一問題和歐洲統一問題聯繫在了一起，其領導人阿登納尤其強調「德國的道路必須透過歐洲」，認為「沒有一個強大統一的歐洲，而要在自由中實現德國統一，這是誰也不能自圓其說的」。[11] 德國的這一立場有效地防止了德國軍國主義的復活，其反思歷史的行動和致力於歐洲統一併以之為德國統一前提條件的做法，獲得了地區大國對德國統一的支持，從而有力地扭轉了不利的地區權力結構並服務於德國統一。[12]

對國家權力結構的運作是聯邦德國政府推進國家統一的關鍵著力點。在此問題上，聯邦德國憑藉其強大的經濟實力，運用政治、經濟各種手段有效地推進了德國統一的進程。聯邦德國在其基本法中有 4 處規定了國家統一的條款，並在統一進程中很快拋棄了拒絕承認民主德國為獨立主權國家的「哈爾斯坦主義」，對民主德國實施「新東方政策」：將兩德分裂視為「一族兩國」，主張透過加強民族聯繫和民族認同來實現國家統一；堅持對民主德國的承認不是國際法意義上的承認，即兩德之間是一種非外國關係的特殊國家關係模式。同時借助於其強大的經濟實力，聯邦德國對民主德國實施了特殊的經濟政策，表現在將兩德貿易視為「德國內部貿易」，為民主德國提供巨額的低息或無息貸款，承認民主德國貨幣並維持 1：1 的官方比價，同時允許民主德國透過聯邦德國與歐共體各國進行貿易，大大降低了關稅成本。這些經濟對策都造成了為民主德國經濟輸血的作用，使其獲得巨量的經濟利益，從而有效地維持了民主德國人民對德意志民族的認同感。[13] 可以這樣認為，聯邦德國吸收民主德國完成德國的國家統一是以強大的經濟實力為基礎條件

的，除了統一前聯邦德國對民主德國提供的優惠貿易條件和巨大投資之外，僅德國統一後自1991至2009年的融合過程中，德國的總計投入就達到了1.3萬億歐元。當然，德國統一過程中所運用的國家權力結構，絕非僅僅在經濟一體化方面，它還包括建立統一的貨幣聯盟、促進東部經濟發展政策、法律制度一體化等政治經濟社會一體化的過程，這些權力方式的運用都對德國的統一產生了重要的促進作用。

從總體上看，對德國統一權力結構要素的考察，是以「居民參與國家管理」這一國家權力運用形式的外部的、平行的或者背景性的權力結構要素的考察為對象展開的，對這些要素的操作和優化無疑能夠為「居民參與國家管理」這一權力形式的發揮提供便利條件，但並不能代替它。從德國統一的過程來看，尤其在德國統一過程的後期，有大量的民主德國居民穿越「柏林牆」來到聯邦德國定居，其間並不能排除某些人參與了聯邦德國的國家管理，然而大量的民主德國居民參與國家的民主生活卻是在德國完成形式的統一之後的融合過程中才得以廣泛展開的。這樣看來，對德國統一權力結構要素的考察就只能是更多地為中國統一過程中「臺灣居民參與國家管理」這一要素的發揮提供背景性的和條件性的可資借鑑的內容了。

（二）也門統一經驗的「復合權力結構」分析

歷史上也門是一個統一國家，在近代成為統一的奧斯曼土耳其帝國的一部分，土耳其在1914年與英國簽訂的邊境條約中被迫將也門南部劃歸英國殖民統治之下。在第一次世界大戰中土耳其戰敗，在其於1918年撤出也門北部後，也門北部的統治者葉海亞第一次提出了也門統一問題。但北也門的統治者沒有抓住完成國家統一的有利的歷史窗口期，直到冷戰後南北也門分別加入蘇美兩大陣營，也門的統一問題從此與國際權力結構的變遷緊密地勾連在一起。因此，對當代也門統一問題的分析必須納入「復合權力結構」視野。在「復合權力結構」視野之下，美蘇兩大強權關係的變化自然是也門統一的最為重要的外部制約因素，同時以埃及和沙特為代表的地區性大國權力關係的走向也對也門統一前景發生著深刻影響。在上世紀八十年代後期，蘇聯強權的削弱和美國對以北也門為主體的國家統一的支持，以及埃及的退出及南也門與沙特關係的改善，為南北也門的統一創造了有利的國際和地區環

境。此時，南北也門雙方之間關係的處理這一國家權力結構要素作用如何發揮，就成為也門統一問題的關鍵所在。

從也門統一的歷史過程來看，南北也門政府在統一問題上的積極立場和積極作為造成了主導性的作用，而兩者之間在經濟問題上的積極合作則為南北也門的統一提供了非常重要的溝通渠道，並成為促進南北統一的催化劑。在國家統一問題上，南北也門雙方政府都持積極立場，雙方都將國家統一問題納入憲法條款，雙方都建立了「也門統一事務部」，對等處理統一事務。自1968年起，雙方除了在國家安全上積極合作之外，還建立了較為友好的國家關係。尤其突出的一點是，南也門的法律允許北也門民眾能夠較快地獲得南也門的身份證，兩國對對方居民採取了相互承認的態度，這一點對於我們推進「臺灣居民參與國家管理」問題具有特別的借鑑意義。在國家統一問題上，當時的北也門總統埃利亞尼發表的公開聲明代表了渴望統一的雙方人民的心聲：「毫無疑問，我們所夢想的南北統一是兩國人民的要求。雙方所有民眾都是平等的，急切盼望獲得統一。我們相信，南北統一是能夠實現的：雙方在統一問題上沒有障礙。我們只有一塊土地；我們有同樣的歷史、語言、宗教、傳統、風俗和血統；我們擁有共同的原則和命運；南北也門革命是由於遭到同一敵人的侵略，我們正在同帝國主義和反動勢力作鬥爭。所有這些都是我們走向統一的共同基礎，在同一國家和同一面旗幟下，缺乏交往的南北民眾應該義不容辭地緊密聯繫起來，以一個快速、穩健、標準的步伐向統一邁進。」[14] 儘管在其後走向統一的歷程中，雙方鬥爭不斷並發生了數次邊界衝突，但從總體上看，雙方也不斷進行了一系列政治與經濟的交往。到二十世紀八十年代後期，由於在南北也門邊境線上發現了儲量豐富的石油，為了開發石油資源改變經濟困境，雙方開始聯手進行石油開發，從而石油開發成為一個積極的促進因素，直接加速了兩國之間的交往與聯合，推進了也門的統一進程。其作用正如當時的報導所言：「南北也門共同開發石油的協定將是擊敗一切反對也門統一和人民進步力量的激進因素，將為也門統一大業奠定堅實基礎，對一切想渾水摸魚的敵人也是一個打擊。」[15] 可以說，聯合石油開發不僅為南北也門之間的溝通提供了良好契機，也為國家統一打下了物質基礎。雙方總統在有關石油開發問題的會晤與商談過程中，也不斷提

及並加強了推進統一進程的協商,並有意在共同開發石油資源的基礎上建立公共的電力網。至 1990 年,雙方接觸更加頻密,主要圍繞經濟、文化、法律和貨幣統一等問題達成了眾多共識,並於該年 5 月 22 日宣布實現國家統一。雖然統一之後的也門南北雙方之間因為權力之爭進行了短暫的內戰,但也門統一這一歷史性成果仍然得到了鞏固。

從也門統一的歷史經驗來看,南北雙方抓住了「復合權力結構」變化的有利時機,借助經濟上的交流和融合,一舉實現了國家統一。在統一歷程中,雙方政府都非常看重人民之間的交往對國家統一的重要意義,強調同一民族、血統和文化對國家認同的重要作用,上述經驗對於我們推進「臺灣居民參與國家管理」,促進兩岸人民對國家和民族的認同感並發揮其之於國家統一的積極作用,都有很強的借鑑意義。

(三)坦桑尼亞統一經驗的「復合權力結構」分析

坦桑尼亞的國家統一問題嚴格地說來,是坦噶尼喀與桑給巴爾兩個獨立國家聯合以建立統一的聯邦國家的問題。坦噶尼喀是東非的大陸型國家,而桑給巴爾則是完全意義上的海島型國家,兩個國家比鄰而居但缺乏密切的歷史聯繫:坦噶尼喀歷史上是德國的殖民地,而桑給巴爾則是英國的保護國;前者居民主要信奉非洲原始宗教和基督教,而後者居民則信奉伊斯蘭教;前者居民的主體是非洲黑人土著民族,而後者居民中占主導地位的則是來自於西亞阿曼和伊朗兩國的移民,並在政治和文化上長期受兩國的影響,還一度長期成為阿曼王室後裔的領地。可以說,直到兩個國家於二十世紀六十年代分別實現民族獨立,二者之間很少發生直接的政治聯繫。

在上世紀六十年代民族國家獨立和非洲統一思潮的引領下,兩個國家基於各自的需要開始走向聯合。坦噶尼喀是一個典型的大陸型國家,國家疆域廣大且人口較多,是非洲走向統一的領導性力量,具有重要的政治地位;而桑給巴爾疆域狹小,人口很少,取得獨立後國家安全難以保障,客觀上需要與坦噶尼喀的聯合,並對此持有積極態度。對於坦噶尼喀而言,從地理上看,其沿海地帶的絕大部分都被桑給巴爾領土和領海遮擋,通向外部海洋的出口必須經由桑給巴爾海域,而後者恰恰是一個經濟富裕、航運發達的國家。從客觀條件來看,兩國的聯合能夠滿足雙方各自不同的需求,而有利的國際形

勢促進了這一聯合的達成。坦桑尼亞國家的產生是主權國家間資源合併的典型案例，其走向聯合的歷史經驗的價值主要體現在兩個方面：其一是兩國的聯合乃是基於各自的利益需要和共同利益的培育而做出的主權讓渡的國家間合作，這種合作能夠在經濟乃至政治和安全領域產生明顯的「溢出效應」：「所有參與方的持續穩定獲益是此過程長期存在的必要保障，其中承擔制定和輸出一體化秩序重任的強國能夠始終擁有對合作收益的支配權，而弱國則憑藉『搭便車』式的獲利抵消對被他者控制或吞併的恐懼感。」[17]其二是在國家結構的安排上，坦桑聯合雙方創立了獨特的聯邦制模式。具體而言，在坦桑國家聯合關係上，「實力較強的大陸方面憑藉其原有國家機關承擔起聯合共和國的所有基本職能，是坦桑聯合秩序的首要制定者和輸出者；退居為地方自治體的桑島則透過在中央的代表權陳述利益訴求，是聯合過程重要且積極的參與者。依靠穩定推進的單一制度建設，合併後的坦桑雙方又逐步統一了貨幣、市場、交通運輸、文教以及部分司法領域中的制度，較同期的以非統組織為代表的非洲一體化組織取得更多的實質性成果」。[18]

從坦桑聯合的國家體制來看，其獨特性在於：雖然坦桑尼亞是兩個國家實體的平等聯合，但在統一國家之內並不存在坦噶尼喀這樣一個相對獨立的自治體，而只存在一個桑給巴爾自治共和國，坦桑尼亞中央政府不僅統一管理整個國家的主權性事務，而且直接行使坦噶尼喀的一切立法、行政和司法權力。因而，坦桑尼亞聯合國家就呈現出一種獨特的國家結構，其關鍵之點在於桑給巴爾自治政權與坦桑尼亞中央政權之間的關係是坦桑尼亞國家結構的關鍵結點。

坦桑聯合國家的這種一體化模式及其結構特點對於中國的國家統一而言無疑是具有特殊價值的：中國走向國家統一的模式完全可以借鑑坦桑聯合國家的結構形式，在「一國兩制」解決香港和澳門回歸問題之後，我們可以採取一種類似於坦桑聯合模式的形式，推進兩岸的統一，從而使得未來中國國家的結構形式呈現出複式的結構。當然，從「臺灣居民參與國家管理」這一問題意識的視角來看，坦桑聯合模式也為這一問題的解決提供了豐富的經驗性資源：在「坦桑聯合模式」之下，坦桑尼亞中央政府透過向桑給巴爾開放行政和立法權力空間，並確保桑給巴爾在中央體制內占有突出的權力地

位——坦桑尼亞 1977 年憲法規定，國民議會透過憲法修正案的條件需要來自大陸與桑島議員分別以 2/3 的多數同意才能透過，這就使得桑給巴爾在坦桑尼亞國家權力結構中擁有了決策者的地位。[19] 可以說，坦桑聯合國家的建立和有效維持，根本上都是以作為較弱一方的桑給巴爾人民在國家權力結構中擁有充分的發言權為重要保障的。對於中國的統一而言，國家確保臺灣居民參與國家管理的重要作用如此可見一斑，坦桑的經驗無疑是極富價值的。

三、臺灣居民參與國家管理與國家統一模式

從德國、也門和坦桑尼亞實現國家統一的歷史經驗來看，這三個國家分別代表了國家統一的三種模式，並呈現出不同的特點。其中，德國統一實行的是「吸收統一模式」，即經濟實力居於明顯優勢的一方透過將另一方吸收進原有的國家政治體制而完成統一，從國家統一成本的角度來看，「吸收統一模式」一般要花費巨額的統一成本，如德國的統一僅初期就需要 5000 億至 1.1 萬億馬克，統一後十年內西部向東部輸送了總計 1.4 萬億德國馬克的資助，如果加上聯邦德國政府向蘇聯提供的巨額援助和巨額貸款，則德國統一的成本實在太過巨大，顯然是一般國家承受不起的。據估算，韓國和朝鮮如果採取「吸收統一模式」，則其在統一後十年內的投入將會達到 5000 億至 10000 億美元，韓國政府顯然難以承受如此巨額費用。[20] 可見，「吸收統一模式」的明顯缺陷在於其巨額統一成本的不可承受性。與之不同，也門走的是「經濟優先一體化統一模式」，以聯合開發石油資源為契機，也門南北雙方逐漸建立了統一的經濟網絡和貨幣體系，其統一的過程也是國家逐步走向富足和經濟一體化的過程，這種統一的成本顯然是非常低的，而其產生的統一效益則是相當突出的。但是，並不是任何圖謀統一的國家間都有這樣的歷史機遇和資源條件，即使有了前述條件，雙方為爭奪資源而走向戰爭的可能性也是存在的，也門以石油資源開發為契機的國家統一，其深遠的根源仍然在於雙方為達成統一而作出的長期努力和志於統一的強大的共同願望。而坦桑尼亞聯合國家的產生則是非洲民族解放運動蓬勃發展和非洲一體化運動形勢下的產物，當然，這其中也內含著坦桑兩國各自在政治和經濟方面的需求，而聯合國家的產生則能夠滿足這種需求。坦桑走向聯合實行的是「政治優先一體化的統一模式」，在國家實現聯合的基礎上才逐漸走向經濟的一體

化，並最終向單一制國家形式邁進。坦桑模式的統一成本相對而言是比較小的，但其帶來的後續問題則比較多，比如實行單一制模式最終拖累了桑給巴爾的經濟，以至於當前桑給巴爾國內重新出現了要求獨立的政治運動。

從統一條件和統一成本的角度來看，三種統一模式都能夠為中國的國家統一提供有益的借鑑，概括起來主要有如下幾點：其一，為了實現國家的和平統一，應當積極創造有利於國家統一的國際環境與地區環境，儘量避免世界大國和地區大國對國家統一的干預，以有助於避免戰爭和降低統一的成本，德國與也門模式在這方面作出的有益嘗試頗為值得鏡鑒。其二，中國的國家統一的國家權力結構要素上，與前述幾個國家的情況既有相似之處又有明顯不同，無論民主德國、聯邦德國，還是南北也門，有待統一的雙方經濟實力都有相當明顯的差距，因而一方可以以經濟方面的措施強化對於對方的吸引力，經濟因素都在統一過程中發揮了相當明顯的作用。但就大陸和臺灣而言，大陸總體經濟實力強大，但經濟發展水平較低；臺灣總體經濟實力較弱，但經濟發展水平很高，可謂「小而強」的典型。因此，兩岸之間經濟互補性比兩德和南北也門雙方之間更強，以經濟交往促進國家統一的動力更加強勁。因而注重兩岸人民之間的經濟交往對於國家統一助益頗大。其三，無論是德國模式還是也門模式以及坦桑模式，其統一過程中政府間的合作造成了主導性的作用，在完成形式統一之後，其內部融合才逐漸加深加大，因而其統一的成本主要花費在完成國家的形式統一之後。也就是說，當代成功統一的國家所走的模式雖然不同，但卻有一個共同的特點，那就是先形式統一再實質統一，因而在統一之後反而要花費更多的統一成本以達致實質的融合。

與之不同的是，中國的國家統一所走的道路是先民間後政府的，在具體內容上是先經濟再文化後政治的，因而其他國家政治上的形式統一後實現實質統一的過程在中國卻是反過來的，中國所實行的這種實質性統一在先的主要內涵就是先透過兩岸民間的經濟、文化交流，再逐步實現經濟一體化和民族文化認同的基礎上，在條件較為成熟的條件下，最後再邁出政治和談和政治統一的步伐。在兩岸長期的經濟文化交流過程中，不但基本上沒有明顯較大的經濟成本的投入，反而繁榮了兩岸經濟，推進了兩岸的一體化和民族認同，這些成果會進一步倒逼出一系列的政治成果，比如在兩岸尚未正式開展

官方政治交往的情況下，隨著兩岸民間交往的深入，越來越多的臺灣居民來到大陸經商定居並參與到國家管理中去，相當多的臺灣居民擔任了包括人大代表、政協委員、管委會主任、公辦學校教師等公職，事實上已經在某些點上實現了臺灣居民參與國家管理的「破局工程」，並產生了廣泛的效應。[21]隨著臺灣居民參與國家管理深度與廣度的擴大，臺灣當局為阻止臺灣居民擔任大陸公職而制定的「兩岸人民關係條例」事實上已經失去了效力。這一趨勢昭示著，大量吸收臺灣居民參與國家管理以進一步強化在政治上的融合的前景將是極其廣闊的，由此也可以推論，兩岸之間開展開誠布公的政治談判也必將為期不遠。因此，有必要大力廣泛推進臺灣居民參與國家經濟、文化、政治事務的管理工作，將兩岸人民交流事務納入到國家統一的洪流中去，為兩岸的最終統一打下充分堅實的基礎。

四、小結：創造中國特色的「融合性統一模式」

　　國家富強、民族振興，一直以來都是中國人民積極追求的國家目標，這一目標的設定是與近代以來中華民族屢被列強欺壓、山河破碎的悲慘歷史境遇相勾連的，中國真正的崛起也必須以國家的富強統一為其應有之義。而中國要盡快實現國家的統一，就必須為統一而積極綢繆，其中必須善於研究、借鑑和汲取獲得有效統一的國家的歷史經驗。雖然中國歷史上也曾經多次實現國家的大一統局面，但這種統一往往是以武力達致的，而武力統一已經不再是當今世界的潮流。從戰後世界完成有效統一的各國的不同模式中，我們可以萃取多個方面的有益經驗：德國的吸收型統一模式證明經濟力量之於國家統一的基礎性作用；而也門的經濟合作先行統一模式則表明對立雙方透過經濟合作消除對立情緒、尋求統一機遇的重要價值；坦桑尼亞的統一模式則昭示，國家的統一應當建立在雙方共同利益和共同意願之上，國家的統一併非誰吃掉誰的問題，而是趨向統一的雙方基於共同的目標如何建構一個同舟共濟的統一體的問題。三種不同的統一模式又同時共享著一個基礎性的完成國家統一的重要條件：國家的統一必須以營造良好的國際環境為前提，抓住有利的歷史窗口期，堅決果斷地全力推進國家統一，這是現實的歷史實例提供給我們的彌足珍貴的成功經驗，必須記取。

中國的國情和所處的歷史環境與德國、也門、坦桑尼亞有很大不同。海峽兩岸的治權分裂是歷史上國共內戰狀態的延續，中國主權和領土並沒有分裂，但在內部卻存在著雙方政治軍事的對峙，因此可以說，中國的統一併非國際上一般所稱的分裂國家的統一之含義，而是一個國家內部對峙雙方如何結束政治軍事對立的問題。因此，中國之統一，不可能走如德國、也門那樣兩個主權國家平等協商國家統一的模式，而只能是國家內部兩岸之間採取恰當的方式結束對立走向融合，從而融分裂的治權為一體，實現主權與治權兩個層次的統一，此即中國國家統一的完整內涵。所幸的是，兩岸自解除禁錮、實現經貿與人員的往來以來，期間雖有曲折，但一直行走在一條正確的統一路線上：這就是，以長期的經貿往來建構兩岸統一的經濟一體化基礎，以不斷的人員往來和親緣聯繫強化有助於統一的血緣與民族認同基礎，這兩者疊加在一起必將有助於重鑄強大的國家認同。可以說，經濟與血緣親緣的融合，為兩岸之間不斷強化的融合和國家的統一奠定了良好而強固的基礎，有了這樣的堅實基礎，只要善於掌握並創造有利於統一的良好國際條件，適時推進兩岸之間的政治談判，在不遠的將來兩岸必將走向統一。中國的統一不僅極大地推動近代以來國家富強、民族振興目標的實現，也將為世界創造一種全新的國家統一模式：融合性統一模式。

註釋

[1] 魏治勳，法學博士，山東大學法學院副教授。研究方向：法哲學、政治法學、法社會學。

[2] 胡錦濤：《攜手推動兩岸關係和平發展同心實現中華民族偉大復興——在紀念〈告臺灣同胞書〉發表30週年座談會上的講話》，載《人民日報》2009年1月1日第2版。

[3] 在國內學者夏路看來，「復合權力結構」理論是一種結合現實主義與建構主義的研究國家統一模式問題的新範式，它將影響國家統一的重要的權力和力量納入結構分析的視野，以觀察權力結構對行為體制間的互動所具有的決定性影響。透過分析影響國家統一的復合權力結構及其作用形式，就為分析一個國家的最佳的統一模式提供了理論上的論證和現實的參照。因而，復合權力結構分析可以「為分裂國家統一模式問題提供綜合而深入的分析視角」。參見夏路：《復合權力結構與國家統一模式：對越南、德國、也門的比較研究》，中國社會科學出版社2011年版，第43-51頁。

[4] 參見夏路：《也門統一模式及其對中國的啟示》，載《阿拉伯世界研究》2010年第4期。

[5] 參見夏路：《二戰後民族分裂國家統一模式略議：「統一環境」與「統一成本」的視角》，載《世界民族》2009年第1期。

[6] 唐亦政、易紅：《科爾》，遼海出版社1998年版，第25章。

[7] 參見唐亦政、易紅：《科爾》，遼海出版社1998年版，第25章。

[8] 參見夏路：《美國在「分裂國家統一問題」中的外交政策》，載《世界經濟與政治》2012年第12期。美國立場的具體轉變是：隨著德國統一步伐的加大，特別是民主德國執政的統一社會黨一次又一次的「退讓」令美國驚詫不已。這時，精明的美國人認識到，1990年3月的大選將使民德發生重大轉移。如果現在還不抓住時機控制德國統一的進程，美國在歐洲的利益和在西方盟國中的地位將受到衝擊。於是，美國匆忙改口說，德國統一是「現實的」，「美國現在和將來都將一貫站在支持德國統一的前列」。參見唐亦政、易紅：《科爾》，遼海出版社1998年版，第25章。

[9] 參見夏路：《二戰後民族分裂國家統一模式略議：「統一環境」與「統一成本」的視角》，載《世界民族》2009年第1期。

[10] 參見王志強、戴啟秀：《德國：由主權統一到內部統一》，載《德國研究》2004年第1期。

[11] 參見［德］阿登納：《康拉德·阿登納回憶錄》（第一卷），上海人民出版社1976年版，第326頁。

[12] 參見王英津：《兩德復歸統一模式之評述》，載《山東社會科學》2004年第5期。

[13] 參見牛長振、李芳芳：《德國統一對兩岸關係和平發展的啟示》，載《國際展望》2011年第3期。

[14] Fred Halliday, Revolution and Foreign Policy：The Case of South Yemen，1967～1987，New York：Cambridje University Press，2002，p. 112.

[15] 時延春：《當代也門社會與文化》，上海外語教育出版社2006年版，第151頁。

[16] 參見百度百科之「桑給巴爾」詞條，http：baike.baidu.com/view/38082，htm，2013年7月29日登錄。

[17] 鄧延庭：《坦噶尼喀與桑給巴爾聯合關係研究：兼論坦桑聯合關係對非洲一體化的意義》，載《亞非縱橫》2013年第2期。

[18] 鄧延庭：《坦噶尼喀與桑給巴爾聯合關係研究：兼論坦桑聯合關係對非洲一體化的意義》，載《亞非縱橫》2013年第2期。

[19] 鄧延庭：《坦噶尼喀與桑給巴爾聯合關係研究：兼論坦桑聯合關係對非洲一體化的意義》，載《亞非縱橫》2013年第2期。

[20] 參見夏路：《二戰後民族分裂國家統一模式略議：「統一環境」與「統一成本」的視角》，載《世界民族》2009 年第 1 期。

[21] 參見童青峰：《臺灣居民任大陸公職之爭》，明鏡新聞網：WWW.mingjingnews.com/2012/06/blog-post—4822.html；《臺商爭進政協，大陸以經促統先勝一籌》，mzfan.blogchina.com/1396727.html，2013 年 7 月 29 日登錄。

兩岸婚姻中大陸配偶的民事權利保護

張燕玲[1]

問題的提出：大陸配偶的民事權利保護不周[2]

1949 年後，兩岸隔絕，兩地同胞通婚幾無可能。1987 年臺灣當局開放臺灣同胞赴大陸探親，自此兩岸的民間往來增加，兩岸之間的通婚也漸成常態。隨著兩岸婚姻家庭發展的日益深入、聯繫的日漸緊密，利益主體已經從兩岸配偶發展到其子女和親屬等更大群體。截至 2012 年底，在大陸辦理結婚登記的兩岸婚姻已達 33 萬，每年仍以 1 萬多的數字增長。如此一來，兩岸婚姻本身已涉及 66 萬人，算上子女可達百萬人，加之臺灣采大家庭模式，兩岸婚姻輻射的利益群體保守估算可高達三四百萬人。

但由於兩岸特殊的政治、文化背景，以及臺灣當局的政策限制，大陸配偶在臺灣的生活受到排斥與阻礙，在經濟、政治、文化等資源的占有上處於弱勢，無法融入臺灣的主流社會，淪為邊緣群體，陷入了艱難境遇。入境的期限限制，在臺的身份權、工作權受限，社會的歧視和社會支持的匱乏等嚴重影響了大陸配偶的婚姻家庭生活，也是導致兩岸婚姻高離婚率的原因之一。兩岸婚姻一旦破裂，大陸方合法權益的保障則是相當困難。這一切均顯示出兩岸婚姻中大陸配偶的民事權益保障處於缺失或不周狀態，其婚姻存在著不容忽視的問題與困境。[4]

保障大陸配偶的民事權利事關兩岸婚姻當事人及其親屬的福祉，不僅是身為移民遷入地的臺灣當局要思考的重要問題，也是移民遷出地的大陸相關部門應予關注的議題。兩岸婚姻家庭關係問題的妥善解決，不僅關係到兩岸婚姻家庭的切身利益，還影響到兩岸的穩定發展和兩岸交往的良性循環。因此有必要對兩岸婚姻中存在的大陸配偶權益保護問題進行探索式挖掘，以期

有助於兩岸相關部門完善立法和政策措施、加強政策銜接、優化辦事流程，為兩岸配偶及其親屬多謀福祉。

一、大陸配偶的配偶身份權益保護現狀

近年，經過兩岸有識之士的不斷努力，兩岸婚姻家庭當事人生活的政策環境日益寬鬆，但仍存在許多嚴重影響兩岸婚姻家庭健康發展的問題，大陸方當事人的配偶身份權保護即為其一。《中華人民共和國婚姻法》（以下簡稱《婚姻法》）並無配偶權的具體規定，但這並不意味著《婚姻法》不保護丈夫或妻子基於配偶身份享有的合法權益。《婚姻法》在「婚姻的效力」部分詳細規定了夫妻間的權利義務，而這正是配偶權的主要內容，如夫妻間的同居義務、撫養義務、繼承權等。兩岸立法對夫妻之間是否負有「忠實義務」和「互助義務」態度稍有差異：臺灣「民法」明確規定夫妻間具有忠實義務，大陸婚姻法僅在總則部分有「夫妻間應相互忠實」的表述；臺灣「大法官」的司法解釋中認可了夫妻間的互助義務，《婚姻法》雖然未有規範，但學界認為從婚姻之同生活的本質分析，應解釋為婚姻的效力包含夫妻間的互助義務，或者理解為夫妻間的同居義務包含了「互助義務」。由此，可以發現兩岸的婚姻制度在配偶權的規範上是基本一致的。

這些基於配偶身份而享有的權利義務，在兩岸婚姻中是否得到落實和保障，筆者欲結合「臺灣與大陸地區人民關係條例」（下稱「兩岸關係條例」）的規定，分析大陸配偶的權益保護狀況。

（一）「兩岸關係條例」關於大陸配偶的歧視性待遇概覽

兩岸恢復民間往來後，為進一步規範兩岸關係，臺灣於 1992 年公佈施行「兩岸關係條例」。該條例依據臺灣「憲法」制定，是調整兩岸關係的基本條例。由於該條例誕生於兩岸政治互動及人民交往的初期，其內容具有濃重的意識形態取向，呈現出對法律程序的嚴重偏離，成為一部落後於兩岸關係及法治文明發展的法律。該條例的修改一直是島內族群政治與政黨政治的重要議題，自頒布以來歷經 15 次修改，直到 2009 年的修訂才使得大陸配偶的權益保護狀況有較大改善。2009 年的修訂實現了：1.大陸配偶合法入臺即可工作，不再受居留期限的限制；2.大陸配偶取得身份證的年限也由八年放

寬到六年。但綜合而言,「兩岸關係條例」仍有諸多荒誕之處:大陸配偶入臺居留必須經歷面談程序;大陸配偶取得身份證的時限長達六年,而外籍配偶僅需四年;大陸配偶繼承遺產仍受 200 萬臺幣的限制,這使得其繼承不動產的可能性極其微小。[6]

不可否認,「兩岸關係條例」對兩岸關係的發展造成了一定的積極作用,在兩岸關係步入深水區時期,兩岸官方有必要認真檢視「兩岸關係條例」的內容,對其中不合事宜的、落後於形勢的、有問題的或帶有歧視性的內容予以刪除或修訂。

(二)歧視性待遇對大陸配偶履行婚姻義務的影響

「兩岸關係條例」在 2009 年修訂前,大陸配偶在臺的身份要經歷四個階段,即婚後兩年的「夫妻團聚」期、四年「依親居留」期、兩年「長期居留」期,八年堅守才可獲得臺灣身份。在此期間,陸配在臺灣沒有任何工作機會。2009 年臺灣當局透過「兩岸關係條例」修正案,全面放寬大陸配偶工作權,大陸配偶只要合法入境並透過「面談」,不需申請或等待就可在臺灣工作;陸配結婚滿六年可取得身份證。[7] 面談障礙的存在使得兩岸婚姻的配偶難以同居,難以如大陸或臺灣夫婦般享受家庭生活,婚姻的目的難以實現。同時,「兩岸關係條例」的修訂只是從政策層面解決了陸配的工作問題,現實中工作仍難以落實是不爭的事實,由於臺灣對大陸的學歷進行嚴格的限制認可,很多大陸配偶並不能在臺灣找到工作,更遑論找到滿意的工作。沒有工作,自然沒有穩定的收入,不具有撫養能力,履行撫養義務成為空談。加之,臺灣保留傳統的大家庭模式,大陸配偶入臺後多與對方家人一起生活,文化觀念、生活習慣、育兒方式等諸多差異導致其生活環境複雜、適應困難、衝突難免,這為其婚姻家庭的和諧穩定埋下隱患。雖然大多數大陸配偶為了保全家庭、實現對子女的監護、避免因離婚而無法在臺繼續生活等而選擇了默默忍受,但勉強維持的婚姻對於他們已毫無幸福可言,婚姻中的問題仍是日後糾紛產生的根源。

依據「兩岸關係條例」,大陸配偶一旦「面談」不過關,可被處以「強制出境或暫時收容」。臺灣「司法院大法官」認為這種「直接收容或強制出境」的行為是「違憲」的,並在釋第 710 號中宣告「兩岸關係條例」第 18 條第 1

項、2項「違憲」，理由在於：第一，臺當局允許入境的大陸人民的遷徙自由受「憲法」保障；「移民署」強制其出境必須經正當程序並加以審查；第二，未給合法入境的大陸人以申辯機會是違反「憲法」的；第三，規定沒有為什麼必須「收容」，也未明定哪些情況下可以採取「收容措施」，也是違反「憲法」的。為彰顯人權保障，筆者認為臺灣未來修訂「兩岸關係條例」時，應結合臺灣「司法院」第710號解釋的意旨修訂第18條。

（三）歧視性待遇對大陸配偶實現繼承權的影響

「兩岸關係條例」對大陸配偶規定了諸多異於外國人之差別待遇，繼承權利之限制即為其一。「兩岸關係條例」規定「大陸人民繼承臺灣人民之遺產，應於繼承開始起三年內以書面向被繼承人住所地之法院為繼承之表示；逾期視為拋棄其繼承權……」，第67條第1項規定：「被繼承人在臺灣之遺產，由大陸地區人民依法繼承者，其所得財產總額，每人不得逾新臺幣200萬元，超過部分，歸屬臺灣同為繼承之人。」後雖有學者建議刪除繼承遺產有金額限制之規定，因臺灣並未對外國人繼承臺灣人的遺產設定金額限制，但該提議在2009年修訂「兩岸關係條例」時未獲透過。

大陸配偶欲取得臺灣戶籍登記，自結婚時起算至少需6年時間。設想大陸配偶來臺之後，如在限制期間內臺灣配偶不幸身故，大陸配偶又受到繼承遺產之限制，情何以堪？限制特定區域人民的繼承權金額是世界少見的荒謬的歧視規定，從這個角度看，「兩岸關係條例」2009年的修訂僅僅是勉強向「人權及格」靠近而已，距離國際人權公約所要求的平等保障婚姻移民的家庭權，為時尚遠。

（四）歧視性待遇對大陸配偶夫妻財產權的影響

大陸和臺灣實行不同的夫妻財產制，依據「兩岸關係條例」，兩岸婚姻在大陸登記結婚後，其夫妻財產制依大陸的規定，其在臺灣的財產適用臺灣的法律。這意味著大陸人婚後在大陸的財產所得因大陸實行婚後所得共同制而成為夫妻共同財產，臺灣人在臺灣的婚後所得因臺灣適用剩餘所得共同制仍是其個人財產，臺灣人對其婚後所得享有獨立完整的管理支配權，大陸配偶只有在離異時方能分得臺灣人婚後增值的一半份額。而離異的代價又是大

陸配偶不敢輕易面對的。一旦離異，陸配可能面臨骨肉分離的結果。這種夫妻財產制的不同適用帶來兩岸婚姻當事人雙方享有的夫妻財產權保護的不同：大陸配偶的婚後財產被無償瓜分，其個人財產因兩岸婚姻的存在而大幅縮水，離異帶給大陸配偶的後果不僅是夫妻共同財產被分割，還可能失去對子女的探視權和監護權。實踐中多數陸配為了實現對子女的監護，選擇忍氣吞聲、委曲求全，維持著瀕臨死亡的婚姻。

二、大陸配偶其他民事權利的保護現狀

（一）大陸配偶的隱私權難保障

「兩岸關係條例」規定大陸配偶入境居住需面談，面談主要是為防止假結婚而設定。由於臺灣只針對大陸配偶和越南等特定國家和地區的外配做面談，造成歧視、差別待遇。面談制度往往以夫妻生活的隱私為切入口，被指以粗暴的方式侵犯公民的隱私權。面談時，面談官往往以先生的條件判斷婚姻的真假，特別是夫妻兩人年齡差距、先生經濟能力不佳或有刑案紀錄、夫妻外貌不搭、游民或「原住民」的異國婚姻等，此類申請往往不易透過。面談制度借由面談者的言行查詢有無婚姻存在的事實，程序本身極易導致權力的濫用，更容易侵犯人性尊嚴。人性尊嚴是所有法治國家和地區公權力所必須捍衛的最高法益，是自由民主法治秩序的核心價值。面談所涉及的夫妻生活中最隱私、私密的領域正是民法保障隱私權、發展其人格與維護人性尊嚴最關鍵的地方。面談制度披著當局的政策外衣肆意橫行，將人權、平等等基本價值拋之腦後。其對憲法所保護的人格尊嚴和民法保護的隱私權之踐踏理應引起兩岸官方，尤其臺灣當局的關注。

（二）大陸配偶的子女監護權難保障

據臺灣戶政部門統計，兩岸婚姻的結婚離婚率之比為 1.5：1，而大陸婚姻的結婚離婚比率為 5.8：1，兩岸婚姻極高的離婚率對兩岸婚姻中的未成年子女的健康成長造成嚴重影響。依據「兩岸關係條例」，大陸配偶在取得臺灣身份證之前離異的，因不能正常獲得臺灣親人的擔保而無法輕鬆赴臺，只能接受骨肉分離的事實。而即使其獲得了身份證，由於其經濟上沒有獨立，

爭取子女的監護權也是難上加難。這種明顯歧視性的規定導致了多數大陸配偶選擇忍氣吞聲，維持瀕臨破裂的婚姻。

兩岸婚姻還可能因其他法律規定的不同而導致陸配喪失子女監護權。據《聯合早報網》報導，一名大陸籍陳姓媳婦嫁入臺中富豪之家，和公公通姦產下一子，賴翁老來得子，除將這名「孫子」收養同住，還致贈上億元家產；未料陳女丈夫過世後，她尚未取得臺灣身份，所生兒子非婚生，無法繼續留在臺灣，先生名下價值數千萬元遺產，也因沒在期限內聲請繼承，被法院視為「拋棄繼承」，弄得「人財兩失」。[9]

本案中陳女的遭遇不僅是大陸配偶繼承權難獲保障的彰顯，還涉及臺灣司法系統對大陸配偶的子女監護權的侵害。陳女在丈夫過世後，以「依親」名義請求繼續留在臺灣，但2012年7月被臺行政法院駁回，理由是法律只保障合法婚姻，陳女之子為非婚生子女，不得依親。

臺行政法院的裁定是否正確？「兩岸關係條例」第17條規定，大陸配偶具有兩種情形之一時可申請進入臺灣團聚：第一，結婚滿二年者；第二，已生產子女者。臺灣地院法官認為「條例」中「已生產子女」應指陸配在合法婚姻內生育子女，非婚生子女不包括在內。也即，陳女雖為賴翁生育一子，但所生子女不能推定為陳女與賴翁的婚生子女，因此，陳女不能依據「兩岸關係條例」而申請依親居留。法院認為陳女與賴某是不存在婚姻關係的，故陳女不應依據「兩岸關係條例」申請在臺灣居留。法院對條例第17條的解釋是否符合臺灣「民法」的規定？臺灣「民法」親屬編第1065條規定「非婚生子女與生母的關係視為婚生子女，無須認領」。按照臺灣「民法」，陳女士與婚外生子的關係仍是婚生子女關係，不同於父親與子女的關係，由此，法院判定陳女所生子為陳女之非婚生子女的結論有誤，有違親屬編中「子女利益最大化原則」。因為本案中法官最終要裁斷的是陳女能否因子女的出生這一事實獲得居留許可，而子女的出生之所以成為獲得居留許可的條件，主要的考量依據仍是子女利益最大化原則的適用，如果兩岸婚姻締結後不滿兩年但生育了子女，陸配仍不能獲得入臺居留許可，兩地分居勢必對子女的健康成長不利，這也顯然背離國際人權法精神，違反國際家庭法上的子女利益最大化原則。由此可知，正是從保護未成年子女健康成長的角度考慮，「兩

岸關係條例」在居留許可中增加了這一生育了子女的規定。縱使「兩岸關係條例」中未有更細化的規定，我們依然可依據國際人權公約的精神及子女利益最大化的原則，推定為條例第 17 條中的子女不限於婚生子女的範圍，還包括非婚生子女。因此筆者認為臺灣行政法院的裁定有誤，應解釋為陳女符合「依親」居留的條件，可以獲得「團聚」許可。主審法官對「條例」第 17 條的解釋錯誤導致陳女喪失了對兒子的監護權。

為避免類似此等誤判，筆者認為兩岸可在協商基礎上，透過修訂或細化「兩岸關係條例」解決大陸配偶的監護權保障問題。在修訂條例的時機不成熟或無法及時達成時，我們可建議臺灣透過司法解釋體制修改條例中落後的或不符合事宜的內容。

三、大陸配偶民事權利保護不周的原因分析

（一）兩岸的立法差異

兩岸的法律衝突是導致兩岸婚姻問題頻生的原因之一。儘管兩岸存在法律衝突，但由於婚姻家庭領域的法律具有強制性和嚴格的實在法特質，因此，在區際法律衝突中，婚姻家庭法方面的差異仍是最小的，最易達成法律協調。因此，尋求兩岸婚姻制度的協調並非不可完成的空想。有外國學者認為，正是由於共同的法律傳統、聯邦法律框架、國際間流動壓力和日漸交融的外來移民，在美國的衝突法體系中，家庭法領域顯得相對一致和簡明。中國學者們對此也不乏共識：香港學者廖　珠認為，就香港特別行政區而言，由於它的傳統文化和種族血源同中國其餘部分相同，家庭法可能成為首批得到統一或協調的領域之一；大陸學者指出，在中國的區際法律衝突中，婚姻家庭法雖相互存在差別，但與各地區政治、經濟制度聯繫不甚密切，主要依據各地區民族結構、文化傳統、道德倫理觀念、地理環境、社會習俗等制定，而在這些方面，兩岸社會存在相同的因素，因而具有相近的倫理道德觀念和社會習俗。可以預見，未來中國統一後，這些相同因素會隨著各地人民的交往更加發展，達到更大範圍的一致，兩岸的立法差異、倫理差異、價值觀差異等將逐漸消除。

（二）臺灣當局的歧視性政策

臺灣社會對兩岸婚姻中的大陸配偶一直以來都是存在歧視和排斥的。這主要受三方面因素的影響：第一，在兩岸通婚中早期「生存型」兩岸婚姻的影響。臺灣經濟生活水平較高，大陸特別是農村地區生活水平較低，有不少大陸中青年婦女嫁給臺灣男性，主要是為了擺脫貧困、改善生活，甚至是為了幫助子女移民臺灣而選擇臺灣男性為再婚對象。而臺灣迎娶大陸新娘的男性大多屬於弱勢群體，更有不少是老兵、殘疾人，且多是老夫少妻型。所以，大陸配偶經常被臺灣人看不起。第二，臺灣普通民眾擔心大陸配偶多了，會占用臺灣的社會資源，降低他們的生活水平。第三，臺灣當局擔心，兩岸通婚的發展會造成大陸配偶及其直系親屬大量移居臺灣，從而引起臺灣的社會構成以及選民結構發生變化，擔心臺灣被大陸同化。因此，臺灣在大陸配偶的入境、入臺團聚、定居、就業、學歷採認等方面，設置了許多人為的障礙，存在一些歧視性的法律規定。

（三）兩岸的文化差異

兩岸的文化差異與大陸配偶對婚姻家庭生活的適應程度有密切關係。兩岸不同的政治走向使得兩岸出現了文化差異，兩岸在政策規定、價值觀念、風俗習慣、家庭文化等方面均存在不小的差異，對大陸配偶的生活適應造成較大影響。臺灣仍以傳統的家庭倫理文化為主，推行三代同堂的家庭制度，重視家庭的親情教育和孝道教育，家庭分工上以男主外女主內為主，女性在家庭權力結構中居於附屬地位。新中國成立後倡導男女平等，女性婚後多數渴望自力更生，有獨立的經濟和人格，進入臺灣社會後短時期難以適應臺灣的家庭文化和生活方式。加之兩岸生活習慣、教育子女觀念、待人接物方式等等的不同，直接影響了大陸配偶對臺灣生活的適應性。目前，對兩岸文化差異的理解不足、對全新環境的認知偏差是影響兩岸婚姻家庭和諧穩定的重要因素之一。

（四）大陸的保護措施不到位

兩岸婚姻家庭群體雖然數量已經達到三百萬，但是他們對於大陸總人口來說，所占比例非常小，對於每一個中央部委來說，這一群體只是它們工作對像當中極小的一部分。因此，這一群體遇到的種種困擾，之前沒有得到相

關部委的充分重視,大陸配偶的呼籲和建議,在一定程度上被立法者所忽視。[10]

四、完善大陸配偶的民事權利保護的具體對策

(一)正視兩岸法律衝突,及時修法予以協調

保持兩岸婚姻的健康發展,法律的規範與保障是不能或缺的;然而,因為某些政治、社會的因素,法令規範明顯跟不上時代需求,何況兩岸法律之適用亦有落差,均是兩岸婚姻家庭正常化的障礙。但兩岸的法律衝突終不是法系衝突,而是現實情況、立法目的與法律思維的不同所導致,兩岸有著相同的傳統文化和倫理道德觀念,世界經驗證明此種衍生於同種傳統文化和倫理道德觀念的制度衝突最容易達到融合和統一。因此,正視現實,透過修法實現兩岸婚姻家庭制度的協調是保護大陸配偶民事權益的必要措施。

人性同樣尊貴,人權也應該受到同樣的尊重和包容。隨著國際人權理念的本土化或全球一體化的推進與發展,相較於法治國家強調家庭隱私不介入的原則,全球法基於社會正義的理念,強調「婚姻移民」應享有家庭權的平等保障,主張以獨立生命個體的人格尊嚴為法律保障之基礎,並強調在文化融合的地球村中重新構建多元社會的理想家庭秩序。[11]臺灣「大法官」在釋字第554號中指出:「婚姻與家庭是社會發展的基礎,應受憲法的制度性保障」,「婚姻制度植根於人格自由,具有維護人倫秩序、男女平等、養育子女等社會性功能,國家為確保婚姻制度的存續與圓滿,自得制定相關規範」。[12]據此,大陸配偶作為入臺定居的「婚姻移民」,其與臺灣的外籍配偶在家庭權的享有和保障上,依據國際人權文件,應當享有平等的保護,排除任何歧視性或不公平的對待。

不可否認,由婚姻移民組成的跨國婚姻家庭已經逐漸重構了臺灣社會形成與發展的基礎。婚姻移民與其臺灣配偶及親屬的婚姻家庭權益,是否應在平等原則下享有「憲法」的制度性保障?為回應婚姻移民的特殊需求及其弱勢情況,是否應重構臺灣法的家庭秩序?「憲法」基於對婚姻家庭的制度性保障,是否應基於跨境婚姻的特殊需求而制定特殊法律規範或特別程序?[13]筆者注意到有臺灣學者對外籍配偶人權之保障給予了關注,相關法規也鬆綁

不少。[14]但家庭法對於夫妻及親子關係中弱勢者的權益維護是否應平等適用於婚姻移民？有學者認為「不僅不能因移民的身份而予以歧視，還應基於其跨國婚姻產生的特殊需求而給予特別保護」。[15]基於對家庭權之法律保障的共識，筆者對此持贊同意見。但放眼現實，當下大陸配偶權益的保護自然應從爭取獲得與外籍配偶同等的待遇開始，而非直接謀求與臺灣人一樣的待遇。

大陸與臺灣分別加入了《消除對婦女一切歧視的公約》和《聯合國兒童權利公約》，並視各自的政治經濟、社會文化等條件將各公約中關於弱勢群體人權保障的理念與機制落實在各自的法律實務當中。《消除對婦女一切歧視的公約》第16條第一款指出：「締約各國應當採取一切適當措施，消除有關婚姻和一切形式的家庭關係上對婦女的歧視，並特別保證在男女平等的基礎上……不管婚姻狀況如何，對於子女的事務，父母擁有相同的權利和義務，但應以子女的利益為重。配偶雙方在財產的所有、取得、經營、管理、享有和處置方面，享有相同的權利。」「兩岸關係條例」是規範兩岸事務的指導性法律依據，其或許無法規範兩岸婚姻的所有狀況，但卻可以創造出一個較正常及健全的情境，臺灣有了健全的法制，大陸勢必也會創造一個合理健全的法制空間，使兩岸交流的紅利能夠充分發揮，達成人民是最大贏家的目的。

我們呼籲臺灣當局及時修訂「兩岸關係條例」，取消面談程序，在「工作權和獲得身份證」方面賦予大陸配偶至少與外籍配偶同等的待遇。臺灣當局應逐步放寬對大陸的學歷認可，使得大陸配偶有更多的工作機會，不因學歷認可的限制而喪失工作機會，間接影響其婚姻家庭生活的和諧。同時，建議臺灣當局在大陸配偶的繼承權、夫妻財產權及子女監護權等規定上，賦予其與外籍配偶同等的待遇。現臺灣當局新加入一保障人權的國際公約，公約中多處明文禁止「一切基於原籍而為的差別待遇」。有學者因此樂觀估計臺灣應在兩年內修正不符公約的法令，認為這是檢驗臺灣政府誠意的標準。臺灣當局只有及時翻修「兩岸關係條例」，才能實現對法治、人權的尊重和對兩岸和平發展這一共識的促進。

（二）兩岸加強溝通，創建部門協作機制

兩岸應本著為百姓謀福祉的目的，拋開政治成見，加強協商溝通，創新構建兩岸協作機制。如兩岸可針對婚姻登記訊息不透明問題，建立兩岸的民政互助機制。大陸人與臺灣人在大陸登記結婚，由大陸民政部門將二人的登記訊息及時通告臺灣人所在的戶籍所，戶籍所可依據臺灣的規定，要求當事人在限定時間內進行結婚登記，如登記時發現了當事人的重婚情形，應依據臺灣「民法典」第 1952 條的規定拒絕登記。臺灣「民法典」改採了婚姻登記制後，結婚登記成為婚姻的成立要件，臺灣人在臺灣結婚必須過行政登記關。臺灣戶政部門應將臺灣人和大陸人的登記訊息通告大陸人所屬地區民政部門，民政部門如發現大陸人的重婚情形，可依據《婚姻法》拒絕認可其婚姻的效力。[17]

兩岸應透過協商溝通，加強和完善兩岸的司法協作機制。兩岸婚姻對兩岸關係發展的重要性無需多言，兩岸應加強溝通，在原有司法協作基礎上，繼續完善司法協作機制，互相認可對方的判決並協助執行，合力解決兩岸婚姻存在的種種問題，為兩岸婚姻的和諧穩定創造有利條件。[18] 臺灣司法部門可透過尋求臺灣司法解釋機制實現對「兩岸關係條例」相關內容的修正，以匡正一些明顯違反人權之平等保障的案例。

學者嚴安林認為，推動兩岸關係和平發展的制度化建設是兩岸雙方面臨的共同課題，也是確保兩岸關係和平發展的必然選擇。[19] 建立各種交流合作機制，使兩岸婚姻在正常化、穩定化、規範化與法制化的軌道上發展，這既是兩岸關係和平發展的內在要求，也是兩岸官方的共同需要，更是兩岸社會的共同呼籲。

（三）發揮婚姻家庭協會職能，提升對兩岸婚姻的服務水平

2012 年 6 月民政部正式成立兩岸婚姻家庭服務中心，旨在為兩岸婚姻當事人提供婚姻家庭的輔導和法律政策諮詢的服務，幫助當事人維護合法權益，協同解決有關訴求。同年 8 月，民政部成立兩岸婚姻家庭協會，國臺辦主任王毅表示成立海峽兩岸婚姻家庭協會就是為了更好地為兩岸婚姻群體提供服務，切實維護他們的合法權益，幫助他們開創更美好的生活。如何充分發揮兩岸婚姻家庭服務中心和兩岸婚姻家庭協會的服務職能，化解兩岸婚姻存在的矛盾，處理兩岸婚姻發生的糾紛，這成為兩岸婚姻家庭協會開展工作的最

大目標。筆者認為兩岸婚姻家庭服務中心和兩岸婚姻家庭協會應充分發揮自身的宣傳功能，在深入了兩岸婚姻家庭政策解的基礎上，及時受理和回應大陸配偶的利益訴求；並透過開設兩岸婚姻輔導班等多種形式，宣講臺灣的經濟、法律、文化，為即將進入兩岸婚姻的大陸人士提供前瞻性婚姻家庭指導，讓兩岸配偶對自己的婚姻選擇和入臺生活可能面臨的困境能有充分瞭解，爭取做到有所準備，有備無患。

結語

兩岸婚姻家庭作為連接兩岸同胞的血脈紐帶，一直是傳承中華民族根脈、傳播兩岸愛情親情、傳遞和平發展信念的重要力量，發揮著增進民族認同、加強交往融合的重要功能。兩岸婚姻的發展對兩岸的經濟、文化、政治產生了巨大的影響，促進了兩岸官方的交流交往，增進了兩岸民眾的感情溝通。同時我們也看到，兩岸婚姻因兩岸關係的特殊性和複雜性而備受干擾，對兩岸婚姻造成這樣那樣的問題與負面影響，阻礙了兩岸婚姻的正常發展和兩岸社會的互動往來。兩岸婚姻的健康發展需要兩岸社會的共同努力，也只有兩岸社會的攜手相助，兩岸婚姻的美好明天才指日可待。

註釋

[1] 張燕玲，南京大學法學院副教授。本文曾發表於《中國政法大學學報》2013 年第 6 期，此次出版略有改動。

[2] 分析大陸配偶在臺生活權益保障的論文有：元輝《海峽兩岸婚姻問題之法律思考》，吳沁芳《兩岸通婚的發展瓶頸及其幸福訴求——基於社會公正的視角》，官玉琴《涉臺婚姻配偶身份利益保障之法律思考》，吳限英、王文鑫的《涉臺婚姻存續期間大陸女性配偶權益保護探析》，祖群英的《大陸女性配偶在臺灣生活適應及其影響因素分析》，陳怡潔《大陸配偶在臺灣的社會困境與人權宣導分析》等。

[3] 據臺灣戶政部門統計，兩岸婚姻的結婚離婚比率為 1.5：1，而大陸一般婚姻的結婚離婚比率為 5.8：1。

[4] 自 2009 年海峽兩岸司法互助工作開展以來，在人民法院辦理的涉臺送達文書和調查取證案件中，婚姻家庭案件數量最多。從中發現，大陸配偶因不熟悉臺灣的有關法律，導致其合法權益難以得到有效保障。對此，海峽兩岸婚姻家庭服務中心提出加強涉臺婚姻登記前的教育輔導，使大陸配偶瞭解並尊重臺灣有關婚姻家庭的規定。二是加強對公證環節的管理工作，防止出現偽造文書赴臺「假結婚」的情況。

[5]《待遇不及外籍配偶受歧視項目多大陸配偶臺灣維權》,《人民日報》（海外版）2012年5月10日。

[6]《待遇不及外籍配偶受歧視項目多大陸配偶臺灣維權》,《人民日報》（海外版）2012年05月10日。

[7]《臺擬修正兩岸條例草案將放寬大陸配偶多項權益》,2009年4月23日中國新聞網,2013年7月15日訪問。

[8]《大陸新娘入臺被歧視內幕：身份尷尬隱私權難保障》,《環球時報》2008年10月10日。

[9]《與公公亂倫產子夫死數千萬遺產飛了》,聯合早報網,2013年7月25日訪問。

[10]郝紅梅：《兩岸婚姻家庭現狀及存在的主要問題》,海峽兩岸關係法學研究會2012年年會論文集,北京。

[11]施慧玲：《論婚姻移民之家庭權的平等保障——全球法本土化的考察與反思》,載於《家庭權的規範圖像——法律社會學的超國界盛宴學術研討會會議手冊》,2005年。

[12]施慧玲：《民法親屬編之理想家庭圖像—從建構制度保障到寬容多元價值》,《月旦民商法雜誌》2007年第17期。

[13]李震山：《多元寬容與人權保障——以憲法未列舉權為中心》,臺北元照出版社2005年,第152頁。

[14]廖元豪：《從外籍新娘到新移民女性——移民人權的法學研究極待投入》,《臺灣本土法學雜誌》2004年第61期。

[15]施慧玲：《論婚姻移民之家庭權的平等保障——全球法本土化的考察與反思》。

[16]廖元豪：《臺灣保護受歧視大陸配偶邁可喜一步》,《聯合報》,2009年6月12日。

[17]臺灣「民法典」親屬編於2007年5月修訂時,將第982條「結婚的形式要件」修正為「結婚應以書面為之,有二人以上證人之簽名,並應由雙方當事人向戶政機關為結婚之登記」。參見法源網「法律法規」,2013年7月12日訪問。

[18]祖群英：《兩岸通婚與兩岸社會》,《中共福建省委黨校學報》2011年第1期。

[19]嚴安林：《制度化建設是兩岸雙方面臨的共同課題》,中國臺灣網,2013年7月26日訪問。

海峽兩岸文化產業對接合作的法律視角分析

李興國[1]

　　黨的十七屆六中全會提出了文化強國戰略,而加快發展文化產業、推動文化產業跨越式發展則成為實現這一宏大戰略的必由路徑。文化產業作為21世紀全球範圍內的朝陽產業,海峽兩岸對其振興發展有諸多的共識。由於兩岸地緣相近、血緣相親、文緣相承、商緣相連、法緣相循,在文化產業領域存在對接合作的機遇,「大陸在資金、土地、市場方面具有優勢,臺灣在創意、人才、品牌經營、資本運作等方面較具優勢」。(1)而推進海峽兩岸文化產業對接合作,對於提升兩岸產業競爭力、促進祖國統一、共同傳承光大中華文化均具有非凡意義。本文擬基於法律視角,對海峽兩岸文化產業對接合作的相關法律問題作一考察。

一、海峽兩岸文化產業對接合作的主要形式

　　「文化產業是指從事文化產品生產和提供文化服務的經營性行業。」作為經營性的文化產業,目前兩岸採用的對接合作形式,從其演進形態而言,主要有如下幾類:第一,進行項目開發合作。近年來,兩岸文化業經營者基於各自比較優勢和市場需求,透過簽訂項目合作合約,在不少文化產業項目上進行階段性的項目開發合作,已取得了一些實效。(1)當然,採用項目開發合作的對接形式具有短暫性、鬆散性這些不足之處,雙方的對接深度較為有限,屬於文化產業對接合作的初級形態。第二,成立經營實體。2008年以來,隨著兩岸關係的逐步改善以及經貿合作的深度發展,加上大陸方面對振興文化產業的扶持,部分臺灣投資者「攜資西進」,透過與大陸投資者成立合資企業或成立獨資企業等經營實體的形式到大陸投資文化產業。[4]採用成立經營實體這種形式,有利於引進臺灣文化產業領域裡創意、研發、營銷、品牌經營、資本運作等方面的優勢,使產業對接合作更具長期性和穩定性,是新時期兩岸文化產業對接合作的主要形式。第三,創建規模化交流合作平臺。前述的兩種對接形式處於「單兵作戰」狀態,不具有集群效應。近年來,在大陸方面著力推動下,兩岸文化產業的對接合作開始步入更高形態,出現了兩岸共建文化產業園區、共同主辦文化產業會展等規模化交流合作平臺,

為兩岸文化產業界全面對接合作、打造集群化文化產業鏈條提供了全新渠道。[5]

二、海峽兩岸文化產業對接合作存在的主要法律問題

海峽兩岸文化產業對接合作是在兩岸市場經濟大環境下進行的，而市場經濟普遍認為是一種法治經濟。「法治應包含兩重意義：已經成立的法律獲得普遍的服從，而大家所服從的法律又應該本身是制定得良好的法律。」兩岸文化產業對接合作不論採用何種形式，最終都會納入到法律的規制調整範疇中來。然而，當前兩岸文化產業對接合作卻存在如下突出的法律問題：

（一）法律規則供給層面：海峽兩岸文化產業對接合作的相關法律不健全

提供較為健全、具有高層次調整效力的法律規則是新時期兩岸文化產業對接合作深入發展的必備宏觀環境因素。「沒有合適的法律制度，市場就不會產生體現任何價值最大化意義上的效率。」然而，目前大陸方面涉及兩岸文化產業對接合作的法律規則不夠健全，尤其是在如下方面存在不足：

1. 與文化產業密切相關的著作權法律保護制度不夠完善

文化產業作為知識創意型產業，主要的經營成果體現為文化藝術產品，會涉及諸多著作權法律保護問題，大陸方面主要憑藉 2001 年年底修訂透過的《中華人民共和國著作權法》來規制之。然而，這部目前適用的法律從促進兩岸文化產業對接合作這個角度來看，仍不盡完善，主要體現如下：

首先，納入《著作權法》保護範圍的作品仍不夠全面。如實用藝術產品、網頁未明確列示在著作權法保護條款中，這與 TRIPS 協議的保護水平存在差距，也未能充分適應當前兩岸文化產業對接合作中諸如工藝創意產業、網絡訊息傳媒產業這類行業的飛速發展。

其次，保護水平不盡統一。對計算機軟件這一訊息時代極為重要的作品，其具體的法律規則是以行政法規即《計算機軟件保護條例》界定而非納入《著作權法》中。此外，對網絡訊息傳播權這一新型的著作權鄰接權亦僅由行政法規即《訊息網絡傳播權保護條例》而非在《著作權法》中予以界定。行政

法規由國務院制定,其法律調整效力低於《著作權法》這類由最高立法機關制定的法律。上述立法現狀不利於當代文化產業發展過程中大量涉及的計算機軟件、網絡訊息傳播權法律保護的權威性。

2. 缺乏促進兩岸文化產業對接合作的配套稅法

「稅收是國家強制進行的一種超出經濟本身的利益分配,這種分配體現著一定的社會關係、經濟關係、法律關係。」海峽兩岸文化產業對接作為一種經濟交易活動會涉及稅收利益問題,由此會進人稅法的調整首先,從稅法表現形式上看,法律層級普遍不高,且較為分散。截至目前,大陸方面尚未有一部專門調整兩岸文化產業對接合作活動的稅收法律規範。兩岸文化產業對接合作活動涉及的稅收關係由涉臺法律中的文件,[8]其法律效力有所欠缺,與當代法治國家普遍適用的稅收法定主義這一課稅原則的內在要求存在差距。

其次,從稅法內容上看,稅制設計不夠合理,未能有效發揮稅收的宏觀引導調控功能。「稅收替代效應是指納稅人因政府課稅而在其經濟選擇或經濟行為方面作出的反應,亦即政府徵稅改變了一種經濟活動的機會成本,使納稅人放棄這種經濟活動而代之以另外一種經濟活動。」現代稅法所設定的稅制能夠透過稅收替代效應發揮宏觀調控功能。而這其中,對國家扶持的產業和特定事項適用稅收優惠政策、減免相應稅負是最能發揮前述功能的工具。海峽兩岸文化產業對接合作屬於國家鼓勵扶持的事項,然而當前直接針對之的稅收優惠待遇政策近乎空白。而能夠在內涵上關聯到的晚近出臺的一些稅收規範性文件,其所規定的優惠待遇較為有限,缺乏從低適用稅率、強化納稅抵扣等有效的扶持政策,且這類規範性文件存續時間較短,截至目前多數已經到期或即將到期。所以,從內容上看,目前大陸方面調整兩岸文化產業對接合作活動的稅收法律規定還不夠完善,稅制設計不夠合理,未能更好地發揮稅收對該領域的宏觀引導調控功能。

3. 缺乏統一的文化產業法

近年來,為了推動文化產業繁榮發展,大陸方面出臺了諸多政策性文件,如 2003 年 9 月文化部出臺了《關於支持和促進文化產業發展的若干意見》、

2009年7月國務院出臺了《文化產業振興規劃》。2011年10月中共十七屆六中全會最後決議文件《關於深化文化體制改革推動社會主義文化大發展大繁榮若干重大問題的決定》及2012年11月十八大政治報告亦對發展文化產業作了專門闡述。然而，上述這類政策性文件的調整具有內在侷限性，表現在易於隨當權者意志的變化而變化，缺乏穩定性和解決問題方式的可預期性，「政策的不確定性導致投資成本急劇攀高，令投資者望而生畏」。反觀法律，作為一種由國家立法機關遵循法定程序制定，以權利和義務為核心範疇，依賴國家強制力保證實施的正式規則，具有較強的穩定性和可預期性，具有較為確定的告示、指引、評價、預測、強制等規範功能，因此，其是當代奉行市場經濟的國家廣泛採用的一種社會控制機制。不過，我國的現狀卻是只有文化產業的政策性文件而缺乏一部經由立法機關按照立法程序產生的文化產業法，對於文化產業發展的一些制度性問題未能經由法律這種權威性控制機制來加以界定，這不符合市場經濟法治原則，進而也對新形勢下兩岸文化產業對接合作按照法治路徑規範發展造成不利影響。

（二）規則執行層面：海峽兩岸文化產業對接合作相關的法律規則執行不到位

如前所述，法治之真諦，乃是有良法可依、且業已制定的法得到有效執行。然而，海峽兩岸文化產業對接合作在法律規則的實際執行層面，亦存在諸多瑕疵，與法治要求相距甚遠。主要表現如下：

1. 經營者法律意識薄弱

海峽兩岸同屬中華文化圈，數千年人治文化傳統的浸淫，使得現實中的經濟交易主體傾向於尋求人情關係等非法治規則渠道去解決行政、商事等諸項問題，而且往往認為這一渠道比刻板的法治渠道更為有效。因而，在兩岸文化產業對接合作的實際運作中，一個有悖法治要求的不利現像是，經營者的法律意識不足，甚至近乎空白，更多人理解的法律是一種空洞的擺設，而內心真正崇奉的是權力、人情等非正當解決渠道。這種缺乏法治信仰的意識，是阻礙海峽兩岸文化產業交流合作規範有序發展的社會心理因素。

2. 缺乏執行和遵守法律的組織和機制

管理學認為，組織是一個有效的工作群體，是一定人群聯合為了達到某種共同目標的形式。「作為企業行為的載體和執行者，組織無疑是企業生存和發展的重中之重。企業的每一步發展，都需要相應的組織系統來支撐。」兩岸文化產業對接合作過程中，會面臨一系列法律問題，為了在複雜的商業環境下有效應對，以企業為主體的產業對接合作者應當設立扁平化的法務機構這種專門組織來處理法律事務。該機構是保障企業安全合規運營的組織基礎。另外，為了恰當應對法律風險，還應確立一套符合企業經營要求的法律風險評估防範機制，透過這一機制來及時梳理、化解經營過程中各個環節的法律問題。然而，現實情勢是，大陸方面參與兩岸文化產業對接合作的經營者普遍缺乏執行和遵守法律的組織和機制，除了少數較具實力的大企業，多數中小企業在法律組織和機制的建設近乎空白，這等局面，使得兩岸文化產業對接合作缺乏將法律規則付諸執行的基礎。

3. 適格的法律人才供應不足

按照美國經濟學家舒爾茨等提出的人力資本理論之觀點，人力是社會進步的決定性原因，掌握了知識和技能的人力資源即人才是一切生產資源中最重要的資源。「隨著知識經濟的發展，領先的科技、強大的人力資本將進一步充當企業謀求競爭優勢的決定性因素。」兩岸文化產業對接合作要在法治化的軌道上推進，就必須要有適格的法律人才這一能動因素支撐。不過，大陸方面晚近 30 年來法律教育雖貌似興盛，法律院系在全國高校遍地開花，每年法科畢業生數以十萬計，以執業律師為代表的法律職業從業者亦數量龐大、蔚然可觀。[9]然而，這其中涉臺的法律教育和法律實務運作卻顯薄弱，在喧囂浮躁的商業社會裡，由於定位的原因，真正具備法律職業精神、諳熟兩岸文化產業及投資經貿法律、精通法律實務操作技能的法律人才總體上看供應不足。很多法科畢業生及法律實務從業者對臺灣方面的法律及司法實踐缺乏深入的瞭解和把握，而在從事兩岸文化產業對接合作的企業中，這方面的適格法律人才更是少之又少。

三、促進海峽兩岸文化產業對接合作的思路——基於法律的視角

（一）完善海峽兩岸文化產業對接合作的法律體系

海峽兩岸文化產業對接合作是兩岸經貿交流的高級形態，而法治路徑是確保兩岸文化產業對接合作規範有序推進的必然選擇。為了將兩岸文化產業對接合作納入法治化軌道，就必須在宏觀規則供給層面能夠確立相對完善的海峽兩岸文化產業對接合作法律體系。為此，從大陸方面當下而言，筆者以為應特別注重如下方面法律的改良完善：

1. 著作權法的改良完善

（1）適當擴大納入《著作權法》保護的作品範圍

文化產業發展過程中，具有原創性的企業會涉及各類實用藝術產品。為了健全對這類工業與藝術融合之特殊產品的法律保護，可借鑑部分發達國家的有益經驗，將實用藝術產品以明示列舉方式明確規定為《著作權法》保護的作品範圍。此外，適應當代網絡訊息傳媒業的飛速發展，應將網頁這一新型訊息媒介亦明確列示為《著作權法》所保護的作品。以上的修訂將完善新時期著作權法律保護機制，體現與時俱進精神，最終助益於兩岸文化產業深度對接合作。

（2）將計算機軟件與網絡訊息傳播權的具體法律規定納入《著作權法》中

當代人類社會已邁入數字訊息化社會時代，計算機軟件成為這一新型經濟業態中一種極為重要的作品。而網絡訊息傳播權亦成為數字訊息化時代一類新型的著作權鄰接權。兩岸文化產業對接合作進程中，計算機軟件將是重要的文化產業研發成果，網絡訊息傳播權亦是文化產業走向市場的重要渠道。然而，如前所述，我國目前對計算機軟件及網絡訊息傳播權僅以行政法規調整之，而行政法規的法律效力層級較低，在對外交往中容易讓人產生法律保護不力的錯覺。因此，建議在適當時機修訂《著作權法》，將現行《計算機軟件保護條例》、《網絡訊息傳播權保護條例》這兩部行政法規中的規則條款經優選完善後納入到《著作權法》中，借此提升計算機軟件及網絡訊息傳播權法律保護層級，促進兩岸文化產業對接合作在訊息化時代的良性發。

2. 稅法的改良完善

（1）稅法表現形式上的完善

如前所述，目前與海峽兩岸文化產業對接合作相關的稅法較為蒼白零散，法律層級不高。這種現狀，與促進兩岸文化產業對接交流合作的客觀要求不相契合，且有悖於法治社會稅收法定主義的課稅原則。故此，大陸方面應適時啟動現行稅法體系的修訂，最高立法機關應將增值稅、營業稅等主體稅種納入立法議程，擇機出臺具有高層次法律效力的《增值稅法》、《營業稅法》，將近年來實踐中證明合理有效的促進文化產業發展、促進兩岸文化產業對接合作的稅收政策吸納到前述法律之中，改變多年來僅靠國務院出臺的《增值稅暫行條例》、《營業稅暫行條例》這類行政授權法規及部分稅收政策性文件徵稅的不合理現象，從形式上對現行稅法體系進行完善。

（2）稅法實質性內容的完善

為了發揮稅收的宏觀調控功能，促進兩岸文化產業對接合作在一個寬鬆、健康的稅收環境裡深入發展，需要在稅法實質性條款中設定合理、優惠的稅制予以引導。筆者認為，從實質內容上看，建議從如下兩大關鍵稅種對我國大陸相關稅法體系進行完善：

①增值稅：擴大文化業中適用增值稅的項目範圍，增加增值稅進項抵扣

增值稅系晚近出現的一種較為科學的流轉稅，其逐環抵扣、僅對增值額徵稅的基本特點，適應現代產業分工的發展潮流，具有進步意義。2012年之前，在文化業中僅有動漫軟件企業、出版印刷發行企業等適用增值稅，自2012年起在全國部分營業稅改徵增值稅試點地區的文化創意服務企業亦可適用增值稅。但總體而言，文化業適用增值稅的範圍仍然偏窄。為此，建議以兩岸文化產業對接合作為試點，透過修訂增值稅相關稅收法律規定，擴大文化業中適用增值稅的項目範圍。比如，廣播影視業可普遍適用增值稅，不管是廣播影視節目的製作、發行的企業，還是傳輸、放映的企業，都可納入增值稅的課稅範疇。其次，結合文化業的行業特點，增加增值稅進項抵扣。按現行《增值稅暫行條例》及其實施細則規定，只有購進貨物、固定資產、生產性勞務所承擔的增值稅進項稅額才能納入增值稅進項抵扣範圍。而文化企業中，知識產權等無形資產在成本支出中的占比更大，為了更好地扶持這類企業的發展，應規定其外購知識產權等無形資產亦可按一定比例（如外購金

額的 3%）作為進項扣除。苟如此，將完善文化業的增值稅進項抵扣環節，健全文化業增值稅制，進而推動兩岸交流合作中先進文化產業的發。

②企業所得稅：完善文化業中的企業所得稅優惠政策

首先，對新辦文化企業應普遍適用企業所得稅「三免」政策待遇。《關於文化體制改革試點中支持文化產業發展若干稅收政策問題的通知》（財稅（2005）2 號文）第一條規定：「對政府鼓勵的新辦文化企業，自工商注冊登記之日起，免徵 3 年企業所得稅。」該規定執行期限為 2004 年 1 月 1 日至 2008 年 12 月 31 日。此後，《關於新辦文化企業企業所得稅有關政策問題的通知》（國稅函（2010）86 號文）中又規定）「對 2008 年 12 月 31 日前新辦的政府鼓勵的文化企業，自工商注冊登記之日起，免徵 3 年企業所得稅，享受優惠的期限截止至 2010 年 12 月 31 日。」上述這些稅收政策性文件的規定存在不足之處，首先是優惠期限自工商注冊登記之日起，不顧及企業實際盈利狀況，難以造成有效的扶持作用。其次是政策執行期限偏短，最長僅截止至 2010 年 12 月 31 日，等於說自 2011 年 1 月 1 日起新辦文化企業就無法適用上述政策了。故此，建議國務院在合適的時候修改現行的《企業所得稅實施條例》這部行政法規，在修改後的條例規定。對政府鼓勵的新辦文化企業，自實際盈利年份起，免徵 3 年企業所得稅。而且，上述這一條款不應再設定執行截止期限。苟如此修改，將使得涉足兩岸文化產業對接合作在內的所有新辦文化企業能普遍適用企業所得稅「三免」政策，進而有效扶持兩岸交流中的文化創業投資活動。

其次，對開發、發行擁有自主知識產權產品的原創性文化企業適用 15% 的企業所得稅率。我國現行《企業所得稅法》規定，企業所得稅正常稅率為 25%，但經認定擁有核心自主知識產權的高新技術企業可適用 15% 的優惠稅率。由於稅率從低是一種最為強效的稅收扶持措施，為了促進兩岸文化產業對接合作，建議由財政部、國家稅務總局根據《企業所得稅法》立法精神及其中的授權條款，制定相關的企業所得稅行政規章，對兩岸文化產業對接合作中開發、發行擁有自主知識產權產品的原創性文化企業，如廣播影視節目創製、動漫產品研發等，參照高新技術企業規定，對其適用 15% 的企業所得

稅率。苟如此，兩岸文化產業對接合作中最具競爭力的原創性文化企業將會得到切實有力的扶持。

3. 適時出臺文化產業振興發展的專門法律

海峽兩岸文化產業對接合作是在新時期我國經濟結構轉型升級、著力發展文化產業這一宏觀大背景下進行的。如前文所述，近年來大陸方面出臺了一系列文化產業振興發展的政策性文件。然這類政策性文件靈活有餘但穩定性、可預期性、規範性不足，與市場經濟法治建設目標有所背離。而且，發展文化產業、建設社會主義文化強國是一個長期的戰略性目標而非短期突擊即能完成的任務，為此，必須在國家層面對其有個相對穩定、理性的法律制度設計。「穩定性與制度化的規則有利於產業的良性發展，法律正具有以上特徵。」為此，大陸方面的最高立法機關，應採取拿來主義之態度，借鑑韓國、臺灣等國家和地區的文化產業立法經驗，吸納近年來已出臺的文化產業政策中的合理規定，基於現代法律創製原則，制定一部諸如《文化產業振興法》之類的文化產業專門法律。以該法的出臺為契機，為新時期文化產業的良性發展提供法制保障，也為海峽兩岸文化產業對接合作提供高位階的法律規則支持。

（二）營造法治環境，健全機制體制，確保法律規則執行到位

「法立而不行，與無法等。」在海峽兩岸文化產業對接合作進程中，「有法可依」僅是其中一項前提條件，真正要實現法治化目標，還應「有法必依、執法必嚴、違法必究」，確保已出臺的法律規則執行到位，而非一紙空文。為此，筆者認為，應著重從如下方面去確保法的應用和實施。

1. 培育法治意識，提高主體對依法辦事的主動認同

人是主體，是社會運行的主宰者。法律規則要得到持續有效執行，唯有主體對之確實的體會認同才能實現。如前所述，數千年來的人治文化傳統，使得大陸方面的民眾法治意識偏於薄弱。所以，要建設社會主義法治國家，也為了海峽兩岸文化產業對接合作沿著法治化路徑這一國際社會主流模式推進，必須不遺餘力地在全社會弘揚法律文化，培育法治意識，提高主體對依法辦事的自覺認同。為此，首要的是作為公共事務管理者的行政機關及其公

務員在行政管理、行政執法環節，要確實依法辦事，杜絕權力尋租，高效透明地為公眾提供行政服務，滌除「潛規則」的泛濫滋生。如果作為社會主軸的行政機關及其公務員能帶頭守法，踐行法治，將會造成「其身正，不令而行」的示範作用。而要做到這一點，一方面是要強化公務員隊伍的建設，健全其錄用及在職管理督導機制，締造一支高素質、具備現代法治意識及職業精神的公務員隊伍。另一方面是要充分運用現代訊息化手段，將行政活動的各個環節程序化、公開化、透明化，借助「陽光政務」，健全監管機制，杜絕私底下的違法交易行為。其次，要完善強化法律懲罰機制，確實做到「執法必嚴、違法必究」，無論是當權者還是普通公眾，只要觸犯法律，都將得到應有的懲罰。從法律經濟學角度而言，人均是利益的主體，都是理性的經濟人，如果法律懲罰機制能使違法的風險和成本遠高於守法的可得利益，法之實施就有了制度性保障。

總而言之，在當前中國傳統人治文化與市場經濟相交織的特殊社會環境下，培育法治意識，樹立法治信仰，絕非朝夕之功，只有從公共管理等關鍵環節入手，切實踐行法治，使得公職人員和社會公眾，確實體會到依法辦事得利、違法行事吃虧，則法律才會得到廣泛認同，推行法治才會有一個適宜的社會環境。

2. 健全參與海峽兩岸文化產業對接合作企業的法律事務組織機構和執行機制

當前，參與海峽兩岸文化產業對接合作的主要是一些具有一定實力的企業，而這些企業對法律事務的應對直接決定了兩岸文化產業對接合作的法治化情勢。為了確保涉及兩岸文化產業對接合作的法律規則體系能在實務層面得到貫徹執行，達致兩岸文化產業對接合作在法律框加內有序推進之目標，當務之急是對參與海峽兩岸文化產業對接合作的企業從法律事務組織機構及執行機制方面予以健全完善，具體如下：

（1）建立健全必要的企業內設法務機構

兩岸雖同屬一個中國，但目前有兩套同時並存的法律體系在發揮功效。參與海峽兩岸文化產業對接合作的企業，由於在運營中會面臨諸多法律問題，

而這些問題又大多具有文化行業特殊性及跨區域法律適用的複雜性，因而有必要建立專門的企業內設法務機構來處理應對上述法律問題，奠定應對上述問題的組織基礎。為了適應 21 世紀知識經濟時代文化產業發展需要，該種機構應克服傳統企業機構設置上「科層制組織」的弊端，力求壓縮管理鏈，趨向扁平化，突出專業性。為此，應強調知識型員工即專業法務人員在本機構的核心作用，機構可設一法務總監，其下配置若干業務精湛的高級法務主辦，每一主辦結合自身專業背景組織若干人員成立專業委員會——即管理學中的「簇群」，主攻某一領域法律事務。實際處理企業法律事務時，由這些法務主辦作為項目負責人挑選人員組成項目組——即西蒙斯提出的「自我管理型團隊」來承辦之。透過這種專家司職而又相對靈活的方式，打破以往衙門行政作風，從而使企業法務機構具有更高效能，更好地發揮其處理兩岸文化產業對接合作法律實務的核心作用。

（2）建立健全企業經營決策中的法律評估核查機制

從管理學角度而言，凡有決策，必然伴隨著一定的風險。為此，必須建立健全決策中的風險評估防範機制。對涉足兩岸文化產業對接合作的企業來說，從對接合作開始直至後續運營，會面臨一系列重大的經營投資決策。對這些決策，除了進行慣常的經濟、財務風險評估分析之外，亦得調動自身法務人員，必要時包括利用外部法律服務機構力量，對照海峽兩岸文化產業投資的相關法律規定，進行深入的法律調查分析，評估其是否合法、是否存在重大法律爭議風險，並據此形成書面的法律可行性分析報告及建議，企業的管理層須在深入把握法律可行性分析報告及建議的基礎上才能最終作出相應的決策。透過上述這一法律核查機制，來有效防範兩岸文化產業對接合作的法律風險。

3.夯實兩岸文化產業對接合作的法律人才資源支持基礎

兩岸文化產業對接合作的法治化推進，其終極能動因素依賴於適格的法律人才資源支持。無論多麼完善的法律體系、多麼健全的法務機構及執行機制，離開了法律人才的正確操控都將失去意義。因而，為了適應新時期兩岸文化產業對接合作需要，必須追蹤國際先進潮流，遵循人才成長規律，著力

培養儲備一大批能真正適應兩岸文化產業對接合作法務實踐需要的法律人才隊伍。為此，筆者認為，可著重從如下幾方面加以考慮：

（1）已有法律人才職業素養的轉型提升

以律師為代表的法律行業專職人員，是從事兩岸文化產業對接合作法務工作的排頭兵。因此，應當把握兩岸互動大勢，適應市場需要，進行職業細分，及時進行職業素養的轉型提升，透過知識層面的求索與實務的磨煉鍛造出一批諳熟兩岸文化產業及投資經貿法律、精通法律訴訟及諮詢實務操作技能的專業律師領軍人物，在此基礎上，以點帶面，最終培育出一支蔚然可觀的法律職業人才團隊。而對於企業內部的專職法務人員，有志於涉足兩岸文化產業對接的企業，應以戰略性眼光，建立一套人才開發考核激勵機制，從外部壓力因素和內部動力因素兩大關鍵點入手，促進這些人員與時俱進，堅持不懈地學習掌握兩岸文化產業投資法律法規的最新變化，扎紮實實地提高法務實踐技能，使之成為兩岸文化產業對接合作的法治引路人。

（2）後備法律人才資源建設

高等院校的法學畢業生，是兩岸文化產業對接合作法律人才隊伍的最根本儲備資源。當前，全國範圍內存在法學院系一哄而上、法科畢業生就業困難等突出現象。因此，高等院校的法學院系（尤其是處身於對臺合作興盛地區的高校法學院系）應認清形勢，突出特色，調整辦學培養方向，優化專業方向設置，著力興辦涉臺法務專業。透過採取與臺灣高校交流共辦、與企業及司法實務部門對口合作的途徑，改進教學實訓模式，培育出一批具有現代法律職業精神，系統掌握知識專權、計算機軟件、兩岸文化產業及投資等專業法律知識，具備一定的司法實踐技能的法學畢業生，使之成為能確實服務於兩岸文化產業對接合作的法律人才後備資源。

四、結語

海峽兩岸文化產業對接合作是優化兩岸經濟結構、促進兩岸融合、提升中華文化影響力的宏大事業，是 21 世紀兩岸互動交往的重要課題。法治是當代國際社會主導性的治理模式，也是確保海峽兩岸文化產業對接合作穩健有序發展的必然選擇。作為在兩岸互動中居於主導地位的大陸方面，應在宏

觀層面進行有效的法律規則供給，改良完善兩岸文化產業對接合作法律體系；而在法律規則執行層面，應改進法律執行環境，健全組織基礎和執行機制，並輔以厚實的法律人才資源支撐。經由上述兩個層面，達致海峽兩岸文化產業對接合作「有良法可依，且已制定的良法得到確實執行」的法治目標。

註釋

[1] 李興國，福建江夏學院法學院副教授，法學碩士，主要從事經濟法教學，研究方向集中於經濟法領域。

[2] 參見文化部 2003 年 9 月 5 日《關於支持和促進文化產業發展的若干意見》中的規定。

[3] 如在影視拍攝領域，據統計，從 1987 年臺灣攝製組來大陸拍攝專題片《八千里路雲和月》至今，20 多年來兩岸合作拍攝電影、電視劇已逾 500 多部。

[4] 如 2008 年 11 月，由廈門閩臺戲曲大觀園經營管理有限公司和臺灣明華戲劇總團共同出資約一億元人民幣建立閩臺戲劇影視製作中心。

[5] 例如，在文化產業園區方面，2011 年 2 月 24 日臺灣文化創意產業園正式簽約落戶成都錦江區，該產業園由臺灣鄉林建設事業股份有限公司投資，初步估計總投資將超過百億元。在文化產業會展方面，典型的如海峽兩岸（廈門）文化產業博覽交易會，這是兩岸共同舉辦的綜合性文化產業博覽交易會，自 2008 年首創以來，突出兩岸合作，品質不斷提升，規模不斷擴大，參展企業與交易額逐年增長，成為兩岸文化產業交流合作的重要渠道。

[6] 例如，1999 年國務院頒布實施的《臺灣同胞投資保護法實施細則》中第十三條規定：「臺灣同胞投資企業依照國家有關法律、行政法規的規定，享受稅收優惠待遇。」

[7] 兩岸文化產業對接合作中，可能涉及的稅種主要是增值稅、營業稅、企業所得稅等。相應地，大陸方面已出臺的《增值稅暫行條例》、《營業稅暫行條例》、《企業所得稅法》及其配套實施細則亦成為兩岸文化產業對接合作活動中徵稅的稅法依據。

[8] 近年來，涉及文化產業的稅收規範性文件，典型的有：《關於支持文化企業發展若干稅收政策問題的通知》（財稅〔2009〕31 號文）、《關於文化體制改革中經營性文化事業單位轉製為企業的若干稅收優惠政策的通知》（財稅〔2009〕34 號文）、《關於新辦文化企業企業所得稅有關政策問題的通知》（國稅函〔2010〕86 號文）、《關於繼續執行宣傳文化增值稅和營業稅優惠政策的通知》（財稅〔2011〕92 號文）、《交通運輸業和部分現代服務業營業稅改征增值稅試點實施辦法》（財稅〔2011〕111 號文）。

[9] 調查數據顯示截至 2008 年 11 月，全國共設立法學院系 634 所，法學本科在校生 30 萬人左右，法律專科在校生達 22 萬多人，在校法學碩士研究生達 6 萬多人，在校法學博士生 8500 餘人。另據司法部訊息，截至 2010 年 12 月 31 日，我國執業律師人數已超過 20 萬達到 20.4 萬。

參考文獻：

1. 王花蕾 .ECFA 與兩岸文化產業合作 [J]. 宏觀經濟研究，2010（9）：31.
2.[希臘] 亞里士多德 . 政治學 [M]. 北京：商務印書館，1965：199.
3.[美] 布坎南 . 自由市場和國家 [M]. 北京：北京經濟學院出版社，1985：89.
4. 周承娟 . 基於稅權的稅收徵納關係探析 [J]. 稅務研究，2010（5）：66.
5. 羅宏斌 . 國家稅收學 [M]. 長沙：湖南大學出版社，2003：88.
6. 周亮 . 文化產業立法問題初探 [J]. 科技情報與經濟，2005（4）：137.
7. 王榮奎 . 成功企業組織管理制度範本 [M]. 北京：中國經濟出版社，2001：3.
8. 羅輝 . 再造企業制度 [M]. 北京：經濟科學出版社，2003：34—35.
9. 談蕭 . 中國「走出去」發展戰略 [M]. 北京：中國社會科學出版社，2003：8.
10. 何敏 . 文化產業政策激勵與法治保障 [M]. 北京：法律出版社，2011：115.
11. 沈家本 . 歷代刑法考 [M]. 北京：中華書局，1985：34.
12.J.Simmons.Starting self-management teams[J].Journal for Quality and Participation，1989，（12）.Page 26—31.

陸配在臺灣就業問題與權益之探討

鄭津津[1]

壹、前言

　　自 1970 年代中期開始，愈來愈多臺灣女性不再受制於傳統婚姻價值，在無合適之結婚對象時，寧可不婚也不願為結婚而結婚。然而對大多數臺灣男性而言，迫於傳統傳宗接代的壓力，仍需積極地尋找結婚對象。當選擇不婚的女性比率逐年增加，單身男性與臺灣女性結婚的機會必然減少，尤其是經社地位較低的男性，影響更為顯著，因此「向外尋找配偶」即成為解決這項問題最直接且最便利的方式[2]。東南亞國家與大陸因為地緣與文化關係成

為許多臺灣男性尋找配偶之主要選項,其中來自大陸者被稱為「大陸新娘」、「大陸配偶」或「陸配」,目前與外籍配偶被統稱為「新住民」。

根據統計,在 1998 年約有 12000 位與臺灣人結婚之大陸配偶,之後逐年成長,於 2003 年達到巔峰,當年約有 35000 位與臺灣人結婚之大陸配偶(參見表 1),之後大陸配偶之人數雖逐年下降,然根據近 5 年(民國 97 年至民國 101 年)之統計(參見表 2)可發現每年新增之大陸配偶仍維持於 13000 人左右,約占臺灣每年結婚總人數之 4%。

表1　外籍與大陸配偶在臺結婚登記比率

年別	我國總結婚登記數（對）	外籍與中國配偶（人）合計	外籍配偶	中國配偶	與總結婚登記數比
1998	145976	22864	10413	12451	6.4：
1999	173209	32259	14670	17589	5.4：
2000	181642	44967	21339	23628	4.0：
2001	170151	46202	19405	26797	3.7：
2002	172655	49013	20107	28906	3.5；
2003	171483	55116	19643	35473	3.1：
2004	131453	31310	20338	10972	4.2：
2005	141140	28427	13080	14619	5.0：
2006	142669	23930	9524	14406	6.0：

資料來源:鄭津津,大陸配偶與外籍配偶在臺就業之問題與未來政策應有之發展,臺灣法學,第 106 期,頁 2,2008 年 5 月。

表2　2008 年至 2012 年臺灣本籍、大陸籍(含港澳)結婚人數及比率

年度	結婚總人數	台灣籍配偶	中國籍配偶 總數	中國	港澳	與結婚總人數之比率(含港澳)%
2008	309732	288003	12772	12774	498	4.1%
2009	234198	212284	13294	12796	498	5.4%
2010	277638	256137	13332	12807	525	4.6%
2011	330654	309138	13463	12800	663	4.0%
2012	286768	266168	12713	12034	679	4.4%

資料來源：作者整理自臺灣內政部統計處網站資料，http：//statis.moi.gov.tw/micst/stmain.jsp?sys=100。

經多年之累積，2012年大陸配偶（含港澳）在臺灣之人數已達319286人，主要分佈於新北市（60171人）、高雄市（39423人）、臺北市（37147人）、桃園縣（31819人）、臺中市（32777人）、臺南市（19674人）、彰化縣（10814人）、屏東縣（10020人）與雲林縣（7961人）。其中彰化縣、屏東縣、雲林縣以農業為主要產業；高雄市、桃園縣、臺中市與臺南市則為半工、半農地區；至於新北市，大陸配偶多集中於板橋、新店、新莊、三重、土城、樹林與中和等地區，這些地區以工業人口為主；在高雄市則多集中於前鎮、小港與三民地區，前鎮及小港地區亦是以勞工居多，三民地區則為農村移民居多。由上述可知，大陸配偶在臺灣之主要分佈地區，多集中於以農業、工業為主要經濟活動之縣市[3]（參見表3）。

表3　2012年大陸配偶及港澳配偶於臺灣分佈地區

地區	中國配偶 總計	中國配偶 男	中國配偶 女	港澳配偶 總計	港澳配偶 男	港澳配偶 女
總計	306514	14135	292379	12772	5775	6997
台北市	37147	2209	34938	3230	1548	1682
新北市	60171	3469	56702	4671	2243	2482
台中市	32777	1020	31757	1053	465	588
台南市	19674	787	18887	433	179	254
高雄市	39423	1624	37799	831	366	465
基隆市	6902	353	6549	194	76	118
新竹市	5091	177	4914	174	68	106
嘉義市	3067	141	2926	53	20	33
桃園縣	31819	1687	30132	1155	496	659
新竹縣	6050	180	5870	119	44	75
苗栗縣	7322	166	7156	80	20	60
彰化縣	10814	214	10600	163	49	114
雲林縣	7961	155	7806	69	13	56
嘉義縣	6826	173	6653	57	16	41

地區	中國配偶 總計	中國配偶 男	中國配偶 女	港澳配偶 總計	港澳配偶 男	港澳配偶 女
屏東縣	10020	509	9511	154	34	120
南投縣	5114	152	4962	66	36	30
宜蘭縣	4427	111	4316	85	30	55
花蓮縣	5773	672	5101	100	40	60
台東縣	2430	116	2314	27	7	20
澎湖縣	799	17	782	16	2	14
金門縣	1844	37	1807	39	23	16
連江縣	501	91	410	3	—	3
未詳	562	75	487	—	—	—

資料來源：作者整理自臺灣內政部統計處網站資料，http：//statis.moi.gov.tw/micst/stmain.jsp?sys=100&

根據臺灣內政部戶政司一項對外籍與大陸配偶在臺生活狀況之調查，受訪之大陸配偶有93,551人，女性占95.6%，男性僅占4.4%。統計結果顯示，

受訪之大陸配偶中無工作者之比率達 72.0%，有工作者之比率僅 24.9%；其中有工作之大陸配偶有固定工作占 15.2%，從事臨時性工作有 9.7%；而固定工作又以服務業占 61.8% 為最高。若按大陸配偶之性別區分，男性有工作之比率為 52%，女性僅 24%。從大陸配偶之配偶的身份來觀察，大陸配偶之配偶為原住民時，大陸配偶有工作者佔 28.7%；配偶為榮民時，大陸配偶有工作者佔 28.9%；配偶為身心障礙者時，大陸配偶有工作者佔 29.5%；配偶為低收入戶時，大陸配偶有工作者佔 34.3%；配偶非為前述身份時，大陸配偶有工作者佔 23.4%[4]。換言之，大陸配偶來到臺灣後，其結婚之對象若是原住民、榮民、身心障礙者或低收入戶，則大陸配偶從事工作之比率較高[5]；若其結婚之對象非前述身份時，大陸配偶從事工作之比率則較低，但差異並非十分顯著。在該項調查中，約有 84.8% 之受訪大陸配偶表示家庭生活經費主要來源為大陸配偶之工作收入，僅有 9.1% 之受訪大陸配偶表示生活經費來源為退休金、撫卹金或保險給付。此外，即使約有 74.1% 之受訪大陸配偶並非來自弱勢家庭，仍有 48.3% 的大陸配偶希望能接受就業訓練，並有 52.7% 的大陸配偶希望其就業權益能受到保障[6]。

　　大陸配偶在臺灣已累積相當可觀之人數，其中當然不乏真正因愛情而結合的婚姻，但其中亦有一些婚姻並非立基於愛情，而是基於其他因素。當婚姻的基礎並非出於男女間自然的情愛，此種婚姻在先天上難免較為脆弱。對於某些迎娶大陸配偶的臺灣男性而言，此種婚姻可能是建立在某種交換的基礎上，因此在心態上難免會期待一定的回饋，例如要求大陸配偶傳宗接代、提供家務、照顧家人、外出工作幫忙家計等。當大陸配偶結婚之對象係屬於經社地位較低者，其非但很難從此過著幸福快樂的生活，可能還要扛起家中的經濟重擔，工作的需求也就成為一個迫切的需要。大陸配偶即使沒有養家的負擔，想要工作亦是一項自然的需求。然而，這群為數不少的大陸配偶一旦進入臺灣的職場，難免會排擠臺灣人民原就相當緊縮的就業機會，再加上兩岸之間政治上之敏感關係，臺灣當局難免會對大陸配偶在臺灣居留期間從事工作有所疑慮，也因此早期在處理大陸配偶在臺之身份取得與就業問題時係採取較為嚴格之策略，也因此衍生許多爭議。本文從相關法令之規範出發，探討陸配在臺之就業問題，並提出未來政策發展方向之建議。

貳、相關法規範之介紹

一、相關法規範之發展沿革

1987年臺灣解嚴之後，兩岸人民往來逐漸頻繁，但相關法令分散，直至1992年公佈施行「臺灣與大陸地區人民關係條例」（簡稱「兩岸人民關係條例」）[7]之後，大陸地區人民申請來臺方有明確之法規範。「兩岸人民關係條例」同時也是規範大陸配偶在臺取得身份或就業最重要的一部法律。1993年臺灣內政部依據該條例第17條第9項之規定發佈了「大陸地區人民在臺灣定居或居留許可辦法」，明定臺灣人民在大陸地區70歲以上之配偶申請來臺之配額，並於日後持續修訂該項配額。2004年，臺灣內政部修正「大陸地區人民在臺灣定居或居留許可辦法」並將之更名為「大陸地區人民在臺灣依親居留長期居留或定居許可辦法」[8]。該辦法歷經13次的修正，大陸配偶來臺依親居留、長期居留與定居在該辦法的規範下，由嚴格漸趨寬鬆。大陸配偶之工作權與其在臺居留、定居密切相關，隨著大陸配偶在臺居留、定居相關規定的鬆綁，工作權的取得亦較早期容易許多[9]。

2008年12月11日臺灣陸委會於行政院院會提出「兩岸人民關係條例」部分條文修正草案，經行政院院會透過，並於2009年6月9日經立法院三讀透過，同年8月14日施行。此次修法大幅調整大陸配偶在臺居留與工作之規定，強調大陸配偶應享有公平之權益，落實臺灣政府所提出之「婚姻移民人道待遇及工作權保障」之移民政策，並保障大陸配偶享有完整之工作權與社會權，並朝向「反歧視」、「民主國家的法治原則」、「保障真實婚姻的大陸配偶在臺生活基本權益」、「假結婚應杜絕於外」四項基本原則邁進。此次修法之重點包含全面放寬大陸配偶之工作權、縮短大陸配偶取得身份證之時間為6年[10]、取消大陸配偶繼承在臺灣遺產新臺幣2百萬元之限制，並增訂臺灣移民署在強制大陸配偶出境前，得召開審查會，並給予當事人陳述意見之機會等。此次修法全面放寬大陸配偶於團聚及依親居留階段之工作權，只要大陸配偶合法入境，透過面談後，不需申請工作許可，亦不需等待兩年之團聚期間，即可在臺灣工作。

二、相關規範之主要內容

相較於其他外籍配偶，大陸配偶在臺居留與工作所受到之限制是較多的。早期由於兩岸長期處於政治對立狀態，大陸配偶對臺灣之認同與忠誠度是受到質疑的。也基於此種不安，臺灣相關政策與法令對大陸配偶在臺居留與工作，係採取較為緊縮之策略。此外，當年為了防杜大陸配偶假藉結婚之名，入境臺灣從事非法工作，影響臺灣人民工作權益與社會安全，同時考量臺灣就業市場、社會公益及家庭經濟等因素，對大陸配偶之工作權益多所限制。

早期臺灣政府對大陸配偶在臺居留、工作之政策有非常嚴重之差別待遇問題，也因此受到許多批評。為因應此項問題，「兩岸人民關係條例」在2009年的修正[11]中對大陸配偶在臺工作之權利有重大變革。大陸配偶已取得臺灣身份證者，在臺工作當然無須再取得任何許可；尚未取得身份證之大陸配偶，在「兩岸人民關係條例」增訂第17之1條的規定下，下列在臺灣依親居留或長期居留者，居留期間得在臺灣工作：（1）大陸地區人民為臺灣人民配偶，依法令申請進入臺灣團聚，經許可入境後，得申請在臺灣依親居留；（2）經依前項規定許可在臺灣依親居留滿四年，且每年在臺灣合法居留期間逾一百八十三日者，得申請長期居留。在此規定下，大陸配偶只要在臺灣依親居留或長期居留者，在居留期間皆可工作。

在接受職業訓練或就業服務方面，大陸配偶僅需取得居留證即可至公立就業服務機構辦理求職登記或參加職業訓練。對於取得臺灣身份證之大陸配偶，相關單位還應以提供推介公共服務擴大就業或多元就業開發方案之方式，協助其就業。

在學歷認證方面，經許可進入臺灣團聚、依親居留或長期居留之大陸配偶，持有大陸地區學歷證件者，得依大陸地區學歷採認辦法申請大陸地區學歷採認[12]。符合前述規定之大陸配偶，申請學歷採認時，須檢具下列文件[13]：

（一）中等以下各級各類學校學歷：

1. 經大陸地區公證處公證屬實之學歷證件【畢業證（明）書或肄業證（明）書】及公證書影本；必要時，另應檢附歷年成績證明。

2. 前目公證書經行政院設立或指定之機構或委託之民間團體驗證與大陸地區公證處原發副本相符之文件影本。

（二）高等學校或機構學歷：

1.肄業：

（1）經大陸地區公證處公證屬實之肄業證（明）書、歷年成績證明及公證書影本。

（2）本目之 1 公證書經行政院設立或指定之機構或委託之民間團體驗證與大陸地區公證處原發副本相符之文件影本。

2.畢業：

（1）畢業證（明）書。

（2）學位證（明）書及歷年成績。但高等學校或機構專科學歷，得免檢具學位證（明）書。

（3）本目之 1 及之 2 文件經大陸地區指定之認證中心證明屬實之證明文件。

（4）碩士以上學歷者，並應檢具學位論文。

大陸地區高等學校或機構學歷之採認，應以認可名冊內所列者為限；其有下列情形之一者，不予採認[14]：

1.非經正式入學管道入學。

2.採函授或遠距方式教學。

3.經高等教育自學考試方式透過後入學。

4.在分校就讀。

5.大學下設獨立學院授予之學歷。

6.非正規學制之高等學校。

7.醫療法所稱醫事人員相關之學歷。

8.學士以上學位未同時取得畢業證（明）書及學位證（明）書。

9.其他經本部公告不予採認之情形。

雖然大陸配偶在臺灣工作的相關規定已鬆綁許多，但在從事公職的權利上仍受到限制，即使大陸配偶已取得臺灣身份證並設籍臺灣。依兩岸人民關係條例第 21 條之規定，大陸地區人民經許可進入臺灣者，除法律另有規定外，非在臺灣設有戶籍滿十年，不得登記為公職候選人、擔任公教或公營事業機關（構）人員及組織政黨；非在臺灣設有戶籍滿二十年，不得擔任情報機關（構）人員，或國防機關（構）之下列人員：一、志願役軍官、士官及士兵。二、義務役軍官及士官。三、文職、教職及國軍聘僱人員。

參、大陸配偶在臺就業之困境

透過 2009 年兩岸人民關係條例的修法，大陸配偶在臺灣工作幾乎已經沒有什麼限制了，但大陸配偶在臺灣就業仍有一些困難要面對，以下僅從大陸配偶之個人因素與政策法令因素來探討：

一、個人因素

（一）語言溝通問題

大陸配偶雖多能以普通話與臺灣人溝通，但仍有相當多大陸配偶無法流利地使用地方方言（主要為閩南語），對居住於普遍使用臺語的臺灣中南部地區的大陸配偶而言，因語言（主要為閩南語）不通而無法順利就業的狀況雖不似外籍配偶的語言障礙嚴重，但仍是一項問題。此外，大陸配偶即使能流利地使用普通話，仍有可能因其大陸口音，在求職過程或在職場中易受到不利之差別待遇。

（二）文化差異

相較於外籍配偶，大陸配偶面對文化差異所造成的衝擊較小，畢竟同為華人文化，大陸配偶在文化的適應上相對較為容易。然而，不可否認，兩岸之間已各自發展出不同之文化特色，尤其在職場上，基於兩岸過去截然不同的經濟結構，大陸配偶在臺就業上仍有需要適應調整之處。

（三）就業資訊與管道的欠缺

不論大陸配偶來到臺灣之前對臺灣的瞭解程度有多深，對大多數的大陸配偶而言，臺灣仍是一個陌生的地方。來到臺灣之後，大陸配偶除了需要適

應新生活外,若想要就業,往往會遭遇就業資訊與管道不足的問題,尤其是居住於都市邊陲或農村的大陸配偶,其人際網絡較難擴展,資訊亦較缺乏,因而形成另一種就業障礙。

(四)相關法律知識的缺乏

基於兩岸法制上的差異,大多數大陸配偶對臺灣的法律制度並不熟悉,其中當然也包括與就業有關的法律。在缺乏相關法律知識的情況下,大陸配偶在就業過程中往往比較不瞭解自己的權益,也因此較容易受到僱主的不當對待。舉例而言,有些迎娶大陸配偶的家庭,除了期待其生兒育女、傳宗接代外,也會要求其出外工作,分擔家計。惟為了避免大陸配偶有了收入之後,難以控制,有些家庭成員,可能是大陸配偶的公婆或是丈夫,會要求僱主將大陸配偶的薪資直接交付給大陸配偶的公婆或丈夫,而非大陸配偶本人。此種作法是違反臺灣勞動基準法所規定的「薪資直接給付原則」[15],但大陸配偶若不諳臺灣法律,對其權益受損往往並不知情,更遑論尋求救濟了。

(五)學經歷問題

雖然在臺之大陸配偶有部分係受過中高等教育的,但亦有為數不少的大陸配偶教育水平較低,工作經歷亦相當有限。根據內政部戶政司所做一項有關外籍與大陸配偶生活狀況的調查顯示,受訪之大陸配偶多為高中職畢業,約佔 36.3%;國中或初職畢業次之,佔 29.7%;自修或小學畢業則佔 16.5%,至於不識字者則佔 2.1%;而大專以上畢業者僅佔 15.3%[16]。學經歷不足的情況下,許多大陸配偶的就業選擇就相當有限,甚至會有就業困難的問題。

(六)缺乏專業技能

雖然專業技能與學歷之間並沒有必然的關連性,但一般而言,學經歷較差者往往也較不具有專業技能,在職場中當然就較不具競爭力,專業技能的欠缺亦是大陸配偶就業障礙之一。

(七)家庭因素

由於有些臺灣男性與大陸配偶結婚的動機是出於傳宗接代,故有些大陸配偶嫁到臺灣之後,還來不及適應新環境,即已懷孕準備生育下一代。除了

生育下一代之外，家務的操持也往往都是大陸配偶的責任。照養幼兒與處理家務已是相當繁重的工作，若無人可以分擔大陸配偶在此方面的責任，對此種大陸配偶而言，要兼顧家庭與工作幾乎是不可能的，故家庭因素也可能是另一項就業障礙。另一方面，因大陸配偶通常缺乏交通工具與駕照，故其就業之移動性較低，勞動市場往往受限於住家鄰近之區域，形成另一個就業上之困境[17]。

二、政策與法令因素

由於原先限制大陸配偶在臺灣工作的規定皆已修改，目前對大陸配偶而言，政策法令對其所造成之就業障礙已相當有限。在職場中能否順利就業，求職人之學歷扮演著相當關鍵的角色。由於臺灣政府對大陸地區的學歷認證仍有相當之限制，故有些受過高等教育之大陸配偶可能會因為學歷不受採認而影響其就業機會。目前臺灣係以「大陸地區學歷採認辦法」及臺灣教育部公告的「大陸地區高等學校認可名冊——大學部分[18]」及「不予採認之醫療法所稱醫事人員相關之大陸地區高等學歷名單[19]」為依據。在前述規定下，目前大陸地區高等學歷開放大陸配偶申請採認，惟採認之高等學歷需限於臺灣教育部公佈之認可名冊。另外，醫事法所稱醫療人員之相關學歷仍不在採認之列。

肆、結論與建議

雖然在臺灣已有為數不少的大陸配偶，但或許是出於偏見，有些臺灣人民對大陸配偶仍存有許多刻板印象。2007 年臺灣內政部曾公佈「我國人口政策白皮書之規畫與研究期末報告[20]」，在該報告的建議下，大陸配偶來臺配額應更加緊縮[21]。該白皮書指出，根據臺灣內政部的統計，從 2004 至 2006 年，大陸配偶每 100 對就有 55 對離婚[22]，可見此種婚姻穩定性太低，再加上大陸配偶對本國人工作機會的排擠過大，且在認同與忠誠度上不一定會優先考量臺灣利益，因此有必要限縮其來臺之配額[23]。另外，該白皮書也參考先進國家之移民製度，建議要求臺灣人為外籍配偶申請居留時，必須以擔保人提供財力證明，以避免外籍與大陸配偶成為福利制度的依賴者[24]。在該「人口政策白皮書」公佈之前，已引起許多批評。「買賣式」的婚姻本質上就有

許多問題,此種婚姻離婚率高是可預見的,以離婚率高為由來進行配額管制是否妥當,確實有待商榷。大陸配偶並非「外籍勞工」,這些已成為或即將成為「新臺灣人」的大陸配偶,和臺灣這塊土地已建立許多不可分割的關係。相關政策制定者不能以「外勞」的標準來看待大陸配偶參與勞動對臺灣人就業可能產生之衝擊。在認同度方面,亦非一朝一夕可以產生的,對母國的感情與認同是人類共同的天性,不可能因為結婚而立刻改變,重要的是臺灣提供大陸配偶何種待遇與環境,當大陸配偶在臺灣普遍受到接納與尊重,久而久之,對臺灣的認同自然就會產生。此外,要求臺灣人為外籍或大陸配偶申請居留時必須提供財力證明,似有限制窮人結婚之嫌,亦不妥當。

婚姻移民所產生的問題確實相當複雜,但臺灣今天之所以會有數量如此可觀的大陸配偶亦是社會發展的結果。這是一個不得不面對的問題,如果相關政策與法令不能提出合理有效的因應對策與措施,將來為此問題付出慘痛代價的絕對是整體社會。與其未來面對問題亡羊補牢,不如趁早檢討現有相關政策與法令,以避免未來可能產生之不可收拾問題,且可透過合理機制的建立,使大陸配偶儘早融入臺灣社會,成為臺灣之生力軍。以下僅針對此項議題提出幾點建議:

一、相關政策與法令應力求公平合理

相較於外籍配偶,大陸配偶在臺生活與工作較不會因語言及文化的差異而產生顯著的障礙,也因此在臺就業的機會相對較多,當然對臺灣人民就業所產生的排擠效應也會較大。此外,基於兩岸之間敏感的政治問題,相關政策制定者難免會在大陸配偶對臺灣的認同程度上持保留態度,甚至會擔憂大陸配偶在臺的活動是否會危及國家安全與社會安定。此種考量雖非完全沒有道理,但對真正因婚配來臺的大陸配偶而言,臺灣已是其第二故鄉,但其對臺灣的認同往往也不是一朝一夕可以產生的,而是必須透過時間與良好生活經驗來累積。換言之,如果大陸配偶在臺期間受到愈多不平等待遇,累積愈多不愉快的記憶與經驗,其對臺灣可能產生的認同肯定就會愈低;反之,大陸配偶在臺期間若得到愈多的平等合理對待,累積愈多的正面生活經驗與記憶,其對臺灣定也會產生愈多的認同。此種影響不僅是針對大陸配偶個人,大陸配偶對臺灣的認同度往往還會進一步地影響其生養之子女。這些「新臺

灣之子」為數不少，將來對臺灣的政治、經濟、社會、文化等方面，都會產生一定的影響力，若因其母親在臺居留期間的不愉快經驗而影響其對臺灣的認同，對臺灣整體社會而言真是得不償失。因此，相關政策與法令的制訂與執行應力求公平合理。

二、在申請來臺時嚴謹把關

大陸配偶藉由假結婚來臺灣從事不法行動之事例時有所聞，為杜絕此種現象，宜在大陸配偶申請來臺階段做嚴謹的把關，確保假藉結婚之名來臺從事非法活動者不得入境居留。然而，一旦大陸配偶透過嚴格檢驗之後，即應在居留與工作等事項上確保其權利。

三、積極輔助大陸配偶就業

只要是真正因婚配來臺之大陸配偶，大多會長期在臺居留，甚至會永久在臺居住。既是如此，雖然大陸配偶在臺居留參與勞動，難免會排擠臺灣人民的工作機會。然而，大陸配偶若未能順利就業，其容易成為依賴人口，且亦是一項人力資源的浪費。因此，對於大陸配偶非但不應不合理地限制其在臺工作，反而應以建立完善就業服務管道與增關相關訓練課程的方式，積極地輔導幫助其在臺灣就業。

四、強化大陸配偶的法律知識

由於不少大陸配偶學經歷較為不足，故其目前在臺灣所從事之工作多屬於非技術性、勞動力密集且取代性較高的工作。此種工作本非臺灣職場中的「搶手工作」，勞動條件也因此較差，再加上大陸配偶與大多對臺灣的勞動法令不熟悉，更給予僱主剝削勞力的機會。因此，相關單位應透過有效之宣導方式強化大陸配偶的法律知識，並建立友善之申訴管道，以避免大陸配偶在職場中被剝削。此項作法除了可以有效保障大陸配偶之勞動權益外，亦較不會因大陸配偶加人勞動市場而打亂勞動市場中原有之合理薪資行情，進而影響臺灣人民之工作機會與勞動條件。

註釋

[1] 鄭津津，中正大學法律系教授。

[2]鄭津津，大陸配偶與外籍配偶在臺就業之問題與未來政策應有之發展，臺灣法學，第 106 期，頁 125—136，2008 年 5 月。

[3]劉秀貞，中彰投區新住民職業訓練供需落差及對策探究，國立中正大學勞工研究所碩士論文，頁 22，2010 年 7 月。

[4]內政部戶政司人口統計資料，外籍與大陸配偶生活狀況調查，http：//www.ris.gov.tw/zh—TW/346，最後瀏覽日：2013 年 7 月 26 日。

[5]林素妃，我國中南部新住民就業出生地歧視之研究—兼論美國原國籍歧視相關法制，國立中正大學法律學研究所碩士論文，頁 1，2011 年 2 月。

[6]內政部戶政司人口統計資料，外籍與大陸配偶生活狀況調查，http：//www.ris.gov.tw/zli—TW/346，最後瀏覽日：2013 年 7 月 26 日。

[7]「臺灣與大陸地區人民關係條例」於 1992 年 7 月 31 日公佈，同年 9 月 16 日正式施行。

[8]吳佳玲，外籍配偶對臺灣各縣市離婚率之影響，國立政治大學行政管理碩士學程碩士論文，頁 20—24，2004 年 6 月。

[9]在 2009 年兩岸人民關係條例修法之前，大陸配偶在臺工作受到許多限制：（1）早期考量大陸配偶於團聚期間，尚需適應臺灣生活應無工作能力，大陸配偶來臺與臺灣與親人團聚之階段不得工作，亦不得申請工作許可；（2）大陸配偶必須結婚滿兩年或已生產子女者始得申請更換成依親居留階段，大陸配偶若獲準依親居留後，在依親居留期間，為考量某些大陸配偶必須負擔家計，開放具經濟弱勢（低收入戶）、職能弱勢（臺灣配偶超過75歲、身心障礙、重大傷病）及特殊弱勢者（遭受家庭暴力）資格之大陸配偶得申請於臺灣工作，但須向勞委會申請工作許可，待勞委會核發工作許可證後，方可在臺灣工作；（3）考量大陸配偶與臺灣人民如育有未成年子女者，其婚姻真實性高，且育養子女將增加家庭經濟之負擔，為協助其維持生活，勞委會於 2008 年 4 月 8 日增訂獲準依親居留之大陸籍婚姻移民與臺灣人民育有未成年子女者，得申請工作許可；（4）至於長期居留與定居階段之大陸配偶，則不須經許可即可工作。

[10]該次修法取消過去大陸配偶結婚後必須滿 2 年「團聚」方能申請「依親居留」之規定，修法後，大陸配偶取得身份證之時間由 8 年縮短至 6 年。對於當時已在臺灣依親居留及長期居留之大陸配偶，其在臺灣團聚之 2 年時間，得納入申請定居年資之計算，亦即大陸配偶合法居留於臺灣時間逾 6 年者，即可取得臺灣身份證。

[11]2009 年 7 月 1 日總統華總一義字第 09800160091 號令修正公佈第 17、17-1、18、57、67 條條文；刪除第 12 條條文；由 2009 年 8 月 11 日行政院院臺陸字第 0980091474 號令發佈定自 98 年 8 月 14 日施行。

[12]參見大陸地區學歷採認辦法第 3 條第 1 項第 4 款。

[13] 參見大陸地區學歷採認辦法第 4 條第 1 項。

[14] 參見大陸地區學歷採認辦法第 8 條。

[15] 參見勞動基準法第 22 條。

[16] 內政部戶政司人口統計資料，外籍與大陸配偶生活狀況調查，http：//www.ris.gov.tw/zh—TW/346，最後瀏覽日：2013 年 7 月 26 日。

[17] 黃俊傑，臺東縣外籍配偶工作困境之研究，國立臺東大學區域政策與發展研究所碩士論文，頁 36，2011 年 6 月。

[18] 臺灣教育部就大陸地區高等學校之大學校院部份之研究與教學品質進行認可後，認可之大學學校自 41 所調整為 111 所。參見臺灣教育部 2013 年 3 月 12 日臺教高（五）字第 1020035777 號函。

[19] 臺灣教育部 2012 年 7 月 20 日臺高（二）字第 1010123TO0C 號函。

[20] 呂寶靜、李美玲、蔡明璋、吳淑瓊，人口政策白皮書及實施計畫之研究子計畫四「我國人口政策白皮書之規畫與研究」，行政院內政部委託研究，頁 176—178，2007 年 9 月。

[21] 中國時報，陸偶來臺配額緊縮，A1 版，2007 年 6 月 12 日。

[22] 同前註。

[23] 同註 19，頁 177。

[24] 同註 19，頁 178—179。

參考文獻

一、期刊論文

鄭津津，大陸配偶與外籍配偶在臺就業之問題與未來政策應有之發展，臺灣法學，第 106 期，頁 125—136，2008 年 5 月。

二、學位論文

吳佳玲，外籍配偶對臺灣各縣市離婚率之影響，國立政治大學行政管理碩士學程碩士論文，2004 年 6 月。

林素妃，我國中南部新住民就業出生地歧視之研究—兼論美國原國籍歧視相關法制，國立中正大學法律學研究所碩士論文，2011 年 2 月。

黃俊傑，臺東縣外籍配偶工作困境之研究，國立臺東大學區域政策與發展研究所碩士論文，20116 月。

劉秀貞，中彰投區新住民職業訓練供需落差及對策探究，國立中正大學勞工研究所碩士論文，2010 年 7 月。

三、研究報告

呂寶靜、李美玲、蔡明璋、吳淑瓊，人口政策白皮書及實施計畫之研究子計畫四「我國人口政策白皮書之規畫與研究」，行政院內政部委託研究，2007 年 9 月。

四、新聞資料

中國時報，陸偶來臺配額緊縮，A1 版，2007 年 6 月 12 日。

五、網路資料料

內政部戶政司人口統計資料，外籍與大陸配偶生活狀況調查 http：//www.ris.gov.tw/zh—TW/346。

第三部分　兩岸關係中的法律問題
陸配在臺灣就業問題與權益之探討

國家圖書館出版品預行編目(CIP)資料

兩岸協議與雙方法律的落實 / 海峽兩岸關係法學研究會 編. -- 第一版.
-- 臺北市：崧燁文化，2019.01
　　面；　　公分
POD版

ISBN 978-957-681-793-9(平裝)

1.兩岸關係 2.法律 3.文集

581.26　　　108000555

書　　名：兩岸協議與雙方法律的落實
作　　者：海峽兩岸關係法學研究會 編
發行人：黃振庭
出版者：崧燁文化事業有限公司
發行者：崧燁文化事業有限公司
E-mail：sonbookservice@gmail.com
粉絲頁　　　　　　　網　址：
地　　址：台北市中正區重慶南路一段六十一號八樓815室
8F.-815, No.61, Sec. 1, Chongqing S. Rd., Zhongzheng Dist., Taipei City 100, Taiwan (R.O.C.)
電　　話：(02)2370-3310　傳　真：(02) 2370-3210

總經銷：紅螞蟻圖書有限公司
地　　址：台北市內湖區舊宗路二段121巷19號
電　　話：02-2795-3656　　傳真：02-2795-4100　網址：
印　　刷：京峯彩色印刷有限公司（京峰數位）

　　本書版權為九州出版社所有授權崧博出版事業股份有限公司獨家發行電子書繁體字版。若有其他相關權利及授權需求請與本公司聯繫。

定價：750 元
發行日期：2019 年 01 月第一版
◎ 本書以POD印製發行